重庆三峡后续工作考古报告集
（第三辑）

重庆市文物局
重庆市文物考古研究院　编著

科学出版社
北京

内 容 简 介

本书收录了重庆三峡后续工作2012～2017年田野考古发掘报告35篇，内容包括了战国、秦汉至六朝、唐宋、明、清各时代的考古遗存，出土遗物丰富，包括了铜器、陶器、瓷器等，其中一些遗物丰富了重庆地区出土文物的类别，为研究重庆地区古代社会文化提供了重要材料。本书作为重庆三峡后续考古工作第三部正式报告集，相信对于重庆地区乃至于中国西南地区古代历史文化的研究会起到积极的推动作用。

本书可供历史、文物考古工作者以及历史文物爱好者参考、阅读。

图书在版编目（CIP）数据

重庆三峡后续工作考古报告集. 第三辑 / 重庆市文物局，重庆市文物考古研究院编著.—北京：科学出版社，2022.11
　　ISBN 978-7-03-073911-7

Ⅰ.①重…　Ⅱ.①重…②重…　Ⅲ.①三峡水利工程–考古发掘–发掘报告–重庆　Ⅳ.①K872.719.5

中国版本图书馆CIP数据核字（2022）第222404号

责任编辑：王光明　蔡鸿博 / 责任校对：邹慧卿
责任印制：肖　兴 / 封面设计：张　放

科学出版社 出版
北京东黄城根北街 16 号
邮政编码：100717
http://www.sciencep.com
中国科学院印刷厂 印刷
科学出版社发行　各地新华书店经销

*

2022年11月第　一　版　　开本：A4（880×1230）
2022年11月第一次印刷　　印张：42　插页：13
字数：1 250 000
定价：528.00元
（如有印装质量问题，我社负责调换）

重庆市三峡后续工作考古报告集（第三辑）
编委会

主　编：幸　军

副主编：白九江

编　委：（按姓氏笔画排序）

方　刚　李大地　范　鹏　周大庆　袁东山

席周宽　樊莉莉

编　务：燕　妮　马晓娇　卫亚晶

目　　录

巫山开峡墓地2013年度发掘简报

重庆市文物考古研究院
巫山县博物馆

2013年5、6月，重庆市文物考古研究院（原重庆市文化遗产研究院）在巫山县博物馆的协助下，对开峡墓地进行了考古发掘。

一、墓地概况

开峡墓地位于重庆市巫山县大溪乡开峡村3社四龙嘴，地处长江南岸的坡地上，坡度一般在35°左右。墓地北为长江，南邻毛家垭，西与刘家屋场相接，东与著名的锁龙遗址相望。墓地中心地理坐标30°59′15.9″N，109°41′31.5″E，相对海拔160~175米。墓地所在区域三峡移民前为民房，现为江边荒地（图一、图二）。

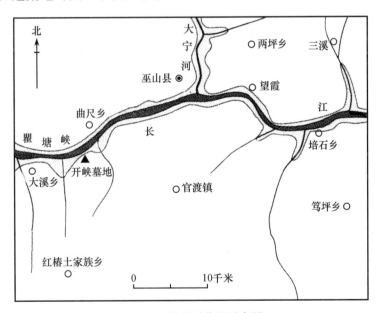

图一　开峡墓地位置示意图

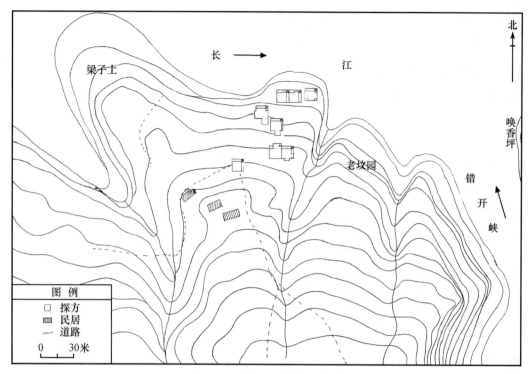

图二　开峡墓地2013年度发掘探方分布示意图

该墓地系在2008年消落区地下文物专项调查时发现的文物遗存，2012年在消落区文物巡查中发现有墓葬出露。此次工作通过调查、钻探，在墓地共发现了11座墓葬，全部进行了清理，编号为2013WDKM1～2013WDKM11（以下简称M1～M11）。

二、墓葬形制

（一）石室墓

共9座，编号分别为M1、M2、M4～M10。墓葬分布较散，都背山面江。墓葬平面均呈刀形，有券顶。因被破坏严重，大部分墓葬的券顶无存、周壁崩塌，部分墓葬（M2、M8）的甬道缺失，仅M5残存有部分券顶。

整体上，墓葬平面结构均由墓圹、甬道、墓室组成。墓圹根据墓葬的形制和规模挖掘成不同的竖穴土坑，坑壁较直。甬道均为长方形，较墓室窄，略宽于墓室宽度的一半，甬道两壁为长方形石块、石板砌筑的石壁。墓室平面呈长方形，周壁用长方形石块、石板砌筑，至一定高度后起券形成券顶。

M5　方向58°，保存较为完整。墓圹通长7.84、宽2.14～3.26、高0.94～2.96米；甬道长2.4、宽1.66、高1.45米；墓室长5.2、宽2.72、最高2.5米。墓室及甬道下部壁由长方形石块、石板平砌，距墓底约1.1米处开始起券，甬道和墓室壁及券顶均是由打制较为粗糙的长方形石块、石板砌筑，券顶外侧的缝隙之间用小石块填充（图三）。墓室底部为生土，残留有红烧土痕迹。墓室内部受损严重，仅在甬道发现3枚铜钱，均为五铢。此外，在墓室的扰土中出土有部分残陶片。

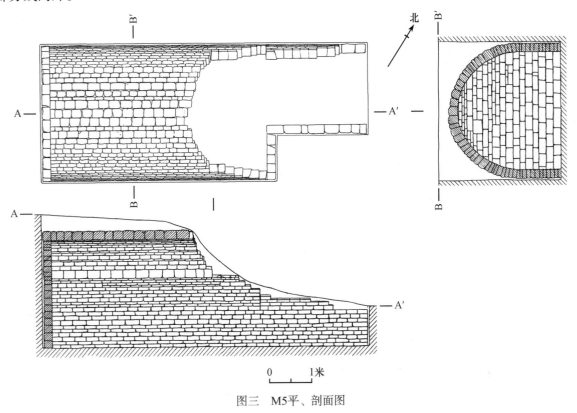

图三　M5平、剖面图

M7　方向32°，保存较差。墓圹通长7.7、宽1.66～2.38、高0～2.7米；甬道长2.46、宽1.2、高0～0.7米；墓室长4.98、宽1.9、高0.9～1.7米。墓室及甬道壁由长方形石块、石板砌筑，墓室壁距墓底约0.9米处起券。墓室和甬道底部有大量的红烧土和灰土，在其中发现有陶罐、铜镯、铜钱等遗物（图四）。

（二）砖室墓

共2座，编号分别为M3、M11。墓葬平面均呈刀形，背山面江。保存都很差，墓葬周壁部分及券顶已坍塌，墓室内部被盗扰严重，仅残存个别随葬品。

墓葬由墓圹、墓室、甬道组成。墓圹根据墓葬的形制和规模挖掘成不同的竖穴土坑，坑壁较直。墓室和甬道平面呈长方形，周壁下部用烧制的模印阳文青砖错缝平砌，至一定高度后起券形成券顶。甬道较窄，略宽于墓室宽度的一半。墓室底部为生土。

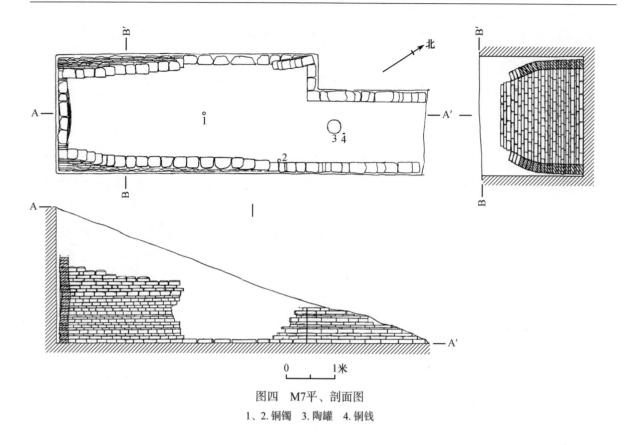

图四　M7平、剖面图

1、2. 铜镯　3. 陶罐　4. 铜钱

M3　方向13°，保存较差。墓圹通长7.12、宽1.52～2.32、高0～2.06米；甬道长1.76、宽1.1、高0～0.85米；墓室长5.16、宽1.9、高0.9～1.84米（图五）。墓室和甬道周壁下部用青砖错缝平砌，砖长0.3、宽0.16、厚0.05米，至约1米高处起券；券顶用楔形砖砌筑，砖长0.3、宽0.16、背部厚0.05、刃部厚0.04米，青砖朝向墓葬内部的一面大部分有凸起的几何形纹饰，仅少部分为素面（图六）。墓室底部发现有红烧土、炭灰，其下为生土。因墓葬受损严重，仅发现数枚五铢和1件铜铃残部。

三、出 土 遗 物

本次发掘的11座墓葬，均遭受不同程度的盗扰，其中M4、M8、M9未发现任何随葬品，其他墓葬仅出土少部分随葬品。出土遗物按质地可分为陶、铜、银三类，种类包括陶罂底罐、陶俑、筒瓦、铜钱、铜环、铜饰件、银环等。陶罐和陶俑部分可修复，铜钱锈蚀较重，多数可辨认钱文，铜饰、银饰都有不同程度的损坏、锈蚀。

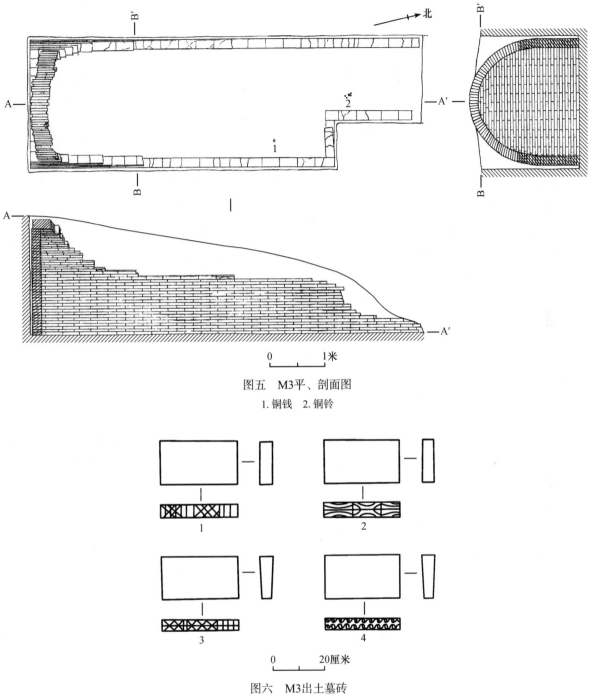

图五 M3平、剖面图
1. 铜钱 2. 铜铃

图六 M3出土墓砖
1、2.墓室壁砖 3、4.墓室券顶砖

（一）陶器

共9件，种类有圜底罐、盘口壶、俑、筒瓦。

圜底罐 1件。M7∶3，出土于M7甬道底部的红烧土之中，底部略残，可修复。泥质灰陶。侈口，圆唇，束颈，斜肩，弧腹，圜底。肩部有网状刻划纹，肩腹相交处有数道弦纹，其间以细绳纹填充，腹部至底部饰有竖直的细绳纹。口径10、腹径25.6、高16.8、壁厚0.4～0.6厘米（图七，5）。

盘口壶 1件。M6∶01，出土于M6墓室扰土之中，口沿部残损，其余部分可修复。黄釉陶。束颈，溜肩，肩部四面各有一系，斜腹，平底。肩部和腹部有刻划的凹弦纹，底部较薄，中部略内收，内壁凹凸不平。腹径20、底径10.8、残高20、壁厚0.6厘米（图七，6）。

俑 4件。均为泥质红陶。M10∶2，较完整。头戴冠，五官轮廓较为明显，双耳突出，颈部较短，宽衣博袖，双手聚拢于胸前，鞋尖外露。高22厘米（图七，2）。M10∶3，较完整。

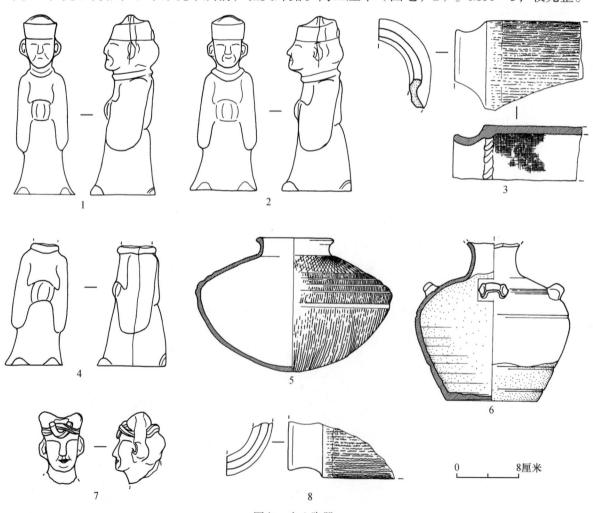

图七 出土陶器

1、2、4、7.俑（M10∶3、M10∶2、M10∶1、M10∶4） 3、8.筒瓦（M5∶02、M5∶01） 5.圜底罐（M7∶3）
6.盘口壶（M6∶01）

头戴冠，双耳突出，颈部短，宽衣博袖，双手聚拢于胸前，鞋尖外露（图七，1）。M10：1，头部缺失。身着长衣，宽衣博袖，双手聚拢于胸前，鞋尖外露（图七，4）。M10：4，仅存头部。头顶挽发髻，面部较清晰（图七，7）。

筒瓦　3件，均出土于M5墓室扰土之中。M5：02，残，泥质灰陶。外表饰有绳纹，内壁有布纹。残长16.6、宽11.2、厚1厘米（图七，3）。M5：01，残，泥质灰陶。外表饰有绳纹。残长14、宽7、厚1厘米（图七，8）。

（二）铜器

13件（套），种类包括铜钱、泡钉、扣饰、环等，均受到不同程度的锈蚀或损坏。

铜钱　24枚。包含五铢和货泉两种。

五铢　23枚。其中22枚的直径为2.4～2.6厘米，方形穿，穿边长为0.9～1厘米，"五铢"为篆书，字体竖长规整。M3：1，共11枚，均有郭，"五"字交股较曲，"铢"字"金"顶部呈三角形，"朱"上横笔圆转（图八，1～5）。M1：1-1，1枚。直径为2.2厘米，方形穿，穿边长为0.8～0.9厘米，外边无郭，穿边缘不甚规整，"五铢"二字模糊不清，均为篆书。

货泉　1枚。M7：4-2，直径2.3厘米，方形穿，穿边长0.6厘米，有郭。一面篆书有"货

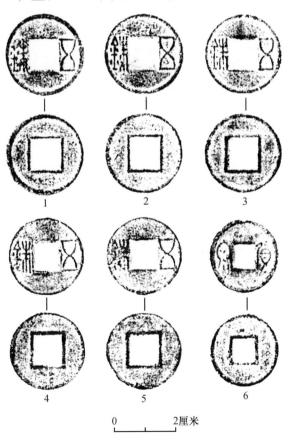

图八　出土铜钱拓片
1～5.五铢（M3：1）　6.货泉（M7：4-2）

泉"二字，字体不甚清晰（图八，6）。

泡钉　1件。M1：2，残。钉帽呈伞状，中心破损，钉缺失。钉帽凸面鎏金。直径5.4厘米（图九，2）。

扣饰　3件。M2：1，残。平面近椭圆状，一边为直边，平面有一长方形孔。扣饰为双层，中空，内有数枚细小的铜柱。长径2.5、短径1.9、厚0.9厘米（图九，7）。M2：2-1，残。平面似铲状，一短边为直边，一边呈弧形，双层，由两块小铜片相连，中空，内有数枚细小的铜柱。通长3.2、宽2.3、厚0.8厘米（图九，6）。M2：2-2，残。平面近椭圆状，一长边为直边，平面有一长方形孔。扣饰为双层，中空，有数枚细小的铜柱。长径2.5、短径2、厚0.8厘米（图九，8）。

镯　2件。M7：1，略残。圆形，内圈光滑，外圈刻有一道道凹槽作为纹饰。外径7.8、内径7.1厘米（图九，1）。M7：2，残断，无法复原。内圈光滑，外圈刻有一道道凹槽作为纹饰。残存部分外径6.6、内径6厘米（图九，3）。

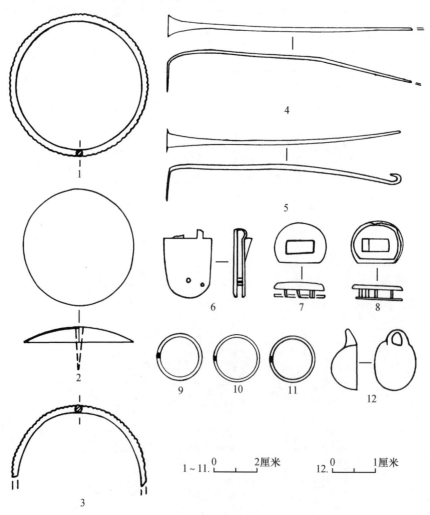

图九　出土铜器、银器

1、3. 铜镯（M7：1、M7：2）　2. 铜泡钉（M1：2）　4、5. 铜饰（M6：1-2、M6：1-1）　6～8. 铜扣饰（M2：2-1、M2：1、M2：2-2）　9～11. 银环（M6：2-1、M6：2-2、M11：2）　12. 铜铃（M3：2）

铃　1件。M3：2，残存半边。耳部呈环形。通长1.4、宽1厘米（图九，12）。

铜饰　1套。M6：1，略残，由2件铜饰组成，形状基本相同。整体呈锥状，其中一端弯曲，弯曲部分呈铲状，弯曲的铲状部分外表布满圆圈纹饰，另一端呈钩状。M6：1-1，通长12.3厘米（图九，5），M6：1-2，钩状端残断。通长12.8厘米（图九，4）。

（三）银器

3件。均为环形，表面有锈蚀痕迹。

环　3件。M6：2-1，圆环状。直径2.3厘米（图九，9）。M6：2-2，圆环状。直径1.7厘米（图九，10）。M11：2，圆环状。直径2.2厘米（图九，11）。

四、结　语

此次发掘的墓葬均为石室或砖室刀形墓，M2和M8的甬道被破坏，所以"刀把"部分缺失。M3和M11为砖室墓，其余均为石室墓。其中，M7出土有1枚货泉和1件较为完整的圜底罐（M7：3），此外，M1、M3、M5、M7、M11等5座墓都出土有铜钱，基本都为五铢。根据墓葬的形制结构判断和出土的器物，开峡墓地的墓葬年代应为东汉至六朝时期。

该墓地的墓葬分布于缓坡地带，方向不尽一致，但均是背山面水。具体而言，整个墓地按照墓葬并排分布的现象可分为由高到低的四个区域，M11分布在最高处的台地，M4～M6次一级，M1～M3又次一级，M7～M10最低，同一排的墓葬方向较一致。这说明该墓地墓葬分布是经过规划的，反映的可能是当时的家族墓葬风俗。M4和M5、M8和M9这两组墓葬分别紧靠且方向一致，应该是异穴合葬葬俗的反映。

总而言之，该墓地出土器物不多，但是为墓地布局、墓葬形制等问题的研究提供了基本的资料，对该区域，甚至长江流域东汉至六朝时期墓葬及社会生活的研究都具有重要的意义。

附记：本次发掘工作的领队为白九江，现场负责人为杨鹏强，田野发掘和绘图由文朝安、王贵平完成，资料整理和器物修复工作由蔡远富完成。本次发掘得到了巫山县博物馆易军馆长、裴健副馆长的大力支持和协助，在此表示感谢。

执笔：杨鹏强　白九江

巫山大溪墓群2013年度考古发掘简报

重庆市文物考古研究院
中国人民大学历史学院
湖北省宜昌博物馆

大溪墓群是三峡工程重庆库区消落带2013年度考古项目，位于瞿塘峡东口长江与大溪河相交处西岸的缓坡上，属重庆市巫山县大溪乡大溪村，东北距巫山县城约25.5千米，西北距白帝城约6.2千米，距奉节县城约14.8千米。中心坐标31°0′18.2″N，109°37′18.3″E，海拔145～170米（图一）。

大溪墓群由重庆市文化遗产研究院（现重庆市文物考古研究院）联合中国人民大学历史学

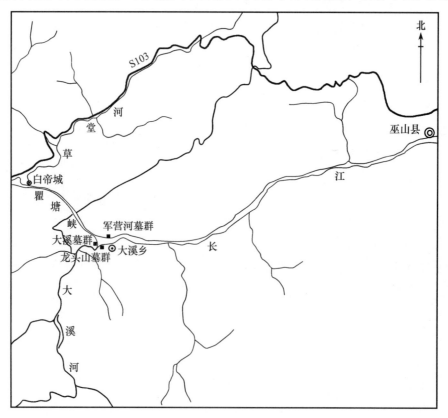

图一　大溪墓群位置示意图

院、宜昌博物馆进行发掘，巫山县博物馆协调配合。本次发掘自2013年5月6日起正式启动，分为前期勘探、田野发掘和室内整理3个阶段，历时60天。共完成发掘面积2050平方米，清理墓葬21座（图二）。

现将此次发掘基本情况简报如下。

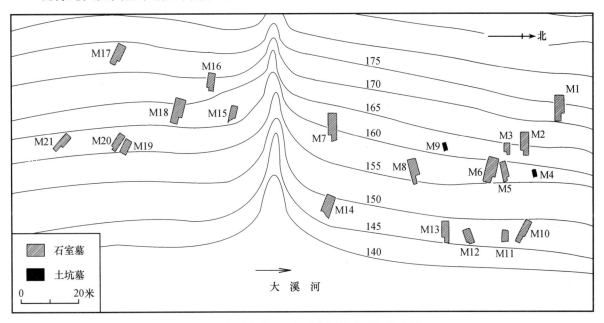

图二　大溪墓群2013年度发掘墓葬分布示意图

一、墓 葬 类 型

根据墓葬的建造材料和结构，可将此次清理的21座墓葬分为石室墓和竖穴土坑墓，其中石室墓19座（M1～M3、M5～M8、M10～M21），竖穴土坑墓2座（M4、M9）。

（一）石室墓

石室墓是本次发掘的主要类型，被当地居民称为"蛮洞"。以经过加工的青石板错缝平砌而成，青石平面光滑，侧面粗糙，既便于平砌，又易于彼此咬合。墓葬保存情况较差，大多已被扰动，有的墓葬被盗后用作他途，如储藏或人畜居所。

本次发掘的19座石室墓，皆朝向长江。墓葬平面结构基本一致，大多由甬道和长方形墓室组成，墓道均已被江水冲毁，甬道偏于墓室一侧，形成"刀形"平面。由于江水长期冲刷，大部分墓葬上部已毁，结构不清，根据结构较为完整的M5、M8、M13、M21等墓葬推测，应当为券顶。其建造过程应是在崖壁上横向凿洞，在洞内以石砌筑墓壁，类似于洞室墓。

以结构保存较完整的M5、M21为例。

M5　平面呈刀形，残存甬道、墓室，方向84°。甬道位于墓室东侧，残长155、宽105、残深10~58厘米，顶部已垮塌。墓室长468、宽187、深90~200厘米。甬道及墓室均用长14~46、宽6~24、厚4~18厘米的形状不一的片状石块错缝顺砌。墓室后部保存较为完整，石块砌至第8层开始起券，券顶高200厘米。墓底用直径1~5厘米、大小不一的卵石铺底。葬具及遗骨无存，发现的随葬品有陶壶、陶罐、陶甑、陶灶，以及琉璃耳坠、铜钱等（图三）。

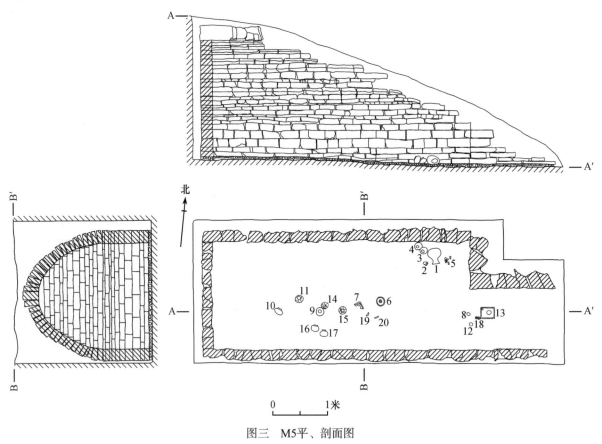

图三　M5平、剖面图

1.陶壶　2~4、9~11、14~17.陶罐　5.琉璃耳坠　6.陶甑　7、13.陶灶　8、12.铜泡钉　18.铜钱　19、20.铜饰件

M21　由于江水冲刷，仅残存甬道、墓室，方向134°。甬道偏于墓室的南侧，残长283、宽100、深105厘米，顶部已坍塌。墓室平面略呈梯形，残长384、宽166~180、深132~180厘米，券顶残高66厘米。墓壁由长30~40、宽20~25、厚约10厘米的不规则石块错缝顺砌而成，地面未见铺砖，而是坚硬的料姜石地面。墓葬损毁严重，墓室内葬具及遗骨无存，发现的随葬品有青瓷罐、青瓷鸡首壶、青瓷碗、青瓷三足砚、陶罐、铜钱等遗物（图四）。

其余17座石室墓的形制结构大致相同，出土陶器、青瓷器、铁刀、铜镜、鎏金铜棺饰、铜钱等物。

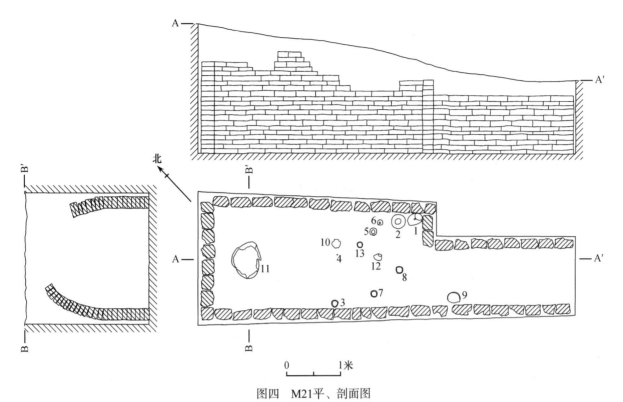

图四　M21平、剖面图

1.青瓷罐　2.青瓷鸡首壶　3、5~8、12、13.青瓷碗　4.铜钱　9.青瓷三足砚　10.陶罐　11.陶瓮

（二）竖穴土坑墓

仅2座（M4、M9），形制结构一致，皆为长方形竖穴土坑，墓葬规模较小，受江水冲刷后，墓葬均严重被毁，仅存墓底。以M4为例。

M4　平面呈长方形，方向83°。墓底残长240、宽120、深40~120厘米。墓内填土为褐色黏土，内含较多石块、料姜石等。葬具及遗骨已无存，发现的随葬品有青花瓷碗1件、"崇祯通宝"铜钱1枚（图五）。

二、出土遗物

由于墓葬全部被盗，出土随葬品数量不甚丰富，经修复后共有器物200余件，包括瓷器、陶器、铁器、铜器、银器、琉璃器等。现对出土遗物分类介绍如下。

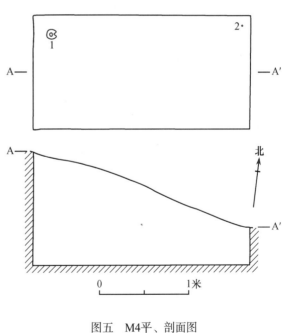

图五　M4平、剖面图

1.青花瓷碗　2.铜钱

（一）瓷器

1. 青瓷器

共12件，出自M8和M21。均为灰白色胎、施淡青釉，大部分底部露胎，胎上施化妆土，器类包括罐、唾壶、鸡首壶、三足砚、钵、碗等。

罐　1件。M21：1，直口，方唇，溜肩，弧腹，大平底略外撇。口沿下部有一道凸棱，肩部饰有一道凹弦纹，并堆塑有四个桥形系耳。灰色胎，内外施釉，外壁施釉及腹中部。釉色青灰，有流釉现象。口径10.2、腹径13.7、底径10.2、通高15.8厘米（图六，1）。

唾壶　1件。M8：1，口残。束颈，扁鼓腹，平底。肩部和底部均饰有凹弦纹。灰白色胎，外表施青釉，釉层较薄。腹径17.1、底径12.6、通高12.2厘米（图六，2）。

鸡首壶　1件。M21：2，盘口，束颈，圆肩，鸡首状流，肩上饰有两个对称方桥形耳，弧腹下收至平底。灰白色胎，通体施青釉，釉层较薄，局部有脱落。口径8.9、腹径19.4、底径11.4、通高18.5厘米（图六，3）。

三足砚　1件。M21：9，砚呈圆盘状，直口，圆唇，平底，中部外突一圈凸棱。盘底立三足外撇。灰白色胎，外表饰青釉，盘内无釉，釉层薄，脱落严重。口径17.6、腹径18.9、高5厘米（图六，5）。

钵　1件。M8：6，敛口，斜弧壁，大平底。近口沿处饰有一道凹弦纹。灰白色胎，内外壁皆施青釉，外壁施釉未及底，釉层剥落严重。口径19、底径12、通高6厘米（图六，6）。

碗　7件。腹较深，有假圈足，根据腹部形制分为二型。

A型　6件。斜弧腹。M21：6，口微敛、圆唇、小圈足底略外撇。灰白胎，内外壁均施

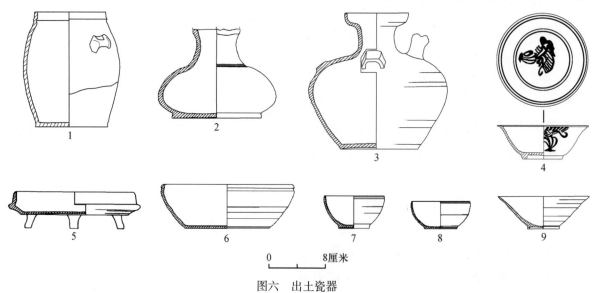

图六　出土瓷器

1.青瓷罐（M21：1）　2.青瓷唾壶（M8：1）　3.青瓷鸡首壶（M21：2）　4.青花瓷碗（M9：1）
5.青瓷三足砚（M21：9）　6.青瓷钵（M8：6）　7、8.A型青瓷碗（M21：6、M21：12）　9.B型青瓷碗（M21：5）

淡青釉至圈足，釉色较均匀，局部有脱落。口径8.6、底径4.6、通高4.4厘米（图六，7）。M21：12，敞口弧腹，圈足较矮。灰白色胎，内外均施青色釉至底部。釉层较薄，布满细小开片。口径8.3、底径4.5、通高3.7厘米（图六，8）。

B型　1件。斜直腹。M21：5，敞口，平底，矮圈足，圈足底有突起。胎体较薄，呈灰白色，内外均施釉，但施釉不均，外壁施釉至腹中部，釉色灰黄。口径12.8、底径4.2、通高4.4厘米（图六，9）。

2. 青花瓷器

出土2件，均为青花瓷碗。

碗　2件，分别出自M4、M9，形制相同。M9：1，侈口，折沿，弧腹，平底，圈足略高。灰白色胎，内壁口沿处有双弦纹一圈，底部双圈内饰有花卉纹；外壁口沿处亦饰有一道弦纹，其下腹部饰花卉纹。口径13、底径5.6、通高4.7厘米（图六，4）。

（二）陶器

已修复38件，从陶质上看主要为泥制灰陶和红褐陶，也有个别较精致的釉陶器，器类包括罐、壶、盆、钵、豆、甑等生活用器以及灶等明器。

罐　共16件。根据口部及腹部的差异，分为三型。

A型　12件。小口，圜肩，斜弧腹。可分为两个亚型。

Aa型　1件。直口，高领，大平底。M1：6，泥质褐陶。圆唇，腹部下收。口径9、底径7.3、通高10厘米（图七，1）。

Ab型　11件。敞口，颈微束，平底。M5：4，泥质褐陶。圆唇。口径8.7、底径4.8、通高11厘米（图七，2）。M5：9，泥质褐陶。圆唇。口径7.5、底径5.2、通高10厘米（图七，3）。

B型　2件。大口，深腹，腹部较直。根据肩部和腹部的不同可分为两个亚型。

Ba型　1件。圜肩，腹部斜收。M1：1，直口，方唇，平底内凹。肩部堆塑有四个桥形系耳，腹部饰有数道凹弦纹。口径9.6、底径9.6、通高13.7厘米（图七，4）。

Bb型　1件。筒形腹，腹部微鼓。M13：4，泥质灰陶。敛口，方唇，折肩，腹微鼓，平底。在腹部饰一道凹弦纹。口径9.2、底径10、通高14.1厘米（图七，14）。

C型　2件。大口，圜肩，腹部斜收，肩部有耳。M8：7，泥质褐陶。侈口，方唇外斜，平底内凹，略外撇。肩部内凹附两耳，肩部并饰有两道凹弦纹，下腹饰有一道凹弦纹。口径27.5、腹部最大径35、底径14.5、通高25.3厘米（图七，7）。

甑　2件。M1：9，泥质灰陶。口微敛，圆唇，口沿外卷，弧腹，平底，底部有14个甑眼。口径13.7、底径5.2、通高6.8厘米（图七，5）。M5：6，泥质灰陶。敞口，尖圆唇，口沿外卷，弧腹，平底，器底有5个甑眼。上腹饰一道凹弦纹，下腹有刮削痕。口径14.5、底径4.8、通高6.2厘米（图七，6）。

灶　3件。根据灶眼数目分为两型。

A型　1件。双灶眼。M1:10，泥质黑陶。平面呈长方形，灶面有双灶眼和一圆形烟孔，侧面有两个半圆形火门。长25.4、宽14.4、高9.6厘米（图七，8）。

B型　2件。单灶眼。M5:7，泥质褐陶。平面近正方形，灶面有一灶眼和一圆形烟孔，侧面有一个半圆形火门。长18.2、宽14.5、高8.2厘米（图七，9）。

器盖　2件。根据盖的整体形制分为两型。

A型　1件。呈博山状。M12:2，泥质红陶，通体施黄釉。盖沿下饰一周三角形纹。底径9.4、通高6.6厘米（图七，10）。

B型　1件。M13:5，盖面弧起，方唇略外撇，盖顶有一突圆钮。盖面上饰三道弦纹，以及三个圆柱形突起。器表通体施一层黄釉。口径15、通高4厘米（图七，11）。

豆　1件。M12:3，泥质红陶。豆盘敞口，方唇，浅弧腹，平底，豆柄细长，豆座呈覆盘形。豆盘腹部及豆座底部饰有数道凹弦纹。口径10.9、底径9、通高12厘米（图七，12）。

熏炉　1件。M12:5，泥质红陶。敛口，方唇，腹部较深，弧腹微鼓，圜底，柄呈亚腰形，覆钵形底座。炉盘及柄均饰有凹弦纹。口径7.6、底径9、通高12.4厘米（图七，13）。

钵　6件。根据腹部形态分为三型。

A型　3件。斜弧腹。M13:2，泥质红陶，外有一层黄色陶衣。敞口，方唇，平底内凹。口径14.6、底径7.8、通高5.6厘米（图七，15）。M7:3，泥质红陶。敞口，圆唇，平底内凹。腹部饰有弦纹。外施一层薄釉，釉层剥落严重。口径16.6、底径7.4、通高5.7厘米（图七，16）。

B型　1件。折腹。M13:6，泥质黄陶。侈口，方唇，折沿，平底。腹下部有一圈凸棱。口径14.4、底径5.3、通高4.3厘米（图七，17）。

C型　2件。弧腹。M18:1，泥质褐陶。敞口，圆唇外卷，弧腹，小平底。口径13.1、底径4、通高6.9厘米（图七，18）。

盆　1件。M8:5，泥质红褐陶。敞口，仰折沿，方唇，颈微束，弧腹，平底略内凹。腹部饰瓦楞纹。外施红褐色釉至器腹中部。口径24.2、底径9.7、通高10.8厘米（图七，19）。

壶　1件。M5:1，泥质灰陶。盘口，方唇，束颈，鼓腹，小平底，圈足残。颈下饰有两道凹弦纹，肩部有对称两个铺首，腹部饰有五道凹弦纹。口径13.4、腹径23.4、通高27.3厘米（图七，20）。

俑　4件。泥质红陶，采取合模制成，中空。共修复4件，包括男立俑、持物女俑、男坐俑三种，据此分为三型。

A型　2件。男立俑。M7:5，泥质灰陶。头戴平顶软帽，面部表情刻画不清，身穿交领长衣，两手袖在胸前，衣袖宽大下垂，裙摆外扬。通高22厘米（图七，21）。

B型　1件。持物女俑。M7:8，泥质灰陶。表情及衣纹刻画不清，双手抱物于胸前。通高19.7厘米（图七，22）。

C型　1件。男坐俑。M7:9，泥质红陶。头戴巾帻，面容微笑，身穿交领长衣，一手上举，衣袖宽大下垂。通高18.6厘米（图七，23）。

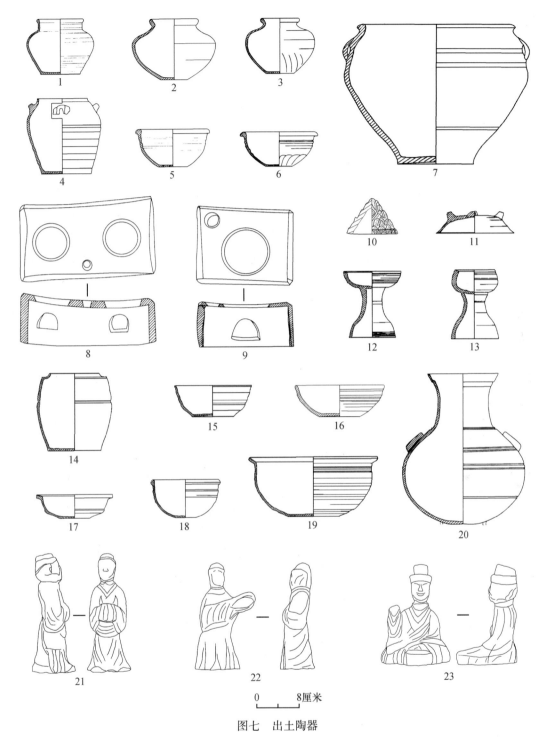

0　　8厘米

图七　出土陶器

1. Aa型罐（M1：6）　2、3. Ab型罐（M5：4、M5：9）　4. Ba型罐（M1：1）　5、6. 甑（M1：9、M5：6）

7. C型罐（M8：7）　8. A型灶（M1：10）　9. B型灶（M5：7）　10. A型器盖（M12：2）　11. B型器盖（M13：5）

12. 豆（M12：3）　13. 熏炉（M12：5）　14. Bb型罐（M13：4）　15、16. A型钵（M13：2、M7：3）　17. B型钵（M13：6）

18. C型钵（M18：1）　19. 盆（M8：5）　20. 壶（M5：1）　21. A型俑（M7：5）　22. B型俑（M7：8）　23. C型俑（M7：9）

瓮　1件。M21：11，泥质灰陶。器型高大。敛口，口沿外斜，溜肩，弧腹，下腹部内收，小平底。肩部附有四对共八个半圆形系耳。通体施青绿色釉，但脱落严重。口径27.6、腹径48、底径13、通高74.2厘米（图八，1）。

（三）铁器

有兵器、剪等。

剑　1件。M10：3，仅残存部分。扁长条形，末端为圆环首。残长13.4、环首长径5.8、厚0.8厘米（图八，9）。

箭簇　1件。M19：2，剖面呈菱形，靠前端处略扭曲，圆锥状铤。通长9.5、最宽处径0.7厘米（图八，10）。

剪　1件。M8：3，双股交叉呈"8"字形。通体布满铁锈。长23、柄宽4.2、厚0.6厘米（图八，11）。

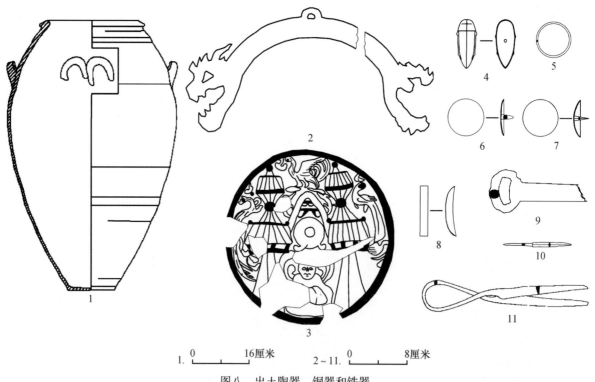

1.　0 ⌞___⌟ 16厘米　　　2~11.　0 ⌞___⌟ 8厘米

图八　出土陶器、铜器和铁器

1.陶瓮（M21：11）　2.A型铜棺饰（M18：4）　3.B型铜棺饰（M18：3）　4.铜蝉（M1：7）　5.铜环（M10：2）
6、7.铜泡钉（M5：12、M18：5）　8.铜饰件（M5：19）　9.铁剑（M10：3）　10.铁箭簇（M19：2）　11.铁剪（M8：3）

（四）铜器

有蝉、环、镜、泡钉、饰件、棺饰以及铜钱等。

蝉　1件。M1:7，圆头尖尾，两侧为双翼。蝉内下方有一圆钉，可能为固定在棺木上的饰物。长6.6、宽2.8厘米（图八，4）。

环　2件。M10:2，圆形，横截面亦呈圆形。直径4.8、横截面直径0.2厘米（图八，5）。

泡钉　12件。可能作棺木上固定棺饰之用。M5:12，钉帽为圆形内凹，钉身剖面呈圆形。钉帽直径5厘米，钉长1.8、直径0.6厘米（图八，6）。M18:5，钉帽为圆形内凹，钉身剖面呈菱形。钉帽直径5厘米，钉长1.7、宽0.7厘米（图八，7）。

饰件　2件。M5:19，平面呈半月形。长6.7、宽1.1厘米（图八，8）。

棺饰　3件。皆为鎏金薄片，有透雕的人形和龙形，也有阴刻图像的圆牌。可分为三型。

A型　1件。龙形棺饰。M18:4，轮廓呈龙形，两端为两个相背的龙头，中间用圆弧状龙身相连，龙头作张口姿态，正中上方附有一圆环，可能是钉孔，用来将棺饰固定在棺木上。厚0.05厘米（图八，2）。

B型　1件。圆形棺饰。M18:3，中间錾刻有圆形玉璧，中有小孔。玉璧上方为朱雀，下方为西王母，两侧为双阙和凤凰。直径23.4、厚0.05厘米（图八，3）。

C型　1件。人形棺饰。M1:8，形似一仙人端坐，头带圆帽，闭目含笑，双肩及脚下均有飘带装饰。长9、宽5.9、厚0.05厘米（图九，2）。

镜　1件。昭明镜。M7:2，圆形。镜纽为半球状，圆形莲蒂纹纽座。纹饰分内外两区，内区为八个连弧纹，外区为一圈20字铭文，即"内清以昭明，光象夫日月"，每字间以"而"相隔。直径11.1厘米（图九，1）。

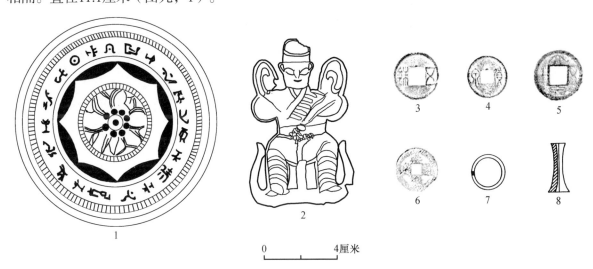

图九　出土铜器、银器和琉璃器

1.铜镜（M7:2）　2.C型铜棺饰（M1:8）　3.五铢（M6:1-2）　4.货泉（M6:1-1）　5.大泉五十（M6:1-6）
6.崇祯通宝（M4:2）　7.银戒指（M7:6）　8.琉璃耳坠（M5:5）

铜钱　共发现有120余枚，部分铜钱已锈蚀，无法辨认。可辨认的多为"五铢"，也有个别"货泉""大泉五十""崇祯通宝"。

五铢　110余枚。钱文字体较为一致，"五"字弯曲交叉，"铢"字金旁较大，呈三角形，朱字头笔画弯曲。M6：1-2，直径2.6、孔径1、厚0.1厘米（图九，3）。

货泉　2枚。钱文瘦长，"泉"字头大脚小，头部呈椭圆形。M6：1-1，直径2.3、孔径0.6厘米（图九，4）。

大泉五十　1枚。"大""泉"二字矮扁，"五""十"二字瘦长。M6：1-6，直径2.7、孔径1厘米（图九，5）。

崇祯通宝　1枚。M4：2，面郭较宽，面文为楷体，锈蚀较严重。直径2.15、孔径0.5、厚0.1厘米（图九，6）。

（五）银器与琉璃器

银戒指　2件。M7：6，平面为圆环形，剖面为扁圆形。直径1.8厘米（图九，7）。

琉璃耳坠　5枚，均出于M5。M5：5，深蓝色，亚腰形，中段细，两端粗，外撇略呈喇叭状，平底，中空。尺寸有两种规格，一种全长2厘米，另一种全长2.6厘米，横截面直径均为1.2厘米（图九，8）。

三、墓葬的年代及初步认识

本次发掘的21座墓葬包括石室墓和竖穴土坑墓两种类型，根据墓葬类型与随葬器物组合的关系（表一），可将墓葬分为三组。

表一　墓葬情况统计表

墓号	年代	墓葬类型	墓向	墓葬形制（内长×宽-深）米			葬式	葬具	随葬品
				平面形状	甬道	墓室			
M1	东汉	石室墓	90°	刀形	2.8（残）×1.78-0.98（残）	5.3×2.76-2.92	不明	木棺	陶罐2、陶甑1、陶灶1、铜蝉1、铜棺饰1、铜泡钉1、铜钱3
M2	汉	石室墓	90°	刀形	1.68（残）×1.23-0.74（残）	5.4×2.26-2（残）	不明	不明	铜钱1
M3	汉至六朝	石室墓	90°	刀形	0.9（残）×0.86-0.14（残）	2.58×1.7-0.88（残）	不明	不明	无
M4	明清	竖穴土坑墓	83°	长方形		2.4×1.2-1.2	不明	不明	青花瓷碗1、崇祯通宝1

墓号	年代	墓葬类型	墓向	墓葬形制（内长×宽-深）米			葬式	葬具	随葬品
				平面形状	甬道	墓室			
M5	东汉	石室墓	84°	刀形	1.55（残）×1.05-0.58（残）	4.68×1.87-2	不明	不明	陶罐10、陶壶1、陶甑1、陶灶2、铜饰件2、铜泡钉2、琉璃耳坠5、铜钱3
M6	东汉	石室墓	100°	刀形	3.06（残）×2.08-0.92（残）	5.2×2.84-1.76（残）	不明	不明	铜钱60余（含货泉1、大泉五十1、剪轮五铢1、五铢若干）
M7	东汉	石室墓	90°	刀形	1.84（残）×1-0.57（残）	4.98×2.2-2.32	不明	不明	陶钵1、陶俑3、铜镜1、银戒指1、铜钱15
M8	东晋	石室墓	80°	刀形	2.82（残）×1.36-1.72	5.34×2.48-2.78	不明	不明	青瓷唾壶1、青瓷钵1、陶罐2、陶盆1、铁剪1、铜钱2
M9	明清	竖穴土坑墓	79°	长方形		2.6×1.2-1.2	不明	不明	青花瓷碗1
M10	汉	石室墓	105°	刀形	2.74（残）×1.32-1.1（残）	4.84×1.96-2	不明	不明	铁剑1、铜环1、铜钱17
M11	汉至六朝	石室墓	90°	长方形		2.5（残）×1.84-0.64（残）	不明	不明	无
M12	东汉	石室墓	85°	刀形	0.7（残）×1.2-0.11（残）	3.65×2.02-1.68（残）	不明	不明	陶器盖1、陶豆1、陶熏炉1、陶俑1、铜泡钉1
M13	东汉	石室墓	88°	刀形	2.1（残）×1.1-0.4（残）	5.04×2-1.61	不明	不明	陶钵4、陶罐1、陶器盖1、铜环1
M14	汉至六朝	石室墓	110°	长方形		6.4（残）×2.2-1.57（残）	不明	不明	无
M15	汉至六朝	石室墓	99°	长方形		4.64（残）×1.68-0.7（残）	不明	不明	无
M16	汉至六朝	石室墓	98°	刀形	1.2（残）×0.94-0.2（残）	4.26×1.8-1.54	不明	不明	无
M17	汉至六朝	石室墓	114°	刀形	1.7（残）×1.5-0.22（残）	4.9×2.43-2.12（残）	不明	不明	无
M18	东汉	石室墓	108°	刀形	2.7（残）×1.82-0.86（残）	5.52×2.78-2.06（残）	不明	不明	陶钵1、铜棺饰2、铜泡钉8、铜钱6
M19	汉至六朝	石室墓	120°	长方形		4.56（残）×1.8-1.92	不明	不明	银指环1、铁镞1

续表

墓号	年代	墓葬类型	墓向	墓葬形制（内长×宽−深）米			葬式	葬具	随葬品
				平面形状	甬道	墓室			
M20	汉至六朝	石室墓	124°	刀形	1.04（残）×0.92−0.46（残）	4.58×1.76−1.81（残）	不明	不明	铜钱7
M21	东晋	石室墓	134°	刀形	2.83（残）×1−1.05（残）	3.84×1.8−1.8（残）	不明	不明	青瓷罐1、青瓷壶1、青瓷碗7、青瓷砚1、陶罐1、陶瓮1、铜钱1

　　第一组，包括M1、M5、M6、M7、M10、M12、M13、M18，均为石室墓，出土的陶罐、陶钵、陶壶、陶熏炉、陶器盖、陶俑、铁剑等在器物组合和风格上具有一致性，于峡江地区常见于东汉时期，如"永禾二年"巫山水泥厂M1所出器物即与此非常相似[1]。同时，还出有"货泉""大泉五十"等铜钱。由此推测这组墓葬的年代为东汉。

　　第二组，包括M8、M21，均为石室墓，在墓葬形制上与第一组没有明显差别。但出土有相当比例的青瓷器，包括罐、鸡首壶、碗、钵、三足砚、唾壶等，均灰白色胎、淡青釉，大部分底部露胎，胎上施化妆土。同时釉陶器数量减少，几乎不见。由此推测这2座墓葬的年代为六朝时期。

　　第三组，包括M4、M9，均为竖穴土坑墓，墓葬规模很小，埋葬简陋，出土有青花瓷碗等，其中M4出土了1枚"崇祯通宝"，据此推测为明清时期的墓葬。

　　M2、M3、M11、M14～M17、M19、M20这9座石室墓，无遗物或仅有几枚五铢钱出土，无法判定其准确年代。但从以往本地发现的墓葬情况来看，这种石室墓流行时间较长，在汉至六朝时期一直沿用，因此推测这些墓葬年代可能在汉至六朝时期。

　　峡江地区东汉与六朝时期的遗存有着较为明显的差别。东汉时期以装饰棺木的鎏金铜棺饰、制作精细的釉陶器、刻画生动的陶俑为特征。六朝石室墓中也发现有少量陶俑，但一般制作较为粗糙，陶俑随葬的做法已呈衰落之势。同时，六朝时期青瓷器开始大量流行，在造型、釉色和装饰方法上均与长江中游各地保持一致。

　　以西王母和双阙图案为代表的铜棺饰常与泡钉一起出土，是极具地域特色的一类随葬品。此类铜棺饰在巫山地区曾多次出土，如巫山麦沱M47，在两具棺木的前端共发现11件，包括阙形、朱雀形、人形等[2]，制作精美。以往学者曾对此类牌饰做过系统研究，多认为牌饰上的西王母等图像可能与汉代盛行的升仙思想有关。而以牌饰装饰木棺，可能也与汉代流行的画像石棺有关[3]。

　　附记：本次考古发掘领队为邹后曦，执行领队为李梅田，发掘人员有乔峡、马玮、郭的非、马原、向阳、石明忠、齐红军等。摄影郭的非、马玮，修复绘图王超、赵芳超、陈昊雯，资料整理黄帆、赵芳超、陈昊雯。本次发掘工作得到了巫山县博物馆的大力支持，在此谨表谢忱。

　　　　　　　　　　　　　　　　　　　　　　　　　　执笔：陈昊雯　乔　峡　李梅田

注　释

［1］　重庆市文化遗产研究院、中国人民大学历史学院：《重庆市巫山县汉晋墓群的发掘》，《考古》2016年第2期。

［2］　尹检顺、谭远辉：《重庆巫山麦沱古墓群第二次发掘报告》，《考古学报》2005年第2期。

［3］　刘弘：《四川汉墓中的四神功能新探——兼谈巫山铜牌饰上人物的身份》，《四川文物》1994年第2期；张勋燎：《重庆巫山东汉墓出土西王母天门画像棺饰铜牌与道教——附说早起天师道的主神天帝》，《神话　祭祀与长江文明》，文物出版社，2002年；蒋晓春：《有关鎏金棺饰铜牌的几个问题》，《考古》2007年第5期。

奉节三塘崖墓群2014年度发掘简报

重庆市文物考古研究院
奉节县文物保护管理所

2014年8月，重庆市文物考古研究院（原重庆市文化遗产研究院）对三峡库区消落区奉节县朱衣镇三塘崖墓群进行了考古发掘。

一、墓 地 概 况

三塘崖墓群位于奉节县朱衣镇三塘村2社红石碑，地处长江北岸的陡峭崖壁。墓群东边为仙女沟，沟东是仙女村老油坊，该地有老油坊墓地；西边为连绵的崖壁；高处是柑橘林。中心地理坐标为109°20′26.0″E，30°58′22.3″N，海拔160米（图一）。

墓群所在区域有被多次盗掘的迹象，以及受江水冲刷影响，墓葬多暴露在外，墓室被淤土、碎石填埋。此次共发掘700平方米，包括7座崖墓和2座土坑墓，编号为2014FZSM1～2014FZSM9（以下简称M1～M9），其中M1、M2因江水上涨淹没导致未完成发掘。

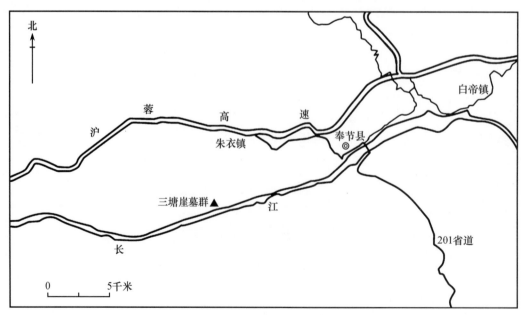

图一　三塘崖墓群位置示意图

二、墓葬形制

（一）崖墓

共7座，墓葬大致分为上下两排，分别东西向并排分布在崖壁间，相距较近，下排2座墓葬从东向西分别编号为M1、M2，上排编号为M3～M7。墓葬方向基本一致，在181°～185°之间。这些墓葬遭受了江水冲刷、岩石风化坍塌、人为盗掘等的破坏，墓葬的墓道、墓室都有不同程度的损毁，残留的随葬器物受损更甚，大多破损残缺。

崖墓均由墓道和墓室组成。墓道平面基本呈长方形，底部包括水平和斜坡两种形式，斜坡墓道外高内低，此种形式的崖墓有5座，其中2座的墓道底部中间凿有排水沟，与墓室底部齐平，排水沟内布设有陶管道、筒瓦用作排水通道。墓室平面呈长方形，其中1座的墓室为横长方形，墓葬整体平面近"刀"形；其余崖墓的墓室略宽于墓道。墓室顶部因坍塌难以辨其原貌。

M3　方向183°。墓葬平面近"凸"字形，狭长，整体由墓道和墓室组成，墓葬通长8、宽1.5米。墓道平面呈梯形，外窄内宽，两壁粗糙，底部为外高内低的斜坡状，落差为0～0.36米，墓道长4、宽0.8～1.4米。墓室平面呈长方形，顶部部分坍塌，周壁岩石风化、脱落较多，较粗糙，底部不甚平整，墓室进深4、宽1.5、高1.6～1.66米（图二）。

M5　方向181°。墓葬平面近"凸"字形，狭长，整体由墓道和墓室组成，墓葬通长6.56、宽1.5米。墓道平面呈长方形，底部为外高内低的斜坡状，最低处高于墓室底部约0.3米，墓道底部中间开凿有一条排水槽，较墓室底部略低，延伸至墓室，沟内铺设有陶管道，大部分残缺，墓道长2.7、宽0.9～1.3米，排水槽长2.6、宽约0.3、深0.05～0.4米。墓室平面呈长方形，顶部局部坍塌，周壁岩石有风化脱落现象，底部不甚平整，墓室进深3.86、宽1.5、高1.1～1.76米（图三）。

M6　方向185°。墓葬平面近"凸"字形，狭长，整体由墓道和墓室组成，墓葬通长9.2、宽1.5米。墓道平面呈梯形，外窄内宽，两壁岩石风化严重，较为粗糙，底部是外高内低的斜坡状，中间凿有排水槽，槽内铺设有陶管道，延伸至墓室。墓道长4.5、宽1.1～1.4米，排水槽长5.5、宽0.15～0.3、深0.1～0.4米。墓室平面呈长方形，顶部局部坍塌，周壁岩石有风化脱落现象，底部不甚平整。墓室进深4.7、宽1.5、高1.2～1.5米（图四）。

M7　方向185°。墓葬平面似"刀"形，整体由墓道和墓室组成，通长10.2、宽3.2米。墓道平面近似梯形，外窄内宽，两侧壁和底部凹凸不平，较为粗糙，长5.6、宽1.54～1.8米。墓室平面呈长方形，顶部坍塌较多，周壁及底部岩石有风化脱落现象，凹凸不平，较为粗糙，墓室进深2.6、宽3.2、高1.8～2米（图五）。

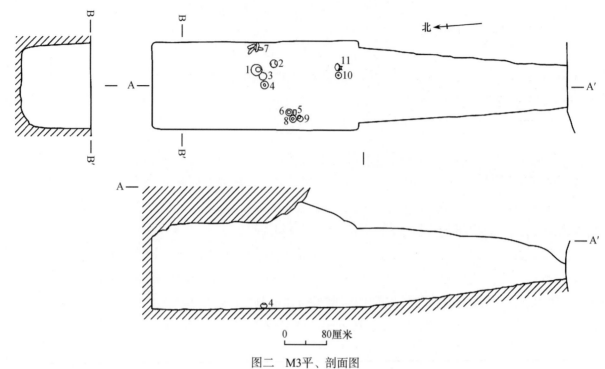

图二　M3平、剖面图

1.陶壶　2~4、6、8、9.陶罐　5.陶钵　7.铁釜残件　10.铜钱　11.陶钵

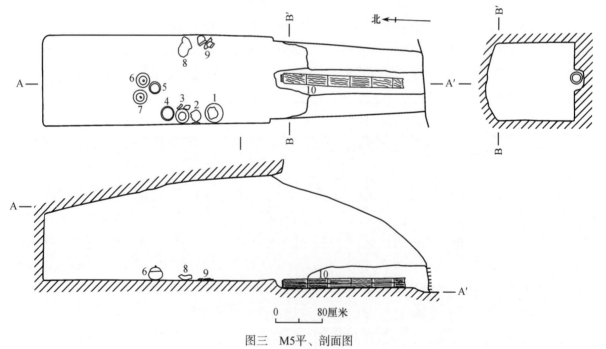

图三　M5平、剖面图

1.陶仓　2.陶甑　3、5~7.陶罐　4、9.陶盆　8.陶锺　10.筒瓦

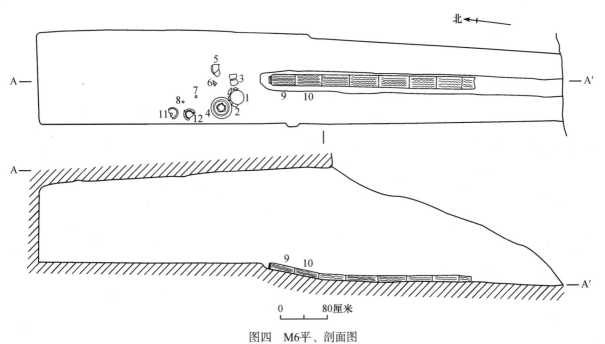

图四　M6平、剖面图

1、3、12.陶罐　2、5、6.陶盆　4.陶锺　7、8.铜钱　9、10.筒瓦　11.陶甑

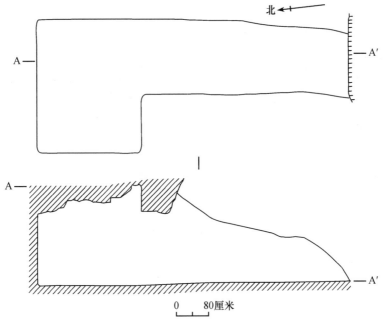

图五　M7平、剖面图

（二）土坑墓

M8　方向175°。墓葬受损严重，平面似"刀"形，由甬道和墓室组成，通长4、宽1.9米。甬道平面呈长方形，前端受损，残长1.4、宽1.1米。甬道与墓室相接处有一近圆形盗洞，直径约0.6米。墓室平面呈长方形，周壁因坍塌脱落而凹凸不平，较为粗糙，墓室后壁左角有一近圆形盗洞，直径约0.6米，墓室进深2.6、宽1.9、残高0.2～2.3米（图六）。

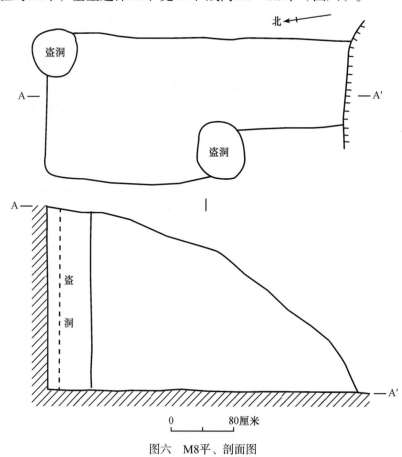

图六　M8平、剖面图

三、出土遗物

此次发掘的8座墓葬均受到较严重的盗扰，随葬器物都受到不同程度的损毁。出土遗物共36件，按质地分为陶、铜、铁三类，以陶器为大宗。器物种类包括陶罐、陶钵、陶仓、陶盆、陶甑、陶器盖、陶管道、筒瓦、铜钱、铁器残件等。陶器大部分残损，但可以修复；铜钱锈蚀残损严重，无法完全辨认；铁器受损严重，无法复原。

1. 陶器

共28件，种类有罐、锺、壶、钵、盆、甑、筒瓦等。

罐 12件。大致可分为5个类型。

侈口鼓腹罐 5件。侈口，圆唇，溜肩，鼓腹，最大径在腹部，下腹内收，平底。M3：2，泥质灰陶，胎质粗糙。直口，圆唇，圆弧腹，小平底。轮制。素面。口径7、腹径10、底径4、高7厘米（图七，1）。M3：3，泥质灰陶。敛口，斜方唇，鼓腹，小平底。轮制。口径6、腹径9.8、底径4、通高6厘米（图七，2）。M3：9，泥质灰陶。敛口，圆唇，圆鼓腹，小平底。轮制。口径7、腹径10.9、底径4.5、通高6.5厘米（图七，3）。M3：6，泥质灰陶。敛口，斜方唇，圆鼓腹，小平底。轮制。口径8、腹径10.8、底径3.5、通高6.5厘米（图七，4）。M3：8，泥质灰陶。敛口，圆唇，圆鼓腹，小平底。轮制。口径7.2、腹径11.8、底径4、通高7.5厘米（图七，5）。

敞口束颈鼓腹罐 3件。敞口，卷沿，圆唇，溜肩，鼓腹，平底。M5：6，泥质灰陶。器盖呈伞状，顶部有一方纽，斜弧壁，中空，敞口，方唇。口径9.2、高4厘米。罐敞口，圆唇，矮颈，圆鼓腹，小平底。轮制。口径9.2、腹径12.2、底径5、高9厘米（图七，6）。M5：7，泥质灰陶。器盖呈伞状，尖顶，斜弧壁，中空，敞口，方唇。口径11、通高6.8厘米。罐侈口，

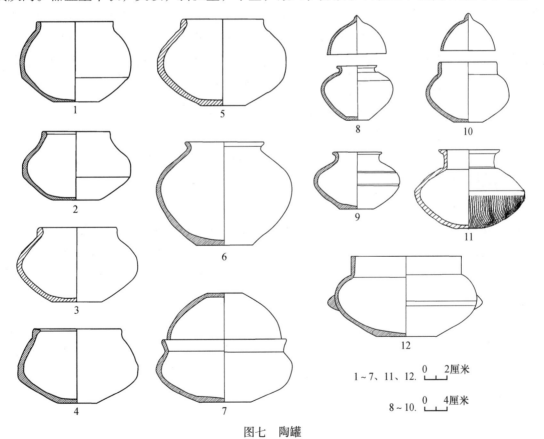

图七 陶罐

1～5.侈口鼓腹罐（M3：2、M3：3、M3：9、M3：6、M3：8） 6、8、9.敞口束颈鼓腹罐（M5：6、M5：7、M6：1）

7.敞口鼓腹罐（M5：5） 10、12.直口鼓腹罐（M5：3、M6：12） 11.高直领鼓腹罐（M2：2）

圆唇，矮颈，微斜肩，圆鼓腹，小平底。上腹施一道弦纹。轮制。口径11、腹径13、底径4、通高9.4厘米（图七，8）。M6：1，泥质灰陶。敞口，卷沿，矮颈，斜肩，圆鼓腹，小平底。上腹部饰二道凹弦纹。口径8.8、腹径15.6、底径6、通高10厘米（图七，9）。

直口鼓腹罐　2件。直口较高，鼓腹，小平底。M5：3，泥质灰陶。器盖呈伞状，顶部有一纽，中空，斜弧壁，敞口，方唇。口径11、高5.5厘米。罐直口，方唇，圆鼓腹，腹部施一纽，小平底。轮制。上腹部施凹弦纹一周。口径10.6、腹径15.2、底径5.4、高10.5厘米（图七，10）。M6：12，泥质灰陶。直口，方唇，圆鼓腹，腹部单侧饰一纽，小平底。轮制。腹部施凹弦纹二周。口径10、腹径13、底径5.5、高7厘米（图七，12）。

敞口鼓腹罐　1件。M5：5，泥质灰陶。器盖覆钵状，平顶，斜弧壁，外壁近口处施两道凹弦纹，中空，敞口。口径9.8、高3.8厘米。罐直口，方唇，圆鼓腹，腹部施一纽，小平底。轮制。上腹部施凹弦纹一周。口径11.2、腹径11.4、底径9.5、通高4.6厘米（图七，7）。

高直领鼓腹罐　1件。M2：2，泥质灰陶。直口，方唇外撇，高直领，广肩，斜弧腹，圜底略平。腹部饰绳纹至底。口径11.2、腹径19.8、高13.8厘米（图七，11）。

仓　1件。M5：1，泥质灰陶。直口，方唇，斜肩，上直腹，下部斜弧腹，平底。轮制。腹部斜向饰细绳纹并饰凹弦纹三周。口径11、腹径19、底径11、通高18.3厘米（图八，4）。

锺　3件。M6：4，泥质灰陶。喇叭口，方唇，束颈，圆鼓腹，圈足残失。轮制。腹部饰数道凹弦纹。口径12、腹径23、高21厘米（图八，1）。M2：1，泥质灰陶，喇叭口，方唇，束颈，圆鼓腹，圈足外倾。轮制。腹部饰数道弦纹，腹部两侧各饰兽首一个。口径13.4、腹径11.2、高28厘米（图八，2）。M5：8，泥质灰陶。残存腹片，圆鼓腹，腹部饰数道凹弦纹，中腹部饰有一乳丁。残口径15.6、腹径32、残高26厘米（图八，5）。

壶　1件。M3：1，泥质灰陶。喇叭口，方唇，束颈，鼓腹，平底。轮制。腹部饰三道凹弦纹。口径12、腹径18.4、底径9.4、高21（图八，3）。

钵　2件。M3：11，泥质灰陶。直口，方唇，斜壁，平底。轮制。口径9.4、底径3.5、高3.6厘米（图八，9）。M3：5，泥质褐陶。直口，方唇，斜壁，平底。口径9、底径3.2、通高4.5厘米（图八，12）。

盆　3件。M5：4，泥质灰陶。敞口，尖圆唇，斜弧腹，平底。轮制。素面。口径16、腹径15.9、底径5、通高6.4厘米（图八，6）。M5：9，泥质灰陶。敞口，圆唇，斜弧腹，平底。轮制。上腹近口处有凹带纹一周。口径16、腹径15、底径6.5、通高7.2厘米（图八，11）。M6：2，泥质灰褐陶。底部残缺，敞口，微卷沿，斜弧腹。沿下饰带状纹一周。口径12.2、残高6.4厘米（图八，13）。

甑　2件。M6：11，泥质灰褐陶。折沿外斜，尖唇，斜弧壁，小平底，底部有9孔。轮制。上腹部饰凹弦纹二周。口径16、腹径15、底径5、通高7厘米（图八，7）。M5：2，泥质灰褐陶。折平沿，尖圆唇，斜弧壁，小平底，底部有12孔。轮制。上腹部饰带状纹一周。口径15、腹径13.6、底径4、通高7厘米（图八，10）。

筒瓦　4件。均为泥质灰陶，形制基本一致，前端有瓦舌，后端较大。模制。外壁饰绳纹。M5：10，泥质灰陶。半筒形，前端有凹凸状瓦舌，口部略小于器身。模制。器表施中绳

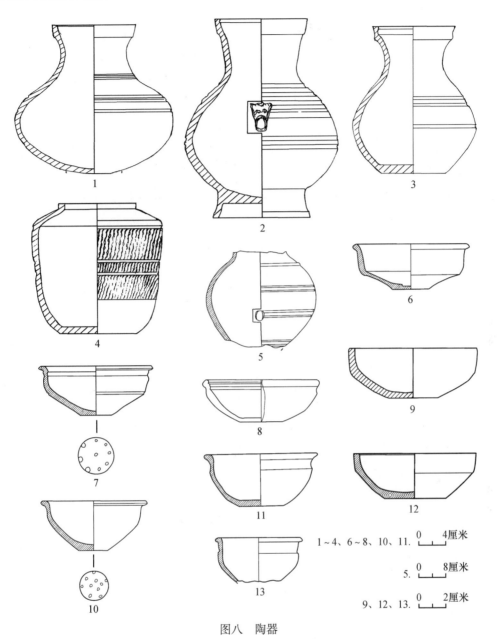

图八　陶器

1、2、5.锺（M6：4、M2：1、M5：8）　3.壶（M3：1）　4.仓（M5：1）　6、11、13.盆（M5：4、M5：9、M6：2）
7、10.甑（M6：11、M5：2）　8.碗（M4：4）　9、12.钵（M3：11、M3：5）

纹。口长6、口径12、通长36、宽13～14厘米（图九，2）。M5：11，泥质灰陶。半筒形，前端有凹凸状瓦舌，口部略小于器身。模制。器表饰中绳纹，内有布纹。口长6、口径12、通长35、宽14～16厘米（图九，1）。M6：9，泥质灰陶。半筒形，前端瓦舌内斜，口部略小于器身。模制。器表斜向饰中绳纹，内有布纹。通长46、半径14.8厘米（图九，4）。M6：10，泥质灰陶。半筒形，前端瓦舌内斜，口部略小于器身。模制。器表横向饰中绳纹，内有布纹。通长40、半径10厘米（图九，3）。

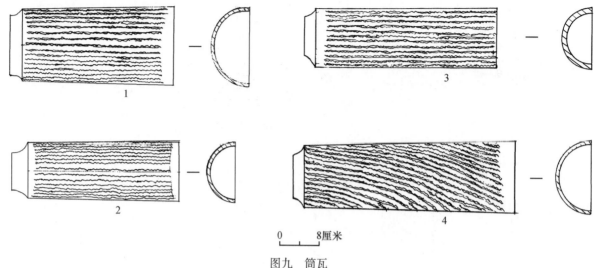

图九　筒瓦
1. M5：11　2. M5：10　3. M6：10　4. M6：9

2. 铜器

此次发掘的铜器仅有铜钱一种，较为完整的有7枚，包括6枚五铢和1枚货泉。

五铢　6枚。其中，M9：1、M8：2-1、M8：2-2、M8：1-2、M8：1-3等5枚五铢直径为2.5厘米，外郭明显，内部正面无郭，背面有郭，"五铢"二字呈长方形，较为规整，"五"字交曲较甚，上下两横略长，"铢"字"金"旁顶部呈三角形，"朱"字顶部弯曲（图一〇，1~3、5、6）。M8：1-1直径为2.3厘米，外郭明显，正面内部无郭，背面有郭，"五铢"二字瘦长，"五"字略斜，下横不平，"铢"字磨损较重，"朱"字顶部方折（图一〇，4）。

货泉　1枚。M7：1，外郭沿较窄浅，内郭沿较宽，字体清秀。背素面，有内外郭。直径2厘米（图一〇，7）。

3. 铁器

仅发现1件。

铁釜残件　M3：7，为釜足，熟铁，锈蚀严重，为柄形器，无纹饰，略呈弯曲状，一端呈三角形，一端呈条状方形。残长17厘米（图一一）。

四、结　语

此次发掘的墓葬中出土有货泉，《汉书》载："天凤元年，复申下金、银、龟、贝之货，颇增减其贾直。而罢大、小钱，改作货布……直货泉二十五。货泉径一寸，重五铢，文右曰'货'，左曰'泉'，枚直一，与货布二品并行。"货泉铸于王莽天凤元年（14年），可知该墓群的年代上限为王莽时期。五铢钱币因出土数量少，且锈蚀较重，难以通过比较获取准确的年代信息。

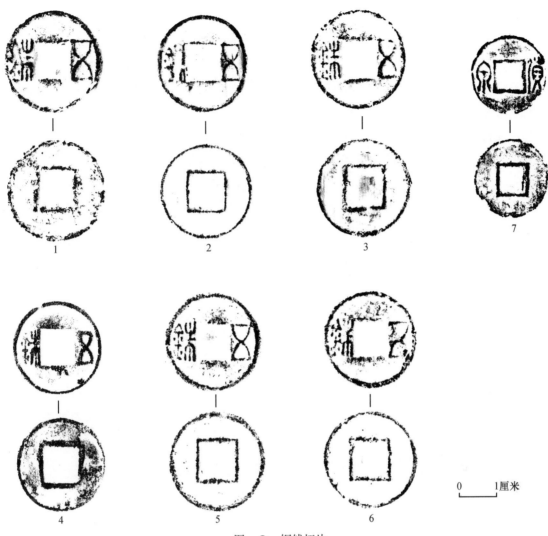

图一〇　铜钱拓片

1～6.五铢（M9：1、M8：2-1、M8：2-2、M8：1-1、M8：1-2、M8：1-3）　7.货泉（M7：1）

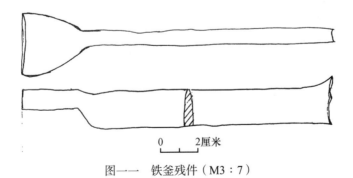

图一一　铁釜残件（M3：7）

　　墓葬中出土器物较少，以陶器为大宗，基本为泥质灰陶，器形以陶罐为主，口径均大于底径，部分陶罐体型较小，似为明器。结合出土的陶锺、陶盆、陶罐等器型与丰都镇江汉至六朝时期墓群出土器物的比较，如M5：9与丰都镇江2005FRTDM1：20相似、M2：1与丰都镇江2007FRBSM1：20相似、M2：2与2007FRBDM4：30相似。通过比较研究，推断三塘崖墓群的时代大致为丰都镇江二期二段、三段，即东汉中晚期。

　　此次发掘的墓葬形制以崖墓为主，对研究东汉时期该地区的墓葬形制和丧葬习俗具有重要的意义。同时，也为峡江地区墓葬专题的研究提供了重要的基础资料。

　　附记：此次发掘工作的领队为白九江，现场负责人为杨鹏强，参与田野发掘、绘图、器物修复和资料整理的有上官林全、吕强、邓兆旭，摄影董小陈。特别感谢奉节县文物保护管理所雷庭军、张勇对此次发掘工作的协作和支持。

　　　　　　　　　　　　　　　　　　　　　　　　　　　　　　执笔：杨鹏强　白九江

奉节白帝城城址2014年度发掘报告

重 庆 市 文 物 考 古 研 究 院
中 山 大 学 社 会 学 与 人 类 学 学 院
奉 节 县 白 帝 城 文 物 管 理 所

全国重点文物保护单位白帝城位于重庆市奉节县夔门街道瞿塘峡社区一社，西距奉节新县城18千米，南临长江，东隔草堂河与瞿塘峡西口相望，地理坐标为31°02′35″N，109°34′12″E（图一）。现在一般所称的"白帝城"，是指第六批全国重点文物保护单位、位于白帝山山顶的白帝庙等明清时期庙宇建筑群[1]。白帝城相传为东汉初年公孙述始建[2]，历来为县、州、府、路等建制所在地，北宋初迁至瀼西（梅溪河之西）[3]，南宋末年为抗击蒙古军队攻击迁回旧址（草堂河之西）而大规模扩建，至元初降元而城毁[4]。南宋末年的白帝城现今地表上大体可见，分布范围在从鸡公山到马岭、白帝山的两山一岭。

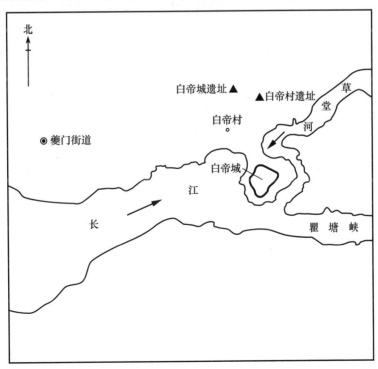

图一　白帝城城址位置示意图

　　清乾隆《奉节县志》将自上而下呈"目"字形相连的白帝城标注为紫阳城、下关城和白帝城[5]。清光绪《奉节县志》则将白帝城标注为子阳城、下关城和白帝城，而且下关城和白帝城之间的城墙已不见[6]。1984年，白帝城文物管理所的调查，将白帝城自上而下称为紫阳城、下关城和白帝城，并手绘了紫阳城遗址总平面图，其中将紫阳城和下关城之间的间隔标注为"城壕"[7]。1992年进行的三峡工程淹没区文物调查，发现并确认了6个汉、宋时期的文物点[8]。1998~2006年，重庆市博物馆考古队（重庆市文物考古所，今重庆市文物考古研究院）对白帝城遗址进行了大面积揭露，确认了南宋末年的白帝城沿白帝山、马岭、鸡公山两山一岭分布的格局，并对白帝城以东的擂鼓台城址有所认识[9]，但两汉至宋明时期兴废的历代古城址和关隘有待考古调查和发掘确认。2009年，三峡水库蓄水后，白帝山与鸡公山之间的马岭没于水下，其上有新建的风雨廊桥连接白帝山与鸡公山。

　　本项目是根据白帝城大遗址保护总体规划中的"大遗址保护实施规划"而开展的[10]，由重庆市文物考古研究院（原重庆市文化遗产研究院）负责制定"白帝城大遗址保护规划"，重庆市文物考古研究院委托中山大学和奉节县白帝城文物管理所开展前期调查和发掘工作，两家受托单位分别承担1000平方米和700平方米的发掘任务，但采取了合作发掘的形式。

　　田野调查自2013年10月11日正式开始，至2014年6月28日告一段落，调查发现白帝城为连环城、城中城、卫城、一字城、烽燧、锁江铁柱等组成的复杂格局，主体为三城相连的连环城，自上而下即自北至南称为子阳城、下关城、白帝城，卫城有东西各一，东为擂鼓台、西为卧龙山堡囤，上述各城圈之外均延伸有一字城。另外在白帝城以东的瞿塘峡口和奉节老城以北的莲花池均发现烽燧遗存。本次调查的报告另文刊发。

　　2014年度的发掘分两期进行，第一期发掘在白帝社区5社即1984年白帝城文物管理所和当地老乡称为"城壕"的地点进行，主要目的是找寻子阳城和下关城的分界，确定两城之间的城壕、城墙是否存在。发掘按照依然可见的"城壕"壕沟走势布方，共布10米×10米规格探方11个（探方分布及编号参见图二），发掘面积1100平方米，方向北偏东25°。此期发掘自2014年4月17日开始，至6月5日结束。发现城壕、城墙等遗迹。第二期的发掘目的一是继续找寻城壕向西的走向，验证城墙及城壕被地质滑坡的损害程度，二是验证白帝城东"一字城"是否存在，因此发掘分区进行。此期发掘自2014年7月16日开始，至8月22日结束。本次发掘紧邻第一批探方的西侧布方，共布10米×10米探方7个，10米×5米探方3个，面积850平方米。方向北偏东25°。在下关城东城墙外，头溪沟西侧布10米×10米探方1个，面积100平方米。方向北偏东10°。第二期发掘两处合计面积950平方米。第一、二期发掘合计面积2050平方米。限于按发掘项目编写报告的体例，本文是2014年由中山大学承担的对南宋白帝城第一期发掘的报告。

一、地　层　堆　积

　　本遗址地层堆积主要分布在城壕CH1内，以T0102、T0202、T0302北壁剖面为例加以介绍，共分为9层（图三）：

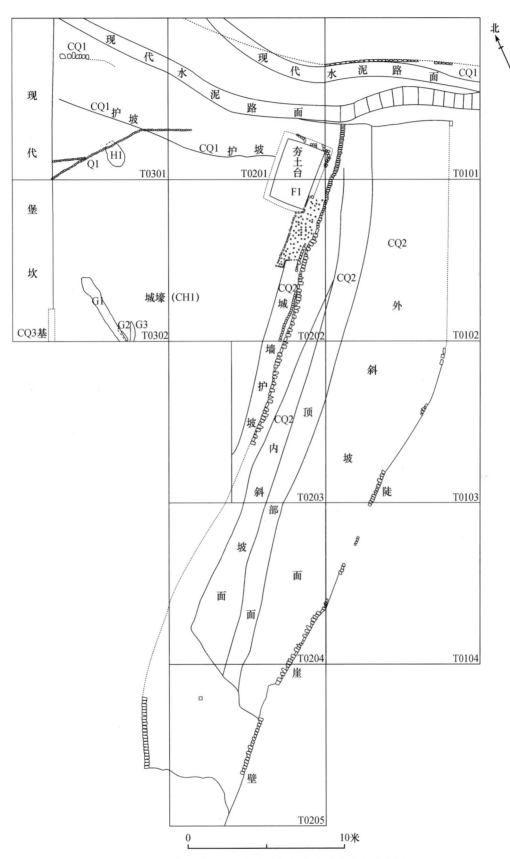

图二 白帝城城址2014年度发掘探方和遗迹分布示意图

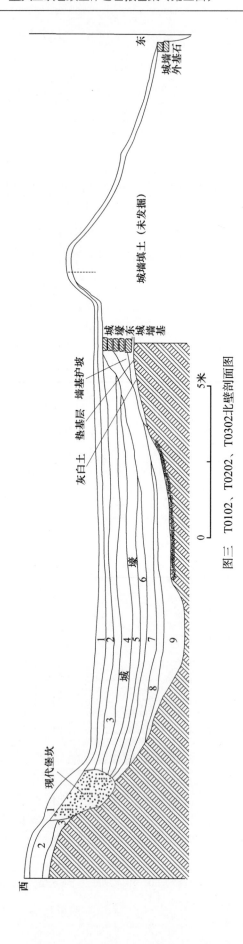

图三　T0102、T0202、T0302北壁剖面图

第1层　厚15～20厘米。褐色砂土，包含较多砂砾。耕土层。

第2层　深15～20厘米，厚15～35厘米。黄褐色砂土，包含较多角砾石。

第3层　深40～50厘米，厚15～35厘米。淡黄褐色砂土，包含更多的角砾石，偶见布纹瓦片。该层下出露方形夯土基址F1。

第4层　深60～140厘米，厚0～65厘米。黑褐色砂土，土质疏松，夹杂较多的碎石、沙砾、铁钉、瓦片等。

第5层　深95～160厘米，厚0～40厘米。灰褐色黏土，土质较纯，结构致密，较紧硬。包含物较少，有青花瓷、釉陶等碎片等。

第6层　深120～185厘米，厚0～30厘米。淡黄褐色黏土，土质密度大，坚硬。

第7层　深50～220厘米，厚0～35厘米。灰白色黏土，土质致密，坚硬。该层出土石块、布纹瓦等。

第8层　深175～235厘米，厚0～15厘米。淡黄褐色黏土，土质致密，坚硬。该层层表有6个长15～21厘米的脚印。

第9层　深185～245厘米，厚0～50厘米。灰白色黏土，土质坚硬，致密。

第9层下有一条由碎石铺成的南北向小路，小路西侧有一条深40～50厘米的小沟，应为城壕中间的流水沟。

城壕内的堆积表明，城壕在城墙废弃以后还在不断淤积，各个时期还有人在此活动，因此第9层下有小沟和碎石路，第8层层表有小孩在此玩耍留下的脚印。以上堆积皆晚于城壕、城墙，第9层下至基岩仍有三层淤积堆积，基岩面则为人工开挖的城壕底面。

二、遗　　迹

本次发掘共清理各类遗迹10个，其中城墙3段（CQ1、CQ2，其中CQ3不见城墙石，或已被毁，或利用开凿的崖壁做城墙）、城壕1段（CH1）、房址1座（F1）、护坡墙1段（Q1）、灰沟3条（G1～G3）及灰坑1个（H1）。

（一）城壕

1条。编号CH1。

CH1　揭露城壕为喇叭形，北部宽，南部逐渐收窄，横剖面上宽下窄近梯形，平底，揭露长45、宽7.9～18.2、深2.85米。壕沟西部子阳城（CQ3）城墙石已被取走，后垒有现代堡坎。壕沟呈坡状下收，东部与下关城北部城墙（CQ2）护坡相连（图四）。

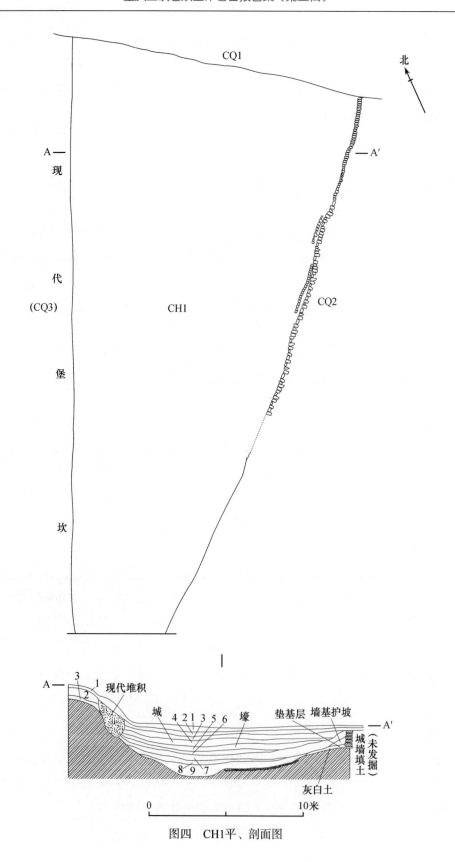

图四　CH1平、剖面图

（二）城墙

3段。编号CQ1、CQ2、CQ3。其中，壕沟西部子阳城（CQ3）南城墙城墙石已被取走，后垒有现代堡坎。

CQ1　位于T0301、T0201、T0101中，为大白帝城东城墙。平面形状呈长条形，呈西北—东南走向。内侧护坡呈斜坡状，残长1.95、残高0.14～0.3米，仅剩其南侧包墙石（墙体被现代水泥小路所压，小路北侧墙体被破坏），由大小不一的石块砌成，并用石灰混合砂土勾缝，护坡由三合土（碎石、红土、黄土）夯制而成（图五）。

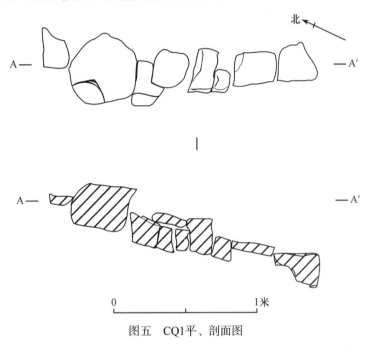

图五　CQ1平、剖面图

CQ2　位于发掘区东部，跨T0101～0104、T0202～0205共8个探方，从揭露情况看，长45、宽6～10.6、高2.4～3.5米，两侧包墙石用长0.4、宽0.3、高0.25米，墙体城墙石之间用细砂、石灰、黏土三种材料混合而成的三合土勾缝。该段城墙为下关城北城墙（图六）。

（三）护坡墙

1段。编号Q1。

Q1　位于T0301西南，经东隔梁伸入T0201西部。方向北偏东15°。石墙呈弧状，目前发掘长7.4、宽0.2～1.1、高0.56～1.2米，基石和墙全部由大小不一石块垒砌，并用石灰混合砂土勾缝（图七）。

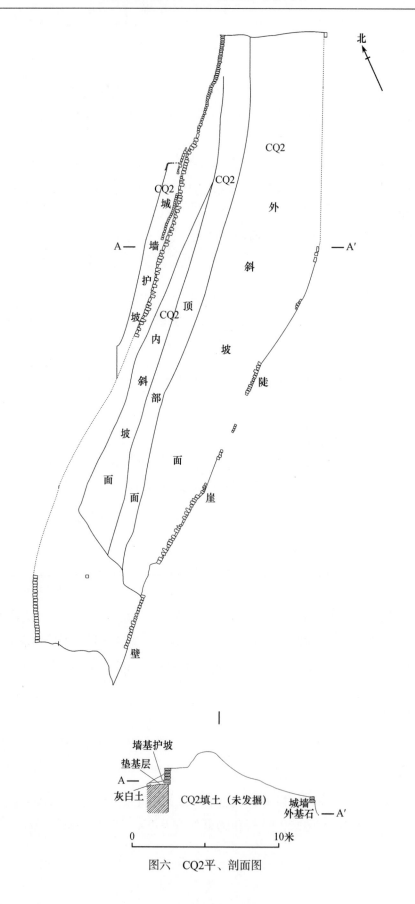

图六　CQ2平、剖面图

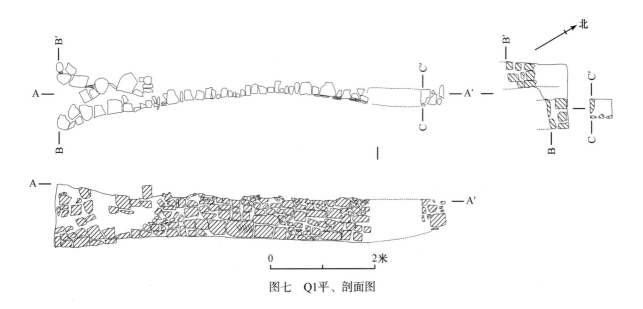

图七　Q1平、剖面图

（四）房址

1座。编号F1。

F1　位于T0201东南和T0202东北。方向北偏东30°。叠压在城墙（CQ1）护坡之上，并有道路直达台基之上。台基为长方形高台，由夯土台基和护基石组成。夯土台基长4.3、宽2.32米，由4层夯土筑成。夯土台基外由石块环砌，可见宽0.4~0.5米的环形沟槽，台基北部沟槽还残留部分护基石（图八）。

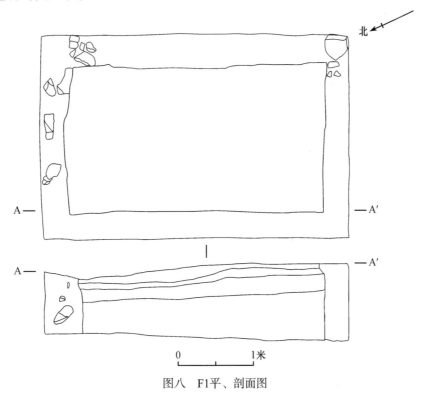

图八　F1平、剖面图

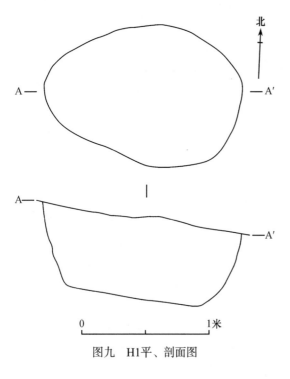

图九　H1平、剖面图

（五）灰坑

1个。编号H1。

H1　位于T0301东南，开口于第1层下，打破第2层及晚期护坡石坎。开口距地表深0.13米，方向北偏西10°。平面形状近椭圆形，弧壁，斜平底，坑口长1.56、坑底长1.06、深0.62米（图九）。填土仅一层，为淡灰黑色土，土质疏松，夹杂大量石块和少量瓦片。

（六）灰沟

3条。编号G1、G2、G3。

G1　位于T0302南部，挂南壁。开口于第2层下，打破第3层。开口距地表深0.52米，方向正北。平面形状近长条形，沟底西高东低，沟口长4.5、宽0.56～0.72米，沟底长4.45、宽0.5～0.65米，深0.2～0.3米（图一〇）。填土仅一层，为黄褐色土，土质疏松，夹大量粗砂颗粒和少量陶片。

G2　位于T0302东南，挂南壁。开口于第4层下，打破第5层。开口距地表深1.1米，方向北偏西5°。平面形状为长条形，沟底呈缓坡状，沟口长1.02、宽0.08～0.18米，沟底长1.02、宽0.06～0.16米，深0.1～0.16米（图一一）。填土仅一层，为淡黄褐色土，土质疏松，含较多淡黄色粗砂颗粒和极少瓦片。

G3　位于T0302东南，挂南壁。开口于第4层下，打破第5层。开口距地表深0.9米，方向

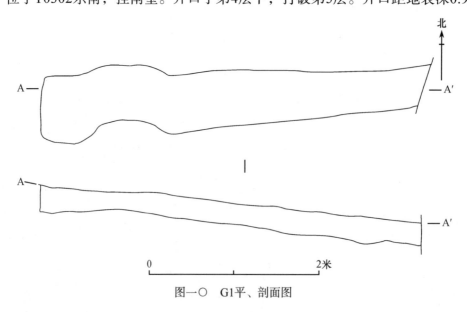

图一〇　G1平、剖面图

北偏东25°。平面形状为长条形，坡底沟口长1.3、宽0.1～0.24米，沟底长1.3、宽0～0.22米，深0.26米（图一二）。填土仅一层为淡黄褐色土，土质疏松，夹较多淡黄色粗砂颗粒和少量陶片。

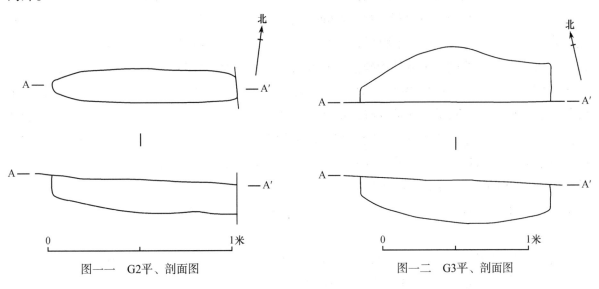

图一一　G2平、剖面图　　　　　　　　　图一二　G3平、剖面图

三、出 土 遗 物

本次发掘出土陶、瓷、铜、铁、骨、石器等各类标本103件。

（一）瓷器

12件。按釉色分为青白瓷器、白釉瓷器及青花瓷器三类。

青白瓷器　4件。按器形分为碗、盏、香炉三类。

碗　1件。T0302④：1，白胎，青白釉。口、上腹残，下腹弧收，浅挖足，外足壁内收。底径5.6、残高3.6厘米（图一三，7）。

盏　2件。T0203⑦：1，灰白胎，青白釉泛绿。残存底足，浅挖足，外足壁内收。底径2.6、残高1厘米（图一三，3）。T0201③：8，白胎，乳白釉。不可复原。残存底足，饼足，外足壁竖直。外壁有多条瓜棱纹。底径3.4、残高2.1厘米（图一三，6）。

香炉　1件。T0302④：8，灰白胎，青白釉泛绿，釉色饱满圆润。口、上腹残，下腹微鼓，圈足，外足壁竖直，内足壁外撇。外壁饰篦划花叶纹。腹径14.2、底径12.8、残高6厘米（图一三，10）。

白釉瓷碗　1件。T0202⑤：4，灰白胎，灰白釉。不可复原。侈口，圆唇，上腹有一道凹弦纹，微弧腹。下腹及底残。口径16、残高3.2厘米（图一三，11）。

青花瓷器　7件。按器形分为碗、杯两类。

碗　6件。T0201③：9，灰白胎，白釉。不可复原。口、上腹残，下腹斜弧，内底宽平，圈足，挖足过肩，足壁较厚，外足壁竖直，内足壁斜折外撇。外壁饰团形菊花纹。底径7.6、残高4.2厘米（图一三，4）。T0201③：10，白胎，乳白釉。不可复原。口、上腹残，下腹斜收，内底宽平，圈足，挖足过肩，足壁较厚，外足壁竖直，内足壁外撇，足端外侧斜削，外底乳突。外壁青花纹饰残不可辨。底径6.6厘米、残高3厘米（图一三，9）。T0202③：4，灰胎，青灰釉。不可复原。口、上腹残，下腹弧收，内底宽平，圈足，挖足过肩，足壁较厚，外足壁竖直，内足壁外撇，足端外侧斜削，外底乳突。外壁青花纹饰残不可辨。足径7.2、残高3厘米（图一三，5）。T0201③：6，灰胎，白釉，施釉不及圈足。不可复原。口、上腹残，下腹斜收，内底宽平，圈足，挖足过肩，足部厚，外足壁内收，内足壁外撇。残高5、足径8厘米（图一三，1）。T0201③：11，灰胎，灰釉，施釉不及圈足。不可复原。口、上腹残，下腹斜收，内底宽平，圈足，挖足过肩，足部厚，外足壁内收，内足壁外撇，外底有乳突。足径7、残高2.6厘米（图一三，2）。T0202③：3，灰胎，灰釉。不可复原。口、上腹残，下腹斜收，内底宽平，圈足，挖足过肩，足部厚，外足壁内收，内足壁外撇。足径7.6、残高3厘米（图一三，8）。

　　杯　1件。T0202③：15，灰胎，青灰釉。不可复原。敞口，圆唇，微弧腹，下腹及底残。外壁青花纹饰残不可辨。口径12、残高4厘米（图一三，12）。

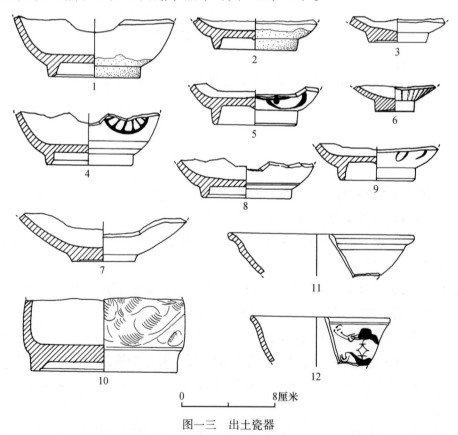

图一三　出土瓷器

1、2、4、5、8、9.青花瓷碗（T0201③：6、T0201③：11、T0201③：9、T0202③：4、T0202③：3、T0201③：10）

3、6.青白瓷盏（T0203⑦：1、T0201③：8）　7.青白瓷碗（T0302④：1）　10.青白瓷香炉（T0302④：8）

11.白釉瓷碗（T0202⑤：4）　12.青花瓷杯（T0202③：15）

（二）釉陶器

8件。按器形分为碗、钵、壶、罐四类。

碗　3件。T0201③：15，红胎，灰褐色薄釉。不可复原。敞口，尖唇，上腹斜直，下腹及底残。口径18、残高3.6厘米（图一四，6）。T0302④：5，泥质红胎，酱色薄釉。不可复原。敞口，圆唇，上腹斜弧，下腹及底残。口径16.8、残高5.4厘米（图一四，8）。T0201③：14，内壁施褐釉。不可复原。仅残存底部，饼足略内凹。底径7.6、残高2厘米（图一四，4）。

钵　1件。T0202③：6，泥质褐胎，外上腹施褐色釉。不可复原。敛口，尖唇，外斜沿，微弧腹，下腹及底残，沿面多长细线纹。口径36、残高7.4厘米（图一四，5）。

壶　1件。T0202⑨：1，红胎，外壁施褐色釉。不可复原。敛口，圆唇，弧腹，带半椭圆形錾，腹部有二道凹弦纹，下腹及底残。残高9厘米（图一四，2）。

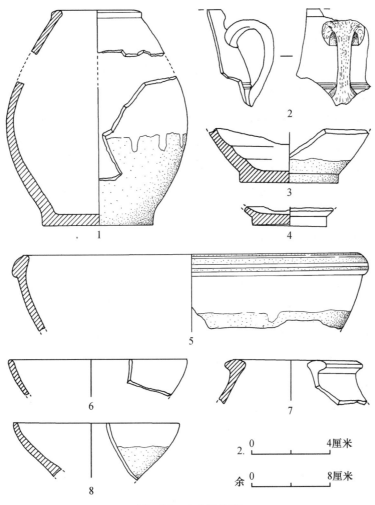

图一四　出土釉陶器

1、3、7.罐（F1：1、T0201③：5、T0202⑥：1）　2.壶（T0202⑨：1）　4、6、8.碗（T0201③：14、T0201③：15、T0302④：5）
5.钵（T0202③：6）

罐　3件。T0201③：5，泥质灰胎，内外壁均施黑釉。不可复原。口、上腹残，下腹微弧内收，饼足。底径10、残高5厘米（图一四，3）。F1：1，外上腹饰褐色釉。不可复原。圆唇，矮束颈，无肩，鼓腹，圈足，平底。最大腹径18、底径11.2、残高20.8厘米（图一四，1）。T0202⑥：1，夹砂褐胎，外壁施薄釉。不可复原。敛口，尖圆唇，圆沿，束短颈，斜肩，腹部及底残。口径14、残高4厘米（图一四，7）。

（三）陶器

26件。按用途可分为一般陶器、建筑构件两大类。

一般陶器　14件。按器形分为碗、钵、碟、盆、罐、香炉、三足器、擂钵等八类。

碗　4件。T0201③：12，泥质褐陶。不可复原。敞口，圆唇，平沿，斜直腹，下腹及底残。口径16、残高2厘米（图一五，1）。T0201③：13，泥质红陶，火候较高，质硬。不可复原。口、上腹残，下腹弧收，圈足，小圜底。底径6、残高2.8厘米（图一五，3）。T0301③：5，不可复原。泥质褐陶。口沿残，斜直腹，腹底折收，浅挖足。底径3.8、残高2.8厘米（图一五，10）。T0301③：7，不可复原。泥质灰陶。口、上腹残，下腹微弧，平底微内凹。底径10、残高3.2厘米（图一五，4）。

钵　2件。T0201③：7，夹砂褐陶。不可复原。口、上腹残，下腹弧收，卧足。底径5、残高2.5厘米（图一五，5）。T0302④：9，泥质红胎陶。可复原。敛口，圆唇，短束颈，鼓腹，平底。口径15.6、腹径16、底径14、残高4.4厘米（图一五，2）。

碟　1件。T0102①：1，不可复原。直口，方唇，折腹，底残。口径8、残高2.4（图一五，11）。

盆　1件。T0201⑤：3，泥质灰陶。不可复原。平折沿，方唇，平面，微鼓腹，下腹及底残。口径20、残高5厘米（图一五，8）。

罐　3件。T0202③：5，泥质灰陶。不可复原。口、上腹残，下腹微弧收，饼足。下腹有一道凹弦纹。足径18、残高4.4厘米（图一五，7）。T0202③：12，泥质红陶。不可复原。近残存底部，下腹斜直，平底内凹。底径13.6、残高4.8厘米（图一五，13）。T0202⑦：3，夹砂红陶。不可复原。口、上腹残，下弧腹，平底。底径6、残高6厘米（图一五，6）。

香炉　1件。T0302⑤：5，泥质红胎黑衣陶。不可复原。长方形，敞口，方唇，平沿，斜直腹，平底，底部两端均有长条形足，已残。腹部内凹似龛，正侧面龛中均有浮雕，中间为一只回首展翅长尾的凤鸟，凤鸟左右上下各有一朵卷云纹。长10.3、残宽6.5、残高5.4厘米（图一五，14）。

三足器　1件。T0302⑥：1，泥质褐胎黑衣陶。不可复原。敞口，凹沿，弧腹，有三只短矮足，底残。上腹有一凹弦纹。口径16、残高4.8厘米（图一五，12）。

擂钵　1件。T0201④：2，泥质红陶。不可复原。口、上腹残，下腹弧收，平底。内壁有竖阴刻纹。底径8、残高4.4厘米（图一五，9）。

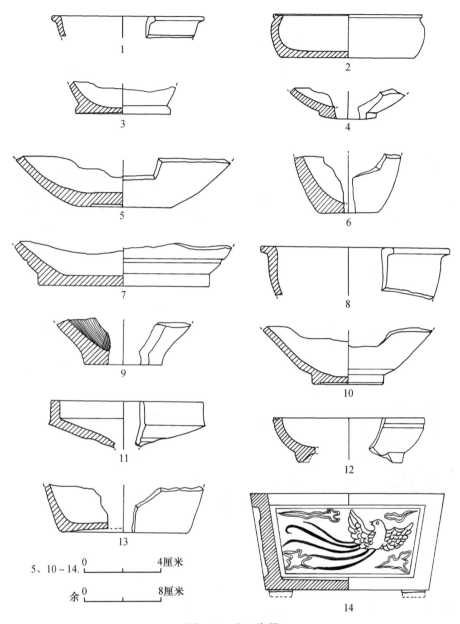

图一五　出土陶器

1、3、4、10.碗（T0201③：12、T0201③：13、T0301③：7、T0301③：5）　2、5.钵（T0302④：9、T0201③：7）

6、7、13.罐（T0202⑦：3、T0202③：5、T0202③：12）　8.盆（T0201⑤：3）　9.擂钵（T0201④：2）

11.碟（T0102①：1）　12.三足器（T0306⑥：1）　14.香炉（T0302⑤：5）

建筑构件　12件。按器形分为筒瓦、板瓦、滴水、砖四类。

筒瓦　5件。T0201④：8，夹砂灰陶。不可复原。仅残存瓦身。瓦面饰交错粗绳纹，瓦底为细布纹。残长11、残宽7厘米（图一六，5）。T0202⑤：2，不可复原。瓦唇圆弧，瓦舌微弧、较短，瓦肩圆弧。瓦面饰粗绳纹，瓦底为布纹。残长5.4、残宽1.6厘米（图一六，3）。T0203⑦：4，泥质灰陶。不可复原。瓦唇圆弧，上翘，瓦舌平，较短，瓦肩折。残长8、残宽5、厚1厘米（图一六，4）。T0203⑦：6，泥质灰陶。不可复原。瓦唇圆弧、上翘，瓦舌微

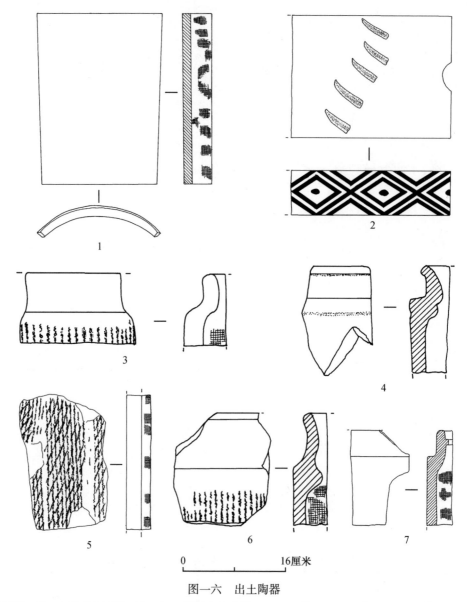

图一六　出土陶器

1.板瓦（T0203⑥：1）　2.砖（T0203⑦：3）　3～7.筒瓦（T0202⑤：2、T0203⑦：4、T0201④：8、T0203⑦：6、T0301④：2）

弧，瓦肩圆弧。瓦面饰粗绳纹，底面为布纹。残长8.4、残宽7.4、厚0.8厘米（图一六，6）。
T0301④：2，夹砂灰陶。不可复原。瓦舌圆弧，瓦舌较平，瓦舌背面有榫卯状结构，瓦肩折。
瓦面素面，瓦底有布纹。残长14.2、残宽9.4厘米（图一六，7）。

　　板瓦　5件。T0203⑥：1，泥质灰陶。可复原。平面呈梯形，头宽尾窄。尾部有布纹。
长26、头宽21.8、尾宽18.2、厚1.2、瓦头弧高4.8厘米（图一六，1）。T0203⑦：2，泥质灰
陶。可复原。平面呈梯形，头宽尾窄。有布纹。长24.6、头宽19.2、尾宽16.4、厚1.2～1.4、
瓦头弧高5.6厘米（图一七，5）。T0203⑦：5，泥质灰陶。可复原。平面呈梯形，头宽尾
窄。瓦底有布纹。长25、瓦头宽25、尾宽22.8、厚1～1.2、瓦头弧高6.2厘米（图一七，4）。
T0203⑦：7，泥质灰陶。可复原。平面呈梯形，头宽尾窄。瓦背头、尾处有多条细凹弦纹。
头宽20.8、尾宽17.6、厚1.2、瓦头弧高4.9厘米（图一七，1）。T0203⑦：8，泥质灰陶。可复

原。平面呈梯形，头宽尾窄。瓦面有布纹。长24、头宽20.8、尾宽16.4、厚1.4、瓦头弧高5.4厘米（图一七，3）。

滴水 1件。T0202③：14，瓦头残缺，瓦身弧形，瓦尾连接滴水，滴水为长方形，刻有花纹，似盆沿。滴水截面为倒三角形。滴水面有一道凹弦纹和三道波浪凹弦纹。残长7.6厘米

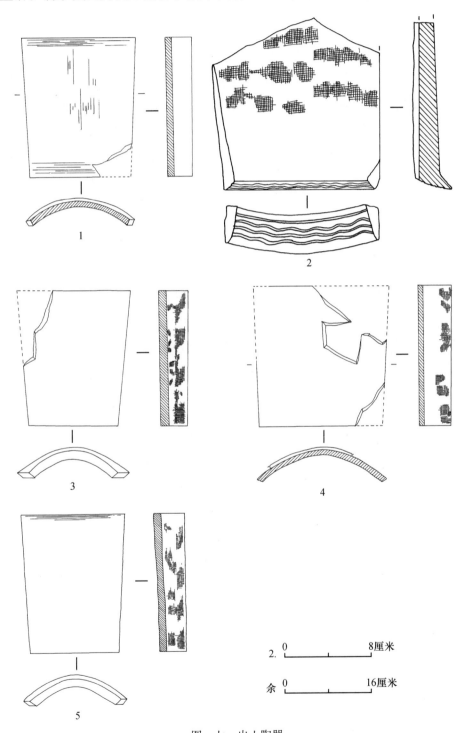

图一七 出土陶器

1、3～5.板瓦（T0203⑦：7、T0203⑦：8、T0203⑦：5、T0203⑦：2） 2.滴水（T0202③：14）

（图一七，2）。

砖　1件。T0203⑦：3，夹砂灰砖。可复原。截面戳有五道凹槽纹，砖身窄边有半圆形卡槽。侧面印棱形纹花纹。残长24.8、宽18.6、厚6.6厘米（图一六，2）。

（四）铁器

27件。按器类分为镞、钉、环、簪、剪刀、蒺藜、插销等七类。

镞　18件。按器形分为柳叶形镞、四棱方锥形镞、扁平头镞、三角形镞、异形镞五类。

柳叶形镞　6件。镞身呈细长柳叶形。T0201⑤：2，不可复原。镞尖残，横截面呈菱形。残长10厘米（图一八，2）。T0201⑤：5，不可复原。镞身横截面呈菱形。残长6.8厘米（图一八，4）。T0302③：5，不可复原。镞尖残，镞身扁平，铤残。残长5.9、宽1.4、厚0.2厘米（图一八，6）。T0302④：3，完整。镞尖圆钝，镞身横截面呈菱形，圆柱形铤。镞身长10、铤长5厘米（图一八，3）。T0302④：7，完整。镞尖锋利，镞身横截面呈菱形，圆柱形铤。镞身长7.3、铤长3厘米（图一八，1）。T0302①：1，不可复原。镞身略短、宽，圆柱形铤弯折，身、铤之间有格。镞身残长9、宽1.5、铤残长0.9厘米（图一八，5）。

四棱方锥形镞　3件。四棱汇聚成尖，镞身横截面呈方形。T0201③：2，可复原。圆柱铤残。镞身长5、铤残长1.8厘米（图一八，8）。T0201④：1，可复原。镞尖残，圆柱形铤。镞身残长9、铤长4.7厘米（图一九，1）。T0202④：1，完整。圆锥形铤。镞身长3.3、铤长4.8厘米（图一八，9）。

扁平头形镞　4件。镞尖如扁平凿状。T0201④：3，不可复原。镞尖残，镞身横截面呈圆形，圆锥形铤。镞身残长6.5、铤长3.4厘米（图一八，10）。T0302③：1，完整。镞身横截面呈矩形，圆柱形铤。镞身长7.3、宽0.5～0.9、铤长3.2厘米（图一八，12）。T0302⑤：1，完整。镞身横截面呈矩形，圆锥形铤。镞身长5.5、宽0.7、铤长2.7厘米（图一八，13）。T0302⑤：2，可复原。镞尖残，镞身横截面呈圆形，圆锥形铤。镞身残长7.5、铤长3.2厘米（图一八，11）。

三角形镞　2件。镞身呈三角形。T0302④：4，完整。镞身横截面呈菱形，圆锥形镞。镞身长4、铤长4.2厘米（图一八，7）。T0302④：6，完整。镞身前段呈三角形，后段圆柱状，圆柱形铤。镞身长7、铤长3厘米（图一九，2）。

异形镞　3件。T0201④：7，完整。镞身前段四棱汇聚呈尖，后段圆柱形，圆锥形铤。镞身长4.7、直径1.5、铤长3.8厘米（图一九，3）。T0201⑤：1，完整。镞身扁，横截面呈矩形，圆柱形铤弯折。长11、厚0.4厘米（图一九，5）。T0201③：4，不可复原。镞身宽平。镞残长9、宽1.8～2.4、厚0.1～0.4厘米（图一九，4）。

钉　4件。钉身四棱方锥形，钉尖残。T0202④：3，不可复原。钉帽为圆形。残长6厘米（图一九，7）。T0202④：4，不可复原。钉帽为椭圆形。残长6.5厘米（图一九，8）。T0302④：10，不可复原。钉帽残。残长11.3厘米（图一九，11）。T0302④：11，不可复原。

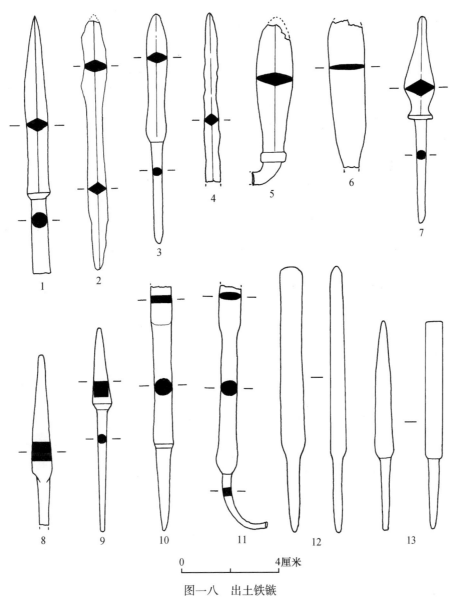

图一八 出土铁镞

1. T0302④：7　2. T0201⑤：2　3. T0302④：3　4. T0201⑤：5　5. T0302①：1　6. T0302③：5　7. T0302④：4
8. T0201③：2　9. T0202④：1　10. T0201④：3　11. T0302⑤：2　12. T0302③：1　13. T0302⑤：1

残长9.6厘米（图一九，12）。

　　环　1件。T0201③：3，完整。圆环形。直径1.8，内径1.1厘米（图一九，10）。

　　簪　1件。T0301②：2，不可复原。圆锥形，中部弯折。残长8.3厘米（图一九，9）。

　　剪刀　1件。T0301③：3，不可复原。仅残余半边。剪身为三角形，两片剪刀以圆柱帽钉相接，剪尾是细圆柱形铁棒弯曲成圆形。残长11.3厘米（图二〇，1）。

　　蒺藜　1件。T0302③：4，不可复原。锈蚀严重，平面呈近三角形。长4.1、宽3、厚0.25厘米（图一九，6）。

　　插销　1件。T0302③：6，可复原。以圆柱形长条弯曲成。长9厘米（图二〇，2）。

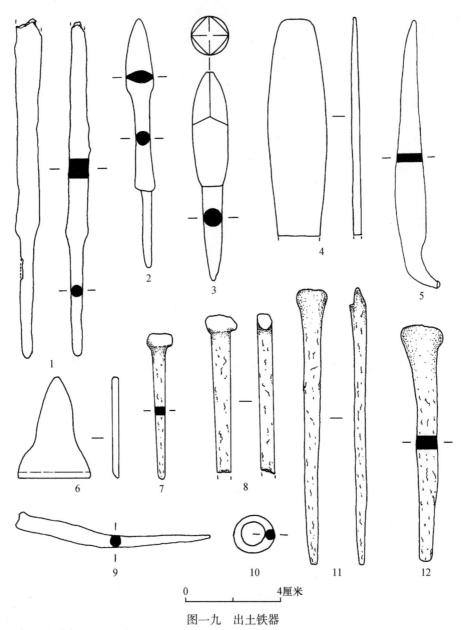

图一九　出土铁器

1~5.镞（T0201④：1、T0302④：6、T0201④：7、T0201③：4、T0201⑤：1）　6.蒺藜（T0302③：4）

7、8、11、12.钉（T0202④：3、T0202④：4、T0302④：10、T0302④：11）　9.簪（T0301②：2）　10.环（T0201③：3）

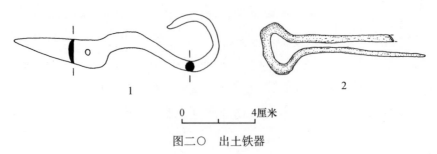

图二〇　出土铁器

1.剪刀（T0301③：3）　2.插销（T0302③：6）

（五）铜器

9件。按器类分为发簪、顶针箍、烟嘴、鱼钩、铜圈、铜片、铜钱七类。

发簪　1件。T0201④：5，完整。平面形状呈细长U型，横截面为圆形。长8.3、直径0.2厘米（图二一，6）。

顶针箍　1件。T0201④：4，完整。空心圆柱形，外壁周身有均匀分布的凹窝。直径1.6、高1厘米（图二一，5）。

烟嘴　1件。T0202③：2，可复原。曲尺形，嘴为圆形，已残，烟杆为圆筒形。嘴直径2、杆直径1、通长4.2厘米（图二一，4）。

鱼钩　1件。T0301③：4，不可复原。弯钩形，钩首残，钩尖略弯。残长4厘米（图二一，3）。

铜圈　1件。T0301③：2，不可复原。残存部分呈弧形，横截面为圆形。复原直径为0.4厘

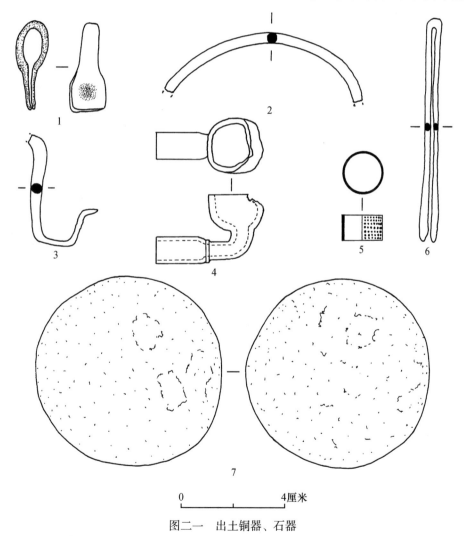

0　　　　4厘米

图二一　出土铜器、石器

1. 铜片（T0302④：1）　2. 铜圈（T0301③：2）　3. 铜鱼钩（T0301③：4）　4. 铜烟嘴（T0202③：2）
5. 铜顶针箍（T0201④：4）　6. 铜发簪（T0201④：5）　7. 礌石（T0301③：1）

米（图二一，2）。

　　铜片　1件。T0302④：1，不可复原。平面呈铲形，截面近U形。残长3.5厘米（图二一，1）。

　　铜钱　3件。T0302④：2，完整。祥符元宝。直径2.4厘米（图二二，3）。T0101③：1，完整。乾隆通宝。直径2.5厘米（图二二，1）。T0201③：1，完整。乾隆通宝。直径2.5厘米（图二二，2）。

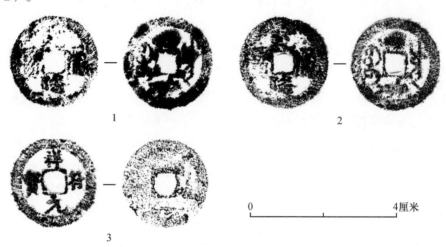

图二二　出土铜钱拓片
1、2.乾隆通宝（T0101③：1、T0201③：1）　　3.祥符元宝（T0302④：2）

（六）石器

1件，为礌石。

　　礌石　1件。T0301③：1，完整。圆球形，褐色砂岩打制而成。直径7.1厘米（图二一，7）。

（七）骨器

1件，为牙齿。

　　牙齿　1件。T0202⑦：4，可复原。齿面为凹形曲圈，系食草动物牙齿。齿面长2.8、宽2.1、齿身长5.6厘米。

四、结　语

　　本次考古发掘清理了城壕、城墙、房址等一批重要遗迹，出土了少量南宋时期青白瓷器、建筑构件、铁镞、礌石等遗物。这批新资料进一步深化了我们对"大白帝城"城址的认识。

　　首先，明确了此处主体遗存的性质，证实CH1是子阳城与下关城之间的一段城壕，修正了此前以为此处乃城内道路"马道子"的错误认识。其次，理清了大白帝城、子阳城及下关城的相互关系，CQ2为下关城北城墙的东段，CQ1为大白帝城东城墙遗迹，CQ3残留城墙基址，为子阳城南城墙之所在，城壕CH1居于三者之间。第三，确认了"大白帝城"城址的年代，"大白帝城"城址的子阳城、下关城以及城壕，建造与使用年代应为宋元（蒙）战争期间1242～1278年[11]。公元1278年，白帝城降元后即毁。城壕内的淤土及以上堆积，形成年代为元代及以后，但不乏从城址内冲刷出露的南宋时期遗物，如大量铁镞等兵器和少量建筑材料、生活用具等。青白釉圈足香炉（T0302④：8）与景德镇湖田窑B型青白圈足炉（99H·T8②：29）风格近似[12]。带花边式滴水（T0202③：14）的板瓦与杭州南宋临安府衙署遗址出土的B型板瓦（T3⑤：3）同为长方形凸唇，唇面刻划水波纹[13]。

附记：本次考古发掘领队为王宏，参与发掘人员有刘明怀、王雄，器物绘图由刘明怀完成，器物卡片由王雄完成，器物修复由姚志辉完成，电脑制图由胡立敏完成。

执笔：王　宏　胡立敏　张　勇　王裕昌

注　释

［1］　《第六批全国重点文物保护单位名单》，国务院2006年5月25日公布。

［2］　"巫，西有白帝城。"（宋）范晔撰，（唐）李贤等注：《后汉书·志·郡国四》，中华书局，1965年，第3479页。"白帝城，公孙述所筑。初，公孙述至鱼复，有白龙出井中，自以承汉土运，故称白帝，改鱼复为白帝城。"（唐）李白撰，（宋）杨齐贤集注，（元）萧士赟补注：《李太白诗》二十五卷。

［3］　"夔州，都督府，云安郡，宁江军节度。州初置在白帝城，景德三年，徙城东。"（元）脱脱等撰：《宋史·志第四十二·地理五》，中华书局，1977年。

［4］　"（淳祐二年）进知夔州赵武官二秩，将佐王信等各转一资，酬夔城版筑之劳也。"（元）佚名：《宋史全文》卷三十三，黑龙江人民出版社，2005年。"白帝故城，在奉节县。宋淳祐二年复移州治白帝，至元二十二年仍还瀼西。"（元）孛兰盻等撰，赵万里校辑：《元一统志》卷5，中华书局，1966年，第543页。

［5］　（清）郑王选修，王良弼、杨崇纂：《奉节县志·地舆图》，乾隆十年木活字印本。

［6］　（清）曾秀翘主纂，杨德坤撰：《奉节县志·地舆图》，光绪十九年版。

［7］　李君鉴：《宋〈蜀川胜概图〉奉节段山川名胜考》，《三峡论坛》2009年第1期。

［8］　国务院三峡工程建设委员会办公室、国家文物局：《长江三峡工程淹没及迁建区文物古迹保护规划报告·重庆卷》（上册），中国三峡出版社，2010年，第197～268页。

［9］　袁东山：《白帝城遗址：瞿塘天险、战略要地》，《中国三峡》2010年10期。

［10］　南京大学文化与自然遗产研究所：《重庆市三峡库区后续工作自然与历史文化遗产保护和完善实施规划（2011～2014年）》，2012年7月。

［11］　南宋淳祐二年（公元1242年），夔州守将赵武率部将王信等人于城东白帝山筑就"白帝城"，将州治迁移至此城，因此获得"赵武进官二秩，将佐王信等各转官一资"的奖赏，以"西州夔城版筑之劳也"。参见裴一璞：《矛盾的较量：从宋蒙（元）夔路之战看双方军事策略的博弈》，《长江文明》（第16辑），重庆出版社，2014年，第41页

［12］　江西省文物考古研究所、景德镇民窑博物馆：《景德镇湖田窑址——1988-1999年考古发掘报告》，文物出版社，2007年，彩版一〇二，3。

［13］　杜正贤：《杭州南宋临安府衙署遗址》，《文物》2002年第10期。

奉节白帝山遗址2015年度考古发掘简报

重庆市文物考古研究院
奉节县文物保护管理所

　　白帝山遗址是三峡库区消落区文物点，隶属于奉节县夔门街道瞿塘峡社区（原白帝村），位于奉节县城东北部，地处草堂河与长江交汇处的北岸，处于白帝城大遗址的东部边缘，东南与瞿塘峡口隔江相望，西南靠近白帝城风景区（图一）。遗址所处区域地势较为陡峭，被江水冲刷严重，地表暴露有部分墓葬的口部。

　　2015年6月，重庆市文物考古研究院（原重庆市文化遗产研究院）对白帝山遗址进行了考古发掘，完成发掘面积500平方米，清理墓葬4座，出土器物包括陶器、铜器等。

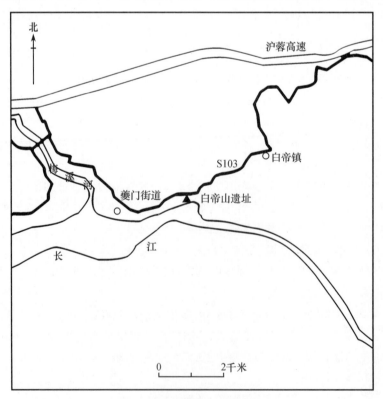

图一　白帝山遗址位置示意图

一、遗迹和遗物

发掘墓葬4座，分别编号为2015FKBM1～2015FKBM4（以下简称M1～M4），整体保存较差，除M4未被盗扰外，其余墓葬均破坏严重。其中，M2和M4为战国时期墓葬，M1为汉至六朝时期墓葬，M3为唐代墓葬。

（一）战国墓葬

2座（M2和M4），均为竖穴土坑墓。

1. M2

（1）形制结构

竖穴土坑墓，平面呈长方形，大致呈西南—东北向，口部略大于底部，口部长3、宽2米，底部长2.84、宽1.7米，深1.8～2.4米。墓壁经过人工培修，平整斜直，墓底平坦，底部两端有宽约0.24、深约0.08米的枕木槽（图二）。

（2）出土器物

M2遭受严重破坏，仅在填土内发现3件的陶器残片，均可修复，有鼎、壶、钵。

陶鼎　1件。M2∶02，泥质深褐陶。圆鼎。器盖缺失。子母口，敛口，圆唇，垂弧腹，圜底。双耳贴附于外壁，近长方体，上部外撇，中部有长方形穿孔。三足，呈蹄状，贴附于下腹部。口径14、最大腹径17.6、通高14.4厘米，耳高4.8厘米，足高8厘米（图三，3）。

陶壶　1件。M2∶03，泥质深褐陶。侈口，方唇，束颈，溜肩，鼓腹，平底。腹部有凹弦纹，肩腹相接处有近半圆形对称双耳，耳中心有圆形穿孔外壁残存有红色彩绘图案。口径10.1、最大腹径18.4、底径8.6、高21.6厘米（图三，6）。

陶钵　1件。M2∶01，泥质深褐陶。敛口，方唇，微鼓腹，下腹部内收，圈足，底部外凸。素面。口径9.2、底径5.4、高5.8厘米（图三，9）。

2. M4

（1）形制结构

竖穴土坑墓，平面呈长方形，大致呈西北—东南向，口部略大于底部，口部长3.1、宽1.84米，底部长2.8、宽1.66米，深4.3～5.8米。墓壁经过人工修整，平整斜直，侧壁分布有脚窝，墓底平坦，底部两端有宽约0.22～0.3、深约0.1米的枕木槽（图四）。

（2）出土器物

M4埋藏较深，整体保存较好，口部被M3打破。墓室底部出土陶器6件，有鼎、敦、壶。

陶鼎　2件。质地和形制基本一致，均为泥质红褐陶，带盖，双耳，三足，圆鼎。

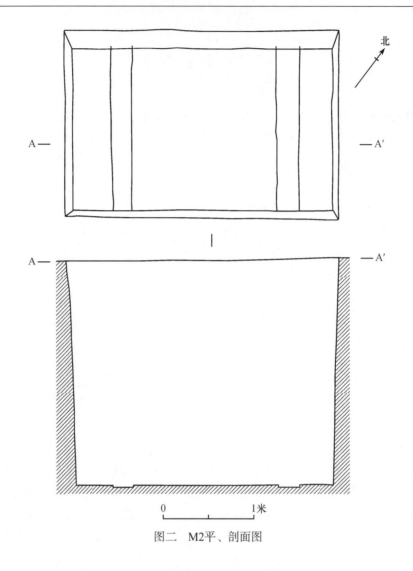

图二　M2平、剖面图

M4：2，子母口，敛口，鼓腹，平底。上腹部外侧有一圈凹弦纹，双耳呈长方体，直立，中心有穿孔，附于鼎身外侧。三足，足部顶端较粗，表面刮削呈瓜棱状，足底较平。器盖平面呈圆形，穹隆状，顶部中心有泥条形成的纽，顶部有一圈凸起。鼎身外壁残存有红色彩绘。口径16.6、最大腹径20、底径16、通高21.6厘米，器盖口径20、高5厘米，耳高8.6厘米，足高10.5厘米（图三，1）。M4：5，子母口，敛口，微鼓腹，平底，中心略内凹。上腹部外侧有凹弦纹。双耳微外撇，呈长方体，中心有穿孔，附于鼎身外侧。三足，足部顶端较粗，表面刮削呈瓜棱状，足底较平。器盖平面呈圆形，穹隆状，顶部中心有泥条形成的纽，顶部有一圈凸起。鼎身外壁残存有红色彩绘。口径16、最大腹径19.4、底径14、通高21.4厘米，器盖口径19.2、高5厘米，耳高8.4厘米，足高10.4厘米（图三，2）。

　　陶敦　2件。质地和形制基本一致，均为泥质灰褐陶，由两个相同的半圆体扣合呈球状，上下部分分别有三足。M4：3，侈口，方唇，斜弧腹，圜底，三足，呈半圆状，贴附于底部。腹径19、通高20厘米（图三，7）。M4：6，侈口，方唇，斜弧腹，圜底，三足呈半圆状贴附于底部。腹径19、通高21.6厘米（图三，8）。

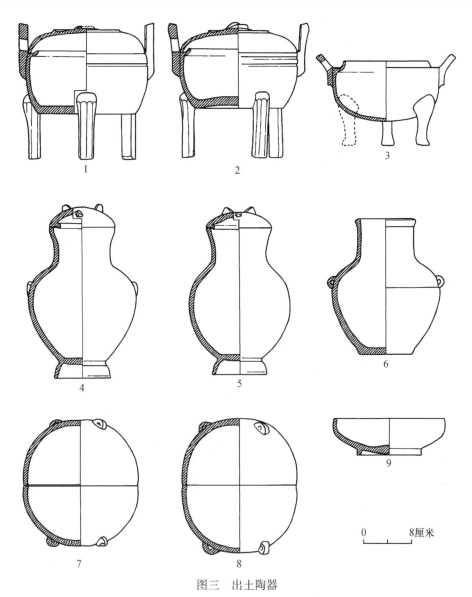

图三 出土陶器

1~3.鼎（M4：2、M4：5、M2：02） 4~6.壶（M4：1、M4：4、M2：03） 7、8.敦（M4：3、M4：6） 9.钵（M2：01）

陶壶 2件。质地和性质基本一致，均为泥质灰褐陶，有器盖。M4：1，侈口，方唇，束颈，溜肩，鼓腹，腹部贴附有对称双耳，平底，圈足。器盖为子母口，呈穹窿状，顶部有三个似三角形的纽。外壁残存有红色彩绘图案。口径10.6、腹径18、底径9.2、通高27.6厘米（图三，4）。M4：4，侈口，方唇，束颈，溜肩，鼓腹，腹部贴附有对称双耳，平底，喇叭形圈足。器盖为子母口，呈穹窿状，顶部有三个似三角形的纽。外壁残存有红色彩绘图案。口径10.6、腹径16.6、底径9、通高26.4厘米（图三，5）。

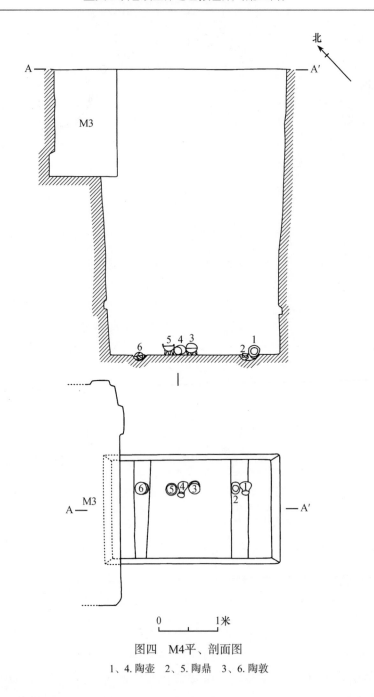

图四　M4平、剖面图

1、4.陶壶　2、5.陶鼎　3、6.陶敦

（二）汉至六朝墓葬

1座（M1），为砖室墓，被破坏严重，仅残存墓室底部少部分。

M1

（1）形制结构

方向85°，残损严重，仅存墓室底部及壁部少部分。根据残存部分可判断，墓葬平面呈长方形，为砖室墓，墓室底部用长方形青砖呈"人"字形铺砌，墓室壁部由长方形青砖侧立砌筑。墓葬残长1.5、宽0.82、深0～0.4米（图五）。

（2）出土器物

M1残损严重，除了墓室残存的青砖外，未见其他出土物。

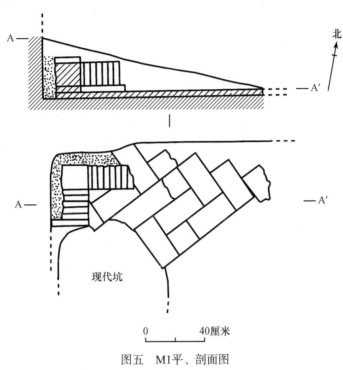

图五　M1平、剖面图

（三）唐代墓葬

1座（M3），打破M4，整体保存较差。

M3

（1）形制结构

方向134°，洞室墓，平面呈长方形，由墓道和墓室组成。墓道呈斜坡状，残长0.35、宽1米。墓道与墓室之间有封门槽，平面略呈弧形，长1.4、宽0.16、深0.1米。墓室底部呈斜坡状，外高内低，平整光滑，通长3.3、宽1米。墓室顶部大部分坍塌，残存部分呈拱形，残高1.22米。墓室右侧壁保存较完整，有三个侧龛，均呈长方形，从墓口至后壁处的三个侧龛分别高0.38、0.4～0.5、0.45～0.5米，分别宽0.6、0.8、0.4米，侧龛深0.06～0.1米。后壁有一壁龛，呈长方形，高0.4、宽0.34、深0.08米（图六）。

（2）出土器物

墓室底部出土有数枚铁钉和铜钱，锈蚀严重。铁钉为棺钉，铜钱依稀可辨有开元通宝。

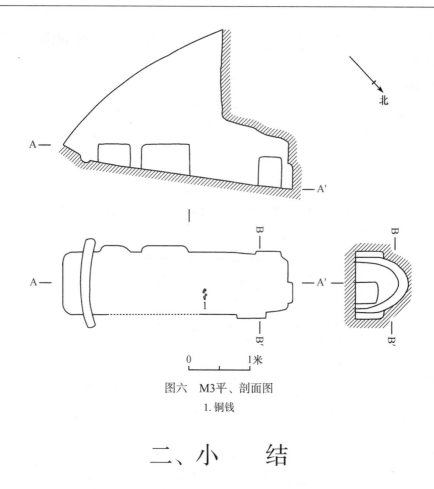

图六　M3平、剖面图
1. 铜钱

二、小　结

白帝山遗址位于长江沿岸，紧靠白帝城遗址，周边区域经过多年的考古工作，发现有多个历史时期的遗迹、遗物，此次共发掘清理4座墓葬，整体保存较差，出土器物较少，其中仅M4保存较好。

M2和M4均为竖穴土坑墓，从墓葬形制到出土器物都比较一致，应为同一时期墓葬。其中，M4出土的鼎、敦、壶这一典型的陶器组合表明了墓葬的时代为战国时期。

M1为砖室墓，仅残存少部分青砖。铺地砖是用长方形青砖呈"人"字形平铺，青砖的一面可见有绳纹。这种铺地砖的形制与丰都镇江汉至六朝墓群的很多墓葬形制一致，如西南部墓地包肚地墓地M3[1]、M5[2]，中部墓地河湾墓地M22[3]，诸如此类形制的墓葬数量众多，是峡江地区比较典型的砖室墓。因此，根据残存的墓葬形制判断，该墓为汉至六朝时期墓葬。

M3是土洞墓，结合既往考古工作成果，尤其是墓室内出土的开元通宝，均明确了墓葬的时代是唐代。

白帝山遗址的墓葬数量较少，但是时代跨度大，类型较为丰富，补充了该地区的考古资料，为奉节乃至峡江地区的相关考古学研究提供了基础资料。首先，墓葬的时代涉及战国、汉至六朝、唐代，而且分布密集，结合既往考古的发现可以反映出该地区长期以来是古人生产生活的重点区域。战国竖穴土坑墓、汉至六朝砖室墓、唐代洞室墓均是峡江地区各个时代典型的墓葬形制，对于峡江地区墓葬形制及其历代墓葬演变状况的研究具有一定的参考价值。不同时代的墓葬集中分布在一个区域，反映了在同一个区域环境内，不同时代的古人对于墓葬选址的一些共性，均是沿江分布、靠近生活居址区，充分利用自然环境。

战国墓葬M4，保存较完整出土的鼎、敦、壶器物组合，是典型的具有楚文化因素，反映了战国时期楚文化对该地的影响状况。峡江地区是楚、蜀文化交流的主要通道，白帝山遗址所处的瞿塘峡西口是这个文化通道的必经之地，因而历代以来就是峡江地区文化交流的重点地区。M4蕴含的文化因素信息就是长期以来峡江地区文化交流状况的反映。

附记：白帝山遗址考古发掘项目领队为白九江，现场负责人为杨鹏强，许高民、陶一波、陈臻负责田野发掘、绘图，董小陈负责摄影，蔡远富、牟丹负责资料整理、器物修复。特别感谢奉节县文物保护管理所雷庭军、张勇对发掘工作的协作和支持。

执笔：杨鹏强　白九江

注　释

［ 1 ］　重庆市文物局、重庆市移民局：《丰都镇江汉至六朝墓群》，科学出版社，2013年，第21页。
［ 2 ］　重庆市文物局、重庆市移民局：《丰都镇江汉至六朝墓群》，科学出版社，2013年，第45页。
［ 3 ］　重庆市文物局、重庆市移民局：《丰都镇江汉至六朝墓群》，科学出版社，2013年，第419页。

奉节白帝村墓群2015年度发掘简报

重 庆 市 文 物 考 古 研 究 院
中 山 大 学 社 会 学 与 人 类 学 学 院
奉 节 县 白 帝 城 文 物 管 理 所

　　白帝村墓群位于重庆市奉节县夔门街道瞿塘峡社区，原属奉节县白帝镇白帝村，2014年5月划属现行政区划。瞿塘峡社区西距奉节新县城18千米，南临长江，东隔草堂河与瞿塘峡西口相望（图一）。白帝村墓群是1992年进行的三峡工程淹没区文物调查发现并确认的[1]，也是后续三峡文化遗产保护项目之一[2]。2015年7月，受重庆市文化遗产研究院（现重庆市文物考古研究院）委托，中山大学社会学与人类学学院开展对白帝村墓群的发掘，计划面积300平方米。根据重庆市文物考古研究院2015年6月的发掘情况，我们在流入草堂河的溪流——头溪沟的南岸重点踏勘，发现多处墓葬和盗洞，随即在紧靠草堂河的头溪沟南岸布方发掘。发掘区隶属奉节县夔门街道瞿塘峡社区3社，中心地理坐标为109°34′18″E，31°02′58″N，海拔145～175米（图二）。此次共布10米×10米探方3个，面积300平方米，探方角度北偏东25°，后扩方

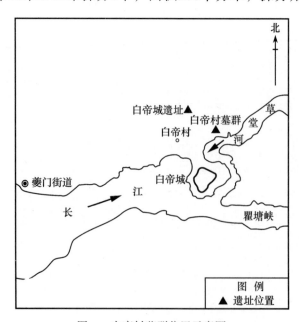

图一　白帝村墓群位置示意图

1米×5米，实际发掘面积305平方米，发掘自2015年7月17日开始，至8月6日结束，历时20天，共发掘各时期墓葬11座（图三），现将本次发掘的收获报告如下。

墓群位于头溪沟南岸的河坡上，河岸坡度35°。除掉地表的杂草和淤泥后，即见到各时期的墓葬。此次共发掘墓葬11座，有土坑、土洞、砖室墓三类形制，按照年代可分为战国、汉代、唐代三个时期。这批墓葬遭严重盗扰，遗物几乎毁坏殆尽，下文中的遗物多为盗扰后的填土内筛选而来，故未将这些遗物绘入墓葬平剖面图中。

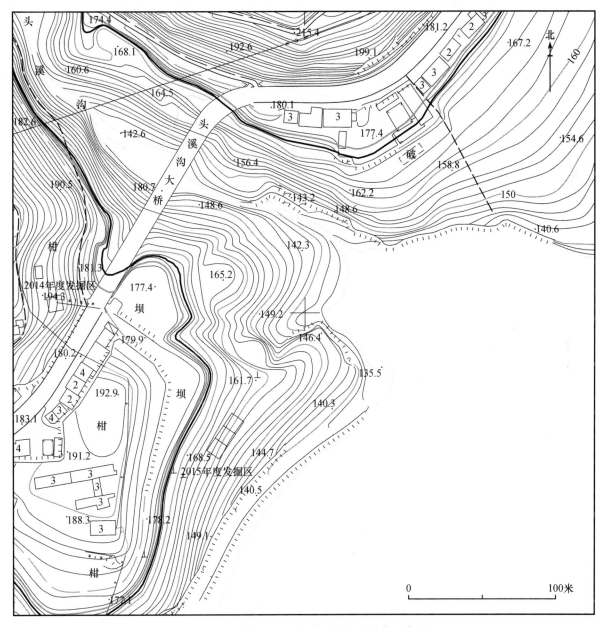

图二　白帝村墓群2015年度发掘探方分布示意图

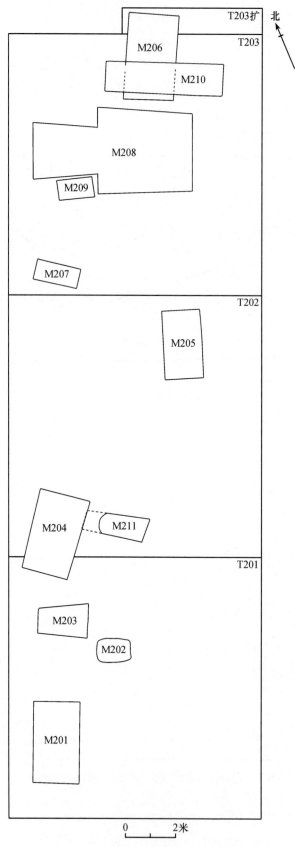

图三 白帝村墓群2015年度发掘墓葬分布图

一、战 国 墓 葬

此次发掘的战国时期墓葬4座。分别为M203～M206。

（一）M203

（1）墓葬形制

梯形竖穴土坑墓。位于T201西北部，墓葬方向335°。底向北倾斜。墓口距地表30～40厘米，墓口长198、宽100～130厘米；墓底距地表60～120厘米，墓底长194、宽92～130厘米；墓室深18～78厘米。墓内填土为黄褐色，土质疏松（图四）。

（2）出土器物

墓葬被盗严重，不见随葬品。

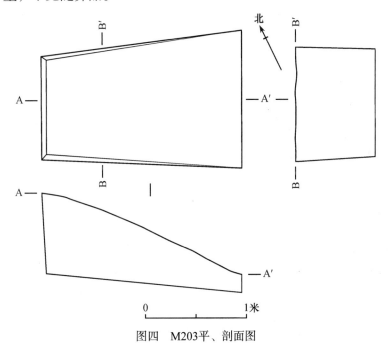

图四　M203平、剖面图

（二）M204

（1）墓葬形制

长方形竖穴土坑墓。位于T202西南并延伸至T201西北。墓葬方向40°。墓葬呈东北—西南向，墓口因地处河坡呈西高东低斜坡状。墓口距地表40厘米，墓口长310、宽196厘米；墓底平坦，墓底长290、宽176厘米；墓室深200～310厘米。墓内填土为红褐色，土质疏松，四壁光滑易脱落。墓室东壁被M211打破（图五）。

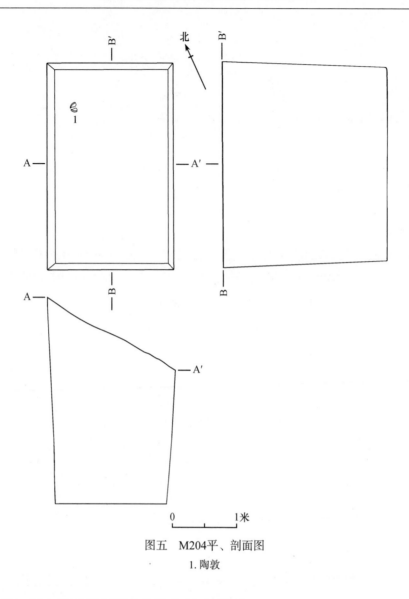

图五　M204平、剖面图
1. 陶敦

墓葬被扰乱。仅在靠近墓室西北角处发现1件陶敦。

（2）出土器物

陶敦　M204：1，残留上半部，仅剩一耳。上下为圆形，上下各有三个回旋耳，腹部有二层彩绘几何纹。口径17.4、通高17.4厘米（图六）。

（三）M205

（1）墓葬形制

长方形竖穴土坑墓。位于T202东北部。墓葬方向20°。墓口裸露于表土，方向近南北向，墓口依河坡呈西高东低呈斜坡状。墓室平面为长方形，墓口长270、宽150厘米；墓底较为平坦，墓底长258、宽140厘米；墓室深110～216厘米（图七）。

0   8厘米

图六　M204出土陶敦（M204∶1）

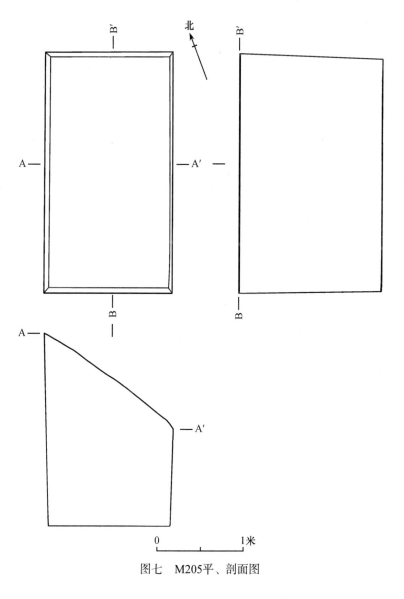

0   1米

图七　M205平、剖面图

（2）出土器物

出土陶器11件，有仿铜陶礼器和日常用陶器两类。仿铜陶礼器有敦、壶。日常用陶器有豆、罐、盆。保存状况一般。

陶壶　2件。M205：1，底部及部分腹部缺失。泥质褐黄陶。盘口，平沿，长束颈微曲，广肩，鼓腹下收，颈、肩、腹各饰凹弦纹，圈足外似束颈，上腹部有对称耳。轮制。口径24.5、腹径18.6、底径12、高24.5厘米（图八，1）。M205：2，完整。泥质黑褐陶。盘口，平沿，长束颈微曲，广肩，鼓腹下收，肩、腹部各饰一道凹弦纹，圈足外似束颈，上腹部有对称耳。轮制。口径10.7、腹径19.8、底径12.1、高24厘米（图八，2）。

陶敦　1件。M205：10，残存口沿。平沿，敛口，弧腹，有三个耳已残。口径18、残高8.8厘米（图八，5）。

陶豆　1件。M205：6，残存柄部。夹砂灰陶。豆盘口沿已残，盘底斜，豆柄圈足已残，上部呈柱状。残高9.2厘米（图八，6）。

陶罐　2件。M205：7，残存口沿。泥质灰黑陶。敛口，微圆唇，短束颈，斜肩，鼓腹，腹部饰间断绳纹。轮制。口径20、腹径28、残高7.8厘米（图八，4）。

陶盆　1件。M205：3，残存口沿。泥质灰褐陶。敞口，圆唇，短束颈，弧腹，下腹残。口径34、残高7.6厘米（图八，3）。

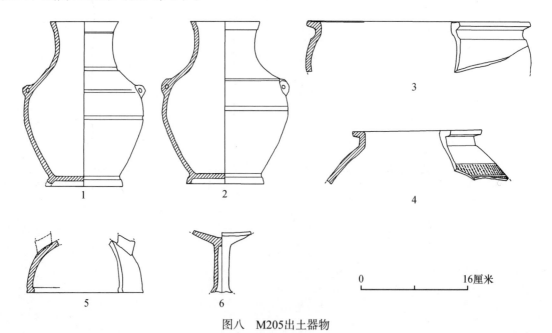

图八　M205出土器物

1、2.陶壶（M205：1、M205：2）　3.陶盆（M205：3）　4.陶罐（M205：7）　5.陶敦（M205：10）　6.陶豆（M205：6）

（四）M206

（1）墓葬形制

位于T203北部并延伸至探方外。墓葬方向40°。墓底平坦，开口裸露于地表。墓口长320～340、宽200厘米，墓底长260～280、宽150厘米，墓室深200～340厘米。填土为红褐色，土质疏松，四壁较光滑易脱落（图九）。该墓葬被M210打破。

（2）出土器物

随葬品集中在墓室中部。

出土器物共3件，陶器有盆、豆，铜器有带钩，陶器保存状况较差。

陶盆　1件。M206：2，残存口沿。夹砂灰褐陶。圆唇，敞口，沿面有四道凹弦纹，无颈，弧腹内收，腹部饰间断绳纹。轮制。口径30、腹径30.6、残高8厘米（图一〇，2）。

陶豆　1件。M206：3，残存柄足。泥质红褐陶。上部残，柱状足，喇叭形圈足。底径7.6、残高7厘米（图一〇，1）。

铜带钩　1件。M206：1，铜制，锈蚀严重。面部已残。钩为鸟形，钩体为圆形。残长4.6厘米（图一〇，3）。

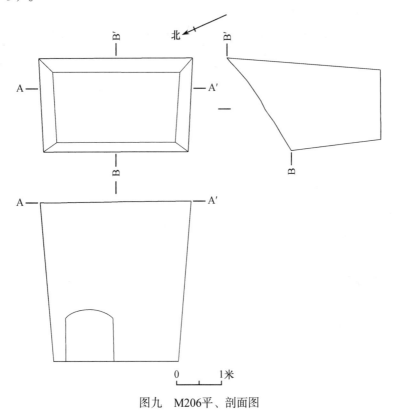

图九　M206平、剖面图

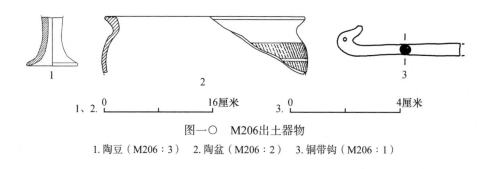

图一〇　M206出土器物

1. 陶豆（M206：3）　2. 陶盆（M206：2）　3. 铜带钩（M206：1）

二、汉 代 墓 葬

清理汉代墓葬2座，其中M201为西汉墓葬，M208为东汉墓葬。

（一）M201

（1）墓葬形制

长方形竖穴土坑墓。位于T201西南角，墓葬方向30°。墓室平面呈长方形。墓口距地表20～40厘米，墓口长320、宽184厘米；墓底平坦，墓底距地表310～398厘米，墓底长290、宽166厘米；墓室深288～358厘米。墓葬为南北向，在墓底距北壁36厘米处有一条东西向长166、宽20、深8厘米沟槽，推测应为棺木枕木之遗留。墓内填土为泛红黄褐色五花土，土质疏松，四壁较光滑，易脱落（图一一）。

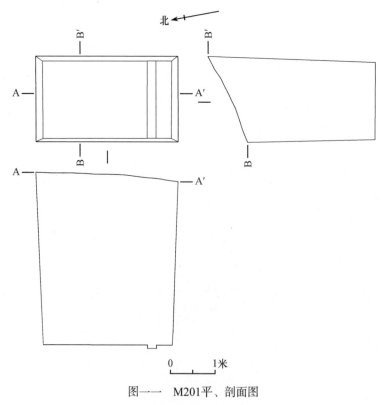

图一一　M201平、剖面图

（2）出土器物

随葬品共4件，有陶鼎、陶壶、陶支座以及铁箍各1件，保存状况较差。

陶鼎 M201：1，仅残存三分之二。夹砂灰陶。子母口，弧腹下收，腹部有一道凹弦纹，圜底，三足。口径13.8、腹径17、高11.6厘米（图一二，1）。

陶壶 M201：3，口部残。泥质灰陶。口沿及圈足均残，长束颈，广肩微曲，上腹部有对称双耳，微鼓腹下收，内下腹有两道凹弦纹。腹径17.2、残高21厘米（图一二，3）。

陶支座 M201：4，完整。直口，鼓腹，束颈底。上径10、下径6、高3.2厘米（图一二，2）。

铁箍 M201：2，锈蚀严重。圆箍形，上宽下窄，褐色。上径4.9、下径5.2、高2.6厘米（图一二，4）。

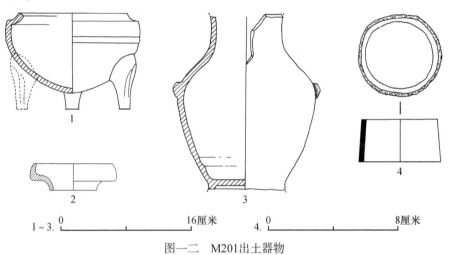

1~3. | 0   16厘米   4. | 0   8厘米

图一二 M201出土器物

1.陶鼎（M201：1） 2.陶支座（M201：4） 3.陶壶（M201：3） 4.铁箍（M201：2）

（二）M208

（1）墓葬形制

梯形土坑砖室（石）墓。位于T203中部，墓葬方向347°。墓室分前、后两室，墓底两侧有墓砖，仅存一至四层，长仅存2.2米。前室长390、宽300~310、残高10~280厘米，墓底残存长220、高10~40厘米的墓砖。后室长230、宽184、高160~210厘米，前室有一盗洞，后室有两个盗洞直达墓底，在前室和后室之间有一道圆拱，仅存长32、宽18、厚10厘米的一层墓砖。填土为黄褐色土，土质疏松（图一三）。

（2）出土器物

随葬品共22件。陶器有6件，主要器形有钵、盆、筒瓦、豆、砖；铜器14件，均为铜钱；琉璃器2件，为耳珰。器物主要集中在后室中部，铜钱及琉璃器保存状况较好，陶器保存状况较差。

陶钵 1件。M208：6，残存口沿。泥质灰陶。平沿，方唇，直口直壁，无颈。素面。口径32、残高4.4厘米（图一四，2）。

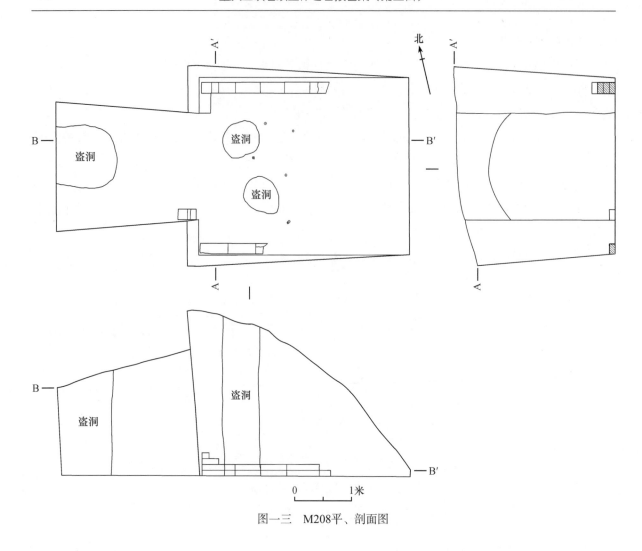

图一三　M208平、剖面图

陶盆　2件。M208：7，残存底部。泥质红褐灰衣陶。平底略内凹，鼓腹。素面。底径22、残高4厘米（图一四，3）。M208：8，残存口沿。泥质灰陶。三角形唇，平沿，敛口，沿面饰四道凹弦纹，短束颈，弧腹下收。腹部饰绳纹。口径34、腹径33.2、残高8.4厘米（图一四，1）。

陶筒瓦　1件。M208：9，残。瓦舌为弧形，瓦身外饰交叉绳纹，内有布纹。瓦舌长3.6、残长8.6厘米（图一四，4）。

陶砖　1件。M208：11，残。灰褐泥质陶。长方形，一端有子母口，中间有子母凹槽，侧面饰回纹。长40、宽18、厚12厘米。主体花纹为菱形，中心间饰十字纹（图一四，7）。

铜钱　14枚。M208：1，为五铢，锈蚀严重。圆形方孔，书写篆体"五铢"两个字样，字迹有点模糊不清（图一四，5）。

琉璃耳珰　2件。M208：3，残。质地为琉璃。喇叭形，中间竖直穿孔。上径0.7、下径1.2、残长2.1厘米（图一四，6）。

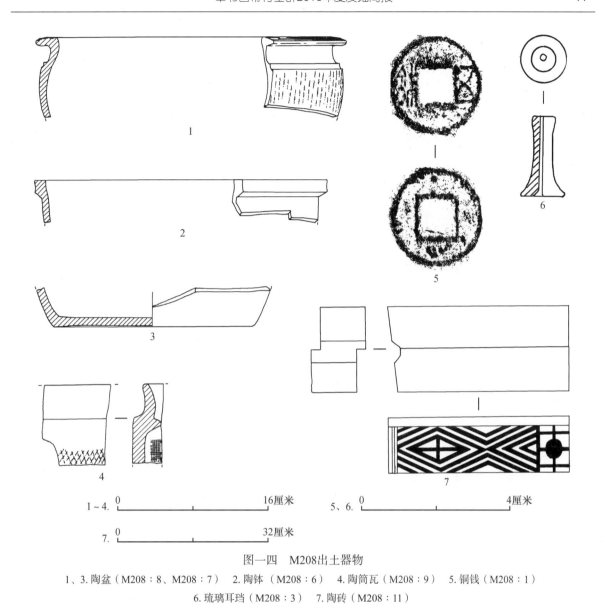

1~4. 0 ———————— 16厘米

5、6. 0 ———————— 4厘米

7. 0 ———————— 32厘米

图一四　M208出土器物

1、3.陶盆（M208：8、M208：7）　2.陶钵（M208：6）　4.陶筒瓦（M208：9）　5.铜钱（M208：1）

6.琉璃耳珰（M208：3）　7.陶砖（M208：11）

三、唐代墓葬

此次清理的唐代墓葬共5座。主要墓葬形制为土洞墓。根据墓室平面形状可分为A、B两种类型。墓内填土均为黄褐色五花土，土质疏松。

（一）A型

长方形竖穴土洞墓，3座，分别为M202、M207、M209。

1. M202

（1）墓葬形制

位于T201中部，墓葬方向295°。墓口距地表20～40厘米。弧顶，直壁，斜坡底。弧顶残长20厘米，墓底残长130、宽100、深76厘米。墓底两截肢骨腐朽未采集，葬具葬式不清（图一五）。

（2）出土器物

随葬品共2件，陶豆柄1件、青釉瓷碗1件，保存状况较差。

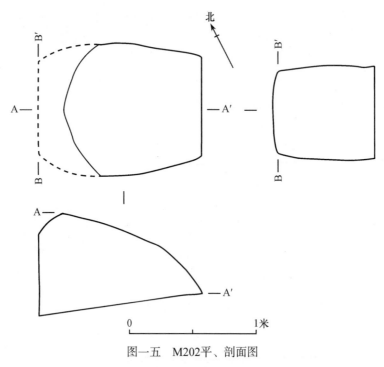

图一五　M202平、剖面图

2. M207

（1）墓葬形制

位于T203西南部，墓葬方向325°。平底，墓口距地表约30厘米，弧顶，直壁，斜坡底，弧顶残长20～60厘米，墓底残长180、宽73～80、深6～60厘米。墓内填褐色土。葬具葬式不明（图一六）。

（2）出土器物

出土物有较多陶片、骨骼。随葬品共2件，保存状况差，陶罐仅残存底部，瓷盆仅存口沿。

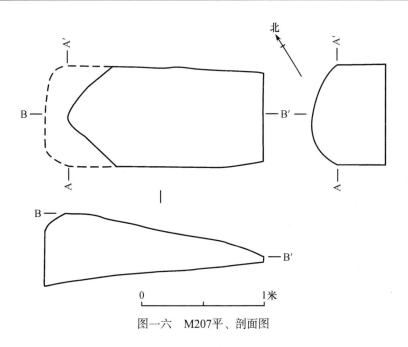

图一六　M207平、剖面图

3. M209

（1）墓葬形制

位于T203中部，墓葬方向290°。墓口距地表约30厘米，直壁，斜坡底。墓口残长140、宽80、深18～70厘米（图一七）。

（2）出土器物

出土器物仅有少许碎陶片。

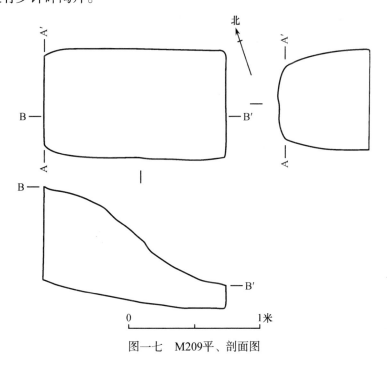

图一七　M209平、剖面图

（二）B型

梯形竖穴斜底土洞墓，2座，分别为M210、M211。

1. M210

（1）墓葬形制

位于T203北部，墓葬方向338°。开口裸露于地表，打破生土，墓底残长456、宽100～150、深60～348厘米。在墓底有三道横枕，长分别90、108、115厘米，宽20厘米，深8厘米。墓内有一头龛，头龛长60、宽90、高110厘米，头龛下有一层长64、宽40、厚4厘米的石灰台面。墓内填土为黄褐色土，土质疏松。M210打破M206（图一八）。

（2）出土器物

出土器物有3件。陶器有敦、盆，铜器有铜钱，保存状况较差。

陶敦　1件。M210：3，残存下半部的三分之二。内斜沿，敞口，尖唇，唇下有一道凹弦纹，弧腹下收，腹部饰绳纹。口径18、残高6.8厘米（图一九，3）。

陶盆　1件。M210：2，残存口沿。泥质黑褐色陶。平沿方唇，短束颈微曲，侈口，颈、腹部饰绳纹。口径34、残高5厘米（图一九，2）。

铜钱　1件。M210：1，为开元通宝，圆形方孔，字迹锈蚀显模糊。直径2.4厘米（图一九，1）。

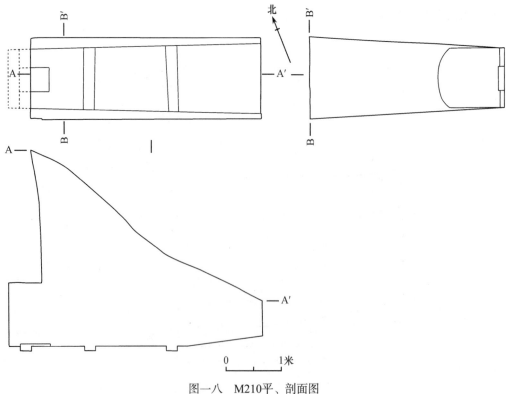

图一八　M210平、剖面图

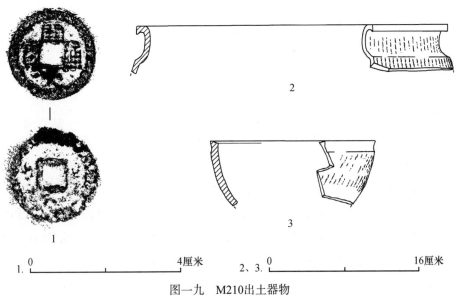

图一九　M210出土器物

1. 铜钱（M210∶1）　2. 陶盆（M210∶2）　3. 陶敦（M210∶3）

2. M211

（1）墓葬形制

位于T202西南部，墓葬方向312°。墓口距地表约30厘米。墓室长254、宽80～90、深18～100厘米。M211打破M204（图二〇）。

（2）出土器物

出土少量碎陶片，器形难辨。

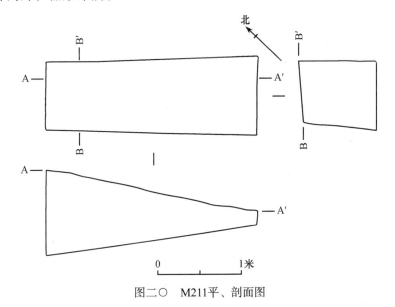

图二〇　M211平、剖面图

四、结　　语

墓葬分为战国、汉代和唐代三个时期。

战国墓葬中，M205为长方形竖穴土坑墓，出土陶器组合为敦、豆、壶、罐、盆，与巫山秀峰一中战国墓的墓葬形制及器物组合相似。陶敦M205∶10与巫山秀峰一中M5∶11相似[3]。陶盆M205∶3与巫山蓝家寨遗址早二期文化遗存H34∶9[4]、陶罐M205∶7与巫山蓝家寨遗址早一期文化遗存G19∶4[5]、涪陵镇安遗址M17∶5相似[6]。陶豆M205∶6与巫山古城遗址T509②∶1[7]、忠县𦥯井沟遗址群崖脚（半边街）墓地相似[8]。由此可见，M205下限可能到战国中晚期。陶盆M206∶2与忠县𦥯井沟遗址群崖脚（半边街）墓地M3∶6[9]相似；陶豆M206∶3与开县余家坝战国墓地M7∶2[10]、巫山涂家坝遗址H39∶1相似[11]；陶敦M204∶1与巫山水田湾Ⅲ M1∶2相似[12]。由此可见，M206、M204应为战国中期偏晚。

汉代墓葬中，陶鼎M201∶1与万州石地磅墓地M2∶74[13]相似，故M201应为西汉早期墓葬。M208出土的琉璃耳珰（M208∶3）与巫山双堰塘遗址M713∶1[14]的琉璃耳珰相似，湖北襄樊樊城菜越发现三国早期角耳珰（M1∶25），形制也与M208∶3相似[15]。《宝丰出土汉代饰品类器物的分析》中分析河南平顶山宝丰廖旗营墓地出土的耳珰（AM6∶8），该文认为耳珰类大量出土于汉代墓葬，以湖南、湖北、河南、甘肃出土最多，并推测是我国本土制作[16]。此外，陶盆M208∶8与奉节毛狗堆遗址H3∶14相似[17]，故推测M208应为东汉中晚期墓葬。

唐代墓葬中的遗物较杂乱，不排除填土中有早期遗物混入。陶盆M210∶2与巫山蓝家寨遗址中出土的M4∶5[18]相似，推测为战国早期遗物。M202、M207、M209、M210、M211根据土洞墓的墓葬形制，以及M210出土的"开元通宝"推测这些应为唐代墓葬。

白帝村墓群遭严重盗扰，保存情况较差，出土遗物较少，尽管如此，这批战国、汉代及唐代的墓葬还是进一步丰富了白帝城遗址的文化内涵，为深入研究该遗址提供了材料。

附记：本次考古发掘项目领队为王宏，参与发掘人员有刘明怀、王雄，器物绘图由刘明怀完成，器物修复及电脑制图由姚志辉完成。

执笔：王　宏　冯　爽　张　勇　王裕昌

注　　释

［1］　国务院三峡工程建设委员会办公室、国家文物局：《长江三峡工程淹没及迁建区文物古迹保护规划报告·重庆卷》（上册），中国三峡出版社，2010年，第220页。

［2］　南京大学文化与自然遗产研究所：《重庆市三峡库区后续工作自然与历史文化遗产保护和完善实施规划（2011～2014年）》，2012年7月。

［3］　河南省文物考古研究所、重庆市文物局、巫山县文物管理所：《巫山秀峰一中战国、两汉墓地发掘报告》，《重庆库区考古报告集·2000卷》，科学出版社，2007年，第138页。

［4］ 重庆市文物考古所、湖南益阳市文物考古队、重庆市文物局、巫山县文物管理所：《巫山蓝家寨遗址发掘报告》，《重庆库区考古报告集·2000卷》，科学出版社，2007年，第23页。

［5］ 重庆市文物考古所、湖南益阳市文物考古队、重庆市文物局、巫山县文物管理所：《巫山蓝家寨遗址发掘报告》，《重庆库区考古报告集·2000卷》，科学出版社，2007年，第23页。

［6］ 北京市文物研究所三峡考古队、重庆市涪陵区博物馆：《涪陵镇安遗址发掘报告》，《重庆库区考古报告集·1999卷》，科学出版社，2006年，第6页。

［7］ 中国社会科学院考古研究所三峡工作队、重庆市文物局：《巫山古城遗址发掘报告》，《重庆库区考古报告集·2000卷》，科学出版社，2007年，第47页。

［8］ 北京大学考古文博学院三峡考古队、重庆市文物局、忠县文物保护管理所：《忠县瓦井沟遗址群崖脚（半边街）墓地》，《重庆库区考古报告集·2000卷》，科学出版社，2007年，第917页。

［9］ 北京大学考古文博学院三峡考古队、重庆市文物局、忠县文物保护管理所：《忠县瓦井沟遗址群崖脚（半边街）墓地》，《重庆库区考古报告集·2000卷》，科学出版社，2007年，第177页。

［10］ 山东大学考古学系、重庆市文物局、开县文物管理所：《开县余家坝墓地发掘简报》，《重庆库区考古报告·2000卷》，科学出版社，2007年，第671页。

［11］ 中山大学人类学系、重庆市文物局、巫山县文物管理所：《巫山涂家坝遗址发掘报告》，《重庆库区考古报告集·2000卷》，科学出版社，2007年，第241页。

［12］ 重庆市文物考古所、武汉市文物考古研究所、重庆市文物局、巫山县文物管理所：《巫山水田湾战国、两汉墓葬发掘简报》，《重庆库区考古报告集·2000卷》，科学出版社，2007年，第133页。

［13］ 重庆市文物考古所、复旦大学文博系、重庆市文物局：《万州石地磅墓地发掘报告》，《重庆库区考古报告集·2000卷》，科学出版社，2007年，第806页。

［14］ 中国社会科学院考古研究所长江三峡工作队，巫山县文物管理所：《巫山双堰塘遗址发掘报告》，《重庆库区考古报告集·1999卷》，科学出版社，2007年，第124页。

［15］ 刘江生：《湖北襄樊樊城菜越三国墓发掘报告》，《考古学报》2013年第3期。

［16］ 姚智辉、李锋：《宝丰出土汉代饰品类器物的分析》，《中原文物》2014年第1期。

［17］ 中国文物研究所、重庆市文化局、奉节县文物管理所：《奉节毛狗堆遗址第一次发掘简报》，《重庆库区考古报告集·1999卷》，科学出版社，2006年，第183页。

［18］ 重庆市文物考古所、湖南益阳市文物考古队、重庆市文物局、巫山县文物管理所：《巫山蓝家寨遗址发掘报告》，《重庆库区考古报告集·2000卷》，科学出版社，2007年，第16页。

奉节谢家包墓群2015年度发掘简报

重庆市文物考古研究院
中国人民大学历史学院

　　谢家包墓群位于长江北岸的陡坡上，朱衣河在其北侧自西北向东南注入长江。该墓群隶属于重庆市奉节县朱衣镇口前村一社，东北与奉节县城相距约1.4千米，中心坐标为109°27′25.9″E，31°00′09.2″N，海拔150~165米。2015年6~9月，为配合三峡工程重庆库区消落区的文物保护工作，由重庆市文物考古研究院（原重庆市文化遗产研究院）和中国人民大学历史学院对其进行了清理发掘，发掘面积1025平方米（图一）。

　　发掘区分为南北两部分，共清理了10座墓葬。南区地势相对平缓，分布有砖室墓1座（M5）、土坑竖穴墓4座（M2~M4、M10）。北区地势陡峭，均为崖墓，共5座（M1、M6~M9）。出土随葬器物132件，以陶器为主，另有铜器、铁器等（图二）。现将具体发掘情况介绍如下。

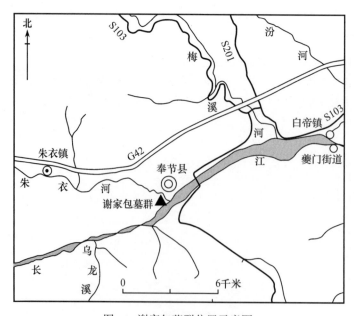

图一　谢家包墓群位置示意图

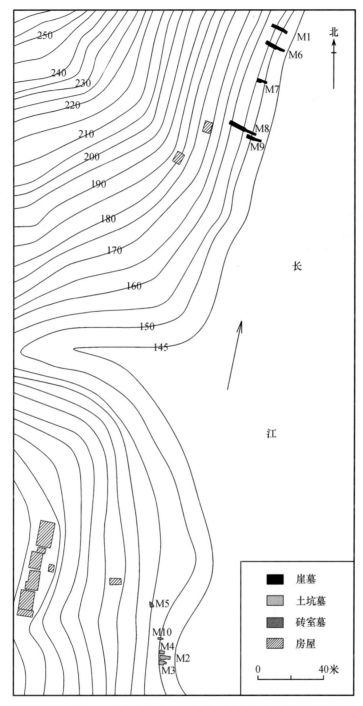

图二 谢家包墓群2015年度发掘墓葬分布图

一、砖　室　墓

共1座，为M5。

由于山体垮塌及江水冲刷影响，M5仅残留部分墓室，形制不明，方向82°。墓圹残长370、宽220、深78厘米。墓室西壁残长144、高48厘米，余有5层墓砖；南壁长128、高48厘米，余有5层墓砖。墓砖错缝平砌，皆饰有菱形几何纹，有长方形砖和楔形砖两种，楔形砖长边长40、短边长36、宽22、厚9.5厘米，带有榫卯结构，榫部位长4、宽4厘米；长方形砖长42、宽22、厚9.5厘米。底部向上第二层为楔形砖，花纹朝向墓圹，其余皆为长方形砖，花纹朝向墓室。墓底无铺地砖，底部有一椭圆形盗洞。M5破坏严重，墓内葬具及人骨无存，亦无随葬品（图三）。

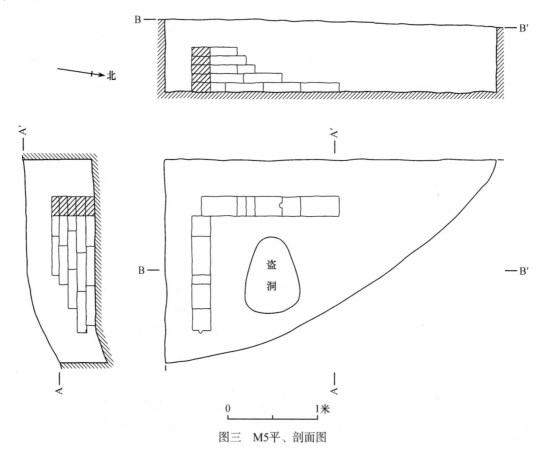

图三　M5平、剖面图

二、土坑竖穴墓

共4座，分别为M2～M4、M10。其中M2、M3、M4并列，位于沿江缓坡上，M10在其西北处，被近现代房屋所叠压。

（一）M2

刀把形土坑墓，方向97°。由墓道和墓室两部分构成，已被盗。墓道偏于北侧，平面呈长方形，开口长286、宽164～180厘米，底部长290、宽158～170厘米，深15～108厘米。墓室平面呈前窄后宽的长方形，开口长320、宽220～246厘米，底部长315、宽208～234厘米，深108～200厘米。墓室后部有3个袋形盗洞，后壁被破坏。墓内不见葬具及人骨，亦无随葬品（图四）。

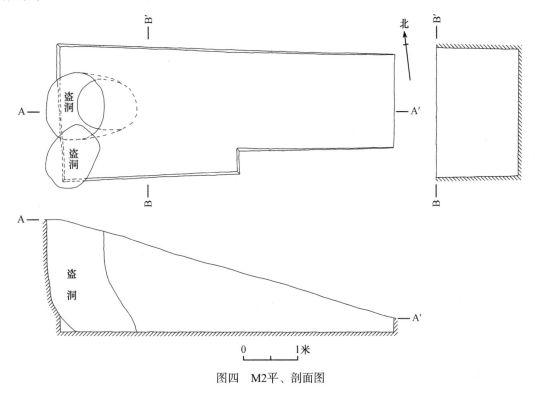

图四　M2平、剖面图

（二）M3

刀把形土坑墓，方向98°。由墓道和墓室两部分构成，已被盗。墓道偏于北侧，长150、宽82～102、深15～55厘米。墓室平面近长方形，长280、宽230、深65～148厘米。墓室前部有一近长方形盗洞，长170、宽110、深120厘米。墓内不见葬具及人骨，亦无随葬品（图五）。

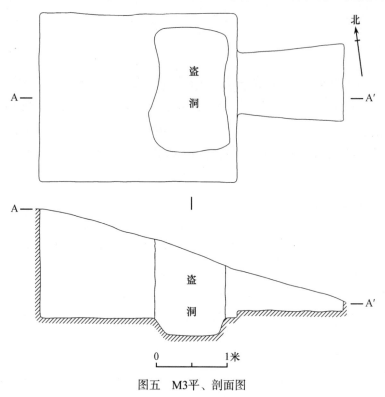

图五　M3平、剖面图

（三）M4

长方形土坑竖穴墓，方向98°。墓圹长285、宽156～170、深12～65厘米，墓室西部有一椭长形盗洞，深71～78厘米，打破墓底。墓内不见葬具，仅余一截人骨。出土陶片若干，可辨器形有鼎、罐（图六）。

（四）M10

近梯形土坑竖穴墓，方向275°。墓室平面大致呈梯形，墓口长300、宽64～90厘米，底部长270、宽64～84厘米，深22～88厘米（图七）。M10葬具已朽，仅在底部存有部分棺灰和腐痕，余少量人骨，为仰身直肢葬。随葬品位于墓主头部西北处，只有1件陶罐，陶罐上盖有1块砖。

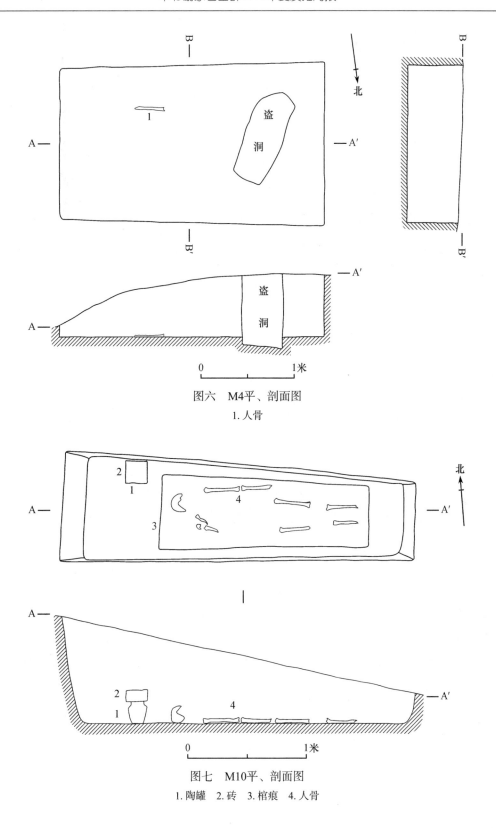

图六 M4平、剖面图
1.人骨

图七 M10平、剖面图
1.陶罐 2.砖 3.棺痕 4.人骨

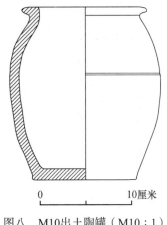

图八　M10出土陶罐（M10：1）

陶罐　1件。M10：1，褐陶。平折沿，尖唇，束颈，溜肩，直弧腹，平底略内凹。腹部饰有一道凹弦纹，外壁施釉，釉不及底。口径13.7、腹部最大径16.7、底径11.3、高18.3厘米（图八）。

三、崖　墓

共5座，为M1、M6～M9，均处于陡峭的沿江坡地上，由于江水的长期冲刷，其墓道开口部分均暴露于地表，为淤土、杂草及乱石掩盖。

（一）M1

由墓道、甬道和墓室三部分组成，保存完整，基本未被扰动。方向116°。墓道呈斜坡状，长230、宽124～160厘米。甬道长60、宽160、高144厘米，顶部较平，甬道与墓道相交处有一道深约13厘米的门槽。墓室为长方形，长700、宽170厘米，拱顶，最高处158厘米。墓壁与墓顶表面应经过修整，凿痕相对整齐。

随葬器物被集中放置在墓室前部偏北一侧，排列紧密有序，没有发生太大的位移。铜勺被置于铜碗内，陶釜放置于陶灶上，陶碗、盘、碟、盂、罐等虽略有垮塌，仍保持堆叠的状态。随葬器物南侧地面上铺有铜钱。墓室后部未发现随葬器物，可能原本摆放棺木，但葬具及人骨均已朽，情况不明（图九）。

随葬器物共101件（组），以陶器为主，包括大量釉陶器，主要器形有罐、甑、碗、熏炉等日用陶器，灶、釜、俑等模型明器。此外亦有少量铜器和铁器（图一〇）。

陶器　88件。

陶锺　4件。M1：33，红陶。盘口，束颈，溜肩，鼓腹，平底，喇叭状高圈足。肩部和腹部各饰有两道凹弦纹，肩两侧各有一兽首衔环铺首，圈足有一道凹弦纹。内壁施绿釉，外壁施浅绿色釉。口径17.5、圈足径22.2、高39厘米（图一一，1）。M1：34，红陶。盘口，束颈，溜肩鼓腹，鼓腹，平底微圜，喇叭状圈足。肩部有三道弦纹，腹部和圈足各有一道凹弦纹，肩两侧各有一兽首衔环状铺首。盘口内施绿釉，外壁施浅绿色釉，釉不及底。口径15.7、腹部最大径26、圈足底径19.8、高34.2厘米（图一一，2）。M1：35，红陶。盘口，束颈，溜肩，弧腹，圜底，喇叭状圈足。颈肩部饰三道弦纹，腹部有一道凹弦纹，肩两侧各有一兽首衔环状铺首。外壁施绿釉，釉不及底。口径15.6、腹部最大径22、圈足底径16.6、高28厘米（图一一，3）。M1：36，红陶。敞口，方唇，唇面内凹，束颈，溜肩，弧腹，平底，圈足较高。颈肩部有三道凹弦纹，肩两侧各有一兽首衔环状铺首。外壁施黄褐色釉，釉不及底。口径16、腹部最大径24.5、圈足底径14.8、高33.5厘米（图一一，4）。

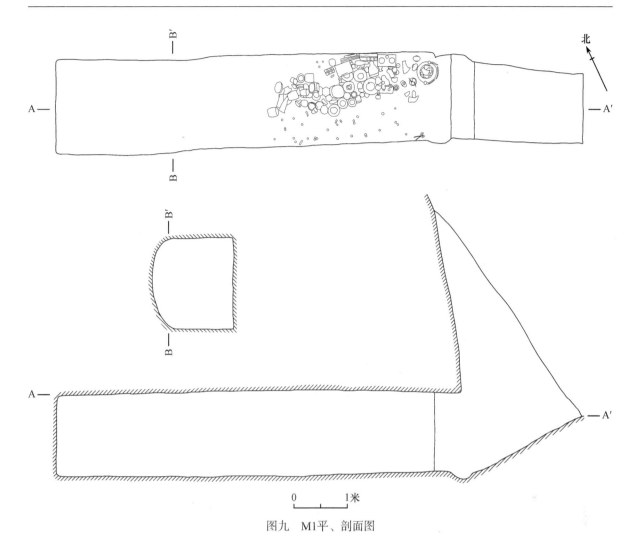

图九　M1平、剖面图

陶甑　1件。M1：1，灰陶。折沿，尖唇，弧腹，平底内凹，底部有13个甑孔。口径33.2、底径9、高18.5厘米，底部甑孔直径1.13厘米（图一一，5）。

陶灶　2件。M1：14，灰陶。平面呈长方形，灶面有三个圆形灶孔，两个大灶孔并列，小灶孔在两者之间偏一侧，一长侧面有两个拱形灶门。全长34.8、宽18.1、高9厘米（图一一，6）。M1：17，灰陶。平面呈长方形，灶面有两个圆形灶眼，一短侧面有挡火墙和烟囱，一长侧面有两个长方形灶门。全长27、宽12、通高14.9厘米（图一一，7）。

陶楼　3件。M1：30，灰陶。歇山顶双层吊脚楼，底层和二层分开，楼顶和楼身为连为一体。底层以兽形柱支撑，二层正面两立柱上各有一斗三升斗拱承托。全长35、宽11.2、通高44厘米（图一一，8）。M1：31，灰陶。歇山顶单层楼，楼顶和楼身为连为一体，正面立柱上以一斗三升斗拱承托，楼身两侧各有一圆孔。全长41.5、宽13.5、通高32厘米（图一一，9）。M1：32，灰陶。歇山顶杆栏式陶楼，楼顶与楼身不相连，正面立柱上以一斗三升斗拱承托，围有栏杆，楼身两侧各有一小孔。长42、宽12、通高36.8厘米（图一一，10）。

陶器盖　8件。M1：65与M1：66形制相似。均为红陶，盖面拱起，顶部较平，边缘内收。盖面中央为凸起的桃形十字纹，周围点缀凸起的卷草纹，外围饰乳丁纹，最外围饰一周

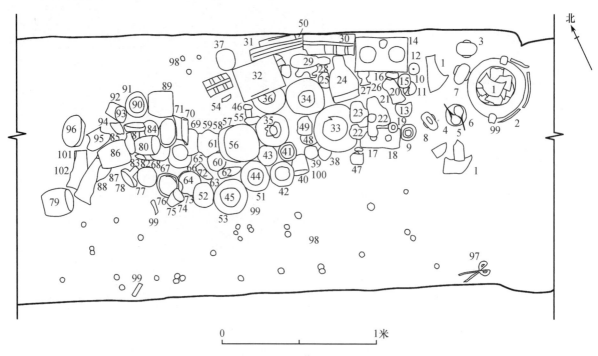

图一〇　M1随葬器物分布图

1. 陶甑　2. 铁釜　3、7、8. 铜耳杯　4. 铜碗　5、6. 铜勺　9、10、16、63、72. 陶熏炉　11、47、55. 陶小碗　12、48、65～67、69、73、74. 陶器盖　13、38～41、75、79、80、89. 陶筒形罐　14、17. 陶灶　15、18. 陶釜　19、37、43、52、71、90. 陶釜形罐　20. 陶听琴俑　21. 陶舞蹈俑　22. 陶抚琴俑　23. 陶庖厨俑　24. 陶执扇俑　25. 陶吹箫俑　26. 陶狗　27. 陶鸽　28. 陶鸡　29. 陶猪　30～32. 陶楼　33～36. 陶锺　42、44、45. 陶折肩罐　46、88、93. 陶勺　49、59、76、92. 陶卮　50、64. 陶小罐　51、53、54. 铁带钩　56、57. 陶盂　58、60、83、85. 陶魁　61、68、70、96、101、102. 陶碗　62、77、84. 陶豆　78、81、82、86、87、91、94. 陶碟　97. 铁剪　98. 铜钱　99. 铁釜支架　100. 铜饰件

波浪纹。M1：65，盖面施黄褐色釉。直径16.2、高3.5厘米（图一二，1）。M1：66，盖面施绿釉。直径16.5、高3.7厘米（图一二，2）。M1：67与M1：69形制相似。均为红陶，盖面拱起，盖顶有一圆形抓手，底缘为方唇，唇面内凹。盖面饰有两道凹弦纹。施黄褐色釉。M1：67，直径16.6、高6.2厘米（图一二，3）。M1：69，直径16.8、高6.2厘米（图一二，4）。M1：48，红陶。盖面拱起，顶部有一环状纽，盖面有五圈突起的棱，呈同心圆分布，周围另有三乳丁环绕。器表施绿釉。直径16、高7.9厘米（图一二，5）。M1：12，红陶。盖面拱起较高，盖顶有一鸟喙状纽，两侧各有一三角区域，内划网格纹，三角形顶端各有一长条形气孔。底缘略外撇。器表施黄褐色釉。直径8.8、高4.8厘米（图一二，10）。M1：74，红陶。盖面拱起较高，顶部有一尖喙鸟首形纽，盖面饰有三角网格纹以及Z形纹，刻画较为潦草。近底部有两道凹弦纹。直径10.6、高7.9厘米（图一二，6）。M1：73，红陶。盖面拱起较高，呈博山状，下部有一圈六个气孔，边缘饰三角纹带。器表施绿釉。直径9.2、高6.6厘米（图一二，7）。

陶熏炉　5件。M1：9与M1：16形制相似。红陶，炉盘子母口，折肩，斜腹，短柄，覆碗状器座。外壁施黄褐色釉。M1：9，口径6.1、炉盘直径7.9、器座底径10.4、高8.4厘米（图一二，8）。M1：16，炉盘口径6.1、直径7.8、器座底径10.4、高8.4厘米（图一二，9）。

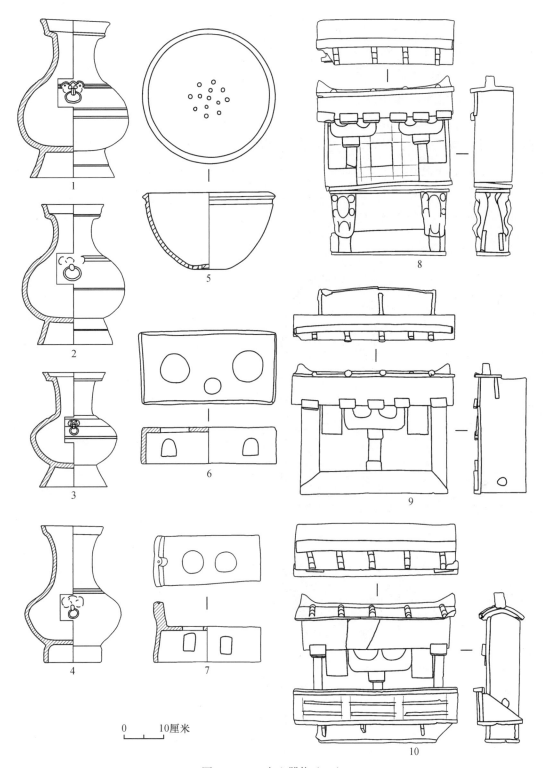

0　　10厘米

图一一　M1出土器物（一）

1~4.陶锺（M1：33、M1：34、M1：35、M1：36）　5.陶瓿（M1：1）　6、7.陶灶（M1：14、M1：17）

8~10.陶楼（M1：30、M1：31、M1：32）

M1：10，红陶。炉盘敛口，方唇，唇面下凹，鼓腹、平底，实心柄，覆碗状底座。器表施绿釉。口径9.2、器座底径9、高12.3厘米（图一二，11）。M1：63与M1：72形制相似。红陶。炉盘敛口，方唇，唇面下凹，弧腹，平底，中空粗长柄，喇叭状底座。炉盘口沿下饰有两道凹弦纹，外壁施黄褐色釉，釉不及底。M1：63，口径9.5、器座底径8.2、高15.7厘米（图一二，13）。M1：72，口径9、器座底径8、高15.6厘米（图一二，14）。

陶豆　3件。M1：62，灰陶。豆盘敞口，方唇，斜腹，平底，实心柄，覆碗形器座。口径10.8、器座底径8.4、高10.5厘米（图一二，12）。M1：77与M1：84形制相似。红陶。豆盘直口，方唇，平底，中空粗长柄，喇叭状器座。豆盘内外壁施黄褐色釉，釉不及底。M1：77，口径10.4、器座底径8.6、高15.2厘米（图一二，15）。M1：84，口径10.2、器座底径8.7、高15厘米（图一二，16）。

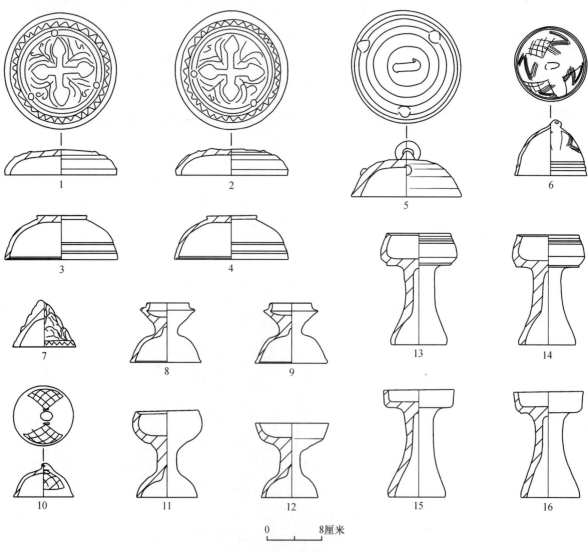

0　　　　8厘米

图一二　M1出土器物（二）

1～7、10.陶器盖（M1：65、M1：66、M1：67、M1：69、M1：48、M1：74、M1：73、M1：12）

8、9、11、13、14.陶熏炉（M1：9、M1：16、M1：10、M1：63、M1：72）　12、15、16.陶豆（M1：62、M1：77、M1：84）

陶罐 19件。可分筒形罐、釜形罐、折肩罐。

陶筒形罐 9件。折肩，直腹。M1：13，灰陶。直口，方唇，直腹略弧，平底。腹部饰有一道凹弦纹。口径9、腹部最大径宽10.9、底径6、高11.8厘米（图一三，1）。M1：38、M1：39、M1：40、M1：41形制相似。均为灰陶。敛口，尖唇，斜直腹略弧，平底略内凹。腹部饰一道凹弦纹。M1：38，口径8.3、底径7.8、高10.5厘米（图一三，2）。M1：39，口径8.6、底径8、高10.9厘米（图一三，3）。M1：40，口径8.9、底径6、高10.5厘米（图一三，

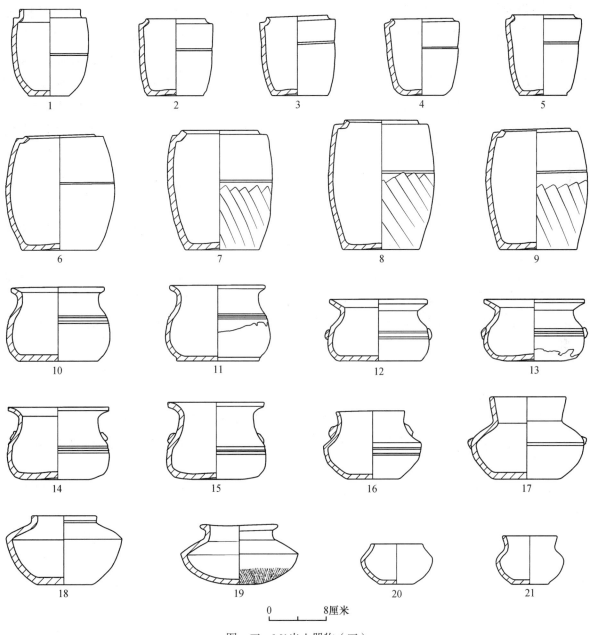

图一三 M1出土器物（三）

1～9.陶筒形罐（M1：13、M1：38、M1：39、M1：40、M1：41、M1：75、M1：79、M1：80、M1：89） 10～15.陶釜形罐（M1：43、M1：71、M1：37、M1：90、M1：19、M1：52） 16～19.陶折肩罐（M1：42、M1：44、M1：45、M1：95）
20、21.陶小罐（M1：50、M1：64）

4）。M1：41，口径8.7、底径6.9、高11厘米（图一三，5）。M1：75、M1：79、M1：80、M1：89形制相似。均为灰陶。敛口，方唇，直腹略弧，平底略内凹。腹部饰有一道凹弦纹，下腹部有斜向刮棱。M1：75，口径9.8、底径10.2、高15.8厘米（图一三，6）。M1：79，口径10.3、底径10.2、高16.3厘米（图一三，7）。M1：80，口径10、底径10.8、高17.7厘米（图一三，8）。M1：89，口径10、底径11、高16.6厘米（图一三，9）。

陶釜形罐　6件。侈口，束颈，鼓腹。M1：43、M1：71均无鋬，平底。M1：43，红陶。方唇。口沿及外壁施黄绿色釉，釉不及底。口径13.1、腹部最大径14.6、底径11.5、高10.1厘米（图一三，10）。M1：71，红陶。圆唇。口沿及外壁施黄褐色釉，釉不及底。口径13.5、腹部最大径14.8、底径11.5、高10.4厘米（图一三，11）。M1：37、M1：90肩部两侧各有一鋬，器形较矮胖，口沿略折，方唇，颈部较短，平底略内凹，下腹近底部有一圈刮痕，肩部饰有两道凹弦纹。M1：37，红陶。施黄褐色釉。口径13.6、腹部最大径14、底径8、高8.4厘米（图一三，12）。M1：90，红陶。口沿及外壁施黄绿色釉，釉不及底。口径14.4、腹部最大径14.5、底径8.4、高8.4厘米（图一三，13）。M1：19、M1：52肩部两侧各有一小鋬，器形相对瘦高，方唇，颈部较长，上腹部饰两道凹弦纹，平底略内凹，近底部有一圈刮痕。M1：19，红陶。口沿及外壁施黄褐色釉，釉不及底。口径14.2、腹部最大径14.4、底径8.5、高9.9厘米（图一三，14）。M1：52，红陶。施黄褐色釉。口径13.6、腹部最大径14、底径6.8、高10.5厘米（图一三，15）。

陶折肩罐　4件。敞口，折肩，斜弧腹。M1：42、M1：44为圆唇，高领，平底。肩部饰有两道凹弦纹，两侧各有一鋬。M1：42，红陶。口径9.5、腹部最大径13.9、底径7.8、高9.3厘米（图一三，16）。M1：44，红陶。口径10.8、腹部最大径16.2、底径9.2、高11.2厘米（图一三，17）。M1：45，红陶。直口，平底。口径9.2、腹部最大径16.4、底径8、高9.5厘米（图一三，18）。M1：95，灰陶。敞口，折沿，圆唇，口部略变形，短直颈，圜底。底部饰绳纹。口径10.8、腹部最大径16.5、高8.2厘米（图一三，19）。

陶小罐　2件，器形较小。M1：50，红陶。敛口，圆唇，圜肩，斜弧腹，平底。口径7.4、底径5、高5.5厘米（图一三，20）。M1：64，红陶。敞口，方唇，束颈，圜肩，斜弧腹，平底。口径7.7、腹部最大径9.7、底径5.5、高6.6厘米（图一三，21）。

陶魁　4件。M1：58、M1：83、M1：85形制相似，敞口，弧腹，平底，一侧有一螭首形把。M1：58，红陶。圆唇，口沿下及上腹部各有一道凹弦纹。把手可见范缝，为成形后再与器身粘结到一起。口径17.8、底径10、高7.8厘米（图一四，1）。M1：83，红陶。方唇，唇面下凹，上腹部起棱。把手已断。内外壁施黄褐色釉，外壁釉不及底。口径18、底径7.5、高6.8厘米（图一四，2）。M1：85，红陶。方唇，唇面下凹，口沿下饰有一道凹弦纹。内外壁施黄褐色釉，外壁釉不及底，釉面多有脱落。口径17.2、底径7.5、把手长6.8、高6.7厘米（图一四，3）。M1：60，红陶。敛口，圆唇，弧腹，平底，一侧有一鸟首状小把手。腹部有一道凹弦纹。内壁施黄褐色釉。口径11、底径5.5、高4.3厘米（图一四，4）。

陶碗　6件。M1：61、M1：70形制相同，敞口，圆唇，弧腹，平底，上腹部饰三道凹弦纹。M1：61，红陶。外壁施黄褐色釉，釉不及底。口径16.4、底径9.5、高7厘米（图一四，

5）。M1∶70，红陶。外壁施黄褐色釉，釉不及底。口径16.6、底径9、高6.8厘米（图一四，6）。M1∶68、M1∶96、M1∶101形制相似，折沿，方唇，斜弧腹，平底。M1∶68，红陶。腹部起棱。内壁施黄褐色釉。口径18、底径6.6、高5.4厘米（图一四，8）。M1∶96，红陶。腹部起棱。平底略内凹。内壁施黄褐色釉。口径17.4、底径6.5、高5厘米（图一四，9）。M1∶101，红陶。腹部饰两道弦纹，下腹部有一圈刮痕。内壁及外壁施绿釉，外壁釉不及底。口径17.6、底径5.5、高5厘米（图一四，10）。M1∶102，红陶。仰折沿，圆唇，斜弧腹，腹部较深，平底。腹部饰有三道凹弦纹，下腹部有一圈刮痕。内外壁施绿釉，外壁釉不及底。M1∶102，红陶。口径17.2、底径4.8、高6.8厘米（图一四，7）。

陶盂　2件。红陶。折沿，方唇，束颈，鼓腹，平底。上腹部饰有两道凸弦纹。内外壁均施黄褐色釉，釉不及底。M1∶56，口径23.3、底径14.5、高10.5厘米（图一四，11）。M1∶57，口径23.5、底径15、高10厘米（图一四，12）。

陶小碗　3件。M1∶11，红陶。侈口，圆唇，斜弧腹，下腹略折，平底。下腹部饰有一道弦纹。内壁施黄绿色釉。口径11.8、底径5.6、高4厘米（图一四，13）。M1∶47，红陶。口微侈，方唇，斜弧腹，平底。腹部饰有一道凹弦纹。内壁施黄褐色釉。口径11.6、底径6.2、高4.5厘米（图一四，14）。M1∶55，红陶。仰折沿，圆唇，斜弧腹，平底略内凹，上腹部有两道凹弦纹。内壁施黄褐色釉，多已脱落。口径12.1、底径4.8、高5.1厘米（图一四，15）。

陶釜　2件。M1∶15，红陶。折沿，圆唇，束颈，肩微折，斜弧腹，平底。口沿两侧各

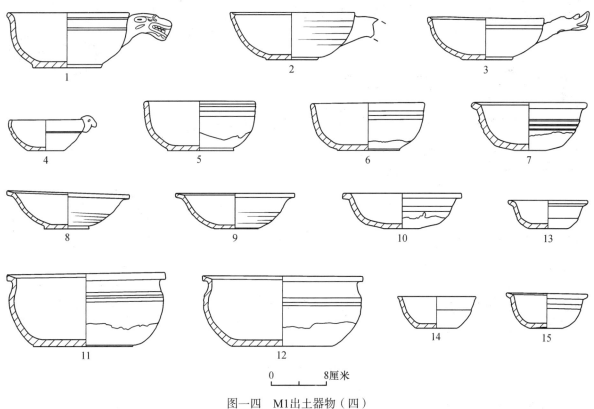

图一四　M1出土器物（四）

1~4.陶魁（M1∶58、M1∶83、M1∶85、M1∶60）　5~10.陶碗（M1∶61、M1∶70、M1∶102、M1∶68、M1∶96、M1∶101）　11、12.陶盂（M1∶56、M1∶57）　13~15.陶小碗（M1∶11、M1∶47、M1∶55）

有一半圆形錾。口沿及耳施黄褐色釉。口径9.4、底径4.8、通高6.4厘米（图一五，1）。出土时位于陶灶（M1：14）一侧。M1：18，红陶。敞口，圆唇，束颈，肩微折，弧腹，平底略内凹。内壁及外壁上部施黄褐色釉。口径8.2、腹部最大径8.2、底径4.5、高5.4厘米（图一五，2）。出土时置于陶灶（M1：17）上。

陶碟　7件。M1：81、M1：86形制相似，敞口，圆唇，折腹，下腹部有一圈刮痕，平底。M1：81，灰陶。口径11.8、底径4.2、高3.4厘米（图一五，3）。M1：86，灰陶。口径11.5、底径4.2、高3.6厘米（图一五，4）。M1：78等5件形制基本相同。敞口，圆唇，斜弧腹，腹部起棱，圜底近平。M1：78，灰陶。高3.3、口径13.4厘米（图一五，5）。M1：82，

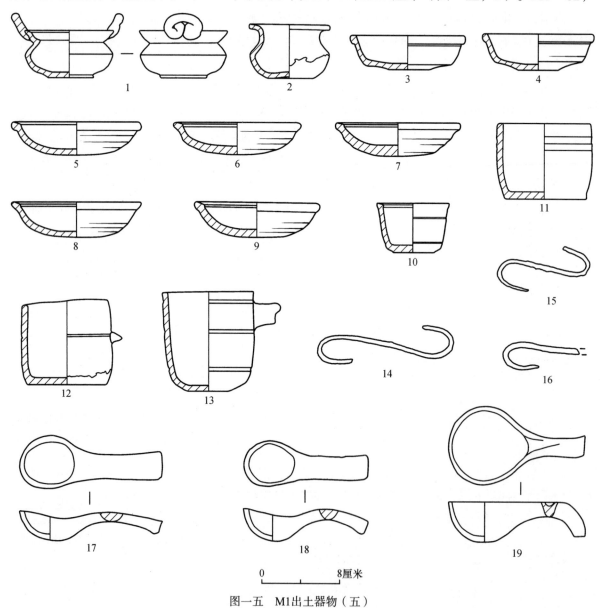

0　　　　　　　8厘米

图一五　M1出土器物（五）

1、2.陶釜（M1：15、M1：18）　3~9.陶碟（M1：81、M1：86、M1：78、M1：82、M1：87、M1：91、M1：94）

10~13.陶卮（M1：59、M1：49、M1：76、M1：92）　14~16.铁带钩（M1：51、M1：53、M1：54）

17~19.陶勺（M1：46、M1：88、M1：93）

灰陶。高3.2、口径13.2厘米（图一五，6）。M1：87，灰陶。高3.3、口径12.8厘米（图一五，7）。M1：91，灰陶。高3.5、口径13.4厘米（图一五，8）。M1：94，灰陶。高3.5、口径13厘米（图一五，9）。

陶卮　4件。M1：49、M1：59无錾，器形较矮胖。M1：49，红陶。直口微敛，直腹略弧，平底。上腹部饰两道凹弦纹。口径9.8、底径8.8、高7.5厘米（图一五，11）。M1：59，红陶。敞口，方唇，斜直腹略弧，平底。腹部饰有两道凹弦纹。外壁施黄褐色釉。口径7.4、底径4.3、高4.9厘米（图一五，10）。M1：76、M1：92腹部一侧有一錾，器形较瘦高。M1：76，红陶。口部微敛，圆唇，直腹微弧，平底。腹部饰有一道凹弦纹。内外壁均施黄褐色釉，釉不及底。口径8.8、腹部最大径9.4、底径8、高8.5厘米（图一五，12）。M1：92，红陶。直口，方唇，直腹微弧，平底。口沿下、腹部和近底部各饰有一道凹弦纹。口径9.6、底径4.5、高9.9厘米（图一五，13）。

陶勺　3件。M1：46，红陶。勺面施绿釉。全长14.8、勺斗宽5.3厘米（图一五，17）。M1：88，红陶。勺面施绿釉。全长14.7、勺斗宽5.2厘米（图一五，18）。M1：93，红陶。勺面施绿釉。全长14、勺斗宽7.8厘米（图一五，19）。出土时置于陶卮（M1：92）内。

陶俑　6件。有听琴俑、舞蹈俑、抚琴俑、庖厨俑、执扇俑、吹箫俑。

陶听琴俑　1件。M1：20，红陶。盘腿而坐，着圆领内衣，宽袖右衽外袍，头戴冠，面部雕刻精细，五官清晰可见。一手支颐，一手扶于膝上。底径20.5、高27.5厘米（图一六，1）。

陶舞蹈俑　1件。M1：21，红陶。呈站姿，头戴冠，着圆领内衣，右衽宽袖长袍，一手举于耳侧，长袖后抛，一手下垂提裙。一腿向外侧弯曲，鞋尖微露。底径24、高45厘米（图一六，4）。

陶抚琴俑　1件。M1：22，红陶。头戴布巾，双眼微闭，面部含笑，着右衽长袍，盘膝而坐，置一琴于膝上，双手抚琴，右手食指曲起，作勾琴弦状。底径26、高31.5厘米（图一六，2）。

陶庖厨俑　1件。M1：23，红陶。头戴小帽，着圆领内衣，右衽长袍，盘膝而坐，置一小案于膝上，双手衣袖略上卷，一手持刀置于身前，一手按住案板上的食材。底径19、高31厘米（图一六，3）。

陶执扇俑　1件。M1：24，红陶。呈站姿，头戴小帽，着圆领内衣，右衽长袍，脚着屦微露，一手执扇（便面）置于胸前，另一手持一布袋于腹前。底径15、高38厘米（图一六，5）。

陶吹箫俑　1件。M1：25，红陶。跪坐，头戴小尖帽，着窄袖长袍，高目深鼻，双手执一箫置于胸前。底径13、高22.5厘米（图一六，7）。

陶狗　1件。M1：26，红陶。呈站姿，张嘴龇牙，双耳立起，颈部有项圈，尾巴上卷。空心，腹腔敞开，头部及背部可见范痕。长27.8、高24厘米（图一六，8）。

陶鸽　1件。M1：27，灰陶。呈趴卧状，背部及胸前各有一小鸽。空心，头部及背部可见范痕。长13.5、高14.5厘米（图一六，6）。

陶鸡　1件。M1：28，红陶。呈站姿，高冠尖喙，翅膀、尾羽及双爪刻画精细。空心，头部及背部可见范痕。长18、底径8.5、高19.8厘米（图一六，10）。

陶猪　1件。M1：29，灰陶。体型较肥壮，头部前伸，拱嘴，双耳下耷，尾巴下垂。空

图一六　M1出土器物（六）

1.陶听琴俑（M1：20）　2.陶抚琴俑（M1：22）　3.陶庖厨俑（M1：23）　4.陶舞蹈俑（M1：21）
5.陶执扇俑（M1：24）　6.陶鸽（M1：27）　7.陶吹箫俑（M1：25）　8.陶狗（M1：26）　9.陶猪（M1：29）
10.陶鸡（M1：28）

心，腹腔敞开，头部及背部可见范痕。眼部及鼻部似有红色颜料痕迹。长27.8、高12.6厘米（图一六，9）。

铁器　5件（套）。

铁釜　1件（套）。M1：2、M1：99分别为釜和支架。釜为直口，圜肩，鼓腹，圜底，两侧各有一耳。口径23.4、腹部最大径35.4、高28.5厘米。支架通高16厘米，由一个圆环和三个支脚组成，支脚略外撇，扣在圆环上。圆环直径约24.5、宽3厘米，支脚长20、宽3厘米（图一七）。

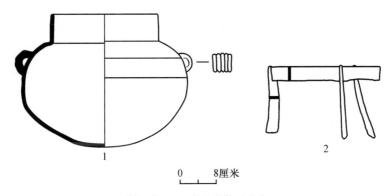

0　　　8厘米

图一七　M1出土器物（七）
1. 铁釜（M1：2）　2. 铁釜支架（M1：99）

铁带钩　3件。呈S形。M1：51，长14、宽2.4、厚0.33厘米（图一五，14）。M1：53，长9.5、宽2.7、厚0.26厘米（图一五，15）。M1：54，已残。长7.8、宽2.8、厚0.26厘米（图一五，16）。

铁剪　1件。M1：97，已断为两部分。刃部宽2、厚0.27、无把部分残长20、无刃部分残长18.8厘米（图一八，5）。

铜器　8件。

铜碗　1件。M1：4，敞口，平面略呈椭圆形，弧腹，平底，素面无纹。口部短径14.5、长径15.2、底径5、高6厘米（图一八，1）。

铜耳杯　3件。分别为M1：3、M1：7、M1：8，形制相同，平面呈椭长形，敞口，弧腹，平底，两侧各有一耳。口部长12.2、连耳宽9.5、底部长7.3、宽3.7、高2.9厘米（图一八，2~4）。

铜勺　2件。出土时置于铜碗（M1：4）内。曲柄，柄尾有一螭首，头部向外，瞪目张口。M1：5，全长18.5、勺部高4.3、宽7.7厘米（图一八，6）。M1：6，全长18、勺部高4.5、宽7.8厘米（图一八，7）。

铜饰件　1件。M1：100，3小件，形制相同。长7、宽1.1、高0.7厘米（图一九，3）。

铜钱　若干枚。M1：98，包括五铢与货泉两种。M1：98-1，五铢若干。直径2.52、孔径0.89、厚0.15厘米（图一九，1）。M1：98-2，货泉1枚。直径2.21、孔径0.67、厚0.12厘米（图一九，2）。

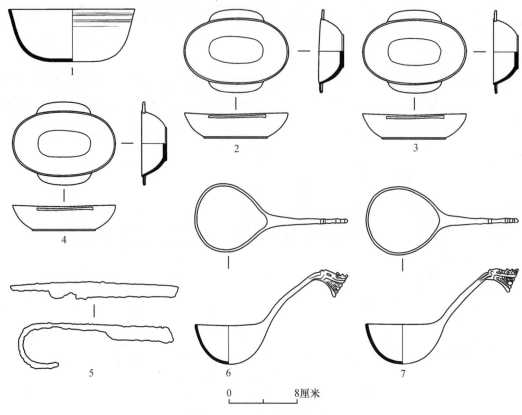

图一八　M1出土器物（八）

1. 铜碗（M1∶4）　2～4. 铜耳杯（M1∶3、M1∶7、M1∶8）　5. 铁剪（M1∶97）　6、7. 铜勺（M1∶5、M1∶6）

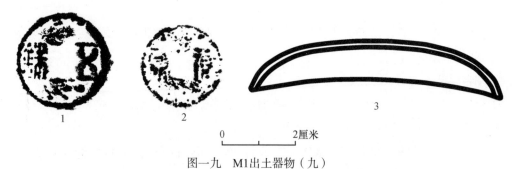

图一九　M1出土器物（九）

1. 五铢（M1∶98-1）　2. 货泉（M1∶98-2）　3. 铜饰件（M1∶100）

（二）M6

刀把形崖墓，方向120°。由墓道、甬道和墓室三部分构成，墓道偏于北侧。墓道呈斜坡状，坡度陡，长290、宽102～140、深400厘米。甬道长190、宽130厘米，底部呈前高后低状，顶部为拱顶近平，近墓道处高120厘米，近墓室处高140厘米。墓室平面呈长方形，长720、宽176～186厘米。墓室为拱顶，有垮塌，底部较平，高154～180厘米。墓室与甬道相交处有台阶，墓室地面相较于甬道低12厘米（图二〇）。墓室内不见葬具，仅余部分人骨。随葬品分布

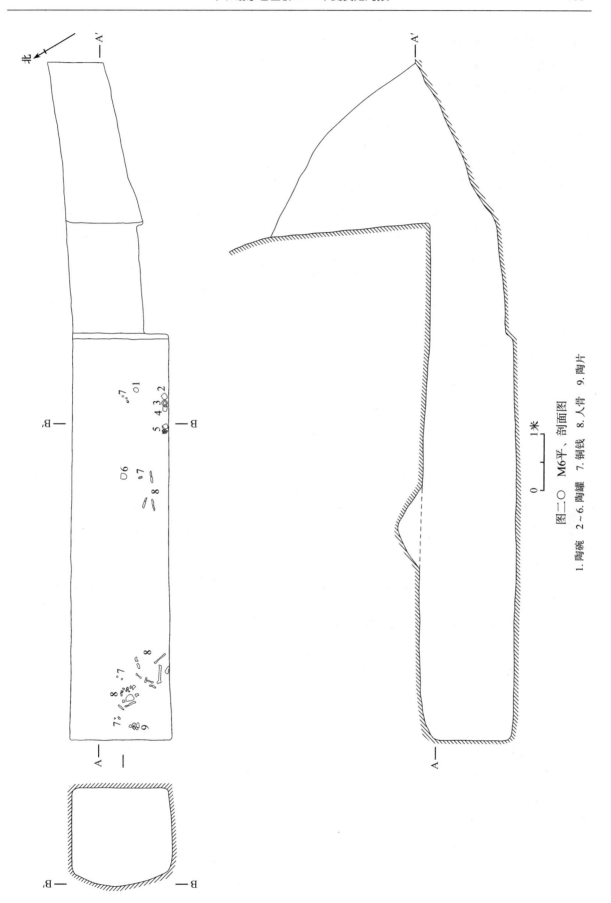

图二〇 M6平、剖面图

1. 陶碗 2~6. 陶罐 7. 铜钱 8. 人骨 9. 陶片

于墓室前部及后部近西壁处，共7件，包括陶碗、陶罐、铜钱等。

陶碗　1件。M6：1，红陶。敛口，斜弧腹，平底略内凹。肩部有一道凹弦纹。口径11.2、底径5.9、高3.9厘米（图二一，6）。

陶罐　5件。形制相同。灰陶。敛口，折肩，斜直腹，平底。腹部饰有一道凹弦纹。M6：2，口径8.2、底径6.2、高10厘米（图二一，1）。M6：3，口径7.5、底径6、高10厘米（图二一，2）。M6：4，口径7.6、底径5.7、高10.3厘米（图二一，3）。M6：5，口径8、底径6.5、高10.3厘米（图二一，4）。M6：6，口径8.1、底径6.2、高10.6厘米（图二一，5）。

铜钱　若干枚，锈蚀严重，多为五铢。M6：7-1，直径2.48、孔径1.05、厚0.09厘米（图二一，7）。M6：7-2，直径2.61、孔径0.9、厚0.18厘米（图二一，8）。

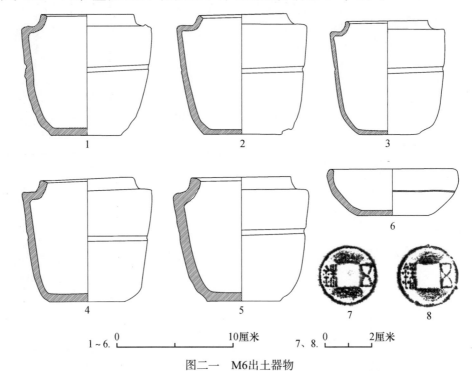

图二一　M6出土器物

1 ~ 5. 陶罐（M6：2、M6：3、M6：4、M6：5、M6：6）　6. 陶碗（M6：1）　7、8. 铜钱（M6：7-1、M6：7-2）

（三）M7

刀把形崖墓，方向105°。由墓道、甬道和墓室三部分构成，墓道偏于北侧。墓道呈四级台阶状，坡度较大，长176、宽98 ~ 136、深312厘米。甬道平顶略拱，长166、宽104 ~ 110、高130厘米。墓室平面呈长方形，长258、宽190厘米，拱顶，顶部平整，前低后高，后壁处高140厘米，前壁处高132厘米（图二二）。墓室内不见葬具，仅在甬道中部残余少量人骨。随葬品分布在墓室及内，共5件，包括陶灶、陶甑、铁铲、陶器盖、铜钱等。

陶灶　1件。M7：1，灰陶。灶面呈长方形，四角翘起，有两个圆形灶眼，一个较大，位于灶面中部，一个较小，位于灶面一角，周围有三个乳丁状凸起作为支架。长16.8、宽10.1、

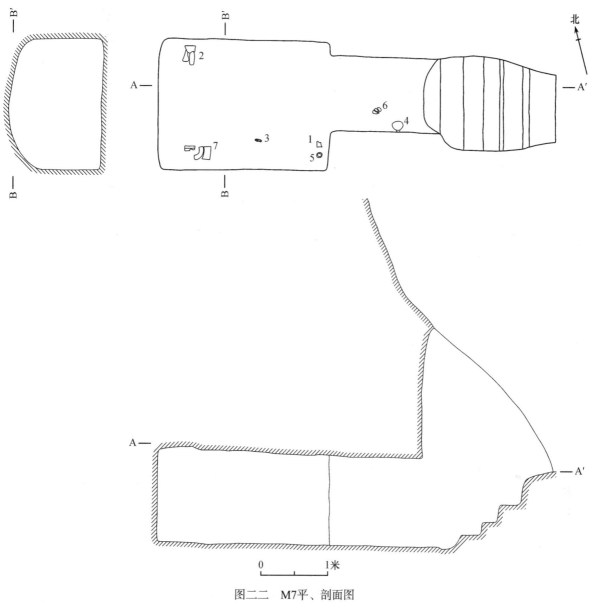

图二二　M7平、剖面图

1.陶灶　2.陶甑　3.铜钱　4.铁铲　5.陶器盖　6.人骨　7.陶片

高4.8厘米（图二三，1）。

陶甑　1件。M7：2，灰陶。折沿，圆唇，斜弧腹，平底，底部有14个甑眼。上腹部饰有两道凹弦纹，内壁上腹部亦有一道凹弦纹。口径28、底径13.5、高13.5厘米（图二三，4）。

陶器盖　1件。M7：5，灰陶。呈圆形，盖面拱起，有一鸟首形纽，下缘内收。直径9、高4.6厘米（图二三，2）。

铁铲　1件。M7：4，全长18.4、宽17.5厘米。

铜钱　若干枚，锈蚀严重，钱文难以辨识。M7：3，直径2.68、孔径0.84、厚0.16厘米（图二三，3）。

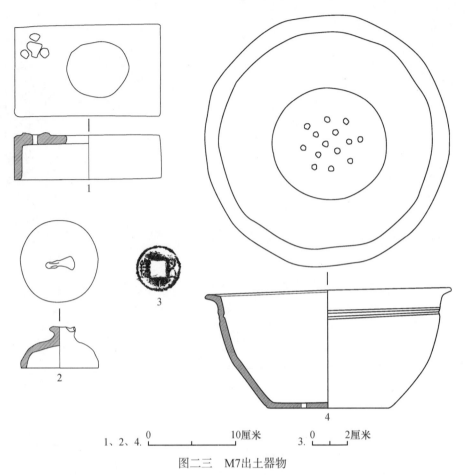

图二三　M7出土器物

1. 陶灶（M7∶1）　2. 陶器盖（M7∶5）　3. 铜钱（M7∶3）　4. 陶甑（M7∶2）

（四）M8

凸字形崖墓，方向115°。由墓道、甬道和墓室三部分构成。墓道坡度平缓，长530、宽102～136、深394厘米。甬道长180、宽120～138厘米，顶部为拱顶近平，前段有部分无顶，底部较平，近墓道处高134厘米，近墓室处高144厘米。墓室平面近长方形，长1030、宽212～216厘米。墓室为拱顶，顶部不甚平整，高150～170厘米（图二四）。墓内不见葬具及人骨。随葬品分布于甬道中部及墓室前部，共10件，包括陶罐、陶豆、陶盘、陶魁、陶勺、陶甑、铁带钩、铜钱等。

陶罐　1件。M8∶1，灰陶。敛口，折肩，直腹略弧，平底。腹部有一道弦纹。口径8.8、腹部最大径11.5、底径6.3、高9.5厘米（图二五，1）。

陶豆　1件。M8∶2，红陶。敞口，实心柄，喇叭状底座。口径8.8、底座直径7.2、高10厘米（图二五，2）。

陶盘　2件。M8∶3，红陶。侈口，圆唇，斜弧腹，平底略内凹。口径16.6、底径8.9、高3.5厘米（图二五，4）。M8∶4，红陶。折沿，圆唇，斜弧腹，平底。内外壁施青釉，釉不及底。口径17.5、底径7.8、高4.7厘米（图二五，5）。

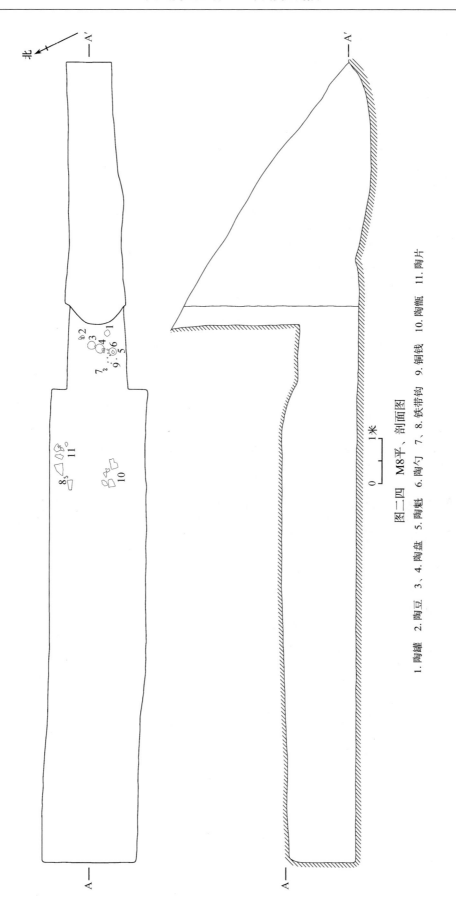

图二四 M8平、剖面图

1. 陶罐 2. 陶豆 3、4. 陶盆 5. 陶魁 6. 陶勺 7、8. 铁带钩 9. 铜钱 10. 陶甑 11. 陶片

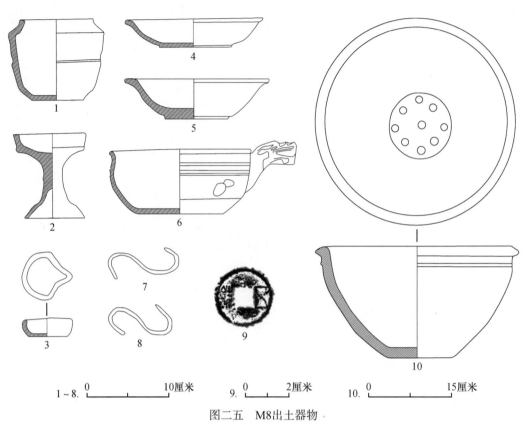

1~8.　0   10厘米　　9.　0   2厘米　　10.　0   15厘米

图二五　M8出土器物

1. 陶罐（M8：1）　2. 陶豆（M8：2）　3. 陶勺（M8：6）　4、5. 陶盘（M8：3、M8：4）　6. 陶魁（M8：5）
7、8. 铁带钩（M8：7、M8：8）　9. 铜钱（M8：9）　10. 陶甑（M8：10）

　　陶魁　1件。M8：5，红陶。侈口，圆唇，弧腹，平底，口部及底部略呈椭圆形，一侧有一螭形把手，腹部有两道凹弦纹。内壁及把施黄褐色釉。口径16.2~17、底径8~8.5、高8厘米（图二五，6）。

　　陶勺　1件。M8：6，红陶。平面呈桃形，平底，底面大致呈圆形。长6.11、宽5.7、高2.2厘米（图二五，3）。

　　陶甑　1件。M8：10，灰陶。折沿，圆唇，弧腹，平底，底部有9个甑孔。内壁口沿下有一道凹弦纹，口径36.8、底径12.5、高19.5厘米（图二五，10）。

　　铁带钩　2件。呈S形。M8：7，长8.8、宽2.3、厚0.45厘米（图二五，7）。M8：8，长7.8、宽2.4、厚0.3厘米（图二五，8）。

　　铜钱　若干枚，均为五铢。M8：9，直径2.64、孔径0.91、厚0.16厘米（图二五，9）。

（五）M9

　　凸字形崖墓，方向110°。由墓道、甬道和墓室三部分构成。墓道坡度平缓，长320、宽120~130、深394厘米。墓道和甬道相交处有一道门槽。甬道长110、宽134厘米，顶部为拱顶近平，底部呈前高后低状，近墓道处高170厘米，近墓室处高150厘米。墓室平面近长方形，长470、宽170~192厘米，拱顶，顶部不甚平整，高150~176厘米（图二六）。墓内不见葬具，

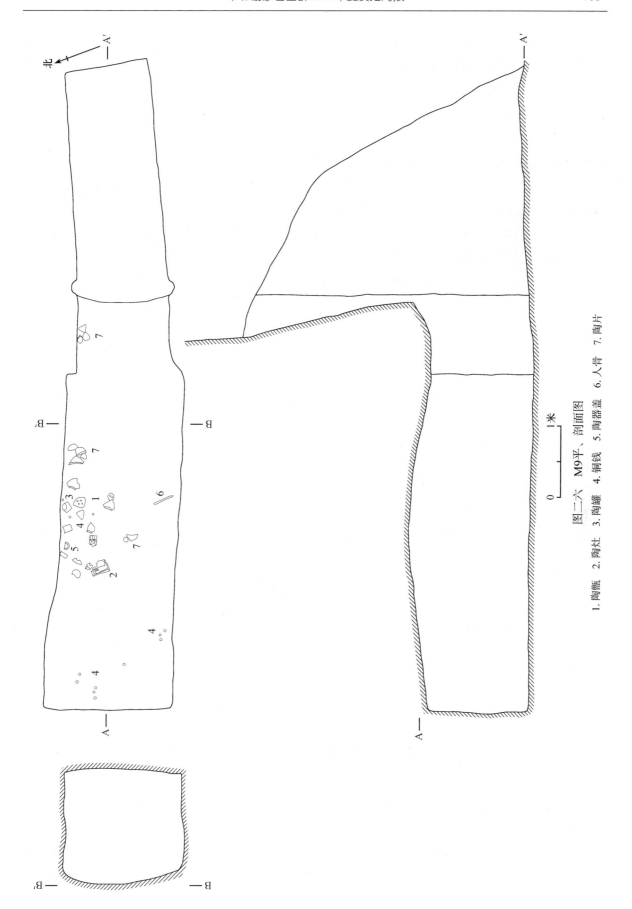

图二六　M9平、剖面图

1. 陶瓶　2. 陶灶　3. 陶罐　4. 铜钱　5. 陶器盖　6. 人骨　7. 陶片

仅余少量人骨。随葬品分布于甬道及墓室近东壁处，共5件，包括陶甑、陶灶、陶罐、陶器盖、铜钱。另有部分陶片散落，可辨器形有陶俑等。

陶甑　1件。M9：1，灰陶。折沿，圆唇，弧腹，平底，底部有三排共9个甑孔，排列整齐。口径34、底径15、高17.4厘米（图二七，1）。

陶灶　1件。M9：2，灰陶。平面呈长方形，四角略翘起，有两个圆形灶眼，正侧面有两个拱形灶门。长28、宽19、高8.1厘米（图二七，2）。

陶罐　1件。M9：3，灰陶。敛口，圆唇，折肩，直腹略弧，平底。腹部有两道凹弦纹。口径8、肩部宽10.2、底径8、高13厘米（图二七，3）。

陶器盖　1件。M9：5，红陶。圆形，子母口，圆唇，盖面拱形，盖上有一小纽。盖面施黄褐色釉。盖面直径16.2、高6.2厘米（图二七，5）。

铜钱　若干枚，均为五铢。M9：4，直径2.62、孔径0.96、厚1.56厘米（图二七，4）。

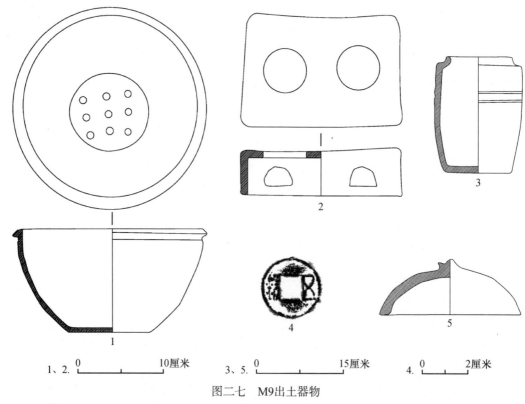

图二七　M9出土器物

1. 陶甑（M9：1）　2. 陶灶（M9：2）　3. 陶罐（M9：3）　4. 铜钱（M9：4）　5. 陶器盖（M9：5）

四、墓葬年代探讨及相关认识

此次发掘的墓葬分布集中，特点较为鲜明，根据其墓葬形制和随葬品类型，可将这10座墓葬大致分为三组。

第一组：M2、M3、M4。均为土坑竖穴墓，墓室呈较宽的长方形，有的带有墓道，这种形制于峡江地区多流行于西汉时期。墓葬均被严重盗扰，随葬品多已无存，仅M4所出陶片可分辨出陶鼎、陶罐等器类，其中一鼎足呈蹄状，较为小巧，应当属于西汉中晚期风格。这三座墓葬排列集中，风格相似，可能为同一时期的墓葬。

第二组：M1、M6、M7、M8、M9。均为崖墓。该5座墓葬位于长江北岸的陡坡上，基本呈并列排布，均由墓道、短甬道、狭长方形的墓室或者墓道、墓室组成。随葬品组合相近，流行釉陶器。此外开凿方式也呈现出一致性。由此推断，这5座墓应当在年代上较为接近。

其中以M1保存最为完整。出有"五铢""货泉"，推断其上限为新莽时期。就陶器而言，在M1中并没有出现完整的仿铜陶礼器组合[1]，但陶锺的数量较多。陶楼、陶灶等模型明器种类丰富，各类人物俑以及动物俑尤为突出，制作精良。还随葬有大量的陶豆、陶熏炉、陶碟、陶魁、陶罐等器物。出现在器腹上的刮削痕迹也是峡江地区汉代陶器较为典型的特点。此外釉陶器在M1所出陶器中所占比例较高，共45件，超过了50%。由此可见，M1所出随葬器物在器物组合上是符合东汉中晚期特征的[2]。

与此同时，峡江地区发现的纪年墓也提供了一些参考。谢家包所出陶锺（M1∶35）与永初年间（107~113年）巫山琵琶洲M4的釉陶壶（M4∶12）[3]、永和二年（137年）巫山水泥厂WSM1所出陶锺（WSM1∶6）[4]，以及麦沱M47的陶壶（M47∶38）[5]在形态上非常相近，年代应当所差不远。而麦沱M47所出的另一件陶锺（M47∶69）腹部重心更低，整体也更为修长，可能年代略晚。云阳故陵M8[6]出有剪轮五铢，其墓中所出的陶锺（M8∶4）、陶豆（M8∶10）、陶熏炉及陶博山炉盖（M8∶20）、小陶釜（M8∶15）等均可见于谢家包M1。巫山琵琶洲M4[7]中所出的胡人吹箫俑（M4∶27）、猪（M4∶1）、狗（M4∶2）、鸡（M4∶6）等陶俑无论是造型还是大小尺寸上都与谢家包M1所出的十分相似。综上所述，将谢家包M1的年代定为东汉中晚期应是恰当的。

第三组：仅M10一座。该墓所出陶罐与赵家湾M19[8]所出陶罐相似，且在砖下放置陶罐的摆放方式也较有特点，应当属于明代墓葬。

此外M5损毁严重，墓葬形制不明，亦无随葬品，也没有与之相关联的墓葬可做比较。仅根据其墓室所用菱形花纹砖推断可能为汉代墓葬。

此次发掘的墓葬以汉墓为主，其中又以崖墓最具代表性。M1完好的保存状态，为讨论渝东峡江地区崖墓以及丧葬习俗等问题提供了新的材料。M1基本未被扰动，墓内空间布局较为明晰，可分为前后两部分。随葬品集中在墓室前部靠北一侧，摆放位置根据器物种类的不同有所区别。靠近墓门最前部的为铁釜、陶甑、陶熏炉、铜碗、铜勺、铜耳杯等带有祭祀陈设性质的器物。中部为陶俑、陶灶、陶釜、陶楼等模型明器。后部以日常用器为主，陶锺、陶罐、陶碟、陶魁、陶卮、陶勺等器物相互堆叠垒放在一起。墓室前部靠南一侧撒有铜钱。墓室后部的空间未发现有遗物，原应用于摆放棺木。这种空间配置应当经过了一定程度的设计，其中的一个细节在于作为模型明器的6件人物俑，听琴俑背朝墓道，其余的抚琴俑、庖厨俑、舞蹈俑、执扇俑、吹箫俑环绕在其身前，均面朝墓道，似在模仿宴乐场景，很可能是有意为之。

自西汉中期以来，中原墓葬形制由椁墓向室墓转变，墓内祭祀空间形成，随之而来的是杯、案等祭器的流行，其在随葬品组合中的地位逐渐上升[9]。渝东地区远离中原，文化面貌上具有滞后性，但随着中央对于巴蜀地区的长期经营，仍然逐渐受到其影响。

　　M1中的6件陶俑也在一定程度上也反映了中原和巴蜀之间的文化互动。听琴俑、抚琴俑、庖厨俑、舞蹈俑、执扇俑、吹箫俑等，均为渝东地区常见的陶俑形象，M1中所出俑均制作精美、神态清晰、衣纹生动、线条流畅。其中听琴俑、抚琴俑、庖厨俑、舞蹈俑制作方式相同，均为分部合模，将头部和身体部分分开制作，粘接成整体后再烧制成型，陶俑两侧有刮削修整痕迹，红陶陶质细腻。执扇俑和吹箫俑相对而言略显粗糙，整体合模制成，采用前后双模，红陶夹杂有黑色斑点。汉代随葬陶俑的做法以中原地区为发端，随着汉文化的扩张进入蜀地。蜀地自先秦以来便具有良好的经济基础，两汉时期已成为较为发达的地区之一。陶俑在蜀地得到整合，以表现富庶生活的歌舞伎乐俑和表现日常生活的劳作俑为主，具有浓郁的地域特点。渝东峡江地区在地缘上与成都平原相接，政治和经济上长期依赖于蜀地，因而其在文化面貌上也多受蜀地影响，渝东峡江地区所发现的汉代陶俑与成都平原无论在类型上还是风格上均保持着一致性。

　　附记：本次考古发掘项目领队为袁东山，执行领队为李梅田，参加发掘的人员有乔峡、陈昊雯、乔汉英、陈星宇、党威、陈孔杨等，摄影陈昊雯、乔峡，绘图陈昊雯、乔汉英、魏镇、杨宏昌，整理乔峡、陈昊雯、乔汉英。本次发掘工作得到了奉节县文管所的大力支持，在此谨表谢忱。

执笔：陈昊雯　乔　峡　乔汉英　李梅田

注　释

[1]　M1中出有两组形制相同的陶碗与陶器盖（M1：61与M1：69、M1：67与M1：70），可两两相合，且出土时堆放在一起，可能为陶盒。

[2]　索德浩：《峡江地区汉晋墓葬文化因素分析》，巴蜀书社，2012年，第95～103页；蒋晓春：《三峡地区秦汉墓研究》，巴蜀书社，2010年，第100～110页。

[3]　中国社会科学院考古研究所三峡工作队：《巫山琵琶洲遗址发掘报告》，《重庆库区考古报告集·1998卷》，科学出版社，2003年，第172～188页。

[4]　重庆市文化遗产研究院、中国人民大学历史学院：《重庆市巫山县汉晋墓群的发掘》，《考古》2016年第2期。

[5]　重庆市文物局：《重庆巫山麦沱古墓群第二次发掘报告》，《考古学报》2005年第2期。此后蒋晓春对于麦沱M47的年代再次进行了考证，认为其为东汉晚期墓葬，参见蒋晓春：《巫山麦沱47号墓时代考辨》，《考古与文物》2007年第5期。

[6]　中国历史博物馆故陵考古队、云阳县文物管理所：《云阳故陵楚墓发掘报告》，《重庆库区考古报告集·1998卷》，科学出版社，2003年，第389～415页。

[7]　中国社会科学院考古研究所三峡工作队：《巫山琵琶洲遗址发掘报告》，《重庆库区考古报告集·1998卷》，科学出版社，2003年，第172～188页。

[8]　武汉大学考古与博物馆学系、武汉大学科技考古中心：《重庆奉节赵家湾墓地2004年发掘简报》，《江汉考古》2009年第1期。

[9]　黄晓芬：《汉墓的考古学研究》，岳麓书局，2003年。

奉节赵家湾墓群2015年度发掘简报

重庆市文物考古研究院
中国人民大学历史学院

赵家湾墓群位于长江沿岸的陡坡上,隶属于重庆市奉节县夔门街道口前村二社,东北距奉节县城约2.2千米。其中心坐标109°26′57.0″E, 30°59′56.7″N,海拔145~160米(图一)。

赵家湾地区墓葬遗存较为丰富。2001年武汉大学考古系在此进行发掘,清理砖室墓8座,其中M8保存完整,为东汉早期墓葬,出土各类随葬品112件[1]。2004年,武汉大学考古系再次在该地进行发掘,清理墓葬20座,年代从东汉延续至明[2]。

为配合三峡工程重庆库区消落带的文物保护工作,2015年6~9月,由重庆市文物考古研究院(原重庆市文化遗产研究院)和中国人民大学历史学院考古文博系再次对赵家湾墓群进行了发掘,发掘面积1025平方米。由于长期受到江水冲刷以及三峡库区水位涨落的影响,发掘范围内大量山体岩石暴露在外,仅局部覆盖有江水回退后沉积的淤泥。共清理墓葬14座,其中砖室墓1座、崖墓13座,出土器物一百余件(图二)。

现将清理发掘情况汇报如下。

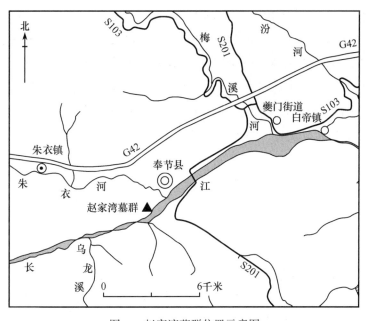

图一　赵家湾墓群位置示意图

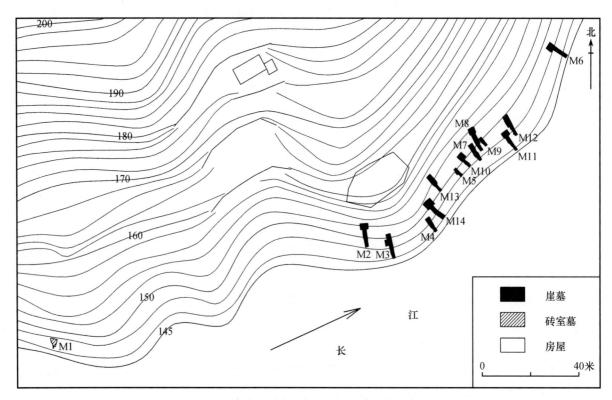

图二　赵家湾墓群2015年度发掘墓葬分布示意图

一、砖室墓

M1

由于山体滑坡，M1为垮塌的碎石所毁坏掩埋，仅有一角暴露在外。清理后可见，M1仅残留部分墓室和甬道，墓圹亦不完整，形制不明，方向195°。甬道位于墓室南侧，残长100厘米，仅东壁余有一层墓砖。墓室平面呈长方形，北壁残长254、残高72厘米，平砖错缝顺砌10层墓砖，东壁长272、残高58厘米，平砖错缝顺砌8层墓砖。墓砖有长方形砖和榫卯砖两种，均长40、宽18、高7.2厘米，榫卯部位长3、宽4厘米，纹饰皆为菱形几何纹，花纹朝向墓室内部。墓底应当有铺地砖，现仅在墓室东南余有一块，铺地砖下即为山体岩石，可能经过修整，较为平坦。M1内不见葬具及人骨，亦无随葬品（图三）。

二、崖墓

1. M2

由墓道、甬道和墓室三部分构成，方向172°。墓道呈斜坡状，坡度较陡，长360、宽120～164、深296厘米。墓道和甬道相交处有一道门槽。甬道长370、宽158、高146厘米，底部较平，顶部呈拱形。墓室平面大致呈长方形，长244、宽320～326厘米，拱顶，顶部不甚平

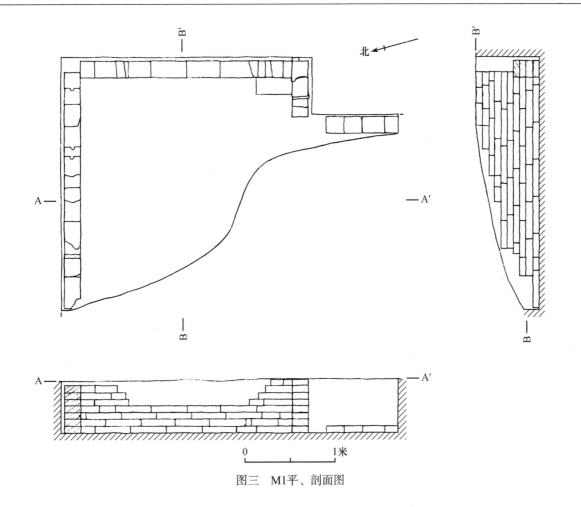

图三　M1平、剖面图

整，高140~166厘米。墓室与甬道相交处有一台阶，墓室地面较甬道低6厘米（图四）。

M2墓内不见葬具及人骨。随葬品分散在甬道以及墓室西侧，包括陶钵1件、陶器盖1件、铜钱数枚。

陶钵　1件。M2：1，红陶。敞口，方唇，弧腹，平底。内外壁施黄褐色釉，外壁釉不及底。腹部饰两道弦纹。口径17.4、底径6.5、高5厘米（图五，1）。

陶器盖　1件。M2：3，红陶。子母口，平顶。直径7.9、高2.4厘米（图五，2）。

铜钱　若干枚，均为"五铢"。M2：2-1，直径2.56、孔径0.85、厚0.18厘米（图五，3）。M2：2-2，直径2.39、孔径0.87、厚0.12厘米（图五，4）。

2. M3

由墓道、甬道、墓室和侧室四部分构成，方向165°。墓道呈斜坡状，坡度较陡，长350、宽104~140、深326厘米。墓道与甬道相交处有一道门槽。甬道为平顶，长170、宽146、高120~152厘米。墓室平面大致呈长方形，平顶，顶部较为规整，墓室地面呈前低后高状。长480、宽146~180、高134~146厘米，墓室西壁凿出一侧室，平面近长方形，长236、宽98~136、高152厘米，拱顶（图六）。

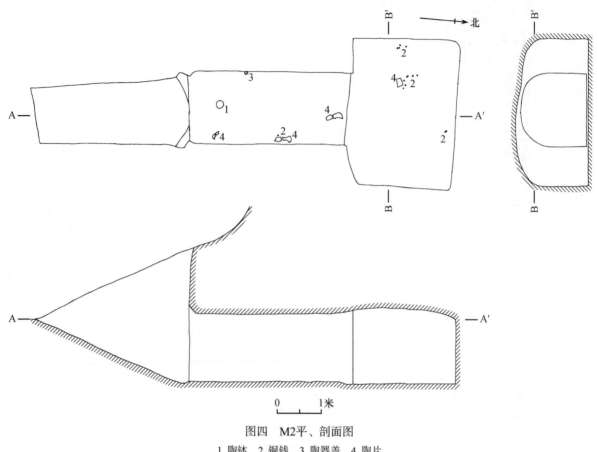

图四　M2平、剖面图

1. 陶钵　2. 铜钱　3. 陶器盖　4. 陶片

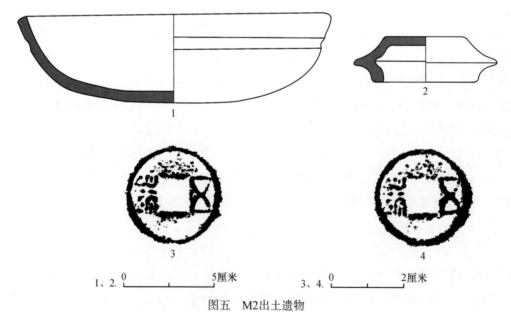

图五　M2出土遗物

1. 陶钵（M2 : 1）　2. 陶器盖（M2 : 3）　3、4. 铜钱（M2 : 2-1、M2 : 2-2）

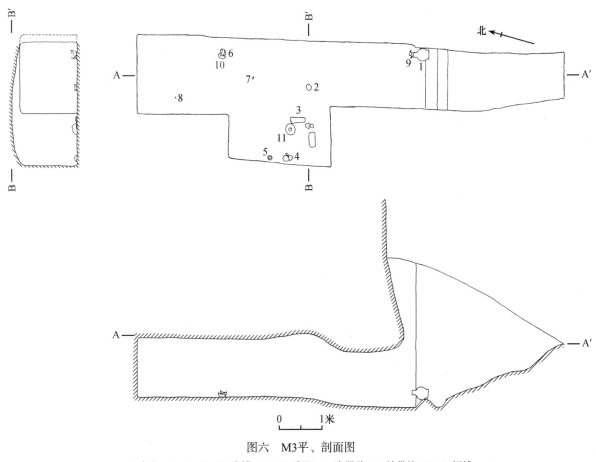

图六　M3平、剖面图
1.陶壶　2、4、5、11.陶罐　3、10.陶甑　6.陶器盖　7.铁带钩　8、9.铜钱

　　M3墓内不见葬具及人骨。随葬品散布于甬道、墓室、侧室中，包括陶壶1件、陶罐4件、陶甑2件、陶器盖1件、铁带钩1件、铜钱若干枚。

　　陶壶　1件。M3：1，红陶。盘口，方唇，束颈，圜肩，斜弧腹，圈足。外壁施黄褐色釉，圈足不施釉。肩颈部饰三道弦纹，肩部两侧各有一铺首，腹部饰一道凹弦纹。口径16.6、腹部最大径27.5、圈足径19.5、高36厘米（图七，1）。

　　陶罐　4件。M3：2与M3：4形制基本相同，均为灰陶。直口，圆唇，圜肩，斜弧腹，平底。肩部饰有一道凹弦纹，腹部有斜向刮棱，应为制作时修整器表留下的痕迹。M3：2，口径9.5、腹部最大径14.9、底径7、高8.8厘米（图七，2）。M3：4，口径9.2、腹部最大径15.4、底径6.5、高9.4厘米（图七，4）。M3：5，灰陶。器形较扁平。直口，圆唇，短直颈，肩略折，斜弧腹，平底。口径11、腹部最大径15、高7.1厘米（图七，5）。M3：11，灰陶。直口，圆唇，短颈，圜肩，斜弧腹，平底。肩部饰有一道凹弦纹，腹部有斜向刮棱。口径8.6、腹部最大径12.8、底径5.5、高9.3厘米（图七，9）。

　　陶甑　2件。M3：3，灰陶。器形较大。敞口，折沿，颈微束，斜弧腹，平底略内凹，底部有21个甑孔。腹部有斜向刮棱。口径33、底径10、高18.4厘米（图七，3）。M3：10，红陶。器形较小。折沿，圆唇，弧腹，平底，底部有8个甑眼。口径16.5、底径6、高5.8厘米（图七，8）。

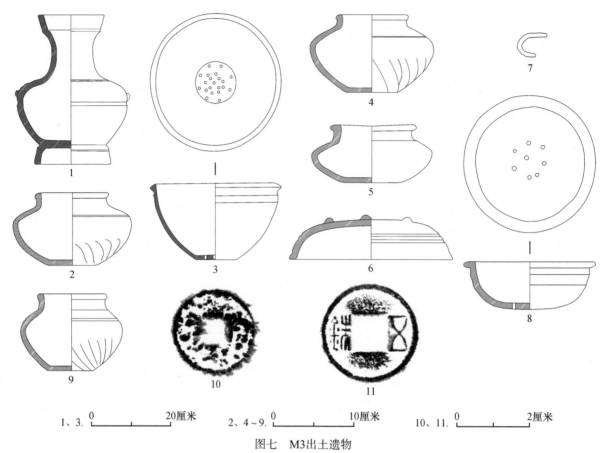

图七　M3出土遗物

1. 陶壶（M3∶1）　2、4、5、9. 陶罐（M3∶2、M3∶4、M3∶5、M3∶11）　3、8. 陶瓿（M3∶3、M3∶10）
6. 陶器盖（M3∶6）　7. 铁带钩（M3∶7）　10、11. 铜钱（M3∶8、M3∶9）

陶器盖　1件。M3∶6，红陶。圆形，平顶。饰有两道凹弦纹，顶部有三个乳丁状纽。有施釉痕迹，现已剥落。直径20.3、高5.4厘米（图七，6）。

铁带钩　1件。M3∶7，已残。残长3.8、宽2、厚0.45厘米（图七，7）。

铜钱　若干枚，有"货泉"与"五铢"两种。

货泉　1枚。M3∶8，锈蚀较为严重。直径2.2、孔径0.65、厚0.17厘米（图七，10）。

五铢　若干枚。M3∶9，锈蚀较为严重。直径2.55、孔径0.92、厚0.17厘米（图七，11）。

3. M4

由墓道和墓室两部分构成，方向145°。墓道呈斜坡状，底部不平，长340、宽110～164、深354厘米。墓室平面呈前窄后宽的长方形，长310、宽164～182厘米。墓室为拱顶近平，顶部平整，前高后低，后壁处高180厘米，近前壁处高200厘米。

M4墓内不见葬具，仅残余少量人骨。随葬品分布在墓室左右两侧，大部分位于近西壁中部处，人骨位于墓室中部，随葬品共4件，包括陶钵1件、陶罐3件（图八）。

陶钵　1件。M4∶1，灰陶。敞口，圆唇，斜弧腹，平底。口径12、底径4、高4.8厘米（图九，1）。

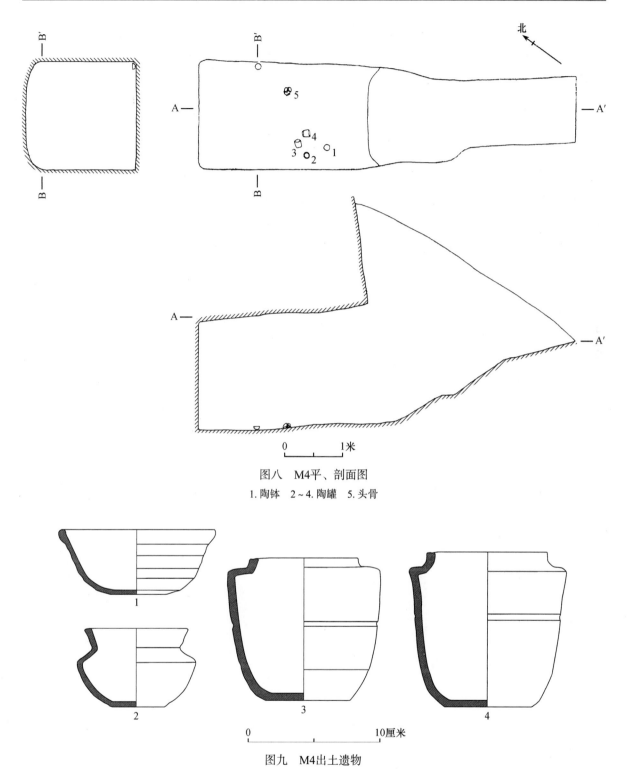

图八　M4平、剖面图

1.陶钵　2~4.陶罐　5.头骨

图九　M4出土遗物

1.陶钵（M4∶1）　2~4.陶罐（M4∶2、M4∶3、M4∶4）

陶罐　3件。M4：2，红陶。敞口微侈，方唇，束颈，折肩，斜弧腹，平底。口径8、腹部最大径9.1、底径4、高5.7厘米（图九，2）。M4：3与M4：4形制相近，灰陶。敛口，方唇，折肩，斜直腹，近底部略弧，平底。M4：3，口径8.4、底径6.5、高10.5厘米（图九，3）。M4：4，口径9.4、底径6.8、高11.4厘米（图九，4）。

4. M5

未开凿完毕，现存墓道及部分墓室，墓室及墓道西侧垮塌，可能因此而放弃开凿，墓葬形制不明。方向137°。现有墓道长240、宽85、深165厘米，墓室现长162、宽约120、高约110厘米（图一〇）。

M5墓道及墓室内均为淤土所填满。不见葬具及人骨，亦无随葬品。

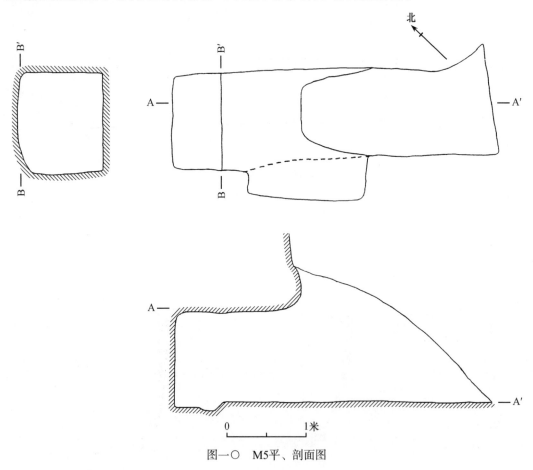

图一〇　M5平、剖面图

5. M6

由墓道、甬道和墓室三部分构成，方向为125°，保存较为完整。墓道位于墓室东侧，呈斜坡状，长338、宽140～144、深310厘米。甬道拱顶近平，靠近墓室处顶部部分垮塌，长238、宽142～164、高210～216厘米。墓室平面大致呈长方形，顶部已垮塌，长268、宽284～294厘米。现存高度为166厘米。墓室与甬道相交处有一级台阶，墓室较甬道高6厘米（图一一）。

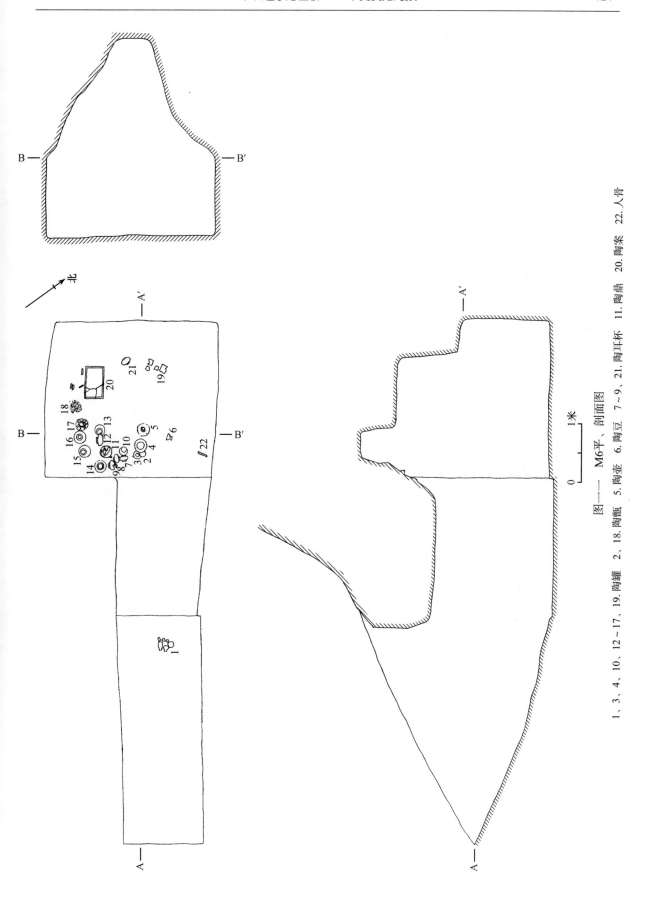

图一一 M6平、剖面图

1、3、4、10、12~17、19.陶罐 2、18.陶甑 5.陶壶 6.陶豆 7~9、21.陶耳杯 11.陶鼎 20.陶案 22.人骨

　　M6墓内不见葬具，仅残留少量人骨。随葬品主要分布于墓室中部、南部，共21件，其中陶鼎1件、陶壶1件、陶豆1件、陶耳杯4件、陶案1件、陶罐11件、陶瓿2件。

　　陶鼎　1件。M6：11，红陶。鼎身子母口，两侧各有一方形耳，兽蹄形足；腹部有一道凹弦纹。器盖呈弧形，盖顶有三个乳丁状纽，盖面饰有两道凹弦纹。腹径20.6、耳宽4.7、连盖通高17.5厘米（图一二，1）。

　　陶壶　1件。M6：5，灰陶。盘口，方唇，束颈，圆肩，鼓腹，圜底，圈足。肩部两侧各有一带孔小鋬，圈足上各有一相对应的小孔，可能用于穿绳。肩颈部及腹部共饰有五道凹弦纹。口径12.5、腹部最大径20.5、圈足直径13、高20.3厘米（图一二，2）。

　　陶豆　1件。M6：6，红陶。敞口，方唇，弧腹，实心柄，浅喇叭状底座。腹部有两道弦纹，圈足上亦饰有弦纹。口径12、底座直径8、高9.6厘米（图一二，3）。

　　陶耳杯　4件。均为灰陶。形制相同，呈椭长形，敞口，方唇，平底，两侧各有一鋬。M6：7，长16.2、两侧连耳宽13.7、高4.8厘米（图一二，4）。M6：8，长16.1、宽13.7、高4.3厘米（图一二，6）。M6：9，长16、宽13.6、高4厘米（图一二，7）。M6：21，长16.1、宽13.4、高4.1厘米（图一二，8）。

　　陶案　1件。M6：20，灰陶。案面呈长方形，四角有孔；足呈长方形，圆形楔口。案面长55～56.5、宽33.2、厚约2.9厘米，足高9.7厘米（图一二，5）。

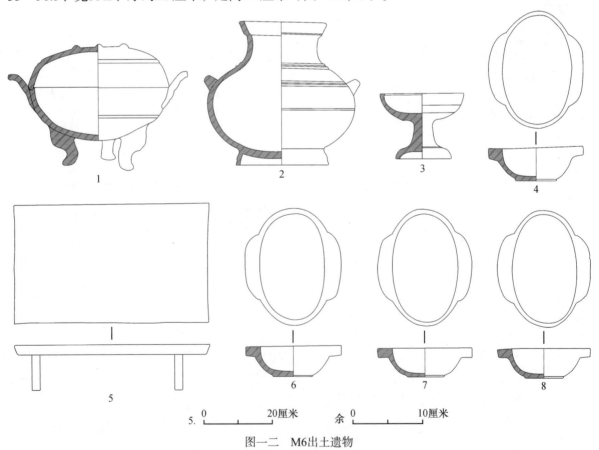

图一二　M6出土遗物

1.陶鼎（M6：11）　2.陶壶（M6：5）　3.陶豆（M6：6）　4、6～8.陶耳杯（M6：7、M6：8、M6：9、M6：21）
5.陶案（M6：20）

陶罐 11件。M6：1，红陶。侈口，束颈，折肩，弧腹，平底。口径13、底径5、高6.6厘米（图一三，1）。M6：3，灰陶。敞口，方唇，高领，圜肩，弧腹，圜底。肩部两侧各有一錾，肩部有三道凹弦纹。口径10.9、腹部最大径14.5、高11.5厘米（图一三，2）。M6：4，印纹硬陶。敞口，方唇，束颈，圜肩，斜腹，平底。白胎，上部施绿釉，器表有方格状拍印纹，肩部饰有一道凹弦纹。口径13、肩部宽20、底径12、高29厘米（图一三，3）。M6：10，灰陶。侈口，圆唇，直颈微束，圜肩，鼓腹，平底。肩部有一道凹弦纹。口径10、腹部最大径14.5、底径6、高10厘米（图一三，4）。M6：12等6件陶罐形制较为一致，均为灰陶。折沿，圆唇，短直颈微束，折肩，斜弧腹，圜底。腹部及底部饰有绳纹。M6：12，口径12.4、腹部最大径21.5、高13.5厘米（图一三，5）。M6：13，口径11、腹部最大径21.2、高13.5厘米（图一三，6）。M6：14，口径11.6、腹部最大径20.5、高12.8厘米（图一三，7）。M6：15，口径11.5、腹部最大径20.3、高12.8厘米（图一三，8）。M6：16，口径11.5、腹部最大径20.1、高12.6厘米（图一三，9）。M6：17，器形相对较为扁平，口部及底部变形。口径10.6、腹部最

图一三　M6出土遗物

1～11.陶罐（M6：1、M6：3、M6：4、M6：10、M6：12、M6：13、M6：14、M6：15、M6：16、M6：17、M6：19）

12、13.陶甑（M6：2、M6：18）

大径17.2、高9.2厘米（图一三，10）。M6∶19，灰陶。敛口，圆唇，折肩，直腹，平底。腹部饰有一道弦纹。口径8.8、腹部最大径11.3、底径8.5、高12.8厘米（图一三，11）。

陶甑　2件。M6∶2，灰陶。敞口，折沿，尖唇，直颈微束，斜弧腹略折，平底，底部有13个孔。口径15.8、底径5.2、高5.8厘米（图一三，12）。M6∶18，红陶。敞口，折沿，圆唇，弧腹，平底，底部有5个孔。口径17.2、底径4、高5.8厘米（图一三，13）。

6. M7

由墓道、甬道和墓室三部分构成，方向145°。墓道偏于南侧，呈斜坡状，坡度较缓，长350、宽90～200、深224厘米。甬道为拱顶，前低后高，长130、宽160～166、高170～180厘米。甬道与墓室相交处有台阶，甬道相较于墓室低12厘米。墓室平面大致呈长方形，拱顶近平，顶部不甚平整，墓底较平，后壁上端向外弧出约10厘米，长280、宽184～194、高170厘米（图一四）。

M7扰乱严重，墓道内仅余部分填土。墓室内填满泥沙，淤积至近墓顶处。墓内不见葬具及人骨。

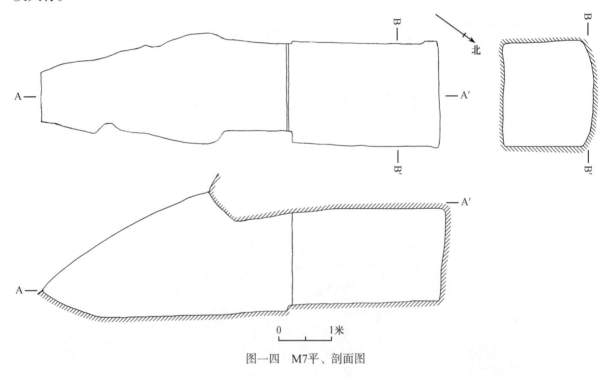

图一四　M7平、剖面图

7. M8

由墓道、甬道和墓室三部分构成，方向150°。墓道呈斜坡状，坡度较陡，近甬道处较缓，长292、宽112～136、深322厘米，与甬道相交处有台阶，墓道相较于甬道高30厘米。甬道底部较平，顶部呈拱形，前高后低，长448、宽180厘米，近墓道处高180厘米，近墓室处高164厘米。墓室平面大致呈长方形，拱顶，顶部不甚平整，后壁处墓顶垮塌，墓室地面不平，长

250、宽270、最高处高176厘米（图一五）。

M8墓内扰乱较为严重，不见葬具及人骨。随葬品仅余有铜钱，成串分布于墓室中部及西壁处，共2串，另外，甬道东南角有1枚铜钱。

铜钱　若干枚。M8：1，1枚，圆形方孔钱。锈蚀严重，钱文不清。直径2.6、孔径0.9、厚0.16厘米（图一六，1）。M8：2，若干枚，均为五铢。锈蚀较为严重。直径2.65、孔径0.98、厚0.17厘米（图一六，2）。M8：3，若干枚，均为五铢。锈蚀较为严重。直径2.59、孔径0.95、厚0.17厘米（图一六，3）。

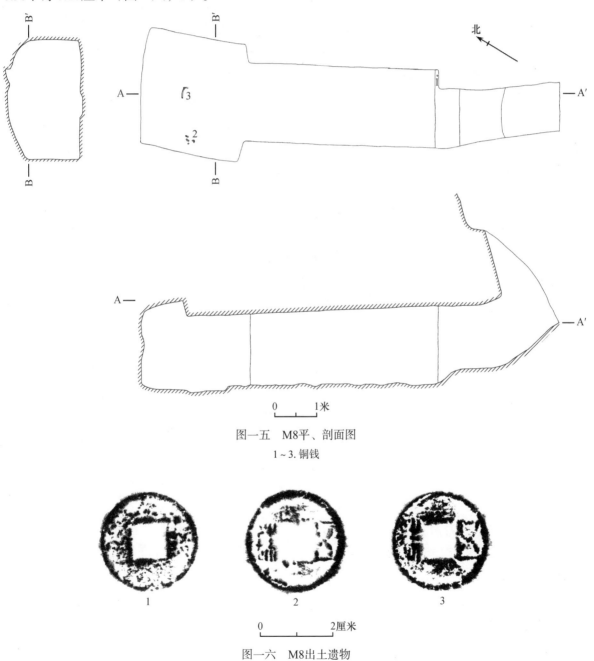

图一五　M8平、剖面图
1～3. 铜钱

图一六　M8出土遗物
1～3. 铜钱（M8：1、M8：2、M8：3）

8. M9

由墓道和墓室两部分构成，方向140°。墓道偏于北侧，呈斜坡状，坡度较缓，长164、宽100～108、深150厘米。墓室平面大致呈长方形，后壁向外弧出，拱顶近平，顶部不甚平整，呈前高后低状，前部部分无顶，长240、宽130、高120～146厘米（图一七）。

M9扰乱较为严重，墓内不见葬具，仅余部分人骨，亦无随葬品。

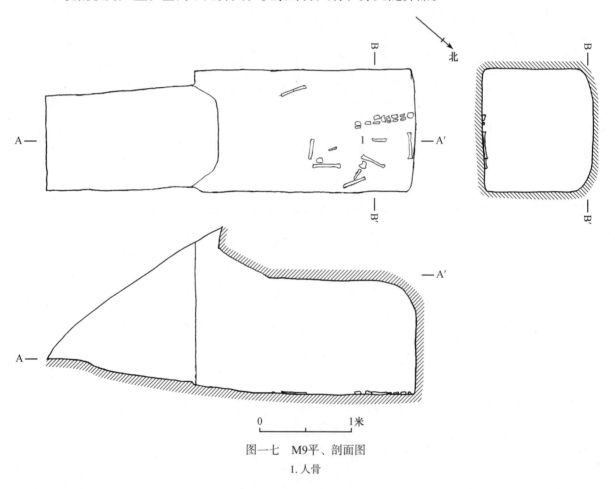

图一七　M9平、剖面图
1. 人骨

9. M10

由墓道和墓室两部分构成，方向130°。墓道偏于南侧，呈斜坡状，长370、宽106～126、深380厘米。墓室平面大致呈方形，拱顶近平，顶部略有垮塌，墓底较平，长260、宽264、高104～128厘米（图一八）。

M10墓内不见葬具及人骨，扰动严重，随葬品混杂在墓内填土中，共11件，其中陶灶1件、陶罐2件、陶俑头1件、陶钵2件、陶匜2件、铁带钩3件。

陶灶　1件。M10：1，黑褐色陶。平面大致呈长方形，四角略微翘起。有一大一小2个灶眼，大灶眼位于灶面中部，小灶眼位于灶面一角且环绕有3个突起，陶灶正侧面有一拱形的灶门。全长22.5、宽16.5、高8厘米（图一九，1）。

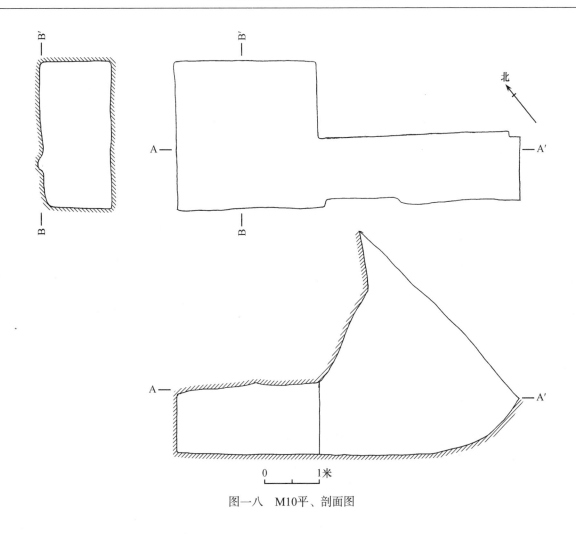

图一八 M10平、剖面图

陶罐 2件。M10：2，灰陶。敞口，圆唇，短直颈，圜肩，弧腹，平底。肩颈部饰有水波纹。口径9.6、腹部最大径16.2、底径9.5、高12厘米（图一九，2）。M10：3，灰陶。敞口，圆唇，短直颈，圜肩，弧腹，平底。肩部有一道凹弦纹。口径10.5、腹部最大径15.4、底径8.4、高9.8厘米（图一九，3）。

陶俑头 1件。M10：4，红陶，空心。头饰难辨，面部仅可分辨出口鼻。高5.8、宽5.2厘米（图一九，5）。

陶钵 2件。M10：5，灰陶。敞口，圆唇，弧腹，平底。口径12、底径4.1、高4.5厘米（图一九，4）。M10：8，红陶。敞口，方唇，弧腹，平底。腹部饰有两道弦纹。施黄褐色釉，但大多已脱落。口径15、底径5.8、高5.5厘米（图一九，10）。

陶匜 2件。M10：6，红陶。口部呈椭圆形，敛口，圆唇，弧腹，腹部近底处内折，平底，一侧有一把手。腹部有一道弦纹，内外壁均施黄褐色釉，外壁釉不及底。口部长径14.3、短径12.4、底径5.5、把手长4.1、高6厘米（图一九，6）。M10：9，红陶。敞口，方唇，弧腹，平底，一侧有一把手。上腹部饰有一道弦纹。内外壁均施黄褐色釉，外壁釉不及底。口径14.5、底径6、把手长3.2、高6.2厘米（图一九，11）。

铁带钩 3件。M10：7，3件，呈S形。M10：7-1，长12.5、宽2.2、厚0.45厘米（图一九，

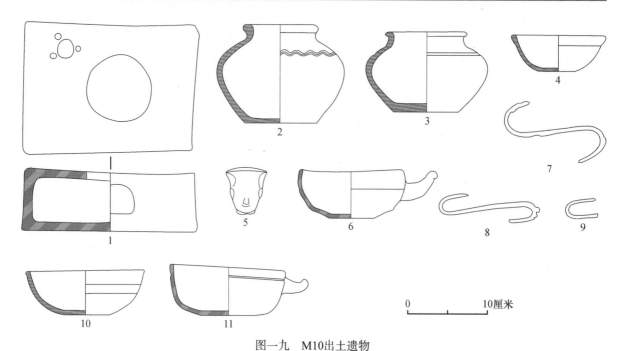

图一九　M10出土遗物

1. 陶灶（M10∶1）　2、3. 陶罐（M10∶2、M10∶3）　4、10. 陶钵（M10∶5、M10∶8）　5. 陶俑头（M10∶4）
6、11. 陶匜（M10∶6、M10∶9）　7~9. 铁带钩（M10∶7-1、M10∶7-2、M10∶7-3）

7）。M10∶7-2，长13、宽2.5、厚0.46厘米（图一九，8）。M10∶7-3，已残。残长4.3、宽2.3、厚0.41厘米（图一九，9）。

10. M11

由墓道、甬道和墓室三部分构成，方向142°。墓道偏于南侧，呈斜坡状，坡度较缓，长420、宽80~130、深472厘米。墓道和甬道相交处有一道门槽。甬道底部较平，顶部呈拱形，长250、宽144~160、高136~146厘米。墓室平面大致呈长方形，拱顶近平，顶部有垮塌，长232、宽280~294、高138~146厘米。墓室与甬道相交处有一台阶，墓室地面较甬道高10厘米（图二〇）。

M11墓内不见葬具及人骨，亦无随葬品。

11. M12

带墓道的刀把形墓，方向150°。由墓道、甬道和墓室三部分构成，保存较为完整。墓道呈斜坡状，长290、宽96~126、深260厘米。甬道底部呈平缓的坡状，顶部呈拱形，前高后低，长144、宽126~138、近墓道处高170、近墓室处高154厘米。墓室平面大致呈长方形，拱顶，顶部不甚平整，长484、宽190~210、高165、最高处175厘米。墓室于甬道相交处有一级台阶，墓室地面较甬道低10厘米（图二一）。

M12墓内不见葬具及人骨，仅出有一枚铁棺钉。随葬品主要分布于墓室两侧，甬道内和墓室后部也有少量随葬品分布，共22件，包括青瓷器、陶器、铜器等。

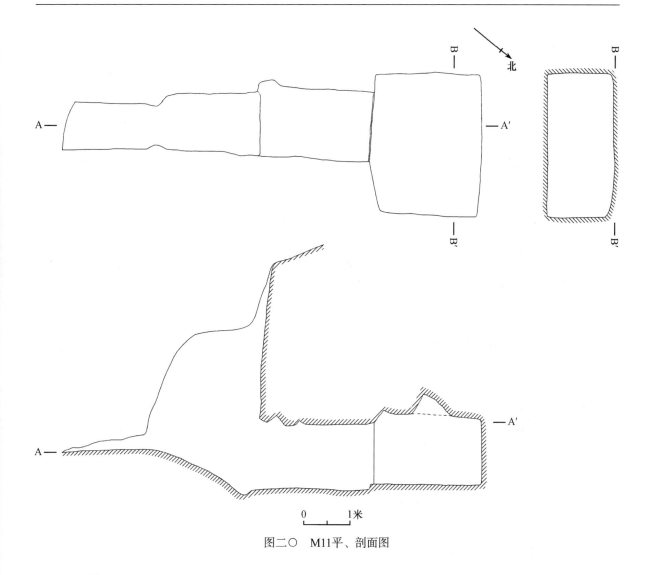

图二〇　M11平、剖面图

青瓷碗　1件。M12：1，白胎偏黄，内外壁施青釉，外部釉不及底。敞口，圆唇，斜弧腹，平底。口径9.5、底径4.5、高3.5厘米（图二二，1）。

青瓷虎子　1件。M12：9，遍施青釉，仅在器身尾部露出红胎。整体呈趴卧的兽形。口部呈兽首状，雕刻精细，瞪目立耳，毛发毕现，提梁形似龙身，后有一弯曲的细尾。器身大致呈葫芦状，前端刻有圆形麻布纹。四足呈兽爪形，分四趾。长25.5、高18.5厘米（图二二，2）。

陶俑　7件。

武士俑　1件。M12：2，灰陶。呈站姿，面部五官可辨，瞪目张口，长颈，躯干短小粗壮，双手持剑置于胸前，剑首呈环状，剑尖朝下。背部下方有一椭长形孔，底部平底内凹，俑内空心。底径8.5、残高24厘米（图二二，3）。

侍立俑　6件。形制基本相同。灰陶。空心，呈站姿，身体略微前倾，体态较为修长，头戴小尖帽，面部五官可辨，但制作较为潦草，双手相持置于腹前，身着长袍，露出下裳边缘，脚着屐，微露。M12：14，底径6.6、高18.4厘米（图二二，4）。M12：15，底径7、高18.4厘米（图二二，5）。M12：16，底径7.1、高18.1厘米（图二二，6）。M12：17，底径6.6、高

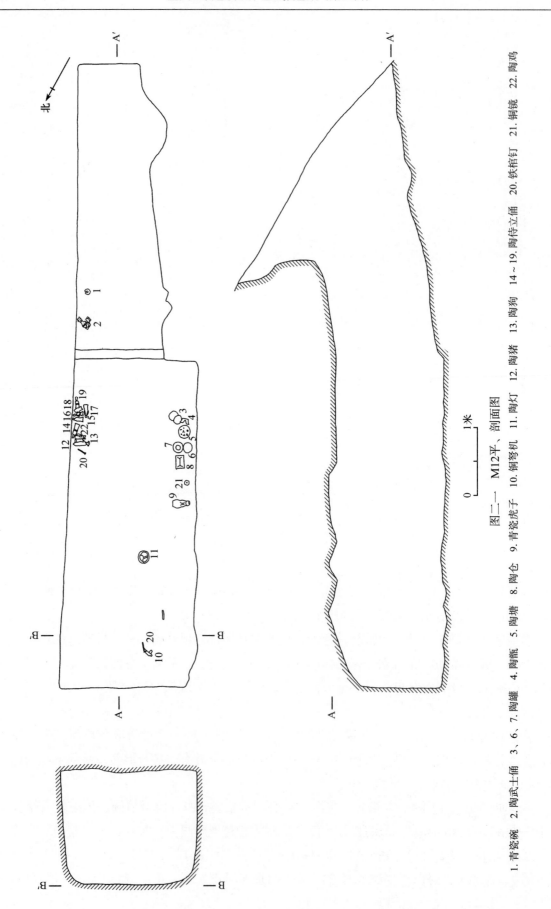

图二一　M12平、剖面图

1. 青瓷碗　2. 陶武士俑　3、6、7. 陶罐　4. 陶瓿　5. 陶塘　8. 陶仓　9. 青瓷虎子　10. 铜弩机　11. 陶灯　12. 陶猪　13. 陶狗　14~19. 陶侍立俑　20. 铁棺钉　21. 铜镜　22. 陶鸡

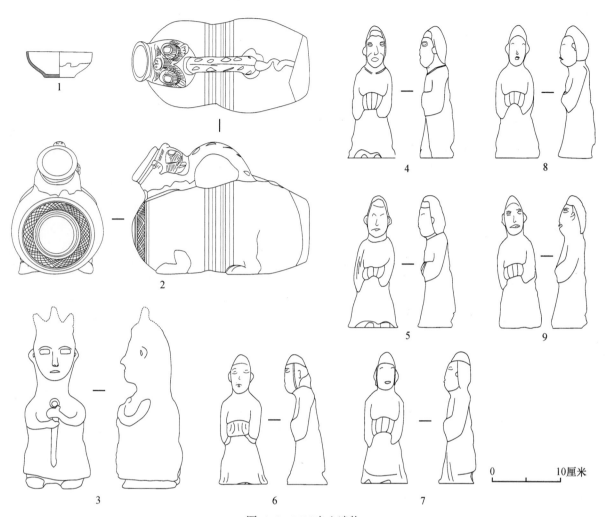

图二二　M12出土遗物

1. 青瓷碗（M12：1）　2. 青瓷虎子（M12：9）　3. 陶武士俑（M12：2）　4~9. 陶侍立俑（M12：14、M12：15、M12：16、M12：17、M12：18、M12：19）

18.4厘米（图二二，7）。M12：18，底径6.5、高18.5厘米（图二二，8）。M12：19，底径5.9、高18.5厘米（图二二，9）。

陶猪　1件。M12：12，灰陶。呈站姿，较为瘦长，短鼻拱嘴，双耳竖起，尾部下垂，腹腔空心。长19.5、高7.4厘米（图二三，1）。

陶狗　1件。M12：13，灰陶。呈站姿，头部前伸，尾部上卷，腹腔空心。长14.5、高7.5厘米（图二三，2）。

陶鸡　1件。M12：22，灰陶。呈立姿，无爪，腹部下有一圆形底座。长12.2、底座直径4.6、通高8.7厘米（图二三，4）。

陶塘　1件。M12：5，灰陶。平面呈圆形，敞口，方唇，斜弧腹，平底略内凹。塘内塑有荷叶、游鱼等。口径18.3、底径14、高3.7厘米（图二三，3）。

陶仓　1件。M12：8，灰陶。呈房形，正面刻画出门及窗，仓顶五脊四坡，仓顶与仓身可分离。仓身高15.8、口部长16.2、宽9.8、底部长12.7、宽7.5厘米，屋顶长18.5、宽10.8~11.5厘米，通高19.7厘米（图二三，5）。

　　陶罐　3件。M12：3，灰陶。敞口，圆唇，束颈，鼓腹，平底略内凹。口径14.2、底径9.4、高9.5厘米（图二三，6）。M12：6，灰陶。敞口，颈微束，圜肩，弧腹，平底。口径15、底径8.8、高10.2厘米（图二三，7）。M12：7，灰陶。直口，方唇，圜肩，鼓腹，平底。口径9.1、腹部最大径16.7、底径9.7、高12.9厘米（图二三，10）。

　　陶甑　1件。M12：4，灰陶。敞口，折沿，方唇，斜腹，平底，底部有一圆形甑孔。口径

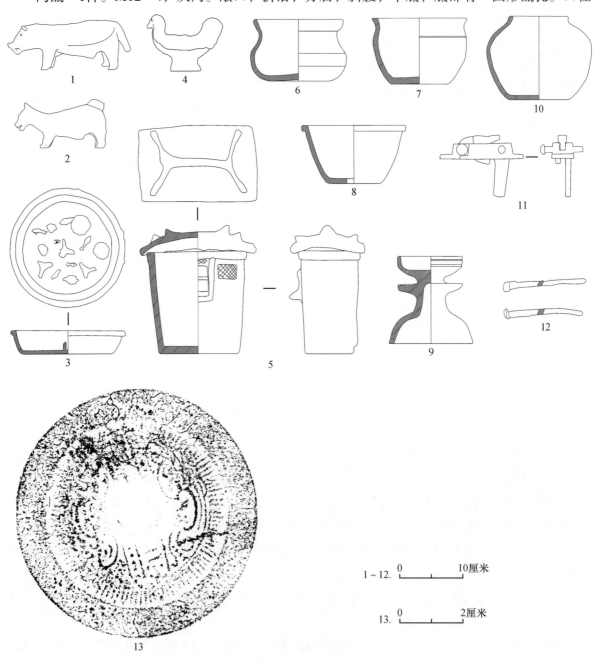

　　　　　　　　　　　　　　　　　1 ~ 12.　0　　　　10厘米

　　　　　　　　　　　　　　　　　13.　0　　2厘米

图二三　M12出土遗物

1. 陶猪（M12：12）　2. 陶狗（M12：13）　3. 陶塘（M12：5）　4. 陶鸡（M12：22）　5. 陶仓（M12：8）

6、7、10. 陶罐（M12：3、M12：6、M12：7）　8. 陶甑（M12：4）　9. 陶灯（M12：11）　11. 铜弩机（M12：10）

12. 铁棺钉（M12：20）　13. 铜镜（M12：21）

16.6、底径8、高9厘米（图二三，8）。

陶灯　1件。M12:11，灰陶。灯盘为敞口微敛，圆唇，斜弧腹，盘内平底。口沿下饰有两道弦纹。实心灯柄，喇叭状灯座。灯盘口径10、底座直径13.2、通高13.4厘米（图二三，9）。

铜弩机　1件。M12:10，长13.2、宽3.2、高9.5厘米（图二三，11）。

铜镜　1件。M12:21，镜背饰有对称的夔纹。直径7.65、镜缘厚0.25厘米（图二三，13）。

铁棺钉　2枚。M12:20-1，长13.2、钉帽直径1.34厘米。钉身截面为长方形，长0.81、宽0.69厘米。M12:20-2，长12.5、钉帽直径1.42厘米。钉身截面近方形，长0.88、宽0.85厘米（图二三，12）。

12. M13

由墓道和墓室两部分构成，方向140°。墓道偏于南侧，呈平缓的斜坡状，长250、宽90~144厘米。甬道顶部为前高后低状拱顶，长90、宽104~144、高166~170厘米。墓室平面大致呈长方形，拱顶，顶部不平整，墓室整体呈前高后低状，长460、宽168~198、前壁处高166、后壁处高120厘米（图二四）。

M13扰乱较为严重，内不见葬具及人骨。随葬品共15件。

陶灯　1件。M13:1，红陶。灯盘为敞口，方唇，斜弧腹，灯柄粗短，底座为喇叭状。外壁及灯盘内施黄褐色釉。口径8.9、底径10.3、通高9.3厘米（图二五，1）。

陶罐　1件。M13:2，红陶。敞口，方唇，束颈，折肩，斜弧腹，平底。内外壁均施黄褐色釉，外壁釉不及底。口径10、肩部最大径9.8、底径5.4、高5.3厘米（图二五，2）。

陶勺　1件。M13:11，红陶。口部呈桃形，敛口，圆唇，弧腹，平底。柄部留有指窝纹。内壁施黄褐色釉。长7、宽6、底径3.8、高2.4~2.7厘米（图二五，9）。

陶器盖　1件。M13:14，红陶。圆形，盖面拱起，顶部有一喙形纽。器表施黄褐色釉。直径8.6、高5.1厘米（图二五，10）。

陶匜　1件。M13:9，红陶。口微敛，圆唇，弧腹，平底，一侧有一把，现已断裂。口径12.4、底径4.2、高5.2厘米（图二五，11）。

陶钵　2件。M13:13，红陶。侈口，方唇，斜弧腹，下腹部略折，平底。口径12.5、底径5、高4.4厘米（图二五，12）。M13:15，灰陶。敞口，圆唇，斜弧腹，平底。腹部饰有两道弦纹。口径12.7、底径4.5、高4.6厘米（图二五，13）。

陶鸡　1件。M13:4，灰陶。呈站姿，两爪分开站立，头部有冠，翅膀及尾部有表示羽毛的刻画痕迹。内部空心。鸡身残留有白色颜料，鸡冠、鸡喙等处残留有红色颜料，可能曾有彩绘。通长19.4、通高17厘米（图二五，4）。

陶鸽　1件。M13:5，灰陶。呈蹲姿，背上与胸前各有一小鸽，胸前、翅膀、尾巴均刻画出羽毛。空心，下有一圆形小底座。器身有白色颜料痕迹。通长17.2、底座直径5.5、通高12.5厘米（图二五，5）。

陶狗　1件。M13:7，灰陶。呈站姿，仰首龇牙，颈部带有项圈，尾巴上卷。四肢实心，躯干及头部空心。器身残留有白色颜料。通高21、通长25.4厘米（图二五，7）。

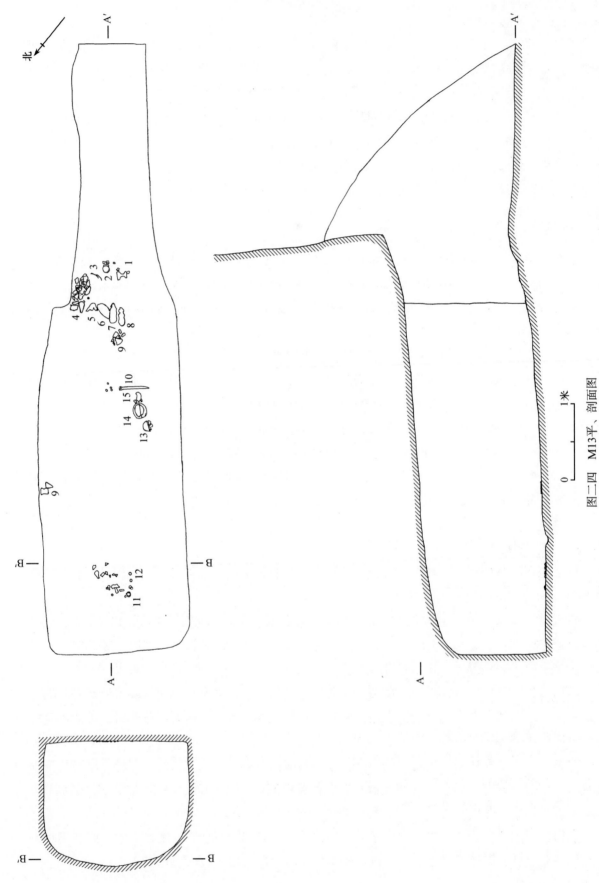

图二一四　M13平、剖面图

1. 陶灯　2. 陶罐　3. 铜饰件　4. 陶鸡　5. 陶鸟　6. 陶镇墓兽　7. 陶狗　8. 陶猪　9. 陶匜　10. 环首铁刀　11. 陶勺　12. 铜钱　13、15. 陶钵　14. 陶器盖

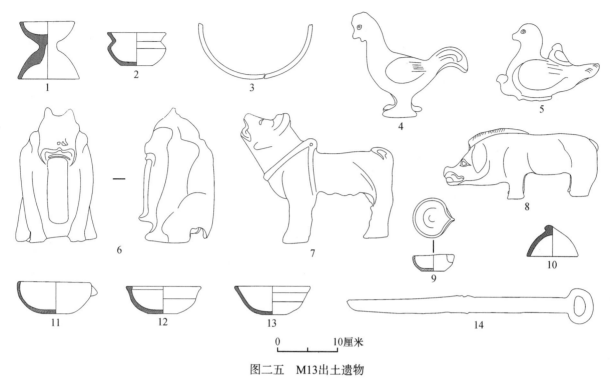

图二五　M13出土遗物

1. 陶灯（M13：1）　2. 陶罐（M13：2）　3. 铜饰件（M13：3）　4. 陶鸡（M13：4）　5. 陶鸽（M13：5）
6. 陶镇墓兽（M13：6）　7. 陶狗（M13：7）　8. 陶猪（M13：8）　9. 陶勺（M13：11）　10. 陶器盖（M13：14）
11. 陶匜（M13：9）　12、13. 陶钵（M13：13、M13：15）　14. 环首铁刀（M13：10）

陶猪　1件。M13：8，灰陶。呈站姿，体态较为肥壮，头部前伸，长鼻，拱嘴，双耳下垂，背部有鬃毛，尾巴上卷。腹部空心，四肢实心。长26、通高11.5厘米（图二五，8）。

陶镇墓兽　1件。M13：6，灰陶。呈蹲坐姿势，鼓腹，背部隆起，头上有两角，长舌伸出下垂。空心。器身上有白色和红色的颜料痕迹，可能曾有彩绘。通高21.8厘米（图二五，6）。

环首铁刀　1件。M13：10，刀身横截面呈三角形，且自环首处向刀尾逐渐变薄。长41.5、最宽处2.5、环首宽5.8、刀背厚0.2～1.1厘米（图二五，14）。

铜饰件　1件。M13：3，半环形，表面呈金黄色，锈蚀严重，现已断为两截。现存直径19厘米，横截面呈"U"形，宽0.62厘米（图二五，3）。

铜钱　若干枚。M13：12，五铢，锈蚀较为严重。直径2.57、孔径0.95、厚0.15厘米。

13. M14

凸字形崖墓，方向135°。由墓道、甬道和墓室三部分构成。墓道呈斜坡状，长480、宽176～190、深490厘米。墓道和甬道相交处有一道门槽。甬道底部较平，拱顶近平，前段部分无顶，长230、宽164、近墓道处高210、近墓室处高170厘米。墓室平面大致呈长方形，拱顶近平，顶部有垮塌，底部较平，长256～284、宽360～376、高150～170厘米（图二六）。

M14墓内不见葬具及人骨。随葬品散布于墓室中，包括铜杯1件、陶罐6件、陶钵3件、陶壶2件、陶勺1件、陶器盖1件、铜钱数枚。

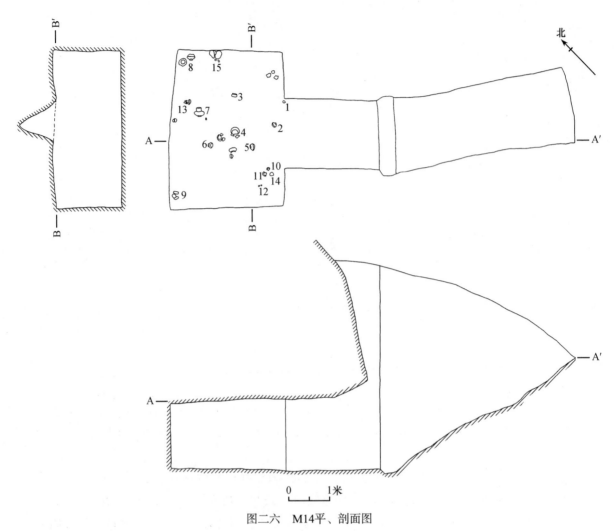

图二六　M14平、剖面图

1.铜杯　2、3、5、6、8、9.陶罐　4、11、13.陶钵　7、15.陶壶　10.陶勺　12.铜钱　14.陶器盖

铜杯　1件。M14：1，敞口，折沿，斜直腹，平底，一侧有一把手，底部可见范缝。口部长径6.6、短径6.3厘米，底部长径3.6、短径3.4厘米，把长1.9厘米，高2.5厘米（图二七，1）。

陶罐　6件。M14：2，灰陶。直口，圆唇，短颈，圜肩，弧腹，平底。口径9.7、腹部最大径15.6、底径10、高9.7厘米（图二七，2）。M14：3，红陶。敞口，折沿，颈微束，折肩，直腹略弧，圜底近平。肩两侧各有一小耳，肩部饰有两道凹弦纹。口沿及外壁施黄褐色釉，釉不及底。口径12、腹部最大径12.4、高8.6厘米（图二七，3）。M14：5与M14：8形制基本相同，均为灰陶。敞口，折沿，圆唇，折肩，斜弧腹，平底。M14：5，束颈。肩上有三道弦纹。口径10.8、腹部最大径15、底径8、高11.6厘米（图二七，4）。M14：8，直颈。肩部饰有一道弦纹。口径11.4、腹部最大径16.2、底径11、高11.7厘米（图二七，5）。M14：6与M14：9形制基本相同，均为敞口，高领，弧腹，平底。肩两侧各有一乳丁状小耳。M14：6，灰陶。平底略内凹。肩部饰两道弦纹。口径11.7、底径7.2、高8.4厘米（图二七，6）。M14：9，红陶。腹部有三道弦纹。口径10.3、底径7、高8.9厘米（图二七，7）。

陶钵 3件。M14：4，灰陶。敞口，圆唇，折腹，平底。口径19.1、底径5.8、高6.8厘米（图二七，8）。M14：11与M14：13基本相同，均为灰陶。敞口，圆唇，斜弧腹，平底。M14：11，口径11.6、底径4.6、高4.8厘米（图二七，9）。M14：13，口径11.7、底径3.8、高4.9厘米（图二七，10）。

陶勺 1件。M14：10，灰陶。平面呈桃形，敞口尖唇，平底，一侧有一小把。宽6.2、底径4、高2厘米（图二七，11）。

陶器盖 1件。M14：14，红陶。圆形，顶部较平。盖面上有四道凹弦纹。直径10.5、高2.4厘米（图二七，12）。

陶壶 2件。M14：7，灰陶。敞口，方唇，直颈，圆肩，鼓腹，圈足。颈下有两道弦纹，肩部有两道弦纹。口径12.6、腹部最大径26.5、圈足直径13.8、高25.2厘米（图二七，13）。

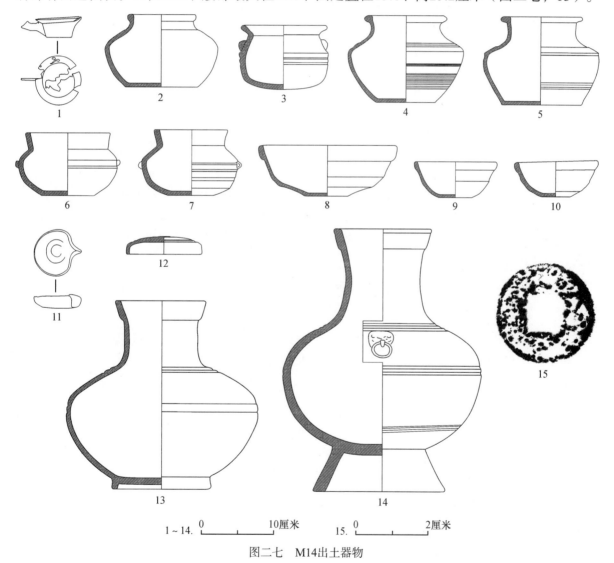

图二七 M14出土器物

1. 铜杯（M14：1） 2~7. 陶罐（M14：2、M14：3、M14：5、M14：8、M14：6、M14：9） 8~10. 陶钵（M14：4、M14：11、M14：13） 11. 陶勺（M14：10） 12. 陶器盖（M14：14） 13、14. 陶壶（M14：7、M14：15）

15. 五铢（M14：12）

M14：15，灰陶。敞口，方唇，长颈，圆肩，鼓腹，圈足较高。肩部两侧各有一铺首，颈下、肩部各饰有两道弦纹。口径约12.8、腹部最大径27.6、高35.1厘米（图二七，14）。

铜钱　M14：12，货泉3枚，直径2.27、孔径0.78、厚0.15厘米。五铢1枚，直径2.65、孔径0.94、厚0.15厘米（图二七，15）。

三、墓葬年代及初步认识

此次发掘的14座墓葬除1座砖室墓外其余皆为崖墓，形制上较为一致，平面大致呈刀把形或凸字形，多由墓道、墓室或墓道、甬道、墓室组成，有的有侧室，墓室呈方形或长方形，墓顶均为较平的拱顶。根据其随葬器物可以发现，其年代上存在一定的差别。

M2、M3、M4、M6、M8、M10、M13、M14所出随葬器物在风格上较为相近，多为陶罐、陶钵等，有一定数量的釉陶。M6出有作为仿铜陶礼器的陶鼎、陶壶，所出的陶案、陶耳杯等为王莽至东汉初期开始流行的祭祀用器，与赵家湾M8出土的同类器物形制相似[3]，出土圜底罐可见于东汉早期的丰都汇南JM20（JM20：24）[4]。M3所出釉陶壶与东汉中期的赵家湾M22所出的陶锺（M22：22）[5]较为相似。M14所出陶壶重心较低，腹部圆鼓，圈足较矮，为东汉早中期的特征[6]，可见于万州大地嘴M14：38[7]，所出高领罐亦可见于赵家湾M22（M22：42）[8]。M13出有长舌镇墓兽、子母鸽、环首铁刀等，带有明显的地域特点[9]，动物俑造型生动，更接近于峡江地区东汉中晚期的陶俑特点，如巫山琵琶洲永初五年墓所出陶猪（M4：1）、陶狗（M4：2）[10]等。此外，M3出土有"货泉""五铢"，M13、M14出土有"五铢"铜钱，可为断代提供了一定依据。据此，该组墓葬的年代应当集中在东汉早中期，其中M13年代可能相对偏晚，可至东汉中期以后。

M12出有青瓷碗、青瓷虎子、铜弩机等器物，特点鲜明，应当为六朝时期墓葬。其中M12所出青瓷虎子呈茧形，中间束腰，两端浑圆，与南京板桥镇西晋永宁二年墓出土的虎子[11]，以及鄂州六朝墓所出Ⅲ型1式虎子（M2006：12、M3045：9）[12]较为接近，但四足已简化。鄂州M2006、M3045均将年代定为西晋前期。由此推断，M12的年代大致在两晋。

此外，M5、M7、M9、M11均无随葬品出土，但M5、M7、M9与M8、M10并列排布，基本处于同一水平高度上，间距相近，墓之前还有一狭长的小平台，可能是对于陡峭的山体进行初步修整后形成的，由此推测赵家湾墓葬开凿之前进行了一定的规划，那么M5、M7、M9与M8、M9在时代上应当不会相隔太远，可能为东汉墓葬。M11位于M7~M10的下方，与M12并列，其年代可能与M12相近。

M1为砖室墓，但损毁严重，仅可根据其菱形花纹墓砖推测应当为汉代墓葬。

赵家湾的崖墓在开凿方式上呈现出一致性，可能是借用山体的坡度向下开凿出一个垂直的平面，再由平面向山体内部横向凿出墓室，与横穴式土坑墓有一定的相似之处。丧葬仪式结束后，再在墓道内填土，将墓室封闭。其中M5仅开凿出墓道及部分墓室，未修建完成即可能因墓道岩石崩裂而被废弃，为讨论该地区崖墓的开凿方式提供了佐证。

赵家湾一带经过了多次考古发掘，清理了数量众多的汉至六朝时期墓葬，是一处重要的汉至六朝墓地。此次清理发掘的14座墓葬，尤其是M6、M12保存完好，为完善峡江地区的墓葬文化序列提供了材料。

附记：本次考古发掘领队为袁东山，执行领队为李梅田，参加发掘工作的人员有乔峡、陈昊雯、乔汉英、陈星宇、党威、陈孔杨，摄影人员为陈昊雯、乔峡，绘图人员为姚婷、李童、李万靖、陈昊雯，整理为乔峡、乔汉英、李增辉。本次发掘工作得到了奉节县文物管理所的大力支持，在此谨表谢忱。

执笔：陈昊雯　乔汉英　乔　峡　李梅田

注　释

［1］　武汉大学考古学系、重庆市文化局三峡办公室：《重庆奉节赵家湾东汉墓发掘简报》，《文物》2011年第1期。

［2］　武汉大学考古与博物馆学系、武汉大学科技考古中心：《重庆奉节赵家湾墓地2004年发掘简报》，《江汉考古》2009年第1期。

［3］　武汉大学考古学系、重庆市文化局三峡办公室：《重庆奉节赵家湾东汉墓发掘简报》，《文物》2011年第1期。

［4］　四川省文物考古研究院、重庆市文化局、丰都县文物管理所：《重庆市丰都县汇南墓群2003年度发掘简报》，《四川文物》2013年第2期。

［5］　武汉大学考古与博物馆学系、武汉大学科技考古中心：《重庆奉节赵家湾墓地2004年发掘简报》，《江汉考古》2009年第1期。

［6］　蒋晓春：《三峡地区秦汉墓研究》，巴蜀书社，2010年。

［7］　湖南省文物考古研究所、巫山县文物管理所：《万州大地嘴墓地发掘报告》，《重庆库区考古报告集·1999卷》，科学出版社，2006年。

［8］　武汉大学考古与博物馆学系、武汉大学科技考古中心：《重庆奉节赵家湾墓地2004年发掘简报》，《江汉考古》2009年第1期。

［9］　索德浩：《峡江地区汉晋墓葬文化因素分析》，巴蜀书社，2012年。

［10］　中国社会科学院考古研究所三峡工作队：《巫山琵琶洲遗址发掘报告》，《重庆库区考古报告集·1998卷》，科学出版社，2003年。

［11］　南京市文物保管委员会：《南京板桥镇石闸湖晋墓清理简报》，《文物》1965年第6期。

［12］　南京大学历史系考古专业、湖北省文物考古研究所、鄂州市博物馆：《鄂城六朝墓》，科学出版社，2007年。

云阳三坝溪遗址2015年度考古发掘简报

重庆市文物考古研究院
云阳县文物保护管理所

一、墓群概况及既往工作

三坝溪遗址位于重庆市云阳县青龙街道马沱村1组，是一处临江台地，遗址所在区域北高南低，遗址中心地理坐标30°56′00″N，108°45′00″E，海拔150～175米。地表生长较多杂草，暴露有少量汉代砖室墓墓砖。北面为云阳复兴社区至栖霞镇的公路，南面为东西走向的长江（图一）。

该遗址是1992年实施三峡库区文物保护规划时，由四川省文物考古研究所（现四川省文物考古研究院）调查发现的，现为三峡后续工作消落区地下文物保护项目。成都市文物考古研究所（现成都文物考古研究院）和绵阳市博物馆于2003～2005年对该处进行了发掘。2015年，重庆市文化遗产研究院（现重庆市文物考古研究院）、云阳县文物保护管理所对该遗址进行了发掘，获取了较多的历史文化信息，确定了遗址为一处汉代遗址（图二）。

二、工作概况

因为遗址处于三峡库区消落带，每年都会遭受江水冲刷及浸泡，对遗址造成了很大的破坏，开展抢救性文物保护工作刻不容缓。

受重庆市文物局三峡办的委托，重庆市文物考古研究院承担了三坝溪遗址三峡工程重庆库区消落区2015年度的考古发掘项目。于2015年7月20日开始，至9月5日结束，历时48天，发掘面积520平方米，通过发掘了解到该地区墓葬因为距离地表较浅，早年人们的生产生活对其扰乱严重。此次发掘共清理汉代墓葬7座（图三）。墓葬分布较密集，出土器物数量不多，为研究这一地区历史文化提供了比较重要的实物资料。

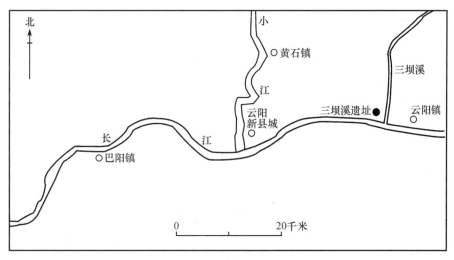

图一 三坝溪遗址位置示意图

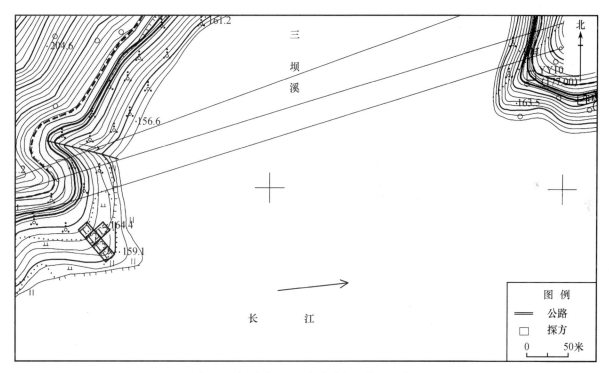

图二 三坝溪遗址2015年度发掘区位置示意图

三、墓葬形制

本次考古发掘工作共清理汉代墓葬7座，编号2015YQSM1~2015YQSM7（以下简称M1~M7）。从墓葬类型上看，可分为砖室墓、土坑竖穴墓；平面形状可分为刀把型、长方形。

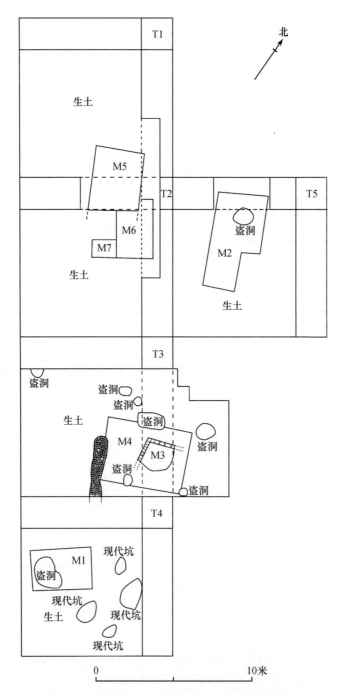

图三　三坝溪遗址2015年度探方和遗迹分布示意图

（一）砖室墓

3座，编号为M2、M3、M5。

M2　位于2015YQST5中北部。叠压于第1层下，打破生土，方向326°（图四）。

墓葬平面呈刀把形。墓室开口长280、宽247厘米，甬道开口长180、宽167厘米。墓室底长

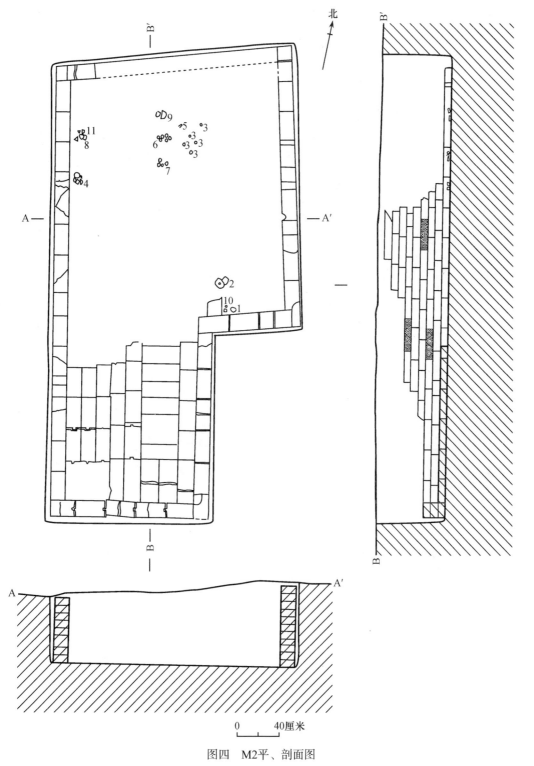

图四　M2平、剖面图

1、9、11.陶钵　2、8.陶器盖　3.铜泡钉　4.陶罐　5.铜发夹　6.五铢　7.货泉　10.研镜石

236、宽207厘米，甬道底长163、宽128厘米，墓深80厘米。墓壁砖为长方体，纹饰较多，有4种：①菱形纹+几何纹；②菱形中凸点+几何纹；③菱形纹+几何纹夹双"X"纹；④菱形纹+几何纹夹"+""X"纹。铺地砖有2种，一种为长方体，一种为子母口。

墓内仅存极少人骨，无法分辨男女，未发现葬具，葬具、葬式不明。

M3　位于2015YQST3东南部。叠压于第1层下，打破M4和生土，方向345°（图五）。

墓葬平面呈长方形。大部分被破坏。墓室开口残长170、残宽152厘米，墓室底长170、宽152厘米，墓室深30厘米。墓壁砖为长方体，纹饰有2种，一种为菱形纹夹"X"纹，一种为菱形纹夹"X"纹+几何纹。未见铺地砖。

墓内未发现葬具和人骨，葬具、葬式不明。

M5　位于2015YQST2东北角延伸至2015YQST1东南角。叠压于第1层下，打破M6和生土，方向318°（图六）。

墓葬平面呈长方形，砖室墓。前段被破坏，墓室开口残长312、宽268厘米，墓底残长292、宽224厘米，墓室深36厘米。墓壁砖为长方体，纹饰较多，有4种：①菱形纹+几何纹；②菱形纹+菱形纹夹"X"纹；③菱形纹+菱形纹夹"+""X"纹；④菱形纹夹双"X"纹。未见铺地砖。

墓内未发现葬具和人骨，葬具、葬式不明。

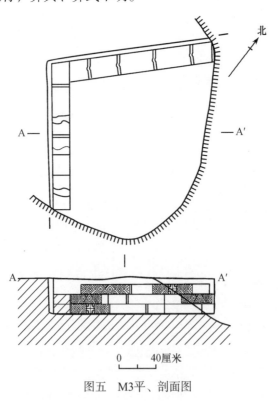

图五　M3平、剖面图

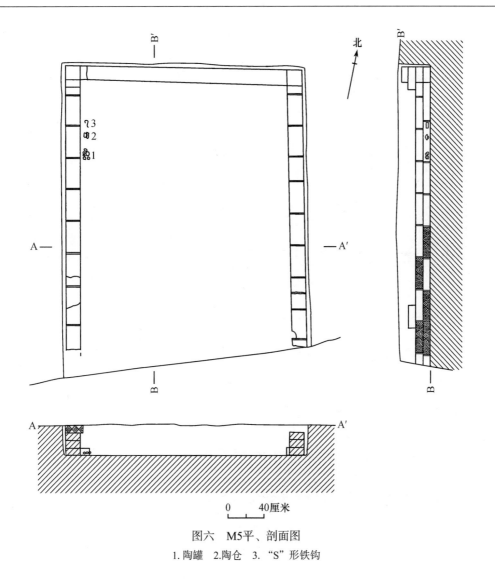

图六　M5平、剖面图

1.陶罐　2.陶仓　3.“S”形铁钩

（二）土坑竖穴墓

4座，编号为M1、M4、M6、M7。

M1　位于2015YQST4西北部。叠压于第1层下，打破生土，方向32°（图七）。

墓葬平面呈长方形，竖穴土坑墓。墓室开口长400、宽265厘米，墓壁向下逐渐内收，墓底长340、宽230厘米，墓室深210厘米。

墓内未发现葬具和人骨，葬具、葬式不明。

M4　位于2015YQST3东南部，叠压于第1层下，被M3打破，打破生土，方向38°（图八）。

墓葬平面呈长方形，竖穴土坑墓。墓室开口长540、宽380厘米，墓壁向下逐渐内收，墓底长490、宽308厘米，墓室深600厘米。

墓内未发现葬具和人骨，葬具、葬式不明。

M6　位于2015YQST2东北部。叠压于第1层下，被M5打破，打破M7和生土，方向30°

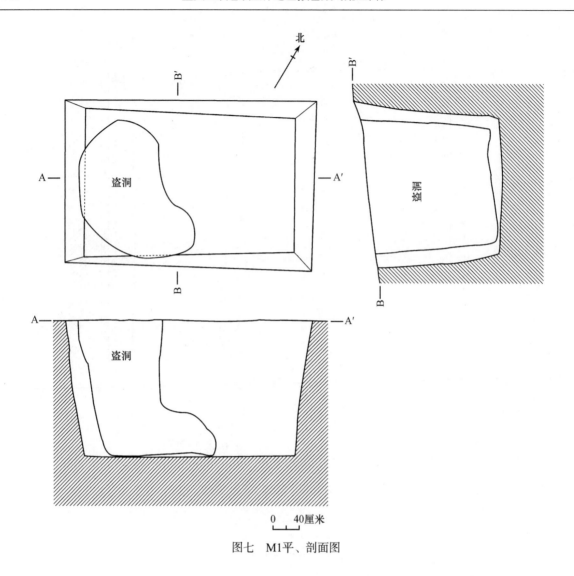

图七　M1平、剖面图

（图九）。

　　墓葬平面呈长方形，竖穴土坑墓，墓室开口长375、宽220厘米，墓壁向下逐渐内收，墓室底长325、宽210厘米，墓室深40～140厘米。

　　墓内未发现葬具和人骨，葬具、葬式不明。

　　M7　位于2015YQST2东部，叠压于第1层下，被M6打破，打破生土，方向315°（图一○）。

　　墓葬平面呈长方形，竖穴土坑墓。绝大部分被破坏。墓室开口残长160、残宽115厘米，墓壁向下逐渐内收，墓底长154、宽102厘米，墓室深20～38厘米。

　　墓内未发现葬具和人骨，葬具、葬式不明。

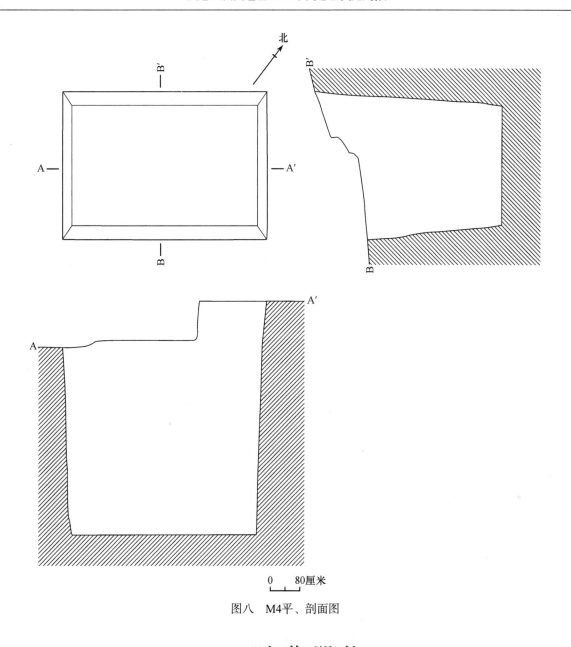

图八　M4平、剖面图

四、随葬器物

随葬器物共14件，有陶器、铜器、铁器、钱币、组合质地器物等。

（一）陶器

出土陶器主要有钵、器盖、罐、仓等，但只有部分能修复。陶色有灰陶、红陶等，质地均为泥质。

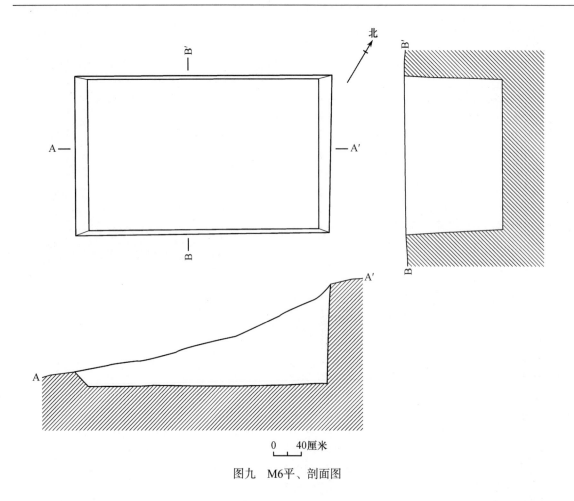

图九　M6平、剖面图

　　陶钵　3件。M2：9，泥质灰陶。敞口，弧唇，卷沿，斜弧腹缓收成平底。腹部饰有3道凹弦纹。轮制。口径12、底径5.4、通高4.5厘米（图一一，1）。M2：11，泥质灰陶。敛口，弧唇，斜弧腹急收成平底。腹部饰有4道凹弦纹。口径13.2、底径4.2、高7.5厘米（图一一，2）。

　　陶器盖　2件。M2：2，釉陶，施墨绿色釉，泥质红陶胎。盖平面为圆形，盖面施有3道同心弦纹，顶部有一弧形纽。轮制。盖径16.8、通高6.9厘米（图一一，3）。M2：8，釉陶，施黄绿色釉，泥质红陶胎。盖平面为圆形，盖面为弧形，施有4道同心弦纹，顶部有一纽。轮制。盖径15、残高5.1厘米（图一一，4）。

　　陶罐　2件。M5：1，泥质灰陶。敞口，平沿，弧唇，短束颈，溜肩，弧腹缓收成平底。腹部施有3道凹弦纹。轮制。口径9、底径7.8、通高9.6厘米（图一一，5）。

　　陶仓　1件。M5：2，泥质灰陶。直口，弧唇，短束颈，弧腹缓收成平底。腹部施有2道凹弦纹。轮制。口径9.6、底径8.4、通高12.6厘米（图一一，6）。

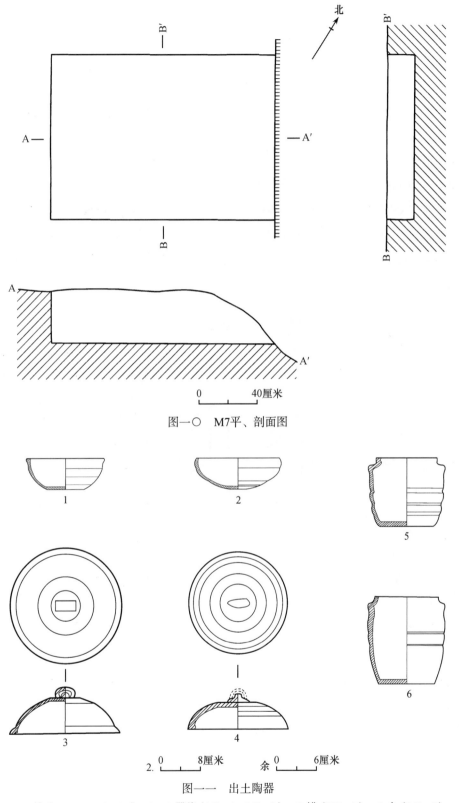

图一〇　M7平、剖面图

图一一　出土陶器

1、2.钵（M2：9、M2：11）　3、4.器盖（M2：2、M2：8）　5.罐（M5：1）　6.仓（M5：2）

（二）铜器和钱币

出土的铜器有泡钉、发夹；钱币有五铢、货泉等。

铜泡钉　1件。M2：3，青铜。成伞状，顶部略平，扁平状钉脚。模制。通长2.1、高1.1厘米（图一二，1）。

铜发夹　1件。M2：5，青铜。顶部有一圆穿，两腿成倒"Y"字形，略变形。模制。通长为0.6、通高为5.2厘米（图一二，2）。

五铢　1件。M2：6-1，青铜。圆形方孔，有双郭，字迹较清楚，"五"字交股作曲，"铢"字金字头为三角，较"朱"字头矮。钱径2.6、穿宽1.1厘米（图一二，3）。

货泉　1件。M2：7，青铜。圆形方孔，有双郭，字迹较模糊。钱径2.3、穿宽0.9厘米（图一二，4）。

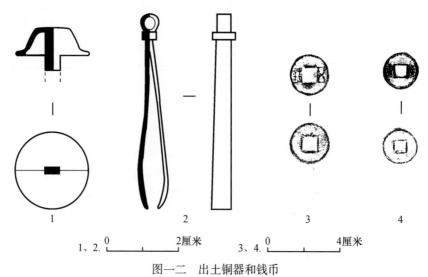

图一二　出土铜器和钱币

1. 铜泡钉（M2：3）　2. 铜发夹（M2：5）　3. 五铢（M2：6-1）　4. 货泉（M2：7）

（三）铁器

出土的铁器有"S"形铁钩。

"S"形铁钩　1件。M5：3，熟铁。整体平面呈"S"形。为长方形铁片，通过锻打两端反方向弯曲成"U"形，其中一段残缺。长9.6、宽2.8厘米（图一三，1）。

（四）组合质地器物

出土的组合质地器物只有研镜石。

研镜石　1件。M2：10，分为两部分，盖为铜，研为石。盖与研上下相合为一体，盖上圆下方，中空。盖面上饰有乳钉纹、"S"形纹，模制，研成矩形，磨制。通长为2.9、通宽2.9、通高为1.7厘米（图一三，2）。

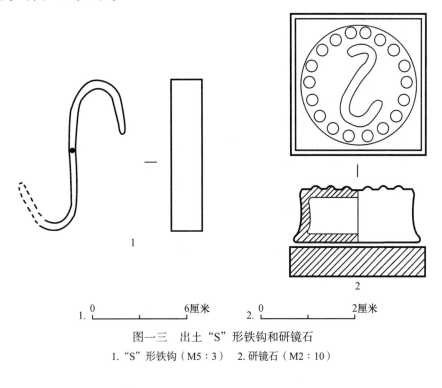

图一三　出土"S"形铁钩和研镜石

1. "S"形铁钩（M5：3）　2. 研镜石（M2：10）

五、结　语

本次考古发掘的汉代墓葬均在沿江同一阶地上，分布比较密集，形制多样，为这一地区汉代墓地选择和墓葬形制的研究提供了重要参考。

本次考古发掘共发现汉代墓葬7座，其中土坑竖穴墓4座，3座为长方形，1座为残墓；砖室墓3座，1座为刀把形，2座为残墓。由于该地区墓葬距离地表较浅，早年人们的生产生活对其扰乱严重，同时因处于消落区，江水的冲刷更加重了扰乱，所以出土器物较少，保存状况也不是很好。出土了陶钵、器盖、罐、仓；铜泡钉、发夹、铜钱；"S"形铁钩；研镜石（铜、石组合质地）等遗物，其中研镜石为云阳县境内长江沿岸首次出土，证明当时该地区有人进行铜镜加工；另外M2和M5两座砖室墓的墓砖纹饰均达到4种，证明当时该地区墓砖生产工艺很发达。

经过与该地区沿江一、二级台地相邻的其他考古发掘区（张家嘴墓群、大凼子墓群、小凼子墓群等）的情况相互对照，发现各区有很多相似之处，这为研究该地区这一时期墓葬随葬品的组合、制作工艺，丧葬习俗提供了资料。

　　附记：本次考古发掘领队为刘继东，执行领队为温小华，参加发掘的人员有陈昀、胡翔云、孙紫峰、夏佑等。本次发掘工作得到了云阳县文物保护管理所的大力支持和帮助，特此感谢！

执笔：陈　昀　夏　佑　孙紫峰

云阳小河湾墓群2017年度考古发掘简报

重庆市文物考古研究院
云阳县文物保护管理所

一、工 作 概 况

　　小河湾墓群位于重庆市云阳县云阳镇蔬菜村7组，南为长江，地处长江北岸坡地之上（图一、图二），墓群所在区域北高南低，墓群中部地理坐标为30°57′32.1″N，108°54′32.8″E，海拔145～175米。地表生长较多杂草，暴露有少量砖室墓墓砖。该墓群是在全国第三次不可移动文物普查中发现的，由于该墓群位于三峡库区消落带，每年都会遭受江水冲刷及浸泡，对墓群造成了很大的破坏，开展抢救性文物保护工作刻不容缓。

　　受重庆市文物局三峡办的委托，重庆市文物考古研究院（原重庆市文化遗产研究院）承担了三峡工程重庆库区消落区云阳县小河湾墓群2017年度的考古发掘项目。于2017年5月24日进场勘探，6月3日开始发掘，至8月1日结束，历时70天，发掘面积702平方米，通过发掘我们了解到该地区发生过滑坡等自然灾害，同时早年人们的生产生活对该地区墓群扰乱比较严重，发现多处盗掘痕迹，本次发掘共清理明代墓葬17座、清代墓葬1座（图三），墓葬分布较密集，出土器物种类较少，为这一地区历史文化研究提供了比较重要的实物资料。

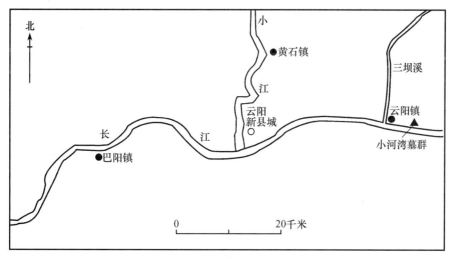

图一　小河湾墓群位置示意图

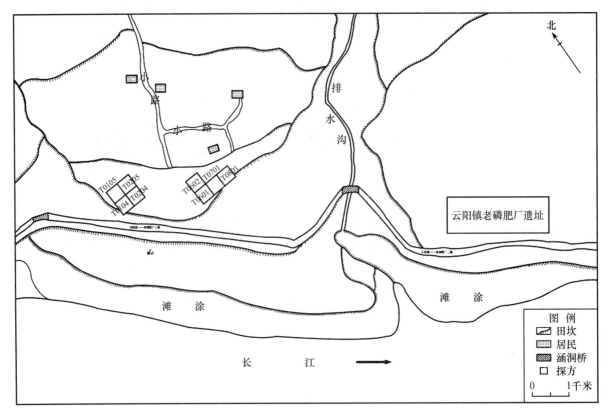

图二　小河湾墓群2017年度发掘区位置示意图

二、墓葬形制

本次考古发掘工作共清理明代墓葬17座、清代墓葬1座。从墓葬类型上看，可分为土坑竖穴墓、石室墓；平面形状可分为长方形、椭圆形。

（一）土坑竖穴墓

16座，编号为M1、M3～M8、M10～M18。

M1　位于T0801东北部，叠压于第1层下，打破生土，方向30°（图四）。

墓葬平面呈长方形。墓室开口长196、宽80厘米，墓底长196、宽80厘米，墓室深92厘米。

葬具绝大部分腐朽，有少量棺木保存，残存很多板灰，判断为木质棺；葬式为仰身直肢葬，人骨保存较完整，眉骨低平，额头饱满，额结节突出，坐骨大切迹宽而浅，判断墓主性别为女性。

M4　位于T0601中部偏北，叠压于第1层下，打破生土，方向53°（图五）。

墓葬平面呈长方形。墓室开口长200、宽70厘米，墓底长200、宽70厘米，墓室深86厘米。

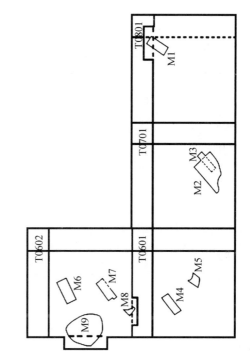

图三　小河湾墓群2017年度发掘探方和遗迹分布示意图

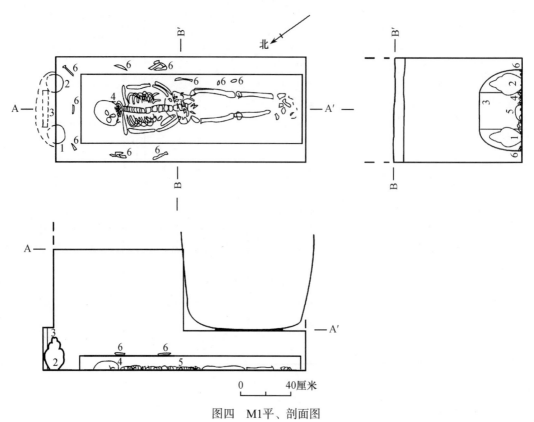

图四　M1平、剖面图

1、2.瓷塔式罐　3.陶墓志　4.银耳环　5.银指环　6.铁棺钉

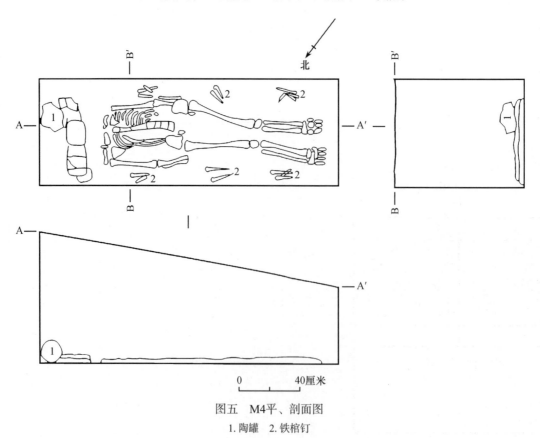

图五　M4平、剖面图

1.陶罐　2.铁棺钉

葬具已完全腐朽，但残存很多板灰，判断为木质棺；葬式为仰身直肢葬，人骨保存较完整。

（二）石室墓

2座。编号为M2、M9。

M2　位于T0701东南部，叠压于第1层下，打破M3，打破生土，方向317°（图六）。

墓葬平面呈长方形。墓室开口残长130～320、宽210厘米，墓底长130～320、宽210厘米，墓室深60厘米。

未发现葬具和人骨，葬具、葬式不明。

M9　位于T0602西部，叠压于第1层下，打破生土，方向60°（图七）。

墓葬平面呈椭圆形，石室墓。墓室开口长318、宽310厘米，墓室深80厘米。

未见葬具，仅有极少碎人骨。葬具、葬式不明。

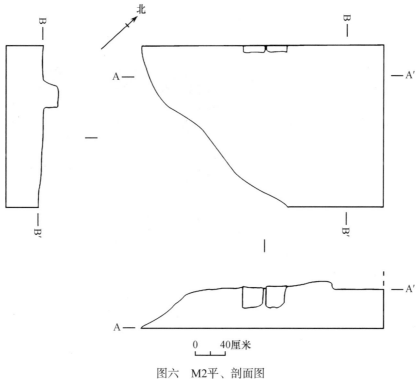

图六　M2平、剖面图

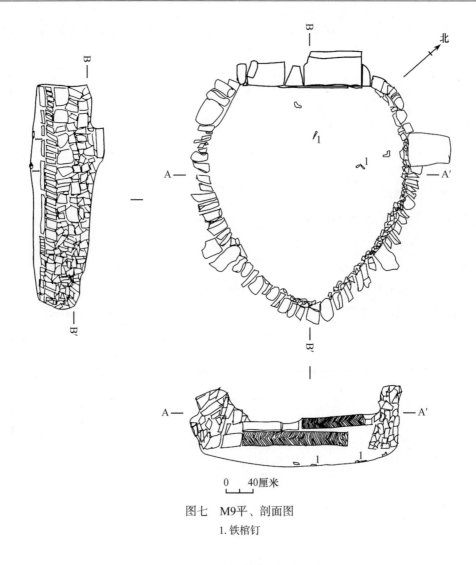

图七　M9平、剖面图
1.铁棺钉

四、随葬器物

随葬器物共27件，有陶器、瓷器、银器、铜器、铁器等。

（一）陶器

出土陶器主要有墓志、罐等，只有部分能修复。陶色有灰陶、红陶等，质地均为泥质。

陶墓志　2件，年代均为明代。M1：3，泥质灰陶。长方体。模制。长30、宽28、厚4～5.5厘米（图八，1）。M15：1，泥质灰陶。长方体。模制。长33、宽30.5、厚4厘米（图八，2）。

陶罐　6件，年代均为明代。M3：1，泥质灰陶。直口，圆唇，束颈，溜肩，上腹微鼓，下腹内收成平底。肩腹部饰多道弦纹。轮制。口径9.6、底径10.2、高24厘米（图八，3）。M4：1，泥质灰陶。直口，圆唇，束颈，溜肩，上腹微鼓，下腹内收成平底。肩腹部饰多道

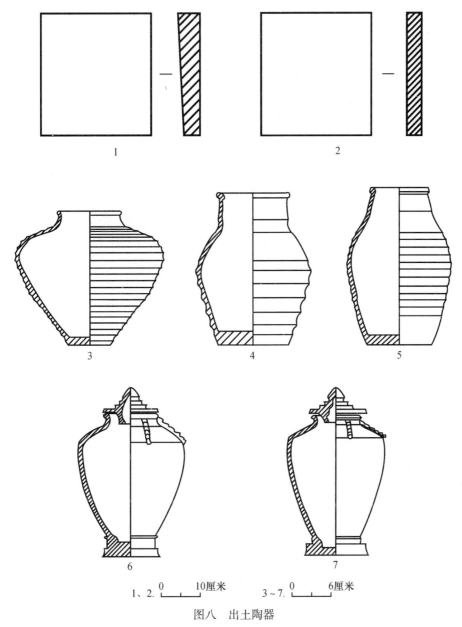

图八　出土陶器

1、2.墓志（M1：3、M15：1）　　3～7.罐（M3：1、M4：1、M6：1、M15：2、M15：3）

弦纹。轮制。口径9、底径9、高18.3厘米（图八，4）。M6：1，泥质灰陶。直口，弧唇，束颈，溜肩，上腹微鼓，下腹内收成平底。肩腹部饰多道弦纹。轮制。口径9.6、底径10.2、高24厘米（图八，5）。M15：2，泥质红陶。直口，圆唇，束颈，折肩，上腹微鼓，下腹内收成平底。盖上饰三层塔形纽，顶端为圆锥形，肩部饰多道屋脊堆纹。通体施青釉，下腹及底无釉。轮制，粘接。口径7.8、底径9、高25.8厘米（图八，6）。M15：3，泥质灰陶。直口，弧唇，束颈，折肩，上腹微鼓，下腹内收成平底。盖上饰三层塔形纽，顶端为圆锥形，肩部饰多道屋脊堆纹，通体施青釉，下腹及底无釉。轮制，粘接。口径7.2、底径10.2、高26.4厘米（图八，7）。

（二）瓷器

出土瓷器只有塔式罐，均为青瓷。

瓷塔式罐　2件，年代均为明代。M1∶1，青瓷。直口，弧唇，束颈，溜肩，上腹微鼓，下腹内收，平底，底向外延伸。盖上三重塔形纽，纽顶端为三瓣花卉簇拥状，一、二层塔饰附加堆纹，口沿、颈部饰附加堆纹。通体施青釉，下腹及底无釉。轮制，粘接。口径9.3、底径7.8、通高25.2厘米（图九，1）。M1∶2，青瓷。直口，弧唇，束颈，溜肩，上腹微鼓，下腹内收，平底，底向外延伸。盖上三重塔形纽，纽顶端为四瓣花卉簇拥状二层塔均匀分布四花瓣，底层饰附加堆纹，口沿、颈部饰附加堆纹。通体施青釉，下腹及底无釉。轮制，粘接。口径8.4、底径8.4、通高25.5厘米（图九，2）。

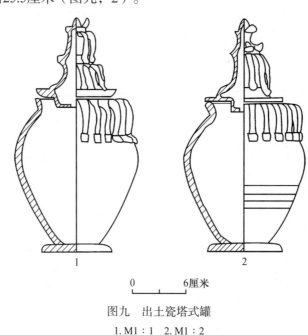

图九　出土瓷塔式罐
1. M1∶1　2. M1∶2

（三）银器

出土银器有耳环、指环各1件，均为残件。

（四）铜器

出土铜器有发罩、发簪、耳环等。
发罩　1件，为残件。

发簪　2件，年代均为明代。M3：3，簪柄呈长条状，底部略窄，顶部变宽，簪首呈莲花状。模制。通长11.2、簪首直径3厘米（图一〇，1）。M3：4，簪柄呈长条状，底部略窄，顶部变宽，簪首呈莲花状。模制。通长11.9、簪首直径3厘米（图一〇，2）。

耳环　1件，年代为明代。M15：4，鎏金，前端呈圆弧形伞状，后端呈钩状。模制。直径0.4、通长2.1厘米（图一〇，3）。

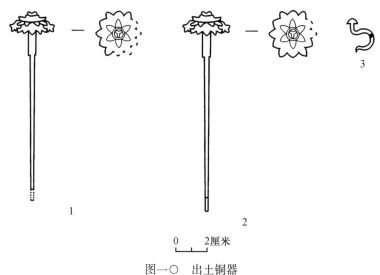

0　　2厘米

图一〇　出土铜器

1、2.发簪（M3：3、M3：4）　3.耳环（M15：4）

（五）铁器

出土铁器只有棺钉。

棺钉　11件，年代均为明代。M3：5-1。熟铁。钉帽不规则，钉脚呈锥状，通体呈"T"形。模制。长16.5厘米（图一一，1）。M4：2-1，熟铁。钉脚呈锥状，钉帽呈弧形，钉帽与钉脚成直角相连。模制。长14.6厘米（图一一，2）。M17：1，熟铁。钉帽不规则，钉脚呈锥状，钉帽与钉脚弧形相连。模制。长5.9厘米（图一一，3）。

五、结　语

本次考古发掘的明清墓葬均在沿江同一阶地上，分布比较密集，形制比较单一，为这一地区明清墓地选择和墓葬形制的研究提供了重要参考。

本次考古发掘共发现明清墓葬18座，其中土坑竖穴墓16座，为长方形；石室墓2座，1座为长方形、1座为椭圆形。该地区墓葬由于早年人们的生产生活以及盗掘和处于消落区被江水冲刷等原因破坏严重。

本次发掘出土陶器、瓷器、银器、铜器、铁器等文物，种类较多但器型较少，并且由于破坏严重，出土数量也较少。

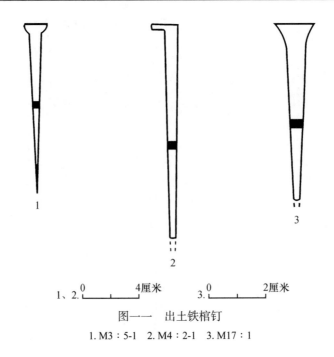

1、2. 0———4厘米　　3. 0———2厘米

图一一　出土铁棺钉

1. M3：5-1　2. M4：2-1　3. M17：1

通过本次发掘，发现在该地区明代墓葬绝大部分为土坑竖穴墓（M1、M3～M8、M10～M18），仅仅有1座石室墓（M2），并且墓葬规格偏小，从出土人骨架情况来看，葬式比较统一，皆为仰身直肢葬，头部大部分皆有枕瓦，随葬品也比较粗糙，估计当时在该地区生活的人们经济状态不是很好，或者有薄葬的习俗。清代墓葬仅有1座（M2），为石室墓，破坏严重。

经过与该地区沿江一、二级台地相邻的其他考古发掘区（唐家湾墓群、鲢鱼山墓群等）的情况相互对照，发现这些墓群有很多相似之处，对研究该地区这一时期墓葬随葬品组合、制作工艺及丧葬习俗提供了资料。

附记：本次考古发掘执行领队为温小华，参加发掘的人员有陈昀、胡翔云、孙紫峰、黄涛、熊德山等。本次发掘工作得到了云阳县文物保护管理所的大力支持和帮助，特此感谢！

执笔：孙紫峰　温小华　陈　昀

万州下中村遗址2012年度发掘报告

重庆市文物考古研究院
万州区博物馆

一、遗址概况

下中村遗址位于重庆市万州区武陵镇下中村十一、十二组，东邻长江，西靠尖山，北隔小浪口与大丘坪墓群相望，南依原武陵旧场镇。遗址地势西高东低，坡度较平缓，东部为近江台地，地势平坦，地表种植蔬菜，并间布零星民房，海拔135～150.1米；西部为坡地与低矮的山梁及山梁间的沟谷地带；地表为梯级水稻田，海拔在150.1～175米。遗址总面积约6万平方米，其中心地理坐标为108°15′42″E，30°30′25″N（图一）。

该遗址于1986年由四川省文物普查时被发现，为配合长江三峡工程建设，1994年厦门大学考古队对该遗址进行了复查和试掘。2001～2007年，重庆市文物考古所（现重庆市文物考古研究院）及万州博物馆联合组建考古队在对该遗址进行全面钻探的基础上，先后七次对该遗址进行大规模发掘，发现了从新石器到明清各个时期的文化遗存和遗物，并确定了唐宋时期的文化

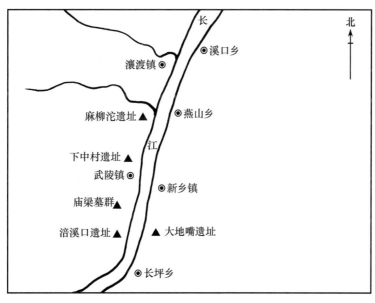

图一　下中村遗址位置示意图

堆积是遗址的主体文化。清理唐宋时期石构房址43座、灰坑63个、灰沟15条，战国至元代墓葬41座，确定了该遗址系宋武宁县城故址所在地。

　　2012年3～4月，因三峡库区蓄水量减少，部分原淹没在水下的台地露出水面，形成消落带，地表可见石沟房基和石室墓露头。为配合三峡库区消落带文物抢救保护工作，重庆市文物考古所及万州博物馆再次组成联合考古队，对遗址进行第八次大规模发掘。本次发掘工作历时两个月，共完成田野发掘面积810平方米。本次发掘的区域位于遗址Ⅷ区东北部海拔在160～170米的消落带上、处于整个下中村遗址群的边缘地带，共布10米×10米探方8个，探方编号2012CWXT828～2012CWXT835（"2012"代表发掘年度，"C"代表重庆，"W"代表万州，"X"代表下中村，以下简称T828～T835）。发掘唐代和清代石室墓各1座，并出土了同时期的文化遗物，现将本次发掘的主要情况报告如下（图二）。

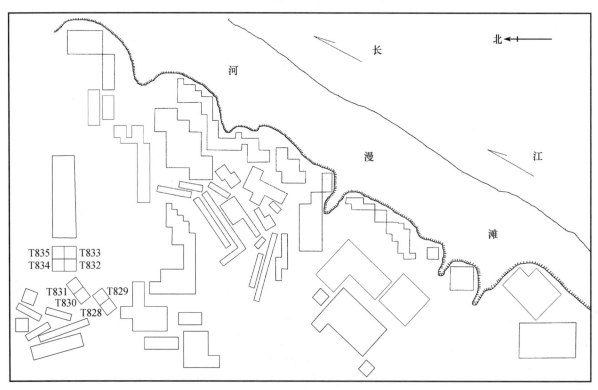

图二　下中村遗址2012年度发掘探方分布示意图

二、地层堆积

　　探方、遗址由工地统一给号，并紧接2006年的编号。现以T831东壁剖面为例，说明地层堆积情况（图三）。

　　第1层：表土层，厚18～40厘米，黑褐色黏土，土质坚硬致密，包含少量石块、近现代陶瓷残片等包含物。第1层遍布全方。

　　第2层：近现代层，厚27～55厘米，深18～40厘米，黄褐色黏土，土质坚硬，包含较多红烧土颗粒、少量砂石块、灰黑色砖瓦残片等。第2层探方南部无分布。

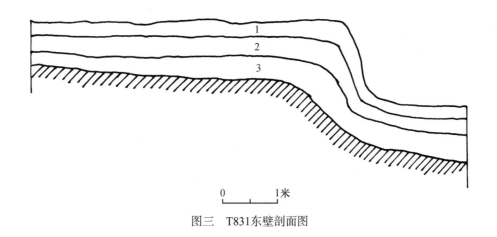

图三　T831东壁剖面图

第3层：明清层，厚25～80厘米，深43～95厘米。灰褐色黏土，土质疏松，包含少量青花瓷片、红烧土颗粒等。第3层遍布全方。M41在第3层下开口，打破生土。

第3层以下为深黄色生土层。

三、唐代文化遗存

（一）墓葬

发掘石室墓1座，编号M42。位于Ⅷ区北部T831探方东南部的断坎下，少许石板伸出断坎，地表为水稻田，开口于第3层下。墓葬形制为长方形同穴异室石室墓，正南北向，M42开口距地表深0.68～1.1米，墓底距地表深0.92～1.68米。墓葬被严重扰动，封顶缺失，封门、部分墓壁被严重破坏，墓底保存较完整。墓室分为东、西两室。M42墓壁用大小不一的石板侧立而起，墓壁内侧则用条石纵向铺成，每两条石间用小条石竖立而成，且小条石正好位于墓壁石板的接缝处，用于加固和支撑作用。墓底用石板平铺而成，墓底石板与墓壁之间砌有一列纵向石条，比墓底高6厘米。M42所用石板均有人工打凿平整过的痕迹。

东墓室：平面呈长方形，剖面略成梯形，墓室长2.84～2.92、宽1.04～1.22、残高0.24～0.58米。墓底用11块石板横向平铺。

西墓室：平面呈长方形，剖面略成梯形，墓室长2.78～3、宽1.14～1.16、残高0.24～0.54米。墓底用10块石板横向平铺。还保留一块封门石。

墓室内残存少量人骨残片和牙齿碎片，葬式不详。墓室内可见灰白色木板灰痕迹，另有数枚铁质棺钉散落于墓底，据此推断M42的葬具为木棺。

东侧墓室出土有青釉瓷罐1件、铁棺钉2枚；西侧墓室出土有酱釉瓷罐1件、铁棺钉5枚、开元通宝1枚（图四）。

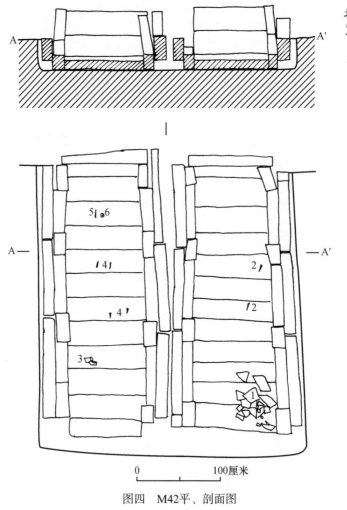

图四　M42平、剖面图

1.青釉瓷罐　2、4、5.铁棺钉　3.酱釉瓷罐　6.开元通宝

（二）随葬品

出土随葬品分瓷器、铁器、铜器、钱币几类。

瓷器　2件，皆为罐。

青釉瓷罐　M42：1，敛口，圆唇微卷，短束颈，溜肩，深弧腹，平底内凹。灰白色胎，器表施青釉，釉下饰酱色和红色联珠纹相间组成的菱形和圆形纹饰。肩上附一对环纽卷云纹吊穗耳。口径14.5、底径24、高27.5厘米（图五，1）。

酱釉瓷罐　M42：3，直口，圆唇微卷，短束颈，溜肩，斜弧腹，平底，内底上凸。灰白色胎，器表施酱釉及下腹，釉层稀薄，剥落严重。肩上附一对细圆环耳。口径5、底径4.5、高8.5厘米（图五，2）。

铁棺钉　7件，按照型制分为两型。

A型　细长型，3件。M42：4，扁平形，表面锈蚀严重。长7.5厘米（图五，3）。

B型　短粗型，4件。M42：2，圆锥形，表面锈蚀严重。长4.5厘米（图五，4）。

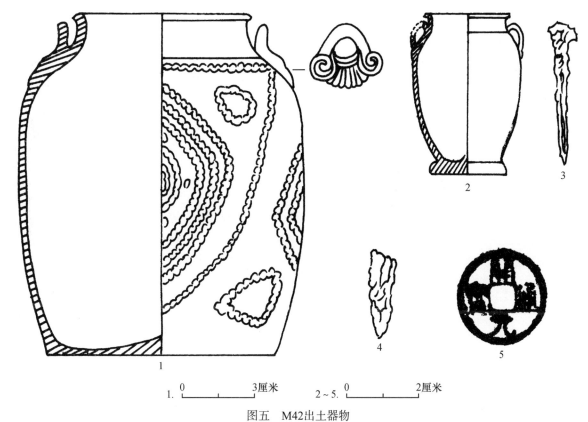

图五 M42出土器物

1.青釉瓷罐（M42：1） 2.酱釉瓷罐（M42：3） 3.A型铁棺钉（M42：4） 4.B型铁棺钉（M42：2）

5.开元通宝（M42：6）

钱币 1件，为开元通宝。M42：6，方孔圆钱，有内外郭，正面钱文对读，背面上部有一个"福"字，钱文较模糊。直径2.4厘米（图五，5）。

四、清代文化遗存

（一）墓葬

发掘石室墓一座，编号M41。位于Ⅷ区北部的T828探方西南部，少部分封顶石暴露在地表，未发掘前地表为水稻田。墓葬型制为长方形石室墓，单室，墓向178°，朝向长江。墓口距地表深0.54米，墓底距地表深2.06米，除封门石外墓室结构基本完整。墓室封顶、墓壁、墓底皆由长方形大型条石砌成，条石外侧加工较粗糙，边缘形状皆不整齐，内侧皆经精细打制修整，规则、平直，有明显打制工具凿打痕迹。封顶石、墓壁、墓底皆横向平砌而成，其中封顶石尺寸最为巨大而且厚重。墓壁、墓底所用条石较为轻薄。条石最大的长1.38、宽0.8、厚0.33米；最小的长0.86、宽0.16、厚0.24米。墓底西北部铺地石上凿有一条长1.02、宽0.16、深0.02米的长方形凹槽，功用不明。墓室内被扰动较大，扰土有很多近代遗物。

　　因墓室内被严重扰动、破坏，故葬式、葬具皆不明。出土4件随葬品，皆为青花瓷碗，均已破碎（图六）。

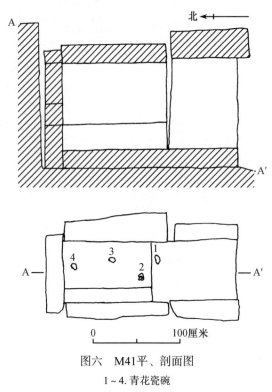

图六　M41平、剖面图
1~4.青花瓷碗

（二）随葬品

　　出土随葬品皆为青花瓷碗。

　　青花瓷碗　4件。M41：1，敞口，斜弧腹，圈足。器表施亮青釉，饰卷草、灵芝纹，外底饰双圈纹，口径10、底径2、高6厘米（图七，1）。M41：2，仅存部分圈足。器表施亮青釉，釉面有小气泡，内底饰花卉纹，外底饰双圈纹和方格纹，底径6.8、残高2厘米（图七，2）。M41：3，仅存部分圈足。器表施亮青釉，釉面开片较多，内底有涩圈，外底有一圈凹弦纹，底径7、残高3厘米（图七，3）。M41：4，仅存圈足，器表施亮青釉，外底心略外凸，内底无釉，露胎部分现火石红，底径7、残高4厘米（图七，4）。

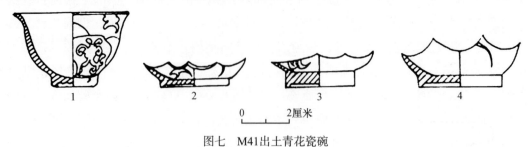

图七　M41出土青花瓷碗
1.M41：1　2.M41：2　3.M41：3　4.M41：4

五、时代判断与初步认识

M42是峡江地区首次发现的唐代同穴异室石室墓，其墓葬形制较为独特，因后期盗扰导致墓室部分损毁，从现存部分看，墓葬修建方法是先在生土上挖掘墓穴，再在墓穴内用石料搭建墓室。构筑墓室所用的石材大部分为较薄的长方形石板，且皆经过较精细的加工。残存随葬器物较少，青釉瓷罐的形制与奉节宝塔坪墓地的C型双耳罐相近[1]，应属中晚唐时期长沙窑的产品[2]，据此我们推断M42属于中晚唐时期的墓葬。

M41为峡江地区常见的清代单室石室墓，同样被盗扰。墓葬修建方法为直接在平地上用石料搭建墓室，墓室由数块大石稍加打制后修建而成，结构粗犷简陋。残存的随葬品为4件青花瓷碗，从M41：1的发色和纹饰看，属晚清景德镇民窑的产品，与其发色和纹饰相同的青花瓷器在临近的下中村遗址因清同治九年长江涨大水而形成的淤沙层以上的地层中大量出现[3]，据此我们推断此墓葬时代应不早于晚清同治时期。

本年度最重要的发现是M42，历年来在峡江地区鲜有唐代墓葬被发掘，下中村遗址的历次发掘中仅在2002年度发现了一座唐代土坑墓，且墓葬形制和葬式、葬具等皆因严重盗扰而基本不可考[4]。本次发掘出的M42墓室结构基本完整，出土的随葬品保存状况较好，时代特征明显，为建立和完善整个下中村遗址的文化序列提供了宝贵的实物资料，同时也让我们对唐代峡江地区的丧葬习俗有了更进一步的认识。

附记：本次考古发掘领队为邹后曦，参与整理的人员有刘江、雷声、郑燮，负责绘图的为雷声，负责摄影的工作人员为郑燮。此次发掘工作得到了万州区博物馆等机构的大力支持，在此表示感谢！

执笔：郑　燮

注　释

[1]　王晶：《奉节宝塔坪墓地唐宋墓葬研究》，吉林大学硕士学位论文，2006年。

[2]　重庆市文物局、重庆市移民局：《奉节宝塔坪》，科学出版社，2010年。

[3]　万州区博物馆：《2001年度重庆万州下中村遗址发掘报告》，《重庆库区考古报告集·2001卷》，科学出版社，2007年。

[4]　万州区博物馆：《2002年度重庆万州下中村遗址发掘报告》，《重庆库区考古报告集·2002卷》，科学出版社，2010年。

万州老屋嘴墓群2013年度发掘简报

重庆市文物考古研究院
万州区文物管理所

一、遗址概况

老屋嘴墓群位于重庆市万州区黄柏乡金山村8组，中心地理坐标为30°55′36.2″N，108°35′57.7″E，海拔170米。在其西南约4千米处有观音庙窑址沿江分布，2009年文物普查核定老屋嘴为汉至六朝时期墓葬遗址（图一）。

墓地位于金山村渡口北侧，长江在此段朝东北方向流淌，右岸有一片稍显平整的缓坡沿江边分布，略为朝外突出一点，当地称作老屋嘴，地势由东向西逐渐降低。

地表原为耕地，在库区移民后逐渐荒废，加之当地修筑公路时，将此地用作砂石中转站，现存地表残留一层石块与淤沙混合堆积，荒草丛生。台地东南侧有一现代水塘，塘中有水，杂草绕边，再向东为金山村8组村民用地，种植桔子、枇杷、玉米、龙眼树等等，水塘东北10米立有"长江三峡工程水位线175米"碑牌；台地南侧为荒草，间或种植少量玉米，再南10米为断崖，下部是道路，通向江边码头；台地西侧呈阶梯窄台，再西10余米为断崖，崖下是江水；台地北侧有窄台相接，地面种植玉米、豆类作物。

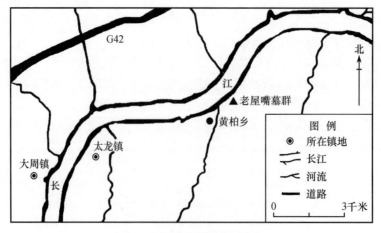

图一　老屋嘴墓群位置示意图

墓地填土与原生土层略有区别，原生土层为棕红胶泥，土质比较纯净，填土为黄褐色胶泥，含红色颗粒、木炭灰等物质。

二、工 作 概 况

目前，墓地处于长江淹没水位线之下，遗存常年遭到江水浸泡，枯水季节，才能开展抢救性文物保护工作，及时发掘刻不容缓。受重庆市文化广播电视局的委托，重庆市文化遗产研究院（现重庆市文物考古研究院）承担了老屋嘴墓地三峡工程重庆库区消落区2013年度的考古发掘项目。

2013年5月30日开始进入工地，至7月17日结束，历时49天。根据地势、地貌，采用探方法发掘，布5米×5米探方32个，方向取正方向，基点设在西南角，坐标登记为"X×Y—H"，每个探方预留东、北隔梁各1米，用作观察剖面和运土通道，其余部分全部下挖。发掘面积为800平方米，考古勘探面积为5100平方米，清理汉代墓葬5座（2013WLM1～2013WLM5，以下简称M1～M5，图二）。

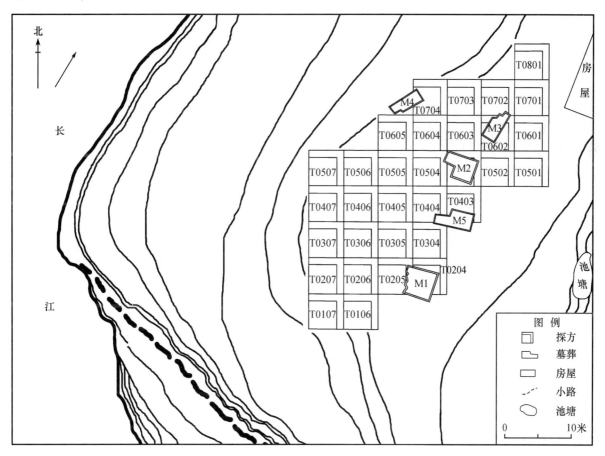

图二　老屋嘴墓群2013年度发掘探方及墓葬分布示意图

三、墓葬分述

墓葬保存状况总体较差，骨骼除发现个别牙齿及少量肢骨之外，仅存骨粉，棺木仅大红油漆可以分辨。出土的陶器，以泥质红陶为主，部分施薄釉，极易脱落，胎体绵薄易碎，质地较差，几乎无完整器型。所有墓葬将铺地砖揭掉后，墓下均为棕红色生土，未发现其他遗迹、遗物。

墓地共发掘清理墓葬5座。M4毁坏较甚，其余下部保存尚好，相间排列分布，无打破或叠压关系，形制结构较为一致，墓砖形制统一。从墓葬类型上看，均为砖砌单室墓。

墓葬平面形状，以刀把形为主，由于江岸垮塌破坏了墓葬结构，均未发现墓道，部分甬道不存。墓砖多存于墓壁，纹饰有三重斜向"田"字+二重斜向"回"字+折线纹（图三，1、7）、四重斜向"口"字+折线纹（图三，2、6）、二重斜向菱形+"十"字折线纹（图三，3、5）、三重菱形乳丁纹+折线纹（图三，4）。

除了M4破坏非常严重之外，其余4座均有遗物出土。按照墓号顺序分别介绍如下。

（一）M1

1. 墓葬形制

位于T0204及T0205内。墓顶、墓道、甬道及墓室南壁已毁。墓葬南部延伸至探方以外，进行了扩方。墓室残存部分平面近方形，坐东向西，方向285°（图四）。

墓室残长286、宽246、高80厘米。均用长方形砖砌成，北壁及东壁残存部分砖块。北壁残高80厘米，残存墓砖9层；东壁残高65厘米，残存墓砖7层；均用一侧带"回"形花纹的条砖错缝砌成，有花纹的一侧朝向墓内，上、下层花纹拼对，浑然一体；墓室底部用14行墓砖，纵向整齐平铺；南壁破坏较甚，未见条砖；西壁及墓道全部损毁。人骨发现于北壁附近，较散乱，故葬式葬具及墓主年龄无法判断。

2. 出土器物

仅存少量随葬器物，于墓室东南部，贴东壁放置。共13件。

钱币　10枚。分为两式。

Ⅰ式　M1∶1，铜质，有外郭，方穿，穿之右左篆有"五铢"二字，五字交股弯曲，金字头作三角状，朱字上头弧角下头方折。钱径2.6、穿径1厘米（图五，1）。

Ⅱ式　M1∶1-1，无郭，钱体较薄，边轮与穿均无郭，正方形穿，穿之左右篆有"五铢"二字，五字交股弯曲，金字头作三角状，朱字上头方折。直径2.4、穿径0.9厘米（图五，2）。

陶狗腿残件　1件。M1∶2，残，仅残存四腿及后臀部分。泥质灰陶。模制，爪、腿与狗

图三　墓砖拓片

1、7. 三重斜向"田"字+二重斜向"回"字+折线纹（M1墓壁砖、M5墓壁砖）　2、6. 四重斜向"口"字+折线纹（M2墓壁砖、
M3墓壁砖）　3、5. 二重斜向菱形+"十"字折线纹（M2铺地砖、M4墓壁砖）　4. 三重菱形乳丁纹+折线纹（M5铺地砖）

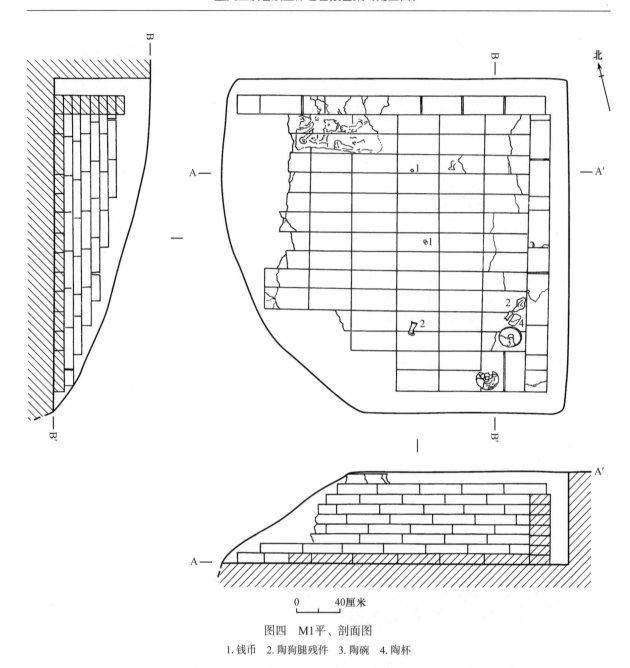

图四　M1平、剖面图
1. 钱币　2. 陶狗腿残件　3. 陶碗　4. 陶杯

相似。残长7.5～19.3厘米（图五，5）。

　　陶碗　1件。M1∶3，修复。泥质灰陶。敛口，圆唇，斜腹，平底。通体素面，腹表留二周瓦棱带，底侧轮刮，器里平抹，壁底和器底留一周明显划痕。口径18.1、底径5.9、高5.5、壁厚0.7厘米（图五，3）。

　　陶杯　1件。M1∶4，修复。泥质红陶胎。直口，方唇，斜壁微收，微凹底。口下2.2厘米器壁捏蚁鼻形耳，里表刮抹，底表素面。器表曾施棕黄色陶衣，内壁留环抹痕迹，底里留涡旋纹理。口径9.5、底径8.7、高8.6、壁厚0.4厘米（图五，4；图版四，2）。

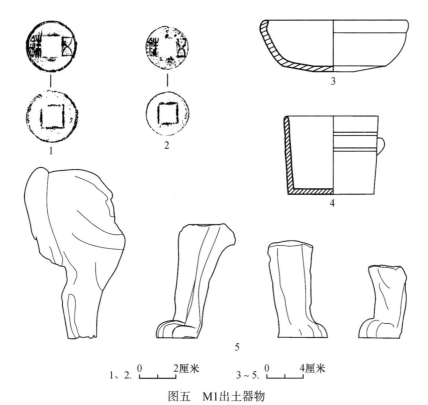

图五　M1出土器物

1、2. 钱币（M1∶1、M1∶1-1）　3. 陶碗（M1∶3）　4. 陶杯（M1∶4）　5. 陶狗腿残件（M1∶2）

（二）M2

1. 墓葬形制

位于T0503内。墓室大部分被破坏，残存部分甬道和墓室。平面呈刀把形，上部遭毁，下部形制基本完整。坐东向西，方向295°（图六）。

甬道位于墓室西侧，平面呈长方形，西北向，封门无存，封门两侧直壁也遭毁坏，铺地砖一部分尚存，用6行带榫卯墓砖纵向平铺，残长116、宽145、残高8厘米。

墓室位于甬道东侧，平面近方形，室顶及大部砖壁不存，回纹砖面朝向墓内，内壁长286、宽246、残高25厘米。室壁墓砖残存3～4层，用长方形砖错缝平砌，墓壁砖长39、宽18、厚8厘米；铺地砖用榫卯结构砖对缝平铺，铺地砖长39、宽22、厚8厘米，榫头长3.5～4、宽5厘米，卯槽宽6、进深5厘米。室底用侧面带"回"形花纹和小端带榫卯的长方形砖砌成，11行纵向整齐平铺，底表与甬道同高，墓室出土较多陶器及少量釉陶器。

人骨呈粉末状，仅在墓室西侧发现臼齿牙冠2枚，葬式及葬具无法判断。

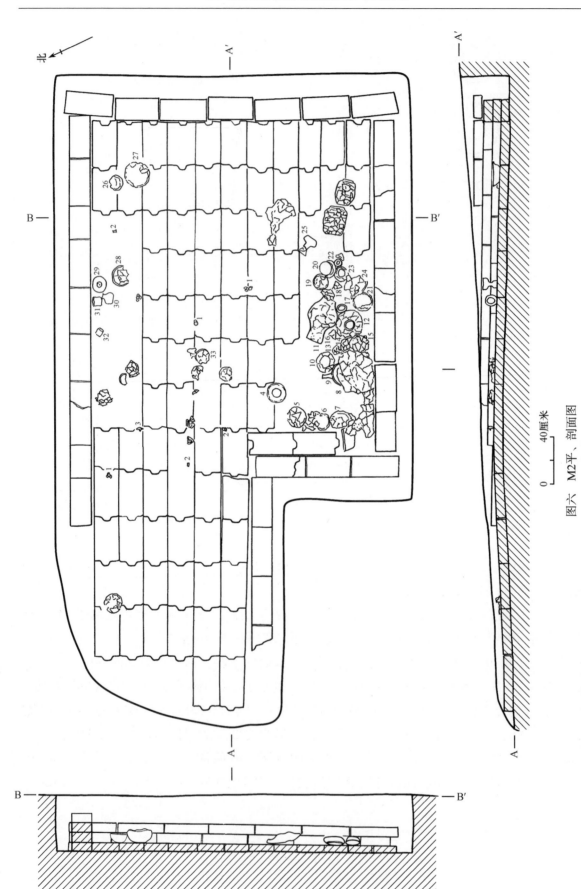

图六　M2平、剖面图

1. 钱币　2. 琉璃耳珰　3. 铜泡钉　4. 陶罐　5～7、15. 陶钵　8、9. 陶魁　10、11、26、33. 陶碟　12. 陶釜　13、14、31、32. 陶杯　16、22、27、28. 陶盖　17、19、20、23. 陶盆　18、25、29. 陶豆　21、30. 陶盂　24. 陶勺

0　　　　40厘米

2. 出土器物

陶器出土较多，于墓室东部及南部，共63件。

钱币　共23枚。分两式。

Ⅰ式　M2：1-1，铜质，有外郭，方穿，穿之右左篆有"五铢"二字，五字交股弯曲，金字头作三角状，朱字上下头弧角。钱径2.5、穿径1厘米（图七，12）。

Ⅱ式　M2：1-2，铜质，有外郭，方穿、背有郭，穿之右左篆有"五铢"二字，五字交股

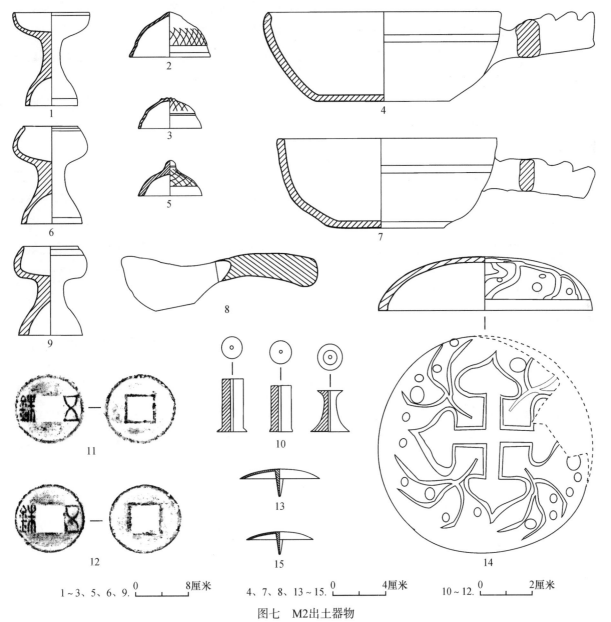

1~3、5、6、9. [0___8厘米]　　4、7、8、13~15. [0___4厘米]　　10~12. [0___2厘米]

图七　M2出土器物

1、6、9.陶豆（M2：29、M2：25、M2：18）　2、3、5、14.陶盖（M2：22、M2：27、M2：16、M2：28）

4、7.陶魁（M2：8、M2：9）　8.陶勺（M2：24）　10.琉璃耳珰（M2：2）　11、12.钱币（M2：1-2、M2：1-1）

13、15.铜泡钉（M2：34、M2：35）

弯曲，金字头作三角状，朱字上下头方折。钱径2.5、穿径0.9厘米（图七，11）。

琉璃耳珰　3件。M2：2，一件色淡蓝较透完整；另两件色蓝，底端略残。均呈喇叭形，头小底大，中空。高1.6~1.9、头底径0.9~1.4厘米（图七，10；图版四，5）。

铜泡钉　7件。其中1件残，弧顶，器形除了尺寸、出土位置其他基本相同，按大小分两式。

Ⅰ式　4件。M2：3，铜质。圆帽形，里端中心有一钉柱。器表有鎏金。直径5.8、高2.1厘米。M2：36，铜质。圆帽形，里端中心有一钉柱。器表有鎏金。出土于陶釜（M2：12）内。直径5.8、高2.1厘米（图版四，3）。M2：34，铜质。圆帽形，里端中心有一钉柱。器表有鎏金。出土于陶盆（M2：19）内。直径5.8、高2.1厘米（图七，13）。

Ⅱ式　3件。M2：35，铜质。圆帽形，里端中心有一钉柱。器表有鎏金。直径3.9、高1.6厘米。出土于陶盆（M2：19）内（图七，15）。

陶罐　1件。M2：4，釉陶。泥质红陶。直口，圆唇，矮直领，广肩，折弧腹，平底。通体素面。釉均已脱落，器底部留有刮抹痕迹。口径9.2、底径6.5、高7、壁厚0.6厘米（图八，14）。

陶盂　2件。M2：21，釉陶。泥质红陶。敛口，斜沿外张，圆唇，束颈，肩斜张，微鼓腹，平底。器表及器里口沿施棕黄薄釉，多已脱落。腹饰二周凹弦纹，底侧留削抹痕。口径13、底径7、高8.5、壁厚0.6厘米（图八，17）。M2：30，釉陶。泥质红陶。敛口，斜沿外张，圆唇，束颈，肩斜张，微鼓腹，平底微上凹。器表及器里口沿施棕黄薄釉，多已脱落。沿里饰一周凹弦带，腹饰一周凹弦纹，底侧留削抹痕。口径13.5、底径8.5、高8、壁厚0.5厘米（图八，18）。

陶钵　4件。M2：5，釉陶。泥质红陶。侈口，尖圆唇，弧壁下收，平底。表里抹平，器表唇下留一周凹弦纹，肩腹分界留一周凸弦纹，器里底部留环抹痕迹。通体遍施棕黄色薄釉，部分脱落，器表脱落较甚。口径13.7、底径5.6、通高4.3、壁厚0.5厘米（图八，1）。M2：6，釉陶。泥质红陶。直口，圆唇，直壁，弧腹下收，平底。表里抹平，器底素面，器表口部至腹施橙黄色薄釉，部分脱落。口径15.1、底径7、通高5.1、壁厚0.5厘米（图八，4）。M2：7，釉陶。泥质红陶。直口，方唇，直壁，弧腹下收，平底。表里抹平，器底素面，器表口部至腹施橙黄色薄釉，部分脱落。口径16、底径8.2、高4.8、壁厚0.6厘米（图八，7）。M2：15，釉陶。泥质红陶。直口，方唇，直壁，弧腹，平底。器表里施棕黄色薄釉，均已脱落。沿下及肩腹各饰有一周凹弦纹，器里抹平。口径16、底径6、通高5、壁厚0.5厘米（图八，9）。

陶魁　2件。M2：8，釉陶。泥质红陶。似直口碗，直口，方唇，弧腹下收，平底。肩腹相接处有一龙头柄，柄把斜向上。通体抹平，器里及器表上部施棕黄色薄釉，部分已脱。器表肩部有一周凹弦纹，器里底部留环抹痕迹。口径17、底径7.5、高6.5、壁厚0.6厘米，柄长6.3、柄宽1.8、柄高2.2厘米（图七，4）。M2：9，釉陶。泥质红陶。似直口碗，侧装一柄。直口，方唇，弧腹下收，平底。肩腹相接处有一龙头柄，柄把斜向下。通体抹平，器里及器表上部施薄釉，部分已脱。器表肩部及腹部各留一周凹弦带，器里底部留手抹痕迹。口径16.1、底径6.3~7.1、高6.5、壁厚0.5厘米，柄长7.5、柄宽2.5、柄高2.2厘米（图七，7）。

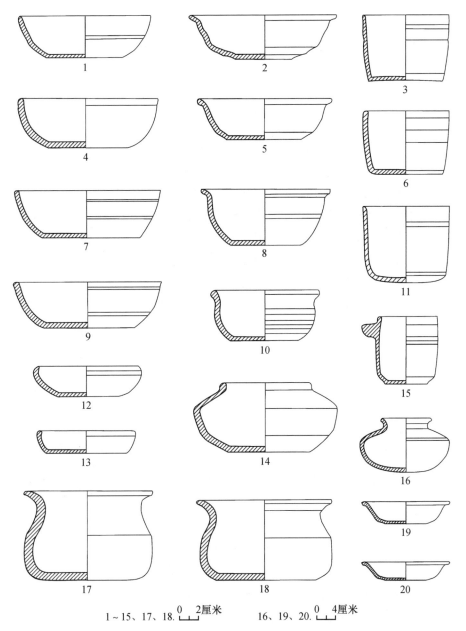

1～15、17、18. ⊢0━━2厘米　　16、19、20. ⊢0━━4厘米

图八　M2出土陶器

1、4、7、9.钵（M2∶5、M2∶6、M2∶7、M2∶15）　2、5、8、10.盆（M2∶20、M2∶23、M2∶19、M2∶17）

3、6、11、15.杯（M2∶13、M2∶31、M2∶14、M2∶32）　12、13、19、20.碟（M2∶26、M2∶33、M2∶11、M2∶10）

14.罐（M2∶4）　16.釜（M2∶12）　17、18.盂（M2∶21、M2∶30）

　　陶碟　4件。M2∶10，釉陶。修复器，泥质红陶。侈口，方唇，斜沿，弧腹，平底。器表素面，留轮修瓦棱纹。器里遍涂橙黄色薄釉，部分脱落。底部外侧留切痕。口径17.4、底径5.8、高4.8、壁厚0.3厘米（图八，20）。M2∶26。泥质灰陶。口微敛，尖圆唇，弧腹弧收，平底。器表及器里环抹，器底刮削。口径12.1、底径7.4、高3.4、壁厚0.5厘米（图八，12）。M2∶33，修复器，泥质灰陶。口微敛，圆唇，直壁，平底。器表及器里环抹，器底素面。口径11.5、底径7.9、高2.8、壁厚0.4厘米（图八，13）。M2∶11，釉陶。修复器，泥质红陶。侈

口，方唇，斜沿，弧腹，平底。器表素面，留轮修瓦棱纹。器里遍涂橙黄色薄釉，部分脱落。底部外侧留切痕。口径17、底径5.6、高5.6、壁厚0.4厘米（图八，19）。

陶釜　1件。M2：12，泥质灰陶。口微敛，平弧沿外翻，尖圆唇，矮直领，肩斜张，大鼓腹，圜底。底表拍印细绳纹，余为素面。口径11.3、高11.6、壁厚0.7厘米（图八，16）。

陶杯　4件。M2：13，釉陶。泥质红陶。直口，方唇，斜壁下收，微上凹底。肩腹饰两周凹弦纹，内壁留环抹痕迹，内底有涡旋纹。口径9.5、底径8、高7、壁厚0.7厘米（图八，3）。M2：14，釉陶。泥质红陶。直口，方唇，斜壁微下收，近圜底。肩部饰一周凹弦纹，底部留削切痕迹。口径9.5、底径4.2、高7.2、壁厚0.5厘米（图八，11）。M2：31，釉陶。泥质红陶。直口，斜方唇，斜壁下收，平底。口下1.3厘米处，残存蚁鼻形耳痕。肩腹饰两周凹弦纹，内壁有环抹痕迹，内里有涡旋纹。口径9.3、底径8.2、高6.3、壁厚0.5厘米（图八，6）。M2：32，釉陶。泥质红陶。直口，圆唇，直腹，平底。口下0.4厘米饰一泥丁把手。器表环抹，腹部及底侧各留一周凸弦纹，器里环抹，器表至底侧施薄黄釉，多脱落。口径6.3、底径4.2、通高6.6、壁厚0.4厘米，把手长1.5、中宽1.3、中高1.1厘米（图八，15）。

陶盖　4件。M2：16，釉陶。泥质红陶。带把帽状，方缘。顶部捏一泥丁把手，弧顶下张。顶部四分格，空白处填充刻画方格纹，纹下有二周凹弦纹。器表遍施橙黄薄釉，器里环抹，与泥丁对应处留小块釉质。底径8.4～8.8、高5.3、壁厚0.5厘米，泥丁高1.4、长1.4、宽1厘米（图七，5）。M2：22，釉陶。泥质红陶。带纽圆帽状，方缘。顶部捏一纽状，弧顶下张。顶部四分格，空白处填充刻画方格纹，纹下有二周凹弦纹。器里留环抹痕迹。底径11、高6.5、壁厚0.6厘米（图七，2）。M2：27，釉陶。泥质红陶。圆帽状，方缘。顶部捏一纽，已残，弧顶下张。顶部四分格，空白处填充刻画方格纹，纹下有一周凹弦纹。底径8～9、高4.5、壁厚0.4厘米（图七，3）。M2：28，釉陶。泥质红陶。覆钵状，方缘。弧顶下张。顶部饰浅浮雕，细条状沟边，中间为四瓣柿蒂饰，四瓣相间处饰草叶纹及乳钉纹。器表施棕黄薄釉，器里抹平。底径15.8、高3.9、壁厚0.7厘米（图七，14）。

陶勺　1件。M2：24，泥质红陶。勺呈"S"形，椭圆勺体，勺柄上平下弧。通长14.5、高3厘米，勺口径5.2～5.5厘米（图七，8）。

陶盆　4件。M2：17，釉陶。泥质红陶。微敛口，方唇，窄沿斜折外翻，斜肩微张，折腹弧收，微上凹底。器表留瓦棱纹，器里肩部留一周凹弦纹，内底有涡旋纹，器底素面。表里遍涂橙黄色薄釉，部分脱落，器表脱落较甚。口径21.6、底径10.3、高10.5、壁厚0.3厘米（图八，10）。M2：19，釉陶。泥质红陶。直口，方唇，弧肩腹下收，平底。通体素面，肩部隐约可见轮修瓦棱纹，肩腹相接留一周凹弦纹，器底切削。器里遍涂橙黄色薄釉，部分脱落。口径13.8、底径5.5、高5.6、壁厚0.4厘米（图八，8）。M2：20，釉陶。泥质红陶。微侈口，方唇，窄沿微斜折，斜肩，折腹下收，平底。器表肩部抹平，腹部切削。器里肩腹相接处有一周凹弦纹，内底指抹，留一周凸弦纹。器表素面。器里遍涂橙黄色薄釉，部分脱落。口径15、底径4.9、高4.8、壁厚0.4厘米（图八，2）。M2：23，釉陶。泥质红陶。微侈口，尖圆唇，平折沿，斜肩，折腹下收，平底。器里肩腹相接处有一周凹弦纹，内底有一周凸弦纹。遍涂橙黄色薄釉，部分脱落，器表脱落较甚。口径14.7、底径5.4、高4.6、壁厚0.4厘米（图八，5）。

陶豆　3件。M2：18，釉陶。泥质红陶。敛口，方唇，斜肩下张，鼓腹，实柄，足自柄下弧张，方足唇。器表施橙黄薄釉。器里及底素面，口侧饰两周凹弦纹，盘内底有圆形抹痕，足内抹平，似有模痕。口径8.5、底径9.1、高13.9、壁厚0.6厘米（图七，9）。M2：25，釉陶。泥质红陶。子母敛口，斜肩下张，实柄，足自柄下弧张，方足唇。肩腹及足表施绿黄釉。足表及器里素面，口部饰两周凹弦纹，盘内底留圆形抹痕，足表可见瓦棱纹，足内抹平。口径8.6、底径8.6～9.7、高14.5、壁厚0.7厘米（图七，6；图版三，2）。M2：29，釉陶。泥质红陶。盘口，方唇，浅腹，圆柱柄，喇叭口足。盘内及器表施棕黄釉，釉不及底。足表饰两周凹弦纹，足内壁抹平。口径11.8、底径9.3、高14、壁厚0.7厘米（图七，1）。

（三）M3

1. 墓葬形制

位于T0602内，部分伸入T0702中。上部被毁，下部残存，墓道、甬道、墓壁破坏较甚。长方形竖穴砖室墓，刀形，南北向，方向28°（图九）。仅留甬道、墓室两部分。

甬道位于墓室北侧，仅存大体形状，北侧已毁，从填土不同可以看出甬道，具体结构不详。仅见南侧，残长70厘米。甬道宽106、深10厘米。

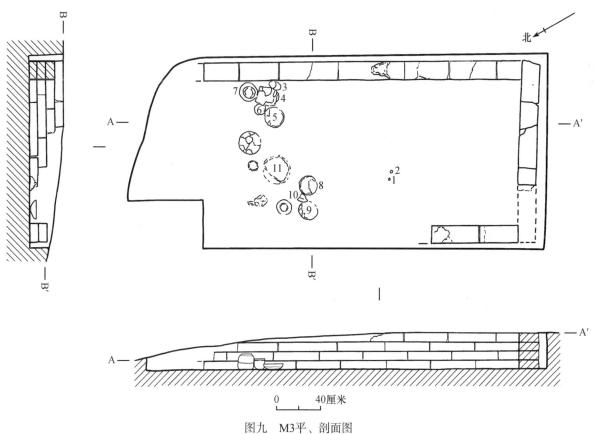

图九　M3平、剖面图

1. 钱币　2. 煤精念珠　3、6. 陶杯　4. 陶仓　5. 陶钵　7. 陶罐　8、10. 陶盖　9. 陶碗　11. 铁釜

墓室毁坏严重，东壁残存4层长方形墓砖，南壁4层，西壁南端2层，北端被毁，回纹砖均朝向墓内，平面呈长方形，内壁长292、宽130、残高32厘米。墓室壁由长方形砖错缝平砌而成，券顶不存，无铺底砖。墓壁砖长42、宽18、厚8厘米。在墓室靠近甬道处，出土有陶器。

2. 出土器物

器物分布在甬道和墓室相连处，共18件。

钱币　5枚。M3：1，铜质。有外郭，方穿、背有郭，穿之右左篆有 "五铢" 二字，五字交股弯曲，金字头作三角状，朱字上下头方折。钱径2.5、穿径0.9厘米（图一〇，8）。

煤精念珠　4枚。M3：2，煤精质。圆珠，中有孔。直径0.7～2.2、高0.6～1.9、孔径0.3～0.45厘米（图一〇，9；图版四，6）。

陶杯　2件。M3：3，釉陶。泥质红陶。直口，方唇，斜壁下收，微上凹底。口下1.5厘米

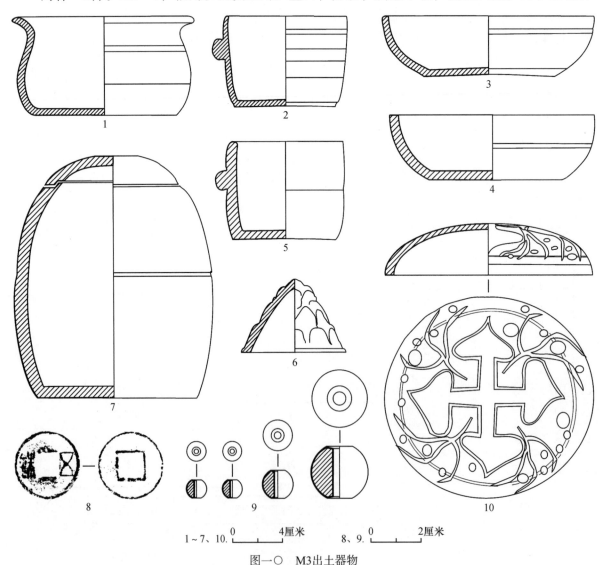

图一〇　M3出土器物

1. 陶罐（M3：7）　2、5. 陶杯（M3：3、M3：6）　3. 陶钵（M3：5）　4. 陶碗（M3：9）　6、10. 陶盖（M3：10、M3：8）

7. 陶仓（M3：4）　8. 钱币（M3：1）　9. 煤精念珠（M3：2）

有一蚁鼻形耳。表里刮抹，外底素面。器表施棕黄色薄釉，内壁有环抹痕迹，内底有涡旋纹。口径9～9.5、底径7.8～8、高7.5、壁厚0.5厘米（图一〇，2）。M3：6，釉陶。泥质红陶。直口，方唇，斜壁下收，微上凹底。口下1.7厘米有一蚁鼻形耳。表里刮抹，外底素面。器表施棕黄色薄釉。内壁有环抹痕迹，内底有涡旋纹。口径9～9.5、底径7.5～8、高8、壁厚0.4厘米（图一〇，5）。

陶仓　1件。M3：4，修复，一套（盖和仓）。泥质浅灰陶。仓盖，覆钵状，弧顶下张，圆棱，下沿斜收。器顶切削，侧留轮修瓦纹，器里抹平。口径12厘米。仓身，子母口，子口内敛，尖唇，弧腹微鼓，大平底。器表抹平，腹上部有一周凹弦纹，器底素面，器里抹平，有环抹纹带。口径10.2、底径12.6、通高18.5、壁厚0.5厘米（图一〇，7；图版三，3）。

陶钵　1件。M3：5，修复。泥质灰白陶。直口，方唇，直壁，弧腹，底微上凹。器表素面，有轮修划痕，器里抹平。口径17～17.4、底径8.5～9、通高5.1、壁厚0.5厘米（图一〇，3）。

陶罐　1件。M3：7，釉陶。泥质红陶。敛口，斜沿外张，方唇，束颈，肩斜张，微鼓腹，大平底。器表及器内壁上部施棕黄薄釉，器内壁下部及外底未施釉。沿表有一周凹弦纹，器肩有轮修刮痕，腹有二周凹弦纹，底侧切削，外底素面，内壁腹部及内底有圆周抹痕。口径14.5、底径11.6、高7.7、壁厚0.4厘米（图一〇，1）。

陶碗　1件。M3：9，泥质红陶。直口，方唇，直壁，弧腹，底微上凹。器表施棕黄色薄釉。沿下有两周凹弦纹，器内抹平。口径16.5、底径9.6、通高5、壁厚0.5厘米（图一〇，4）。

陶盖　2件。M3：8，釉陶。泥质红陶。覆钵状，方缘，顶部平鼓，向下弧张。器表施橙黄薄釉，器里素面。器表装饰繁缛，中间饰四瓣柿蒂纹，柿蒂瓣中间饰有草叶纹及乳钉纹，盖表饰一周凸弦纹，侧壁留抹痕。底径15.6、高4、壁厚0.5厘米（图一〇，10；图版四，4）。M3：10，釉陶。泥质红陶胎。圆锥形，镂空博山式，方缘，表饰参差浮雕小山。器表遍施棕黄薄釉。底径8.8、高6.3、壁厚0.5厘米（图一〇，6）。

铁釜　1件。M3：11，锈蚀严重，无法修复。

（四）M4

墓葬形制

位于探方发掘区西北部边缘地带，T0704西壁扩方3米处，T0605以北，西临陡坎，东邻M3，整座墓葬残甚，仅见西北部半边底，方向233°（图一一）。

残存墓砖2层，其余迹象皆无。仅东北角部清出M4东北拐角，东壁残留1块残墓砖，西壁2块墓砖（图三，5），揭露地层及堆弃乱砖判断应为一座东西向砖室墓，墓室残长225、宽140、残高16厘米，墓室内填五花土，依据发掘的地层情况判断，甬道位于墓室西侧，已毁殆尽，残长35、宽90、高15厘米。

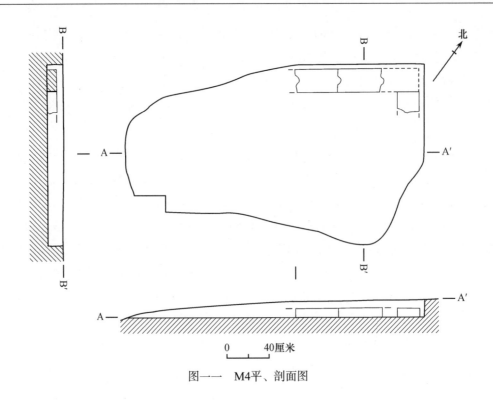

图一一　M4平、剖面图

（五）M5

1. 墓葬形制

主体位于T0403内，刀形，东西向竖穴砖室墓，墓道已毁，残存大部分甬道、墓室。墓葬残存部分平面呈刀把形，方向290°。上部被毁，下部形制基本完好，东部墙体受压变形较甚。甬道延伸至T0304东、北隔梁，以及T0404南端（图一二）。

甬道朝向西北，位于墓室西侧，平面呈长方形，封门砖已毁，封门两侧直壁残存，南壁2层，北壁6层，长280、宽150、残高52厘米，长方形砖错缝平砌3~6层，无铺底砖。出土器物多集中在甬道和墓室西部，靠近北壁清理仰身直肢残骨架一具，头骨附近也有少量陶器出土。

墓室与墓道相接，残存部分壁砖，南壁3~6层，北壁6~8层，东壁6~8层，长280、宽280、残高70厘米，用一侧带"回"形花纹的长方形砖错缝平砌，花纹朝向墓内。底表与甬道同高，铺地砖凌乱，小端带榫卯和不带榫卯，多已残损，南面纵向约8行，北面仅置南北向5道条砖，均匀放置。墓室与甬道结合处的北侧，出土较多陶器。长方形墓砖长42、宽21、厚8厘米。

残存骨骼保存较差，支离破碎，葬式葬具无法判断。

2. 出土器物

出土钱币较多，陶器次之，共293件。

钱币　共272枚。依据钱径大小、有无郭，可分为三式。

Ⅰ式　M5：1，铜质。五铢（大），有外郭，方穿、背有郭，穿之右左篆有"五铢"二字，

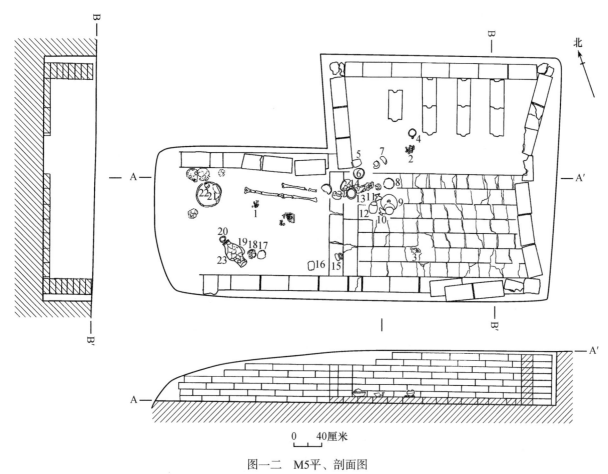

图一二　M5平、剖面图

1、2.钱币　3.铁斧　4.陶鼎　5、12、16.陶仓　6、8、13.陶盆　7.陶钵　9、23.陶壶　10、11.陶豆　14.陶勺杯
15、20.陶盂　17.陶罐　18.陶釜　19.陶盖　21.陶甑　22.陶杯

五字交股弯曲，金字头作三角状，朱字上下头方折。钱径2.5、穿径1厘米（图一三，11）。

Ⅱ式　M5：2，铜质。剪轮五铢（小），钱体较薄，无郭，方穿，锈蚀严重，字迹模印不清。直径1.9、穿径0.9厘米（图一三，12）。

Ⅲ式　M5：2-1，铜质。剪轮五铢（小），钱体纤薄，无郭，方穿，锈蚀严重，字迹模印不清。直径1.4、穿径0.8厘米（图一三，13）。

铁斧　1件。M5：3，朽残。似斧状，銎开在顶部上下宽度相同，一端薄一端厚，薄端钝刃，厚端开方銎。器长14.1、宽5.5、高4.1、壁厚0.3厘米，銎长约5.9、宽约3.5、深7.9厘米（图一三，10）。

陶鼎　1件。M5：4，釉陶。泥质红陶。侈口，方唇，窄沿曲折，微鼓腹，平底，扁足，与一足相对的口部，装一环状竖耳。外底刮削，余为素面。施薄黄釉，多已脱落。口径10.8、底径7.6、高6.2、壁厚0.3厘米，耳高3.1、足高2.1、足长1.4、足宽0.8厘米（图一四，8）。

陶仓　3件。M5：5，仓体完整，未见仓盖。泥质深灰陶。子母敛口，圆唇，直肩，微鼓腹，下壁斜收，平底。肩部横向刮抹，器表有微斜拍打印痕，腹有一周凹弦纹痕。口径8.2、底径9、体高12.8、壁厚0.6厘米（图一四，2）。M5：12，仓体基本完整，未见仓盖。子母敛

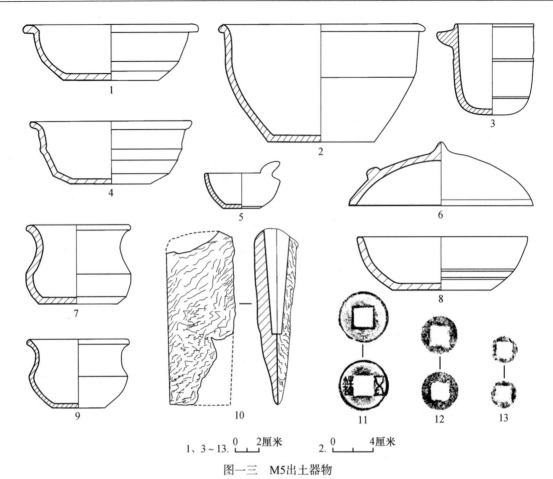

图一三　M5出土器物

1、4.陶盆（M5：8、M5：6）　2.陶甑（M5：21）　3.陶杯（M5：22）　5.陶勺杯（M5：14）　6.陶盖（M5：19）

7、9.陶盂（M5：15、M5：20）　8.陶钵（M5：7）　10.铁斧（M5：3）　11～13.钱币（M5：1、M5：2、M5：2-1）

口，圆唇，直肩，微鼓腹，下壁斜收，平底。肩部横向刮抹，下腹有斜向拍打印痕，腹饰一周凹弦纹，底侧留切削痕迹。口径8.3、底径9.4、高13、壁厚0.6厘米（图一四，5）。M5：16，泥质灰陶。未见仓盖。子母敛口，圆唇，直肩，微鼓腹，下壁斜收，平底。肩部横向刮抹，下腹有斜向拍打印痕，底侧留切削痕迹。里抹平，底刮平。口径8.5、底径9、体高11.5、壁厚0.5厘米（图一四，9）。

　　陶盆　3件。M5：6，完整。釉陶。泥质红陶。直口，方唇，窄沿微斜，直腹，下弧收，平底。器表素面，腹有一周凸棱，器内抹平。通体涂一层薄釉，器表已经脱落。口径14.3、底径5.1、高6、壁厚0.4厘米（图一三，4）。M5：8、M5：13，釉陶。泥质红陶。侈口，圆唇，沿微斜，弧腹下收，平底。器表素面，底侧有二周切痕，器内抹平，涂一层薄釉，因脱仅存少量釉色，肩腹分界有一周凹弦纹，底有一周凸弦纹。口径13.7～14.6、底径5～6.4、高4.6～5.6、壁厚0.4厘米（图一三，1）。

　　陶钵　1件。M5：7，釉陶。泥质红陶。直口，方唇，直壁，浅弧腹，底微上凹。器表里均施棕黄色薄釉。沿下有两周凹弦纹。口径14、底径5.5、通高4.5、壁厚0.5厘米（图一三，8）。

　　陶壶　2件。M5：9，釉陶。泥质红陶。侈口，方唇，长颈下收，斜肩，鼓腹，下腹弧收，假圈足底微张。器表自口至腹，饰多道凹弦纹，圈足内壁有修痕，肩部对称饰模印兽面衔环铺首一对。器表施薄釉，棕黄色，脱落较少，底及器内未施釉。口径15.6、底径12.4、通高27.2、壁厚0.4~0.9、圈足高3厘米（图一四，6；图版三，4）。M5：23，修复器。釉陶。泥质红陶。侈口，方唇，长颈下收，斜肩，鼓腹，下腹弧收，假圈足底微张。器表自口至腹，留多道凹弦纹，圈足内壁有修痕，肩部对称饰模印兽面衔环铺首一对。器表施酱黄色薄釉，脱落较少，底及器内未施釉。口径15.5、底径12、通高27.5、壁厚0.4~0.9、圈足高2厘米（图一四，3）。

陶豆　2件。M5：10，釉陶。泥质红陶。子母口内敛，弧腹下收，短柄，足自柄下弧张，似覆碗状，方足唇。通体素面，盘下有捏制痕迹，盘足隐约可见轮修瓦棱纹。口径6、底径

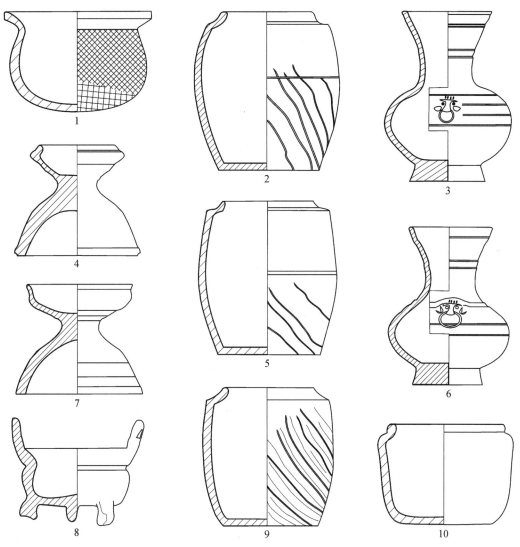

1、2、4、5、7~10. |—————| 2厘米　　　3、6. |—————| 4厘米

图一四　M5出土器物

1. 陶釜（M5：18）　2、5、9. 陶仓（M5：5、M5：12、M5：16）　3、6. 陶壶（M5：23、M5：9）　4、7. 陶豆（M5：10、M5：11）　8. 陶鼎（M5：4）　10. 陶罐（M5：17）

11～11.2、通高9.5、壁厚0.5厘米（图一四，4）。M5：11，釉陶。泥质红陶。直口，方唇，浅腹下收，短柄，足自柄下弧张，似覆碗状，方足唇。素面，盘施薄釉，外侧多脱，盘内底有刮痕，外底轮修瓦棱纹痕，足表瓦棱纹不明显，足内壁抹平。口径9.3～9.8、底径11.3、通高9.3、壁厚0.4厘米（图一四，7；图版三，1）。

陶勺杯　1件。M5：14，釉陶。泥质红陶。侈口，圆唇，弧腹，假圈足，平底。口部略呈椭圆，短颈一侧捏成上翘的尖锥体，锥体下朝外伸出。器表素面，器内上部为素面，下部施淡色釉。口径5.3～6、底径3.4、通高3.9、壁厚0.3厘米（图一三，5；图版四，1）。

陶杯　1件。M5：22，釉陶。泥质红陶。直口，圆唇，直壁，平底。口下0.5厘米饰一泥丁把手。腹部及底侧各留一周凸弦纹，器表至底侧施薄黄釉，多脱落，底部中心有杂质凹点。口径6.4、底径4.4、通高7.1、壁厚0.3厘米，把手长1.5、中宽1.3、中高0.9厘米（图一三，3）。

陶盂　2件。M5：15，釉陶。泥质红陶。侈口，圆唇，束颈，鼓肩，直腹弧收，平底。沿及器表施棕黄薄釉，釉多脱落。口径9、底径6.5、高6.5、壁厚0.5厘米（图一三，7）。M5：20，釉陶。泥质红陶。侈口，圆唇，束颈，鼓肩，直腹弧收，平底。沿及器表施棕黄薄釉，釉多脱落。口径8.6、底径4.5、高5、壁厚0.3厘米（图一三，9）。

陶罐　1件。M5：17，泥质灰陶。敛子口，圆唇，直肩，腹斜下收，平底近圜状。肩下饰一周凹弦纹。口径10、底径8、体高8、壁厚0.8厘米（图一四，10）。

陶釜　1件。M5：18，泥质灰陶。敛口，方唇外翻，束颈，弧肩，腹微鼓，圜底。口沿手抹，器表遍饰拍印的方格纹，肩部方格较小，腹、底方格稍微放大。器内壁上部抹平，底部摁压，有指痕。口径12.8、高8.7、壁厚0.6厘米（图一四，1）。

陶盖　1件。M5：19，釉陶。泥质红陶。半球形，敛母口。顶部中心饰一捏制的蚁鼻纽，近缘部饰三个对称三角状圆柱斜向乳钉。器表施棕黄薄釉，器内壁素面。底径15.1、高5.5、壁厚0.7厘米（图一三，6）。

陶甑　1件。M5：21，泥质灰陶。敛口，平折沿，卷圆唇，深弧腹，底上有6个箅孔。肩部饰一周竖向细绳纹。口径37、底径16、高20、壁厚0.7厘米（图一三，2）。

四、结　语

老屋嘴墓群背靠金山，南邻长江，一侧有小河流汇入，西与黄柏乡隔小河相望，地较平缓，易于人居，且一些墓葬中随葬品也相对丰富，当时应为富庶之地。

（1）墓地位于三峡库区消落区，除了岁月的洗涤，人为耕作的损毁，又经历了江水的二次淹没冲刷，保存状况极差，墓葬残损不全，出土器物组合缺失，为精准判断时代带来一定的困难，仅能从支离破碎的墓葬形制和出土器物组合分析。

（2）墓葬分布相对较集中，M1～M5墓壁，为一侧带有"回"形花纹（菱形纹）砖，铺地砖有榫卯。墓底采用横排通缝的简单铺法。多为单砖墙，墙体较薄，比较简陋。无论是墓葬形制，还是砖室墓内的砖砌技术，都是这一地区较为常见的形式，反映了当地的经济文化背景。这些特征在丰都汇南[1]、冉家路口[2]、赤溪[3]，万州小周[4]、五桥[5]等地都有发现。这种菱形花纹砖砌筑的室墓，在渝东地区的东汉砖室墓中较为常见。如在丰都槽房沟墓群[6]，奉节县上坪皋墓群、托板墓群[7]，万州荷包丘墓群[8]、青草背墓地[9]的东汉砖室墓中都有发现。

结合以上的墓葬形制和随葬器物的特点，墓葬可分为新莽和东汉早中期两个时期。

新莽时期墓葬2座，为M1、M5。墓砖纹饰基本一致，有底部带斜方格纹的圜底罐等。同出带有新莽时期钱币特征的剪轮五铢，M5又出榆荚钱币，相对年代应该早于东汉早期。

东汉早中期3座，为M2～M4。这一时期刀把形墓葬流行，泥质红陶器开始超过泥质灰陶器。且墓砖纹饰基本相同，"五铢钱"写法、尺寸相差无几，墓葬形制基本一样，大致时代应属东汉光武帝到章帝时期。

（3）老屋嘴墓群是近年来在消落区地下文物保护中发现的规模不大的汉代墓群，也有一定的区域性特征，在一定程度上充实和丰富了万州及峡江地区这一时期的墓葬资料，为研究渝东地区汉代墓葬制度、丧葬文化、社会经济和文化面貌等提供有益的实物资料。

附记：本次考古发掘由袁东山领队，石磊、阎毓民、孙雪松、庞凯、张淑芳、郭琦参与了田野发掘。照相、摄像、绘图由石磊、孙雪松完成，资料整理、器物修复由孙雪松、庞凯、张淑芳、郭琦完成。同时，此次发掘工作得到万州区文物管理所岳中英、李应东、周启荣等同仁的大力支持，西南民族大学乔栋教授冒着暑热到工地指导，在此一并致谢！

执笔：石　磊　阎毓民

注　释

［1］　四川省文物考古研究所：《丰都县汇南两汉至六朝墓发掘简报》，《四川考古研究论文集》，文物出版社，1996年。

［2］　四川省文物考古研究所：《丰都县三峡工程淹没区调查报告》，《三峡考古之发现》（二），湖北科学技术出版社，2000年。

［3］　陕西省考古研究所：《万州安全墓地发掘报告》，《重庆库区考古报告集·1997卷》，科学出版社，2001年。

［4］　四川省文物考古研究所：《丰都县三峡工程淹没区调查报告》，《三峡考古之发现》（二），湖北科学技术出版社，2000年。

［5］　山东省博物馆、山东省文物考古研究所：《万州瓦子坪遗址发掘报告》，《重庆库区考古报告集·2001卷》，科学出版社，2008年。

［6］　四川省文物考古所：《丰都县三峡工程淹没区调查报告》，《三峡考古之发现》（二），湖北科学技术出版社，2000年。

［7］　吉林大学考古学系：《四川省奉节县三峡库区砖室墓清理报告》，《三峡考古之发现》（二），湖北科学技术出版社，2000年。

［8］　南京市博物馆、南京市文物研究所：《万州荷包丘墓群发掘报告》，《重庆库区考古报告集·2000卷》，科学出版社，2007年。

［9］　福建省博物馆：《万州青草背墓地发掘报告》，《重庆库区考古报告集·2000卷》，科学出版社，2007年。

万州拖路口墓群2013年度发掘简报

西 南 民 族 大 学
重庆市文物考古研究院
万 州 区 博 物 馆

为推进三峡工程重庆库区消落区文物保护工作，西南民族大学西南民族研究院与重庆市文化遗产研究院（现重庆市文物考古研究院）合作，于2013年6月19日～8月30日对拖路口墓群进行田野考古发掘工作。

此次计划发掘500平方米。为赶在洪水到来之前，由低往高，边钻探边发掘，发现一座墓即刻布方发掘。由于年复一年的水位涨落，致使沿江缓坡地带淤积有较厚的淤土层，有的地段超过1米，给钻探带来很大困难。探方均为正南北方向，共布设10米×10米的探方8个，发掘面积800平方米。共发掘墓葬5座，其中土坑墓1座、砖室墓4座，兹将发掘结果报告如下。

一、墓 群 概 况

拖路口墓群之西南，与龚家院子墓群紧密相邻，位于万州区太龙镇向坪社区12组，地处长江左岸二级台地上，东临055县道，南望大洞村，西至长江，北接巴豆湾（图一）。墓群中心地理坐标30°50′14.7″N，108°29′38.3″E，海拔147～170米。所在区域为缓坡地带，呈西南—

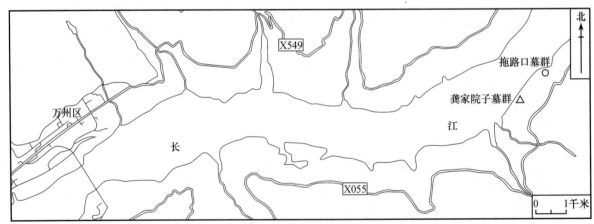

图一　拖路口墓群位置示意图

东北走向，长1850余米，宽150米。地势由西向东逐渐走低，原为当地居民耕地，三峡移民后成为荒地，地表因江水定期淹没遍布淤沙、石块以及杂物等。墓群在消落区范围内埋藏面积约2500平方米。因雨水冲刷、水位涨落、盗掘者破坏而使部分墓葬暴露坍塌，台地西南高，东北低，植被为荒草。将墓地坐标点定在拖路口码头西侧铁桩（30°50′17.1″N，108°29′36.4″E，海拔143米），根据墓葬位置，考虑水位上涨因素，探方由低往高依次编号，2013CWTT01……，"2013"代表发掘年度，"C"代表重庆，"W"代表万州区，"T"代表拖路口墓群，"T01"表示探方号，共发掘10米×10米的探方8个，编号为2013CWTT01~2013CWTT08）（图二）。

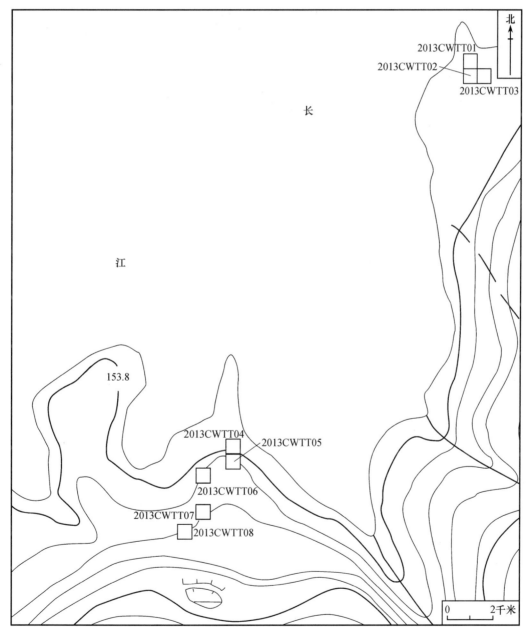

图二 拖路口墓群地形及2013年度发掘探方分布图

　　地层较为单一，大部分地段只有一层，即耕土层，土色灰褐或黑褐，土质较黏，厚5~130厘米，地层呈坡状，地层中含有植物根茎、现代瓦片、塑料制品及石块。其下为红褐色或黄褐色生土层，土质较致密，纯净。如2013CWTT07南壁（图三）。

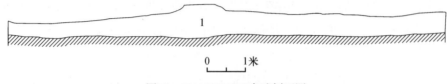

图三　2013CWTT07南壁剖面图

二、墓葬形制及随葬器物

　　共发掘墓葬5座，编号2013CWTM1~2013CWTM5）。分布于海拔150米上下（图四），均开口于第1层下，打破生土。所有墓葬都受到不同程度的破坏扰乱，随葬器物所剩无几。

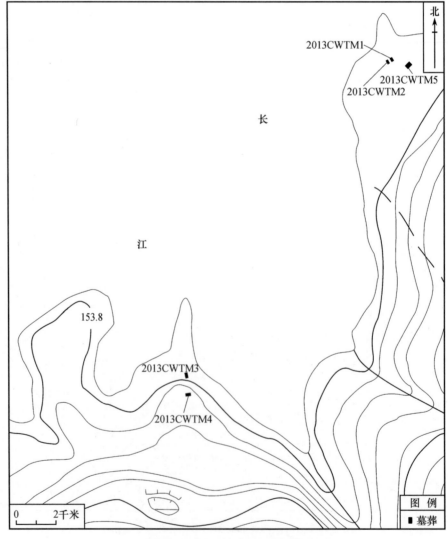

图四　拖路口墓群2013年度发掘墓葬分布图

2013CWTM1 方向311°（图五）。墓葬残存部分为长方形，砖室墓，墓底底砖部分残存，错缝平铺，也有榫卯结构砖平铺；东南西三壁均残存。墓室墓圹残长3.2、宽3.5、残深0.53米；墓室残长2.6、宽2.9、残深0.32米。墓砖规格两种：①榫卯砖，一端凸出、一端内凹，一侧模印菱形纹。长34~41、宽21、厚9厘米（图六，1）；②长方形砖，一侧模印菱形田字纹、十字纹、米字纹。长40、宽20、厚10厘米。

该墓葬在坡地上，因雨水冲刷，东壁、南壁和墓底墓砖已经暴露。墓底有0~5厘米厚的淤土层，其下为铺地砖。在墓底中央有一近现代废弃坑，直径约1.6、深约0.15米。墓内填土含大量碎砖、陶片。

钱币 2枚。2013CWTM1：1、2013CWTM1：2，1枚较完整，1枚为残片，均为方孔圆钱。因锈蚀严重，钱文无法辨识，疑为"五铢"。

陶片 数片。均为泥质红陶，残碎严重，无法辨识器形。

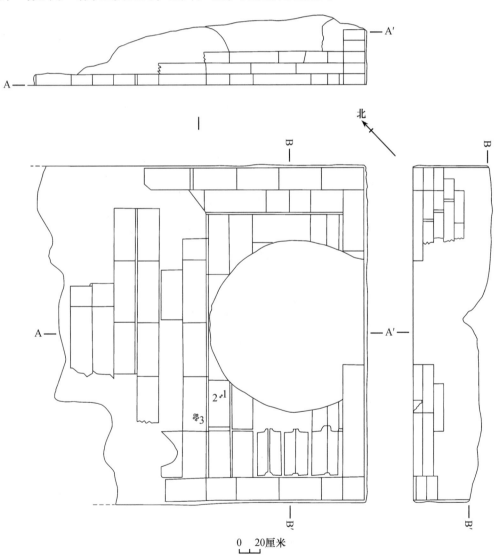

图五 2013CWTM1平、剖面图
1、2.钱币 3.陶片

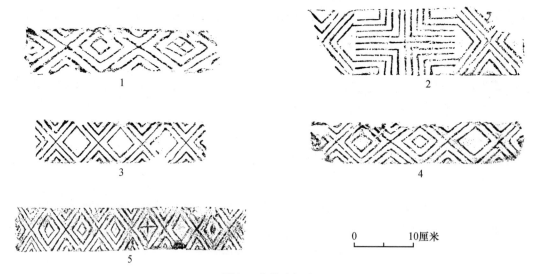

图六　花纹砖拓片
1. M1　2. M2　3 ~ 5. M3

2013CWTM2　方向315°（图七）。该墓已残缺不全，仅剩一部分甬道，无墓道。东、北两壁墓砖大量被盗或被水冲刷，所剩无几。整个墓葬清理完毕后，墓葬东、北两壁壁砖仅剩3 ~ 4层，铺地砖损坏严重，仅剩两排铺地砖。墓圹长2.94、宽4.16、深1.7米；墓室长2.68、

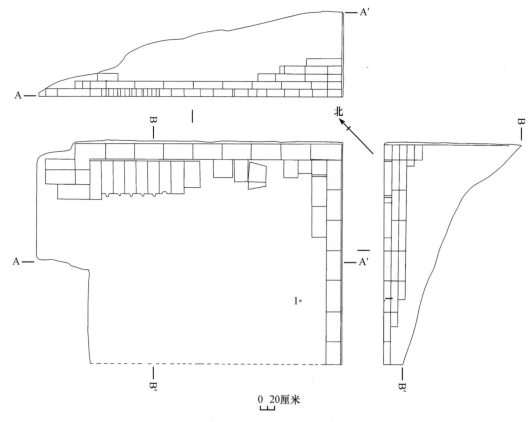

图七　2013CWTM2平、剖面图
1. 钱币

宽4.02、残深0.5米。甬道残长0.7、宽0.8、残深0.1米。墓砖规格有两种：①榫卯砖，一端凸出、一端内凹，一侧模印菱形纹；②长方形砖，一侧模印菱形十字纹。长42、宽20、厚11厘米（图六，2）。

墓内填土1层，厚30～140厘米，红褐色淤土，较紧密，含零星陶片、钱币。

由于该墓早期被彻底破坏，致使墓内棺木、人骨架已扰毁不存，无法确认葬具、葬式及墓主年龄、性别。出土钱币1枚、碎陶片若干。

钱币　1枚。2013CWTM2：1，碎成数片，锈蚀严重，钱文无法辨识，疑为"五铢"。

陶片　数片。可辩器形有泥质红陶器底和泥质灰陶钵或碗。

2013CWTM3　方向334°（图八）。该墓由于被盗和滑坡等原因，仅剩墓圹及墓室西壁砖。该墓平面呈方形，墓室残长2.4、宽约1.4米，墓口据地表最高处约0.7米。西壁南北向，呈85°角向西倾斜，由菱形花纹砖错缝纵铺而成，尚存8层，残高0.8米。填土内含大量碎砖、少量红陶片及数枚铜钱。墓砖规格有三种：①榫卯砖，一侧模印菱形纹。长30～36、宽17、厚7

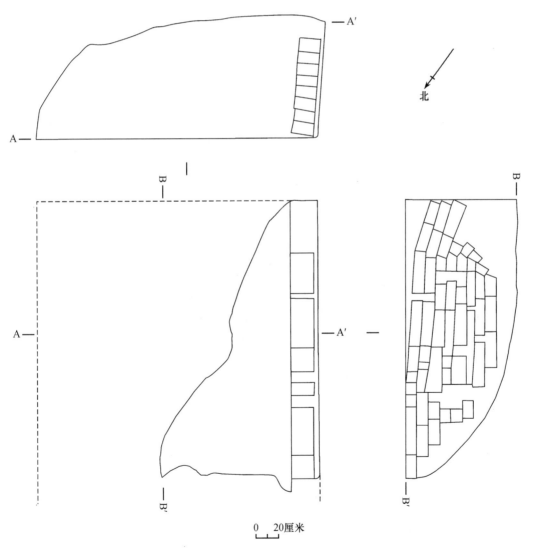

0　　20厘米

图八　2013CWTM3平、剖面图

厘米（图六，3）；②榫卯砖，一侧模印菱形纹。长30～37、宽19.5、厚7.5厘米（图六，4）；③长方形砖，一侧模印菱形十字纹。长40、宽18、厚8厘米（图六，5）。

出土器物仅存泥质红陶壶底残片。

2013CWTM4　方向68°（图九）。土坑墓，口大底小。墓口长2.3～2.4、宽1～1.1米；墓底长2～2.1、宽0.7米，深0.78米。

墓内填土1层，厚0.78米，红褐色淤土，较紧密。

该墓无随葬品。

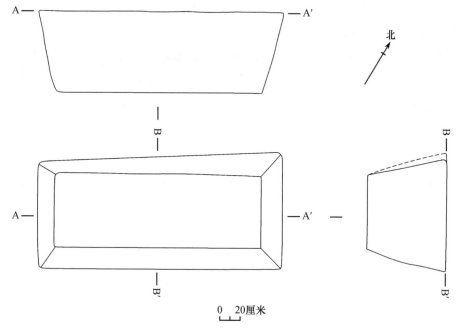

图九　2013CWTM4平、剖面图

2013CWTM5　方向45°（图一〇）。该墓为砖室墓，仅有墓室，无甬道、墓道。由于滑坡、垮塌、被盗等原因，券顶不存。平面呈长方形，墓室长4.6、宽约3.22米。墓室东、西、南各壁由菱形花纹单砖错缝纵铺垒砌而成，有13～18层，残高在1.04～1.44米。

墓内填土1层，厚1.44米，灰褐色花土，较紧密，含大量碎砖。随葬品均为碎片，遍布于墓室底部。

出土随葬器物24件，均为泥质陶器，未注明者为红陶。

勺　2件。形制相同，柄面及勺内壁尚存釉。2013CWTM5：1，长14.5厘米（图一一，1）。2013CWTM5：2，长14.2厘米。

盏　1件。2013CWTM5：3，敞口，圆唇，平折沿，浅腹微鼓，平底略凹。内外壁均施釉。口径10.7、底径7.2、高3.65厘米（图一一，2）。

钵　1件。2013CWTM5：4，敛口，方唇，深腹略鼓，平底。口沿下饰三周凹弦纹。外壁施釉。口径9.5、最大径11.3、底径8.5、高5.3厘米（图一一，3）。

碗　3件。2013CWTM5：5，侈口微卷，方唇，深斜腹，平底。腹部三周凹弦纹。内壁施

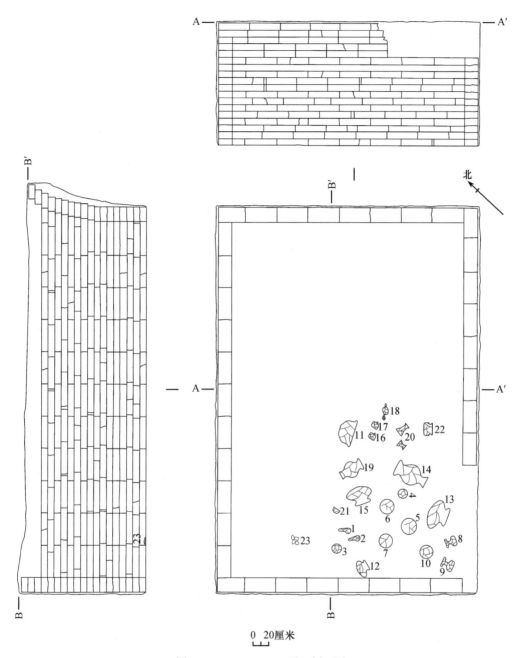

图一〇　2013CWTM5平、剖面图

1、2.陶勺　3.陶盏　4.陶钵　5~7.陶碗　8、9.陶灯　10.陶器盖　11、21.陶盆　12、13、15.陶罐　14、19.陶锺
16、17.陶杯　18.陶魁　20.陶器座　22.陶釜　23.陶片

釉。口径19.2、底径7.3、高6.4厘米（图一一，5）。2013CWTM5：6，敞口，方唇，深弧腹，平底。口沿下饰五周凹弦纹。外壁上部施釉。口径17、底径6.7、高6.8厘米（图一一，6）。2013CWTM5：7，敞口，方唇，深腹微折，平底。口沿下饰两周凹弦纹。外壁及底部施釉。口径17.2、底径7.3、高6.5厘米（图一一，7）。

灯　2件。形制相似，盘口，方唇，中空柄，喇叭形底座。盘内及外壁施釉，局部剥落。2013CWTM5：8，口微敛，深弧腹。口沿下饰三周凹弦纹。口径9.5、腹径11.5、底径9.7、高

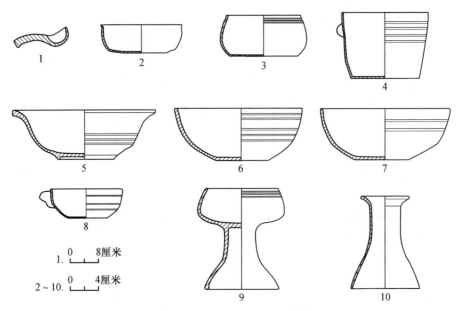

图一一　2013CWTM5出土陶器

1. 勺（2013CWTM5：1）　2. 盏（2013CWTM5：3）　3. 钵（2013CWTM5：4）　4. 杯（2013CWTM5：16）
5~7. 碗（2013CWTM5：5、2013CWTM5：6、2013CWTM5：7）　8. 魁（2013CWTM5：18-2）　9. 灯（2013CWTM5：8）
10. 器座（2013CWTM5：20-1）

13厘米（图一一，9）。2013CWTM5：9，口微敞，浅斜腹。口径11.2、底径9、高15.8厘米（图一二，9）。

　　器盖　1件。2013CWTM5：10，圆形，弧顶。顶部外饰四乳钉、内饰柿蒂叶。施釉。口径15.7、高3厘米（图一二，2）。

　　罐　3件。灰陶。形制相似，敞口微卷，圆唇，束颈，斜肩，折腹，圜底。2013CWTM5：12，腹部以下遍饰细绳纹。口径12.3、腹径22、高13.3厘米（图一二，3）。2013CWTM5：13，肩部饰四周凹弦纹和四周绳纹，腹部以下遍饰粗绳纹。口径12.7、腹径34、高20.7厘米（图一二，4）。2013CWTM5：15，腹上、下各饰一周凹弦纹，弦纹下饰绳纹。口径13、腹径33.5、高20厘米（图一二，5）。

　　杯　2件。一侧附鋬，外壁均施釉。形制相同，直口，圆唇，桶腹，平底。2013CWTM5：16，口大底小。口径11.4、底径9、高8.5厘米（图一一，4）。2013CWTM5：17，口径8.4、腹径8.4、底径8、高8厘米（图一二，6）。

　　魁　2件。一大一小，均为泥质红陶。敞口，弧腹内收，平底。大者内外均施釉，一侧附蛇首柄。2013CWTM5：18-1，口径17.2、底径7.5、高6.5、柄长7.3、宽2.3厘米（图一二，10）。2013CWTM5：18-2，一侧附耳柄。口径9.5、底径5、高3.8、柄长1.7厘米（图一一，8）。

　　锺　2件。形制相同，盘口，束颈，鼓腹，高圈足。2013CWTM5：14，通体施釉。腹中部饰凹弦纹两周。口径16.5、腹径26、底径17.8、高41厘米（图一二，7）。2013CWTM5：19，绿釉脱落殆尽。底部饰凹纹纹一周。口径15.6、腹径21.5、底径17.8、高27.4厘米（图一二，8）。

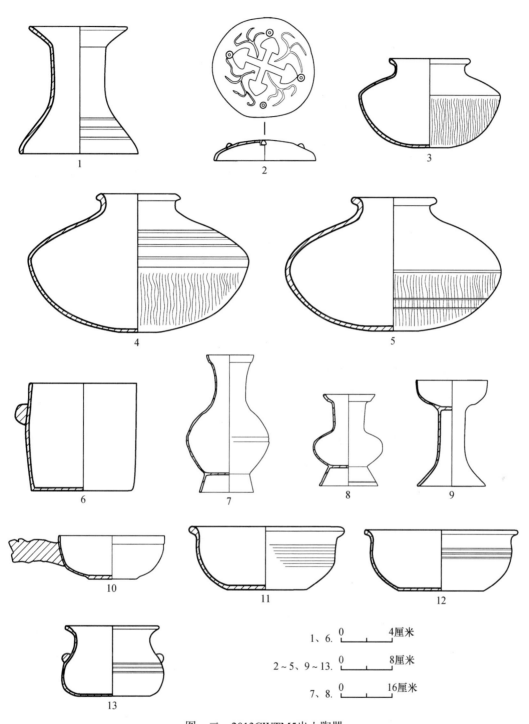

图一二　2013CWTM5出土陶器

1. 器座（2013CWTM5：20-2）　　2. 器盖（2013CWTM5：10）　　3~5. 罐（2013CWTM5：12、2013CWTM5：13、
2013CWTM5：15）　　6. 杯（2013CWTM5：17）　　7、8. 锺（2013CWTM5：14、2013CWTM5：19）
9. 灯（2013CWTM5：9）　　10. 魁（2013CWTM5：18-1）　　11、12. 盆（2013CWTM5：11、2013CWTM5：21）
13. 釜（2013CWTM5：22）

器座　2件。一高一矮，形制相同，外壁施釉。下部数周轮制弦纹。侈口，圆唇，束颈，喇叭形中空底座。2013CWTM5：20-1，口径6.9、底径9.1、高12厘米（图一一，10）。2013CWTM5：20-2，口径6.9、底径9.1、高9.5厘米（图一二，1）。

盆　2件。形制相同，敞口微卷，圆唇，弧腹斜收，平底。腹部饰三周凹弦纹。内壁及外壁上部施釉。2013CWTM5：11，口径24、底径11.8、高9.5厘米（图一二，11）。2013CWTM5：21，底部有一支钉残痕。口径23.9、底径12、高9.2厘米（图一二，12）。

釜　1件。2013CWTM5：22，侈口，圆唇，束颈，溜肩，鼓腹，平底。肩部饰对称双耳，腹上部三周凹弦纹。内口及外壁施釉，釉不及底。口径14.2、腹径15.8、底径10、高10.7厘米（图一二，13）。

陶片　数片。可辨识器形有灰陶罐、红陶壶（釉）、红陶釜（釉）、红陶碗（内壁有釉）等。

三、结　语

从墓葬形制来看，拖路口墓群4座砖室墓均受到不同程度的扰乱，2013CWTM5为长方形，2013CWTM2为刀形，2013CWTM1和2013CWTM3应是长方形、刀形或凸字形之一，这些墓葬形制都是峡江地区东汉至南朝时期流行的墓葬形式。

2013CWTM5虽受扰乱，出土遗物仍较丰富。其中泥质红陶双耳釜、敛口灯、锺、泥质灰陶圜底罐，在器物组合和器形上与丰都镇江包山丘墓地2007FRBSM4[1]非常相似，故其墓葬时代当为东汉中期。

其余墓葬所出器物残片，无法确定其时代，但其几何花纹砖有一定的时代特征。2013CWTM2的菱形十字纹砖，与东汉晚期万州松岭包M1[2]、蜀汉时期丰都汇南M27[3]的花纹砖极为相似，故其墓葬年代应在东汉晚期至南朝之间。2013CWTM1和2013CWTM3的花纹砖均以菱形纹为主，其墓葬年代亦应与2013CWTM2的时代相当。

2013CWTM4未发现随葬器物，其时代无法判定。

该墓地墓葬破坏较为严重，出土器物不多，但也为东汉至南朝时期峡江地区的墓葬分布及社会生活研究提供了新的资料。

附记：本次考古发掘领队为邹后曦，参加考古发掘的人员有乔栋、薛玉辉、袁磊、孙旭旺、贾小龙，计算机制图由尚春杰完成。此发掘工作得到了万州区博物馆岳宗英、李应东、周启荣的大力支持，在此表示感谢！

执笔：乔　栋

注 释

［ 1 ］ 重庆市文物局、重庆市移民局：《丰都镇江汉至六朝墓葬》，科学出版社，2013年，第619页。

［ 2 ］ 青海省文物考古研究所三峡工作队、万州区文物管理所：《万州松岭包墓地发掘报告》，《重庆库区考古报告集·1997卷》，科学出版社，2001年。

［ 3 ］ 四川省文物考古研究所、丰都县文管所：《丰都汇南墓群发掘报告》，《重庆库区考古报告集·1998卷》，科学出版社，2003年。

万州黄沙背遗址2014年度发掘简报

重庆市文物考古研究院
中国人民大学历史学院

黄沙背遗址位于重庆市万州区溪口乡胜利村二组，东南距056县道973米，北距万州区21千米，中心地理坐标为30°37′40.7″N，108°20′29″E，海拔165米。遗址发掘区地处长江南岸的坡地上，地势南高北低，为近现代长江淤沙以及耕地所覆盖，南部地层堆积较厚，北部较薄。受自然及人为因素的影响，该遗址破坏严重，保存状况较差（图一）。

此次发掘自2014年6月中旬开始，延续至9月初，布有10米×10米探方4个，20米×1.5米探沟2条，25米×1.5米探沟1条，发掘面积518.5平方米。共发掘清理墓葬3座。在发掘区北部还分布有大量陶片，多已破碎，无法修复，可辨器形主要有陶罐、擂钵、匣钵等，应为窑业堆积，但未发现有陶窑。

现将发掘情况介绍如下。

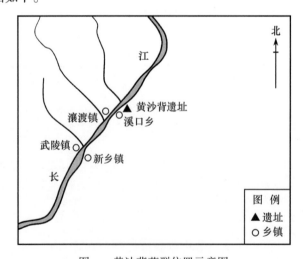

图一　黄沙背墓群位置示意图

一、墓　　葬

　　共清理发掘墓葬3座，其中M1为砖室墓，M2、M3均为土坑竖穴墓，墓葬保存状况较差，出有陶俑、陶钵、陶罐、瓷碗、瓷唾壶、铁刀等随葬器物。

　　M1　为单室砖墓。墓圹残长346～436、宽324、深210厘米。墓向320°。墓室前部被破坏。长312～396、宽260厘米，墓壁多以长方形榫卯砖错缝平砌，至16层开始起券，券顶以楔形榫卯砖构筑，现已坍塌。墓底平整，无铺地砖。葬具已朽，仅出有数枚铁棺钉（图二）。

　　随葬器物包括陶俑、陶钵、陶罐、瓷碗、瓷唾壶、铁刀、铜钱等。

　　陶俑　2件。均残。M1∶1，残存背部。底宽9、高12.4厘米（图三，1）。M1∶5，着右衽衣袍。宽5.6、残高12.4厘米（图三，2）。

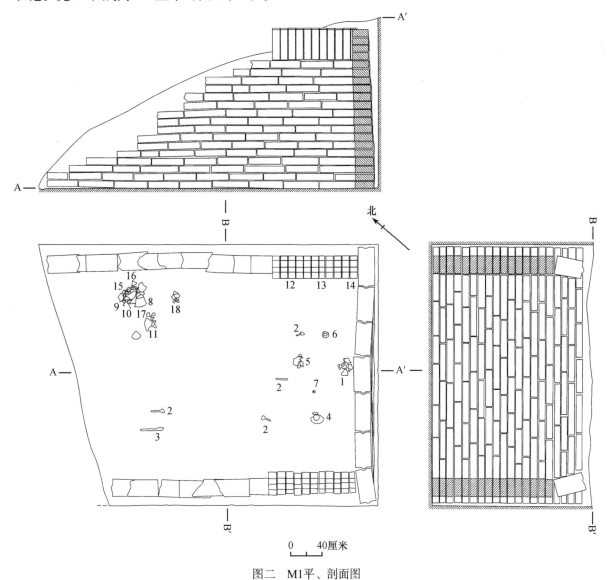

图二　M1平、剖面图

1、5. 陶俑　2. 铁棺钉　3. 铁刀　4. 陶钵　6、9、15、17. 瓷碗　7. 铜钱　8、11、18. 陶罐　10、16. 瓷唾壶　12～14. 墓砖

陶钵　1件。M1：4，红褐陶。敞口，圆唇，斜弧腹，平底。口径17、底径6.4、高6厘米（图三，3）。

陶罐　3件。其中M1：11、M1：18已残。M1：8，保存较完整。灰陶，素面。直口，圆唇，矮领，圜肩，斜弧腹，平底。口径13.4、肩部直径22、底径16、高17厘米（图三，4）。

瓷碗　4件。其中M1：15、M1：17已残。M1：6，灰色胎，施青釉，釉面大多已剥落。敞口，圆唇，弧腹，假圈足，平底。口径8.2、底径4、高4.7厘米（图三，5）。M1：9，灰色胎，施青釉，釉面大多已剥落。口微敛，圆唇，浅弧腹，假圈足，平底。口径7.6、底径4.4、高3厘米（图三，6）。

瓷唾壶　2件。其中M1：16已残。M1：10，保存较完整。盘口，圆唇，颈部粗短，扁鼓腹，假圈足，平底。口径7.8、腹径13、底径9.8、高8.6厘米（图三，7）。

铁刀　1件。M1：3，已残。锈蚀严重，不见柄部，断面呈弧边三角形。残长29、宽1.8、厚0.6厘米（图三，8）。

铁棺钉　3枚。M1：2，呈长条锥状，上粗下细，梯形断面，已残断。长13.4、宽0.8厘米（图三，9）。

铜钱　1枚。M1：7，为"五铢"。直径2.4、厚0.3厘米（图三，10）。

墓砖　3件。一侧有菱格纹。M1：12，榫卯砖，呈长方形。长45、宽19.2、厚8.4厘米（图四，1）。M1：13，榫卯砖，呈楔形。长37~42、宽19、厚9.2厘米（图四，2）。M1：14，长方形。长42、宽19、厚8厘米（图四，3）。

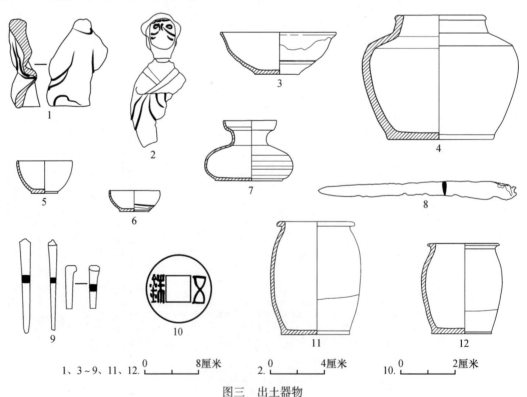

图三　出土器物

1、2. 陶俑（M1：1、M1：5）　3. 陶钵（M1：4）　4、11、12. 陶罐（M1：8、M2：1、M3：1）　5、6. 瓷碗（M1：6、M1：9）　7. 瓷唾壶（M1：10）　8. 铁刀（M1：3）　9. 铁棺钉（M1：2）　10. 铜钱（M1：7）

图四 出土墓砖
1. M1 ∶ 12 2. M1 ∶ 13 3. M1 ∶ 14

M2 为土坑竖穴墓，平面近长方形，墓壁略内收，底部平整。墓口长270、宽100～150厘米，墓底长230、宽88～102、深38～70厘米。墓向297°。葬具及骨架均已无存（图五）。

随葬器物仅陶罐1件。

陶罐 1件。M2∶1，灰黄色胎，口沿至器腹中下部施褐釉。平折沿，圆唇，溜肩，弧腹，平底。口径11.4、底径10、高16.6厘米（图三，11）。

M3 土坑竖穴墓，平面近长方形，墓壁略内收，底部平整。墓口长240、宽100～140厘米，墓底长220、宽80～112、深42厘米。墓向345°。葬具及骨架无存（图六）。

随葬器物仅陶罐1件。

陶罐 1件。M3∶1，灰黄色胎，口沿至器腹中下部施褐釉。平折沿，尖唇，溜肩，弧腹，平底。口径10.6、底径8.8、高12.8厘米（图三，12）。

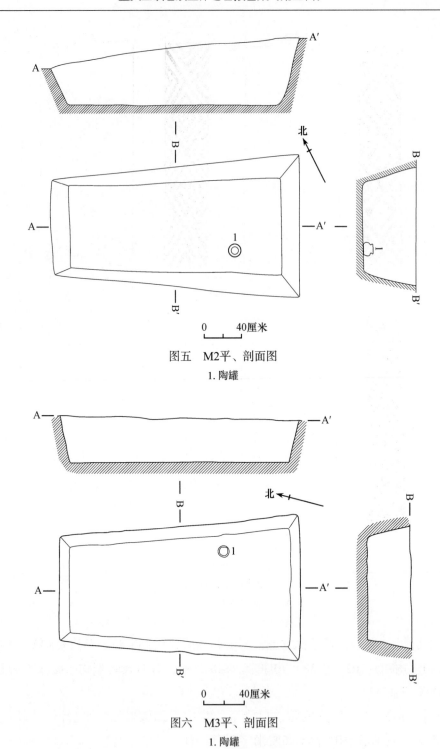

图五　M2平、剖面图
1. 陶罐

图六　M3平、剖面图
1. 陶罐

二、窑业堆积

黄沙背遗址发掘区的地层堆积共3层。

第1层，黑色黏土，土质较疏松，包含大量植物根茎。分布于整个发掘区域，在发掘区南部最厚，约1米；北部最薄，约0.3米。为耕土层。

第2层，灰褐色沙土，土质疏松，较为纯净，包含有少量陶片。分布于发掘区的北部、中部，厚约0.3米。为长江淤沙层。

第3层，褐色黏土，土质疏松，包含大量陶片，以及少量红烧土块。分布于发掘区北部，集中在T1、T2、G1、G2中，厚0.2~1.2米。推测应为窑业堆积。

第3层下即为生土，黄色黏土，较纯净。

第3层窑业堆积所出陶片较为丰富，大部分为红陶或灰陶，可辨器形有罐、钵等，也有匣钵、擂钵。此外，第2层中也出有少量陶器。经修复后较为完整的器物有13件，现介绍如下。

匣钵　4件。均为红褐陶，整体呈筒形，腰部内收，平底。T1③：17，平折沿，方唇。底径13.4、高11.2厘米（图七，1）。T1③：18，平折沿，方唇。底径13、高11.8厘米。整体已变形，器身挤压在一起（图七，2）。T1③：19，敞口，方唇，器底外壁有数个凹窝。口径13.6、底径14.6、高12厘米（图七，3）。T2③：5，平折沿，方唇。口径13.4、底径12、高10厘米（图七，4）。

擂钵　4件。均为敛口，圆唇，斜直腹较深，腹部表面呈瓦楞状，平底，假圈足，圈足较小。T2③：1，红褐陶。口径12.4、底径4.8、高8.7厘米（图七，5）。T2③：2，灰陶。口径13、底径4.7、高8.8厘米（图七，6）。T2③：3，灰陶。口径14、底径5、高10.8厘米（图七，7）。T2③：4，红陶。内壁有数道纵向划痕。口径14、底径4.8、高10厘米（图七，8）。

陶钵　1件。T1③：20，灰陶。敞口，叠唇，斜直腹，平底。口径23、底径10、高9厘米（图七，13）。

陶罐　4件。T3②：1，灰褐陶。敞口，圆唇，高领，弧腹，平底，器表呈瓦楞状。口径7、底径6.6、高11.2厘米（图七，9）。T3②：2，红褐陶。敞口，圆唇，溜肩，鼓腹，平底，口部已变形，下腹部呈瓦楞状，肩部有一把手。底径6.6、高10.4厘米（图七，10）。T4②：1，灰褐陶。敞口，圆唇，溜肩，鼓腹，平底，腹部呈瓦楞状，肩部有一把手。口径9.2、底径6.4、高13.2厘米（图七，11）。T4②：2，红褐陶。敞口，圆唇，高领，圜肩，弧腹，平底，腹部呈瓦楞状，肩部有一把手。口径7~8.4、底径6.7、高14.2厘米（图七，12）。

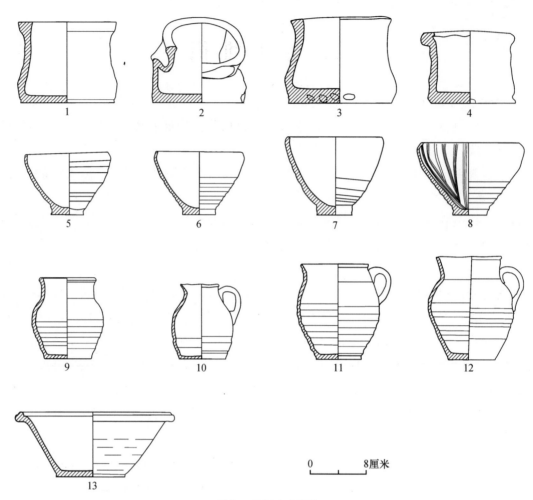

0 ⸺⸺⸺ 8厘米

图七　地层出土器物

1～4.匣钵（T1③：17、T1③：18、T1③：19、T2③：5）　5～8.擂钵（T2③：1、T2③：2、T2③：3、T2③：4）
9～12.陶罐（T3②：1、T3②：2、T4②：1、T4②：2）　13.陶钵（T1③：20）

三、结　语

此次所发掘清理的3座墓葬均无纪年，且破坏严重，无法得知其具体年代。其中，M1为砖室墓，墓砖一侧有菱形花纹，且出有一枚"五铢"钱。随葬有青瓷器，器形多可见于峡江地区的东晋南朝墓葬中，如M1：6瓷碗与万州上沱口M7所出B型Ⅱ式青瓷碗[1]相似，M1：10瓷唾壶与万州大坪M111所出Ⅱ式唾壶[2]相似，由此推断，M1应当也属于东晋南朝时期。

M2、M3为土坑竖穴墓，根据其随葬的陶罐推断，当为明清墓葬。

黄沙背窑业堆积中出土有擂钵等制料工具、匣钵等窑具，但所出器物较少，也没有发现陶窑，较难确定其具体年代。此次所出的匣钵大多为筒形，筒形匣钵在四川地区从唐代开始流行，宋代广泛使用[3]，如在重庆涂山宋代窑址中即可见到此类匣钵[4]，由此推断黄沙背的窑业堆积应当不早于唐宋时期。黄沙背地区可能有窑址存在，这对峡江地区所出陶瓷器的产地等问题的研究具有一定的意义。

附记：此次发掘领队为邹后曦，执行领队为李梅田，考古发掘的人员有乔峡、郭的非、马玮、李万靖，照相及绘图郭的非、马玮、李万靖，整理乔峡、郭的非、马玮。

执笔：马　玮　陈昊雯　乔　峡

注　释

[1]　山东省博物馆、重庆市博物馆、重庆市文化局：《重庆万州区上沱口南朝墓葬发掘简报》，《华夏考古》2003年第4期。

[2]　重庆市文物局、重庆市移民局：《万州大坪墓地》，科学出版社，2006年。

[3]　熊海堂：《中国古代的窑具与装烧技术（后编）》，《东南文化》1992年第1期。

[4]　重庆市博物馆：《重庆市涂山宋代瓷窑试掘报告》，《考古》1986年第10期；李大地：《重庆涂山窑的分期》，《四川文物》2007年第6期。

万州万顺墓群2014年度发掘简报

重庆市文物考古研究院
万 州 区 博 物 馆

一、地理位置及工作经过

万顺墓群位于重庆市万州区新乡镇万顺村5组，东北距新乡镇约1.1千米，北隔长江与万州区武陵镇相望，地理坐标为30°29′45.1″N，108°15′36.7″E，海拔160～170米。墓群分布在长江南岸一倒靴形台地上，北临长江，东、西两侧为冲沟，南北长约120米、东西宽约40米（图一）。

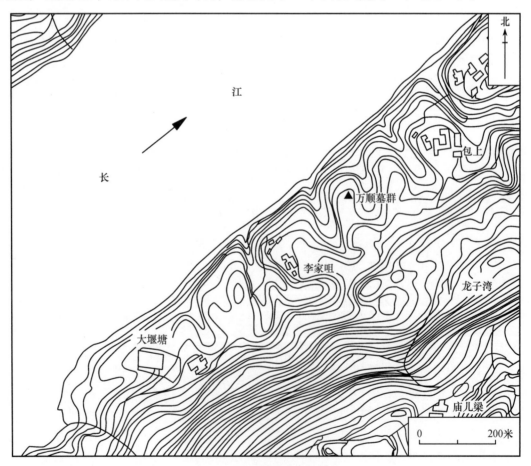

图一　万顺墓群位置示意图

该墓群于第三次全国文物普查中被发现。2014年7～8月，重庆市文物考古研究院（原重庆市文化遗产研究院）联合万州区博物馆对其进行了抢救性发掘，布设10米×10米探方8个，编号2014WXWT1～2014WXWT8（2014WXW表示2014年度万州区新乡镇万顺墓群，以下省略），清理墓葬10座，其中土坑墓4座（M6、M7、M9、M10）、砖室墓6座（M1～M5、M8）（图二；图版五，1）。现将发掘情况简报如下。

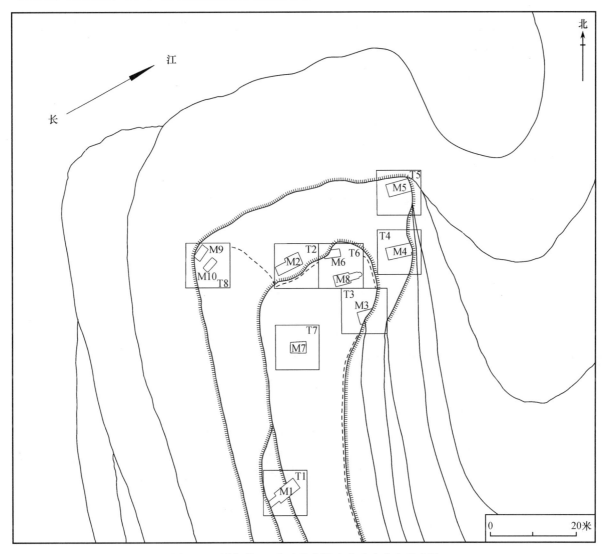

图二　万顺墓群2014年度发掘探方和遗迹分布示意图

二、地层堆积

由于地处三峡水库消落区内，江水冲刷和库岸崩塌使得部分墓葬直接暴露在台地断坎处。墓群地层堆积较为简单，以T7北壁为例（图三）。

第1层：淤土层。灰褐色，土质较硬，结构致密，内含较多的植物根茎、料姜石等物。该层分布较水平，厚0.18～0.25米。

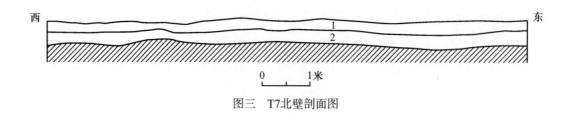

图三　T7北壁剖面图

第2层：耕土层。黄褐色，土质较软，结构疏松，内含较多的料姜石、零星砖块及卵石等。该层分布较水平，深0.18～0.25米，厚0.22～0.3米。该层下叠压M7。

第2层下即为生土。黄褐色，含料姜石。

三、土 坑 墓

共计4座，其中有2座（M6、M10）被盗，2座（M7、M9）保存较完整。墓葬平面皆为长方形，M6与M9长宽比相同，皆为1.9∶1，M10长宽比大于M9长宽比，M7长宽比最小，约为3∶2。以M7、M9为例介绍如下。

（一）M7

该墓为长方形竖穴土坑墓，墓向80°。墓口长3.6、宽2.35～2.5米，墓底长2.48、宽1.82～1.84米，墓坑深3.3米。四壁光滑，向下平直内收，墓底为生土做平整处理。

墓内堆积灰黑色花土，土质较疏松，包含物为料姜石、零星卵石。墓室底部发现棺木灰痕，灰痕通长1.82、通宽0.7米，色泽灰黑。灰痕上方可见零星人骨残渣，腐朽严重，葬式难以辨认。灰痕下方发现三道横向平行分布的枕木槽，宽16～20、深8厘米，末端深入两侧墓壁6～8厘米，槽内可见明显木灰残余。墓室底部出土随葬品9件，其中7件陶器出土于墓室底部近东壁处，1件铁锄出土于墓室底部近西壁处，1件卵石发现于棺木灰痕中部（图四；图版六，1）。

陶矮柄豆　2件。盘口内敛，圆唇，浅弧腹，底部中心内凹，矮柄，喇叭状圈足，足底为圆弧形。M7∶3，残，可修复。泥质灰陶。盘口沿下饰弦纹一周，腹部刻划"十"字（图五，1）。口径14.4、底径5.6、高5.8厘米（图六，1）。M7∶5，残，可修复。泥质灰褐陶。盘内壁有数道轮旋纹，外壁底部有一周凹旋纹。口径14.2、底径6、高5.6厘米（图六，2）。

陶高柄豆　2件。直口微敛，尖圆唇，浅弧腹，底部较平坦，圆柱状高柄，柄部中空，喇叭状圈足，足底为直壁。M7∶4，残，可复原。泥质灰陶。腹部有三道轮旋纹。口径16、底径8.6、高13.2厘米（图六，5；图版七，3）。M7∶6，残，可复原。泥质灰陶。口径16.4、底径9、高13.2厘米（图六，8）。

陶盆　1件。M7∶2，残，可复原。泥质灰陶。敞口，平折沿，尖圆唇，上腹内折，下腹斜直，平底。口径24.5、底径10.5、高10.4厘米（图六，4）。

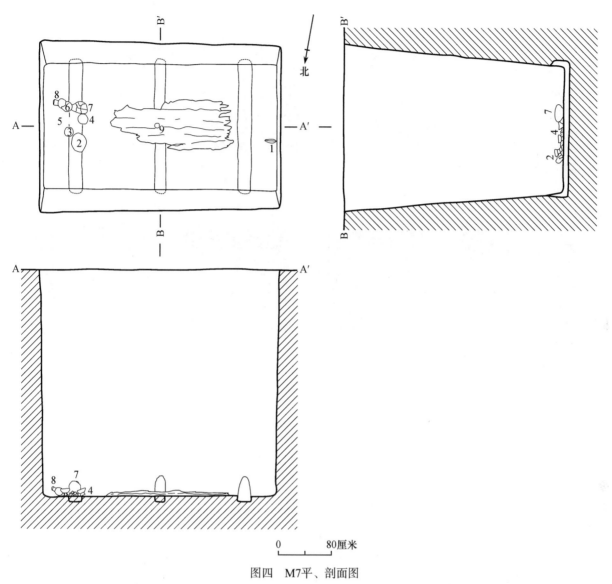

图四　M7平、剖面图

1. 铁锄　2. 陶盆　3、5. 陶矮柄豆　4、6. 陶高柄豆　7. 陶釜　8. 陶壶　9. 卵石

陶壶　1件。M7：8，残，可复原。泥质灰陶。壶盖呈弧形，顶部中央有桥形纽，盖口为子母形。壶直口，平方唇，短直颈，圆肩，鼓腹，圈足，内底平。腹部饰两个对称半圆形耳系，肩部有一道凹弦纹。口径9.2、底径11.5、高23.4厘米（图六，6；图版七，5）。

陶釜　1件。M7：7，残存口、肩部。夹砂红褐陶，外壁呈黑灰色。侈口，卷沿，束颈，圆肩。肩下饰纵向粗绳纹。口径11.5、残高6厘米。

铁锄　1件。M7：1，残，锈蚀严重。顶端呈半圆形，两侧边微弧，下端刃部较平直。顶端中部有长方形銎孔，孔长3、宽2.4厘米。整器长18.4、高11.8、厚0.5厘米（图六，3）。

卵石　1件。M7：9，完整。青灰色石质，椭圆形，扁平状。直径4.5、厚0.8厘米（图六，7）。

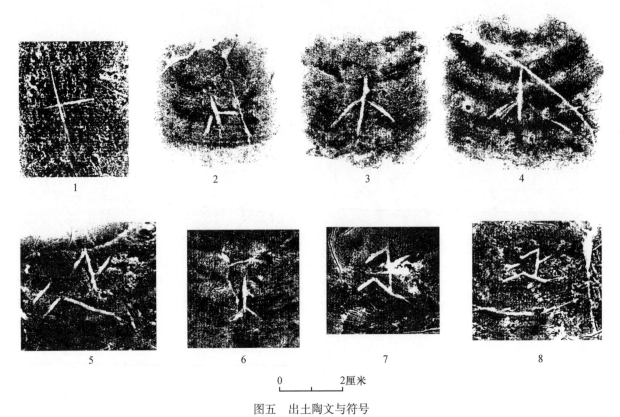

图五　出土陶文与符号

1. "十"（M7：3）　2~4、6. "小"（M9：2、M9：3、M9：6、M9：5）　5、7、8. "征"（M9：3、M9：2、M9：6）

（二）M9

　　该墓为长方形竖穴土坑墓，墓向35°。墓口长3.6、宽1.9米，墓坑深1.46~1.9米。墓壁陡直，墓底四周有二层台，高约0.4、宽0.2~0.4米，推测为棺木外填土。

　　墓内堆积灰褐色黏土，土质致密，包含少量夹砂陶片、石块等。墓内未见人骨。墓室底部出土随葬品6件，集中于棺室的北部（图七；图版六，2）。

　　陶矮柄豆　5件。M9：2，残，可修复。泥质黑陶。敛口，圆唇，斜弧腹，圈足，盘底下凹。盘内壁刻划"小"字，外壁口沿下饰弦纹一周，腹部刻划"征"字（图五，2、7）。盘外底可见轮修痕迹。口径12.4、底径4.8、高4.8厘米（图八，1）。M9：3，残，可修复。泥质灰黑陶。敛口，圆唇，斜弧腹，圈足，盘底下凹。盘内壁刻划"小"字，外壁口沿下饰弦纹一周，腹部刻划"征"字（图五，3、5；图版七，1、2）。盘内外壁可见窑粘疤痕各1处。盘外底可见轮修痕迹。口径12.4、底径4.4、高4.8厘米（图八，2）。M9：4，残，无法修复。泥质黑陶。M9：5，残，可修复。泥质黑褐陶。敛口，圆唇，斜弧腹，圈足，盘底下凹。盘内壁刻划"小"字，刻痕较浅（图五，6），盘外壁口沿下饰弦纹一周。盘外底可见轮修痕迹。口径12.4、底径4.8、高5厘米（图八，3）。M9：6，残，可修复。泥质黑陶。敛口，圆唇，斜弧腹，圈足，盘底下凹。盘内壁刻划"小"字，外壁口沿下饰弦纹一周，腹部刻划"征"字（图

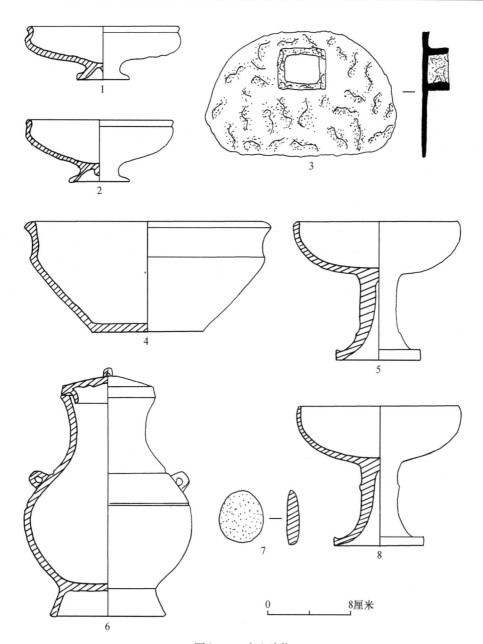

图六　M7出土遗物

1、2.陶矮柄豆（M7：3、M7：5）　3.铁锄（M7：1）　4.陶盆（M7：2）　5、8.陶高柄豆（M7：4、M7：6）

6.陶壶（M7：8）　7.卵石（M7：9）

五，4、8）。盘外底可见轮修痕迹。口径12、底径5.2、高5厘米（图八，4）。

铁鍪　1件。M9：1，残，可复原。器身布满铁锈。侈口，束颈，弧鼓腹，圜底。肩部饰单环耳。口径13.2、腹径17.2、高15.2厘米（图七，5）。

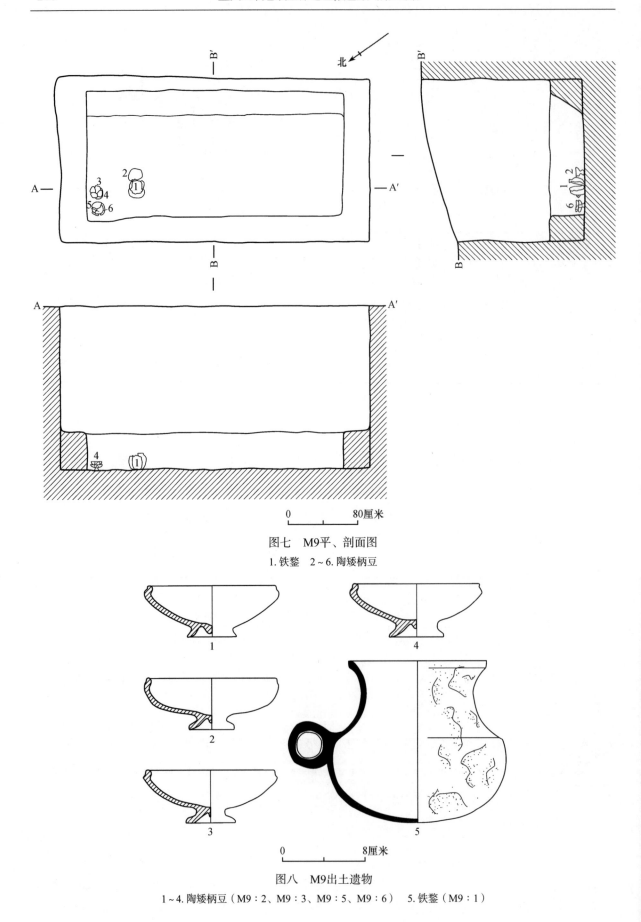

图七　M9平、剖面图

1.铁鍪　2~6.陶矮柄豆

图八　M9出土遗物

1~4.陶矮柄豆（M9∶2、M9∶3、M9∶5、M9∶6）　5.铁鍪（M9∶1）

四、砖室墓

共计6座，平面分"凸"字形和刀把形2种。墓葬破坏较为严重，M3～M5仅残存墓室。墓顶皆不存，仅M1、M2保留了部分券顶。M8仅余土圹，不见砖墙及铺地砖。除M1发现有原始状态保存的随葬品外，其余墓葬随葬品都已被盗，部分墓葬于填土中发现有被扰乱的随葬品残片。以M1、M2为例介绍如下。

（一）M1

该墓为"凸"字形砖室墓，墓向233°，被盗。墓葬前部残缺，残留甬道及墓室。土圹残长8.08、宽2.9、残深0.98～2.4米（图九；图版五，2）。

甬道位于墓室西部，残长2.7、宽1.4、残高0.12～0.72米。甬道两壁用条砖错缝平砌，底部横向同缝平铺地砖。

墓室平面呈长方形，长5.1、宽2.4、残高0.98～2.4米。四壁用条砖错缝平砌11～12层，顶部用楔形榫卯砖侧立套接形成拱形，底部满铺地砖，前部为纵向、横向交错平铺，后部为纵向同缝平铺。墓室后半部底高于前部4厘米。壁砖、铺地砖规格相同，长46.8、宽21.2、厚11.2厘米，侧面模印菱形网格、车轮与钱纹的组合纹饰。榫卯砖纵断面呈梯形，横断面呈不规则曲尺形，上底长39.2、下底长46.4、宽20.4、厚11.2厘米，侧面模印多重菱形纹与"富贵"文字（图一二，1、2）。

墓内堆积黄褐色黏土，土质较致密，包含较多残砖块。墓内未见人骨与葬具，在墓室后部右侧发现5枚棺钉，推测有木棺。出土陶瓷器12件（除棺钉外），主要集中分布于墓室前部的西南角。

瓷钵　5件。M1：2，略变形，残，可复原。灰白胎，胎质较细腻坚硬，施青灰釉，外釉不及底，聚釉处有细密小孔。敞口，圆唇，弧腹，饼足。内底饰涡纹，残留方形支钉痕10个。口径14～14.7、底径9.4、高5.6厘米（图一〇，4）。M1：3，口部略残，可复原。灰白胎，胎质较细腻坚硬，施青釉，外釉不及底，釉面不均匀。敞口，方唇，浅弧腹，饼足，外底微内凹，内底平坦。内底饰两周弦纹，残留13枚大小不等方形支钉痕。口径16.2、底径10、高4.8厘米（图一〇，5）。M1：4，器物略变形，口部略残，可复原。灰白胎，胎质较细腻坚硬，施青釉，外釉不及底，釉面不均匀，有流釉现象。敞口，尖圆唇，弧腹，饼足，足外棱残留旋削痕迹，外底略平，底心可见旋纹，内底较平坦。内底有一周旋纹，残留10枚大小不等方形支钉痕。口径14.4～15、底径9.4、高5.4厘米（图一〇，6）。M1：6，略变形，口部略残，可复原。胎灰白，外壁露胎处局部削挖过深，胎面凹凸不平，有孔隙2个，施青绿釉，外釉不及底。釉面不均匀，有开片，外壁有流釉现象，内壁有釉泡破裂后飞溅的黄色物质，伴有细密小孔。敞口，圆唇，斜弧腹，饼足，足外棱刮削，外底略内凹，内底平坦。内底饰一周凹弦纹，

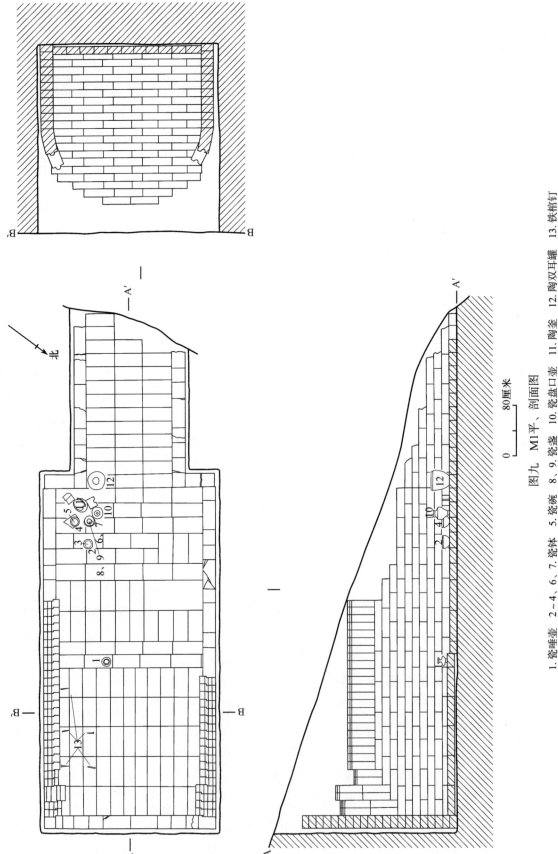

图九　M1平、剖面图

1. 瓷唾壶　2～4、6、7. 瓷钵　5. 瓷碗　8、9. 瓷盏　10. 瓷盘口壶　11. 陶釜　12. 陶双耳罐　13. 铁棺钉

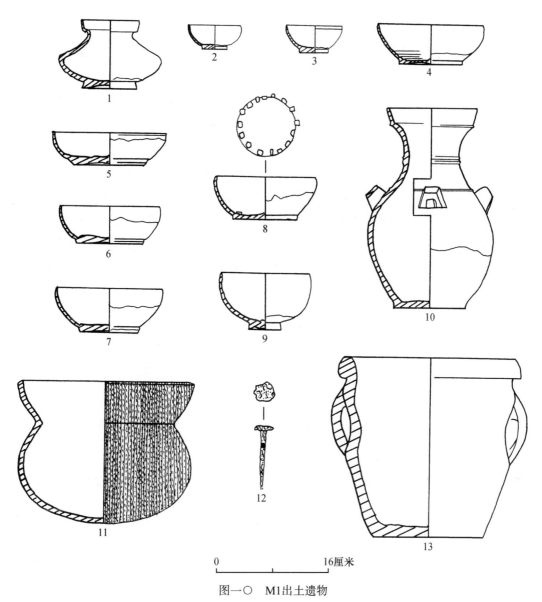

图一〇 M1出土遗物

1. 瓷唾壶（M1：1） 2、3. 瓷盏（M1：8、M1：9） 4~8. 瓷钵（M1：2、M1：3、M1：4、M1：6、M1：7）
9. 瓷碗（M1：5） 10. 瓷盘口壶（M1：10） 11. 陶釜（M1：11） 12. 铁棺钉（M1：13） 13. 陶双耳罐（M1：12）

残留14枚大小不等方形或条形支钉痕。口径15~15.6、底径8.5、高6.2厘米（图一〇，7）。M1：7，器物略变形，口部略残，可复原。青灰胎，胎质较细腻坚硬，施青绿釉，外釉不及底，釉面较均匀，可见细小的冰裂纹。敞口，圆唇，斜弧腹，饼足，内底较平坦。内底饰一周弦纹，残留15枚大小不等方形支钉痕。口径14.4~15.3、底径9.2、高6.1厘米（图一〇，8）。

瓷碗 1件。M1：5，口部略残，可复原。灰白胎，胎质较细腻坚硬，施青灰釉，内满釉，外釉不及底，釉面较均匀，有细小的冰裂纹。直口，尖唇，深弧腹，饼足。外底可见一周旋削痕迹，内底饰一周凹旋纹。口径12.8、底径4.6、高7.9厘米（图一〇，9）。

瓷盏 2件。M1：8，完整。青灰胎，胎质较细腻坚硬，施青绿釉，有细小的冰裂纹，内满釉，外釉不及底，内壁釉面较均匀，外壁釉面有流釉现象，口部釉面已脱落。敞口，尖圆唇，斜弧腹，外腹可见数道轮旋纹，饼足。足底粘结有小块支钉，内底饰一周旋纹。口径7.5、底径3.6、高3.4厘米（图一〇，2）。M1∶9，口部略残，可复原。青灰胎，胎质较细腻坚硬，施青绿釉，内满釉，外釉不及底，内壁釉面较均匀，外壁釉面有流釉现象，可见细小的冰裂纹，有开片现象，口部釉面脱落敞口。尖圆唇，斜弧腹，外腹上部有一周刮削形成的凸棱，饼足。外底可见3个支钉痕，内底饰一周旋纹。口径8、底径4.2、高3.8厘米（图一〇，3）。

瓷唾壶　1件。M1∶1，口残，可复原。灰白胎，胎质较细腻坚硬，局部胎色发红，胎表有2处小孔隙，施青灰釉，外釉不及底，内釉至颈部，釉色较浅，有细小冰裂纹。浅盘形口，略外侈，尖圆唇，矮颈，宽平肩，下腹斜收，饼足略内凹。素面，腹与足交接处刻划一周，底部露胎处涂抹泥浆，腹部有粘结痕迹。口径8.3、底径7.9、高9.6厘米（图一〇，1）。

瓷盘口壶　1件。M1∶10，口残，可复原。灰白胎，胎质较细腻坚硬，施青绿釉，有细小的冰裂纹，外釉不及底，内釉至颈部，有流釉、聚釉现象，聚釉处釉色浓绿，开片较大。浅盘形口，略外侈，圆唇，束颈，圆肩，弧腹，平底。颈部饰两周凸旋纹，肩部饰一周凸旋纹及4个对称的桥形耳系，桥面呈长方形。口径13.2、底径10.6、高28.2厘米（图一〇，10；图版七，6）。

陶釜　1件。M1∶11，残，可复原。夹砂灰褐陶，掺合石英粗砂。敞口，平方唇，高领，弧鼓腹，圜底。腹部饰竖向绳纹，外壁有黑灰色烟炱。口径26、高19厘米（图一〇，11）。

陶双耳罐　1件。M1∶12，残，可复原。泥质灰陶。敛口，厚圆唇，束颈，上腹微弧，下腹斜收，平底。上腹饰两个对称鼻形耳。口径26.4、底径16、高25.4厘米（图一〇，13；图版七，4）。

铁棺钉　6枚。M1∶13，锈蚀严重，较残。均为长条形，方棱，头端有圆形顶盖，尾端尖细。长7~14厘米（图一〇，12）。

（二）M2

该墓为刀把形砖室墓，墓向245°，被盗。由墓道、甬道及墓室组成，墓道和墓室北壁残缺。土圹长6.7、宽2.1~3、深0.1~1.2米（图一一）。

甬道位于墓室西部，长3、宽1.46、残高0.5~1.2米。甬道两壁用条砖错缝平砌8~9层，顶部用榫卯砖侧立套接形成拱形，底部横向错缝平铺地砖。甬道口以榫卯砖错缝平砌封门，残存3层。券顶及封门砖纵断面呈梯形，横断面呈不规则曲尺形，梯形上底长33.2、下底长34.4、宽20.2、厚12厘米，侧面模印菱形、车轮的组合纹饰（图一二，4）。

墓室平面呈长方形，长2.9、宽2.4、残高0.1~1.2米，北壁被破坏殆尽，仅靠后壁底部残存一块残砖。四壁用条砖错缝平砌6~8层，用榫卯砖侧立套接形成拱形，底部错缝平铺地砖。墓室壁砖与甬道所用相同，长42.4、宽21.2、厚11.6厘米，侧面模印网格、乳钉与菱形纹的组合纹饰（图一二，3）。榫卯砖纵断面呈梯形，横断面呈不规则曲尺形，梯形上底长37.6、下底长42.8、宽21.2、厚11.6厘米，侧面模印多重菱形纹，纵向有两道并列的槽线，两端为半圆（图

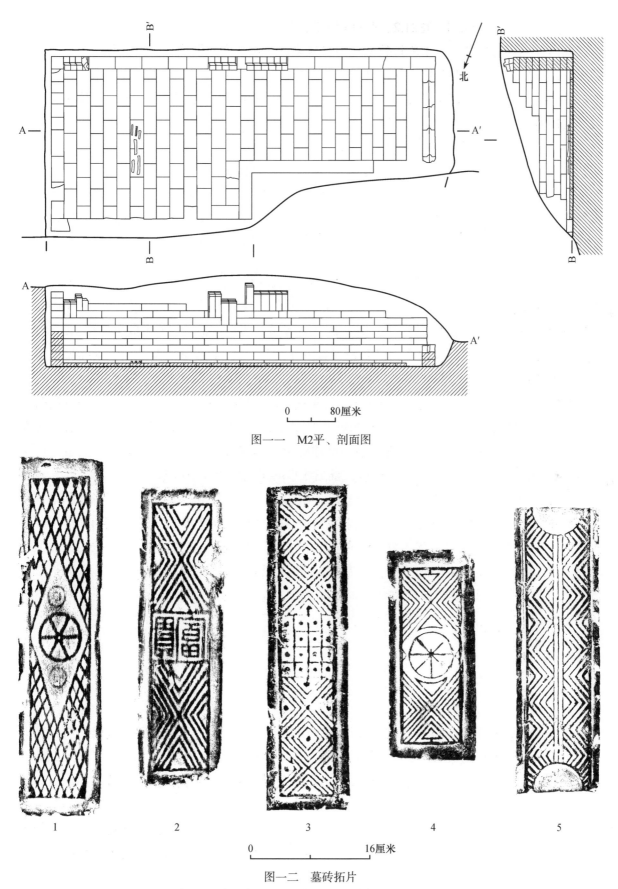

0   80厘米

图一一　M2平、剖面图

0   16厘米

图一二　墓砖拓片

1. M1壁砖　2. M1券顶砖　3. M2壁砖　4. M2甬道券顶砖　5. M2墓室券顶砖

一二，5）。铺地砖长42.4、宽21.2、厚11.6厘米，素面。

墓内堆积灰褐色黏土，土质较致密，包含较多碎砖块及青瓷器残片。因扰乱，未见葬具与随葬品，在墓室中部发现人骨一具，仅存腿骨、臂骨及少量牙齿，头向155°。

墓内堆积中发现青瓷器5件，皆残，其中3件为盘口器口沿，1件为缺失口沿的盘口壶，1件为平底器底部残片。

五、结　　语

（一）墓葬年代

M9为竖穴土坑墓，墓底有熟土二层台，墓葬长宽比为1.9∶1，与冬笋坝长方形土坑墓相近，流行于战国末期至汉初[1]。出土的铁鍪（M9∶1）与云阳李家坝秦代至西汉初年的M10所出铜鍪（M10∶13）形态相近[2]，陶矮柄豆与万州大地嘴墓地M27出土同类器（M27∶1）形态、大小相近，后者时代判断为汉武帝元狩五年之前[3]。此类釜（鍪）、豆的随葬品组合还见于万州包上墓地秦代墓葬M6[4]。综合以上分析，推测该墓的年代为秦至汉初。

M7墓口长宽比接近3∶2，小于M9，故其年代应晚于M9。出土陶壶（M7∶8）与宜昌前坪墓地M15出土同类器（M15∶38）形态相近，但重心略低于后者，时代相对较早，后者时代发掘者判断为西汉后期[5]。铁锄与宜昌前坪墓地M107所出铁锄（M107∶1）相近，后者时代发掘者判断为西汉后期[6]。综合以上分析，推测该墓的年代为西汉中后期。

M1出土的陶双耳罐、陶釜、瓷盘口壶、瓷碗的组合见于万州上沱口M7，后者的年代，发掘者判断为东晋至南朝时期[7]。瓷盘口壶（M1∶10）与湖北荆门麻城镇斗笠岗M12出土II型壶（M12∶2）相近，后者年代，发掘者判断为南朝梁武帝时期[8]。出土的陶釜（M1∶11）与丰都汇南墓群M2出土的A型II式陶釜（M2∶4）相近，后者年代，发掘者判断为南朝早中期[9]。综合以上分析，推测该墓的年代为南朝早中期。

M2未出土遗物，无法确定其年代。

（二）墓葬建筑

万顺墓群砖室墓所见墓顶砌筑方式相同，都是采用楔形榫卯砖侧立套接形成拱顶，靠近墓室后壁处拱脚水平高度低于前部，使得墓室后部拱顶高度略低。同时，与顺向平砌形成的券顶不同，此类顶部砌筑方式使得墓室后壁不再承担墓顶的重力，转而成为平衡墓顶纵向压力的挡墙。

此外，M1也反映出墓葬构筑经过了事先设计。其墓底同向并列平铺的地砖中未见条头砖，墓葬建筑者根据地砖的长、宽设计了墓室、甬道的宽度以及墓室长度，可能也包括甬道的长度。M1甬道与墓室转角以顺丁相叠砌筑的方式进行加固，其墓砖规格统一，右壁起券处楔形砖榫头有作削切处理。这些都为了解南朝时期的墓葬建筑工艺提供了重要参考。

（三）出土陶文

本次发掘出土了一批陶文。这批陶文皆发现于陶矮柄豆上，分三种：第一种为"十"，见于标本M7：3，刻于豆盘外壁；第二种为"小"，刻于豆盘内壁，见于标本M9：2、M9：3、M9：5、M9：6；第三种为"征"，刻于豆盘外壁，见于标本M9：2、M9：3、M9：6，三件标本字体略有差异，但笔画顺序、简笔方式相同，当为同一工匠所刻。征，《说文》："从辵，正声"。《汉书·司马相如传下》："厮征伯侨而役羡门兮。"颜师古注："征伯侨者，仙人，姓征，名伯侨。"[10]。陶豆上的"征"字刻文，说明M9墓主人可能姓征。

这批陶文的发现为三峡地区汉代文字研究提供了重要材料。

附记：本次考古发掘领队为燕妮，执行领队为汪伟，先后参加发掘和整理工作的人员有卢烈炎、许文英、蔡兆峰、董小陈、闫玉杰、邓兆旭、陈芙蓉、周其荣等。此次发掘工作得到万州区文物局、万州区新乡镇党委和政府的大力支持，简报编写过程中重庆市文物考古研究院白九江研究员给予了指导，在此一并致谢！

执笔：汪　伟　卢烈炎

注　释

［1］　前西南博物院、四川省文物管理委员会：《四川巴县冬笋坝战国和汉墓清理简报》，《考古通讯》1958年第1期。

［2］　四川大学历史文化学院考古系、云阳县文物管理所：《云阳李家坝10号岩坑墓发掘报告》，《重庆库区考古报告集·1997卷》，科学出版社，2001年。

［3］　青海省考古研究所、南京师范大学文博系、万州市文管会：《万州大地嘴墓地发掘报告》，《重庆库区考古报告集·1999卷》，科学出版社，2006年。

［4］　湖北省荆州市博物馆、重庆市文物局、重庆市万州区文物管理所：《万州包上秦汉墓发掘报告》，《重庆库区考古报告集·2001卷》，科学出版社，2007年。

［5］　湖北省博物馆：《宜昌前坪战国两汉墓》，《三峡考古之发现》，湖北科学技术出版社，1998年。

［6］　宜昌地区博物馆：《1978年宜昌前坪汉墓发掘》，《三峡考古之发现》，湖北科学技术出版社，1998年。

［7］　山东省博物馆、重庆市博物馆、重庆市文物局：《重庆万州区上沱口南朝墓葬发掘简报》，《华夏考古》2003年第4期。

［8］　荆门市博物馆：《荆门市麻城镇斗笠岗南朝墓发掘简报》，《江汉考古》2006年第2期。

［9］　四川省文物考古研究所、丰都县文管所：《丰都汇南墓群发掘简报》，《重庆库区考古报告集·1997卷》，科学出版社，2001年。

［10］　汉语大字典编辑委员会：《汉语大字典》，湖北辞书出版社、四川辞书出版社，1990年。

万州瓦子堡墓群2014年度发掘简报

重庆市文物考古研究院
中国人民大学历史学院

瓦子堡墓群位于重庆市万州区溪口乡胜利村二组，处于长江南岸的坡地上，东南距056县道约1千米，北距万州区21千米，中心地理坐标为30°37′42.0″N，108°19′36.0″E，海拔150～170米（图一）。

为配合三峡工程重庆库区消落带的文物保护工作，重庆市文化遗产研究院（现重庆市文物考古研究院）联合中国人民大学考古文博系对瓦子堡墓群进行了发掘。此次发掘自2014年6月中旬开始，延续至9月初，发掘面积807.5平方米。发掘区为现代耕地所覆盖，破坏较为严重。共发掘清理墓葬7座，编号2014WWM1～2014WWM7（以下简称M1～M7），其中石室墓4座、砖室墓1座、土坑竖穴墓2座，均被扰动，保存状况较差。出土有陶罐、瓷碗、银簪、银指环、铜簪、铁刀、铁斧、铁箭镞等。

现将墓葬情况介绍如下。

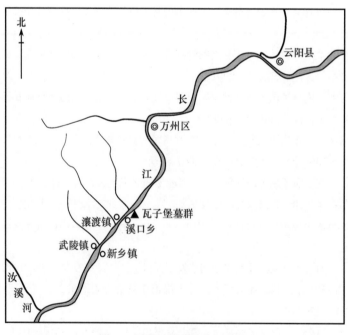

图一　瓦子堡墓群位置示意图

一、墓 葬

（一）石室墓

1. M1

平面大致呈长方形，破坏严重，墓圹残长586、宽316、深70厘米。墓向320°。墓室及墓顶大部已无存，墓室内长570、宽260厘米。两侧壁用长方形条石错缝平砌而成，残存2层，残高54厘米，后壁以条石竖砌，残高40厘米。条石经过修整，有较深的刻痕。墓底平整，无铺地石。无葬具及骨架（图二）。

随葬器物共8件，包括瓷碗、银指环、银簪、铜簪、铁箭簇、铁削刀、铁斧等。

瓷碗 1件。M1:8，灰色胎，器表施青釉，釉不及底，釉面开裂。方唇，弧腹，假圈足，平底。口径21、底径13.5、高8.7厘米（图三，1）。

银指环 1件。M1:1，内直外弧，厚薄不均。直径1.8厘米（图三，2）。

银簪 1件。M1:6，中间断裂，簪尾呈叶片状。长10、宽0.7、厚0.1厘米（图三，4）。

铜簪 2件。M1:3。弯曲呈U形，两头粗，中间细，锈蚀严重。弧径8.8、宽0.5、厚0.5厘米（图三，5）。M1:5，锈蚀严重。长10、直径0.3厘米（图三，6）。

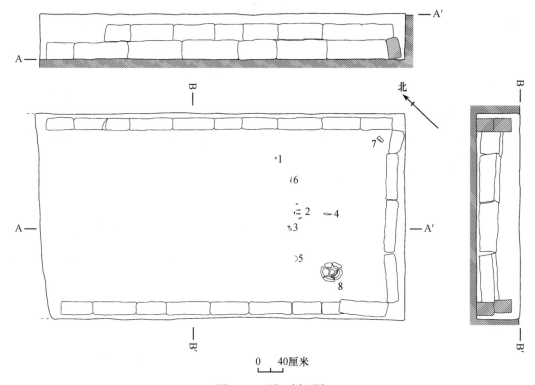

图二 M1平、剖面图

1.银指环 2.铁箭簇 3、5.铜簪 4.铁削刀 6.银簪 7.铁斧 8.瓷碗

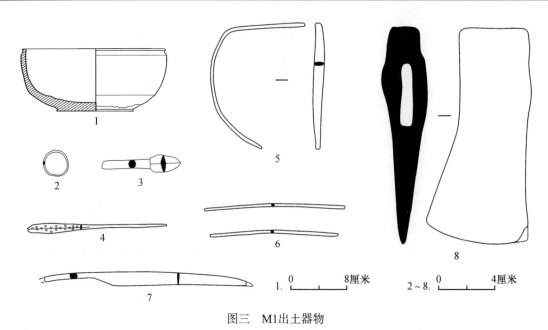

图三　M1出土器物

1. 瓷碗（M1：8）　2. 银指环（M1：1）　3. 铁箭簇（M1：2）　4. 银簪（M1：6）　5、6. 铜簪（M1：3、M1：5）
7. 铁削刀（M1：4）　8. 铁斧（M1：7）

铁箭簇　1件。M1：2，锈蚀较为严重。长5.7、直径1.4厘米（图三，3）。

铁削刀　1件。M1：4，锈蚀呈红褐色，较严重，尖部已断。长15、宽1、厚0.5厘米（图三，7）。

铁斧　1件。M1：7，锈蚀严重，刃部呈弧形。长15、宽4.5～7、厚2.6厘米（图三，8）。

2. M3

前部已毁，破坏严重，残存部分平面大致呈长方形，墓圹残长126～130、宽100、深40厘米，墓室内残长116、宽80厘米。墓向320°。墓壁用形状尺寸不一的石条砌筑，仅存一层，墓葬底部平整。石条大致长34～52、宽10～20、厚8厘米，形状不一。葬具与骨架已腐朽无存，亦无随葬器物（图四）。

3. M4

平面呈刀字形，由甬道和墓室构成。甬道位于墓室北侧，前部已毁，残长114～164、宽160厘米。墓室呈长方形，内长300、宽230、残高215厘米，券顶已坍塌。墓向317°。墓壁用石块错缝顺砌，后壁有一石块突出成为灯台，石块大致长42、宽18、厚10～40厘米。葬具与骨架已腐朽无存（图五）。

随葬器物6件，包括瓷碗、铁刀、银指环等。

瓷碗　4件。灰色胎，施青釉。M4：1，外壁釉面已剥落。敛口，圆唇，斜弧腹，平底。口部略呈马鞍形，外壁呈瓦楞状。碗内底部有11个支钉痕迹。高6.5、口径17.8、底径11厘米（图六，1）。M4：2，釉面部分剥落。敛口，圆唇，斜弧腹，假圈足，平底。口沿上饰有褐色圆点。碗内底部有支钉痕迹。高7.1、口径19、底径12厘米（图六，2）。M4：3，外壁釉

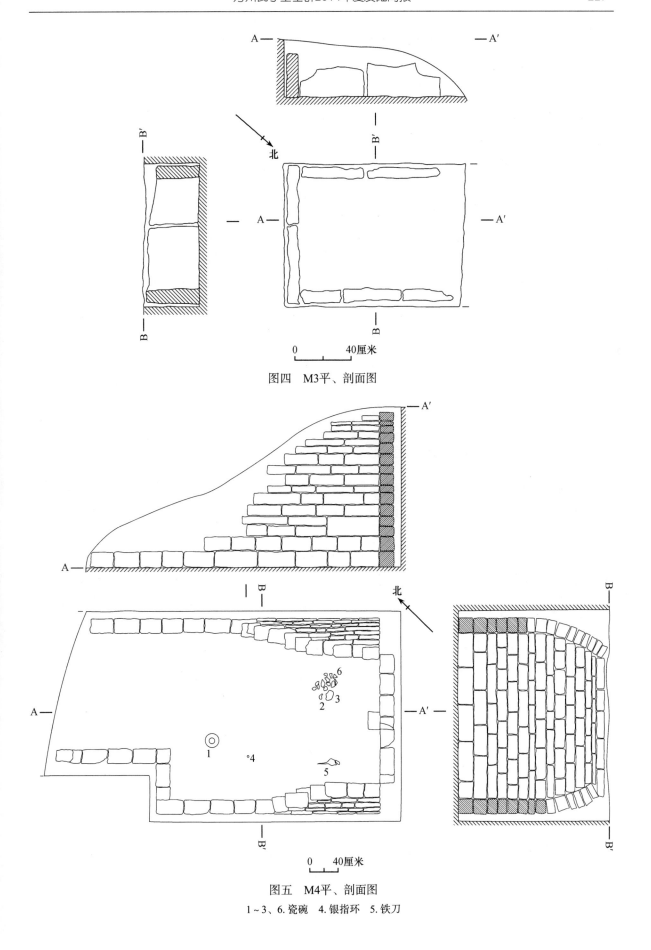

图四　M3平、剖面图

0　40厘米

图五　M4平、剖面图

1~3、6.瓷碗　4.银指环　5.铁刀

面部分剥落。敛口，圆唇，弧腹，假圈足，平底。高4、口径9、底径5.6厘米（图六，3）。M4∶6，外壁釉面部分剥落。敛口，圆唇，弧腹，假圈足，平底。高6.2、口径13.9、底径9.8厘米（图六，4）。

　　银指环　1件。M4∶4，内直外弧，厚薄不均，锈蚀严重。直径1.9、厚0.1厘米（图六，5）。

　　铁刀　1件。M4∶5，锈蚀严重。长22.5、宽8、刃厚0.6厘米（图六，6）。

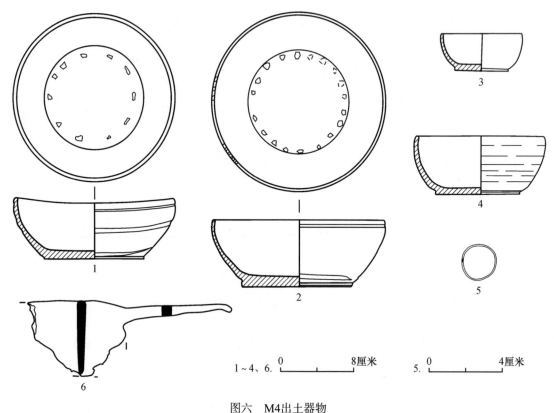

1～4、6. ⎯0⎯⎯⎯⎯8厘米　　5. ⎯0⎯⎯⎯⎯4厘米

图六　M4出土器物

1～4. 瓷碗（M4∶1、M4∶2、M4∶3、M4∶6）　5. 银指环（M4∶4）　6. 铁刀（M4∶5）

4. M7

　　破坏严重，墓室大部已毁，墓圹残长20～40、宽160、深40厘米。墓向311°。仅后壁残存两层石块，石块长40、宽20、厚20厘米左右。无葬具及骨架，亦无随葬品（图七）。

（二）土坑竖穴墓

1. M2

　　平面近长方形，墓壁略内收，墓底平整。墓口长230、宽90～120厘米，墓底长210、宽70～100、深60～80厘米。墓向286°。未见葬具及骨架（图八）。

　　随葬器物仅陶罐1件。

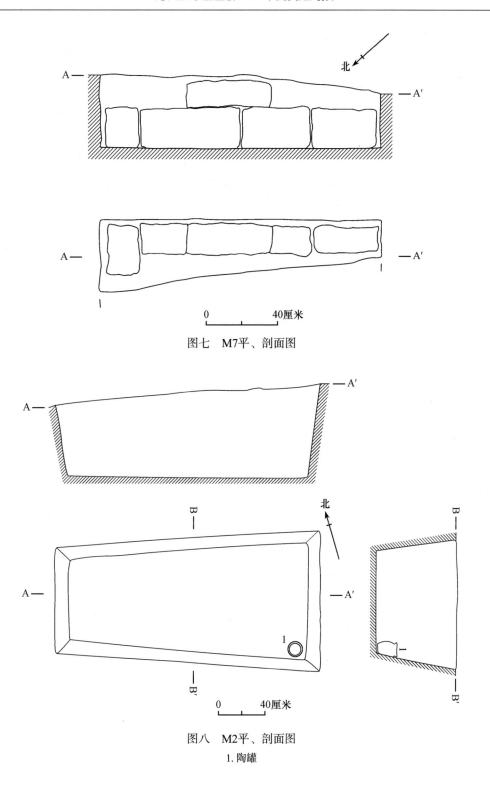

图七　M7平、剖面图

图八　M2平、剖面图
1. 陶罐

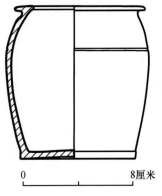

0　　　　　　8厘米

图九　M2出土陶罐（M2∶1）

陶罐　1件。M2∶1，器表施黄褐色釉。平折沿，溜肩，深腹，平底。肩部及近底部各饰有一道弦纹。高10.8、口径9.5、底径8.3厘米（图九）。

2. M5

破坏严重，残存平面长方形，底部平整。墓向300°。残长510～600、宽300、深42～88厘米。无葬具及骨架，亦无随葬品（图一〇）。

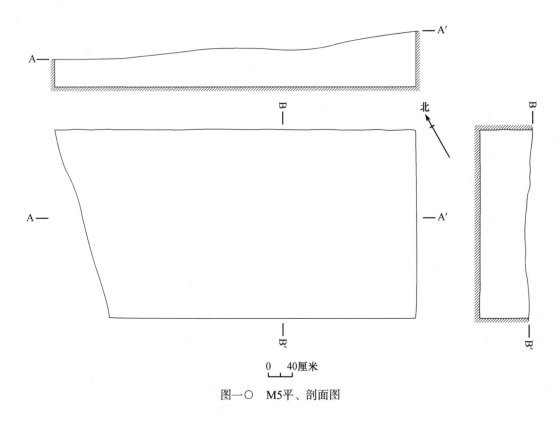

0　　40厘米

图一〇　M5平、剖面图

（三）砖室墓

M6

平面呈刀字形，甬道位于墓室北部，前端已被破坏，残长135、宽145厘米。墓室平面呈长方形，内长316、宽240、残高98厘米。墓向315°。顶部无存，四壁用砖错缝平砌，墓砖一侧有花纹。底部平整，无铺地砖。无葬具及骨架（图一一）。

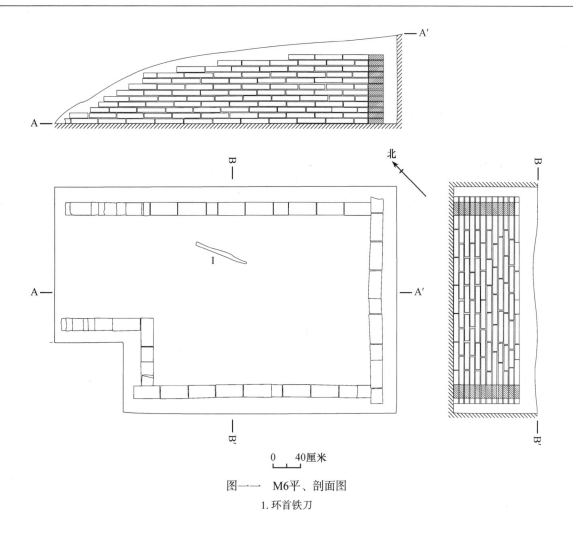

图一一　M6平、剖面图
1.环首铁刀

随葬器物仅有环首铁刀1件，另收集有墓砖1块。

环首铁刀　1件。M6：1，中部断裂，无刃，刀首已残，当为一圆环。长66、宽3.8、刃脊厚0.7厘米（图一二，1）。

墓砖　1件。M6：2，一侧有菱格纹。长40、宽17、厚8厘米（图一二，2）。

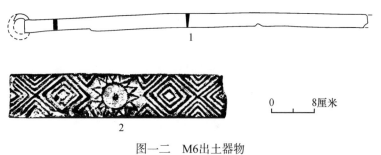

图一二　M6出土器物
1.环首铁刀（M6：1）　2.墓砖拓片（M6：2）

二、结　语

此次所清理的墓葬保存状况较差，且均无纪年，无法得知其具体年代。根据墓葬形制及随葬器物，大致可分为三组。

第一组为M1、M3、M4、M7，均为石室墓，墓室以加工过的石条垒砌，平面呈长方形或"刀"字形，此类墓葬在汉晋南朝时期峡江地区较为常见。M1、M4随葬品较为丰富，出有青瓷碗、银指环、铁刀等。M1：8碗与万州大坪M94所出B型Ⅲ式碗[1]相似，M4：1、M4：2、M4：3、M4：6碗均可见于重庆汇南JM3[2]中。M1所出铁削刀与万州大坪M112所出Ⅱ式铁刀相似。重庆汇南墓群JM3大致为南朝时期墓葬，万州大坪M35、M64、M94、M112大致处于两晋时期，由此推断，M1、M4年代应与上述墓葬相仿。

第二组为M6，砖室墓，所出的菱格纹墓砖常用于汉墓，所出环首铁刀也常见于峡江地区的东汉六朝墓葬中，因此M6推测为汉六朝墓。

第三组为M2，土坑竖穴墓，根据其所出的陶罐推测为明清时期墓葬。

M5亦为土坑竖穴墓，但破坏严重，且无随葬品，无法推测其具体年代。

附记：本次考古发掘领队为邹后曦，执行领队为李梅田，发掘人员乔峡、郭的非、马玮、李万靖、赵芳超，照相及绘图郭的非、马玮、李万靖、赵芳超，整理乔峡、郭的非、马玮。

执笔：郭的非　陈昊雯　乔　峡

注　释

[1]　重庆市文物局、重庆市移民局：《万州大坪墓地》，科学出版社，2006年。
[2]　四川省文物考古研究院、重庆市文化局、丰都县文物管理所：《重庆市丰都县汇南墓群2002年度发掘简报》，《四川文物》2012年第6期。

万州晒网坝遗址瓦子坝遗址点2015年度发掘简报

西 南 民 族 大 学

重庆市文物考古研究院

万 州 区 博 物 馆

为配合三峡工程重庆库区消落区的文物保护工作，西南民族大学西南民族研究院与重庆市文物考古研究院（原重庆市文化遗产研究院）合作，于2015年4月11日～8月29日对晒网坝遗址瓦子坝遗址点进行田野考古发掘工作（图一）。

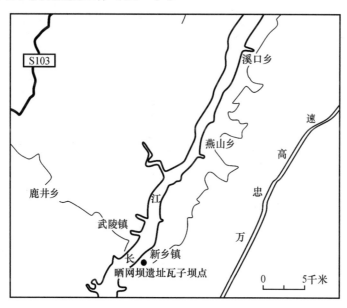

图一　瓦子坝遗址点位置示意图

一、遗 址 概 况

晒网坝遗址瓦子坝遗址点位于万州区新乡镇万顺村1组，地处长江南岸二级台地上，南临055县道，东接王天丘墓群，东望新乡镇，西北至长江，东南接新乡镇污水处理厂。墓群中心地理坐标30°29′50″N，108°16′16″E，海拔145～165米。遗址所在区域为缓坡地带，地势由东南向西北逐渐走低，原为当地居民耕地，三峡移民后成为荒地，地表因江水定期淹没遍布淤泥、石块以及杂物等（图二）。

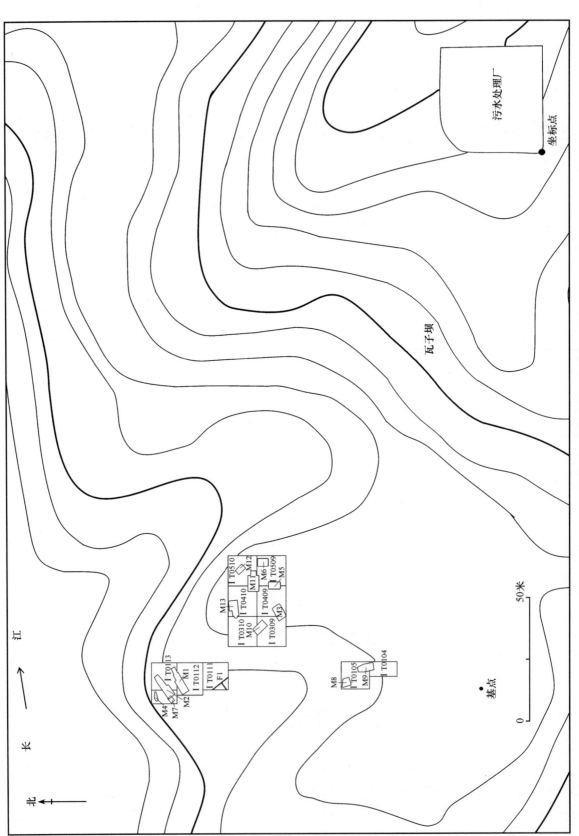

图二　瓦子坝遗址点地形及发掘区位置示意图

将遗址坐标点定在污水处理厂西南角，探方编号采用象限法，第一象限T0101的西南角为基点，以东的区域为Ⅰ区，以西的区域为Ⅱ区，依次编号，如2014WXWⅠT0104，"2014"表示项目年度，"W"表示万州区，"X"表示新乡镇，"W"表示瓦子坝遗址，"Ⅰ"表示一区，"T0104"表示探方号。布设10米×10米探方10个，5米×10米探沟2个，方向均为正南北。扩方2米×10米。发掘面积1120平方米，清理墓葬13座，其中砖室墓4座、土坑墓9座（图三）。

地层共分四层，以ⅠT0112为例：第1层为淤土，灰褐色，黏性大，含有植物根茎，厚度0~0.60米；第2层为灰褐色耕土，土质较疏松，含有炭灰、植物根系，厚度0~0.35米；第3层为黄褐色土，土质较硬，含有炭灰、烧土颗粒，遗物有陶片、青花瓷片，厚度0~0.50米；第4层为灰褐色，土质较硬，含有炭灰，遗物有灰陶片，陶片的火候较高、质地较厚，厚度0~0.25米（图四）。

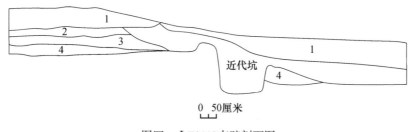

图四　ⅠT0112南壁剖面图

二、墓葬形制及随葬器物

（一）2014WXWM1

1. 墓葬形制

刀形砖室墓，位于ⅠT0112西北和ⅠT0113东南，开口于第4层下，由墓道、甬道、墓室三部分组成，方向58°（图五）。墓道位于甬道之东，平面呈长方形，墓口距地表深1.6米，长2.5、宽1.52~1.56、深0.3~3.2米。填土为灰褐色花土。甬道居墓道与墓室之间，平面呈长方形，长2.34、宽1.52、高1.54米。甬道口残存16层错缝平砌封门砖，高1.76米。墓室居甬道之西，平面呈长方形，长4.88、宽2.4、高2.3米。墓室与甬道连接处有直径约0.8米的盗洞，部分顶砖无存。土圹填土为红褐色花土，土质较硬，含有炭灰；砖室内填土为灰褐色淤土，土质湿黏，含有炭灰、橡胶鞋底。墓壁用砖错缝平砌，砖内壁侧面模印车轮纹、钱纹、菱形纹，砖长45、宽21、厚11厘米；墓顶为楔形子母口砖横向侧立对缝券拱，甬道顶砖模印车轮纹、钱纹，长29、宽21、厚11厘米，墓室顶砖模印文字"富贵"、菱形纹，长39、宽21、厚11厘米，分别见图四中①、②、③。墓底用砖横向错缝平铺。因该墓被盗，墓室内仅存铁剪、铁钉、陶罐残片各1件，墓道填土中有残陶俑1件，盗洞内有瓷罐、瓷碗各1件。

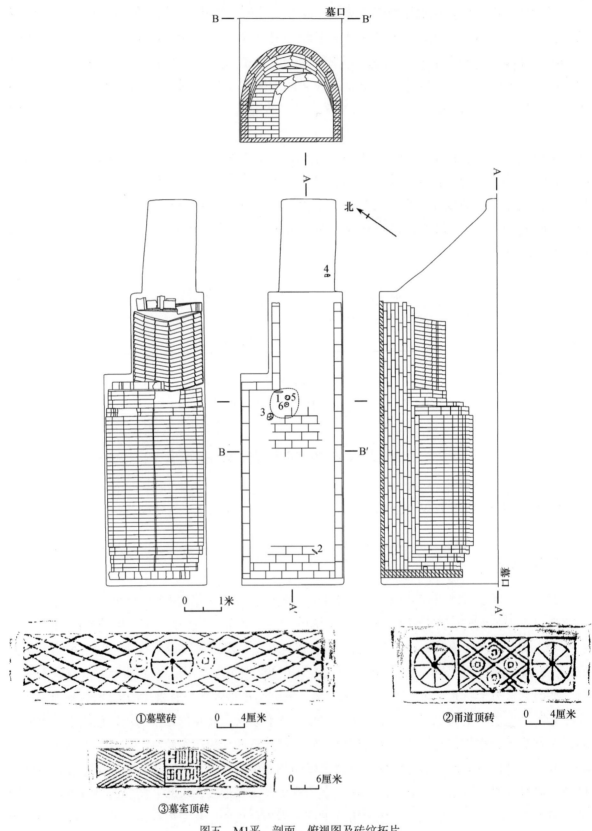

①墓壁砖　　　　0　　4厘米

②甬道顶砖　　　0　　4厘米

③墓室顶砖　　　　0　　6厘米

图五　M1平、剖面、俯视图及砖纹拓片
1. 铁剪　2. 铁钉　3. 陶罐残片　4. 陶俑

2. 出土遗物

陶罐　1件。M1：3，夹砂灰陶残片。饰绳纹。残高4.4厘米（图六，1）。

陶俑　1件。M1：4，夹砂灰陶。头残。出土于墓道填土内。着右衽宽袖长衣，双手抱于胸前。残高14.2厘米（图六，2）。

铁剪　1件。M1：1，锈蚀严重，仅存部分。一侧有刃。残长23.4、宽1.8、厚0.4厘米（图六，5）。

铁钉　1件。M1：2，锈蚀严重。钉帽为弯钩。长12、宽1.6、厚0.8厘米（图六，6）。

另有盗洞内出土遗物。

瓷罐　1件。M1：扰1，仅存罐底，白胎无釉。深腹，平底内凹。底径8.8、残高6厘米（图六，3）。

瓷碗　1件。M1：扰2，白胎，釉已脱落。敞口，尖圆唇，深弧腹，平底，假圈足。口径12.8、底径4.8、高8厘米（图六，4）。

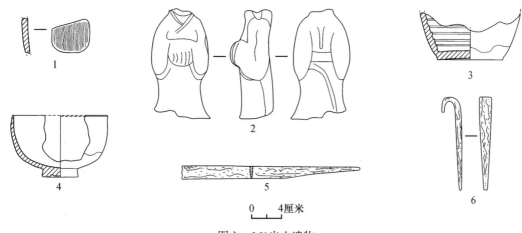

0　　　4厘米

图六　M1出土遗物

1. 陶罐（M1：3）　2. 陶俑（M1：4）　3. 瓷罐（M1：扰1）　4. 瓷碗（M1：扰2）　5. 铁剪（M1：1）　6. 铁钉（M1：2）

（二）2014WXWM2

1. 墓葬形制

刀形砖室墓，位于ⅠT0113西北和ⅡT0113东南，开口于第1层下，由墓道、甬道、墓室三部分组成，方向53°（图七）。墓道位于甬道之东，平面呈长方形，墓口距地表深0.7米，长2.9、宽1.5～2.36、深3～3.2米。填土为灰褐色花土。甬道居墓道与墓室之间，平面呈长方形，长2.7、宽1.92、残高1.4米。封门砖无存。距甬道口0.42米处横放长方形砂石，石质较软、表面凹凸不平，长0.8、宽0.21、厚0.2米。填土为灰褐色花土，土质疏松，含有炭灰。墓室居甬道之西，平面呈长方形，长3.92、宽2.66、残高1.7米。填土为灰褐色花土，土质疏松，含有炭灰。墓壁用砖错缝平砌，内壁侧面模印菱形、乳钉纹，砖长43、宽18、厚9厘米；墓顶为子母

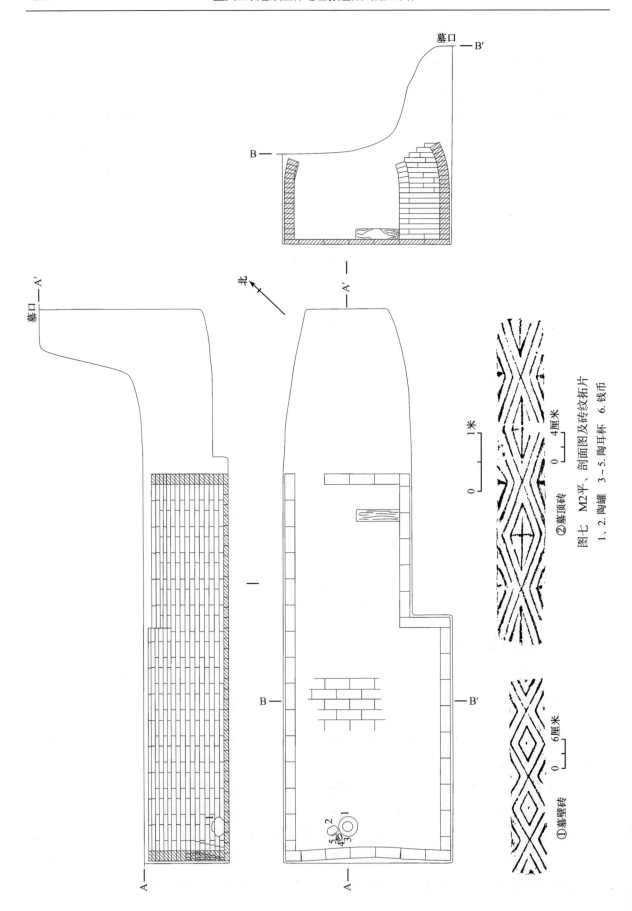

图七　M2平、剖面图及砖纹拓片

1、2. 陶罐　3~5. 陶耳杯　6. 钱币

②墓顶砖

①墓壁砖

口砖纵向错缝平券，内壁模印菱形、十字纹，长43、宽18、厚8厘米。分别见图七中①、②。墓底用砖横向错缝平铺。因扰乱严重，上部扰土中有大量陶、瓷器残片，墓室底部仅发现陶罐2件、陶耳杯3件及数枚钱币。

2. 出土遗物

陶罐　2件。M2：1，泥质灰陶。侈口，方唇，颈微束，宽平肩，鼓腹，平底。肩以下饰篦点纹数周。口径17.2、腹径31.6、底径18、高22.8厘米。罐口覆钵，钵敞口，厚圆唇，圆折腹内收，小平底。口径18、底径6.4、高6厘米。通高28.8厘米（图八，1）。M2：2，泥质灰陶。敞口微卷，圆唇，短颈微束，斜肩，鼓腹内收，平底。肩部饰凹弦纹一周。口径13.2、腹径23.8、底径16.6、高15.4厘米。罐口覆钵，钵敞口，厚圆唇，圆折腹内收，小平底。口径15.6、底径6、高4.95厘米。通高18厘米（图八，2）。

陶耳杯　3件。M2：3、M2：4，泥质灰陶，内壁涂朱，形制、大小相同。口长13.8、底长8、高3.6厘米（图八，3）。M2：5，泥质灰陶，内壁涂朱。口长11.2、底长6.4、高3.2厘米（图八，4）。

钱币　10枚。M2：6，钱文"五铢"，无外郭，似剪边，其中4枚残。钱径1.61～1.9厘米，重0.6～1.22克（图八，5）。

另外，在墓室上部扰土中出土遗物有陶罐、陶釜、陶盆、陶钵等。

陶罐　1件。M2：扰1，泥质灰陶。口沿残片。敛口，厚圆唇，溜肩。残高4.8厘米（图九，1）。

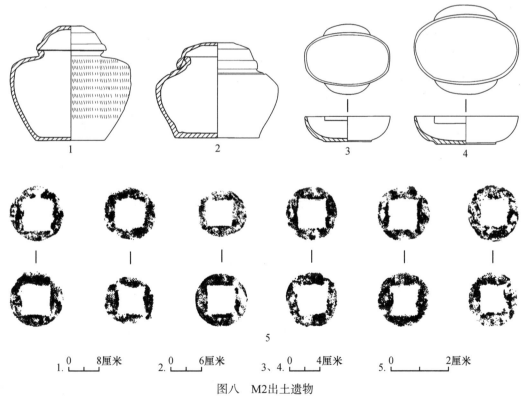

1　　　　　　2　　　　　　3　　　　4

5

1. 0　8厘米　　2. 0　6厘米　　3、4. 0　4厘米　　5. 0　2厘米

图八　M2出土遗物

1、2.陶罐（M2：1、M2：2）　3、4.陶耳杯（M2：3、M2：5）　5.钱币（M2：6）

陶釜　1件。M2：扰2，泥质灰陶。侈口，厚圆唇，束颈，以下残。沿下饰凹弦纹一周，颈下饰绳纹。口径25.8、残高8厘米（图九，2）。

陶盆　2件。M2：扰3，泥质灰陶。口沿残片。敞口，折沿，尖圆唇，弧腹内收。腹部饰凸弦纹一周。残高7厘米（图九，3）。M2：扰4，泥质红陶。侈口，折沿，圆唇，斜腹内收，平底内凹。腹以下饰瓦棱纹数周。内施全釉，外施半釉。口径23、底径11.2厘米（图九，4）。

陶钵　3件。M2：扰5，泥质灰陶。敞口，圆唇，圆折腹，平底。口径16.8、底径6.4、高6.4厘米（图九，5）。M2：扰6，泥质灰陶。敞口，圆唇，斜腹，平底。口径15、底径8、高5厘米（图九，6）。M2：扰7，泥质灰陶。敞口，厚圆唇，斜腹，平底略凹。腹部饰瓦棱纹数周。口径17.4、底径6.7、高6.4厘米（图九，7）。

瓷罐　7件。M2：扰8，上部残。黑灰胎，无釉。深腹，平底内凹。腹内外瓦棱状。底径5、残高6厘米（图九，8）。M2：扰9，口部残。黑灰胎，无釉。深腹，平底内凹。腹内外瓦棱状。底径7.2、残高9.6厘米（图九，9）。M2：扰10，酱釉。敛口，折沿微卷，圆唇，斜腹，腹以下残。口沿下饰凸弦纹三周。口径13.8、残高10.6厘米（图九，10）。M2：扰11，无釉。敛口，厚圆唇，颈微束，宽斜肩，肩以下残。肩部饰瓦棱纹数周。口径11.4、残高7.5厘米（图九，11）。M2：扰12，敞口微卷，厚圆唇，颈微束，斜肩，鼓腹，底残。肩部饰两对称横系，腹部饰瓦棱纹数周。口径16.2、腹径25.5、残高20厘米（图九，12）。M2：扰13，红胎。敛口，平折沿，厚圆唇，颈微束，斜肩，以下残。肩部饰凸弦纹一周。口径11.8、残高5厘

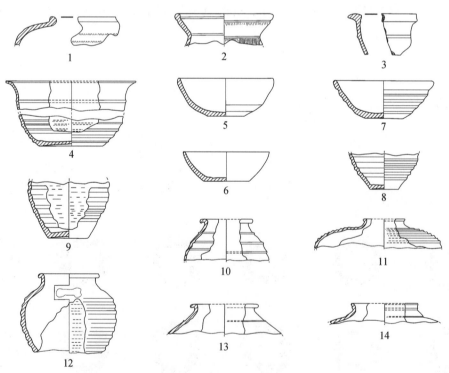

1、3~9、13、14.　0　4厘米　　　　2、10~12.　0　6厘米

图九　M2墓室上部扰土中出土遗物

1.陶罐（M2：扰1）　2.陶釜（M2：扰2）　3、4.陶盆（M2：扰3、M2：扰4）　5~7.陶钵（M2：扰5、M2：扰6、M2：扰7）
8~14.瓷罐（M2：扰8、M2：扰9、M2：扰10、M2：扰11、M2：扰12、M2：扰13、M2：扰14）

米（图九，13）。M2：扰14，敞口，圆唇，短颈微束，斜肩，肩以下残。口沿下饰凸弦纹一周。口径11.6、残高3.4厘米（图九，14）。

瓷碗　25件。M2：扰15，白胎，青釉，蓝花。敞口，圆唇，斜腹内收，平底，圈足。口径14.4、底径5.6、高6.2厘米（图一〇，1）。M2：扰16，白胎，青釉，青花。敞口，圆唇，斜腹内收，平底，圈足。口径14.8、底径6、高6.5厘米（图一〇，2）。M2：扰17，内外壁施酱黑釉，釉不及底。敞口，圆唇，斜腹内收，平底，圈足。口径21.2、底径7.4、高9.2厘米（图一〇，3）。M2：扰18，内外壁施酱黑釉，釉不及底。敞口，圆唇，斜腹折收，平底，圈足。口径21.4、底径8、高10.4厘米（图一〇，4）。M2：扰19，内外壁施酱黑釉，釉不及底。敞口，圆唇，斜腹内收，平底，圈足。口径19、底径6.2、高8.4厘米（图一〇，5）。M2：扰20，白胎，青釉，蓝花。敞口，圆唇，斜腹内收，平底圈足。口径14.4、底径5.6、高6.4厘米（图一〇，6）。M2：扰21，残。白胎，青釉，蓝花。敞口，圆唇，弧腹内收，平底，圈足。

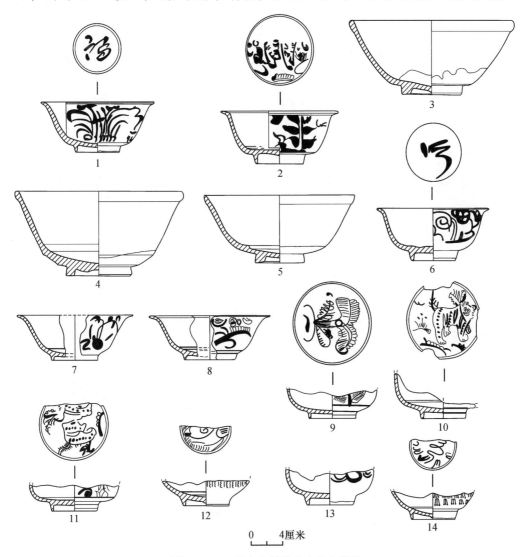

0　　4厘米

图一〇　M2墓室上部扰土中出土瓷碗

1. M2：扰15　2. M2：扰16　3. M2：扰17　4. M2：扰18　5. M2：扰19　6. M2：扰20　7. M2：扰21　8. M2：扰22　9. M2：扰23
10. M2：扰24　11. M2：扰25　12. M2：扰26　13. M2：扰27　14. M2：扰28

口径15、底径5.8、高5.6厘米（图一〇，7）。M2：扰22，残。白胎，青釉，蓝花。敞口微卷，圆唇，弧腹内收，平底，圈足。口径15.3、底径6.5、高5.4厘米（图一〇，8）。M2：扰23，口残。白胎，青釉，蓝花。弧腹内收，平底，圈足。底径6、残高3.6厘米（图一〇，9）。M2：扰24，口残。白胎，青釉，蓝花。弧腹内收，平底，圈足。底径5.8、残高5.6厘米（图一〇，10）。M2：扰25，口残。白胎，青釉，蓝花。深腹内收，平底，圈足。底径5.8、高3.2厘米（图一〇，11）。M2：扰26，口残。白胎，青釉，蓝花。弧腹内收，平底，圈足。底径5.8、残高3厘米（图一〇，12）。M2：扰27，口残。白胎，青釉，蓝花。深腹内收，平底，圈足。底径5.8、高4.3厘米（图一〇，13）。M2：扰28，口残。白胎，青釉，蓝花。弧腹内收，平底，圈足。底径5.6、残高3.4厘米（图一〇，14）。M2：扰29，口残。白胎，青釉，蓝花。弧腹内收，平底，圈足。底径6、残高2.6厘米（图一一，1）。M2：扰30，口残。白胎，青釉，蓝花。深腹内收，平底，圈足。底径6、残高4.6厘米（图一一，2）。M2：扰31，口残。

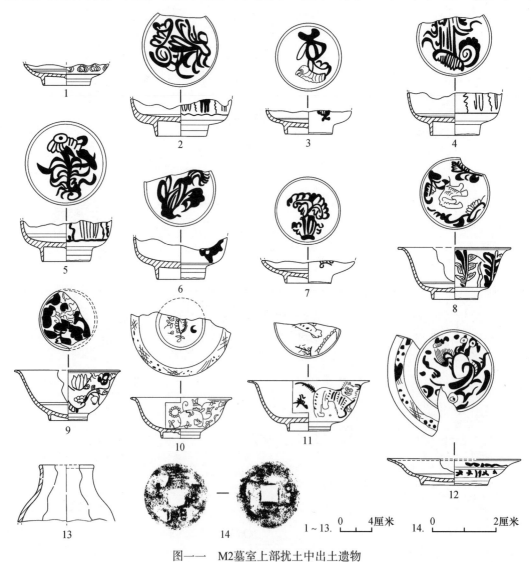

图一一　M2墓室上部扰土中出土遗物

1～11.瓷碗（M2：扰29、M2：扰30、M2：扰31、M2：扰32、M2：扰33、M2：扰34、M2：扰35、M2：扰36、M2：扰37、M2：扰38、M2：扰39）　12.瓷盘（M2：扰40）　13.瓷壶（M2：扰41）　14.钱币（M2：扰42）

白胎，青釉，蓝花。平底，圈足。底径6、残高2.9厘米（图一一，3）。M2：扰32，口残。白胎，青釉，蓝花。深腹内收，平底，圈足。底径6.2、残高5.2厘米（图一一，4）。M2：扰33，口残。白胎，青花，深腹，高圈足。器表和内底描绘花草纹。底径6.2、残高5厘米（图一一，5）。M2：扰34，口残。白胎，青釉，蓝花。弧腹内收，平底，圈足。底径6.2、高5.2厘米（图一一，6）。M2：扰35，口、腹残。白胎，青釉，蓝花。平底，圈足。底径5.9、高2.7厘米（图一一，7）。M2：扰36，残。白胎，青釉，蓝花。敞口微卷，弧腹内收，平底，圈足。口径14.4、底径5.8、高6.4厘米（图一一，8）。M2：扰37，残。白胎，青釉，蓝花。敞口微卷，弧腹内收，平底，圈足。口径13.6、底径4.9、高6.2厘米（图一一，9）。M2：扰38，残。白胎，青釉，蓝花。敞口微卷，圆唇，弧腹内收，平底，圈足。口径13、底径5.1、高5厘米（图一一，10）。M2：扰39，残。白胎，青釉，蓝花。敞口微卷，圆唇，弧腹内收，平底，圈足。口径15、底径5.4、高6.2厘米（图一一，11）。

瓷盘　1件。M2：扰40，残。白胎，青釉，蓝花。侈口，圆唇，斜腹内收，平底，圈足。口径17、底径8.6、高3.2厘米（图一一，12）。

瓷壶　1件。M2：扰41，酱釉。直口，圆唇，颈微束，溜肩，肩以下残。口径7、残高7厘米（图一一，13）。

钱币　1枚。M2：扰42，钱文"康熙通宝"。钱径2.05～2.09厘米，重1.79克（图一一，14）。

（三）2014WXWM3

1. 墓葬形制

竖穴土坑墓，位于ⅠT0409西南角和ⅠT0309东南角，开口于第2层下。平面呈长方形，直壁，平底，方向240°（图一二）。墓口距地表深1.5米，长4.9、宽3、深2.7米。填土为黄褐色花土，土质疏松，含有炭灰。在墓室西端有直径约1.3米的盗洞。因被盗严重，仅在墓室北角发现铁釜1件、陶器2件和数枚钱币。

2. 出土遗物

陶钫盖　1件。M3：2，泥质灰陶。平面呈方形，子口，盝形顶，四刹各一乳钉。宽12、高4.6厘米（图一三，1）。

陶罐　1件。M3：3，泥质灰陶。敞口，卷沿，圆唇，短束颈，鼓肩，鼓腹，平底内凹。肩部饰凸棱一周。口径14.4、腹径35.6、底径21.6、高27.2厘米（图一三，2；图版二，2）。

铁釜　1件。M3：1，锈蚀严重，残碎不堪，无法修复。

钱币　19枚。M3：4，钱文"半两"，铜质轻薄易碎，其中16枚锈结或残碎。钱径2.36～2.4厘米，重1.47～2.38克（图版二，1）。

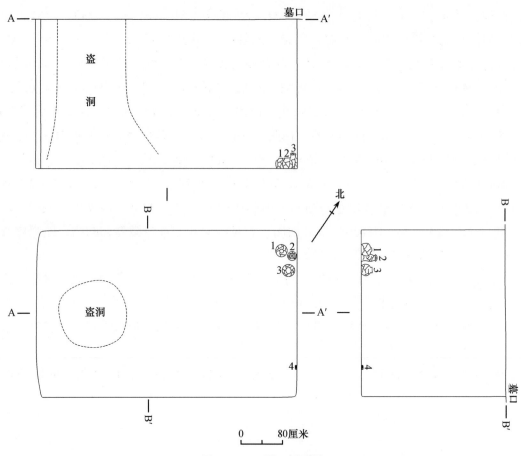

图一二　M3平、剖面图

1. 铁釜　2. 陶钫盖　3. 陶罐　4. 钱币

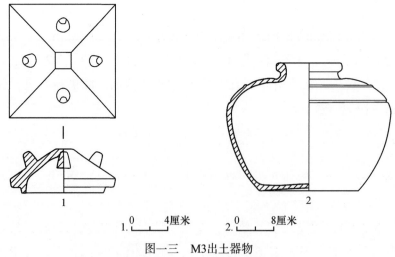

图一三　M3出土器物

1. 陶钫盖（M3：2）　2. 陶罐（M3：3）

（四）2014WXWM4

砖室残墓，位于ⅡT0113西北部，开口于第1层下，方向75°（图一四）。仅存一角，平面近似长方形，墓口距地表深0.6～0.92米，砖室残长3.08、残宽0.91、残高0.48米。一壁残存砖4层，错缝平砌，内侧模印菱形、"十"字纹，砖长43、宽20、厚12厘米，见图一四中①。墓底用砖横向对缝平铺。墓内填土为灰褐色花土，土质疏松，含有炭灰。因扰乱严重，未发现随葬器物。

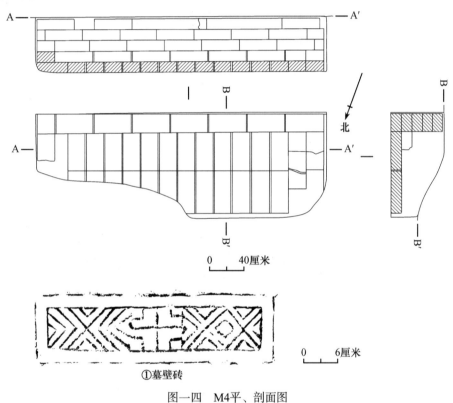

0　　40厘米

①墓壁砖

0　　6厘米

图一四　M4平、剖面图

（五）2014WXWM5

1. 墓葬形制

竖穴土坑墓，位于ⅠT0509西部和ⅠT0409东部，开口于第3层下。平面呈长方形，直壁，平底，方向0°（图一五）。墓口距地表深0.7米，长4、宽2.5、深2.45米。墓内上部填土为黑褐色花土。墓底四周有宽0.3、高1.1米的熟土二层台。二层台以下填土为黄褐色花土，土质较硬，含有炭灰。在墓室东部偏北有直径约1.1米的盗洞。随葬器物集中于椁室东南角。

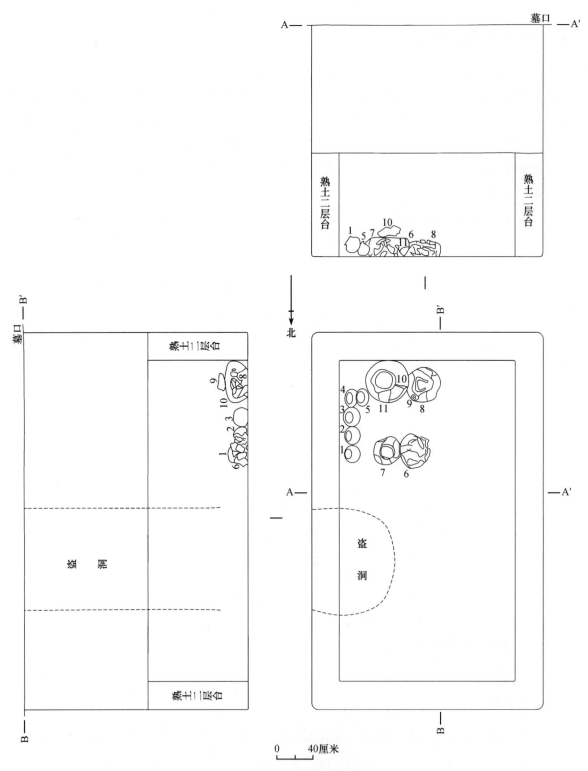

图一五　M5平、剖面图

1～5、7.陶罐　6.陶釜　8.陶钫盖　9.陶纺轮　10.陶甑　11.铁釜　12.钱币

2. 出土遗物

陶釜　1件。M5：6，泥质灰陶。侈口，圆唇，束颈，溜肩，鼓腹。残高13.6厘米（图一六，1）。

陶纺轮　1件。M5：9，泥质灰陶。等腰梯形。直径2.7～3.5、孔径0.7、高1.8厘米（图一六，2）。

陶钫盖　1件。M5：8，泥质灰陶。平面呈方形，子口。残高3.55厘米（图一六，3）。

陶甑　1件。M5：10，泥质灰陶。仅存口沿。直口微敛，折沿。口径30.2、残高4厘米（图一六，4）。

陶罐　6件。M5：1，泥质灰陶。直口，折沿，尖圆唇，束颈，斜肩，鼓腹，平底内凹。肩、腹各饰凹弦纹一周，腹以下饰绳纹。口径13.2、腹径20.4、底径6.3、高15.3厘米（图一六，5）。M5：2，泥质灰陶。敞口，折沿，尖圆唇，束颈，斜肩，圆折腹内收，圜底。腹以下饰绳纹。口径13.4、腹径20.4、高15.3厘米（图一六，6）。M5：3，泥质灰陶。直口，折沿，方唇，束颈，斜肩，鼓腹内收，圜底。肩部饰凹弦纹一周，腹以下饰绳纹。口径14.2、腹径20.8、高16厘米（图一六，7）。M5：4，泥质灰陶。直口微卷，厚圆唇，束颈，斜肩，弧腹，大平底内凹。口径10.4、腹径18、底径15.7、高11.4厘米（图一六，8）。M5：5，泥质灰

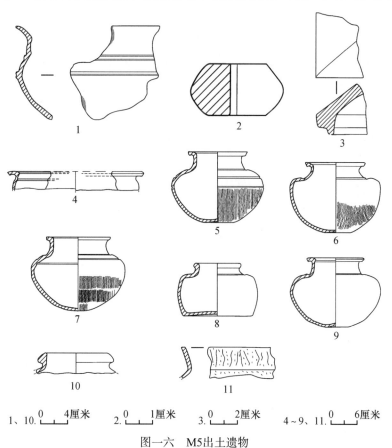

图一六　M5出土遗物

1. 陶釜（M5：6）　2. 陶纺轮（M5：9）　3. 陶钫盖（M5：8）　4. 陶甑（M5：10）　5～10. 陶罐（M5：1、M5：2、M5：3、M5：4、M5：5、M5：7）　11. 铁釜（M5：11）

陶。直口，折沿，尖圆唇，束颈，斜肩，鼓腹内收，圜底内凹。口径13、腹径20.5、高15厘米（图一六，9）。M5：7，泥质灰陶。直口，厚圆唇，束颈，颈以下残。口径11.2、残高3厘米（图一六，10）。

铁釜　1件。M5：11，锈蚀严重，仅存口部。侈口，方唇，束颈。残高6.6厘米（图一六，11）。

钱币　63枚。M5：12，钱文"半两"。钱径1.95～2.45厘米，重0.94～3.07克（图一七、图一八）。

（六）2014WXWM6

1. 墓葬形制

竖穴土坑墓，位于 I T0509东北部，开口于第3层下。平面呈长方形，直壁，平底，方向0°（图一九）。墓口距地表深1.1米，长3.5、宽2.6、深2.6米。墓内上部填土为灰褐色花土，土质较硬，含有炭灰。墓底四壁有高0.9米的熟土二层台，东、西壁宽0.3、南壁宽0.24、北壁宽0.2米。二层台以下填土为黄褐色花土，土质较硬，含有炭灰。随葬器物集中于椁室北端。

2. 出土遗物

陶豆　2件。M6：1，泥质灰陶。敞口微敛，圆唇，斜腹，短柄，圈足。口沿下饰凹弦纹一周。口径13.8、底径5.5、高6厘米（图二〇，1）。M6：2，泥质灰陶。敞口微敛，圆唇，斜腹，短柄，圈足。口沿下饰凹弦纹一周。口径13.6、底径5.6、高5.6厘米（图二〇，2）。

陶盆　1件。M6：3，泥质灰陶。直口，尖圆唇，折腹内收，平底内凹。口径23、底径10.2、高10厘米（图二〇，3）。

陶釜　1件。M6：4，泥质灰陶。侈口，圆唇，束颈，以下残。底部残片有烟熏痕。口径17.9、残高10厘米（图二〇，4）。

陶罐　1件。M6：5，泥质灰陶。斜肩，鼓腹内收，圜底。腹以下饰绳纹。腹径18.4、残高12厘米（图二〇，5）。

（七）2014WXWM7

1. 墓葬形制

竖穴土坑墓，位于 II T0113西南部，开口于第1层下，被M2打破。平面呈长方形，口大底小，斜壁，平底，方向46°（图二一）。墓口距地表深0.52～0.6米，长2.3、宽1.6米，墓底长2.1、宽1.3米，深2.78～2.8米。墓内填土为灰褐色花土，土质疏松，含有炭灰。随葬器物仅发现陶甑（或盆）残片和钱币数枚。

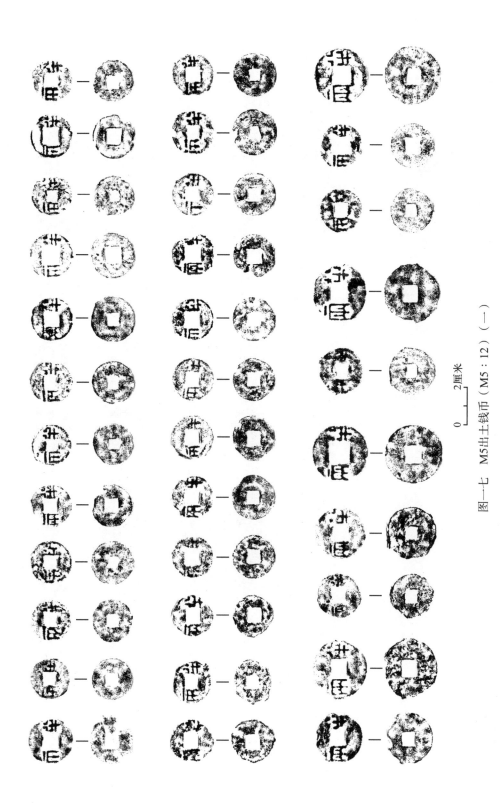

图一七　M5出土钱币（M5：12）（一）

0 ⊢―――⊣ 2厘米

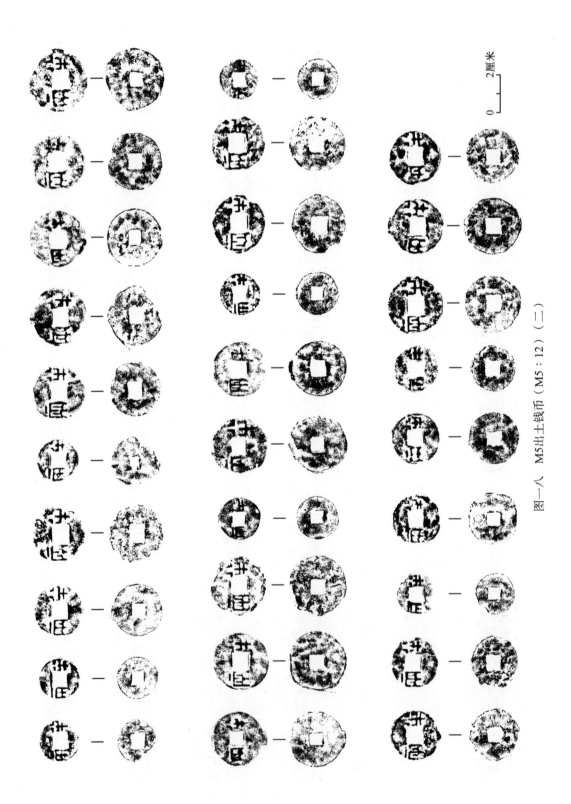

图一八　M5出土钱币（M5∶12）（二）

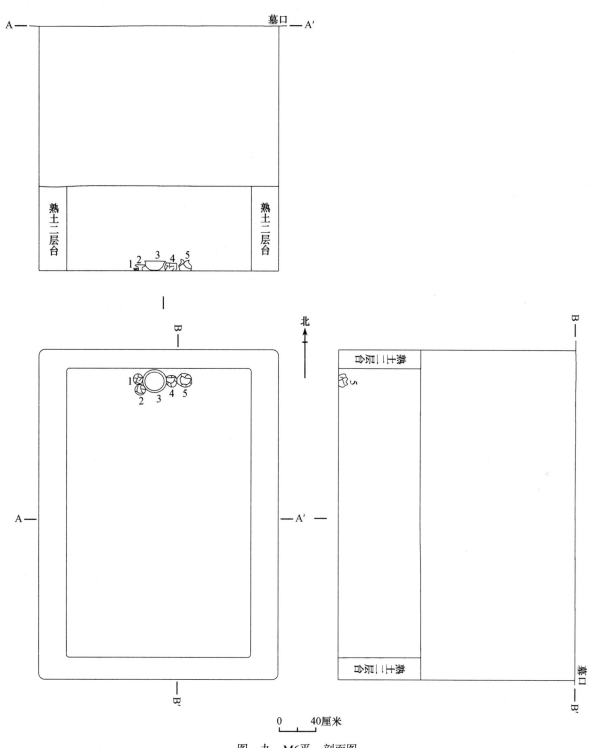

图一九　M6平、剖面图
1、2.陶豆　3.陶盆　4.陶釜　5.陶罐

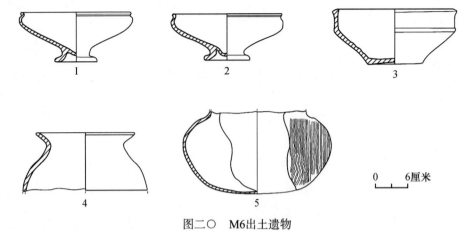

图二〇　M6出土遗物

1、2.陶豆（M6：1、M6：2）　3.陶盆（M6：3）　4.陶釜（M6：4）　5.陶罐（M6：5）

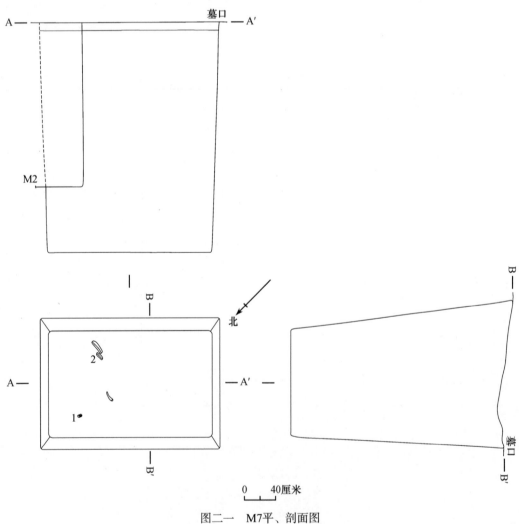

图二一　M7平、剖面图

1.钱币　2.陶甑（或盆）残片

2. 出土遗物

陶甑（或盆） 1件。M7：2，泥质灰陶。口沿残片。敛口，厚圆唇，短颈微束，颈以下残。口径40、残高3.2厘米（图二二）。

钱币 19枚。M7：1，钱文"货泉"，其中一枚残。钱径2.25～2.37厘米，重1.95～3.46克（图二三）。

0　4厘米

图二二　M7出土陶器（M7：2）

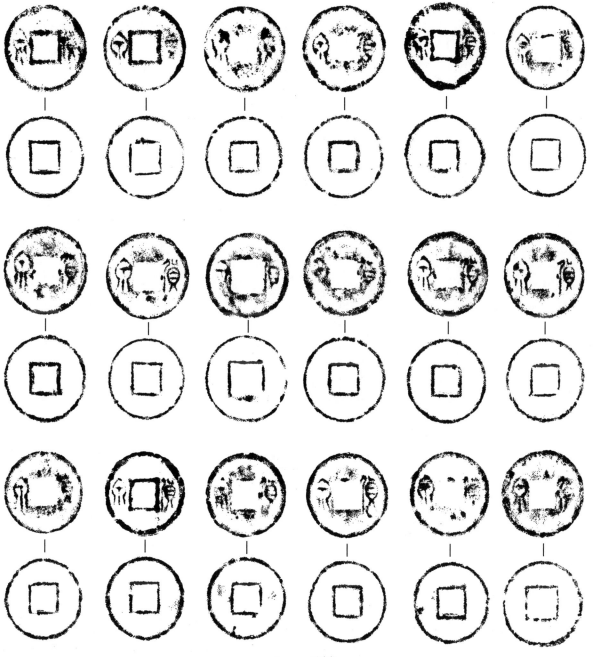

0　1厘米

图二三　M7出土钱币（M7：1）

（八）2014WXWM8

　　竖穴土坑墓，位于ⅠT0105西北，开口于第2层下、北部被第1层打破。平面呈长方形，直壁，平底，方向324°（图二四）。墓口距地表深0.56～0.8米，残长3.4～3.97、宽2.2～2.4、深0.4～2米。墓内填土为黄褐色花土，土质较硬，含有炭灰。未发现随葬器物。

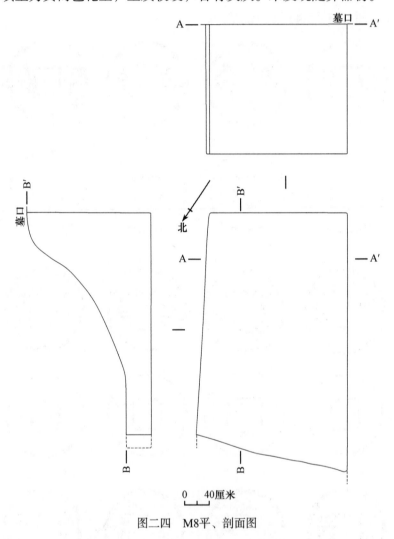

图二四　M8平、剖面图

（九）2014WXWM9

1. 墓葬形制

　　竖穴土坑墓，位于ⅠT0509东南部，开口于第2层下。平面呈圭形，直壁，平底，方向347°（图二五）。墓室之北有北窄南宽的梯形短墓道，墓口距地表深0.7米，长2、宽1.9～3.08、深1.5～1.65米。其内填土为灰褐色花土，土质较硬。墓室长4.9、宽3.2、深3.1米，墓内上部填土

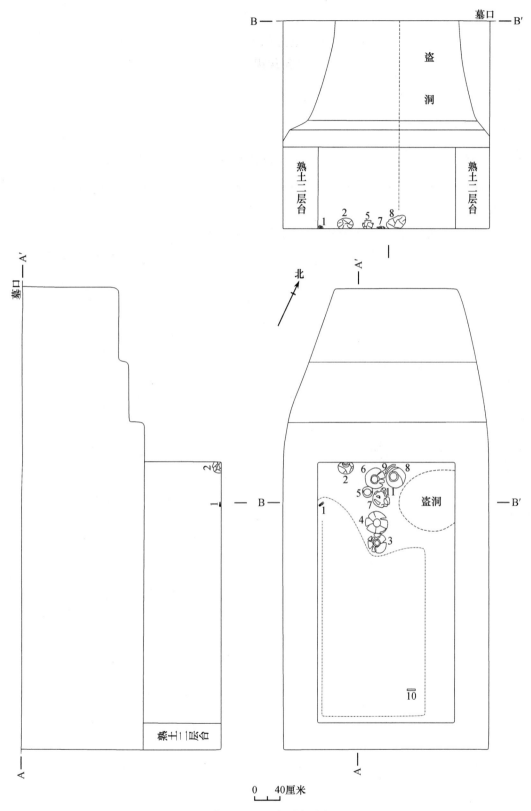

图二五　M9平、剖面图

1.钱币　2~4、6、7、11.陶罐　5.铜鍪　8.铁釜　9.陶甑（盆）　10.铁钩

为黄褐色花土，土质疏松，含有炭灰。墓底四壁有高1.2米的熟土二层台，东、西壁宽0.54、南壁宽0.4、北壁宽0.6米。二层台以下填土为黄褐色花土，土质较硬，含有炭灰。二层台内，顶面有灰褐色朽木残痕，底面有红色漆皮和灰褐色朽木残痕。椁室东北角有直径约0.9米的盗洞。随葬器物集中于椁室北部。

2. 出土遗物

陶罐　6件。M9∶2，残，与M9∶6形制相同。M9∶3，泥质灰陶。仅存颈肩部分。束颈，斜肩，鼓腹，腹以下残。肩部饰凸弦纹两周。残高7厘米（图二六，1）。M9∶4，泥质灰陶。直口微卷，厚圆唇，短束颈，圆肩，鼓腹内收，大平底内凹。口径10、腹径26、底径20、高18厘米。罐口覆盖，子口，弧形顶。直径10、高2.2厘米。通高20.2厘米（图二六，2）。M9∶6，泥质灰陶。直口平折沿，尖圆唇，束颈，斜肩，鼓腹，腹以下残。肩部饰凸弦纹一周。口径14.6、残高12厘米（图二六，3）。M9∶7，泥质灰陶。直口微卷，尖圆唇，束颈，颈以下残。口径13、残高4.6厘米（图二六，4）。M9∶11，泥质灰陶。敞口微卷，圆唇，束颈，颈以下残。口径10、残高5厘米（图二六，5）。

陶甑（盆）　1件。M9∶9，泥质灰陶。直口微敛，折沿，双圆唇，沿下短，颈微束，弧腹内收，底残。腹部饰绳纹。口径37.6、残高13.4厘米（图二六，6）。

铁钩　1件。M9∶10，锈蚀严重。两端弯钩。长20、宽1.4、厚0.6厘米（图二六，7）。

铁釜　1件。M9∶8，锈蚀严重，无法修复。

铜鍪　1件。M9∶5，锈蚀，下半部残。侈口，尖唇，束颈，斜肩，鼓腹，底残。肩部饰对称一大一小环耳。器表附着烟熏黑灰。口径13.4、腹径17.6厘米（图二六，8）。

钱币　68枚。M9∶1，钱文"半两"，其中38枚锈结或残碎。钱径2.3～2.5厘米，重1.8～2.64克（图二七）。

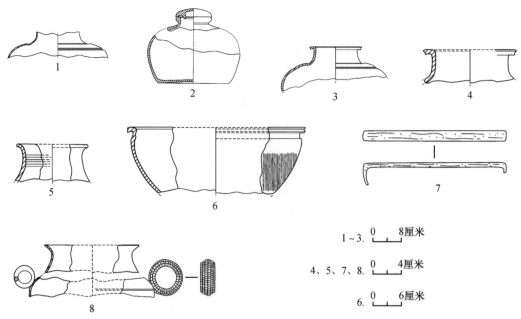

图二六　M9出土遗物

1～5.陶罐（M9∶3、M9∶4、M9∶6、M9∶7、M9∶11）　6.陶甑（盆）（M9∶9）　7.铁钩（M9∶10）　8.铜鍪（M9∶5）

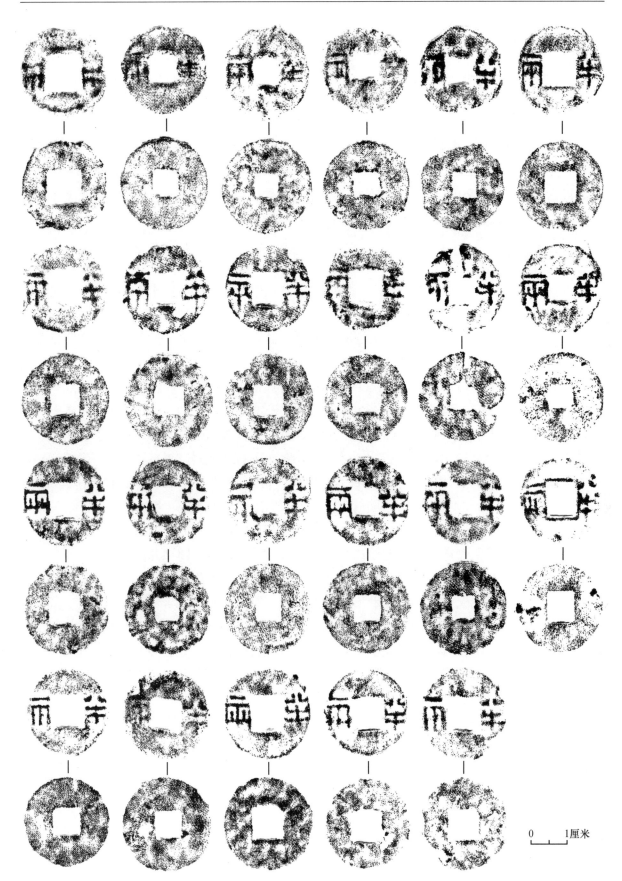

图二七　M9出土钱币（M9：1）

（十）2014WXWM10

1. 墓葬形制

竖穴土坑墓，位于ⅠT0309北部和ⅠT0310南端，开口于第2层下。平面呈长方形，直壁，平底，方向135°（图二八）。墓口距地表深0.7米，长4.6、宽2.6、深4.8米。墓底南部东侧有一层黑褐色朽木痕迹。墓内填土为灰褐色花土，土质湿软、黏性大，含有少量炭灰。墓室东北角有直径约1.6米的盗洞。随葬器物集中靠近西壁一线和棺内东南角。

2. 出土遗物

陶罐　7件。M10：1，泥质灰陶。直口，折沿，尖圆唇，束颈，斜肩，圆折腹内收，圜底。肩部饰凹弦纹两周，腹以下饰绳纹。口径12.6、腹径18.6、高12.6厘米（图二九，1）。M10：2，泥质灰陶。直口，折沿，尖圆唇，束颈，斜肩，鼓腹内收，圜底。肩部饰凹弦纹两周，腹以下饰绳纹。口径12.6、腹径17.4、高12厘米（图二九，2）。M10：3，泥质灰陶。直口，折沿，尖圆唇，束颈，斜肩，鼓腹内收，平底。腹部饰凹弦纹两周，腹以下饰绳纹。罐内有8块卵石。口径13.8、腹径19.5、底径9、高16.4厘米（图二九，3）。M10：4，泥质灰陶。直口，折沿，尖圆唇，束颈，斜肩，鼓腹内收，圜底。肩部饰凹弦纹两周，腹以下饰绳纹。口径12.4、腹径18.3、高12.9厘米（图二九，4）。M10：5，泥质灰陶。直口，折沿，尖圆唇，束颈，斜肩，圆折腹内收，圜底。肩部饰凹弦纹两周，腹以下饰绳纹。口径11、腹径19、高13.2厘米（图二九，5）。M10：6，泥质灰陶。直口，折沿，厚圆唇，短束颈，颈以下残。口径11.6、残高4.2厘米（图二九，6）。M10：7，泥质灰陶。直口，折沿，尖圆唇，束颈，圆肩，鼓腹内收，平底内凹。口径11.5、腹径27.6、底径18、高19.8厘米（图二九，7）。

陶钫　1件。M10：8，仅存盖和底部。盖平面呈方形，盝形顶，子口；平底，高圈足。盖宽12、高6.4、底宽12.5、残高10.8厘米（图二九，8）。

陶釜　1件。M10：11，泥质灰陶。直口微敛，折沿，尖圆唇，短束颈，弧腹内收，圜底。上腹饰凹弦纹一周，腹以下饰绳纹。口径29、高14.5厘米（图二九，9）。

陶甑　1件。M10：12，泥质灰陶。直口，平折沿，圆唇，沿下微束，深腹内收，底残。腹以下饰绳纹。口径31.4、残高10.8厘米（图二九，10）。

铁釜　1件。M10：9，锈蚀严重，无法修复。

钱币　57枚。M10：10，钱文"半两"，其中14枚锈结或残碎。钱径2.15～3.14厘米，重1.09～3.88克（图三〇）。

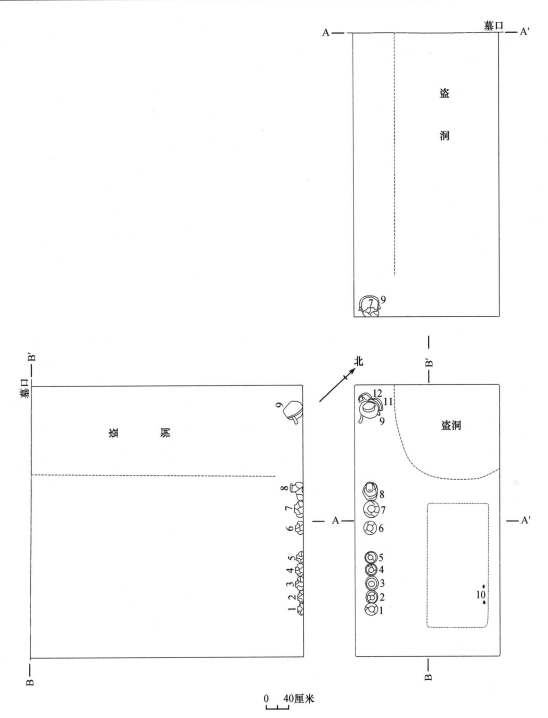

图二八　M10平、剖面图

1~7.陶罐　8.陶钫　9.铁釜　10.钱币　11.陶釜　12.陶甑

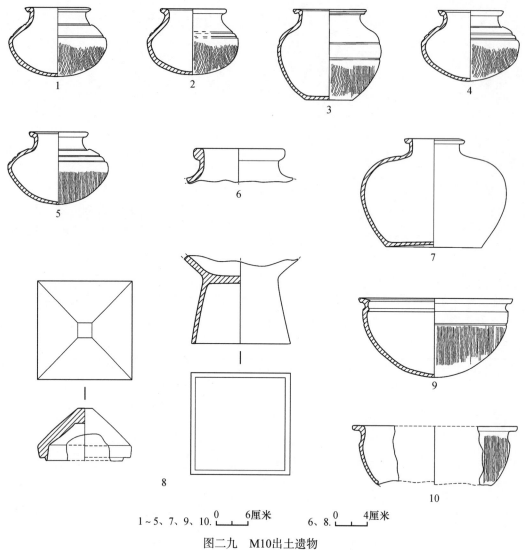

图二九　M10出土遗物

1~7. 陶罐（M10:1、M10:2、M10:3、M10:4、M10:5、M10:6、M10:7）　8. 陶钫（M10:8）

9. 陶釜（M10:11）　　10. 陶甑（M10:10）

（十一）2014WXWM11

1. 墓葬形制

竖穴土坑墓，位于ⅠT0510西南，开口于第2层下。平面呈"凸"字形，直壁，平底，方向90°（图三一）。墓道居墓室之东，平面呈长方形，直壁，斜坡底，墓口距地表深0.8米，长1.5、宽1.9、深3.44~3.84米。其内填土为黑褐色花土，经过夯打，土质较硬。墓室居墓道之西，平面呈长方形，直壁，平底，墓口距地表深0.8米，长5.3、宽3.9、深3.84米。墓室底部有二层台，北、西、南三面为黄褐色花土，土质较疏松，宽0.5、高1.5米；东面南北两侧二层台各长0.9、宽1、高1.5米；下半部厚0.9米为生土，上半部厚0.6米为黑褐色花土，土质较硬，含

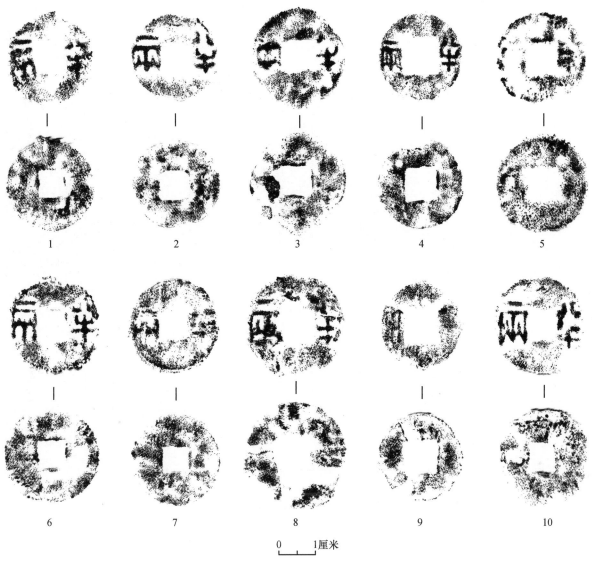

0 ——— 1厘米

图三〇　M10出土钱币（M10∶10）

有炭灰。墓底有散乱的红色漆皮和灰褐色木痕。墓室西端中央有直径约1米的盗洞。墓内填土为黄褐色花土，土质疏松，含有炭灰。随葬器物集中于墓室西部靠近南壁处和西壁熟土二层台底部。

2. 出土遗物

陶罐　10件。泥质灰陶。M11∶1，直口，折沿，圆唇，束颈，斜肩，折腹内收，圜底。腹以下饰绳纹。口径11.9、腹径22.5、高14.7厘米（图三二，1）。M11∶2，直口，折沿，圆唇，束颈，斜肩，折腹内收，圜底。口径12、腹径21、高13.5厘米（图三二，2）。M11∶14，直口，折沿，厚圆唇，束颈，斜肩，圆折腹，圜底。腹以下饰绳纹。口径11.6、腹径20.7、高14.4厘米（图三二，3）。M11∶21，敞口卷沿，厚圆唇，束颈，圆肩，鼓腹，平底略凹。肩部饰凸弦纹两周。口径12.6、腹径25.8、底径19.5、高19.2厘米（图三二，4）。M11∶23，敞

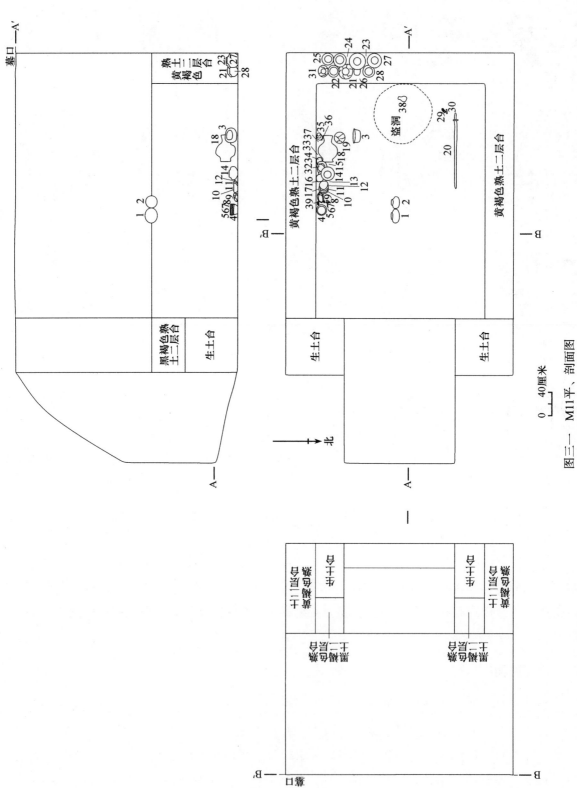

图三一　M11平、剖面图

0　　　40厘米

1、2、14、21、23～25、27、28、31. 陶罐　3. 铜盆　4～8、10～13、15～17、19、26、32～37. 陶鼎　9. 陶钵　18. 陶壶　20. 铁剑　22. 陶匜　29、39. 钱币　30. 铁削　38. 陶俑

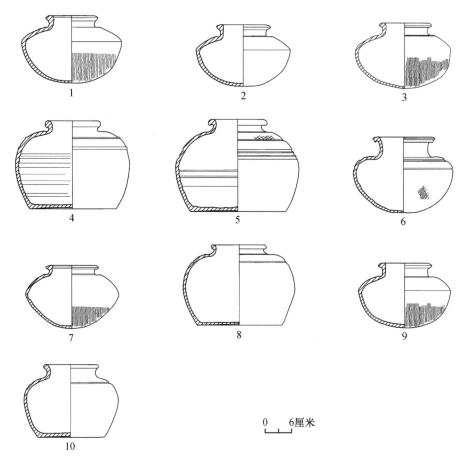

图三二 M11出土陶罐

1. M11∶1 2. M11∶2 3. M11∶14 4. M11∶21 5. M11∶23 6. M11∶24 7. M11∶25 8. M11∶27 9. M11∶28
10. M11∶31

口，卷沿，厚圆唇，束颈，溜肩，鼓腹，平底略凹。肩部饰网格纹和凹弦纹一周，上腹饰凸弦纹两周。口径13.2、腹径27.6、底径21、高20.1厘米（图三二，5）。M11∶24，敞口，折沿，圆唇，束颈，耸肩，鼓腹，圜底。肩部饰凹弦纹两周，腹部饰凹弦纹一周，腹以下饰绳纹。口径14.2、腹径22.5、高16.5厘米（图三二，6）。M11∶25，直口，斜折沿，厚圆唇，束颈，斜肩，折腹内收，圜底。腹以下饰绳纹。口径12、腹径21、高13.8厘米（图三二，7）。M11∶27，敞口，卷沿，厚圆唇，束颈，圆肩，鼓腹，平底略凹。肩部饰凹弦纹一周。口径12.3、腹径25、底径18.8、高17.5厘米（图三二，8）。M11∶28，直口，斜折沿，厚圆唇，束颈，斜肩，折腹内收，圜底。腹以下饰绳纹。口径12、腹径21、高14厘米（图三二，9）。M11∶31，敞口，卷沿，圆唇，束颈，斜肩，鼓腹内收，平底内凹。肩部饰凹弦纹一周。口径12.4、腹径21.3、底径15、高15.6厘米（图三二，10）。

陶钵 20件。泥质灰陶，形制大致相同。敞口，厚圆唇，斜（折）腹内收，平底。M11∶4，与M11∶5形制、大小相同。M11∶5，下腹饰凸棱一周。口径17.2、底径6.4、高6.6厘米（图三三，1）。M11∶6，腹部饰凸棱一周。口径16.8、底径6.6、高7厘米（图三三，2）。M11∶7，下腹饰凸棱一周。口径17.2、底径6.4、高6.8厘米（图三三，3）。M11∶8，下

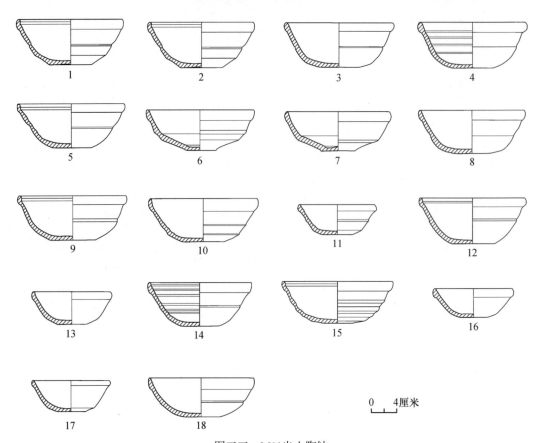

0　　4厘米

图三三　M11出土陶钵

1. M11：5　2. M11：6　3. M11：7　4. M11：8　5. M11：10　6. M11：11　7. M11：12　8. M11：13　9. M11：15
10. M11：16　11. M11：17　12. M11：19　13. M11：26　14. M11：32　15. M11：33　16. M11：35　17. M11：36　18. M11：37

腹饰凸棱一周。口径17.2、底径6.2、高7厘米（图三三，4）。M11：10，下腹饰凸棱一周。口径17、底径6、高6.8厘米（图三三，5）。M11：11，敞口，厚圆唇，折腹内收，小平底。腹部饰凸棱一周。口径17、底径4.8、高6.2厘米（图三三，6）。M11：12，敞口，厚圆唇，折腹内收，小平底。口径16.6、底径5.4、高6厘米（图三三，7）。M11：13，口径16.8、底径5.4、高6.6厘米（图三三，8）。M11：15，腹部饰凸棱一周。口径17.2、底径7、高6.8厘米（图三三，9）。M11：16，下腹饰凸棱两周。口径17.2、底径6.6、高6.6厘米（图三三，10）。M11：17，下腹饰凸棱一周。口径12.2、底径4.8、高4.6厘米（图三三，11）。M11：19，敞口，厚圆唇，斜腹内收，平底。腹中部饰凸棱一周。口径16.8、底径6.6、高7厘米（图三三，12）。M11：26，口径12.6、底径4.6、高5厘米（图三三，13）。M11：32，下腹饰凸棱一周。口径16.4、底径5.6、高6.7厘米（图三三，14）。M11：33，腹部饰凸棱三周。口径17.4、底径5、高6.4厘米（图三三，15）。M11：34，与M11：35大小、形制相同。M11：35，口径12.6、底径4.4、高4.4厘米（图三三，16）。M11：36，口径12.4、底径4.4、高4.8厘米（图三三，17）。M11：37，下腹饰凸棱一周。口径16.6、底径5.4、高6厘米（图三三，18）。

陶壶　1件。M11：18，泥质灰陶。敞口，方唇，束颈，溜肩，鼓腹，圈足。口径16.6、腹径33.2、底径18.8、高43.6厘米（图三四，1；图版一，4）。

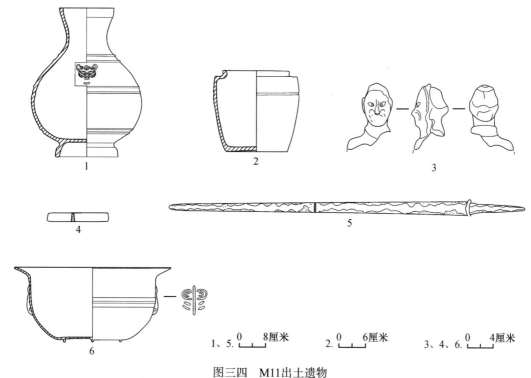

图三四　M11出土遗物

1.陶壶（M11：18）　2.陶囷（M11：22）　3.陶俑（M11：38）　4.铁削（M11：30）　5.铁剑（M11：20）
6.铜盆（M11：3）

陶鼎　1件。M11：9，修复（图版一，5）。

陶囷　1件。M11：22，泥质灰陶。子口，圆唇，折肩，深弧腹，平底略凹。腹部饰凹弦纹一周。口径15、腹径19.2、底径13.8、高17.6厘米（图三四，2）。

陶俑　1件。M11：38，仅存头部。泥质红陶。盗洞内出土。残高9.6厘米（图三四，3）。

铁剑　1件。M11：20，锈蚀严重，铁剑铜格。剑身最宽处8、格宽9.2、通长107.6厘米（图三四，5）。

铁削　1件。M11：30，锈蚀严重。长条形，一侧有刃。宽1.6、残长9.2厘米（图三四，4）。

铜盆　1件。M11：3，锈蚀。侈口，圆唇，弧腹内收，平底内凹，底附三乳状足。腹部饰凸弦纹一周，并饰两对称铺首。口径23.6、底径10.8、高11厘米（图三四，6）。

钱币　41枚。M11：29，钱文"货泉"37枚。钱径2.07～2.4厘米，重1.11～3.62克。铲形"货布"1枚，"大泉五十"2枚（图三五）。M11：39，钱文"五铢"42枚，朱头方折。钱径2.52～2.58厘米，重3.26～5.07克（图三六）。

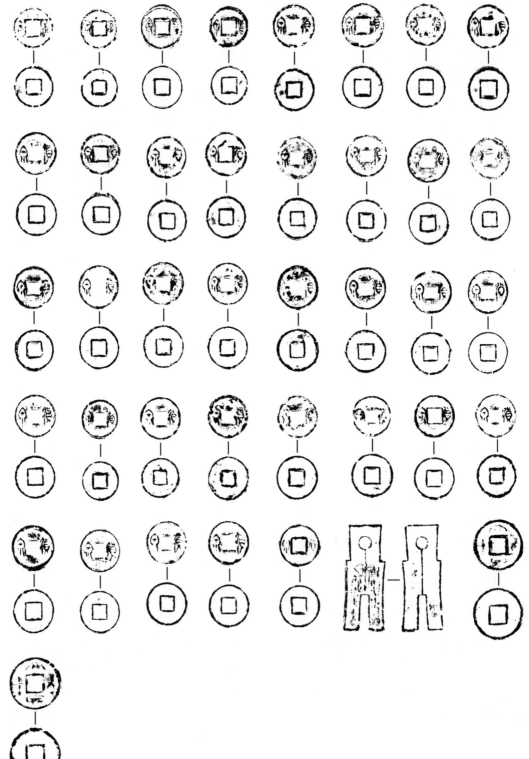

0 　　 2厘米

图三五　M11出土钱币（M11∶29）

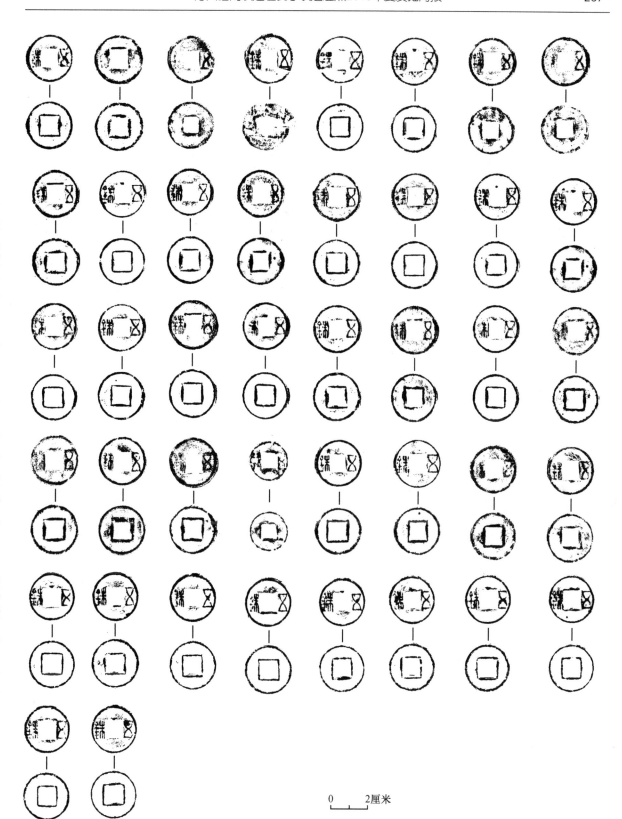

0　　2厘米

图三六　M11出土钱币（M11：39）

（十二）2014WXWM12

1. 墓葬形制

竖穴土坑墓，位于ⅠT0510中部偏东北，开口于第2层下。平面呈长方形，北宽南窄，直壁，平底，方向135°（图三七）。墓口距地表深1.1米，长3.1、宽1.8～2、深2.65米。墓底中央

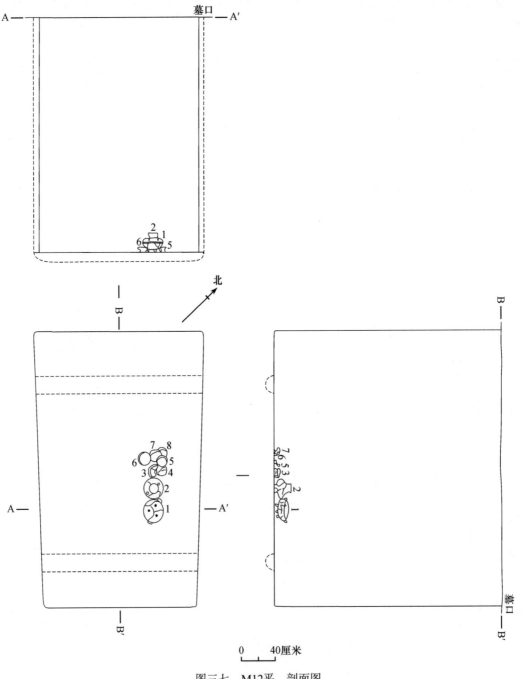

0　　40厘米

图三七　M12平、剖面图

1.陶鼎　2.陶壶　3.陶盆　4～8.陶豆

有黑褐色朽木痕迹，中央南侧有朽骨灰痕。墓底两端各一宽0.2、深0.1米的横向"U"形凹槽，槽内有灰褐色朽木痕迹。随葬器物整齐排列于墓室中部偏东。

2. 出土遗物

陶鼎　1件。M12:1，泥质灰陶。子口内敛，圆唇，球腹，圜底。底附三蹄形足。口沿饰对称穿孔双耳，上覆三纽弧形顶盖。口径16.8、腹径20.4、通高20厘米（图三八，1；图版一，6）。

陶壶　1件。M12:2，泥质灰陶。敞口，圆唇，束颈，斜肩，鼓腹，圈足。口径11.2、腹径20.7、底径10.6、高23.4厘米（图三八，2；图版二，3）。

陶盆　1件。M12:3，泥质灰陶。直口微敛，折沿，尖圆唇，弧腹内收，底残。沿下和腹部各饰凹弦纹一周。口径26、残高9.3厘米（图三八，3）。

陶豆　5件。M12:4，泥质灰陶。敞口微敛，圆唇，斜腹，短柄，圈足。口沿下饰凹弦纹一周。口径13.8、底径5.4、高5.1厘米（图三八，4；图版一，2）。M12:5，泥质灰陶。敞口微敛，圆唇，斜腹，短柄，圈足。口沿下饰凹弦纹一周。口径13、底径5、高5.2厘米（图三八，5）。M12:6，泥质灰陶。敞口微敛，圆唇，斜腹，短柄，圈足。口沿下饰凹弦纹一周。口径14、底径5.6、高6厘米（图三八，6）。M12:7，泥质灰陶。敞口微敛，圆唇，斜腹，短柄，圈足。口沿下饰凹弦纹一周。口径13.6、底径5.4、高4.4厘米（图三八，7）。M12:8，泥质灰陶。仅存豆盘。敞口微敛，圆唇，斜腹。口沿下饰凹弦纹一周。口径13.6、残高2.4厘米（图三八，8）。

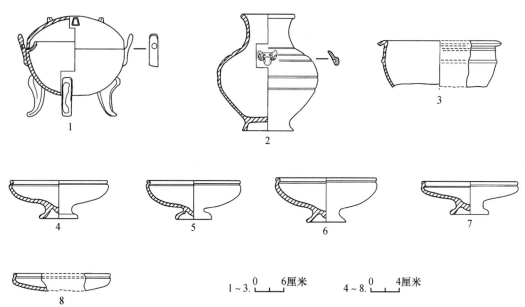

图三八　M12出土遗物

1. 陶鼎（M12:1）　2. 陶壶（M12:2）　3. 陶盆（M12:3）　4~8. 陶豆（M12:4、M12:5、M12:6、M12:7、M12:8）

（十三）2014WXWM13

1. 墓葬形制

刀形砖室墓，位于ⅠT0410西北部，开口于第2层下，由墓道、甬道、墓室三部分组成，方向264°（图三九）。墓道位于甬道之西，平面呈半圆形，墓口距地表深0.84米，长0.8、宽1.4、深0.7米。填土为黄褐色花土，土质较硬，含有少量炭灰。甬道居墓道与墓室之间，平面呈长方形，长1.96、宽1.7、残高0.7米。甬道口残存7层错缝平砌封门砖，高0.7米。墓室居甬道之东，平面近似方形，长2.84、宽2.66、残高0.7米。墓室与甬道连接处有直径约1米的盗洞。室内填土为黄褐色花土，土质疏松，含有炭灰。墓壁用砖错缝平砌，砖侧面模印菱形纹；墓底用砖横向错缝平铺。随葬器物集中于墓室西北角和甬道两侧。

2. 出土遗物

陶釜　1件。M13：3，泥质灰陶。侈口，圆唇，束颈，斜肩，鼓腹，平底。口径24、腹径24.6、底径13、高17.2厘米（图四〇，1）。

陶罐　2件。M13：20，上部残。鼓腹，平底。底径14.2、残高23.2厘米（图四〇，2）。M13：23，变形。泥质灰陶。敞口，卷沿，厚圆唇，短束颈，斜肩，鼓腹内收，平底。腹部饰两对称竖耳。口径25.8、腹径29.8、底径16.4、高25.8～28厘米（图四〇，3）。

陶俑　1件。M13：27，泥质红陶。头残，着右衽衣。残高11厘米（图四〇，4）。

瓷碗　19件。M13：1，敞口，尖圆唇，弧腹内收，平底，假圈足内凹。口沿下饰凹弦纹一周，内底有支钉痕1个。内外壁施青釉。口径9.8、底径6.2、高5.1厘米（图四〇，5）。M13：2，敞口，圆唇，斜直腹，平底，假圈足内凹。口沿下饰凸弦纹和网格纹各一周。内外施青釉，外釉不及底。口径16.3、底径11.8、高6厘米（图四〇，6）。M13：4，敞口，尖圆唇，弧腹内收，平底，假圈足内凹。口径9.6、底径5、高4.6厘米（图四〇，7）。M13：5，敞口，尖圆唇，弧腹内收，平底，假圈足内凹。口沿下饰凹弦纹一周。内外壁施青釉，外釉不及底。口径8.2、底径4.1、高4厘米（图四〇，8）。M13：6，敞口，尖圆唇，弧腹内收，平底，假圈足内凹。内底有支钉痕6个。内外壁釉体脱落严重，外釉不及底。口径11、底径6.9、高4.8厘米（图四〇，9）。M13：7，敞口，尖圆唇，弧腹内收，平底，假圈足内凹。底附三支钉。口径8.4、底径4.8、高4.2厘米（图四〇，10）。M13：8，敞口，尖圆唇，弧腹内收，平底，假圈足内凹。底附三支钉。口径7.8、底径5、高4厘米（图四〇，11）。M13：9，敞口，尖圆唇，弧腹内收，平底，假圈足内凹。内外壁施青釉，外釉不及底。口径8.1、底径4、高3.5厘米（图四〇，12）。M13：10，敞口，尖圆唇，弧腹内收，平底，假圈足内凹。口沿下饰凹弦纹一周，内外底有支钉12个。内外壁施青釉，外釉不及底。口径16.2、底径10.4、高6.2厘米（图四〇，13）。M13：11，敞口，尖圆唇，弧腹内收，平底，假圈足。口沿下饰凹弦纹一周，内外壁施青釉。口径8.4、底径5.1、高3.6厘米（图四〇，14）。M13：12，敞口，尖圆唇，弧

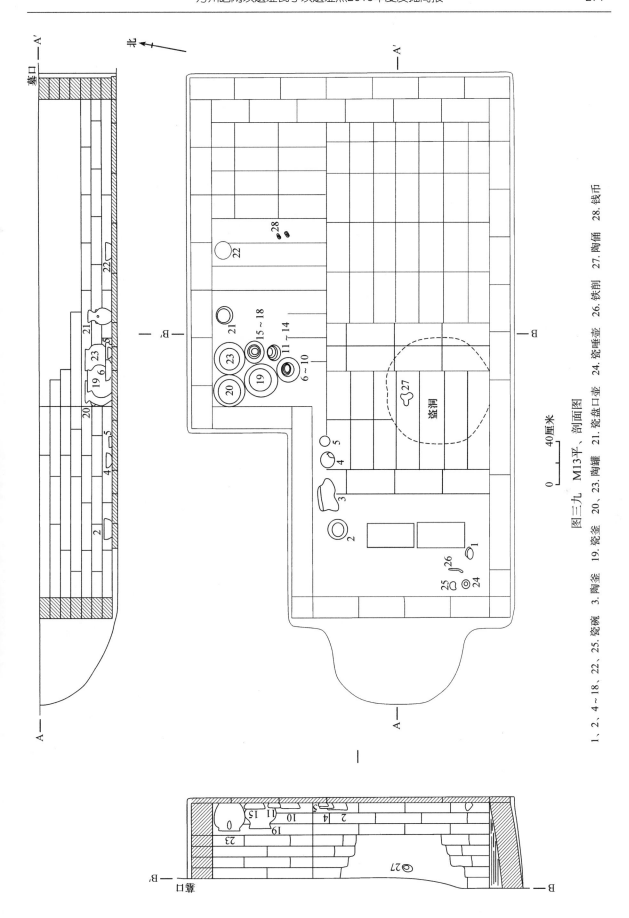

图三九　M13平、剖面图

0　　　40厘米

1、2、4～18、22、25. 瓷碗　3. 陶釜　19. 瓷釜　20、23. 陶罐　21. 瓷盘口壶　24. 瓷唾壶　26. 铁削　27. 陶俑　28. 钱币

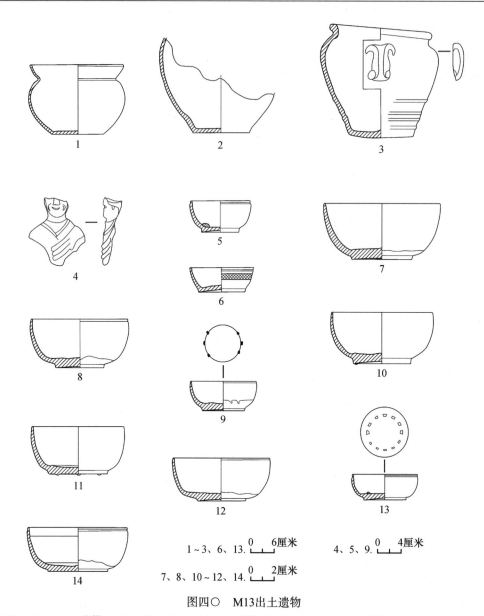

图四〇　M13出土遗物

1. 陶釜（M13：3）　　2、3. 陶罐（M13：20、M13：23）　　4. 陶俑（M13：27）　　5～14. 瓷碗（M13：1、M13：2、M13：4、M13：5、M13：6、M13：7、M13：8、M13：9、M13：10、M13：11）

腹内收，平底，假圈足内凹。内外壁施青釉，外釉不及底。口径7.8、底径4.2、高3.9厘米（图四一，1）。M13：13，敞口，尖圆唇，弧腹内收，平底，假圈足内凹。口沿下饰凹弦纹一周。内外壁施青釉，内底三支钉痕。口径8.8、底径5.5、高3.5厘米（图四一，2）。M13：14，敞口，尖圆唇，弧腹内收，平底，假圈足内凹。口沿下饰凹弦纹一周，内底有支钉痕12个。内外壁施青釉，外釉不及底。口径10.8、底径6.4、高4.8厘米（图四一，3）。M13：15，敞口，尖圆唇，弧腹内收，平底，假圈足。口沿下饰凹弦纹一周，内底有支钉12个。釉已脱落殆尽。口径17.1、底径10.5、高6.2厘米（图四一，4）。M13：16，敞口，尖圆唇，弧腹内收，平底，假圈足内凹。内外壁施青釉。口径8.3、底径4.7、高3.7厘米（图四一，5）。M13：17，敞口，圆唇，深腹内收，平底，假圈足内凹。内外壁满施青釉。口径8.5、底径4.4、高4.5厘米（图四一，6）。M13：18，敞口，尖圆唇，弧腹内收，平底，假圈足内凹。口沿下饰凹弦纹一周。口径8.4、底径4.8、高4厘米（图四一，7）。M13：22，敞口，尖圆唇，斜直腹，平底，假圈足内凹。内底有支钉痕14个。内外施青釉，外釉不及底。口径15.3、底径9、高6厘米（图四一，8；图版一，1）。M13：25，敞口，尖圆唇，弧腹内收，平底，假圈足。口沿下饰凹弦纹一周，底附一支钉。口径7.8、底径4.4、高3.7厘米（图四一，9）。

瓷釜　1件。M13：19，仅存口部。侈口，方唇，束颈，颈以下残。口径26.4、残高8.4厘米（图四一，10）。

瓷盘口壶　1件。M13：21，盘口，尖圆唇，束颈，斜肩，鼓腹，平底内凹。肩、腹饰瓦棱纹，肩部饰4个对称横系。外壁施青釉，釉不及底。口径12.3、腹径15.4、底径9.2、高21.9厘米（图四一，11；图版一，3）。

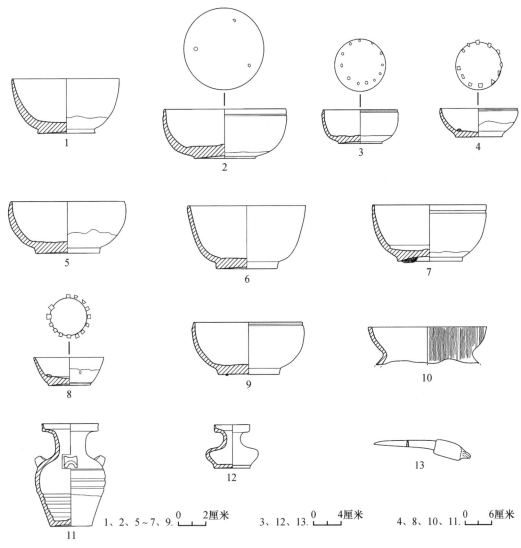

图四一　M13出土遗物

1~9.瓷碗（M13：12、M13：13、M13：14、M13：15、M13：16、M13：17、M13：18、M13：22、M13：25）

10.瓷釜（M13：19）　11.瓷盘口壶（M13：21）　12.瓷唾壶（M13：24）　13.铁削（M13：26）

瓷唾壶　1件。M13：24，盘口，尖圆唇，束颈，斜肩，鼓腹，平底。外壁满施酱黑釉。口径5.2、腹径7.6、底径5.2、高6.2厘米（图四一，12；图版二，4）。

铁削　1件。M13：26，锈蚀严重。一侧有刃，一端有骨柄。残长14.6厘米（图四一，13）。

钱币　25枚。M13：28，钱文"货泉"3枚，钱径2.15～2.3厘米，重1.74～3.15克。剪边"五铢"22枚，钱径1.75～2.41厘米，重0.87～2.4克。

三、结　语

从墓葬形制看，砖室墓4座，其中3座为刀形，另1座也应是刀形、长方形或凸字形之一，这些墓葬形制都是峡江地区东汉至南朝时期流行的墓葬形式。

竖穴土坑墓9座，其中M5、M6、M9、M11四座有熟土或生土二层台，这是战国至西汉时期土坑墓中常见的墓葬形式。

从随葬器物来看，虽都遭到不同程度的盗扰，除M4和M8两座墓未发现遗物外，其余11座墓仍出土了较为丰富的随葬器物，为墓葬时代的判断提供了重要依据。

M12的陶器组合为鼎、豆、壶，是战国时期墓葬的陶器组合。巴蜀式矮柄豆，与崖脚墓地BM2[1]的相同，故该墓年代为战国中晚期。

M6出土的矮柄豆，与M12的器形相同，故该墓时代亦应为战国中晚期。

M7所出钱币均为"货泉"，其墓葬时代应为王莽时期。M3、M5、M9、M10所出钱币均为"半两"钱，M5还有秦半两，其他3座墓为四铢半两。且大平底罐（M9：4、M10：7）和陶钫与忠县崖脚墓地BM10[2]的相似，故这4座墓的年代为西汉中晚期。

M11出土有钱币，最晚的是王莽时期的铲形"货布""大泉五十""货泉"，故该墓时代为王莽时期。

M2底部出土钱币为剪边五铢，陶罐和陶耳杯的器形均为东汉时期墓葬常见随葬器物，该墓的时代上限为东汉。上部扰土出土大量明清瓷器及"康熙通宝"，说明该墓被后期扰乱或利用。

M1出土瓷器，瓷盏为深腹、高饼足，与丰都镇江镇沙包墓地M29：7[3]相似，故该墓年代应为南朝时期。

M13的瓷唾壶（M13：24）、瓷盘口壶（M13：21）等瓷器，与丰都镇江镇杜家坝村河湾墓地的M22[4]出土的瓷器组合及器形极为相似；陶釜（M13：3）和瓷釜（M13：19）的器形，与丰都镇江镇杜家坝村沙包墓地陶釜（M29：13）[5]也相同，故该墓年代应为南朝时期。

通过这次的考古发掘，基本厘清了该遗址点的墓葬数量与分布时代等相关问题，为三峡工程消落区文物保护工作及该地区历史文化研究提供了新的资料。

　　附记：本次考古发掘领队为邹后曦，参加发掘的人员有乔栋、赵淑水、王杰、杨雪、吴文静、尚春杰、辛娅琳。参与修复工作的为赵淑水，负责计算机制图的人员为尚春杰。此次发掘工作得到了万州区博物馆岳宗英、李应东、周启荣的大力支持，在此表示感谢！

执笔：乔　栋

注　释

［1］　北京大学考古文博学院三峡考古队、重庆市忠县文物管理所：《忠县崖脚墓地发掘报告》，《重庆库区考古报告集·1998卷》，科学出版社，2003年，第701页。

［2］　北京大学考古文博学院三峡考古队、重庆市忠县文物管理所：《忠县崖脚墓地发掘报告》，《重庆库区考古报告集·1998卷》，科学出版社，2003年，第706页。

［3］　重庆市文物局、重庆市移民局：《丰都镇江汉至六朝墓葬》，科学出版社，2013年，第269页。

［4］　重庆市文物局、重庆市移民局：《丰都镇江汉至六朝墓葬》，科学出版社，2013年，第419～423页。

［5］　重庆市文物局、重庆市移民局：《丰都镇江汉至六朝墓葬》，科学出版社，2013年，第269页。

万州上河坝墓群王天丘墓葬点2015年度发掘简报

西 南 民 族 大 学
重庆市文物考古研究院
万 州 区 博 物 馆

为配合三峡工程重庆库区消落区的文物保护工作，西南民族大学西南民族研究院与重庆市文化遗产研究院（现重庆市文物考古研究院）合作，于2015年6月11日～8月29日对王天丘墓葬点进行田野考古发掘工作。兹将发掘结果报告如下。

一、墓群概况

上河坝墓群王天丘墓葬点位于重庆市万州区新乡镇万顺村1组，地处长江南岸二级台地上，东望新乡镇码头，西接瓦子坝遗址，南倚新乡镇万顺街，北临长江（图一）。墓群中心地理坐标30°29′53″N，108°16′17″E，海拔145～160米。所在区域为台地，地势南高北低，原为耕地，三峡移民后成为当地村民季节性轮耕地，地表现为荒草。

将墓群坐标点定在污水处理厂西北角（30°29′49″N，108°16′22″E）。布10米×10米的探方5个，方向正南北，探方按发掘先后顺序编号：2015WXST01～2015WXST05（"2015"代表发掘年度，"W"代表万州区，"X"代表新乡镇，"S"代表上河坝墓群，"T01"代表探方号，以下简称T01～T05，图二）。加上扩方，发掘面积530平方米，发掘墓葬11座，其中土坑墓10座、砖室墓1座（图三）。

地层共分三层，以T01为例：第1层为淤土，厚0～0.40米，土质湿黏，呈灰褐色，含有大量植物根系。第2层为灰褐色耕土，土质较疏松，含有炭灰、植物根系，距地表深0.27～0.65米。第3层为黄褐色黏土，土质较硬，含有炭灰、烧土颗粒，遗物有陶片、青花瓷片，距地表深0.65～1.3米（图四）。

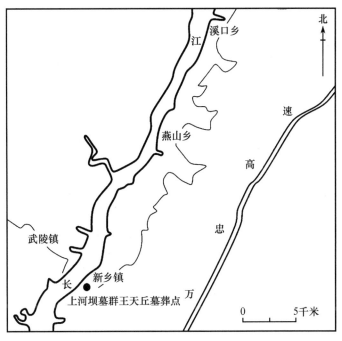

图一　上河坝墓群王天丘墓葬点位置示意图

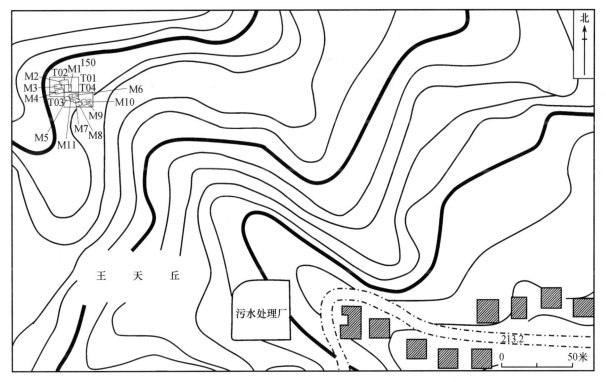

图二　上河坝墓群王天丘墓葬点地形及2015年度发掘区位置示意图

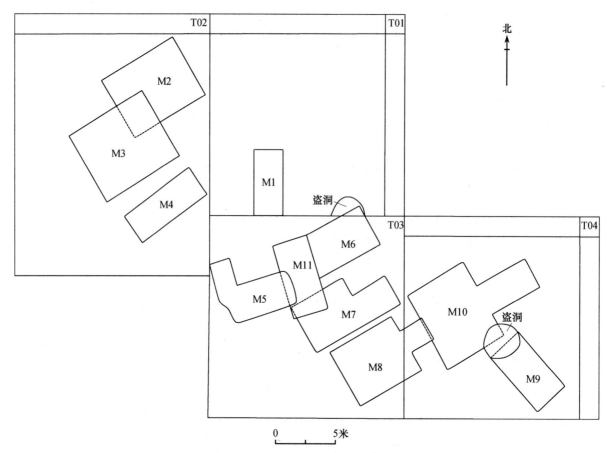

图三　上河坝墓群王天丘墓葬点2015年度发掘墓葬分布示意图

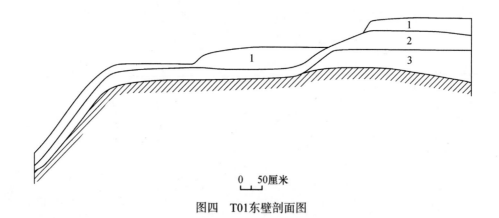

图四　T01东壁剖面图

二、墓葬形制及随葬器物

（一）2014WXSM1

1. 墓葬形制

竖穴土坑墓，位于T01南部，开口于第3层下。平面呈长方形，直壁，平底，方向180°。墓口距地表深0.70～1.15米，长3.3、宽1.5、深0.3米。墓内填土为灰褐色花土，土质疏松，含有炭灰、小姜石、铁质残片。墓室东北角出土铁釜、陶甑各1件（图五）。

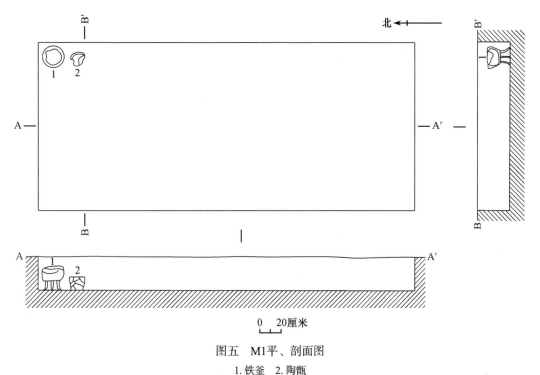

图五　M1平、剖面图
1.铁釜　2.陶甑

2. 随葬器物

出土陶器1件、铁器1件。

铁釜　1件。M1:1，锈蚀严重，下附支架。侈口，圆唇，束颈，溜肩，鼓腹，小平底。口径22、腹径25.5、底径5.4、高17.4厘米。支架三脚，平面呈圆形。脚厚0.9、宽1.8、高17厘米。通高32.5厘米（图六，1）。

陶甑　1件。M1:2，泥质灰陶。直口，折沿微卷，尖圆唇，折腹内收，平底内凹。口径13、底径14厘米（图六，2）。

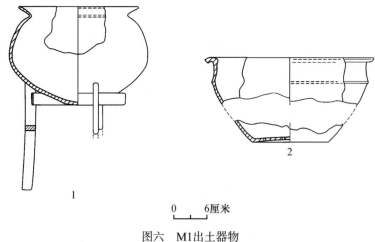

图六　M1出土器物

1. 铁釜（M1：1）　2. 陶甑（M1：2）

（二）2014WXSM2

1. 墓葬形制

竖穴土坑墓，位于T02东北部，开口于第3层下，被M3打破。平面呈长方形，直壁，平底，方向30°。墓口距地表深1.25米，长4.2、宽3.3、深6.1米。墓室南侧有灰褐色棺痕，长约2.8、宽约1.1、厚0.2米。填土为黄褐色花土，土质疏松，含有炭灰、小姜石。随葬品集中于棺两端（图七）。

2. 随葬器物

出土陶器16件、铜器2件、铁器3件、钱币若干。

陶罐　12件。M2：1，泥质灰陶。敞口微卷，厚圆唇，束颈，圆肩，弧腹，平底内凹。颈部饰水波阳纹，肩部饰齿状阳纹两周，下腹饰重弦纹。口径12.9、腹径19.5、底径12.9、高18.3厘米（图八，1）。M2：2，泥质灰陶。敞口微卷，双圆唇，颈略束，圆肩，鼓腹，平底略凹。颈部饰篦点纹，腹部饰三段绳纹，下腹饰重弦纹。口径12.8、腹径23.4、底径12.6、高18.8厘米（图八，2）。M2：3，泥质灰陶。敞口微卷，双圆唇，颈略束，斜肩，鼓腹，平底。颈部饰篦点纹，腹部饰三段绳纹，下腹饰重弦纹。口径13.2、腹径23.7、底径13.8、高19.4厘米（图八，3）。M2：4，泥质灰陶。敞口卷沿，尖圆唇，束颈，斜肩，圆折腹内收，圜底。肩部饰凹弦纹一周，腹以下饰绳纹。口径14.8、腹径21、高14.4厘米（图八，4）。M2：5，泥质灰陶。敞口微卷，双圆唇，颈略束，斜肩，鼓腹，平底。颈部饰篦点纹，腹部饰三段绳纹，下腹饰重弦纹。口径12、腹径22.5、高18.4厘米（图八，5）。M2：6，泥质灰陶。敞口微卷，双圆唇，颈略束，斜肩，鼓腹，平底略凹。颈部饰篦点纹，腹部饰三段绳纹，下腹饰重弦纹。口径12.9、腹径32、底径13.8、高19.5厘米（图八，6）。M2：7，泥质灰陶。敞口，卷沿，厚圆唇，短束颈，斜肩，以下残。肩部饰网格纹和凹弦纹两周。口径11.6、残高7.8厘米（图八，

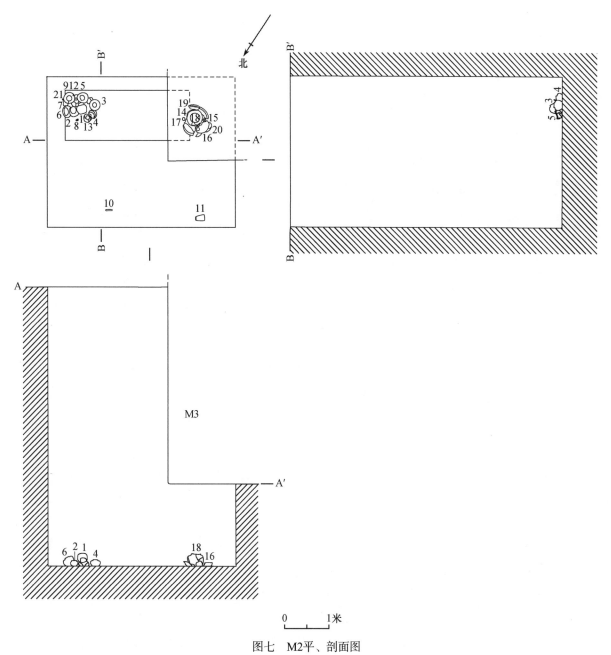

图七 M2平、剖面图

1~7、12、15、18~20.陶罐 8.钱币 9.铜鍪 10.铁刀 11.铁锛 13.陶钫 14.陶甑 16.铁釜 17.陶器盖 21.铜泡钉 22.陶钵

7）。M2：12，泥质灰陶。直口，折沿，圆唇，束颈，宽平肩，圆折腹内收，圜底。肩部饰凹弦纹一周，腹以下饰绳纹。口径14.2、腹径24.6、高13.9厘米（图八，8）。M2：15，泥质灰陶。直口，方唇，鼓腹，平底。口径5、腹径7、底径4、高4.8厘米（图八，9）。M2：18，泥质灰陶。直口，折沿，尖圆唇，束颈，宽平肩，筒腹，圜底。肩部饰绳纹两周，腹部饰绳纹九周，底饰绳纹。口径20.7、最大径38.7、高33.3厘米（图八，10）。M2：19，泥质灰陶。直口，折沿，尖圆唇，束颈，斜肩，以下残。肩部饰绳纹两周。口径15.4、残高8.7厘米（图八，

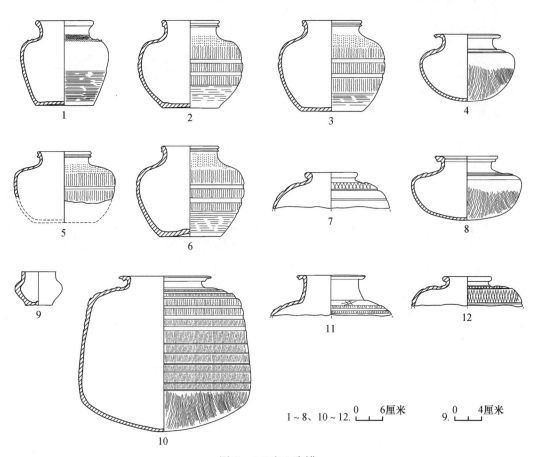

图八　M2出土陶罐

1. M2：1　2. M2：2　3. M2：3　4. M2：4　5. M2：5　6. M2：6　7. M2：7　8. M2：12　9. M2：15　10. M2：18
11. M2：19　12. M2：20

11）。M2：20，泥质灰陶。敞口，卷沿，厚圆唇，束颈，耸肩，以下残。肩部饰凹弦纹两周，其间饰网格纹。口径10.9、残高7.8厘米（图八，12）。

陶钫　1件。M2：13，敞口，方唇，束颈，以下残。口径12.4、残高12.6厘米。盖盝顶形，平面呈方形，子口。宽12.9、高6.9厘米（图九，1）。

陶甑　1件。M2：14，泥质灰陶。敛口，平折沿，尖圆唇，短颈微束，弧腹内收，底残。下腹饰绳纹。口径32.2、残高8.4厘米（图九，2）。

陶器盖　1件。M2：17，泥质灰陶。平面呈圆形，弧形顶，子口。直径10、高3.2厘米（图九，3）。

陶钵　1件。M2：22，泥质灰陶。仅存器底。底径5、残高2.4厘米（图九，4）。

铁釜　1件。M2：16，锈蚀严重，下附支架。侈口，方唇，束颈，圆肩，以下残。口径22、残高10.8厘米（图九，5）。支架平面呈圆形，三脚间以三托。直径36厘米。

铁刀　1件。M2：10，锈蚀。呈长条形。残长19、宽1.8、厚0.2厘米（图九，6）。

铁锛　1件。M2：11，锈蚀。长方形銎，弧形刃。长17、宽6～9.6、厚2.6厘米（图九，7）。

铜鍪　1件。M2：9，锈蚀，底残。侈口，尖唇，束颈，斜肩，鼓腹内收，底残。肩饰对

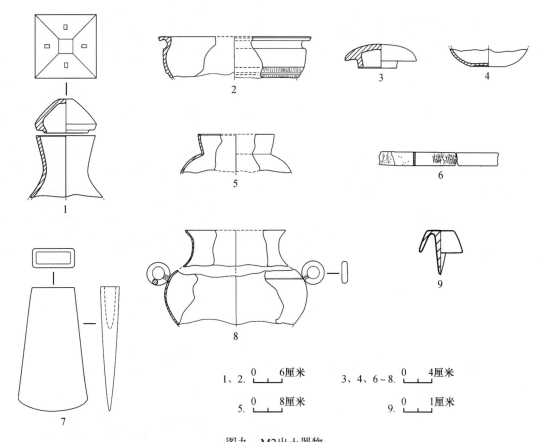

图九　M2出土器物

1. 陶钫（M2：13）　2. 陶甑（M2：14）　3. 陶器盖（M2：17）　4. 陶钵（M2：22）　5. 铁釜（M2：16）
6. 铁刀（M2：10）　7. 铁锛（M2：11）　8. 铜鍪（M2：9）　9. 铜泡钉（M2：21）

称环耳。器表附着烟熏黑灰。口径14、腹径20厘米（图九，8）。

铜泡钉　1件。M2：21，锈蚀。帽径1～1.6、通高1.5厘米（图九，9）。

钱币　59枚。M2：8，"货泉"3枚（其中两枚残），面有内郭。钱径2.08厘米，重1.07克。"五铢"56枚，"铢"字之朱头均为方折。钱径2.5～2.65厘米，重2.33～4.53克（图一〇）。

（三）2014WXSM3

1. 墓葬形制

竖穴土坑墓，位于T02中央偏南，开口于第3层下。平面近似方形，直壁，平底，方向30°。墓口距地表深1.25米，长4.3、宽3.85、深4.2米。填土为灰褐色花土，土质湿软，含有炭灰、小姜石、烧土颗粒。随葬器物集中于墓室南侧两端（图一一）。

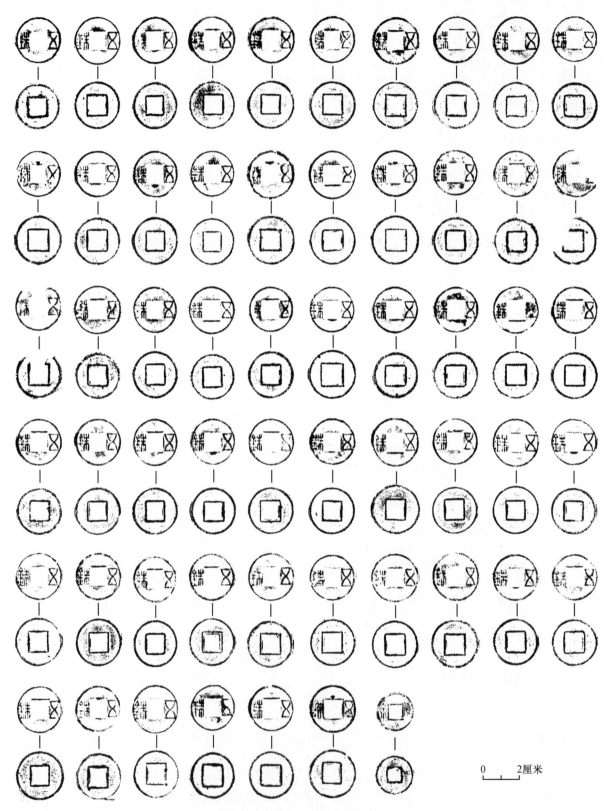

0   2厘米

图一〇　M2出土钱币（M2：8）

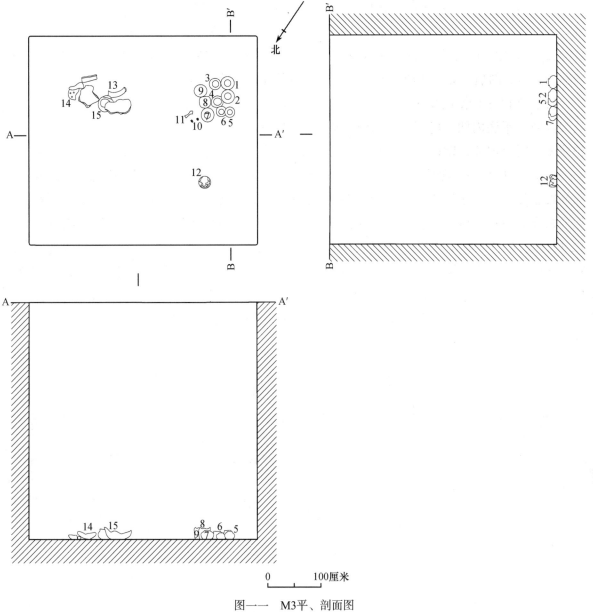

图一一　M3平、剖面图

1~9、15.陶罐　10.钱币　11.陶井架　12.陶囷　13.铁釜　14.陶甑

2. 随葬器物

出土陶器13件、铁器1件、钱币若干。

陶罐　10件。M3∶1，泥质灰陶。敞口微卷，圆唇，束颈，斜肩，鼓腹内收，平底内凹。肩部饰凹弦纹两周，其间饰水波纹。口径11.5、腹径22.8、底径14.7、高15.7厘米（图一二，1）。M3∶2，泥质灰陶。敞口微卷，厚圆唇，束颈，斜肩，鼓腹内收，平底内凹。肩部饰凹弦纹两周，其间饰水波纹，下腹底部饰凹弦纹一周。口径12.3、腹径22.2、底径14.4、高16.5厘米（图一二，2）。M3∶3，泥质灰陶。敞口微卷，厚圆唇，束颈，斜肩，鼓腹内收，平底内凹。肩部饰凹弦纹两周，其间饰水波纹。口径12.4、腹径21.9、底径12、高16.5厘米。罐

口覆钵，敞口，厚圆唇，弧腹内收，平底。口径12.4、底径4.2、高4.2厘米（图一二，3）。M3：4，泥质灰陶。敞口微卷，圆唇，束颈，斜肩，鼓腹内收，平底。肩部饰凹弦纹一周。口径12、腹径20.4、底径13.6、高16.8厘米（图一二，4）。M3：5，泥质灰陶。敞口微卷，厚圆唇，束颈，斜肩，鼓腹内收，平底内凹。肩部饰水波纹和凹弦纹一周。口径10.5、腹径18、底径12、高12.6厘米（图一二，5）。M3：6，泥质灰陶。敞口微卷，厚圆唇，束颈，斜肩，鼓腹内收，平底内凹。肩部饰凹弦纹两周，其间饰水波纹。口径10.2、腹径16.8、底径9、高12厘米。罐口覆钵，敞口，厚圆唇，折腹内收，小平底。口径10.8、底径3.6、高3.9厘米（图一二，6）。M3：7，泥质灰陶。直口，折沿，尖圆唇，束颈，溜肩，圆折腹内收，圜底。肩部饰凹弦纹三周，下腹饰绳纹。口径12.6、腹径19.2、高13.3厘米（图一二，7）。M3：8，泥质灰陶。直口，圆唇，斜肩，鼓腹内收，平底。颈部饰凸弦纹一周，肩以下饰绳纹。口径12.4、腹径22.2、底径12、高17.4厘米（图一二，8）。M3：9，泥质灰陶。敞口微卷，双圆唇，颈略束，斜肩，鼓腹内收，平底略凹。颈部饰篦点纹，腹部饰绳纹三周，下腹饰重弦纹。口径12.6、腹径22.2、底径13、高18.8厘米（图一二，9）。M3：15，泥质灰陶。敞口微卷，厚圆唇，束颈，斜肩，鼓腹内收，平底。肩部饰凹弦纹两周，其间饰水波纹。口径12.4、腹径22.2、底径15、高15厘米（图一二，10）。

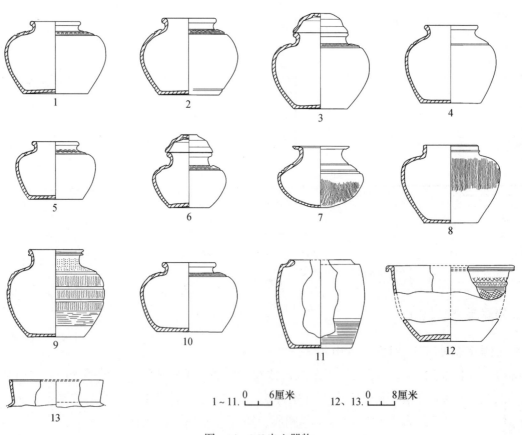

图一二　M3出土器物

1～10. 陶罐（M3：1、M3：2、M3：3、M3：4、M3：5、M3：6、M3：7、M3：8、M3：9、M3：15）

11. 陶囷（M3：12）　12. 陶甑（M3：14）　13. 铁釜（M3：13）

陶井架　1件。M3：11，泥质灰陶。长12、宽3、厚0.9厘米。

陶困　1件。M3：12，泥质灰陶。子口，圆唇，折肩，筒腹，平底内凹。口径14.2、腹径19.8、底径13.8、高19.2厘米（图一二，11）。

陶甑　1件。M3：14，敞口，卷沿，斜腹内收，平底内凹。口沿下饰几何纹。口径38.4、底径18.2厘米（图一二，12）。

铁釜　1件。M3：13，锈蚀严重。侈口，方唇，颈微束，以下残。口径28.4、残高7.4厘米（图一二，13）。

钱币　28枚。M3：10，"五铢"16枚，朱头方折，钱径2.47～2.65，重2.36～4.29克。"货泉"12枚，钱径2.1～2.36厘米，重1.29～2.96克（图一三）。

0　　2厘米

图一三　M3出土钱币（M3：10）

（四）2014WXSM4

1. 墓葬形制

竖穴土坑墓，位于T02东南，开口于第3层下。平面呈长方形，直壁，平底，方向54°。墓口距地表深1.3米，长4.1、宽1.6、深1.5米。填土为黄褐色花土，土质湿软，含有炭灰、小姜石、烧土颗粒。随葬器物集中于墓室西半部（图一四）。

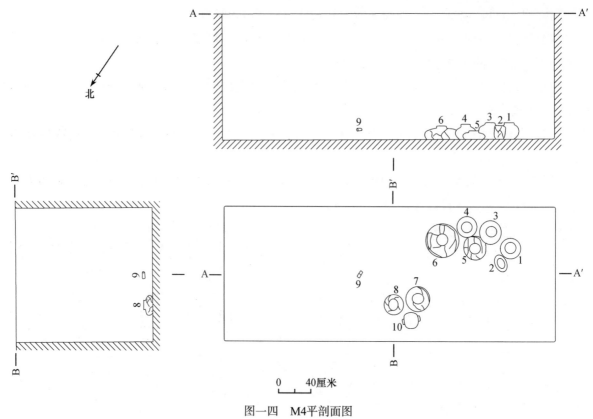

图一四　M4平剖面图

1、3~6、8.陶罐　2.陶困　7.陶盆　9.铜镦　10.陶鼎　11.陶壶　12.陶钵

2. 随葬器物

出土陶器11件、铜器1件。

陶罐　6件。M4：1，泥质灰陶。敞口卷沿，圆唇，短束颈，圆肩，鼓腹，平底内凹。肩部饰凹弦纹两周。口径11.4、腹径24、底径16.5、高16.5厘米（图一五，1）。M4：3，泥质灰陶。敞口微卷，圆唇，短束颈，斜肩，鼓腹，平底内凹。肩部饰凹弦纹两周。口径13.2、腹径26.7、底径13.8、高19.2厘米（图一五，2）。M4：4，泥质灰陶。敞口微卷，圆唇，短束颈，斜肩，鼓腹，平底内凹。肩部饰网格纹和凹弦纹一周，上腹饰凸弦纹一周，下腹饰凹弦纹一周。口径12.6、腹径25.2、底径17.2、高15.6厘米（图一五，3）。M4：5，泥质灰陶。敛口微卷，厚圆唇，短束颈，颈以下残。口径12.6、残高3厘米（图一五，4）。M4：6，泥质灰陶。敞口微卷，圆唇，短束颈，斜肩，鼓腹，平底内凹。肩部饰凹弦纹两周，其间网格纹。口径13.5、腹径32.7、底径24.3、高21.6厘米（图一五，5）。M4：8，泥质灰陶。敛口微卷，圆唇，短束颈，颈以下残。口径12.4、残高3.1厘米（图一五，6）。

陶困　1件。M4：2，泥质灰陶。子口，圆唇，折肩，筒腹，平底。腹部饰凹弦纹三周。口径10.8、腹径14、底径12.2、高14.2厘米（图一五，7）。

陶盆　1件。M4：7，泥质灰陶。敞口，折沿，圆唇，斜腹内收，底残。腹部饰瓦棱纹数周。口径20.4、残高5.2厘米（图一五，8）。

陶壶　1件。M4：11，仅存口部，泥质灰陶。侈口，方唇，束颈，颈以下残。口径11、残

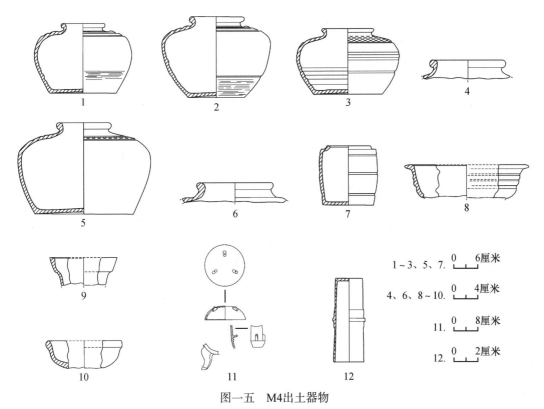

图一五　M4出土器物

1~6.陶罐（M4：1、M4：3、M4：4、M4：5、M4：6、M4：8）　7.陶囷（M4：2）　8.陶盆（M4：7）
9.陶壶（M4：11）　10.陶钵（M4：12）　11.陶鼎（M4：10）　12.铜镦（M4：9）

高4.4厘米（图一五，9）。

陶钵　1件。M4：12，泥质灰陶。敞口，厚圆唇，斜腹内收，底残。口径12.4、残高4.4厘米（图一五，10）。

陶鼎　1件。M4：10，残片。泥质灰陶。覆钵盖，平面呈圆形，弧形顶，顶上三纽。直径20、高6.6厘米，耳宽6、高10.5厘米，蹄形足高3.65厘米（图一五，11）。

铜镦　1件。M4：9，锈蚀，圆管状。直径2.2~2.4、长6.6厘米（图一五，12）。

（五）2014WXSM5

1. 墓葬形制

刀形砖室墓，仅存底部，位于T03西北，开口于第2层下，由墓道、甬道、墓室三部分组成，方向75°。墓道位于甬道之东，平面呈圆角长方形，墓口距地表深0.5米，长0.8、宽1.8、深0.5米。填土为灰褐色花土，土质较硬，含有炭灰。甬道居墓道与墓室之间，长1.9、宽1.44、残高0.24米。墓室居甬道之西，长2.84、残宽0.92、残高0.24米。壁砖为菱形纹条砖错缝平砌，甬道底砖为子母口砖纵向错缝平铺，墓室底砖为条砖或半砖横向错缝平铺。甬道和墓室内填土为灰褐色花土，土质较硬，含炭灰、残砖。随葬器物较少，散见陶罐、铁釜等残片（图一六）。

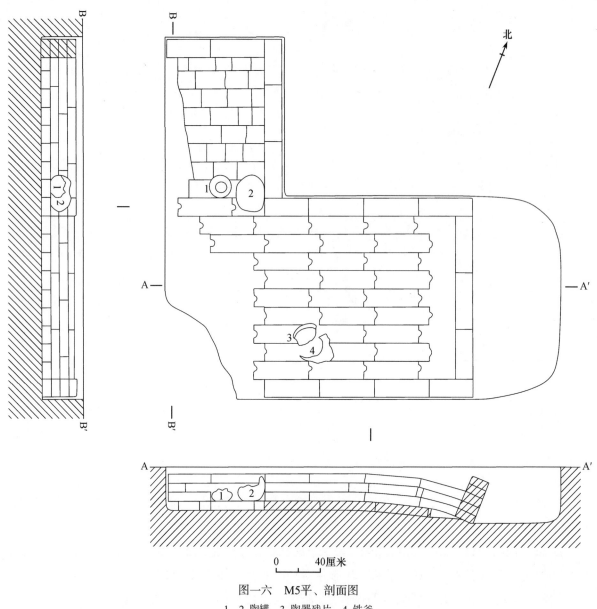

0　　　40厘米

图一六　M5平、剖面图

1、2.陶罐　3.陶器残片　4.铁釜

2. 随葬器物

出土陶器4件、铁器1件。

陶罐　2件。M5：1，泥质灰陶。口残。斜肩，鼓腹内收，圜底。腹部饰凹弦纹一周，其下饰绳纹。腹径20、残高9.6厘米（图一七，1）。M5：2，泥质灰陶。残片，饰绳纹。残高3.6厘米（图一七，2）。

陶器残片　2件。M5：3，泥质灰陶。敛口卷沿，余残。口径31.2、残高3.2厘米（图一七，3）。M5：3-1，仅存口沿，泥质灰陶。敞口，圆唇，弧腹内收。残高5厘米（图一七，4）。

铁釜　1件。M5：4，残碎不堪，无法修复。

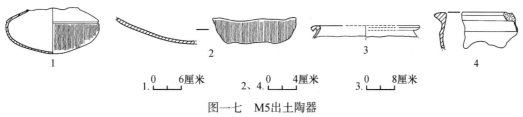

1. 0 ⊢———⊣ 6厘米   2、4. 0 ⊢———⊣ 4厘米   3. 0 ⊢———⊣ 8厘米

图一七　M5出土陶器

1、2.罐（M5：1、M5：2）　3、4.陶器残片（M5：3、M5：3-1）

（六）2014WXSM6

1. 墓葬形制

竖穴土坑墓，位于T03东北，开口于第3层下、被M11打破。平面呈长方形，直壁，平底，方向61°。墓口距地表深1.2米，残长3.6、宽2.2、深1.7米。墓室北角有直径约1米的圆形盗洞。墓内填土为黄褐色花土，土质较硬，含炭灰、小姜石、烧土颗粒（图一八）。

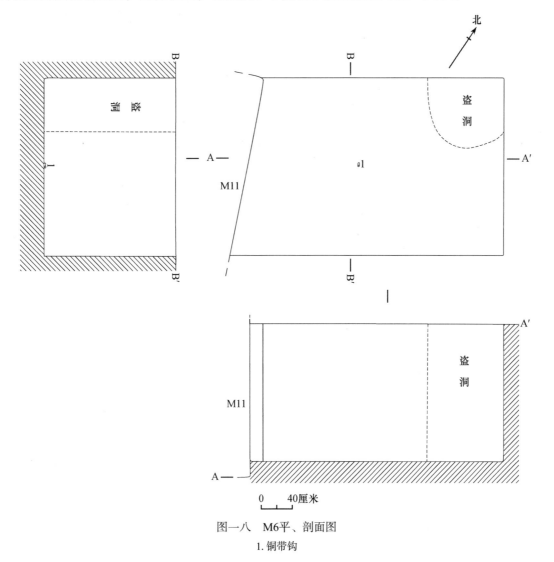

0 ⊢———⊣ 40厘米

图一八　M6平、剖面图

1.铜带钩

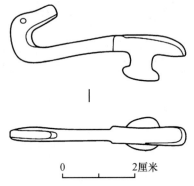

图一九　M6出土铜带钩（M6∶1）

2. 随葬器物

出土铜器1件。

铜带钩　1件。M6∶1，锈蚀。钩呈蛇头状。长4.9厘米（图一九）。

（七）2014WXSM7

1. 墓葬形制

竖穴土坑墓，位于T03东部偏北，开口于第3层下、被M11打破。平面呈刀形，直壁，平底，方向60°。墓道居墓室之东，平面呈长方形，墓口距地表深0.7米，长1.9、宽1.6、深0.3米。北角有直径约0.7米的圆形盗洞。墓室居墓道之西，平面呈长方形，墓口距地表深0.7米，长3、宽2.6、深0.3米。墓内填土为灰褐色花土，土质较硬，含炭灰、烧土颗粒。随葬器物集中于墓道与墓室连接处（图二〇）。

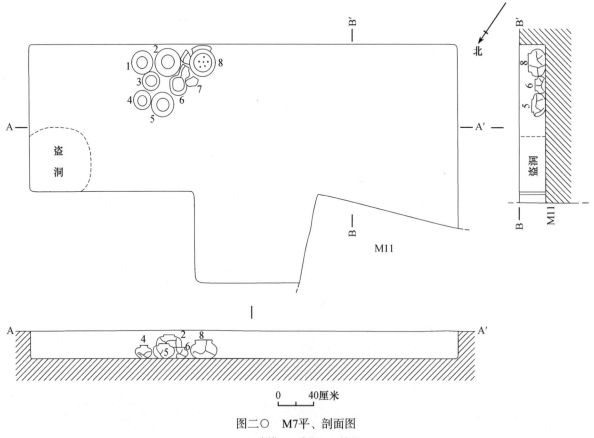

图二〇　M7平、剖面图

1~6.陶罐　7.陶甑　8.铁釜

2. 随葬器物

出土陶器7件、铁器1件。

陶罐　6件。M7：1，仅存颈、肩部。泥质灰陶。束颈，斜肩，鼓腹，腹以下残。残高6.2厘米（图二一，1）。M7：2，泥质灰陶。直口微敛，折沿，尖圆唇，束颈，鼓肩，鼓腹内收，圜底。颈以下饰绳纹，腹以上间以三周凹弦纹。口径14.8、腹径28、高22厘米（图二一，2）。M7：3，泥质灰陶。直口，折沿，尖圆唇，束颈，溜肩，肩以下残。口径14.4、残高7.2厘米（图二一，3）。M7：4，泥质灰陶。敞口微卷，圆唇，短束颈，斜肩，鼓腹，平底内凹。肩部饰凹弦纹一周。口径10.5、腹径17、底径12.5、高10.8厘米（图二一，4）。M7：5，泥质灰陶。直口，折沿，尖圆唇，束颈，斜肩，鼓腹内收，圜底。腹以下饰绳纹。口径14.2、腹径21.2、高15.2厘米（图二一，5）。M7：6，碎片，与M7：3形制相似。

陶甑　1件。M7：7，泥质灰陶。敛口，折沿，尖圆唇，短颈微束，弧腹内收，平底内凹。口径31.4厘米（图二一，6）。

铁釜　1件。M7：8，锈蚀严重，仅存部分残片。敞口微卷，束颈，鼓腹，腹以下残。残高15.2厘米（图二一，7）。

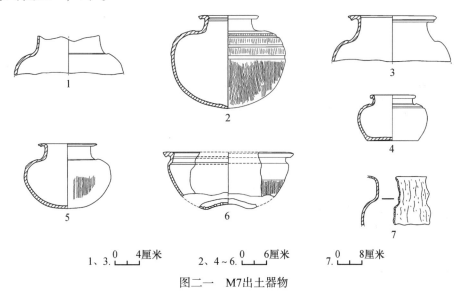

1、3. ┗━┛0　4厘米　　2、4~6. ┗━┛0　6厘米　　7. ┗━┛0　8厘米

图二一　M7出土器物

1~5.陶罐（M7：1、M7：2、M7：3、M7：4、M7：5）　6.陶甑（M7：7）　7.铁釜（M7：8）

（八）2014WXSM8

1. 墓葬形制

竖穴土坑墓，位于T03东南，开口于第3层下。平面呈"凸"字形，直壁，平底，方向60°。墓道居墓室之东，平面呈长方形，墓口距地表深0.7米，长1.3、宽1.2、深1.3米。墓室居墓道之西，平面呈长方形，墓口距地表深0.7米，长3.6、宽3.1、深1.5米。墓室南侧有灰褐色

棺痕。墓内填土为灰褐色花土，土质较疏松，含炭灰、烧土颗粒。随葬器物集中于墓室北半部（图二二）。

2. 随葬器物

出土陶器24件及陶残片、铜器2件、钱币若干。

陶盆　2件。M8∶1，泥质灰陶。直口，折沿，尖圆唇，深腹内收，平底内凹。腹部饰凸弦纹一周。口径35.6、底径18.8、高22.8厘米（图二三，1）。M8∶14，泥质灰陶。敞口微卷，圆唇，短颈微束，斜肩，弧腹内收，平底内凹。口径22.8、底径10.4、高9.3厘米（图二三，2）。

陶釜　2件。M8∶2，泥质灰陶。敛口，方唇，无领，斜肩，鼓腹内收，圜底。腹部饰凹弦纹一周，腹以下饰绳纹。口径20、腹径36、高22.4厘米（图二三，3）。M8∶15，泥质红陶。侈口，尖圆唇，束颈，圆折腹内收，圜底。腹以下饰绳纹。口径21、腹径20.4、高14.6厘米（图二三，4）。

陶钵　3件。M8∶3，泥质灰陶。敞口，厚圆唇，折腹内收，小平底。口径16.5、底径

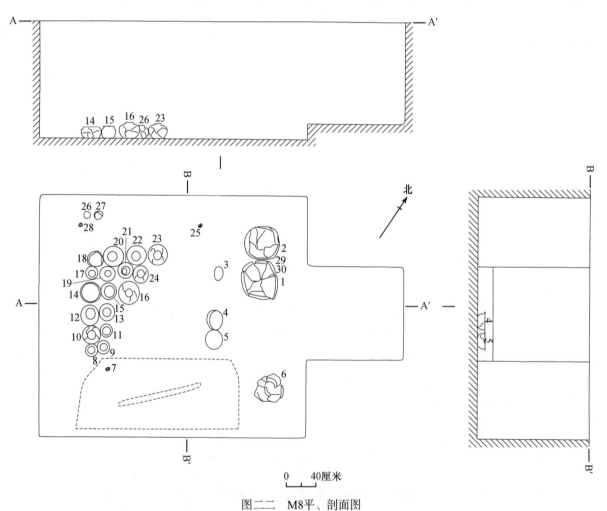

图二二　M8平、剖面图

1、14.陶盆　2、15.陶釜　3、26、27.陶钵　4.铜洗　5.铜盆　6、8～13、16、17、19、20、22～24.陶罐
7、25、28.钱币　18、21.陶囷　29.陶甑　30.陶片

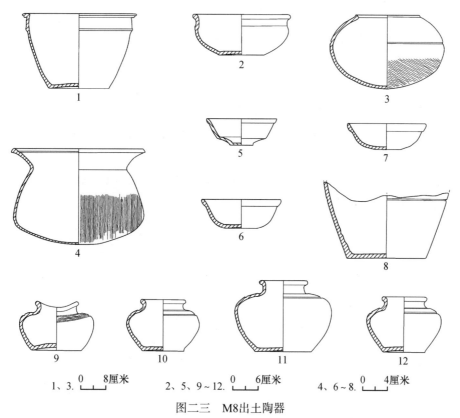

1、3. 0 8厘米   2、5、9~12. 0 6厘米   4、6~8. 0 4厘米

图二三 M8出土陶器

1、2.盆（M8：1、M8：14） 3、4.釜（M8：2、M8：15） 5~7.钵（M8：3、M8：26、M8：27）

8~12.罐（M8：6、M8：8、M8：9、M8：10、M8：11）

5.4、高6厘米（图二三，5）。M8：26，泥质灰陶。敞口，厚圆唇，弧腹内收，平底内凹。口径12.4、底径4.8、高4.4厘米（图二三，6）。M8：27，泥质灰陶。敞口，厚圆唇，斜腹内收，平底。口径12.4、底径4.2、高4厘米（图二三，7）。

陶罐 14件。M8：6，泥质灰陶，仅存罐底。深腹，平底。腹部饰凹弦纹一周。底径12.4、残高11.6厘米（图二三，8）。M8：8，变形，泥质灰陶。敞口，卷沿，圆唇，束颈，斜肩，鼓腹，平底内凹。肩部饰水波纹和凹弦纹一周。口径8~10.3、腹径17.4、底径11.7、高11厘米（图二三，9）。M8：9，泥质灰陶。敞口，卷沿，圆唇，束颈，斜肩，鼓腹，平底内凹。肩部饰凹弦纹一周。口径10.4、腹径17、底径10、高11.7厘米（图二三，10）。M8：10，泥质灰陶。敞口，卷沿，圆唇，束颈，斜肩，鼓腹，平底内凹。肩部饰凹弦纹一周。口径11.4、腹径22.6、底径13.2、高16.2厘米（图二三，11）。M8：11，泥质灰陶。敞口，卷沿，圆唇，短束颈，斜肩，鼓腹，平底内凹。肩部饰凹弦纹一周。口径10.5、腹径17.6、底径9.8、高12.6厘米（图二三，12）。M8：12，泥质灰陶。敞口，圆唇，短束颈，斜肩，鼓腹，平底内凹。肩部饰凹弦纹一周。口径10.6、腹径19、底径12、高12.6厘米（图二四，1）。M8：13，泥质灰陶。敛口，厚圆唇，短颈微束，颈以下残。口径10.4、残高2.2厘米（图二四，2）。M8：16，泥质灰陶。敞口，卷沿，圆唇，束颈，斜肩，鼓腹，平底内凹。肩部饰水波纹和凹弦纹一周。口径11.4、腹径22.2、底径13.2、高16.2厘米（图二四，3）。M8：17，泥质灰陶。

直口，折沿，双圆唇，束颈，斜肩，鼓腹内收，平底内凹。肩部饰凹弦纹一周。口径9.4、腹径14.7、底径8.5、高10.8厘米（图二四，4）。M8：19，泥质灰陶。敞口，双圆唇，短颈微束，斜肩，鼓腹，平底内凹。腹部饰绳纹。口径12.4、腹径22.5、底径13.4、高16.8厘米（图二四，5）。M8：20，泥质灰陶。敞口，卷沿，圆唇，短束颈，宽平肩，鼓腹，平底内凹。肩部饰凹弦纹一周。口径11、腹径23、底径14.4、高14厘米（图二四，6）。M8：22，泥质灰陶。敞口，卷沿，圆唇，束颈，耸肩，鼓腹，平底内凹。肩部饰凹弦纹一周。口径11.8、腹径21、底径12.9、高15.6厘米（图二四，7）。M8：23，泥质灰陶。直口，折沿，尖圆唇，束颈，斜肩，折腹，圜底。腹以下饰绳纹。口径12.8、腹径22.5、高13.8厘米（图二四，8）。M8：24，泥质灰陶。仅存口部。敞口，圆唇，颈微束，颈以下残。口径10.6、残高2.7厘米（图二四，9）。

　　陶囷　2件。M8：18，泥质灰陶。敛口，厚圆唇，筒腹，平底。口径13.4、底径13.2厘米（图二四，10）。M8：21，泥质灰陶。敛口，厚圆唇，短颈微束，折肩，肩以下残。口径14.2、残高5.8厘米（图二四，11）。

　　陶甑　1件。M8：29，泥质灰陶。直口，折沿，圆唇，深腹，平底内凹。腹部饰凸弦纹一

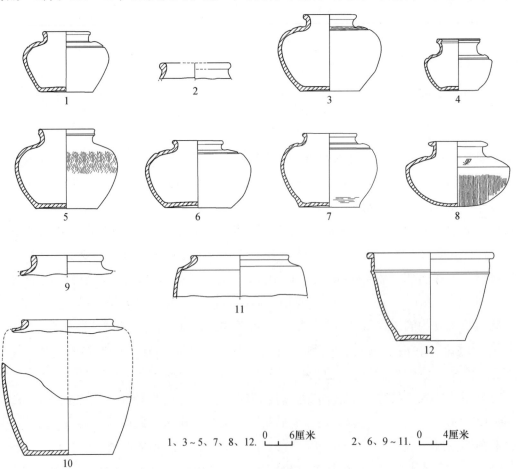

1、3～5、7、8、12.　0　　　6厘米　　　2、6、9～11.　0　　　4厘米

图二四　M8出土陶器

1～9. 罐（M8：12、M8：13、M8：16、M8：17、M8：19、M8：20、M8：22、M8：23、M8：24）　10、11. 囷（M8：18、M8：21）　12. 甑（M8：29）

周。口径27.6、底径15、高18.6厘米（图二四，12）。

陶片　若干。M8：30，其中可辨器形有钵9件。M8：30-1，口残。泥质灰陶。折腹，平底。底径5.4、残高2.5厘米（图二五，1）。M8：30-2，泥质灰陶。敞口，厚圆唇，弧腹内收，平底。口径14.6、底径5、高6.6厘米（图二五，2）。M8：30-3，口残。泥质灰陶。折腹，平底。底径5.6、残高2.5厘米（图二五，3）。M8：30-4，泥质灰陶。敞口，厚圆唇，折腹，平底。口径11.4、底径3.4、高3.3厘米（图二五，4）。M8：30-5，口残。泥质灰陶。折腹，平底。底径3.4、残高2.8厘米（图二五，5）。M8：30-6，口残。泥质灰陶。平底内凹。底径5.2、残高2厘米（图二五，6）。M8：30-7，口残。泥质灰陶。平底内凹。底径4、残高2.4厘米（图二五，7）。M8：30-9，口、腹残。泥质灰陶。平底。底径3.2、残高1厘米（图二五，8）。M8：30-10，口、腹残。泥质灰陶。平底。底径3.4、残高0.8厘米（图二五，9）。器盖1件，M8：30-8，泥质灰陶。平面呈圆形，弧形顶，子口。直径12.6、高2.6厘米（图二五，10）。

铜洗　1件。M8：4，锈蚀。侈口，尖圆唇，短颈微束，弧腹内收，平底内凹。腹部饰凸弦纹三周和2个对称分布的铺首。口径22.2、底径12.4、高10厘米（图二五，11）。

铜盆　1件。M8：5，锈蚀。侈口，尖圆唇，斜腹内收，平底假圈足。口径22.6、底径9.6、高7.6厘米（图二五，12）。

钱币　40枚。M8：7，"货泉"11枚，其中面无内郭6枚、面有内郭5枚。钱径2.14～2.3厘米，重1.82～3.56（图二六）。M8：25，"大泉五十"11枚（其中1枚残）。钱径2.53～2.79厘米，重2.83～4.71克；"货泉"1枚，面无内郭。钱径2厘米，重2.1克（图二七）。M8：28，"货泉"17枚。钱径2.12～2.33厘米，重1.45～3.33克（图二八）。

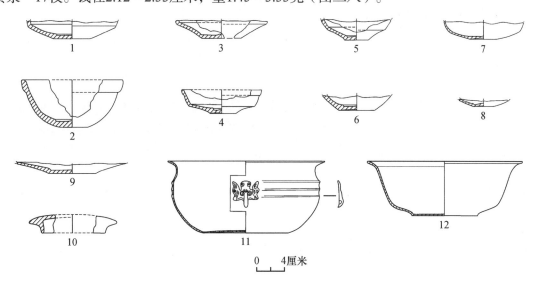

图二五　M8出土陶器与铜器

1～9.陶钵（M8：30-1、M8：30-2、M8：30-3、M8：30-4、M8：30-5、M8：30-6、M8：30-7、M8：30-9、M8：30-10）
10.陶器盖（M8：30-8）　11.铜洗（M8：4）　12.铜盆（M8：5）

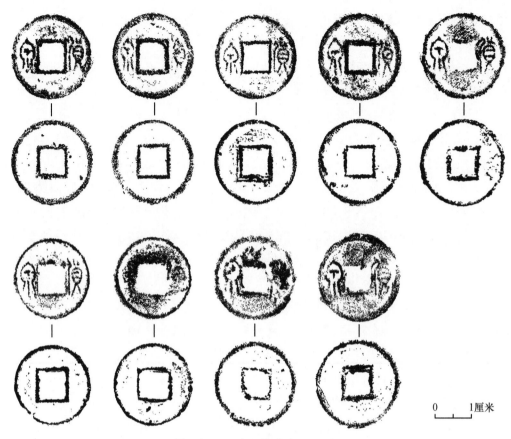

0　　1厘米

图二六　M8出土钱币（M8：7）

（九）2014WXSM9

1. 墓葬形制

竖穴土坑墓，位于T04东南，开口于第3层下。平面呈长方形，直壁，平底，方向320°。墓口距地表深0.7米，长3.6、宽1.9、深1.5米。墓室北角有一盗洞。墓内填土为灰褐色花土，土质湿润、疏松，含炭灰、烧土颗粒。随葬器物集中于墓室南端（图二九）。

2. 随葬器物

出土陶器14件、铁器2件、铜器2件、钱币若干。

陶钵　3件。M9：1，泥质灰陶。敞口，圆唇，斜腹内收，平底。口径13.4、底径7.8、高5.6厘米（图三〇，1）。M9：16，泥质灰陶。敞口，圆唇，斜腹内收，平底。口径15、底径9.3、高5.4厘米（图三〇，2）。M9：19，泥质灰陶。敞口，圆唇，斜腹内收，平底。口径14.1、底径7.2、高5.3厘米（图三〇，3）。

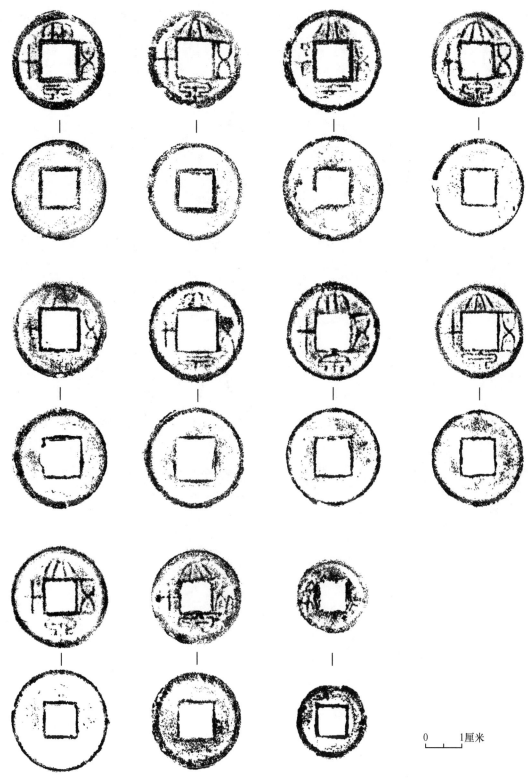

图二七　M8出土钱币（M8：25）

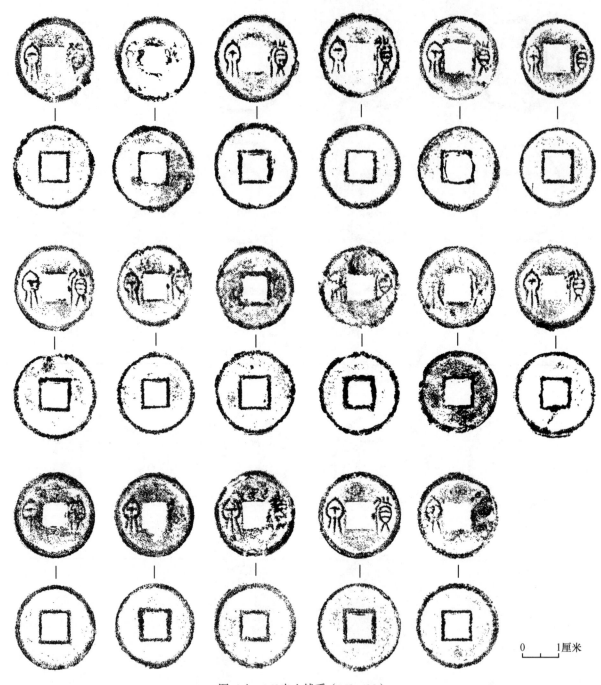

图二八　M8出土钱币（M8：28）

陶罐　8件。M9：2，泥质灰陶。直口，折沿，尖圆唇，束颈，斜肩，鼓腹内收，圜底。肩、腹各饰凹弦纹一周，腹以下饰绳纹。口径14.5、腹径22、高17.1厘米（图三〇，4）。M9：3，泥质灰陶。直口，折沿，尖圆唇，束颈，斜肩，鼓腹内收，圜底内凹。肩饰凹弦纹一周，腹以下饰绳纹。口径13.5、腹径20.7、高15.3厘米（图三〇，5）。M9：4，泥质灰陶。直口，折沿，尖圆唇，束颈，圆肩，鼓腹内收，圜底内凹。肩、腹各饰凹弦纹一周，腹以下饰绳纹。口径13.5、腹径20.4、高15.3厘米（图三〇，6）。M9：5，泥质灰陶。直口，折沿，尖圆

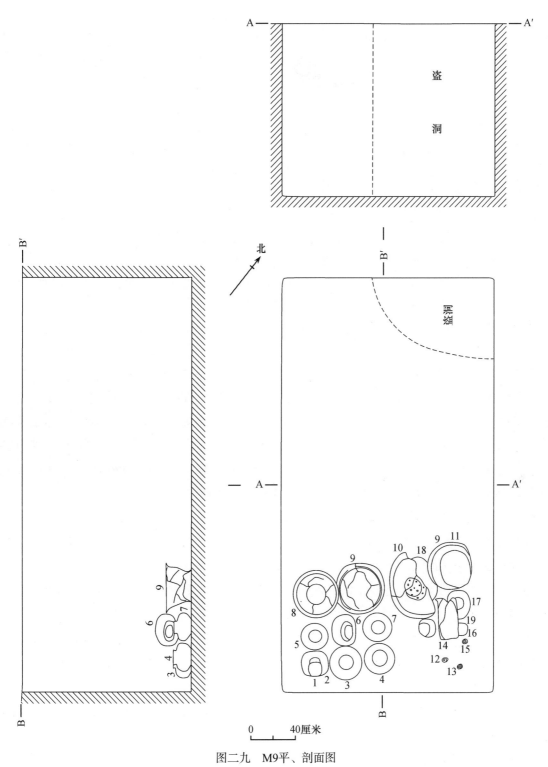

图二九 M9平、剖面图

1、16、19. 陶钵 2～8、17. 陶罐 9. 陶盆 10. 陶甑 11. 铁釜 12、13. 铜镜 14. 陶钫 15. 钱币 18. 铁鍪

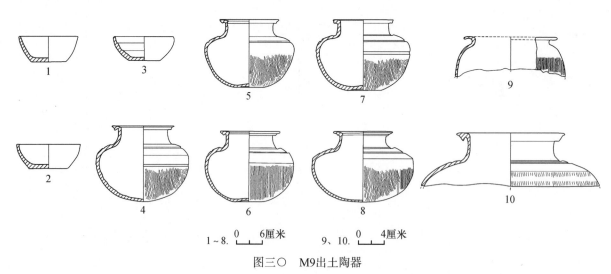

图三〇　M9出土陶器

1~3.钵（M9：1、M9：16、M9：19）　4~10.罐（M9：2、M9：3、M9：4、M9：5、M9：6、M9：7、M9：8）

唇，束颈，斜肩，鼓腹内收，圜底内凹。肩、腹各饰凹弦纹一周，腹以下饰绳纹。口径12.6、腹径21.6、高15.8厘米（图三〇，7）。M9：6，泥质灰陶。直口，折沿，尖圆唇，束颈，斜肩，鼓腹内收，圜底。肩部饰凹弦纹一周，腹以下饰绳纹。口径13.6、腹径23.4、高15.8厘米（图三〇，8）。M9：7，泥质灰陶。敛口，折沿微卷，尖圆唇，短束颈，溜肩，肩以下残。腹以下饰绳纹。口径14.4、残高6厘米（图三〇，9）。M9：8，泥质灰陶。直口，折沿微卷，尖圆唇，束颈，斜肩，肩以下残。肩部饰凹弦纹一周和绳纹。口径16.8、残高8厘米（图三〇，10）。M9：17，泥质灰陶。直口，折沿，尖圆唇，束颈，斜肩，鼓腹内收，圜底。腹部饰凹弦纹两周，腹以下饰绳纹。口径14.2、腹径21、高16厘米（图三一，1）。

陶钫　1件。M9：14，仅存底部。平底高圈足。底宽11.6、残高10.6厘米（图三一，2）。

陶盆　1件。M9：9，泥质灰陶。敞口，折沿，圆唇，斜腹内收，圈足。腹部饰铺首。口径48、底径20厘米（图三一，3）。

陶甑　1件。M9：10，泥质灰陶。敛口，折沿微卷，尖圆唇，短颈微束，斜腹内收，平底内凹。颈以下饰绳纹。口径32.4、底径10.7厘米（图三一，4）。

铁釜　1件。M9：11，锈蚀严重，下附圆形支架。直口，方唇，斜肩，鼓腹，圜底。肩、腹各饰凸弦纹一周，腹部饰对称衔环双耳。口径20.4、腹径31.2、高24厘米。支架三脚，脚厚0.6、宽1.4、残高12厘米（图三一，5）。

铁鍪　1件。M9：18，锈蚀严重。侈口，圆唇，束颈，圆肩，鼓腹，圜底。肩部饰对称双耳。口径20.4、腹径20.4、残高11.7厘米（图三一，6）。

铜镜　2件。均为圆形，保存完好。M9：12，纽座外依次饰数周弦纹和三组夔纹。直径12.27~12.37、缘厚0.21~0.3、缘宽0.2~0.3、纽高0.55、纽径0.55~1.15、纽孔径0.5厘米，重131.22克（图三一，8）。M9：13，纽座外饰两周凸弦纹。直径8.46~8.53、缘厚0.1~0.15、纽径0.63~1、纽高0.5、纽孔径0.2厘米，重52.43克（图三一，7）。

钱币　68枚。M9：15，钱文均为"半两"，其中3枚残。钱径2.16~2.77厘米，重1.55~3.73克（图三二）。

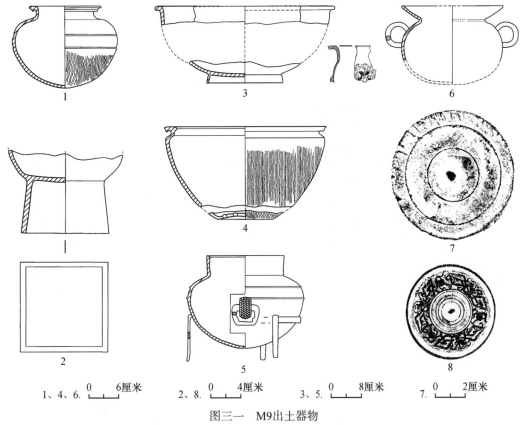

1、4、6. ├─┼─┤ 6厘米   2、8. ├─┼─┤ 4厘米   3、5. ├─┼─┤ 8厘米   7. ├─┼─┤ 2厘米

图三一　M9出土器物

1. 陶罐（M9∶17）　2. 陶钫（M9∶14）　3. 陶盆（M9∶9）　4. 陶甑（M9∶10）　5. 铁釜（M9∶11）

6. 铁鍪（M9∶18）　7、8. 铜镜（M9∶13、M9∶12）

（十）2014WXSM10

1. 墓葬形制

竖穴土坑墓，位于T04北部偏西，开口于第3层下、被M8打破。平面呈"凸"字形，直壁，平底，方向60°。墓道居墓室之东，平面呈长方形，墓口距地表深0.7米，长2.8、宽1.6、深1.7～2.1米。墓室居墓道之西，平面呈横长方形，墓口距地表深0.7米，长4.2、宽3.3、深2.3米。墓内填土为褐色花土，土质较疏松，含炭灰、烧土颗粒。随葬器物散布于墓室进口、北角、后端（图三三）。

2. 随葬器物

出土陶器12件、铜器2件、铁器1件、钱币若干。

陶罐　8件。M10∶1，泥质灰陶。敞口微卷，圆唇，短束颈，斜肩，鼓腹内收，平底内凹。口径11.5、腹径17.4、底径8.7、高11.4厘米（图三四，1）。M10∶2，泥质灰陶。敞口，卷沿，圆唇，短束颈，斜肩，鼓腹内收，平底内凹。肩部饰篦点纹和凹弦纹各一周。口径11、腹径16.2、底径8、高12厘米（图三四，2）。M10∶3，泥质灰陶。敞口微卷，圆唇，短束

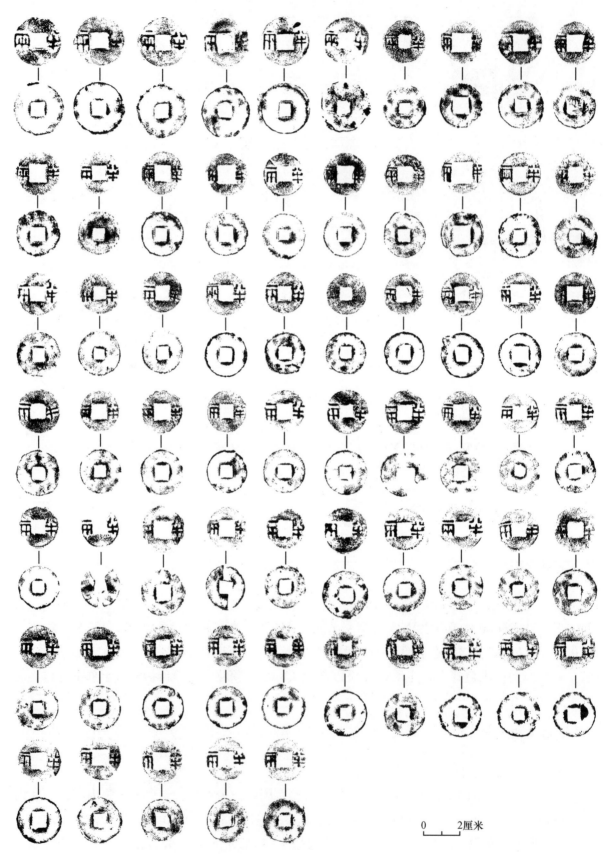

0   2厘米

图三二　M9出土钱币（M9：15）

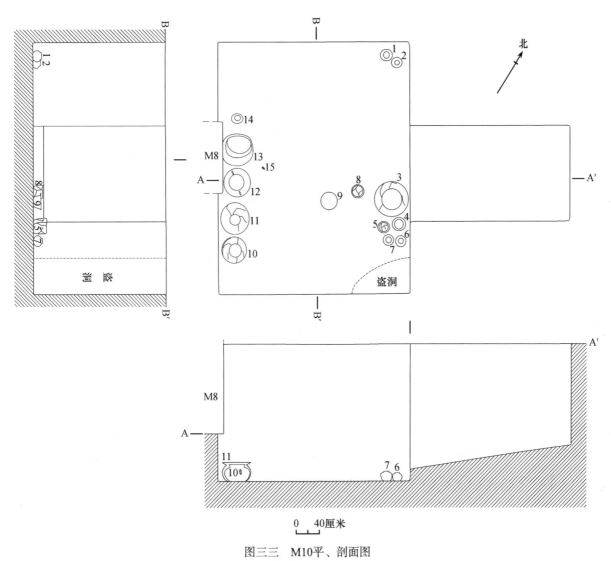

图三三　M10平、剖面图

1~4、6、7、10、11.陶罐　5、8.陶囷　9.铜盆　12.铜鍪　13.铁釜　14.陶壶　15.钱币　16.陶盆

颈，斜肩，鼓腹内收，平底内凹。腹部饰分段绳纹。口径22.8、腹径38、底径19.2、高24.5厘米（图三四，3）。M10：4，泥质灰陶。敞口微卷，圆唇，短束颈，斜肩，鼓腹内收，平底。肩部饰凹弦纹两周。口径10.4、腹径19、底径13、高14.2厘米（图三四，4）。M10：6，泥质灰陶。敞口，卷沿，圆唇，短束颈，斜肩，鼓腹内收，平底。肩部饰篦点纹和凹弦纹各一周。口径10.4、腹径16.2、底径8、高12厘米（图三四，5）。M10：7，泥质灰陶。敞口，卷沿，圆唇，短束颈，斜肩，鼓腹内收，平底内凹。肩部饰篦点纹和凹弦纹各一周，腹部饰凹弦纹一周。口径10.6、腹径16.5、底径8.6、高11.7厘米（图三四，6）。M10：10，泥质灰陶。直口，折沿，尖圆唇，短束颈，溜肩，鼓腹内收，圜底。肩、腹饰分段绳纹，腹以下饰绳纹。口径12.8、腹径31.8、高18.8厘米（图三四，7）。M10：11，泥质灰陶。敞口微卷，圆唇，短束颈，宽平肩，筒腹内收，圜底。肩部饰凸弦纹两周，腹部饰凹弦纹两周。口径16.4、腹径30.8、高25.6厘米（图三四，8）。

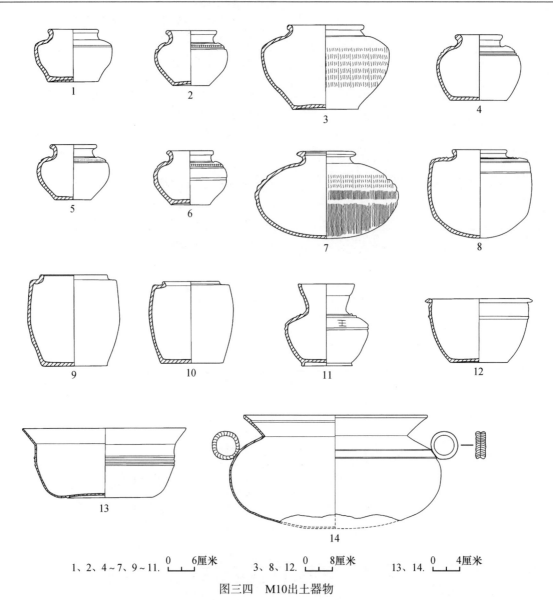

1、2、4～7、9～11. ⊢0——6厘米⊣ 3、8、12. ⊢0——8厘米⊣ 13、14. ⊢0——4厘米⊣

图三四　M10出土器物

1～8. 陶罐（M10：1、M10：2、M10：3、M10：4、M10：6、M10：7、M10：10、M10：11）　9、10. 陶困（M10：5、M10：8）　11. 陶壶（M10：14）　12. 陶盆（M10：16）　13. 铜盆（M10：9）　14. 铜鍪（M10：12）

　　陶困　2件。M10：5，泥质灰陶。子口微敛，圆唇，折肩，筒腹，平底。口径15.2、腹径20.7、底径14.6、高19.8厘米（图三四，9）。M10：8，泥质灰陶。子口，尖圆唇，折肩，筒腹，平底。口径13、腹径18.8、底径14.2、高17.7厘米（图三四，10）。

　　陶壶　1件。M10：14，泥质灰陶。敞口，方唇，束颈，斜肩，鼓腹，平底，矮圈足。肩部饰凸弦纹两周，腹部饰凸弦纹一周。颈腹之间刻划"王"字。口径12.3、腹径18.6、底径11.2、高17.6厘米（图三四，11）。

　　陶盆　1件。M10：16，泥质灰陶。直口，折沿，尖圆唇，弧腹内收，平底内凹。腹部饰凸弦纹一周。口径32、底径17.2、高18.4厘米（图三四，12）。

　　铜盆　1件。M10：9，锈蚀。侈口，圆唇，弧腹内收，平底内凹。腹部饰凸弦纹两周。口径24.6、底径14、高10厘米（图三四，13）。

铜鍪　1件。M10：12，锈蚀，底残。侈口，尖唇，束颈，斜肩，鼓腹内收，圜底。肩饰对称双耳，其间饰凸弦纹两周。器表附着烟熏黑灰。口径27.4、腹径31.4、残高16.4厘米（图三四，14）。

铁釜　1件。M10：13，锈蚀严重，残碎不堪，无法修复。

钱币　20枚。M10：15，"货泉"7枚，钱径2.1～2.36厘米，重1.03～2.91克；"五铢"13枚，钱径2.55～2.6厘米，重2.35～3.74克（图三五）。

（十一）2014WXSM11

1. 墓葬形制

竖穴土坑墓，位于T03中部偏北，开口于第3层下，打破M6和M7，被M5打破。平面呈长方形，直壁，平底，方向343°。墓口距地表深0.5米，长3.8、宽1.8、深1.4米。墓内填土为灰褐色花土，土质湿润、疏松，含炭灰、小姜石、烧土颗粒。随葬器物分布于墓室两端（图三六）。

2. 随葬器物

出土陶器5件及陶片、铜器4件、铁器1件、卵石1块、钱币数枚。

陶罐　2件。M11：5，泥质灰陶。敛口微卷，圆唇，短束颈，斜肩，鼓腹内收，平底内凹。口径11.2、腹径17.4、底径13、高12.6厘米（图三七，1）。M11：8，泥质灰陶。敞口微卷，圆唇，短束颈，宽平肩，鼓腹内收，平底内凹。肩部饰凹弦纹一周，腹部饰凸弦纹一周。口径10.5、腹径23、底径14.2、高16厘米（图三七，2）。

陶囷　1件。M11：6，泥质灰陶。子口，尖圆唇，折肩，筒腹，平底略凹。口径15、腹径19.8、底径15、高17.7厘米（图三七，3）。

陶盆　1件。M11：10，残。泥质灰陶。敞口，折沿，尖圆唇，深腹内收，平底内凹。口径30.6厘米（图三七，4）。

陶甑　1件。M11：11，泥质灰陶。敞口，折沿，尖圆唇，深腹内收，平底内凹。口沿下饰凸弦纹一周。口径31.2、底径15厘米（图三七，5）。

陶片　M11：7，仅存器底。泥质灰陶。斜腹内收，平底内凹。底径8、残高4.4厘米（图三七，6）。

卵石　1块。M11：12，平面呈圆形，断面呈纺锤形。直径16.3～17.1、厚4.2厘米（图三七，7）。

铜钫　1件。M11：1，敞口，方唇，束颈，鼓腹，平底，高圈足。腹部饰对称双衔环铺首。口宽10.7～11、腹宽21、底宽11.7～12.4厘米（图三七，8）。

铜盆　1件。M11：2，锈蚀。敞口，平折沿，尖圆唇，斜腹内收，平底内凹。腹部饰凸弦纹一周。口径27.4、底径13.8、高8.2厘米（图三七，9）。

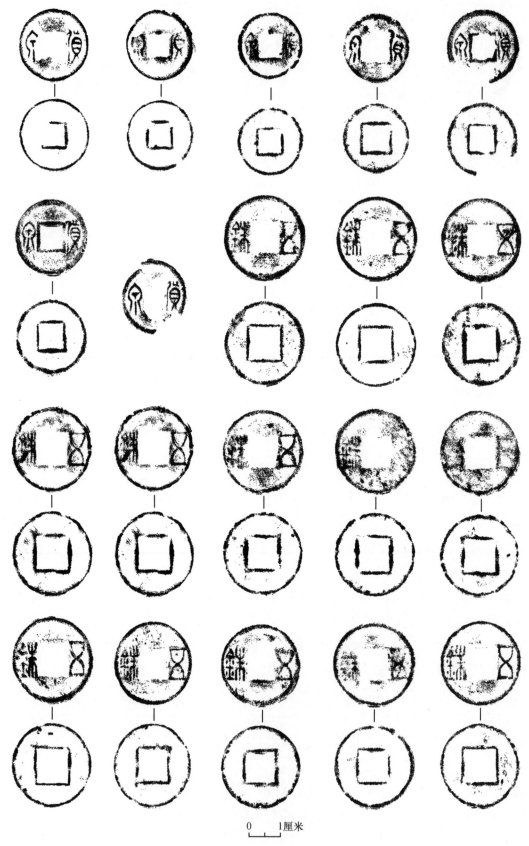

0 ___ 1厘米

图三五　M10出土钱币（M10：15）

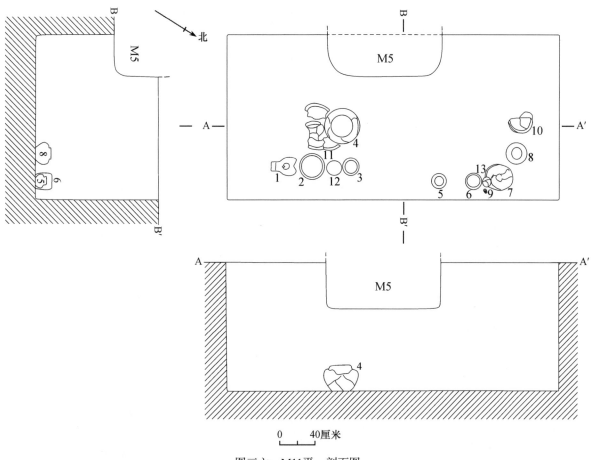

图三六　M11平、剖面图

1. 铜钫　2. 铜盆　3. 铜鍪　4. 铁釜　5、8. 陶罐　6. 陶囷　7. 陶片　9. 钱币　10. 陶盆　11. 陶甑　12. 卵石　13. 铜镜

　　铜鍪　1件。M11：3，锈蚀。侈口，尖圆唇，束颈，溜肩，鼓腹内收，圜底。腹部饰凸弦纹一周和两对称环耳。器表附着烟熏黑灰痕。口径13.4、腹径19.5、高13.6厘米（图三七，10）。

　　铁釜　1件。M11：4，锈蚀严重，下附支架。侈口，尖圆唇，颈微束，以下残。口径23.8、残高7厘米。支架仅存上部圆圈，直径20.4厘米（图三七，11）。

　　铜镜　1件。M11：13，圆形，残。纽座外三层纹饰：弦纹一周、卷云纹八组、连弧纹16个。直径10.3、缘厚0.38、纽径0.78～0.82、纽高0.34、纽孔径0.37厘米（图三七，12）。

　　钱币　9枚。M11：9，钱文"五铢"，均朱头方折、穿下月纹。钱径2.5～2.55厘米，重3.44～4.38克（图三八）。

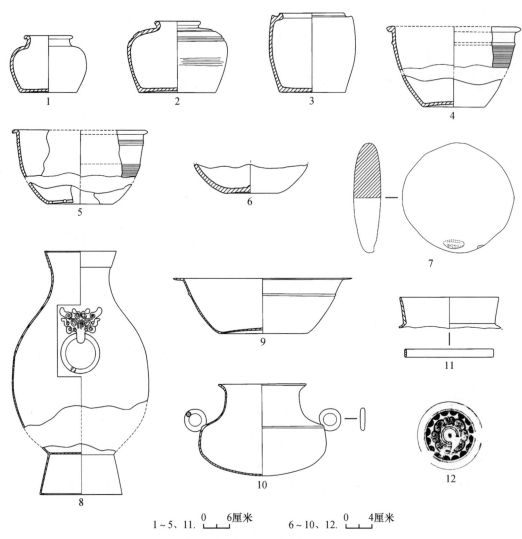

1～5、11. 0 ⊢⊣ 6厘米　　　　6～10、12. 0 ⊢⊣ 4厘米

图三七　M11出土器物

1、2. 陶罐（M11：5、M11：8）　3. 陶囷（M11：6）　4. 陶盆（M11：10）　5. 陶甑（M11：11）　6. 陶片（M11：7）

7. 卵石（M11：12）　8. 铜钫（M11：1）　9. 铜盆（M11：2）　10. 铜鍪（M11：3）　11. 铁釜（M11：4）

12. 铜镜（M11：13）

三、结　语

王天丘墓葬点出土钱币的墓葬有6座：M2、M3、M8～M11。

M2的56枚"五铢"钱均为朱头方折，即西汉五铢。"货泉"是王莽天凤元年（公元14年）第四次货币改制的产物，一直流通到东汉光武帝建武十六年（公元40年）。而M2的"五铢"钱中不见朱头圆折的东汉五铢，故该墓的时代为王莽新王朝时期。M3的钱币与M2相同，也是朱头方折"五铢"和"货泉"，墓葬时代为王莽时期。因M3打破M2，M3略晚于M2。

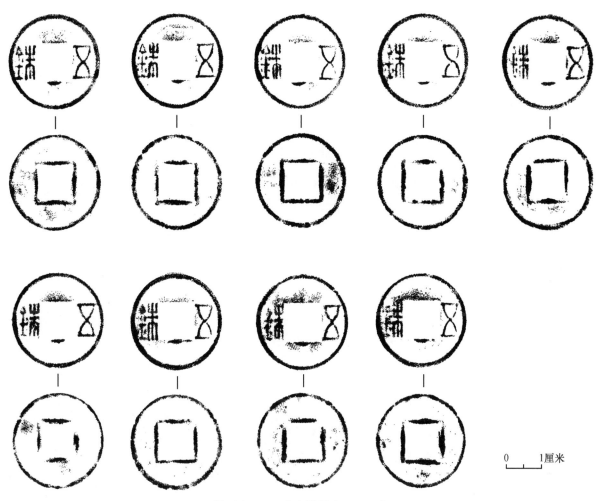

图三八　M11出土钱币（M11：9）

　　M8出土"大泉五十"11枚、"货泉"29枚，均为王莽时期货币，并结合出土陶器分析，该墓年代为王莽时期。

　　M9出土钱币68枚，均为"半两"，其中6枚钱径在2.7厘米左右，重2.89～3.73克。有秦半两和四铢半两，故该墓时代为西汉中晚期。

　　M10出土"五铢"13枚、"货泉"7枚，"五铢"之朱头均为圆折，属《洛阳烧沟汉墓》第三型五铢[1]。故该墓时代为东汉早期。

　　M11出土"五铢"9枚，均为朱头方折。其中1枚"五"字中间两笔屈曲，与上下两横相接成直角，属《洛阳烧沟汉墓》第二型五铢；另8枚"五"字中间两笔较直或略带弯曲，属《洛阳烧沟汉墓》第一型五铢。故该墓时代为西汉时期。

　　通过考古发掘，基本了解了该墓群墓葬的数量与分布、保存状况、时代等相关情况，为三峡工程消落区文物保护和历史文化研究提供了新的资料。

　　附记：本次发掘领队为邹后曦，参加发掘的人员有乔栋、赵淑水、王杰、杨雪、吴文静、尚春杰。修复赵淑水，计算机制图尚春杰。此次发掘工作得到了万州区博物馆岳宗英、李应东、周启荣的大力支持，在此表示感谢！

执笔：乔　栋

注　释

[１]　洛阳区考古发掘队：《洛阳烧沟汉墓》，科学出版社，1959年。

万州杨家坝遗址2015年度发掘简报

重庆市文物考古研究院
宜 昌 博 物 馆
中国人民大学历史学院

　　杨家坝遗址位于长江南岸的坡地上，属重庆市万州区长坪乡金福村三组，东北距万州城区约46千米，中心坐标108°14′44.39″E，30°25′15.10″N，海拔155～175米（图一）。2015年7～9月，为配合三峡工程重庆库区消落区文物保护工作，重庆市文物考古研究院（原重庆文化遗产研究院）、宜昌博物馆、中国人民大学对该遗址进行了考古发掘。此次发掘共布方10米×10米的探方14个，实际发掘面积1414平方米。共清理发掘墓葬13座、窑址1座。出土各类器物一百余件，包括瓷器、陶器、银器、铁器、铜钱等。

　　现将具体情况简报如下。

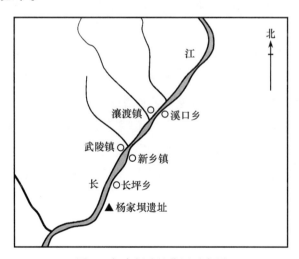

图一　杨家坝遗址位置示意图

一、地层堆积

杨家坝遗址所处地势较为平缓，且位于三峡消落区内，长期受江水涨落冲刷，地层堆积较为简单。根据土质土色及包含物，可将发掘区堆积分为2层：

第1层：现代淤沙层，厚0～25厘米，灰色细沙，土质疏松，呈南高北低坡状分布，包含物复杂，含有较多植物根茎、近现代残碎砖石等。在T1①中，发现较多唐宋至明清时期瓷片小件、陶片，包括宋代白瓷斗笠碗，影青瓷碗、盏；明代陶碗、罐等，推测可能是受山洪或者江水冲刷填埋于此。

第2层：淤土层，厚0～75厘米，灰褐色沙性黏土，土质较为疏松，呈南高北低坡状分布，包含有汉至明清时期的陶片和瓷片。

第2层之下是黄褐色生土，或是料姜石和红褐色岩层。

（一）瓷器

瓷盏　3件。白胎，影青釉，内外均施釉，釉不及底。T1①：1，残存三分之一口腹底。敞口，尖唇，腹部弧收，平底，内底饰花瓣暗纹。口径11、底径4.5、通高2.6厘米（图二，1）。T1①：2，敞口，尖唇，腹部弧收，平底。莲瓣口，口沿和腹部均分为六瓣，内底有一圈凹弦纹，外壁下腹有两道弦纹。口径10.7、底径4、通高2.8厘米（图二，2）。T1①：15，敞口，尖唇，腹部弧收，平底。莲瓣口，腹部有棱与口沿相对应，内底有一圈凹弦纹。高2.9厘米。

瓷碗　6件。根据形制的不同可分为弧腹碗和斗笠碗两类。均内外施釉，釉不及底。

弧腹碗　3件。T1①：3，残存腹底。白胎，影青釉。口部残，弧腹，底部略内凹，假圈足。内壁有涟漪暗纹，内底有一圈凹弦纹。腹部残径14.3、底径5、残高4.3厘米（图二，3）。T1①：6，白胎，影青釉。敞口，尖唇，弧腹，矮圈足。碗内壁饰涟漪暗纹，外壁饰菱形葵花凸纹。口径18、圈足径5、通高5厘米（图二，14）。T1①：12，灰白胎，白釉。有刮釉叠烧痕迹。敞口，圆唇外撇，弧腹，底有涩圈，圈足。口径15.4、圈足径6.1、通高5.8厘米（图二，6）。

斗笠碗　3件。敞口，斜腹，圈足。T1①：5，白胎，白釉。尖唇，碗内底中心凸出。口径10.6、圈足径3、通高4.3厘米（图二，4）。T1①：9，白胎，白釉泛黄。尖唇外撇，碗内底中心凸出。口径10.8、圈足径3、通高4.15厘米（图二，5）。T1①：14，白胎，影青釉。尖唇外撇。口径12.4、圈足径3.3、通高5.5厘米（图二，7）。

瓷执壶　1件。T1①：19，腹底残片。白胎，外施影青釉不及底。口残，弧腹，腹内外至底均有轮制刮棱，平底，矮圈足外撇。腹径15.8、圈足径7.8厘米（图二，8）。

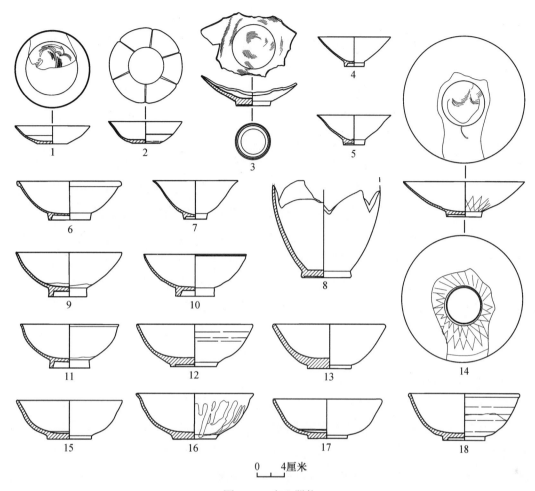

图二 T1出土器物

1、2. 瓷盏(T1①：1、T1①：2) 3、6、14. 瓷弧腹碗(T1①：3、T1①：12、T1①：6) 4、5、7. 瓷斗笠碗(T1①：5、T1①：9、T1①：14) 8. 瓷执壶(T1①：19) 9~11. 陶高圈足碗(T1①：4、T1①：7、T1①：8) 12、13、15、16~18. 陶弧腹碗(T1①：13、T1①：20、T1①：25、T1①：29、T1①：30、T1①：38)

（二）陶器

陶碗 18件。均为红褐陶，大多在口部及腹部饰灰白色化妆土。根据其形制大致可分为四类。

高圈足碗 3件。敞口，斜弧腹，圈足较高。T1①：4，口径15.6、圈足径5.5、通高6.3厘米(图二，9)。T1①：7，口径15、圈足径5.8、通高6.1厘米(图二，10)。T1①：8，口沿略外撇。口径14.5、圈足径5.8、通高6.2厘米(图二，11)。

弧腹碗 9件。敞口，斜弧腹。T1①：13，矮圈足。口径17、圈足径6.6、通高6厘米(图二，12)。T1①：20，饼状底。口径16.6、底径6.5、通高6.6厘米(图二，13)。T1①：25，内壁近底有一道凹弦纹，饼状底。口径15.6、底径6.5、通高5.5厘米(图二，15)。T1①：28，平底。口径17.2、底径6、通高5.7厘米。T1①：29，口沿外撇，外腹有两道微凹的轮制刮削痕迹，饼状底。口径6.3、底径5.8、通高6厘米（图二，16）。T1①：30，内壁近底处有一道凹弦纹，饼状底。口径16、底径6.5、通高5.6厘米（图二，17）。T1①：38，口沿微撇，下腹部有数道轮制刮棱，矮圈足。口径16.6、圈足径6.3、通高6.7厘米（图二，18）。T1①：36，口沿及腹内施酱绿色釉。圆唇，唇部外折，内底有六个支钉痕迹，外壁近底一道凹弦纹，矮圈足。口径16.8、圈足径6.8、通高6.2厘米（图三，1）。T1①：11，圆唇，弧腹较深，饼状底。口径16.2、底径8、通高7厘米（图三，2）。

折腹碗　2件。斜弧腹略折。T1①：26，直口外撇，尖唇，矮圈足。口径13.4、圈足径6.7、通高5.1厘米（图三，3）。T1①：33，敞口，尖唇。内腹部近底处有一圈凹弦纹，外腹上部有一道微凹的轮制刮削痕迹，平底。口径16.6、底径6.3、通高5.6厘米（图三，4）。

斜腹碗　4件。敞口，圆唇，腹部较为斜直。T1①：18，平底。口径17、底径6.8、通高6.2厘米（图三，5）。T1①：27，口沿微撇，饼状底。口径16.4、底径5.9、通高6.45厘米（图三，6）。T1①：32，口沿微撇，上腹部近口沿处有一道凸棱，饼状底。口径16.4、底径6.4、通高7.4厘米（图三，7）。T1①：37，口沿微撇，下腹部有数道刮棱，平底。口径16.2、底径5.8、通高6.7厘米（图三，8）。

陶盏　1件。T1①：31，红褐陶，口沿饰灰白化妆土。敞口，圆唇，斜弧腹，平底。口径10.7、底径4.5、通高3.5厘米（图三，9）。

陶灯　1件。T1①：21，红褐陶，灯盘及柄上部施墨绿色釉。灯盘敞口，圆唇，斜弧腹，盘内有孔与中空的灯柄相通，灯柄一侧把手缺损，底座为盘状。灯盘口径8.3、底座直径14.1、通高17.1厘米（图三，10）。

陶罐　1件。T1①：40，红褐陶，口沿及上腹饰灰白化妆土。敛口，折沿下斜，溜肩鼓

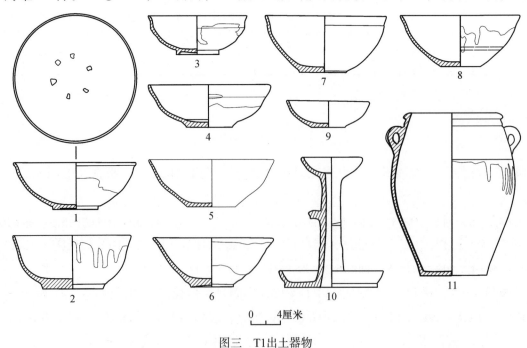

0　　4厘米

图三　T1出土器物

1、2. 陶弧腹碗（T1①：36、T1①：11）　3、4. 陶折腹碗（T1①：26、T1①：33）　5～8. 陶斜腹碗（T1①：18、T1①：27、T1①：32、T1①：37）　9. 陶盏（T1①：31）　10. 陶灯（T1①：21）　11. 陶罐（T1①：40）

腹，上腹有一道凹弦纹，颈肩处有一对半圆形系耳，平底。口径14、腹径18.2、通高21.3厘米（图三，11）。

二、墓　　葬

共13座，均为砖室墓，保存状况较差。

（一）M1

平面呈凸字形，由墓道、甬道和墓室三部分组成，以花纹砖砌，方向295°。墓圹残长656、宽262厘米。墓道位于墓室的西侧，斜坡墓道，坡度20°，残长90、宽172~176、距地面深16~40厘米。甬道为长方形，上半部分已毁，长206、宽162、残高16~40厘米。墓室为横向长方形，墓顶已垮塌。墓室壁用菱形花纹砖砌筑，砖长约46、宽约18、厚约8厘米，墓底用绳纹砖纵向铺地。墓室长360、宽262、残高48~80厘米（图四）。

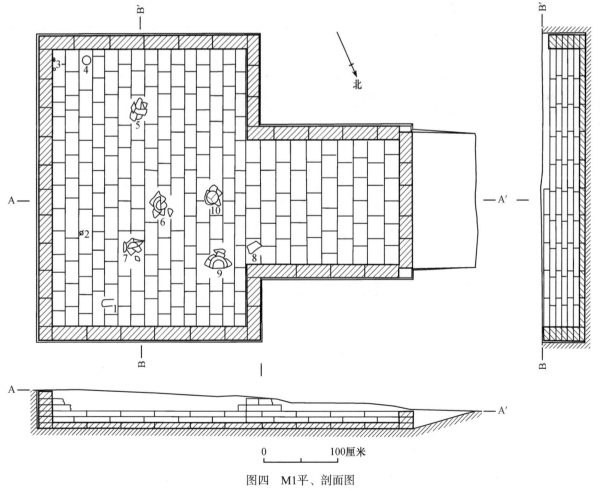

图四　M1平、剖面图
1. 银钗　2. 陶算盘珠档　3. 铜钱　4~10. 瓷碗

未见葬具及人骨。出有银钗1件、瓷碗5件、陶算盘珠档1件、铜钱1枚。

银钗　1件。M1:1，断为两节，银质，U形，两头圆条中间平面呈菱形，剖面呈三角形。直径0.21、长5.12～6.74、宽0.6厘米（图五，6）。

陶算盘珠档　1件，残。M1:2，红褐陶算珠，铁质档杆。算珠直径3.07、孔径0.59厘米。档柱长8.09、直径0.32～0.65厘米。

瓷碗　5件。M1:4，灰白胎，内外施釉不及底，釉色淡青。器型较小，敛口，尖唇，口唇有道凹弦纹，腹微鼓，平底，假圈足。口径8.24、腹径8.49、底径5.04、通高3.93厘米（图五，1）。M1:5，灰白胎，通体施釉，釉色淡青。器型较小，敛口，尖唇，腹微鼓，外壁近足有圈凹弦纹，平底，假圈足。口径7.46、腹径7.72、底径5.15、通高3.9厘米（图五，2）。M1:6，白胎，釉色淡青，器内壁和外壁上腹部施釉，内底脱釉。敞口微敛，圆唇，斜弧腹，外壁近足有轮制刮削棱痕，平底，假圈足。口径15.3、底径9.4、通高6.6厘米（图五，3）。M1:7，灰白胎，釉色淡青，内壁和外壁上腹部施釉，脱釉。敞口，圆唇，斜弧腹，内壁的腹部和底部各有一道凹弦纹，外壁近口沿有一道凹弦纹，外腹轮制刮削痕迹明显，饼状底。口径17.1、底径10.2、通高5.2厘米（图五，4）。M1:8，灰白胎，釉色淡青，通体施釉不及底。较为敦厚。敞口，圆唇，斜弧腹，内壁腹部有一道凹弦纹，外壁口沿下有两道凹弦纹，玉璧底。口径22、底径12.9、通高8.66厘米（图五，5）。

铜钱　共1枚。M1:3，剪轮五铢，无内外郭，外沿向内倾斜。直径2.04、穿孔0.98、厚0.09厘米（图五，7）。

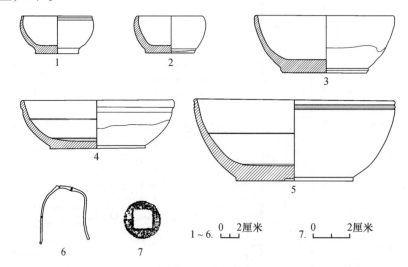

图五　M1出土器物

1～5.瓷碗（M1:4、M1:5、M1:6、M1:7、M1:8）　6.银钗（M1:1）　7.铜钱（M1:3）

（二）M2

破坏严重，墓葬形制不明，仅残存部分墓室，方向205°。现存墓室残长184、宽180、残高40厘米，墓壁以菱形几何纹砖砌筑，墓底用绳纹砖纵向铺地（图六）。

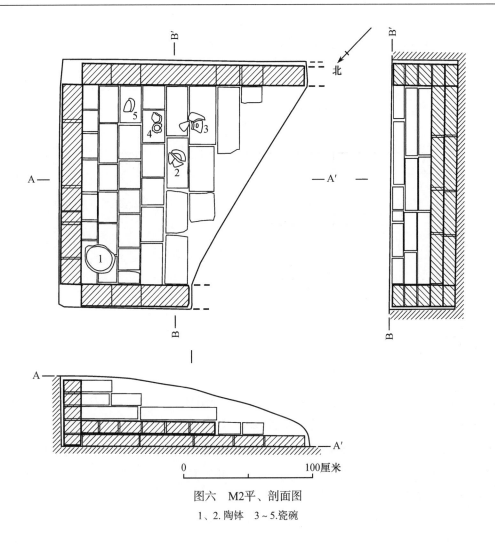

图六　M2平、剖面图
1、2.陶钵　3~5.瓷碗

未见葬具及人骨。随葬器物有陶钵、瓷碗等。

陶钵　2件。M2：2，灰陶。敞口，圆唇，斜腹弧收，腹部有轮制刮削棱痕，平底。口径16.7、底径6.6、通高6.6厘米（图七，1）。

瓷碗　3件。M2：3，红褐胎，釉色淡青，内壁和外壁上部施釉，釉层很薄，剥落严重。敞口微敛，圆唇，弧腹，口沿下有一道凹弦纹，饼状底。口径10.7、底径6.2、通高4.66厘米（图七，2）。M2：4，灰白胎，釉色淡黄，内壁和外壁上部施釉，釉层很薄，剥落严重。敞口微敛，圆唇，弧腹较浅，平底微凹，饼状底。口径16.9、底径10.6、通高5.9厘米（图七，3）。

墓砖　1件。M2：6，楔形，用于券顶部分。长侧面饰菱形条纹，平面饰绳纹，短侧面和端面无纹。长侧面有半圆卯口。长侧面长23.4、厚9厘米，短侧面长23、厚10厘米，宽15厘米（图七，4）。

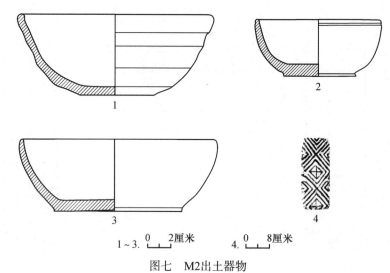

图七　M2出土器物

1. 陶钵（M2 : 2）　　2、3. 瓷碗（M2 : 3、M2 : 4）　　4. 墓砖拓片（M2 : 6）

（三）M3

平面呈"凸"字形，由墓道、甬道和墓室三部分组成，方向290°，通长474、宽182～372厘米。墓道位于墓室的西北部，已被江水冲刷殆尽。甬道及墓室券顶坍塌，墓室东壁及南壁被彻底毁坏。甬道内长140、宽146厘米，墓室内长248、宽336厘米，残高100厘米。墓壁平砖错缝顺砌，甬道及墓室均有铺地砖。墓砖长约38～40、宽16～17、厚8～9厘米，长侧面饰菱形纹，平面饰绳纹，菱形纹均朝向墓室（图八）。

葬具及人骨无存。随葬器物分布在墓室西北角的填土中，有瓷罐、瓷碗、瓷器盖、银钗、铜发钗、铜响铃、铁剪、铜钱等。

瓷罐　1件。M3 : 1，灰白胎，釉色淡青，外壁施釉不及底，釉层很薄，剥落严重。直口微敛，方唇，圆肩，斜弧腹，肩部贴塑有四个横桥形系耳，平底。口径7.46、腹径12.36、底径7.15、通高9.9厘米（图九，1）。

瓷碗　3件。M3 : 2，灰白胎，釉色淡黄，通体施釉外不及底，釉层很薄，部分剥落。直口微敛，圆唇，口沿有一道凹弦纹，弧腹较深，平底，假圈足。口径14.4、底径6.56、通高6.7厘米（图九，2）。M3 : 3，灰白胎，釉色淡黄，通体施釉外不及底，釉层很薄，大部分剥落。直口微敛，圆唇，弧腹，内底微凸，假圈足。口径8.8、底径4.06、通高4.2厘米（图九，3）。M3 : 5，灰白胎，釉色淡青，通体施釉，胎面夹杂有砂砾。直口，尖唇，弧腹，平底，假圈足。口径8.65、底径5.5、通高3.8厘米（图九，4）。

瓷器盖　1件。M3 : 4，灰白胎，盖面施淡青釉，其间点缀酱褐色斑点。圆形状，盖顶较平，中间贴塑有桥形纽，盖面斜折，饰有数道凹弦纹。盖内有榫棱，为子母口。直径径14、通高3.1厘米（图九，5）。

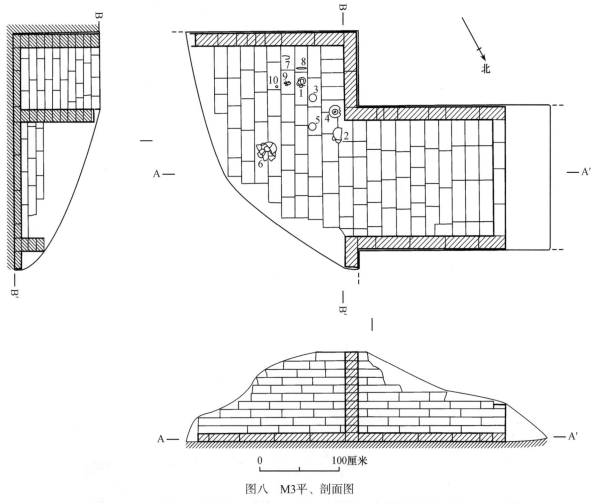

图八　M3平、剖面图

1.瓷罐　2、3、5.瓷碗　4.瓷器盖　6.陶罐　7.银钗　8.铁剪　9.铜饰件（响铃、发钗）　10.铜钱

银钗　1件。M3：7，银质。U形，断为三节，两头圆条中间扁平卷呈U形。长4.9～8.5、宽0.4厘米，圆条直径0.17～0.21、厚0.05厘米（图九，6）。

铁剪　1件。M3：8，残，直刃直把，平面呈菱形，刃部剖面呈三角形。长14.8、最宽处2.7、脊背厚0.57厘米（图九，8）。

铜饰件　2件。铜质鎏金。M3：9-1，圆球响铃。圆球由两个半圆铆接，一半有半圆耳系，另一半有开口，响铃之中有一个小球。响铃直径1.76、小球直径0.49厘米（图九，7）。M3：9-2，发钗。两头为圆条，中间扁平，卷成U形。长4.5、宽0.71厘米，圆条部分直径0.25～0.3厘米，扁平部分厚0.13厘米（图九，9）。

铜钱　共2枚。M3：10，剪轮五铢，无内外郭，剪沿严重，孔大少肉。较大一枚直径1.72、穿孔0.86、厚0.12厘米（图九，10）。较小一枚直径1.52、穿孔0.86、厚0.07厘米（图九，11）。

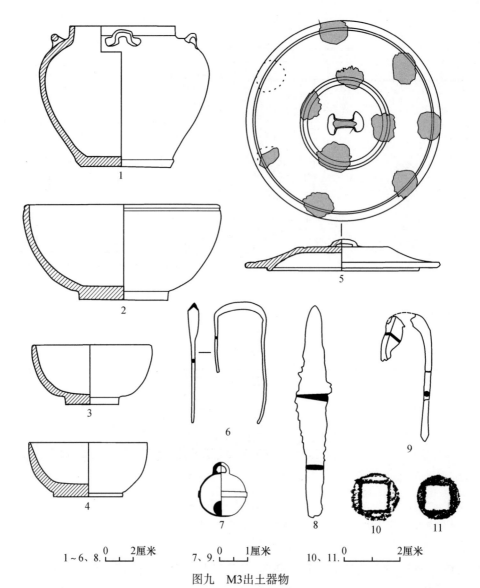

1～6、8.　0 ⊢——⊣ 2厘米　　　7、9.　0 ⊢——⊣ 1厘米　　　10、11.　0 ⊢——⊣ 2厘米

图九　M3出土器物

1. 瓷罐（M3：1）　2～4. 瓷碗（M3：2、M3：3、M3：5）　5. 瓷器盖（M3：4）　6. 银钗（M3：7）　7. 铜响铃（M3：9-1）
8. 铁剪（M3：8）　9. 铜发钗（M3：9-2）　　10、11. 铜钱（M3：10-1、M3：10-2）

（四）M4

墓葬形制不明，仅存部分墓室。方向230°。现存墓室大致呈长方形，残长168、宽158、高42厘米。墓壁以菱形花纹砖平砖错缝顺砌，砖长46、宽18、厚8厘米。墓底有铺地砖，错缝平铺（图一〇）。

无葬具及骨架。出土有陶罐4件。

陶罐　4件。均为灰陶。M4：1，烧制时变形严重，敛口卷沿，圆唇，短颈，肩部略折，鼓腹，通体饰竖细绳纹，下腹有轮制刮痕，平底。口径16～18、腹径27～29、底径16、通高19.9～22.3厘米（图一一，1）。M4：2，口微敛，圆唇，束颈，圜肩微折，斜弧腹，腹部有轮

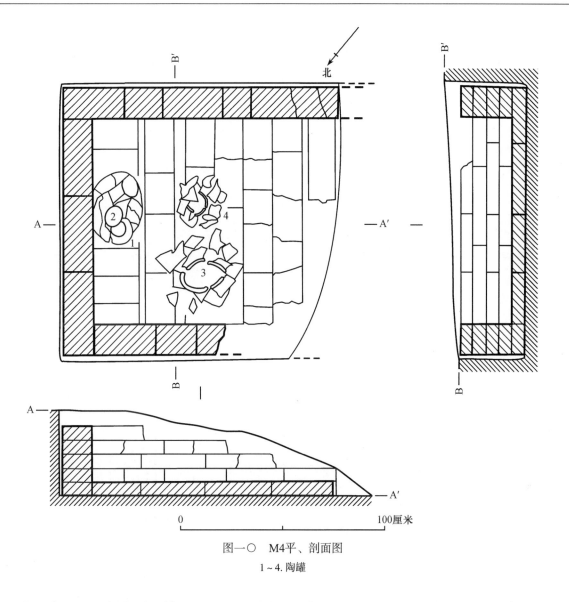

图一〇 M4平、剖面图

1~4.陶罐

制刮痕，内壁下腹部有手指抹刮的凹纹，平底。口径11.8、腹径17.8、底径8.5、通高11.4厘米（图一一，2）。M4：3，直口，圆唇，矮领，折肩，鼓腹，下腹部斜收至底部，平底。口径10.6、腹径15.9、底径8.9、通高14.2厘米（图一一，3）。M4：4，侈口，圆唇，束颈，扁鼓腹，拍印有细绳纹，圜底。口径16.8、腹径18.2、通高13.9厘米（图一一，4）。

（五）M5

墓葬形制不明，仅存半个墓室，其他部分已被江水冲刷殆尽。方向100°。墓圹残长64~198、宽188、深42厘米，墓室内空长50~194、宽170、残高42厘米。墓壁用长约38、宽14、厚8厘米的灰砖错缝平砌，砖长侧面饰菱形纹，平面饰绳纹，菱形纹均朝向墓室内。无铺地砖（图一二）。

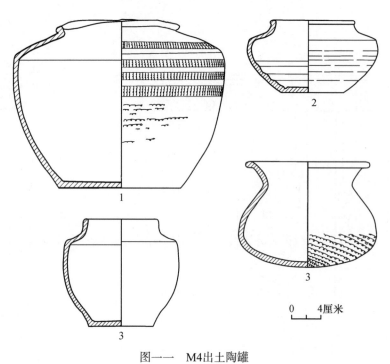

图一一　M4出土陶罐

1. M4 : 1　2. M4 : 2　3. M4 : 3　4. M4 : 4

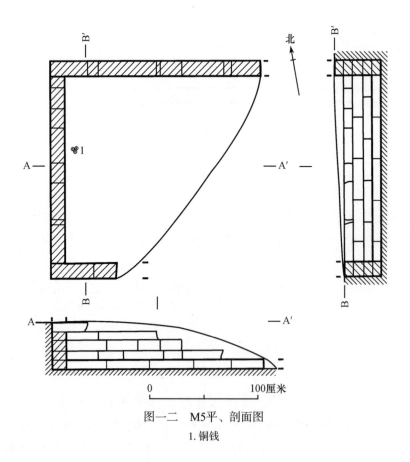

图一二　M5平、剖面图

1. 铜钱

无人骨及葬具，清理有铜钱3枚。

铜钱　3枚。M5:1，五铢，郭肉宽厚，正面无内郭，反面内外郭宽厚。面文"五"字交叉弯曲，上下对应规整。"铢"字金旁呈三角状，朱字笔画上下对应规整，上部分略小。直径2.58、穿径0.85、厚0.16厘米（图一三）。

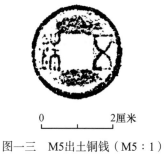

0   2厘米

图一三　M5出土铜钱（M5:1）

（六）M6

平面呈"刀形"，由墓道、墓门、甬道及墓室四部分组成，方向130°。斜坡墓道，长350、宽110~130厘米，坡度30°。花纹砖垒砌封门，高146、宽152、厚18厘米。甬道平面近长方形，券顶，长218、宽152、券顶高126厘米。甬道左壁12层起券，右壁14层起券。墓室呈长方形，券顶已坍塌，长350、宽260厘米，皆为14层起券，墓室残高128厘米，墓底用小石子铺地。墓砖多为菱形几何纹（图一四）。

葬具不详，见有少量人骨残渣，具体葬式不详。随葬器物以陶器为主，包括钵、罐、池塘、楼、熏炉、俑、甑等，另有玻璃耳珰、石砚台、铜环、铜钱等。

陶钵　6件。M6:2，红陶，内外施青釉不及底，釉层很薄，剥落严重。敞口，方唇，斜腹弧收，平底。口径15.9、底径6.8、通高6厘米（图一五，1）。M6:15，红陶，内外施青釉不及底，釉层很薄，剥落严重。敞口，平折沿，弧腹，外腹有三道刮削棱纹，外腹近底有刮削折棱，平底。口径15.8、底径5.6、通高6.9厘米（图一五，2）。M6:16，灰陶。敞口，圆唇，弧腹，近底有刮削折棱，平底。口径17、底径7.3、通高6.5厘米（图一五，3）。M6:18，灰陶。敞口，圆唇，弧腹，近底有刮削折棱，平底。口径12、底径4、通高5厘米（图一五，4）。M6:20，灰陶。敞口，圆唇，弧腹，近底有刮削折棱，平底。口径12.2、底径4.5、通高4.8厘米（图一五，5）。M6:23，灰陶。敞口外撇，圆唇，腹部较斜直，近底有刮削折棱，平底。口径15.6、底径6.5、通高5.5厘米（图一五，6）。

陶池塘　1件。M6:3，灰陶。长方形，池边有宽沿，中间有未封闭的埂隔，池内有浮雕的鱼、乌龟、螺蛳等。面长35.7、宽24、通高4.2厘米（图一五，16）。

陶楼　1件。M6:6，灰陶。仅见一层，中间立柱，柱上有一斗三升斗拱，角柱上各设一斗，承普柏枋，前面悬山屋顶，后屋顶缺失，往里右侧设房，墙面刻出窗棂，楼底架空，两端有孔。上长37.5、下长36.5、前宽6.7、后宽5.5、通高28.8厘米。

陶罐　1件。M6:7，灰陶。直口，圆唇，矮领束颈，扁鼓腹，圜底。口径12.9、腹径16、通高7.9厘米（图一五，8）。

陶俑　4件。有侍立俑、执斧俑、执锸俑三种，均为红陶，前后分模塑合。M6:8与M6:11为男侍立俑。面目模糊。头戴、小冠，身着交领宽袖长袍，内穿圆领衬衫。双手拱于胸前，作恭立状。M6:8，通高21.8厘米（图一五，10）。M6:11，通高20.6厘米（图一五，11）。M6:9，男执斧俑。面目模糊。头裹巾帻，身着圆领窄袖长袍。双手紧握长

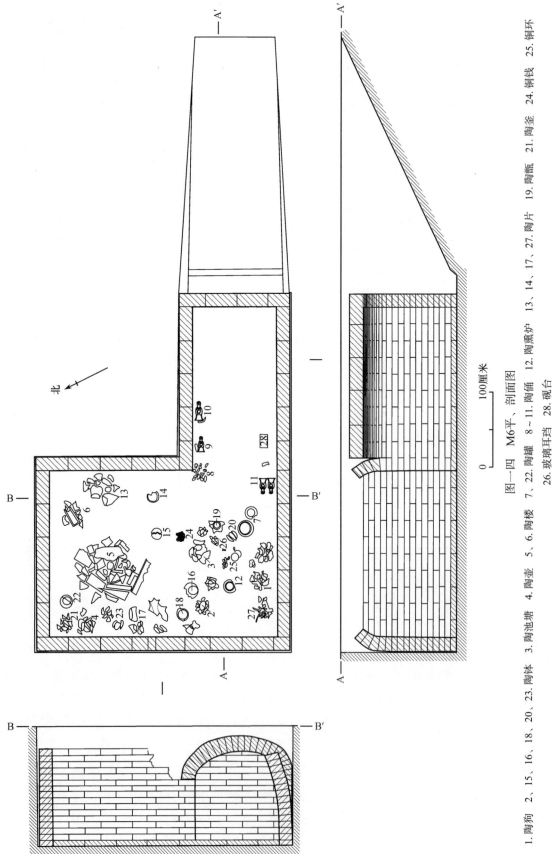

北

0　　　100厘米

图一四　M6平、剖面图

1. 陶狗　2、15、16、18、20、23. 陶钵　3. 陶池塘　4. 陶壶　5、6. 陶楼　7、22. 陶罐　8～11. 陶俑　12. 陶熏炉　13、14、17、27. 陶片　19. 陶甑　21. 陶釜　24. 铜钱　25. 铜环　26. 玻璃耳珰　28. 砚台

图一五 M6出土器物

1～6.陶钵（M6：2、M6：15、M6：16、M6：18、M6：20、M6：23） 7.陶甑（M6：19） 8.陶罐（M6：7） 9.陶熏炉
（M6：12） 10、11.陶男侍立俑（M6：8、M6：11） 12.陶男执斧俑（M6：9） 13.陶男执锸俑（M6：10） 14、15.砚台
（M6：28-1、M6：28-2） 16.陶池塘（M6：3） 17.铜钱（M6：24） 18～20.墓砖（M26：29、M6：30、M6：31）

柄斧头于胸前，双脚分开站立。通高23厘米（图一五，12）。M6：10，男执锸俑。面目模糊。头裹巾帻，身着圆领窄袖长袍。双手紧握长柄锸于前，双脚分开站立。通高22.4厘米（图一五，13）。

陶熏炉　1件。M6：12，残损，柄和座缺失。红陶胎，施青釉。炉盘直口，方唇，弧腹，小平底。口径8.5、残高4.4厘米（图一五，9）。

陶甑　1件。M6：19，红陶。敞口，圆唇，弧腹，近底有刮削折棱，平底，底有6个箅孔。口径13、底径5、通高4.3厘米（图一五，7）。

铜钱　1枚。M6：24，五铢，外郭稍有缺失。面文"五"字交叉弯曲，下部分略小，上下两横略出头。"铢"字"金"旁上部呈三角状，朱字笔画上下对应规整，上部分略小。直径2.6、穿径0.92、厚0.13厘米（图一五，17）。

铜环　3件。M6：25，铜质，圆条成环状，一件完整。圆条直径0.215～0.28、环径6.37厘米。另有两件已残。

玻璃耳珰　1件。M6：26，玻璃质，深蓝色。柱状亚腰形，中间细，两端外撇呈喇叭状，一端大一端小，两头平，中空。长17.42、上端直径11.29、下端直径16.67、中腰直径8.32、孔径1.34毫米。

砚台　2件。石质，灰褐色。M6：28-1，缘有破损，呈长方形板状，规整光滑。长13.6、宽7.4、厚1厘米（图一五，14）。M6：28-2，残。残长8.7、宽5.7、厚0.73厘米（图一五，15）。

墓砖　3件。灰陶。M6：29，长方形，长侧面饰菱形纹，平面有绳纹。长45、宽17、厚8厘米（图一五，18）。M6：30，长方形，长侧面饰菱形纹，中间有一车轮纹。长45、宽20、厚8.8厘米（图一五，19）。M6：31，楔形，长侧面饰菱形纹，平面有绳纹。长43～45、宽17.5、厚9厘米（图一五，20）。

（七）M7

平面呈"凸"字形，由墓道、甬道和墓室三部分组成，方向346°。墓道位于墓室的北部，已被江水冲刷殆尽。甬道券顶及前半部被破坏，残长190、宽140厘米。墓室略成横长方形，券顶坍塌，西壁倒向墓室，长306、宽256、残高184厘米。墓室、甬道两壁均用长44～46、宽18、厚7～8厘米的花纹砖错缝顺砌，砖长侧面有菱形纹，平面有绳纹，菱形纹均朝墓室内。甬道和墓室内均有铺地砖（图一六）。

墓室填土中有少量肢骨，葬式不明，未发现葬具。随葬器物以陶器为主，包括壶、钵、杯、罐、熏炉、器盖、算珠；另有碳晶石印章1枚、铜钱20枚。铁鼎1件、铁釜1件、铁工具1件，锈蚀严重，仅存痕迹。

陶壶　1件。M7：1，红陶。浅盘口，方唇，长束颈，鼓腹，平底，圈足。颈部和肩部各饰两道凹弦纹，腹部饰三道凹弦纹，两侧各有一铺首。口径15.9、腹径22、足径15.5、通高

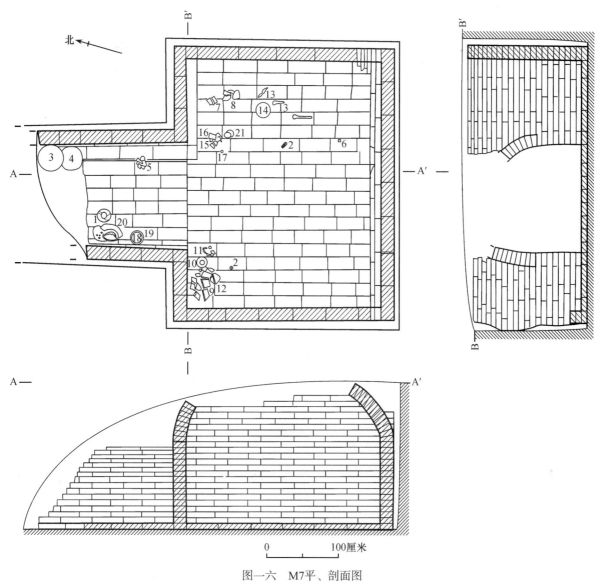

图一六 M7平、剖面图

1、10.陶壶 2.铜钱 3.铁鼎 4.铁釜 5、14、19、21.陶钵 6.碳精石印章 7.陶杯 8.陶罐 9、12.陶盆
11、15、16.陶釜 13.铁工具 17.陶算珠 18.陶熏炉 20.陶器盖

29.6厘米（图一七，1）。

陶钵 4件。M7：5与M7：21形式基本相同，均为灰陶。素面。敞口，圆唇，口沿外鼓，折腹，平底。M7：5，口径12.5、底径4.2、通高4.6厘米（图一七，2）。M7：21，口径11.36、底径4.05、通高4.3厘米（图一七，3）。M7：14，灰陶，素面。敞口，圆唇，口沿外鼓，斜折腹，平底。口径18、底径5.5、通高6.8厘米（图一七，4）。M7：19，灰陶，素面。敞口，尖唇，口沿外撇，弧腹，平底。口径16.6、底径5.9、通高6.9厘米（图一七，5）。

陶器盖 1件。M7：20，红陶。圆形，盖面隆起，有乳丁状小纽。直径10.1、通高6.1厘米（图一七，6）。

陶杯 1件。M7：7，红陶。素面。直口，方唇，直腹，近口沿处有一倒鼻状钮把，近口

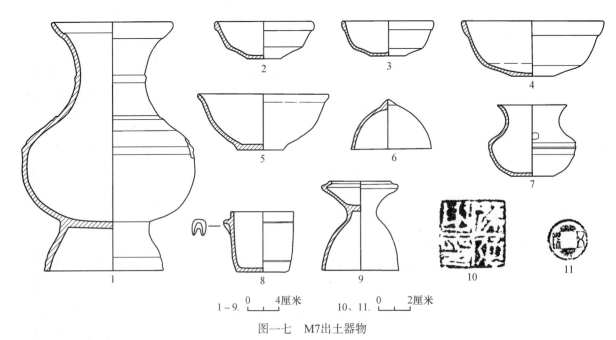

图一七　M7出土器物

1.陶壶（M1：1）　2～5.陶钵（M7：5、M7：21、M7：14、M7：19）　6.陶器盖（M7：20）　7.陶罐（M7：8）
8.陶杯（M7：7）　9.陶熏炉（M7：18）　10.碳晶石印章印文（M7：6）　11.铜钱（M7：2）

沿和近底各有一道凹弦纹，平底。口径8.1、通高7.4厘米（图一七，8）。

　　陶罐　1件。M7：8，红陶。侈口，尖唇，束颈，折肩弧腹，肩部有对称两个小板纽，腹部有两道凹弦纹，平底。口径8.8、腹径11.1、通高8.9厘米（图一七，7）。

　　陶熏炉　1件。M7：18，红褐陶。炉盘较浅，为子母口，斜直腹，平底；炉柄粗短；底座为喇叭形。炉盘口径10.1、底座直径10.1、通高10.9厘米（图一七，9）。

　　陶算珠　1件。M7：17，黑陶。圆饼状，中心通孔。通体圆润光滑，其中一面刻细菱形纹。直径3.15、孔径0.53厘米。

　　碳精石印章　1件。M7：6，黑色碳精石，正方体，侧面有对穿系孔，素面。印面方正，阴文缪篆"孙遒之印"四字，十字界格，无边框，字形方正。长2.12、宽2.17、高1.13、孔径0.32厘米（图一七，10）。

　　铜钱　20枚。M7：2，五铢，郭肉宽厚，正面无内郭，反面内外郭宽厚。面文"五"字交叉弯曲，上下对应规整。"铢"字金旁呈三角状，略小。朱字笔画上下对应规整，上部分略小。直径2.58、穿径0.96、厚0.18厘米（图一七，11）。

（八）M8

　　墓葬损毁严重，形制不明，仅存东侧部分甬道和墓室，墓道及西侧甬道、墓室被江水冲刷殆尽。方向5°。墓圹残长330、残宽146、深78厘米。甬道现存内长160、宽104厘米，墓室现存内长170、宽126厘米，高58厘米。甬道、墓室四壁用长49、宽19.5、厚9.5厘米的花纹砖错缝

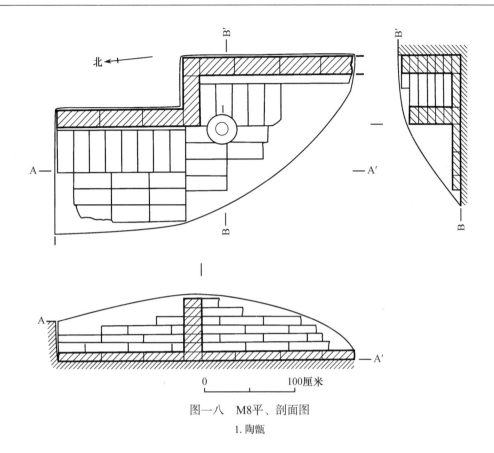

图一八　M8平、剖面图

1.陶甑

叠砌，砖的长侧面饰菱形纹，平面饰绳纹，菱形纹均朝墓室内。用长43～45.5、宽17～18、厚7.5～8厘米花纹砖铺地（图一八）。

未发现人骨及葬具，随葬品现存有陶甑1件。

陶甑　1件。M8:1，灰陶。敞口，平折沿，方唇，深弧腹，外腹饰凸弦纹，平底，底有9个算孔。口径39.5、底径18.5、通高20.1、算孔1.14～1.58厘米。

（九）M9

墓葬形制不明，仅残存一段墓壁。现存墓室残长220、宽约200厘米，距地面深约100厘米，方向252°。墓壁用菱形几何纹砖砌筑，砖长46、约18、厚8厘米（图一九）。

未见葬具及人骨，随葬器物仅发现有铜钱1枚。

铜钱　1枚。M9:1，五铢，面文"五"字交叉弯曲，上下对应规整。"铢"字金旁呈三角状，略小。朱字笔画上下对应规整，上部分略小。直径2.61、穿径0.98、厚0.15厘米（图二〇）。

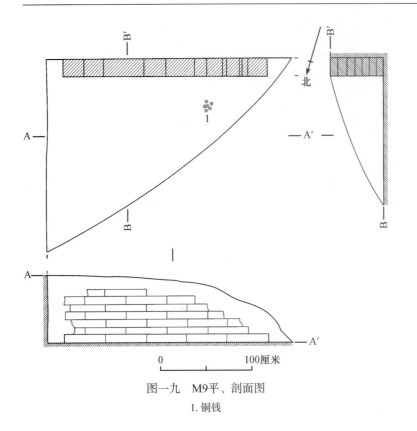

图一九　M9平、剖面图
1.铜钱

图二〇　M9出土铜钱（M9：1）

（十）M10

墓葬形制不明，仅残存部分墓室，方向320°。墓室残长360、宽300、深82厘米。用菱形几何纹花纹砖砌筑，墓底有铺地砖，砖长44、宽18、厚8厘米（图二一）。

葬具和人骨情况不明，随葬器物有陶勺、陶杯、陶器盖、陶罐以及铜钱。

陶勺　1件。M10：3，红陶。敞口，尖唇，浅腹，口沿上有一弧形手柄，饼形厚底。腹径6.66、足径4.3、通高4.8厘米（图二二，1）。

陶杯　1件。M10：4，红陶，通体施黄褐釉，釉层基本脱落。直口，方唇，直筒形深腹斜收，上腹有一扁圆短把，近底有一道凹弦纹，平底。口径7.1、通高8.2厘米（图二二，2）。

陶器盖　1件。M10：5，红陶，盖面施黄褐釉。圆形，中心捏起扁尖状小纽，四周有放射状凹槽，近口沿饰凹弦纹。直径9.8、通高5.8厘米（图二二，3）。

陶罐　1件。M10：7，灰陶。敛口，尖唇，折肩，筒形腹略外弧，平底，腹中部饰凹弦纹一周。口径8、腹径11.1、通高11.5厘米（图二二，4）。

铜钱　共83枚。M10：1-1，直百五铢，共1枚。郭肉略薄，面文"五"字交叉弯曲，不甚规整。"铢"字金旁呈绞丝，略小。朱字笔画上下对应也不规整，上部分略小。直径2.52、穿径0.96、厚0.11厘米（图二二，5）。M10：1-2，五铢，共37枚。郭肉宽厚，正面无内郭，反面内外郭宽厚。面文"五"字交叉弯曲，上横略斜。"铢"字金旁呈三角状，略小。朱字笔画上下对应规整，上部分略小。直径2.58、穿径0.89、厚0.16厘米（图二二，6）。M10：1-

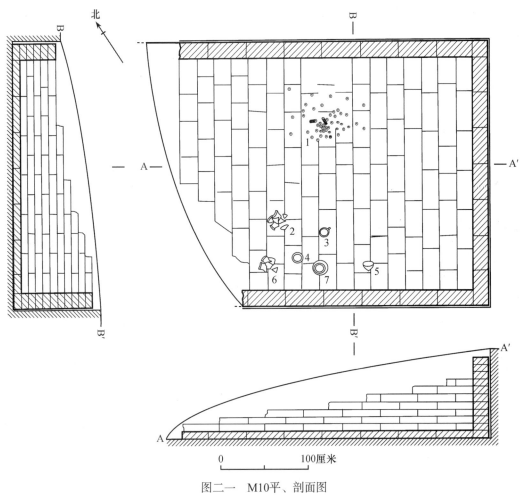

图二一　M10平、剖面图

1. 铜钱　2、6、7. 陶罐　3. 陶勺　4. 陶杯　5. 陶器盖

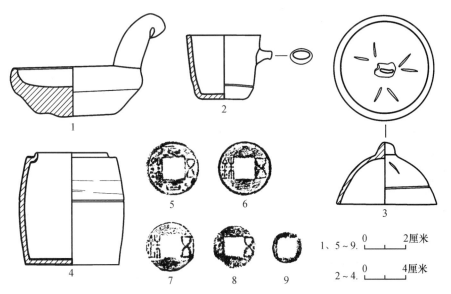

图二二　M10出土器物

1. 陶勺（M10∶3）　2. 陶杯（M10∶4）　3. 陶器盖（M10∶5）　4. 陶罐（M10∶7）　5~9. 铜钱

（M10∶1-1、M10∶1-2、M10∶1-3、M10∶1-4、M10∶1-5）

3，大剪轮五铢，共18枚。外郭均被剪磨，边缘不齐，普遍较薄，有的内郭不存，有的背面铸T字，也有外沿向内倾斜。直径2.1～2.36、穿径0.96～0.98、厚0.07～0.09厘米（图二二，7）。M10：1-4，小剪轮五铢，共25枚。内外郭均被剪磨，边缘不齐，也有外沿向内倾斜，普遍较薄。直径1.75～2、穿径0.93～0.97、厚0.06～0.08厘米（图二二，8）。M10：1-5，小五铢，共2枚。无内外郭，孔大肉少，较薄。直径1.43、穿径0.87、厚0.05厘米（图二二，9）。

（十一）M11

墓葬形制不明，仅残存部分墓室，方向305°。墓室残长520、宽274、高200厘米。墓壁以菱形几何纹砖、文字砖砌筑，墓壁11层起券，券顶以榫卯砖砌筑。墓室后壁中间位置有一残断砖嵌于后壁内，应是灯台（图二三）。

未发现葬具、人骨。随葬器物可复原有陶罐1件、铜钱62枚。

陶罐　1件。M11：4，灰陶。卷沿，沿面斜翻，高领，圜肩，斜弧腹，肩部有一周篦纹，平底。口径12.1、腹径16.1、底径8.6、通高13.1厘米（图二四，1）。

铜钱　62枚。M11：1-1，大泉五十，2枚。郭肉饱满，面文规整。正反内外郭俱全。直

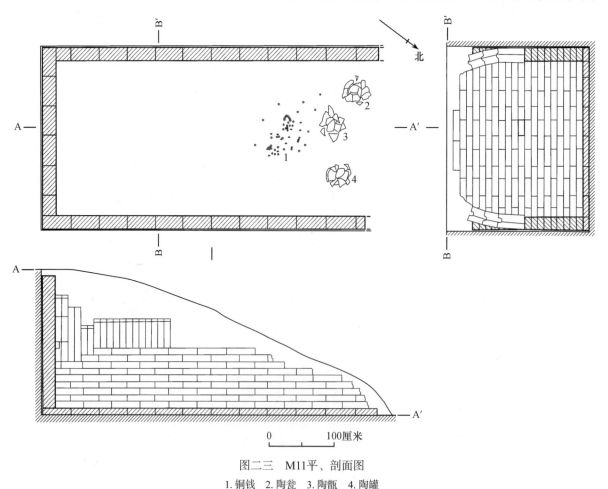

0　　　　100厘米

图二三　M11平、剖面图
1.铜钱　2.陶瓮　3.陶甑　4.陶罐

径2.74、穿径0.88、厚0.21厘米（图二四，2）。M11：1-2，货泉，1枚。锈蚀严重，钱文较模糊。篆书阳文，正面无内郭，反面内外郭俱全。直径2.31、穿径0.75、厚0.12厘米（图二四，4）。M11：1-3，五铢，35枚。郭肉饱满，面文规整。面文"五"字交叉弯曲，上下对应规整。"铢"字金旁呈三角状略向里偏。朱字笔画上部分较小呈半圆。直径2.58、穿径0.91、厚0.14厘米（图二四，3）。M11：1-4，剪轮五铢，24枚。内外郭均被剪磨，边缘不齐，大小不一，有的面孔上铸有三道竖纹，也有外沿向内倾斜，普遍较薄。直径2.06～2.43、穿径0.85～0.91、厚0.05～0.07厘米（图二四，5）。

墓砖　2件。M11：5，楔形砖。一端有半圆榫头，一端有半圆卯口。长侧面模印有菱形纹和"富贵"二字。长侧面长44.6、短侧面长38.6、宽22、厚10.5厘米（图二六，6）。M11：6，楔形砖。长侧面饰菱形纹，中间为八幅条车轮纹，两旁两个铜钱图案。正侧面长42.5、短侧面长41.5、宽20、厚10.5厘米（图二四，7）。

陶瓮　1件。M11：2，灰陶。口沿残片，卷沿，腹底缺失。

陶甑　1件。M11：13，灰陶。底部残片，平底，有箅孔，腹部残缺。

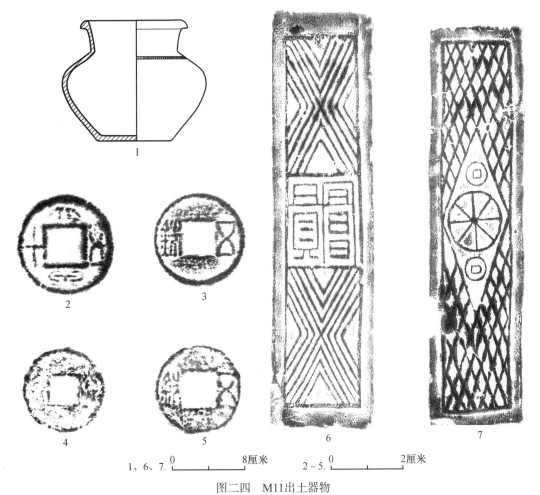

1、6、7. ⊢0————8厘米⊣　　2～5. ⊢0————2厘米⊣

图二四　M11出土器物

1.陶罐（M11：4）　2～5.铜钱（M11：1-1、M11：1-3、M11：1-2、M11：1-4）　6、7.墓砖拓片（M11：5、M11：6）

（十二）M12

墓葬形制不明，仅残存部分墓室，方向320°。墓室残长180、宽220、深80厘米，以几何纹砖砌筑，墓底有铺地砖，墓砖长44、宽18、厚8厘米（图二五）。

葬具及人骨不详。出土有铜钱4枚。

铜钱　4枚。M12：1，五铢，面文"五"字交叉弯曲对称，上部略大。"铢"字金旁上呈三角状，略短。朱字笔画上下对应，上部分略小。直径2.59、穿径0.98、厚0.16厘米（图二六）。

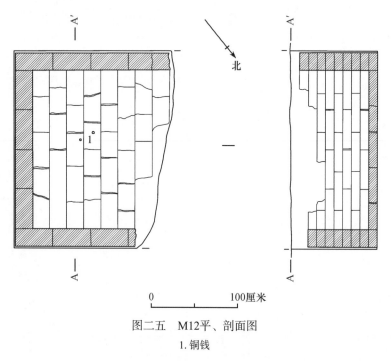

图二五　M12平、剖面图
1.铜钱

图二六　M12出土铜钱（M12：1）

（十三）M13

平面呈"凸"字形，仅残存部分甬道、墓室，方向315°。甬道仅存部分东壁，残长90厘米，宽度不明。墓室为横长方形，后壁、东壁已挤压变形，残长286、宽350、高80～140厘米，墓底已至岩石，且东壁内侧墓底有下陷的状况。甬道和墓室均以菱形几何纹砖砌筑，墓砖长44、宽18、厚8厘米（图二七）。

葬具及人骨不详。随葬器物有陶钵、陶罐、陶甑、陶釜、陶器盖。

陶钵　1件。M13：1，红陶。侈口，圆唇，仰折沿，束颈，弧腹略折，腹部饰凹弦纹两周，平底。口径17.4、通高6.6厘米（图二八，1）。

陶罐　2件。M13：5，灰陶。敞口、卷沿，圆唇，高领，斜肩，斜弧腹，肩部有一周凹弦纹，平底。口径10.5、腹径15.6、底径7.5、通高11厘米（图二八，2）。M13：8，红陶。直口，圆唇，高领，斜肩，斜弧腹，平底，肩部有一对扁圆形鋬纽。口径10.5、腹径14.6、底径8、通高9.3厘米（图二八，3）。

陶甑　1件。M13：4，灰陶。口底残片，侈口，折沿，平底。

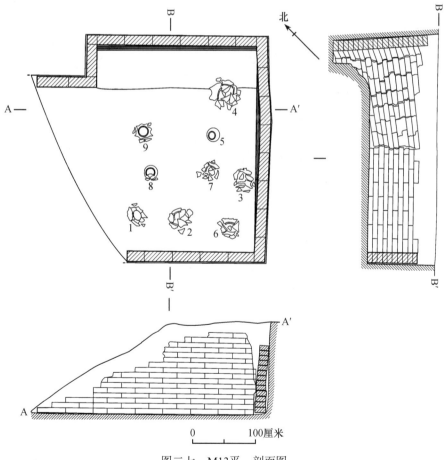

图二七　M13平、剖面图

1.陶钵　2.陶鼎　3、5、8.陶罐　4.陶甑　6、7.陶釜　9.陶器盖

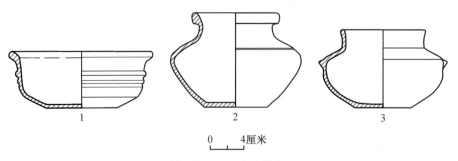

图二八　M13出土器物

1. 陶钵（M13：1）　2、3. 陶罐（M13：5、M13：8）

陶釜　2件。M11：6、M11：7，红陶。口沿残片，敛口，卷沿，圆唇，束颈，腹底残缺。

陶器盖　1件。M11：9，红陶盖面施黄褐釉，圆环纽，破损严重。

三、窑　址

共1座，即Y1。平面形状近扇形，顶部已经坍塌，从残存情况推测其应是馒头窑。此窑共由窑门、火塘、窑床、火道、烟道五部分组成，方向280°。窑门为砖砌券顶结构，宽66、高120厘米，以菱形几何纹砖砌筑。火塘外与窑门相连，进深120、高110厘米，内与窑床相接，近半椭圆形。窑床平面近扇形，扇径154厘米。火道呈凹槽状遍布于窑床四周，宽14、深10厘米左右，通过火道，烟道与火塘形成有效联系。烟道共有三个，下通过烟道门与火道相接，用条砖砌筑，残高130厘米，平面近弧长方形，长80厘米、最大宽66厘米。烟道门近长方形，高30厘米，长分别为40、50、56厘米，用条砖两块做成一倒一立支撑。窑室顶部已经不存在，就目前发现来推测，墓顶为圆弧形穹隆顶可能性较大。窑内未发现遗物（图二九）。

窑壁砖　1件。Y1：1，楔形砖。灰陶，短侧面饰菱形纹，平面施绳纹，一端有半圆榫头，另一端残缺。长侧面长33、短侧面长30、宽16、厚8厘米（图三〇）。

四、年代及基本认识

此次杨家坝遗址的发掘仍以墓葬的清理为主。这批墓葬均为砖室墓，但保存状况较差，部分墓葬破坏严重，形制不明，为其具体年代的分析带来了困难。

就墓葬形制而言，均以菱形几何纹的花纹砖砌筑，平面多呈凸字形或刀把形，由墓道、甬道、墓室组成，墓室为纵长方形或横长方形，甬道及墓室为券顶结构。亦有部分为长方形单室砖墓。此类墓葬常见于峡江地区汉六朝时期[1]。

就随葬器物而言，M4、M6～M8、M10、M11、M13均以陶器为主，且有部分釉陶。器物组合上包括有陶壶、陶钵、陶罐、陶杯等日常用器，陶俑、陶塘、陶楼、陶甑等模型明器，

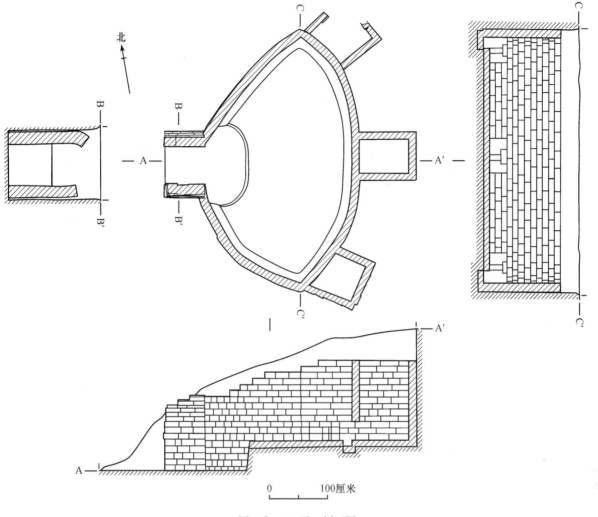

图二九　Y1平、剖面图

图三〇　Y1窑壁砖拓片（Y1∶1）

基本不见鼎盒壶等仿铜陶礼器，符合西汉新莽之后以及东汉墓葬的特点。其中M6的侍立俑、执斧俑的造型常见于该地区东汉墓葬，如赵家湾M26（M26：9）[2]，玻璃耳珰可见于麦沱山M33（M33：15）[3]。M7所出陶锺同样与麦沱山M33所出（M33：13）[4]相似。M13所出罐（M13：8）与赵家湾M8所出（M8：29）[5]相同，据此推测应当为东汉时期墓葬。同时，M5～M7、M9～M12均出有五铢钱，可为其年代的判断提供依据。M11出有"大泉五十""货泉"，其年代上限应为新莽时期。M10出有"直百五铢"，M10应当为蜀汉时期墓葬。

M1～M3随葬器物均以瓷器为主，主要器形有碗、四系罐等，多为灰白色胎，施淡青或淡黄色釉，有的还点缀有褐色斑点，符合长江中游六朝青瓷的特征，这3座墓葬大致可归属于六朝时期。

Y1也以菱形花纹砖砌筑，但发掘时窑床上残存有明清时期筒瓦，故推测其应为明清时期的窑址。

杨家坝遗址此次发掘的汉六朝时期砖室墓分布较为零散，由于江水的冲刷致使墓室多半垮塌，但还是出土器物一百余件。同时于地层中还出土有斗笠碗等宋代瓷器，并发现有明清时期的窑址。这批考古材料的发现将丰富峡江地区的物质文化研究资料。

附记：本次考古发掘领为队燕妮，执行领队为李梅田，宜昌博物馆乔峡、高芳、赵芳超、张荣良、邵平等参与发掘。摄影乔峡、赵芳超，修复陈辉廷、高芳，绘图赵芳超、乔峡、徐昌寅、李增辉，资料整理乔峡、李增辉、赵芳超、陈昊雯。

执笔：乔　峡　陈昊雯　李梅田

注　释

[1]　蒋晓春：《三峡地区秦汉墓研究》，巴蜀书社，2010年。

[2]　武汉大学考古与博物馆学系、武汉大学科技考古中心：《重庆奉节赵家湾墓地2004年发掘简报》，《江汉考古》2009年第1期。

[3]　重庆市文化局、湖南省文物考古研究所、巫山县文物管理所：《重庆巫山麦沱汉墓群发掘报告》，《考古学报》1999年第2期。

[4]　重庆市文化局、湖南省文物考古研究所、巫山县文物管理所：《重庆巫山麦沱汉墓群发掘报告》，《考古学报》1999年第2期。

[5]　武汉大学考古学系、重庆市文化局三峡办公室：《重庆奉节赵家湾东汉墓发掘简报》，《文物》2011年第1期。

万州瓦子坝墓地、金竹大嘴墓群2016年度发掘简报

重庆市文物考古研究院
中国人民大学历史学院

一、瓦子坝墓地

瓦子坝墓地位于重庆市万州区新乡镇万顺村3社，新乡镇以西400米，向西北与武陵镇隔江相望，相距约2.7千米。中心地理坐标为108°16′E，30°49′N，海拔164米。2016年8～9月，为配合三峡工程重庆库区消落区的文物保护工作，由重庆市文化遗产研究院（现重庆市文物考古研究院）和中国人民大学历史学院对其进行了清理发掘，共布正北向20米×20米探方4个，发掘面积1600平方米（图一）。

瓦子坝墓地（WW，指代万州瓦子坝）分布于长江南岸的缓坡地带上，因长期受江水涨退影响，在地表淤积大量泥沙，长满杂草，并包含有较多的植物根茎、石块以及移民搬迁遗留的现代建筑垃圾。且由于江水冲刷和现代人类活动，埋藏较浅的墓葬遭受扰乱较多。此次发掘共清理墓葬12座，其中砖室墓1座、竖穴土坑墓11座，命名为WWM+序号。出土器物以陶器为主，另有铜剑、铜钱、铁鼎等（图二）。

现将具体发掘情况介绍如下。

（一）砖室墓

共1座，为WWM1。

WWM1为"凸"字形砖室墓，方向260°。WWM1墓道口处残缺，墓顶已坍塌，墓室东壁、西壁南部有券顶残留。墓室南壁中部打破土坑墓WWM3。墓道长240、宽146、深100厘米。墓室东、西壁长486、残高100～116厘米，10层墓砖，北壁长234、残高70厘米，7层墓砖。均为平砖错缝顺砌。墓砖有长方形砖和楔形砖两种，楔形砖长36、宽20、厚10厘米，榫卯部位长4、宽4厘米，长方形砖长44、宽20、高10厘米，纹饰皆为菱形点状几何纹。在墓道与墓室转角处，底部向上第7层为楔形砖，花纹朝向墓室，其余皆为长方形砖，花纹朝向墓室。无

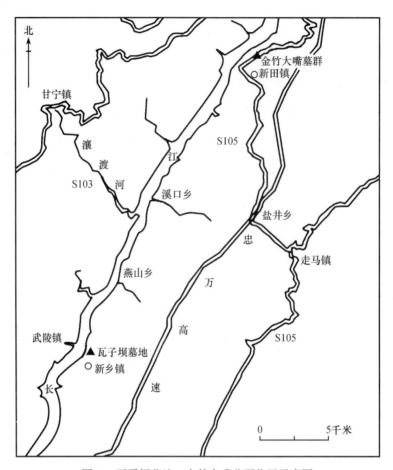

图一　瓦子坝墓地、金竹大嘴墓群位置示意图

铺地砖。不见葬具及人骨（图三）。随葬器物共10件（套），其中陶罐2件、陶俑4件（套）、陶钵1件、铜泡（残）1件、铁剑（残）1件和少量铜钱。其中1件陶罐未能修复。

　　陶俑　4件（套）。WWM1：1，红陶。空心，呈站姿，头戴尖顶小帽，面部模糊，双手交叉于胸前，持一棒状物。通高21、宽7.7、厚0.8厘米（图四，7）。WWM1：3-1，人俑头。红陶。空心，头戴冠，五官模糊，一手扶耳。通高9.7、宽7.6、厚0.5厘米（图四，10）。WWM1：3-2，人俑头。红陶。空心，头戴圆顶小帽，五官清晰。通高9.2、宽6.3、厚0.5厘米（图四，11）。WWM1：7，红陶。空心，呈站姿，头戴尖顶小帽，面部模糊，双手交叉于胸前，持一棒状物。通高21.2、宽7.4、厚1厘米（图四，8）。WWM1：8，红陶。空心，呈站姿，头戴尖顶小帽，面部模糊，双手交叉于胸前，持一棒状物。通高21、宽7.9、厚1.3厘米（图四，9）。

　　陶罐　2件。WWM1：5，灰陶。短直颈，敞口，圆唇，圆肩，斜弧腹，圜底。肩部饰两道凹弦纹，肩腹部饰间断绳纹，腹部及底部饰绳纹。通高19.1、深18.5、口径9.8、腹径28.8、器壁厚0.6厘米（图五，1）。

　　陶钵　1件。WWM1：10，灰陶。敞口，圆唇，弧腹，圈足。通高6.6、深5.3、口径17、圈足径6.7、圈足厚0.3、圈足深0.8、器壁厚0.6厘米（图五，16）。

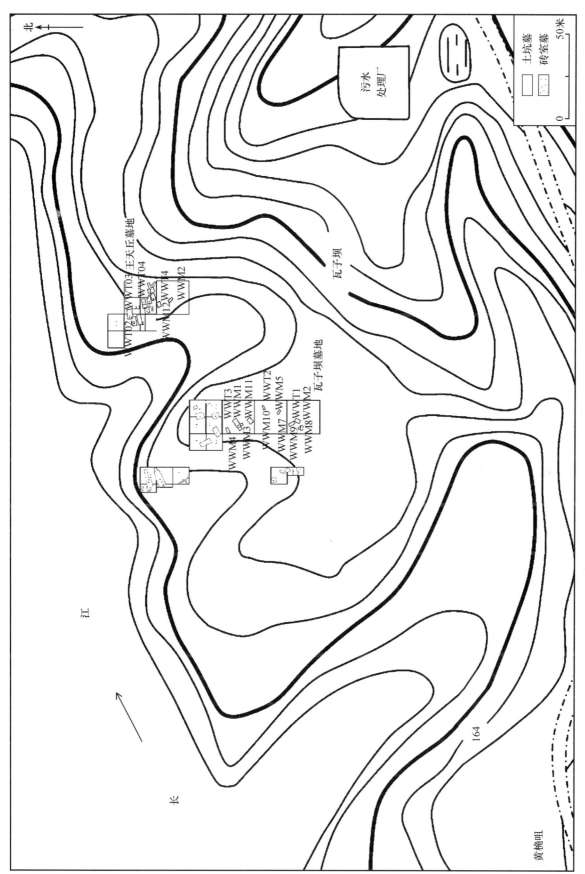

图二 瓦子坝墓地2016年度发掘探方和遗迹分布示意图

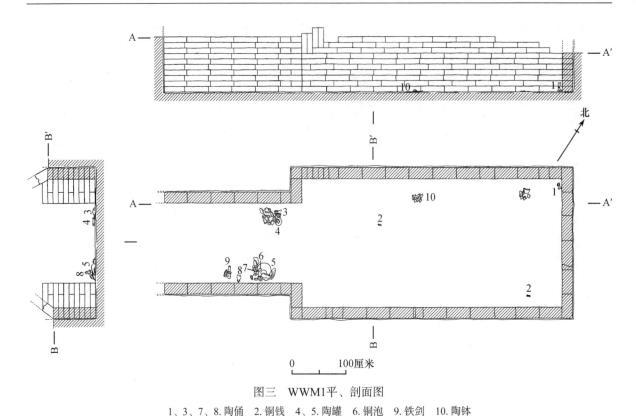

图三　WWM1平、剖面图

1、3、7、8.陶俑　2.铜钱　4、5.陶罐　6.铜泡　9.铁剑　10.陶钵

铜泡　1件。WWM1：6，直径4.1、厚0.2厘米（图四，15）。

铜钱　6枚。WWM1：2-1～WWM1：2-6，均为"五铢"。大小相同。直径2.5、孔径0.9、厚0.1厘米（图六，2、3）。

铁剑　1件。WWM1：9，断为三截。通长26.4、宽5.6厘米（图五，25）。

（二）土坑墓

共11座，分别为WWM2～WWM12，分布于沿江的缓坡地带。其中WWM3被WWM1打破，WWM8打破WWM9。WWM3～WWM11较为集中，WWM2和WWM12位于其东北处。

1. WWM2

WWM2为长方形土坑墓，方向315°。该墓已被冲刷破坏，仅剩部分墓底。墓室平面呈长方形，长310、宽148、深4～14厘米。不见葬具及人骨。出土陶片1袋（图七）。

2. WWM3

WWM3为近长方形土坑墓，方向335°。墓室平面呈前窄后宽的长方形，墓口长350、宽120～146厘米，墓底长324、宽109～111厘米，深16～116厘米。墓室被WWM1打破，近墓底处出土有部分陶片。不见葬具及人骨（图八）。

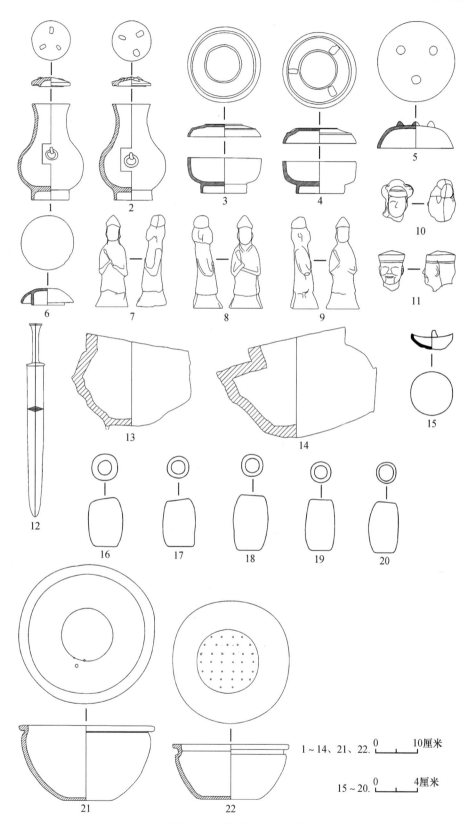

图四　瓦子坝墓地出土器物

1、2.陶壶（WWM6：3、WWM6：4）　3、4.陶簋（WWM6：5、WWM6：6）　5、6.陶器盖（WWM7：1、WWM12：8）

7~11.陶俑（WWM1：1、WWM1：7、WWM1：8、WWM1：3-1、WWM1：3-2）　12.铜剑（WWM6：7）

13、14.铁鼎（WWM4：5、WWM12：6）　15.铜泡（WWM1：6）　16~20.陶网坠（WWM4：6-1、WWM4：6-2、

WWM4：6-3、WWM4：6-4、WWM4：6-5）　21、22.陶甑（WWM12：7、WWM4：4）

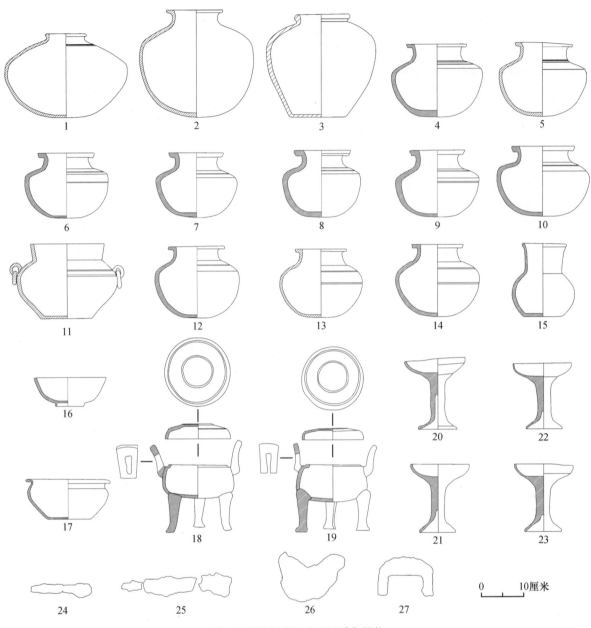

图五　瓦子坝墓地出土及采集器物

1~15.陶罐（WWM1：5、WWM4：3、WWM8：1、WWM12：1、WWM12：2、WWM12：3、WWM12：4、WWM12：5、
WWM12：9、WWM12：10、WWM12：11、WWM12：12、WWM4：1、WWM4：2、WWM11：2）　16、17.陶钵
（WWM1：10、WWM11：1）　18、19.陶鼎（WWM6：2、WWM6：1）　20~23.陶豆（WWM11：5、WWM11：3、
WWM11：4、WWM11：6）　24、25.铁剑（WWM12：13、WWM1：9）　26.铁器（WWM12：14）　27.铁插（采集）

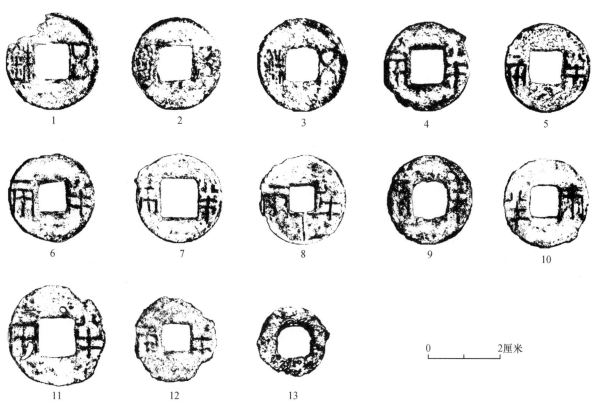

图六　瓦子坝墓地和金竹大嘴墓群出土铜钱

1~3.五铢（WJM1：2、WWM1：2-1、WWM1：2-2）　4~12.半两（WWM4：7-1、WWM4：7-2、WWM4：7-3、WWM4：7-4、
WWM4：7-5、WWM4：7-6、WWM4：7-7、WWM4：7-8、WWM8：2-1）　13.铜钱（WWM9：1）

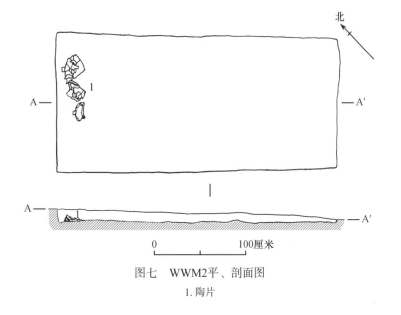

图七　WWM2平、剖面图
1.陶片

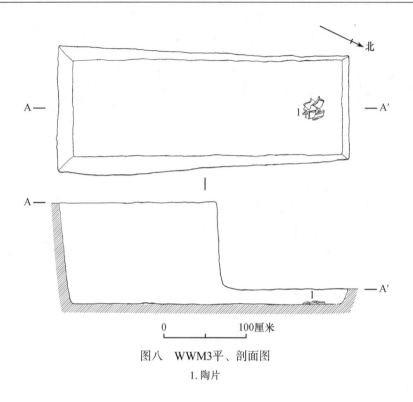

图八　WWM3平、剖面图

1. 陶片

3. WWM4

WWM4为近长方形土坑墓，方向65°。墓室平面呈前窄后宽的长方形，长360、宽154～156、深52～64厘米。不见葬具及人骨。随葬品7件，其中陶罐3件、陶甑1件、铁鼎1件、陶网坠1件（5枚）和铜钱若干（图九）。

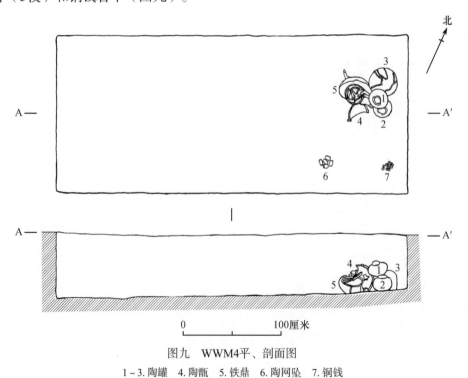

图九　WWM4平、剖面图

1～3. 陶罐　4. 陶甑　5. 铁鼎　6. 陶网坠　7. 铜钱

陶罐　3件。WWM4∶1，灰陶。敞口，折沿，方唇，束颈，圜肩，弧腹，圜底近平，底部略内凹。肩腹部饰两道凹弦纹，颈部、肩部及腹部饰绳纹。通高15.6、深15、口径12、沿宽1.6、腹径19.4、器壁厚0.6厘米（图五，13）。WWM4∶2，灰陶。敞口，折沿，方唇，束颈，圜肩，弧腹，圜底近平，底部略内凹。肩腹部饰两道凹弦纹，颈部、肩部及腹部饰绳纹。通高16.4、深15.6、口径12、沿宽1.8、腹径19.6、器壁厚0.8厘米（图五，14）。WWM4∶3，灰陶。敞口，折沿，方唇，束颈，圜肩，斜弧腹，圜底。器身饰绳纹，下腹部绳纹相互交错。通高24.4、深23.3、口径13.5、沿宽1.5、腹径27.2、器壁厚0.9厘米（图五，2）。

陶甑　1件。WWM4∶4，灰陶。敞口，折沿，方唇，颈微束，弧腹，平底，底部有33个甑孔。腹部饰绳纹。通高12.5、深11.8、口径27.6、沿宽2.2、底径14.5、甑孔孔径0.3、器壁厚0.9厘米（图四，22）。

陶网坠　5枚。均为红陶，圆柱形，微鼓，仅尺寸略有差异。WWM4∶6-1，通长4.5、宽3.3、孔径1.3/2.5厘米（图四，16）。WWM4∶6-2，通长4.4、宽3.1、孔径1.3/2.1厘米（图四，17）。WWM4∶6-3，通长5.1、宽3.3、孔径1.4/2厘米（图四，18）。WWM4∶6-4，通长4.7、宽2.8、孔径1.2/1.9厘米（图四，19）。WWM4∶6-5，通长4.7、宽2.9、孔径1.4/1.9厘米（图四，20）。

铜钱　32枚。WWM4∶7-1～WWM4∶7-32，为"半两"。一种直径2.4、孔径0.8、厚0.1厘米；一种直径2.7、孔径1、厚0.1厘米（图六，4～11）。

铁鼎　1件。器物锈蚀严重，但可辨为圆唇折沿斜腹鼎，底部推测有三足，残存一足根部。WWM4∶5，通高21～22、口径24、壁厚2.5、腹部最大径28.2厘米（图四，13）。

4. WWM5

WWM5为近长方形土坑墓，方向300°。墓室平面呈前窄后宽的长方形，墓口长270～280、宽120～124厘米，墓底长224、宽76～82厘米，深146～166厘米。不见葬具及人骨。亦无随葬品（图一○）。

5. WWM6

WWM6为近长方形土坑墓，方向25°。墓室平面呈前窄后宽的长方形，长320、宽192～208、深42～46厘米。不见葬具及人骨。随葬品共7件，其中陶壶2件（带器盖）、陶鼎2件、陶簋2件、铜剑1件（图一一；图版八，4）。

陶鼎　2件。WWM6∶1，灰陶。子母口，双耳，方形耳，直腹，平底略圜，三足，蹄形足，盖面鼓起。盖上饰两道凸弦纹。通高15.3/20.2、器腹深7.8、口径12.6/14.6、腹径16.8、器壁厚0.7厘米，耳厚1.1、长6.8、宽4.6、耳肩宽19.6厘米。器盖通高2.8、口径14.6、器壁厚0.5厘米（图五，19；图版八，1）。WWM6∶2，灰陶。子母口，双耳，方形耳，直腹，平底略圜，三足，蹄形足，盖面鼓起。盖上饰两道凸弦纹。通高15.4/20.8、器腹深7、口径13.2/16、腹径17.1、器壁厚0.7厘米，耳厚1、宽5、长7.5、耳肩宽22厘米。器盖通高3.5、口径15.6、器壁厚0.7厘米（图五，18）。

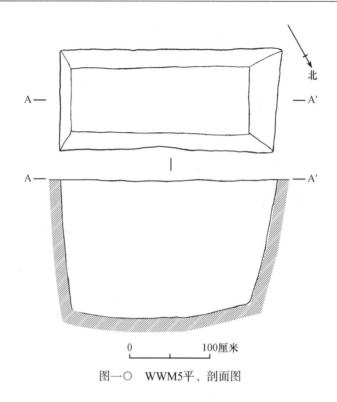

图一〇　WWM5平、剖面图

　　陶壶　2件。WWM6：3，灰陶。敞口，方唇，束颈，溜肩，鼓腹，平底，高圈足。腹部饰两个环状首。器盖子母口，盖面微鼓，饰三个长条状纽，已残。通高21.9、深18.8、口径9.1、腹径15.6、圈足径8.9、圈足厚0.6、深2.3、器壁厚0.7厘米。器盖通高2.2、口径5.5/9.1、器壁厚0.8厘米（图四，1）。WWM6：4，灰陶。敞口，方唇，束颈，溜肩，鼓腹，平底，高圈足。腹部饰两个环状首。器盖子母口，盖面微鼓，饰三个长条状纽，已残。通高21.9、深19.1、口径9.1、腹径15.7、圈足径8.8、圈足厚0.8、深2、器壁厚1.3厘米。器盖通高2.2、口径7.0/9.1、器壁厚0.6厘米（图四，2；图版八，2）。

　　陶簋　2件。WWM6：5，褐陶。直口，方唇，弧腹，平底，高圈足。器盖，盖面微鼓。盖面有两道凸弦纹。通高8.2、深5.6、口径17.5、圈足径11.2、圈足厚0.8、深1.7、器壁厚0.7厘米。器盖通高2.9、口径17.5、顶部圆直径8.8、厚0.6厘米（图四，3）。WWM6：6，褐陶。直口，方唇，弧腹，平底，高圈足。器盖，盖面微鼓。盖面饰两道凸弦纹，三个条形纽。通高7.3、深4.6、口径17.3、圈足径11.4、圈足厚1、圈足深1.9、器壁厚0.8厘米。器盖通高3.5、口径17.3、顶部圆直径9.1、厚0.6厘米（图四，4；图版八，3）。

　　铜剑　1件。WWM6：7，剑首截面呈椭圆形，剑茎平面呈双曲线形，无剑箍；剑格同剑首形制相似，略大于剑首。剑脊明显，剑从部分无纹饰或铭文，且由于锈迹原因，刃部与锷部分界并不明显，剑锋处略锈钝。剑体长44.1厘米，剑身宽0～3.9厘米，剑首宽3、厚0.3厘米，剑茎长9.5、宽1.5厘米，剑格宽4.4厘米（图四，12）。

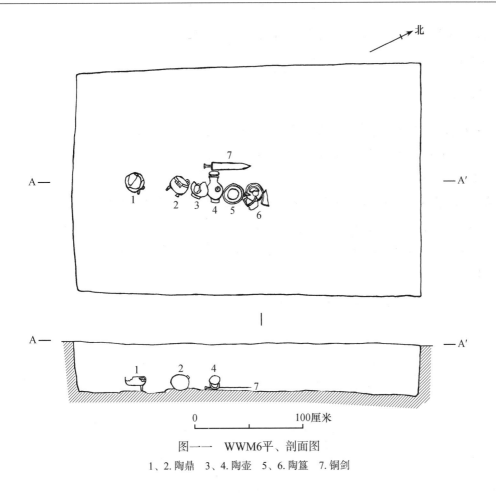

图一一　WWM6平、剖面图

1、2.陶鼎　3、4.陶壶　5、6.陶簋　7.铜剑

6. WWM7

WWM7为长方形土坑墓，方向330°，早已被盗。墓室平面呈长方形，开口长372、宽160～172厘米，底部长336、宽146～152厘米，深48～66厘米。墓室北部有1个袋形盗洞，陶片均出自该盗洞，可修复陶器盖1件。不见葬具及人骨（图一二）。

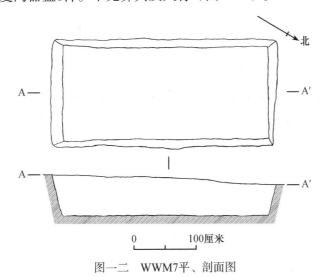

图一二　WWM7平、剖面图

陶器盖　1件。WWM7：1，灰陶。敞口，方唇，盖面微鼓，顶部饰3个凸状纽。通高6.2、深4.5、口沿18.4、器壁厚0.7厘米（图五，5）。

7. WWM8

WWM8为长方形土坑墓，方向275°。该墓已被冲刷破坏，仅剩部分墓底。墓室平面呈长方形，长266、宽136～140、深4～10厘米。不见葬具及人骨。于墓底出土陶片若干和少量铜钱，可修复陶罐1件（图一三）。

陶罐　1件。WWM8：1，褐陶。敞口，圆唇，束颈，圜肩，弧腹，平底。通高23.6、深23、口径13、腹径25.7、底径14.6、器壁厚0.6厘米（图五，3）。

铜钱　4枚。WWM8：2-1～WWM8：2-4，均为"半两"。直径2.3、孔径0.9、厚0.1厘米（图六，12）。

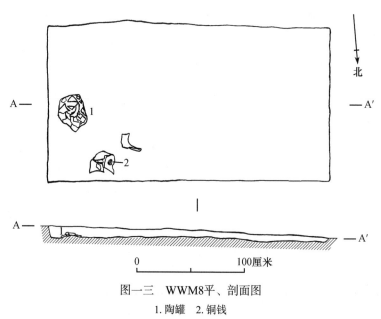

图一三　WWM8平、剖面图
1. 陶罐　2. 铜钱

8. WWM9

WWM9为长方形土坑墓，方向325°，且南部被WWM8打破。该墓已被冲刷破坏，仅剩部分墓底。墓室平面呈长方形，残长136～230、宽124、深0～14厘米。不见葬具及人骨。随葬品2件，其中铁器1件（残）和铜钱1枚，并出土陶片1袋。铁器未能修复（图一四）。

铜钱　1枚。WWM9：1，不可辨识。直径1.9、孔径0.9、厚0.1厘米（图六，13）。

9. WWM10

WWM10为长方形土坑墓，方向65°。墓室平面呈长方形，墓口长270、宽104～112厘米，墓底长200、宽94厘米，深160～170厘米。不见人骨及葬具。亦无随葬品（图一五）。

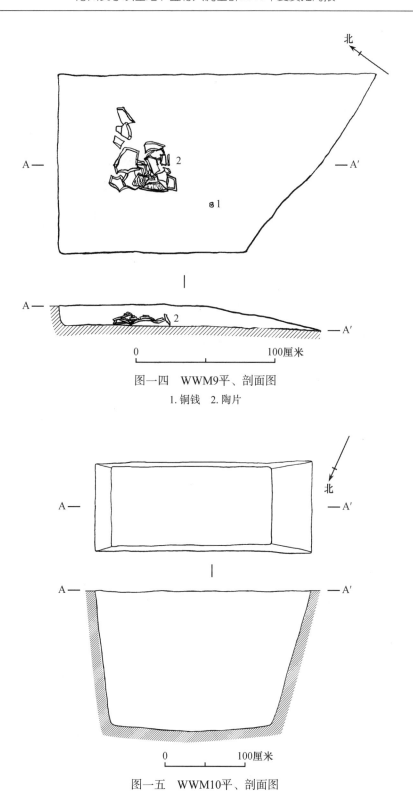

图一四　WWM9平、剖面图

1. 铜钱　2. 陶片

图一五　WWM10平、剖面图

10. WWM11

WWM11为长方形土坑墓，方向48°。墓室平面呈长方形，墓口长340、宽244厘米，墓底长290、宽200厘米，深112厘米。WWM11葬人骨1具，残存胫、腓骨，尺、桡骨，碎裂的股骨以及头骨、肋骨碎片，为仰身直肢葬，不见葬具。随葬品共6件，其中陶钵1件、陶罐1件、陶豆4件（图一六）。

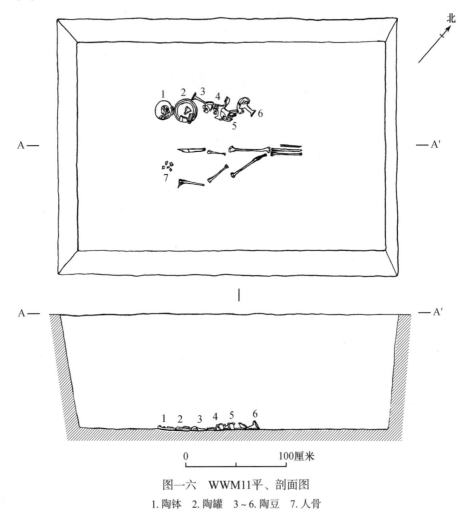

图一六　WWM11平、剖面图
1. 陶钵　2. 陶罐　3~6. 陶豆　7. 人骨

陶钵　1件。WWM11：1，灰陶。敞口，折沿，尖唇，束颈，圜肩，弧腹，圜底略内凹。腹部饰绳纹。通高9.2、深8.7、口径19.9、沿宽1.9、器壁厚0.6厘米（图五，17）。

陶罐　1件。WWM11：2，灰陶。敞口，圆唇，圜肩，鼓腹，平底。通高16.7、深15.9、口径10.6、腹径14.8、底径9.5、器壁厚0.8厘米（图五，15）。

陶豆　4件。WWM11：3，灰陶。敞口，圆唇，斜弧腹，实心柄，喇叭状圈足。通高15.5厘米，豆盘深2.9、口径13.8厘米，底座直径8.5、深1.4/4厘米，器壁厚0.4厘米（图五，21）。WWM11：4，灰陶。敞口，圆唇，斜弧腹，下腹部略折，实心柄，喇叭状圈足。通高15厘米，豆盘深3.1、口径13.8厘米，底座直径8.6、深1.2/4.2厘米，器壁厚0.3厘米（图五，22）。

WWM11：5，灰陶。敞口，圆唇，斜弧腹，下腹部略折，实心柄，喇叭状圈足。通高16.4厘米，豆盘深3.6、口径14.2厘米，底座直径9.1厘米，深1.8/7.8厘米，器壁厚0.5厘米（图五，20）。WWM11：6，红陶。敞口，圆唇，斜弧腹，实心柄，喇叭状底座。通高15.4厘米，豆盘深2.8、口径13.9厘米，底座直径8.8、深1.6/3.9厘米，器壁厚0.4厘米（图五，23）。

11. WWM12

WWM12为长方形土坑墓，方向250°。墓室平面呈长方形，墓室长306～314、宽232、深206～224厘米。不见人骨及葬具。共出土随葬品14件，其中陶罐9件、陶甑1件、陶器盖1件、铁鼎1件、铁剑1件（残）、铁器1件（残）。陶壶仅能复原器盖，壶身部分不可复原（图一七）。

陶罐　9件。WWM12：1，褐陶。敞口，折沿，方唇，唇面略凹，高领，折肩，斜弧腹，圜底。肩部饰两道凹弦纹，腹及底部饰绳纹。通高16.6、深15、口径14.1、沿宽1.8、腹径21.3、器壁厚1厘米（图五，4）。WWM12：2，灰陶。敞口，折沿，方唇，高领，折肩，斜弧腹，圜底。肩部饰一道凹弦纹，腹及底部饰绳纹。通高16.9、深15.9、口径13.6、沿宽1.8、腹径20.6、器壁厚0.7厘米（图五，5）。M12：3，褐陶。敞口，折沿，方唇，唇面略凹，束颈，折肩，斜弧腹，圜底略内凹。肩部及腹部饰两道凹弦纹，腹及底部饰绳纹。通高14.9、深14.3、口径13.3、沿宽1.8、腹径19.6、器壁厚1厘米（图五，6）。WWM12：4，灰陶。敞口，折沿，方唇，唇面略凹，高领，圜肩，弧腹，圜底略内凹。肩部饰一道凹弦纹，腹及底部饰绳纹。通高14.8、深13.7、口径13、沿宽2、腹径19.4、器壁厚1.1厘米（图五，7）。WWM12：5，灰陶。敞口，折沿，方唇，唇面略凹，束颈，折肩，弧腹，圜底。肩部饰一道凹弦纹，腹及底部饰绳纹。通高15.2、深14、口径13.3、口沿宽1.9、腹径18.3、器壁厚1.1厘米（图五，8）。WWM12：9，灰陶。敞口，折沿，方唇，唇面略凹，高领，折肩，弧腹，圜底。颈及底部饰绳纹，肩部及腹部饰两道凹弦纹。通高15.2、深14.5、口径13、沿宽2.2、腹径19.6、器壁厚1厘米（图五，9）。WWM12：10，褐陶。敞口，折沿，方唇，唇面略凹，束颈，圜肩，弧腹，圜底。肩部饰一道凹弦纹，腹及底部饰绳纹。通高17、深16、口径15、沿宽1.7、腹径22、器壁厚1厘米（图五，10）。WWM12：11，灰陶。敞口，方唇，高领，圜肩，弧腹，平底。肩部两侧各有一环状辅首，可活动，肩部饰两道凸弦纹。通高17、深16.4、口径17.4、辅首宽2.1、环宽5.1、腹径22.8、底径12.1、器壁厚0.7厘米（图五，11）。WWM12：12，灰陶。敞口，折沿，方唇，唇面略凹，束颈，圜肩，弧腹，圜底略内凹。肩部饰一道凹弦纹，腹及底部饰绳纹。通高16.5、深15.7、口径13.4、沿宽1.7、腹径20.2、器壁厚0.8厘米（图五，12）。

陶甑　1件。WWM12：7，红陶。敞口，折沿，方唇，唇面饰一道凹弦纹，束颈，弧腹，平底，腹部饰间断绳纹，底部残留三个甑孔。通高17.1、深16.5、口径32.2、沿宽2.4、底径12.1、器壁厚0.9厘米（图四，22）。

陶器盖　1件。WWM12：8，灰陶。子母口，盖面微鼓。通高3.8、深3.3、口径8/12.5、小口沿宽0.6、器壁厚0.4厘米（图四，6）。

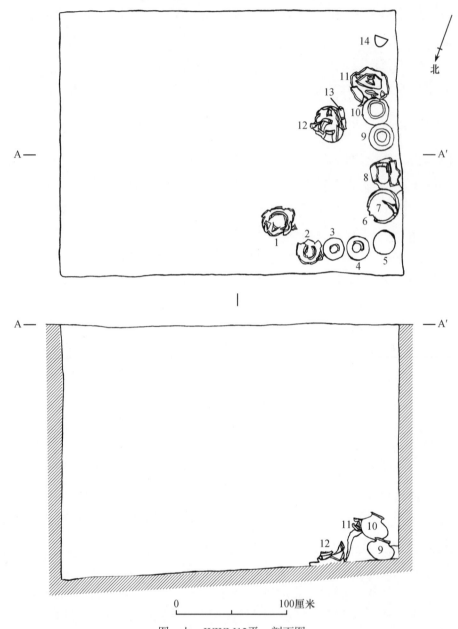

图一七　WWM12平、剖面图
1~5、9~12.陶罐　6.铁鼎　7.陶甑　8.器盖　13.铁剑　14.铁器

　　铁鼎　1件。WWM12：6，器物锈蚀严重，难以辨认，可以推测为方唇折沿鼓腹鼎，形制略扁，腹部两侧有耳，未发现足。通高25.5~23、壁厚3、外耳长10、腹部最大径38厘米（图四，14）。

　　铁剑　1件。WWM12：13，残。通长14.3、宽3.3厘米（图五，24）。

　　铁器　1件。WWM12：14，严重残损，无法辨认。通长15.5、宽11.4、厚1.6厘米（图五，26）。

（三）采集品

共1件。

铁锸 1件。通长13、宽9、厚0.7厘米（图五，27）。

（四）墓葬年代探讨及相关认识

此次清理的12座墓葬，除WWM1外均为土坑墓。

WWM4、WWM8均为长方形土坑竖穴墓，出土有半两钱且不见五铢，随葬陶器较为单一，只有陶罐、网坠。WWM4所出圜底罐可见于涪陵镇安M14[1]，M8所出瓮形罐与涪陵黄溪M2[2]所出相近。由此推测其为西汉早中期墓葬。

WWM6为宽长方形土坑竖穴墓，出有两套完全相同的鼎、簋、壶仿铜陶礼器，所出陶鼎足较高且略呈蹄状，器腹底部较平，与巫山琵琶洲M5[3]所出较为接近。另出有一把铜剑。推测其应为西汉早中期墓葬。

WWM11、WWM12为宽长方形土坑竖穴墓。随葬器物以陶钵、陶罐、陶豆等为主，不见模型明器。WWM12所出圜底罐可见于忠县杜家院子M1[4]，推测其年代为西汉中晚期。

WWM7仅出有一件器盖，与巫山麦沱M35（新莽时期墓葬）[5]较为相似，无法推测其年代。

WWM1为凸字形砖室墓，其墓葬形制流行于东汉时期。所出圜底罐口部较小，与万州安全M4[6]中所出相近。所出执物俑、扶耳俑头等为峡江地区东汉常见的陶俑种类，且制作较为粗糙，形体较小，可见于万州安全M12[7]等墓葬中，由此推测其应当为东汉中晚期墓葬。

WWM2、WWM3、WWM5、WWM9、WWM10均为长方形或近梯形土坑竖穴墓，没有或只有少量难以辨识的随葬器物，无法确定其年代。

二、金竹大嘴墓群

金竹大嘴墓群位于重庆市万州区新田镇谭绍村4社长江南岸一处缓坡地带，谭绍村西北380米，新田镇东北2.8千米，万州区以南4.2千米。中心坐标为108°27′E，30°42′N，海拔146~150米。2016年8月，为配合三峡工程重庆库区消落区的文物保护工作，由重庆市文化遗产研究院和中国人民大学对其进行了清理发掘，共布正北向10米×10米探方1个，并进行扩方，发掘面积304.5平方米（见图一）。

金竹大嘴墓群（WJ，指代万州金竹大嘴墓群）分布于长江南岸的一处小台地上，因长期受江水涨退影响，在地表淤积大量泥沙，并包含有较多的植物根茎、石块、现代生产生活垃圾。且由于江水冲刷，墓葬大多被破坏严重，墓室在台地断面处均已露出，保存状况较差（图一八）。此次发掘共清理5座砖室墓，命名为WJ+序号。出土器物以陶瓷器为主，另有铜钱1枚。

现将具体发掘情况介绍如下。

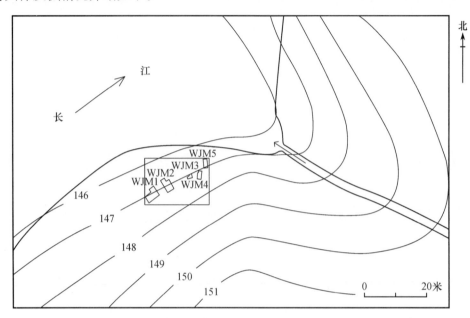

图一八　金竹大嘴墓群2016年度发掘遗迹分布示意图

（一）砖室墓

共5座，分别为WJM1～WJM5，绕台地呈带状分布。

1. WJM1

WJM1为长方形砖室墓，方向325°。由于江水冲刷影响，WJM1损坏严重，墓圹亦不明显。墓室平面呈长方形，墓室南壁11层墓砖后起券，券顶塌陷，仅保留墓室南壁部分。墓室残长348、宽420厘米。墓室为券顶，底部较平，有两层铺地砖，横向错缝平铺，墓壁平砖顺砌，残高160厘米。墓砖长38、宽18、厚7厘米；铺地砖长40、宽20、厚10厘米。铺地砖与壁砖同为长方形砖，券顶部分为楔形砖，榫卯部分长1、宽2厘米。纹饰为菱形几何纹，皆朝向墓室。不见葬具及人骨。随葬品集中分布于墓室中部，随葬品共3件，有陶碟1件、陶钵1件、铜钱1枚，均残（图一九）。

陶碟　1件。WJM1：1，红陶，器表内外施黄褐色釉。敞口，方唇，斜弧腹，下腹部略折，平底。通高3.1、深2.7、口径15.5、底径6.2、器壁厚0.4厘米（图二〇，3）。

陶钵　1件。WJM1：3，红陶，器表内外施绿褐色釉，器表外釉不及底。敞口，方唇，折腹，平底略内凹。腹部有两道凹弦纹。通高6.3、深5.7、口径16.9、底径6.4、器壁厚0.6厘米（图二〇，1）。

铜钱　1枚。WJM1：2，为"五铢"。直径2.6、孔径0.9、厚0.1厘米（图六，1）。

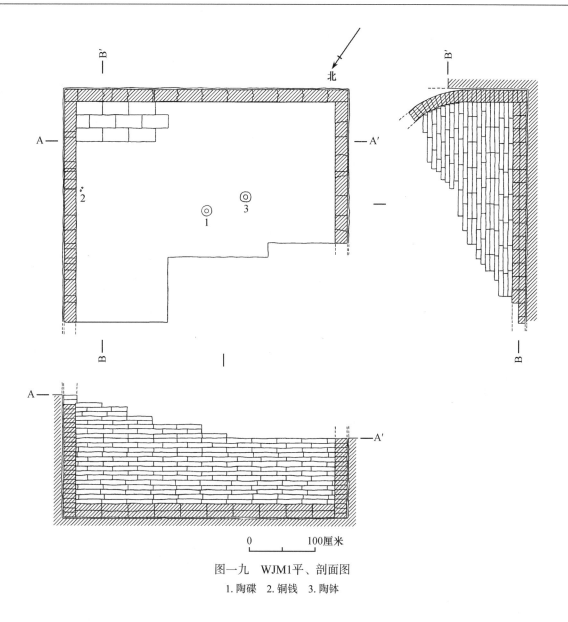

图一九　WJM1平、剖面图
1. 陶碟　2. 铜钱　3. 陶钵

2. WJM2

WJM2为刀把形砖室墓，方向330°。由于江水冲刷影响，WJM2损坏严重，墓圹亦不明显。由甬道和墓室两部分构成。墓室平面呈长方形，长290、宽232、残高120厘米。甬道平面呈长方形，残长130、宽134、残高45厘米。墓室铺地砖为横向错缝平铺，甬道铺地砖为横向顺缝平铺，铺地砖长43、宽20、厚10厘米。墓壁为平砖错缝顺砌，券顶以下为长方形墓砖，券顶部分为楔形砖，均长42、宽20、厚9厘米。楔形砖凹槽榫卯长宽均为2厘米。纹饰为车轮纹，与万州松岭包墓葬相似，皆朝向墓室。墓顶为券顶，墓壁10层壁砖后起券，仅剩两块墓顶砖。不见葬具及人骨。随葬品全部位于甬道西侧，共5件，其中包括瓷盏4件、瓷钵1件（图二一）。

瓷盏　4件。WJM2：1，白胎偏粉，器表施一层白色化妆土。敞口，方唇，口沿外饰一道凹弦纹，弧腹，饼状底。通高3.3、深2.9、口径8.1、底径4.5、器壁厚0.3厘米（图二〇，4）。WJM2：2，白胎，施青釉，器表内外釉不及底。敞口，尖唇，弧腹，盏内底部较平，饼状底。

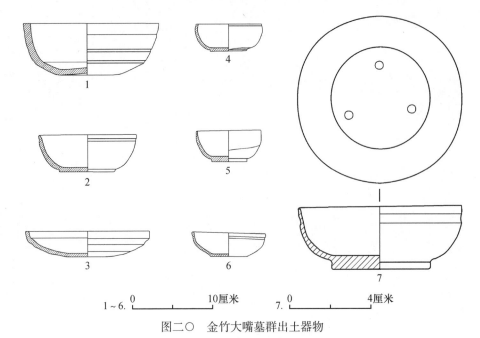

图二〇　金竹大嘴墓群出土器物

1、2.陶钵（WJM1∶3、WJM2∶4）　3.陶碟（WJM1∶1）　4～7.瓷盏（WJM2∶1、WJM2∶2、WJM2∶5、WJM2∶3）

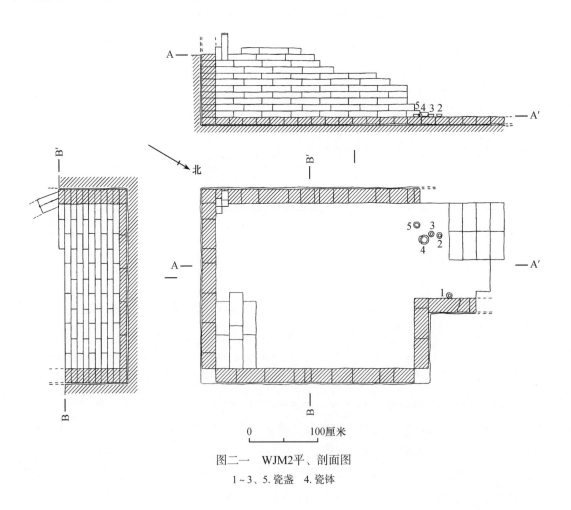

图二一　WJM2平、剖面图

1～3、5.瓷盏　4.瓷钵

通高3.8、深2.9、口径8、底径4.3、器壁厚0.4厘米（图二〇，5）。WJM2∶3，白胎，器表内外施青釉，器表外釉不及底。敞口，尖唇，口沿外饰一道凹弦纹，弧腹，饼状底。内底有3个支钉痕迹。通高3.1、深2.4、口径8.1、底径5、器壁厚0.3厘米（图二〇，7）。WJM2∶5，白胎，器表施一层化妆土。敞口，圆唇，弧腹，平底。口沿外饰一道凹弦纹。通高3、深2.6、口径9.1、底径4.6、器壁厚0.3厘米（图二〇，6）。

瓷钵　1件。WJM2∶4，白胎。敞口，尖唇，弧腹，饼状底。口沿外饰一道凹弦纹。通高4.5、深3.9、口径12.2、底径7.2、器壁厚0.5厘米（图二〇，2）。

3. WJM3

WJM3为长方形砖室墓，方向345°。由于江水冲刷影响，WJM3损坏严重，墓圹亦不明显。墓室平面近长方形，残长112、宽142、残高62厘米。墓室无铺地砖，墓壁残损严重，为平砖错缝顺砌，有长方形墓砖和楔形砖两种，纹饰皆为菱形几何纹且皆朝向墓室，长38、宽21、厚9厘米。楔形砖只见凹槽不见凸榫头，凹槽长宽均为2厘米。墓顶情况不详。不见葬具及人骨。亦不见随葬品（图二二）。

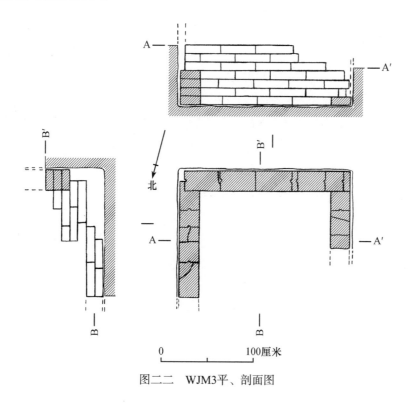

图二二　WJM3平、剖面图

4. WJM4

WJM4为长方形砖室墓，方向6°。由于江水冲刷影响，WJM4损坏严重，墓圹亦不明显。WJM4墓室部分残长250、宽90、残高70厘米，墓室地面有铺地砖，为横向错缝平铺，地砖长32、宽18、厚6厘米。墓壁为平砖错缝顺砌，长方形墓砖，长38、宽18、厚7厘米，为榫卯结构，榫卯部位长2、宽2厘米。纹饰皆为菱形几何纹，朝向墓室。墓顶情况不详。不见葬具及人骨。亦不见随葬品（图二三）。

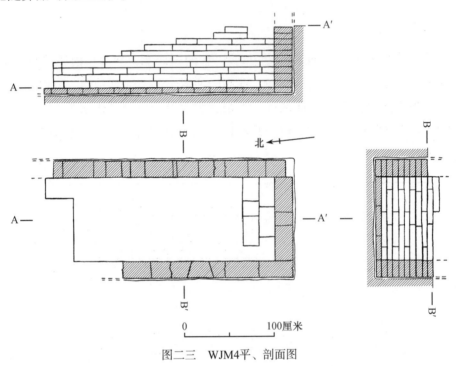

图二三　WJM4平、剖面图

5. WJM5

WJM5为长方形砖室墓，方向355°。由于江水冲刷影响，WJM5损坏严重，墓圹亦不明显。墓室长250、宽98、残高57厘米，8层墓砖。地面仅余两块铺地砖，与壁砖大小一致，初步判断为横向错缝平铺，砖长46、宽18、厚7厘米。墓壁为平砖错缝顺砌。墓砖均为长方形砖，纹饰皆为菱形几何纹，花纹朝向墓室。墓顶情况不详。不见葬具及人骨。亦不见随葬品（图二四）。

（二）墓葬年代探讨及相关认识

此次清理的5座墓葬均为砖室墓，墓葬保存状况较差，部分墓葬前部已被江水冲毁。就现有发掘情况而言，墓葬平面以长方形或带甬道的刀把形为主，除WJM1、WJM2保留部分券顶外，其余墓葬上部结构不明。砖室墓在峡江地区于王莽时期出现，至东汉时期成为主流[8]。

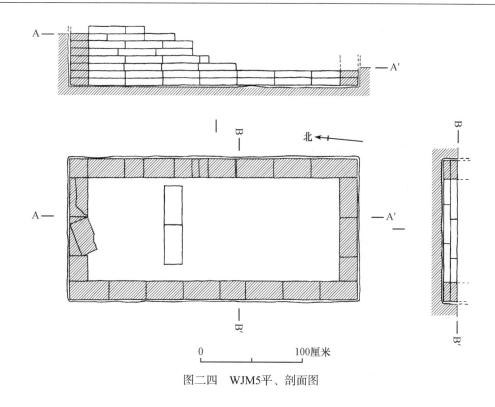

图二四　WJM5平、剖面图

WJM1所出"五铢"朱字圆折，其年代应当在王莽之后[9]。所出陶碟为红陶施黄褐色釉，陶钵微红陶施绿釉，均常见于峡江东汉墓葬中[10]。

WJM2所出青瓷盏、青瓷钵具有较为鲜明的六朝时期特点，在峡江地区的六朝墓中多有出现，如奉节赵家湾M18[11]。

WJM3、WJM4、WJM5无随葬品，从菱形几何纹的花纹砖和榫卯砖推测，应当为东汉时期墓葬。

三、结　语

瓦子坝墓地位于今万州区长江南岸的新乡镇，与武陵镇隔江相望。西南民族大学分别于2015年和2016年在瓦子坝墓地北部的王天丘墓地进行发掘。瓦子坝墓地墓葬分布集中，受埋藏环境影响，墓葬保存状况参差不齐，随葬器物主要集中于部分墓葬。就墓葬本身及随葬品而言，其形制及组合风格相似。通过对砖室墓及土坑墓形制、随葬品特征、墓砖砌筑方式及纹饰特征等分别比对后，推测长江两岸等这些墓葬，可能为该地区居民于东汉晚期至六朝期间集中埋葬的区域。

金竹大嘴墓群位于今万州区长江南岸的新田镇。由于墓葬在江水冲刷后的沿岸断层中部分暴露，保存状况参差不齐，随葬器物集中于WJM1、WJM2中。就墓葬本身及随葬品而言，其形制及组合风格相似。通过对墓葬形制、WJM1及WJM2随葬品特征、墓砖砌筑方式及纹饰等比对后，推测该墓群可能为该地区居民于六朝时期集中埋葬的区域。

其中，WWM1、WJM1、WJM2保存较为完整，墓室结构较完好，随葬器物丰富，为研究长江沿岸该类砖室墓形制演化以及与土坑墓、居址的关系、随葬器物的制作工艺与商品化、墓砖砌筑方式与纹饰特征等问题均提供可靠的资料。

　　附记：本次考古发掘领队为汪伟，执行领队为李梅田，参加发掘的人员有乔汉英、郭东珺、罗忠武等，摄影：郭东珺、陈昊雯、严秀娟，绘图：郭东珺、乔汉英、杨好，整理：乔汉英、乔峡、李增辉。本次发掘工作得到了万州市博物馆的大力支持，在此谨表谢忱。

执笔：郭东珺　乔　峡

注　释

[1]　北京市文物研究所三峡队、重庆市涪陵区博物馆：《涪陵镇安遗址发掘报告》，《重庆库区考古报告集·1999卷》，科学出版社，2006年，第745～786页。

[2]　四川省文物管理委员会、涪陵县文化馆：《四川涪陵县西汉土坑墓发掘简报》，《考古》1984年第4期。

[3]　中国社会科学院考古研究所三峡工作队：《巫山琵琶洲遗址发掘报告》，《重庆库区考古报告集·1998卷》，科学出版社，2003年，第175～180页。

[4]　成都市文物考古研究所、重庆市忠县文物管理所：《重庆市忠县杜家院子遗址2001年度发掘简报》，《成都考古发现》（2001），科学出版社，2003年，第409页。

[5]　重庆市文化局、湖南省文物考古研究所、巫山县文物管理所：《重庆巫山麦沱汉墓群发掘报告》，《考古学报》1999年第2期。

[6]　重庆市文化局、陕西省考古研究所：《重庆万州安全墓地1998年汉墓发掘简报》，《文博》2001年第4期。

[7]　重庆市文化局、陕西省考古研究所：《重庆万州安全墓地1998年汉墓发掘简报》，《文博》2001年第4期。

[8]　蒋晓春：《三峡地区秦汉墓研究》，巴蜀书社，2010年。

[9]　洛阳区考古发掘队：《洛阳烧沟汉墓》，科学出版社，1959年。

[10]　武汉大学考古及博物馆系、武汉大学科技考古中心：《重庆奉节赵家湾墓地2004年发掘简报》，《江汉考古》2009年第1期。

[11]　武汉大学考古及博物馆系、武汉大学科技考古中心：《重庆奉节赵家湾墓地2004年发掘简报》，《江汉考古》2009年第1期。

万州包上墓群2016年度发掘简报

西 南 民 族 大 学
重庆市文物考古研究院
万 州 区 博 物 馆

为配合三峡工程重庆库区消落区的文物保护工作，西南民族大学西南民族研究院与重庆市文化遗产研究院（现重庆市文物考古研究院）合作，于2016年5月20日～8月29日对万州包上墓群进行田野考古发掘工作。

一、墓 群 概 况

包上墓群位于万州区新乡镇万顺村1组，地处长江南岸二级台地上，南临055县道，东望新乡镇，西接瓦子坝遗址，西北至长江，东南接新乡镇污水处理厂。墓群中心地理坐标30°29′53″N，108°16′17″E，海拔150～165米（图一）。墓群所在区域为缓坡地带，地势由南向北逐渐走低，原为当地居民耕地，三峡移民后成为荒地，地表因江水定期淹没遍布淤泥、石块以及杂物等（图二）。

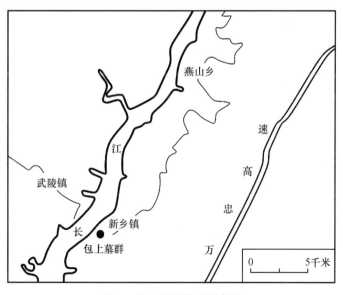

图一　包上墓群位置示意图

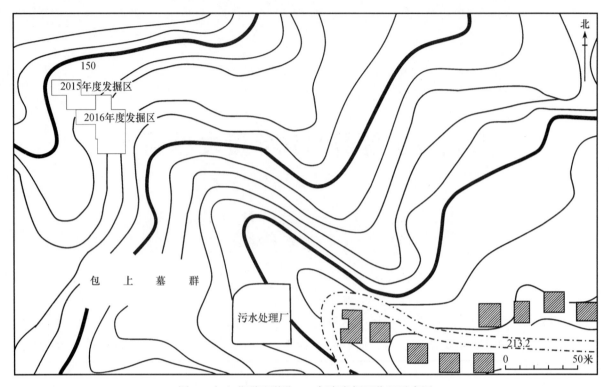

图二　包上墓群地形及2016年度发掘区位置示意图

　　将墓群坐标点定在污水处理厂西北角，探方采用顺序编号，2016WXBT01……，"2016"表示发掘年度，"W"表示万州区，"X"表示新乡镇，"B"表示包上墓群，"T01"表示探方号。布设10米×10米的探方8个、5米×10米探方1个、扩方2米×10米，方向正南北。总发掘面积870平方米，共发掘墓葬13座（2016WXBM1～2016WXBM13，以下简称M1～M13），其中砖室墓1座、土坑墓12座（图三）。

　　该遗址地层单一，共分2层，以T03南壁为例：第1层为淤土，灰褐色、黏性大，含有植物根茎，厚0.45～0.55米；第2层为灰褐色耕土，土质较疏松，含有炭灰、植物根系，厚0.20～0.25米。第2层下即为生土（图四）。

二、墓葬形制及随葬器物

（一）M1

　　凸字形砖室墓，位于T03西北，开口于第2层下，由墓道、甬道、墓室三部分组成，方向45°（图五）。

　　墓道位于甬道之东北，平面近似半圆形，墓口距地表深0.7米，长0.85、宽1.6、深0.8米，墓底呈斜坡状。填土为灰褐色花土，土质较硬，含有炭灰。

　　封门砖内凹呈弧形，残存7层，高0.7米，用车轮几何纹楔形砖、太阳三角纹条砖及残砖混

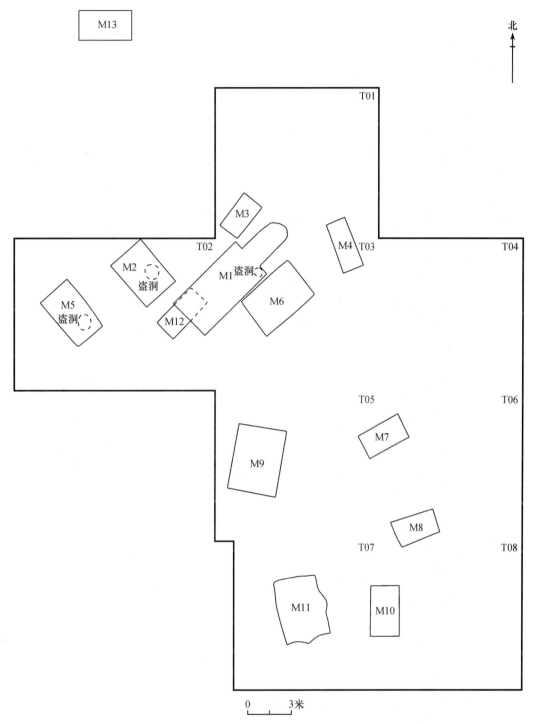

图三 包上墓群2016年度发掘墓葬分布示意图

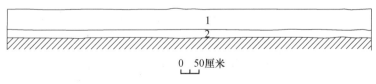

图四 T03南壁剖面图

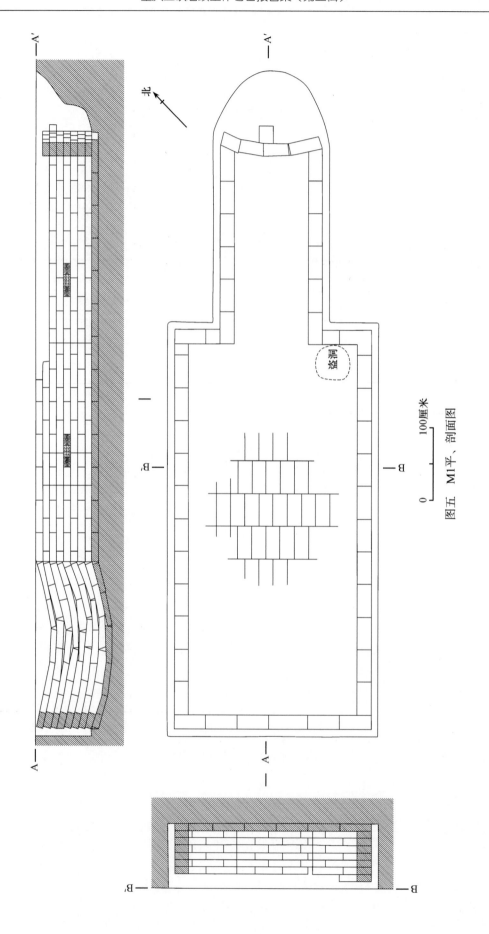

图五　M1平、剖面图

杂错缝平砌（图六，1、2）。

甬道居墓道与墓室之间，券顶无存，长2.65、宽1.05、残高0.7米。墓室居甬道之西南，券顶无存，长5.1、宽2.4、残高0.9米。壁砖为乳钉菱形纹条砖错缝平砌，砖长45、宽20、厚10厘米（图六，3）。甬道底砖为素面条砖纵向对缝平铺，墓室底砖近甬道处两排为素面条砖纵向对缝平铺，余为素面条砖纵向错缝平铺，砖长45、宽21.8、厚6厘米。甬道和墓室内填土为灰褐色，土质较硬，含炭灰、残砖。

因破坏严重，未见随葬器物。

（二）M2

1. 墓葬形制

竖穴土坑墓，位于T02北部，开口于第2层下。平面呈长方形，西北宽东南窄，壁较直，平底，方向315°。墓口距地表深0.85米，墓口长3.92、宽2.6～2.7米；墓底长3.8、宽2.5～2.6米，深2米。墓内填土为灰褐色花土，土质较硬，含有炭灰、小姜石。墓室中部偏东有长1.8、宽约1米的盗洞，故仅在墓室东南角出土陶器2件和数枚钱币（图七）。

2. 随葬器物

出土陶器2件、钱币9枚。

陶罐　2件。泥质灰陶。M2：1，敞口外卷，平折沿，束颈，耸肩，鼓腹，圜底内凹。肩部和腹中部各饰凹弦纹两周，下腹饰绳纹。口径13.6、腹径21.4、高15.2厘米（图八，1）。M2：2，直口，平折沿，束颈，斜肩，鼓腹，圜底内凹。颈下部、肩部和腹部各饰凹弦纹一周，下腹饰绳纹。口径13、腹径21.6、高17.6厘米（图八，2）。

钱币　9枚。钱文均为“半两”，其中5枚锈结。M2：3-1，钱径2.36～2.41厘米，重2.43克（图八，3）。M2：3-2，钱径2.4～2.42厘米，重2.77克（图八，4）。M2：3-3，钱径2.36～2.42厘米，重2.58克（图八，5）。M2：3-4，钱径2.26～2.3厘米，重2.27克（图八，6）。

（三）M3

1. 墓葬形制

竖穴土坑墓，位于T01西南，开口于第2层下。平面呈长方形，口大底小，壁较直，平底，方向225°。墓口距地表深0.7米，墓口长2.7、宽1.5米，墓底长2.5、宽1.2米，深0.7米。墓内填土为灰褐色花土，土质较疏松，含有炭灰、姜石。墓底中部有棺痕，残长1.9、宽0.9米，板痕厚1厘米。棺痕内有一具朽骨痕迹，头南足北，仰身直肢。随葬器物在墓室南端和骨痕腰部右侧（图九）。

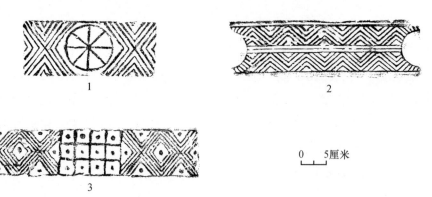

0　　5厘米

图六　M1出土花纹砖

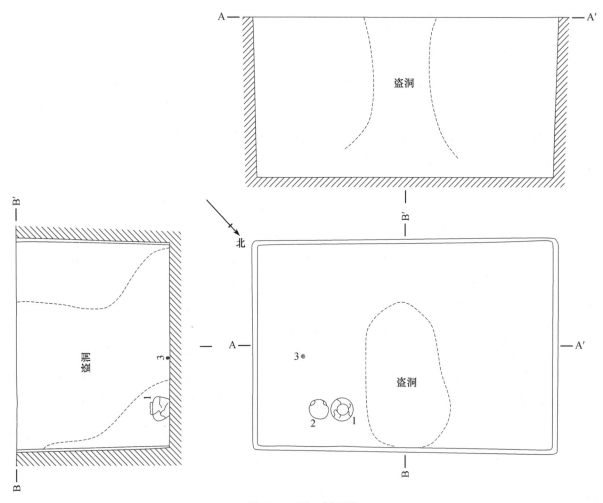

图七　M2平、剖面图
1、2.陶罐　3.钱币

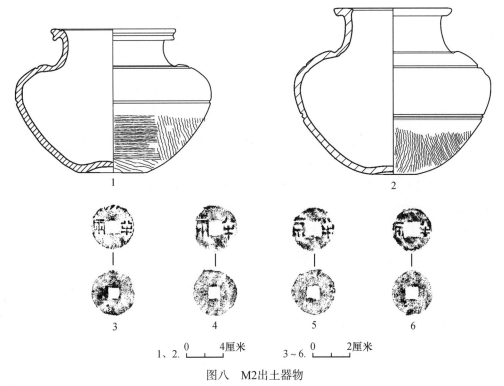

1、2. $\begin{array}{c}0 \qquad 4厘米\\ \rule{2cm}{0.4pt}\end{array}$ 3~6. $\begin{array}{c}0 \qquad 2厘米\\ \rule{2cm}{0.4pt}\end{array}$

图八 M2出土器物

1、2.陶罐（M2：1、M2：2） 3~6.钱币（M2：3-1、M2：3-2、M2：3-3、M2：3-4）

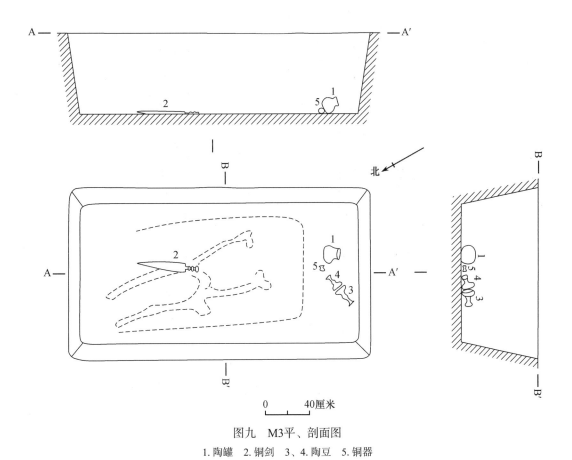

0 40厘米

图九 M3平、剖面图

1.陶罐 2.铜剑 3、4.陶豆 5.铜器

2. 随葬器物

出土陶器3件、铜器2件。

陶罐　1件。M3：1，泥质灰陶。侈口，圆唇，束颈，斜肩，鼓腹，平底。口径11.2、腹径14.8、底径9、高14厘米（图一〇，1）。

陶豆　2件。M3：3、M3：4，均为泥质灰陶，形制、大小相同。盘口，尖圆唇，高柄，喇叭形底。口径13.2、底径8.8、高14.4厘米（图一〇，2）。

铜剑　1件。M3：2，锈蚀。圆饼剑首，厚0.58、直径4.17～4.24厘米。圆柱形剑茎，茎中部饰两环，茎长8.5、茎径1.3～1.75厘米。格宽4.95、剑身宽4.5、脊厚0.97、通长53.1厘米。双刃锋利，均有不同程度的豁口（图一〇，4）。

铜器　1件。M3：5，圆形，束腰。口径5.09～5.3、底径5.16～5.4、高3.3厘米，上缘厚0.43～0.47、下缘厚0.15～0.2厘米。腰上有近似对称4圆角方形孔，孔径0.2～0.3厘米（图一〇，3）。

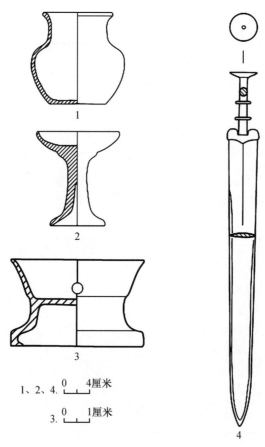

1、2、4.　0　　4厘米

3.　0　　1厘米

图一〇　M3出土器物

1.陶罐（M3：1）　2.陶豆（M3：3）　3.铜器（M3：5）　4.铜剑（M3：2）

（四）M4

1. 墓葬形制

竖穴土坑墓，位于T01东南、T03东北，开口于第2层下。平面呈长方形，口大底小，壁较直，平底，方向155°。墓口距地表深0.7米，墓口长3.5、宽1.28米，墓底长3.2、宽1.08～1.14米，深1米。墓内填土为灰褐色花土，土质较疏松，含有炭灰、姜石。随葬器物集中放置于墓室南端（图一一）。

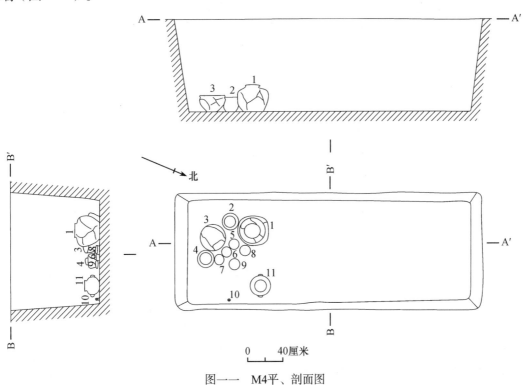

图一一　M4平、剖面图

1、2、4.陶罐　3.陶甑　5～9.陶豆　10.钱币　11.铁鍪

2. 随葬器物

出土陶器9件、铁器1件、钱币数枚。

陶罐　3件。M4：1，泥质褐陶。敞口，卷沿，圆唇，短束颈，宽肩，鼓腹，平底内凹。上附子母口盖，肩部饰凹凸弦纹各一周。口径13、腹径32.2、底径20.4、通高28厘米（图一二，1）。M4：2，泥质灰陶。直口，平折沿，双圆唇，短束颈，斜肩，鼓腹，圜底内凹。肩部饰凹弦纹两周。口径13、腹径21.6、底径20.4、高15厘米（图一二，2）。M4：4，泥质褐陶。直口，平折沿，尖圆唇，束颈，斜肩，鼓腹，圜底内凹。肩部饰菱形纹和凹弦纹两周，腹部饰凹弦纹一周。罐内有卵石4块。口径12.2、腹径19.4、高15厘米（图一二，3）。

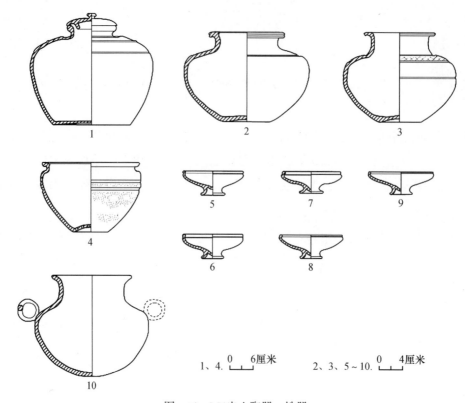

1、4. 0　6厘米　　2、3、5～10. 0　4厘米

图一二　M4出土陶器、铁器

1～3.陶罐（M4：1、M4：2、M4：4）　4.陶瓺（M4：3）　5～9.陶豆（M4：5、M4：6、M4：7、M4：8、M4：9）
10.铁鍪（M4：11）

　　陶瓺　1件。M4：3，泥质灰陶。直口，平折沿，方唇，短束颈，折肩，斜腹内收，凹底。腹部饰凹弦纹两周，其下饰绳纹。口径25.5、腹径26.4、高17.4厘米（图一二，4）。

　　陶豆　5件。泥质灰陶。M4：5，敞口微敛，圆唇，短柄，圈足。口沿下饰凹弦纹一周。口径10.4、底径4.1、高4厘米（图一二，5）。M4：6，敞口微敛，圆唇，短柄，圈足。口沿下饰凹弦纹一周。口径10.4、底径3.8、高4厘米（图一二，6）。M4：7，敛口，圆唇，短柄，圈足。口沿下饰凹弦纹一周。口径10.1、最大径10.4、底径4.1、高3.6厘米（图一二，7）。M4：8，敛口，圆唇，短柄，圈足。口沿下饰凹弦纹一周。口径10.8、最大径11、底径3.8、高4厘米（图一二，8）。M4：9，敛口，圆唇，短柄，圈足。口沿下饰凹弦纹一周。口径11.1、最大径11.2、底径3.8、高3.8厘米（图一二，9）。

　　铁鍪　1件。M4：11，侈口，圆唇，束颈，斜肩，鼓腹，圜底。肩附对称两耳。口径14、腹径20、高16.8厘米（图一二，10）。

　　钱币　10枚。M4：10，钱文均为"半两"。钱径2.22～2.62厘米，重0.99～2.64克（图一三）。

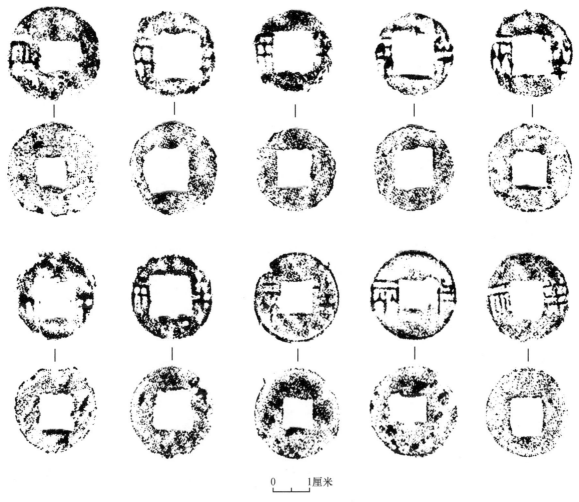

0　　　1厘米

图一三　M4出土钱币（M4：10）

（五）M5

竖穴土坑墓，位于T02中部，开口于第2层下。平面呈长方形，口大底小、北宽南窄，四壁平整，平底，方向315°。墓口距地表深0.8米，墓口长4.2、宽2.15～2.4米，墓底长3.5、宽1.4～1.62米，深2.7～3米。墓内填土为灰褐色花土，土质较疏松，含有炭灰、姜石。墓室南部有一直径约1米的圆形盗洞，未发现随葬器物（图一四）。

（六）M6

1. 墓葬形制

竖穴土坑墓，位于T03中部，开口于第2层下。平面呈长方形，直壁，平底，方向45°。墓口距地表深0.7米，墓口长4.1、宽2.8米，墓底长4.1、宽2.8米，深3.2米。墓内填土为灰褐色花

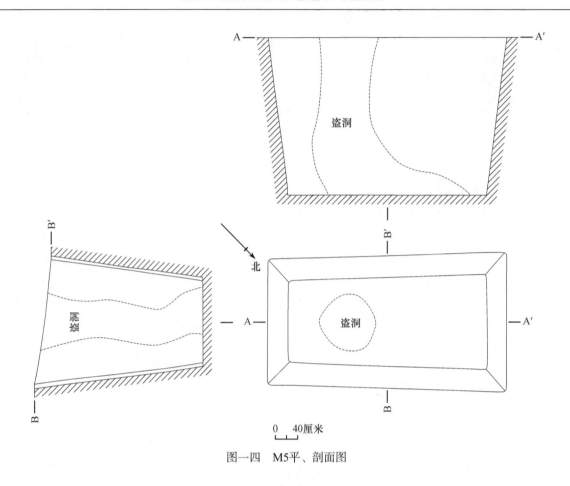

图一四　M5平、剖面图

土，土质较硬，含有炭灰、姜石。墓室中部偏南有棺痕残迹，残长2.1、宽1米。随葬器物集中于墓室东南和北端（图一五）。

2. 随葬器物

出土陶器16件、铜器2件、铁器1件、钱币数枚。

陶罐　13件。泥质灰陶。M6：1，直口，平折沿，方唇，束颈，溜肩，鼓腹，圜底。腹以下饰绳纹。口径14.9、腹径22.4、高16.8厘米（图一六，1）。M6：2，直口，平折沿，双尖唇，束颈，鼓肩，鼓腹，腹以下残。肩部和腹部各饰凹弦纹一周。内有卵石子38粒。口径14.2、腹径22.2、残高9.8厘米（图一六，2）。M6：3，敞口，内尖外圆双唇，束颈，斜肩，鼓腹，平底内凹。口沿下至腹部饰绳纹。口径12、腹径22.2、底径11、高17.2厘米（图一六，3）。M6：4，直口，折沿，尖唇，束颈，颈以下残。口径13.8、残高3.7厘米（图一六，4）。M6：5，直口，平折沿，圆唇，束颈，斜肩，鼓腹，圜底。肩部和腹部各饰凹弦纹一周，腹以下饰绳纹。口径14.8、腹径24、高18厘米（图一六，5）。M6：6，直口微敛，厚圆唇，短束颈，耸肩，肩以下残。肩部饰凸弦纹一周，器表有彩绘残痕。口径12.6、残高5厘米（图一六，6）。M6：7，直口，平折沿，双圆唇，束颈，宽平肩，鼓腹，圜底内凹。肩部和腹部各饰凹弦纹一周，腹以下饰绳纹。肩部刻划"父"。口径14、腹径22.6、高17.2厘米（图一六，7）。M6：8，敞口，卷沿，束颈，宽平肩，鼓腹，平底。肩部饰凹弦纹两周，器表有

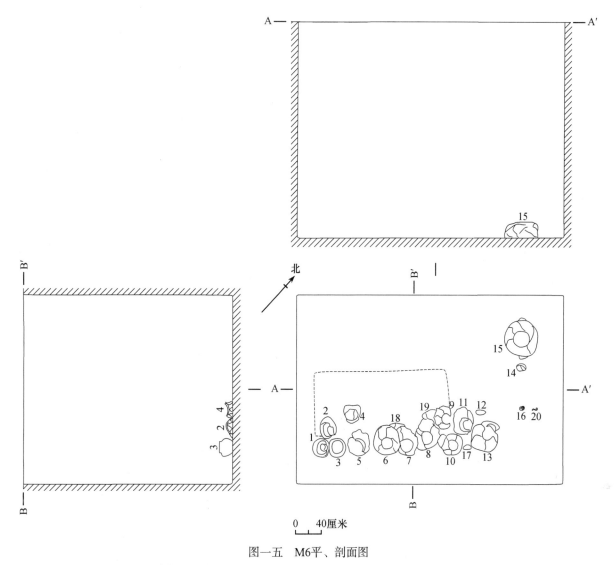

图一五　M6平、剖面图

1~11、13、18.陶罐　12.陶灯　14.铜镜　15.铁釜　16.钱币　17.陶博山炉　19.陶釜　20.铜带钩

彩绘残痕。口径12.8、腹径26.2、底径12.8、高25厘米（图一六，8）。M6：9，直口，卷沿，圆唇，束颈，耸肩，肩以下残。肩部饰凸弦纹一周。口径11.2、残高5.6厘米（图一六，9）。M6：10，直口，平沿，尖圆唇，束颈，斜肩，肩以下残。口径14.2、残高5.2厘米（图一七，1）。M6：11，敞口，厚圆唇，束颈，斜肩，肩以下残。器表有彩绘残痕。口径12.4、残高3厘米（图一七，2）。M6：13，残。敞口，卷沿，厚圆唇，束颈，圆肩，鼓腹，大平底内凹。肩部饰凹弦纹三周，器表有彩绘残痕。口径11.4、腹径31.4、底径21.8厘米（图一七，3）。M6：18，直口，平折沿，圆唇，束颈，斜肩，肩以下残。肩部饰凹弦纹两周。残高6.2厘米（图一七，4）。

陶灯　1件。M6：12，泥质灰陶。浅盘，敞口，方唇，折腹，平底，细高柄，底残。口径12.2、残高9.2厘米（图一七，5）。

陶博山炉　1件。M6：17，泥质灰陶。子口微敛，圆唇，直腹，平底，以下残缺。腹部饰

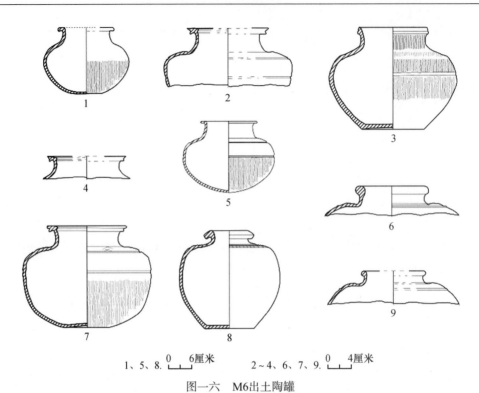

1、5、8. ⊢──┤ 6厘米　　　　2~4、6、7、9. ⊢──┤ 4厘米

图一六　M6出土陶罐

1. M6∶1　2. M6∶2　3. M6∶3　4. M6∶4　5. M6∶5　6. M6∶6　7. M6∶7　8. M6∶8　9. M6∶9

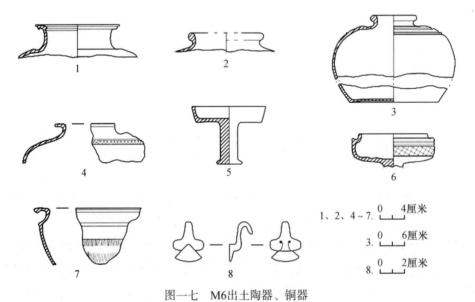

1、2、4~7. ⊢──┤ 4厘米

3. ⊢──┤ 6厘米

8. ⊢──┤ 2厘米

图一七　M6出土陶器、铜器

1~4. 陶罐（M6∶10、M6∶11、M6∶13、M6∶18）　5. 陶灯（M6∶12）　6. 陶博山炉（M6∶17）　7. 陶釜（M6∶19）

8. 铜带钩（M6∶20）

两周凹弦纹和网格纹。口径11.4、腹径13.6、残高5.2厘米（图一七，6）。

陶釜　1件。M6：19，残。泥质灰陶。敞口微敛，平折沿，尖圆唇，斜腹内收。下腹饰绳纹。残高9厘米（图一七，7）。

铁釜　1件。M6：15，锈蚀严重，残碎不堪，无法修复。

铜带钩　1件。M6：20，形如飞雁。长3.2、宽2.5厘米（图一七，8）。

铜镜　1件。M6：14，锈蚀、破碎严重。圆形，桥形钮，四乳钉，乳钉内外有纹饰。缘（断面三角）厚0.4、直径13.1厘米。

钱币　33枚。M6：16，钱文均为"半两"（图一八）。

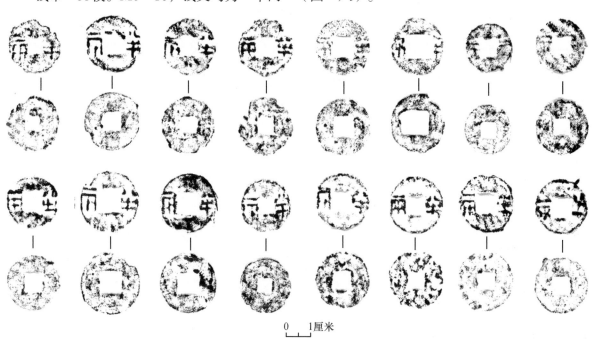

0　1厘米

图一八　M6出土钱币（M6：16）

（七）M7

1. 墓葬形制

竖穴土坑墓，位于T05东北部，开口于第2层下。平面呈长方形，口大底小、西宽东窄，四壁平整，平底，方向253°。墓口距地表深0.7米，墓口长3、宽1.5～1.58米，墓底长2.7、宽1.2～1.3米，深0.5米。墓内填土为灰褐色花土，土质较硬，含有炭灰、姜石。墓室中部偏西有棺痕残迹，残长1.9、宽0.8米。棺内有一具朽骨痕迹，头向西，仰身直肢。随葬器物集中于墓室东北角（图一九）。

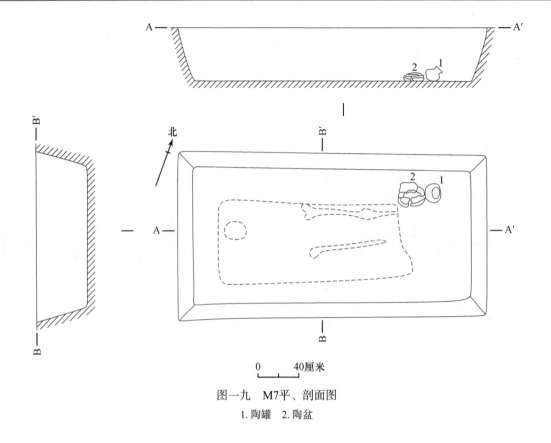

图一九　M7平、剖面图
1.陶罐　2.陶盆

2. 随葬器物

出土陶器2件。

陶罐　1件。M7：1，泥质灰陶。敞口，圆唇，束颈，窄肩，鼓腹，平底。口径10.4、腹径14.2、底径8.2、高14.2厘米（图二〇，1）。

陶盆　1件。M7：2，泥质灰陶。敞口微卷，方唇，短束颈，鼓腹，平底。口径19.2、腹径20、底径10.6、高10.2厘米（图二〇，2）。

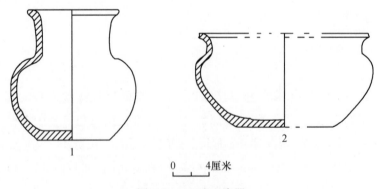

图二〇　M7出土陶器
1.陶罐（M7：1）　2.陶盆（M7：2）

（八）M8

1. 墓葬形制

竖穴土坑墓，位于T06西南部，开口于第2层下。平面呈长方形，口大底小，四壁平整，平底，方向253°。墓口距地表深0.7米，墓口长3、宽1.5米，墓底长2.8、宽1.3米，深0.55米。墓内填土为灰褐色花土，土质较硬，含有炭灰、姜石。墓室中部偏西有棺痕残迹，残长1.7、宽0.9米。棺痕两端各一南北向朽木痕迹，长1.1、宽0.16米。棺内一具朽骨痕迹，头向西，仰身直肢。随葬器物集中于墓室东端（图二一）。

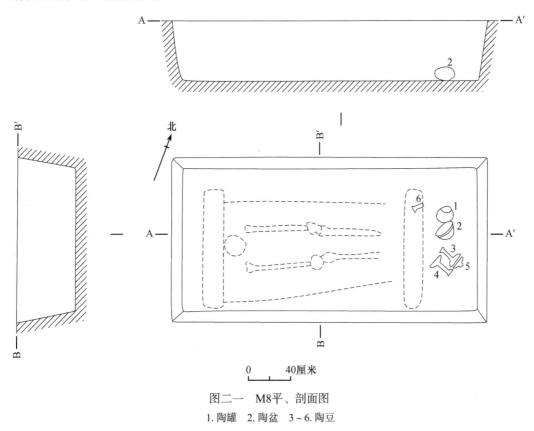

图二一　M8平、剖面图
1.陶罐　2.陶盆　3~6.陶豆

2. 随葬器物

出土陶器6件。

陶罐　1件。M8：1，泥质灰陶。敞口，圆唇，束颈，窄肩，鼓腹，平底。口径11.2、腹径15.8、底径10.4、高15.4厘米（图二二，1）。

陶盆　1件。M8：2，泥质灰陶。敞口，折沿，圆唇，束颈，弧腹内收，凹底。下腹饰粗绳纹。口径20、高11厘米（图二二，2）。

陶豆　4件。泥质灰陶，形制相同。敞口，圆唇，弧腹，高柄，喇叭状圈足底。M8：3，

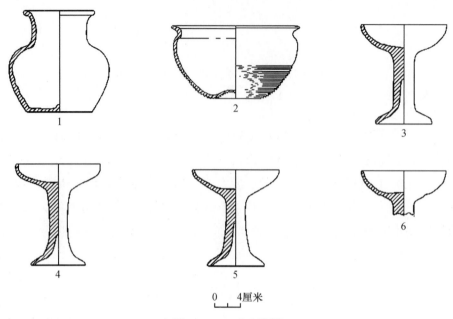

0　　4厘米

图二二　M8出土陶器

1.陶罐（M8：1）　2.陶盆（M8：2）　3~6.陶豆（M8：3、M8：4、M8：5、M8：6）

口径13.3、底径8.8、高15厘米（图二二，3）。M8：4，口径13.4、底径8.6、高15.4厘米（图二二，4）。M8：5，口径13.4、底径8.8、高14.6厘米（图二二，5）。M8：6，口径13.2、残高6.6厘米（图二二，6）。

（九）M9

1. 墓葬形制

竖穴土坑墓，位于T05西部，开口于第2层下。平面呈长方形，口大底小，四壁平整，平底，方向190°。墓口距地表深0.7米，墓口长4.2、宽3.4~3.5米，墓底长3.8、宽3.1米，深2.8米。墓内填土为灰褐色花土，土质较硬，含有炭灰。墓室南部有一直径约1米的圆形盗洞。墓室中部有棺痕残迹，残长0.9、宽0.5米。随葬器物集中于墓室北部（图二三）。

2. 随葬器物

出土陶器11件、铁器1件、钱币数枚。

陶罐　7件。泥质灰陶。M9：1，敞口，卷沿，厚圆唇，短束颈，颈以下残。口径13.2、残高3.8厘米（图二四，1）。M9：2，敞口，卷沿，厚圆唇，短束颈，斜肩，鼓腹，平底内凹。肩部饰凹弦纹一周，上腹饰凹弦纹两周。内有卵石2块。口径13.4、腹径27、底径18.6、高19.6厘米（图二四，2）。M9：3，敞口，卷沿，厚圆唇，短束颈，颈以下残。口径11.2、残高3.4厘米（图二四，3）。M9：4，直口，平折沿，尖圆唇，束颈，斜肩，鼓腹内收，圜底。肩

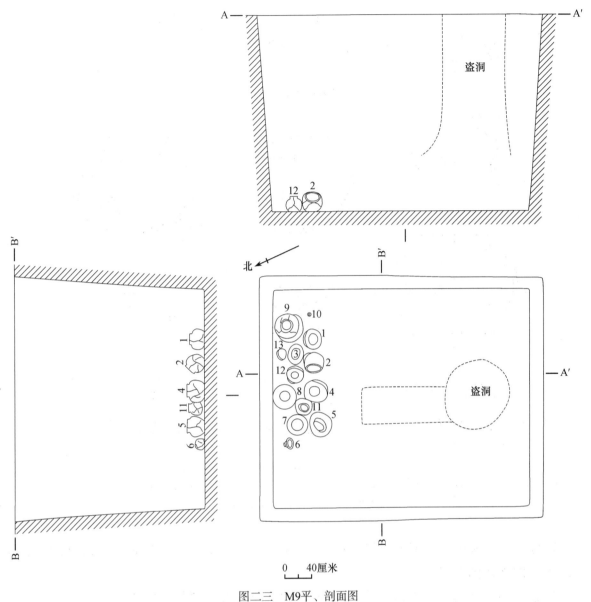

图二三　M9平、剖面图

1～5、11、12.陶罐　6.陶灯　7.陶壶　8.陶瓿　9.铁釜　10.钱币　13.陶钵

部和腹部各饰凹弦纹一周，腹以下饰绳纹。口径13.6、腹径21、高16.8厘米（图二四，4）。M9：5，直口，卷沿，圆唇，束颈，斜肩，鼓腹内收，圜底。腹部饰绳纹。口径13.4、腹径19、高15厘米（图二四，5）。M9：11，直口外卷，平折沿，方唇，束颈，斜肩，鼓腹内收，圜底。肩、腹各饰凹弦纹一周，腹以下饰绳纹。口径13.2、腹径21.4、高16厘米（图二四，6）。M9：12，直口微侈，尖圆唇，颈微束，斜肩，鼓腹，平底内凹。唇下一周凸弦纹，其下至腹部饰绳纹。口径11、腹径20.4、底径13.8、高15.4厘米（图二四，7）。

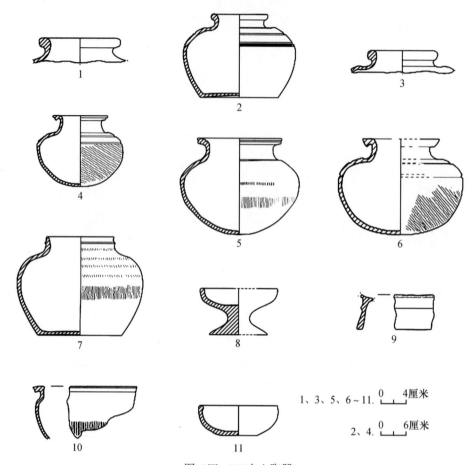

图二四　M9出土陶器

1～7.陶罐（M9：1、M9：2、M9：3、M9：4、M9：5、M9：11、M9：12）　8.陶灯（M9：6）　9.陶壶（M9：7）
10.陶甑（M9：8）　11.陶钵（M9：13）

　　陶灯　1件。M9：6，泥质灰陶。敞口，圆唇，短柄，喇叭状实心底座。口径12.4、底径9.2、高7.2厘米（图二四，8）。

　　陶壶　1件。M9：7，泥质褐陶。仅存圈足。残高5.4厘米（图二四，9）。

　　陶甑　1件。M9：8，泥质灰陶。直口，平折沿，弧腹内收。残高8厘米（图二四，10）。

　　陶钵　1件。M9：13，泥质灰陶。敞口，圆唇，弧腹，平底。口径12.8、底径6、高4.6厘米（图二四，11）。

　　铁釜　1件。M9：9，锈蚀严重，残碎不堪，无法修复。

　　钱币　9枚。M9：10，钱文均为"半两"，其中残碎2枚，锈结6枚。钱径2.41～2.43厘米，重1.66克。

（十）M10

1. 墓葬形制

竖穴土坑墓，位于T08西部，开口于第2层下。平面呈长方形，口大底小、北窄南宽，四壁平整，平底，方向180°。墓口距地表深0.75米，墓口长3.4、宽1.88~1.96米，墓底长3.2、宽1.75~1.85米，深1.2米。墓内填土为灰褐色花土，土质较疏松，含有炭灰。墓室东部有棺痕残迹，残长1.8、宽0.9米，棺板灰痕厚0.5厘米。随葬器物集中于墓室南部（图二五）。

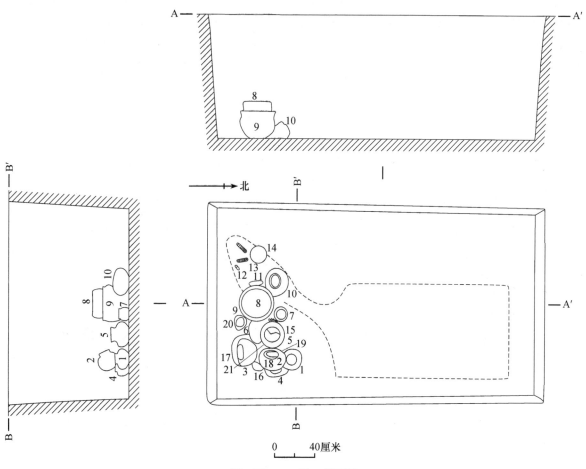

图二五　M10平、剖面图

1~6、10、17. 陶罐　7. 陶博山炉　8. 陶甑　9. 铁釜　11. 铜镜　12. 铜带钩　13. 钱币　14. 陶碗　15. 陶串珠　16、20. 陶豆　18、19、21. 铜铃

2. 随葬器物

出土陶器14件、铜器5件、铁器1件、钱币若干。

陶罐　8件。M10：1，泥质褐陶。直口，尖圆唇，溜肩，鼓腹，平底内凹。腹部饰绳纹。口径10、腹径17.4、底径10、高14.2厘米（图二六，1）。M10：2，泥质灰陶。敞口，卷沿，厚圆唇，短束颈，斜肩，鼓腹，平底内凹。口径12、腹径23.8、底径18、高18.5厘米（图二六，2）。M10：3，泥质灰陶。直口，平折沿，圆唇，束颈，斜肩，鼓腹内收，圜底。肩部饰凹弦纹两周，腹以下饰绳纹。口径15、腹径21.8、高15.4厘米（图二六，3）。M10：4，泥质灰陶。直口，平折沿，方唇，束颈，宽斜肩，圆折腹内收，圜底。肩部饰凹弦纹一周，腹以下饰绳纹。口径12、腹径20、高13.4厘米（图二六，4）。M10：5，泥质灰陶。直口，平折沿，方唇，束颈，斜肩，折腹内收，圜底。肩部饰凹弦纹一周，腹以下饰绳纹。口径14.5、腹径20.7、高16.2厘米（图二六，5）。M10：6，泥质灰陶。直口，平折沿，双唇，束颈，斜肩，鼓腹内收，圜底。腹以下饰绳纹。口径12.6、腹径20.6、高16.2厘米（图二六，6）。M10：10，泥质灰陶。直口，折沿，方唇，束颈，斜肩，圆折腹内收，圜底。腹以下饰绳纹。

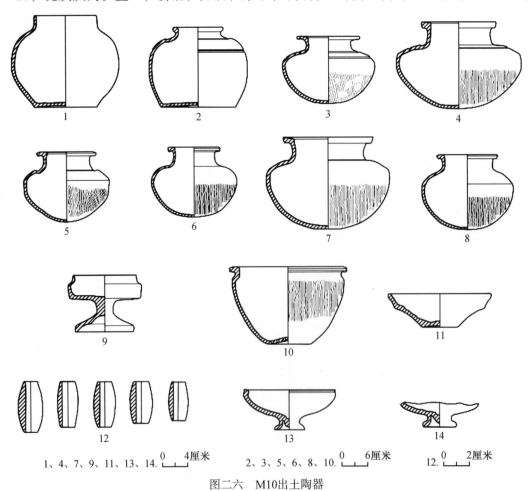

1、4、7、9、11、13、14. ┕━━┙ 0　　4厘米　　　　2、3、5、6、8、10. ┕━━┙ 0　　6厘米　　　　12. ┕━┙ 0　2厘米

图二六　M10出土陶器

1~8.陶罐（M10：1、M10：2、M10：3、M10：4、M10：5、M10：6、M10：10、M10：17）　9.陶博山炉（M10：7）
10.陶甄（M10：8）　11.陶碗（M10：14）　12.陶串珠（M10：15）　13、14.陶豆（M10：16、M10：20）

内有卵石6颗。口径14.2、腹径19.7、高14.2厘米（图二六，7）。M10：17，泥质灰陶。直口，折沿，方唇，束颈，斜肩，鼓腹内收，圜底。腹以下饰绳纹。口径14.8、腹径21.8、高17.4厘米（图二六，8）。

陶博山炉　1件。M10：7，泥质灰陶。子口，尖圆唇，直腹，平底，短柄，圈足。口径10.4、腹径12、底径9.6、高8.8厘米（图二六，9）。

陶甑　1件。M10：8，泥质灰陶。直口，折沿，双唇，短颈，斜腹内收，平底内凹。腹部饰绳纹。口径28.2、底径10、高18厘米（图二六，10）。

陶碗　1件。M10：14，泥质灰陶。敞口，圆唇，折腹，平底内凹。口径16.4、底径5.8、高5.2厘米（图二六，11）。

陶串珠　1组。M10：15，泥质灰陶，14枚，其中2枚残。橄榄形，管状，中空。最大径1.62、孔径0.8~0.9、长3.2~3.9厘米（图二六，12）。

陶豆　2件。泥质灰陶，形状相同。M10：16，敞口微敛，圆唇，斜腹，短柄，圈足。口沿下饰凹弦纹一周。口径14.6、底径4.8、高6.2厘米（图二六，13）。M10：20，底径5.4、残高3.8厘米（图二六，14）。

铁釜　1件。M10：9，仅存口部，侈口。残高6厘米（图二七，1）。

铜镜　1件。M10：11，圆形，饰两周凸弦纹，局部有朱红色痕迹。桥形纽，纽高0.5、孔径0.2厘米。缘厚1.38~1.73厘米，最薄处0.9厘米，直径12.8厘米（图二七，6）。

铜带钩　1件。M10：12，残长5.48厘米，圆纽，半径0.62厘米。钩身最宽处1.05厘米，残重4.81克（图二七，2）。

铜铃　3件。形状相同，钮钟形。M10：18，圆厚纽，方角，内有舌璜。表面饰乳钉纹。上宽4.2、下宽6.6、厚2、残高5.2厘米（图二七，3）。M10：19，薄方纽，圆角，表面饰乳钉网络纹。上宽3.6、残高5.3厘米（图二七，4）。M10：21，薄半圆形纽。表面饰乳钉纹。残高4.9厘米（图二七，5）。

钱币　36枚。M10：13，其中"半两"6枚（包括2枚锈结、2枚残）。钱径2.35~2.45厘米，重1.95~2.18克。"五铢"30枚，朱头圆折4枚，钱径2.5~2.6厘米，重1.53~3.52克；朱头方折26枚，钱径2.5~2.59厘米，重2.17~3.73克（图二八）。

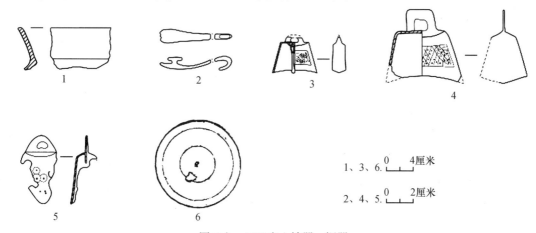

图二七　M10出土铁器、铜器

1.铁釜（M10：9）　2.铜带钩（M10：12）　3~5.铜铃（M10：18、M10：19、M10：21）　6.铜镜（M10：11）

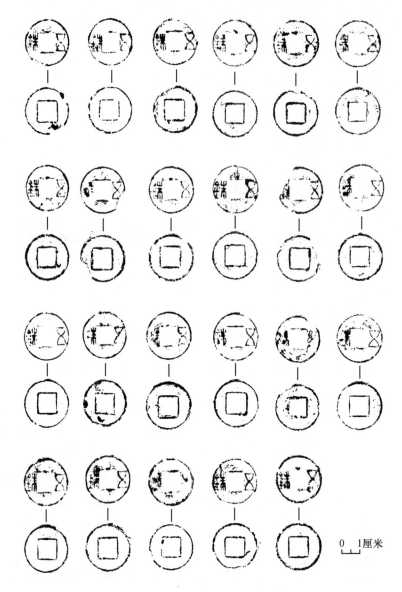

0　1厘米

图二八　M10出土钱币（M10：13）

（十一）M11

1. 墓葬形制

竖穴土坑墓，位于T07中部，开口于第2层下。平面呈长方形，口大底小、北窄南宽，四壁平整，平底，方向165°。墓口距地表深0.8米，墓口长4、宽2.8～3.04米，墓底长3.4、宽2.5～2.8米，深4米。墓内填土为灰褐色花土，土质较硬，含有炭灰。墓室中央有棺痕残迹，残长2、宽1.1米。墓室南部有一直径约1米的圆形盗洞。随葬器物集中放置于墓室北部（图二九）。

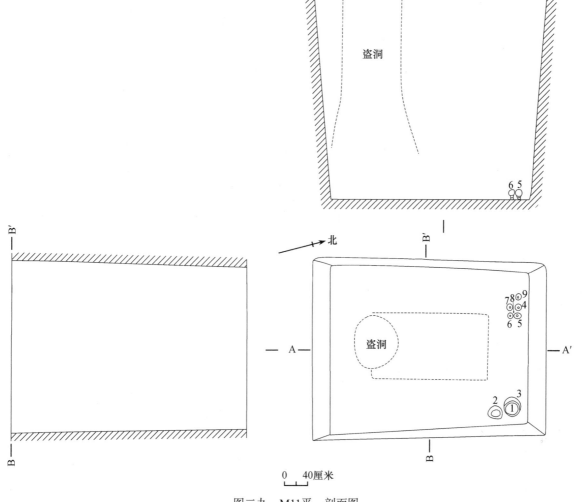

图二九　M11平、剖面图

1.铁釜　2.陶甑　3.陶罐　4~7、9.陶豆　8.铜泡钉

2. 随葬器物

出土陶器7件、铜器1件、铁器1件。

陶罐　1件。M11：3，残。泥质灰陶。直口，折沿，圆唇，短束颈，溜肩，鼓腹，平底内凹。口径12.6、底径23.8厘米（图三〇，1）。

陶甑　1件。M11：2，泥质灰陶。破碎不堪，无法修复。

陶豆　5件。泥质灰陶，形状相同。敞口微敛，圆唇，斜腹，短柄，圈足。口沿下饰凹弦纹一周。M11：4，口径14.6、底径5.5、高6厘米（图三〇，2）。M11：5，口径14、底径5.4、高5.8厘米（图三〇，3）。M11：6，口径14.8、底径5.4、高6厘米（图三〇，4）。M11：7，口径15、底径5.4、高6厘米（图三〇，5）。M11：9，仅存豆盘。口径14.4、残高4厘米（图三〇，6）。

铁釜　1件。M11：1，锈蚀严重，残。侈口，方唇，斜肩，鼓腹，平底。肩、腹各饰凸弦

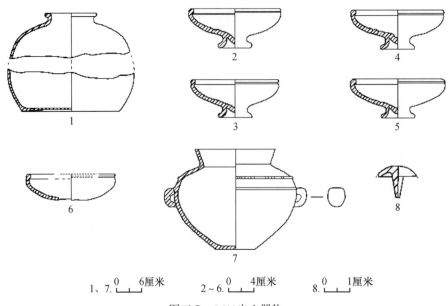

1、7. 0 ⌞—⌟ 6厘米　　　2 ~ 6. 0 ⌞—⌟ 4厘米　　　8. 0 ⌞—⌟ 1厘米

图三〇　M11出土器物

1. 陶罐（M11 : 3）　2 ~ 6. 陶豆（M11 : 4、M11 : 5、M11 : 6、M11 : 7、M11 : 9）　7. 铁釜（M11 : 1）　8. 铜泡钉（M11 : 8）

纹一周，腹部饰对称双耳。口径19、腹径29、底径9.6、高23厘米（图三〇，7）。

铜泡钉　1件。M11 : 8，残高1.2厘米（图三〇，8）。

（十二）M12

1. 墓葬形制

竖穴土坑墓，位于T02中部偏东，开口于第2层下，被M1打破。平面呈长方形，口大底小，四壁平整，平底，方向47°。墓口距地表深0.8米，墓口长3.5、宽1.7 ~ 1.8米，墓底长3.3、宽1.5 ~ 1.7米，深1.2米。墓内填土为灰褐色花土，土质较硬，含有炭灰、姜石。墓室东北部有棺痕残迹，残长2.3、宽0.8米。随葬器物散置于墓室东南部（图三一）。

2. 随葬器物

出土陶器9件、铜器5件（套）、铁器1件、钱币若干。

陶罐　5件。泥质灰陶。M12 : 4，敞口微侈，内尖外圆两唇，短束颈，斜肩，鼓腹，底残。口径13.6、腹径21.2、残高14.8厘米（图三二，1）。M12 : 5，直口，折沿，双唇，颈微束，其下残。口径14.2、残高4.4厘米（图三二，2）。M12 : 6，敞口，卷沿，圆唇，短束颈，斜肩，其下残。肩部饰凹弦纹一周。口径11.8、残高4厘米（图三二，3）。M12 : 7，直口微敛，平折沿，尖圆唇，短束颈，其下残。内有卵石17颗。口径15.2、残高3厘米（图三二，4）。M12 : 16，直口，折沿微卷，方唇，颈微束，以下残。颈下饰凸弦纹一周。口径14.2、残高4.8厘米（图三二，5）。

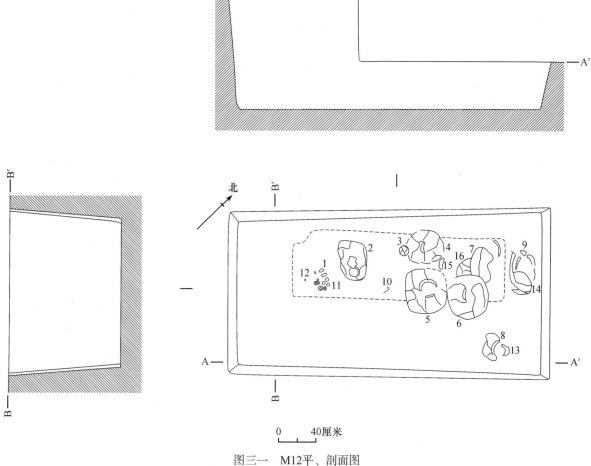

0　　40厘米

图三一　M12平、剖面图

1. 铜镦　2. 铜钫　3. 铜镜　4～7、16. 陶罐　8、13. 陶碗　9. 铁器　10. 铜带钩　11. 钱币　12. 铜泡钉　14. 陶甑　15. 陶灯

陶碗　2件。形制相同，敞口，圆唇，折腹，平底，假圈足。M12：8，口径16.2、底径5.6、高5厘米（图三二，6）。M12：13，口径17.2、底径5.8、高5.1厘米（图三二，7）。

陶灯　1件。M12：15，泥质灰陶。敞口，方唇，竹节状长柄，喇叭状圈足，底残。口径13.4、残高10.6厘米（图三二，8）。

陶甑　1件。M12：14，泥质灰陶。破碎不堪，无法修复。

铜镦　2件。M12：1-1、M12：1-2，形制相同，圆柱形，表面鎏金。中间饰凸弦纹一周。直径2.74～2.92、2.77～2.95厘米，高6.16、6.25厘米，壁厚0.1～0.15厘米（图三二，9）。

铜钫　1件。M12：2，锈蚀严重，仅存衔环铺首及底。底为方形圈足。边长12.4、圈足高5.6、胎厚2～3、残高7厘米（图三二，10）。

铜带钩　1件。M12：10，圆纽。纽径0.98、最宽处1.03厘米，通长3.95厘米，重6.09克（图三二，11）。

铜泡钉　3件。M12：12-1～M12：12-3，圆帽形，平顶，钉卷或残。直径1.55～1.61、高0.9厘米（图三二，12）。

铜镜　1件。M12：3，圆形，直径11.3厘米。山形纽，纽高1.63、纽径2.06厘米。外缘连

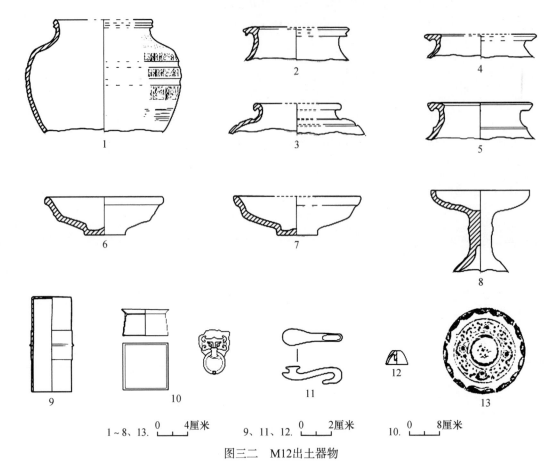

图三二　M12出土器物

1~5.陶罐（M12：4、M12：5、M12：6、M12：7、M12：16）　6、7.陶碗（M12：8、M12：13）　8.陶灯（M12：15）
9.铜镦（M12：1）　10.铜铇（M12：2）　11.铜带钩（M12：10）　12.铜泡钉（M12：12）　13.铜镜（M12：3）

弧，缘厚0.53厘米。扁孔，孔径0.25~0.4厘米（图三二，13）。

铁器　1件。M12：9，锈蚀严重。

钱币　51枚。M12：11，锈蚀严重，均为"五铢"，朱头方折。其中48枚穿下月（其中8枚残）、1枚穿上星、2枚字迹锈蚀不清。钱径2.48~2.59厘米，重2.36~3.57克（图三三）。

（十三）M13

1. 墓葬形制

竖穴土坑墓，西部残，位于T02正北15米处，开口于第2层下。平面呈长方形，口大底小，四壁平整，平底，方向270°。墓口距地表深0.8米，墓口长3.5、宽1.7~1.8米，墓底长3.3、宽1.5~1.7米，深1.2米。墓内填土为灰褐色花土，土质较硬，含有炭灰、姜石。墓室东北部有棺痕残迹，残长2.3、宽0.8米。随葬器物散置于墓室东南部（图三四）。

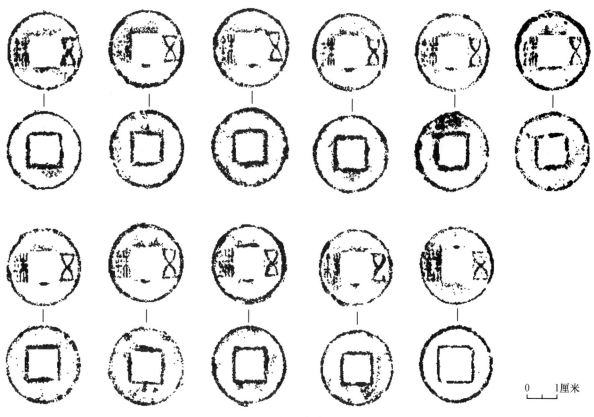

图三三　M12出土钱币（M12：11）

2. 随葬器物

出土陶器7件、铜器1件、钱币1枚。

陶罐　5件。泥质灰陶。M13：2，直口，折沿，方唇，束颈，斜肩，圆折腹内收，圜底。肩部饰凹弦纹一周，腹以下饰绳纹。口径13.2、腹径21、高15厘米（图三五，1）。M13：3，口、颈、肩残，圆折腹内收，圜底。腹径20、残高10.8厘米（图三五，2）。M13：4，直口，折沿微卷，尖圆唇，束颈，颈以下残。口径13.8、残高4.6厘米（图三五，3）。M13：5，直口，折沿微卷，尖圆唇，束颈，颈以下残。口径14.4、残高5厘米（图三五，4）。M13：9，直口，卷沿，厚圆唇，短束颈，斜肩，鼓腹，大平底内凹。肩部饰凹弦纹两周。口径12.4、腹径26.8、底径24、高19.4厘米（图三五，5）。

陶釜　1件。M13：6，泥质灰陶。侈口，双圆唇，束颈，溜肩，圆折腹内收，圜底。腹以下饰绳纹。口径15.8、腹径16.8、高9.8厘米（图三五，6）。

陶纺轮　1件。M13：7，泥质灰陶。等腰梯形。直径2.2～3.4、孔径0.5、高1.8厘米（图三五，7）。

铜洗　1件。M13：1，残。侈口，折沿，圆唇，弧腹，以下残。口径22、残高4厘米（图三五，8）。

钱币　1枚。M13：8，锈蚀，残。钱文"五铢"，朱头圆折。钱径2.55厘米，重2.69克（图三五，9）。

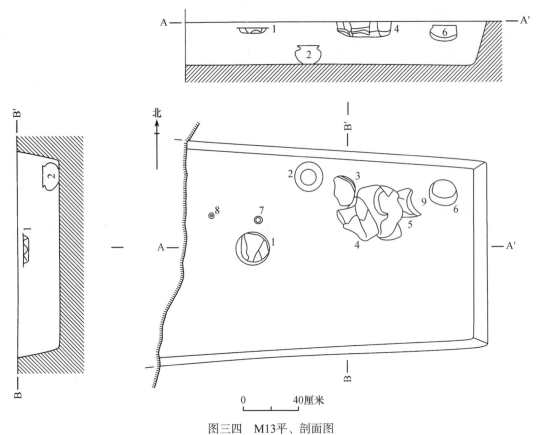

图三四　M13平、剖面图

1.铜洗　2～5、9.陶罐　6.陶釜　7.陶纺轮　8.钱币

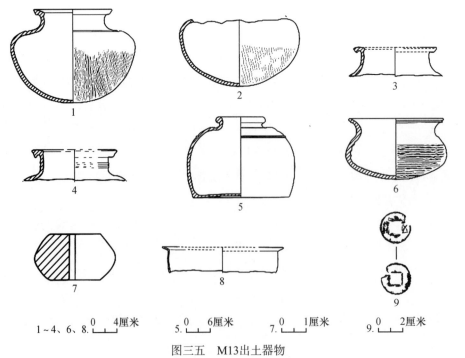

1~4、6、8.　0　　4厘米　　5.　0　　6厘米　　7.　0　1厘米　　9.　0　2厘米

图三五　M13出土器物

1~5.陶罐（M13∶2、M13∶3、M13∶4、M13∶5、M13∶9）　6.陶釜（M13∶6）　7.陶纺轮（M13∶7）

8.铜洗（M13∶1）　9.钱币（M13∶8）

三、结　语

从墓葬形制看，凸字形砖室墓1座（M1），这种墓葬形制是峡江地区东汉至南朝时期流行的墓葬形式。其余12座均为竖穴土坑墓。从随葬器物看，虽都遭到不同程度的盗扰，除M1和M5两座墓未发现遗物外，其余11座墓仍出土了较为丰富的随葬器物，尤其还有M1打破M12的早晚关系，都为墓葬时代的判断提供了重要依据。

M2、M4、M6所出钱币均为四铢半两，且M2出土2件陶罐，鼓腹、圜底内凹，M4的矮柄豆，故这3座墓的时代为西汉时期。

M7、M8出有相同器形的侈口束颈鼓腹陶罐，这是西汉时期的器形，故M7、M8的时代应为西汉时期。

M9的宽肩深鼓腹圜底罐和大平底罐，都是西汉的器形，且所出土的钱币均为"半两"，故该墓的时代为西汉时期。

M11的矮柄豆属巴文化因素的器形，流行于战国至西汉时期。且大平底罐与忠县崖脚墓地BM10[1]出土的相似，故该墓的时代为西汉时期。

M12出土星云纹铜镜，是西汉武帝、昭帝时期的器物[2]。铜钫是战国至西汉流行的器形，且所出钱币均为朱头方折的五铢，故该墓的时代为西汉时期。

M10所出钱币为"半两"和"五铢"，最晚的"五铢"为朱头圆折，故该墓的时代为东汉时期。

M13的宽肩深腹圜底罐、大平底罐、圜底釜等陶器，都是两汉墓中常见的器物。且所出"五铢"为朱头圆折的东汉五铢，大平底罐与"初平式"罐十分相似，故该墓的时代为东汉晚期。

通过考古发掘，基本厘清了该墓群墓葬的数量与分布、保存状况、时代等相关情况，为三峡工程消落区文物保护和历史文化研究提供了新的资料。

附记：本次考古发掘领队为邹后曦，参加考古发掘的人员有乔栋、赵淑水、王明亮、宋述章、熊佩。修复人员为赵淑水，负责计算机制图的人员为尚春杰。此次发掘工作得到了万州区博物馆岳宗英、李应东、周启荣的大力支持，在此表示感谢！

执笔：乔　栋

注　释

[1]　北京大学考古文博学院三峡考古队、重庆市忠县文物管理所：《忠县崖脚墓地发掘报告》，《重庆库区考古报告集·1998卷》，科学出版社，2003年，第706页。

[2]　洛阳区考古发掘队：《洛阳烧沟汉墓》，科学出版社，1959年，第174页。

万州李家嘴墓群2018年度发掘简报

重庆市文物考古研究院

中国人民大学历史学院

　　李家嘴墓群位于重庆市万州区新乡镇万顺村南岸一处缓坡地带，距新乡镇西南1.1千米，与武陵镇隔江相望，相距约2.5千米。中心坐标为108°15′E，30°29′N，海拔146米。2018年7～9月，为配合三峡工程重庆库区消落区的文物保护工作，由重庆市文物考古研究院（原重庆市文化遗产研究院）和中国人民大学对其进行了清理发掘，共布正北方向10米×10米探方5个，发掘面积500平方米（图一）。

　　李家嘴墓群分布于长江南岸的缓坡带上，因长期受到江水冲刷，在地表淤积了大量泥沙，地表长满杂草，并包含较多的植物根茎、石块以及移民搬迁遗留的现代建筑垃圾。且由于江水涨落和现代人类活动，埋葬较浅的墓葬受到一定扰动。此次发掘共清理墓葬7座，其中砖室墓2座、土坑竖穴墓5座。出土随葬器物以铜器为主，另有陶器、琉璃珠、铜钱等（图二）。

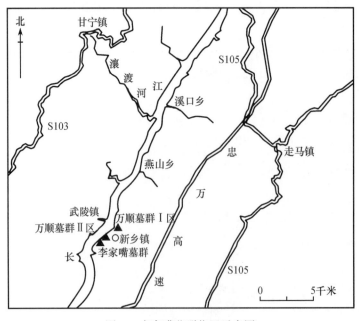

图一　李家嘴墓群位置示意图

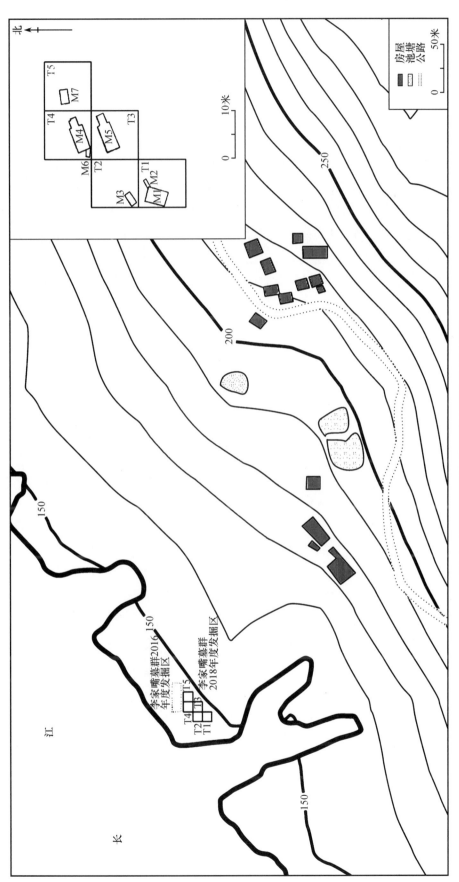

图二　李家嘴墓群2018年度发掘探方分布示意图

一、墓葬概况

（一）砖室墓

共2座，分别为M4、M5，位于墓群中部，并列分布。其中M4打破土坑竖穴墓M6。

M4　为"凸"字形砖室墓，方向20°。墓道口处残缺，墓室南、北壁起券处残，墓顶已坍塌。墓室西壁南部打破土坑墓M6。墓道残长237、宽202、深10厘米。墓室西壁长545、残高99厘米，9层墓砖；南壁长280、残高66～101厘米，7层墓砖（图三）。墓砖有壁砖和地砖两种，壁砖长45、宽21、厚11厘米，地砖长50、宽25、厚7.5厘米。壁砖为长方形条砖，模印轮辐纹和菱格纹（图四，1）；地砖为长方形，一侧模印轮辐纹和菱格纹，两侧配以铜钱纹，花纹朝向墓室（图四，2）。地砖残缺，自东向西先为竖铺，后均为平砖顺砌。随葬器物共4件，有陶钵1件、陶案足4件、陶俑1件、铜钱10枚。

陶钵　1件。M4：2，灰陶。直口，方唇，深腹斜收，小平底。口径10、底径5.5、通高7.7、深7.2厘米（图五，1）。

陶案足　4件。M4：4-1，灰陶。呈近方形四面体。宽1.5～3.3、高6厘米。M4：4-2，灰陶。呈近方形四面体。宽1.6～3.2、高5.8厘米（图五，6）。M4：4-3，灰陶。呈近方形四面体。宽1.6～2.8、高5.8厘米。M4：4-4，灰陶。呈近方形四面体。宽1.5～2.6、高5.6厘米。

陶俑　1件。M4：3，红陶。底部有孔。头戴冠，五官略模糊，细目阔鼻，胸部明显。四肢残。宽6、底部内孔直径1、孔深8.5、厚2.5、通高13.5厘米（图五，5）。

铜钱　10枚。M4：1-1～M4：1-10，均为"五铢"。大小相同。直径2.5、孔径0.9、厚0.1厘米（图六，15～18）。

M5　为"凸"字形砖室墓，方向20°。墓室北壁东部、甬道东部残留部分券顶，墓顶已坍塌。甬道长252、宽200、深232厘米。墓室南、北壁长552、高77～88厘米，8层墓砖；后壁长280、高77厘米，7层墓砖，均为平砖错缝顺砌（图七）。墓砖有壁砖、地砖和券砖三种，壁砖长45、宽21、厚11厘米，地砖长48、宽22、厚6厘米，券砖长34、宽21、厚12厘米，榫卯部位长4、宽4厘米。壁砖为长方形条砖，模印轮辐纹和菱格纹；地砖为长方形，一侧模印轮辐纹和菱格纹，两侧配以铜钱纹（图四，4）；券砖为楔形子母砖，大者正面中间模印"富贵"二字，两端模印多重相互套叠的菱形纹及三角折线纹，小者正面中部模印大小套叠的菱形纹，两侧模印轮辐纹，四角用三角纹补白（图四，2）。纹饰均朝向墓室。地砖仅甬道内及墓室内后壁处铺有有三块地砖。随葬器物共2件，有铜饰1件、铜钱2枚。

铜饰　1件。M5：2，圆形镂空，圆内有柿蒂纹花饰，中心对称。直径4、厚0.03厘米（图五，14）。

铜钱　2枚。M5：1-1、M5：1-2，均为"五铢"。大小相同。直径2.5、孔径0.9、厚0.1厘米（图六，19、20）。

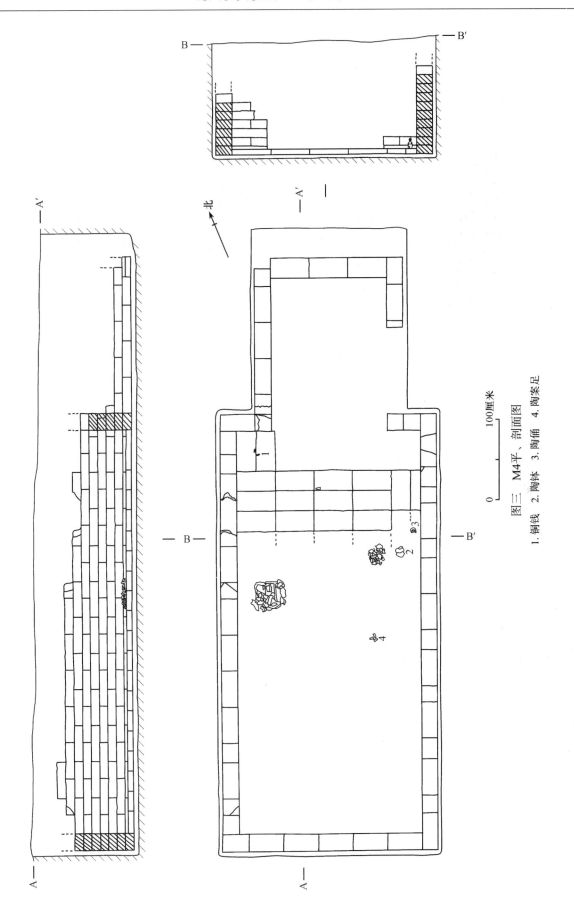

图三 M4平、剖面图

1. 铜钱 2. 陶钵 3. 陶俑 4. 陶案足

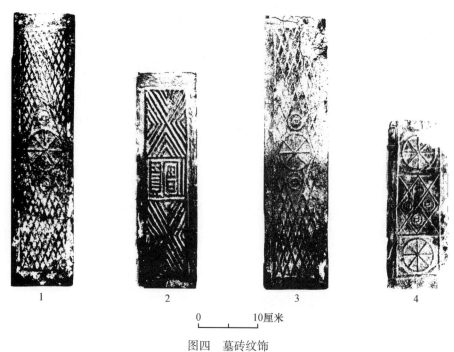

0　　　　　10厘米

图四　墓砖纹饰

1、3. 长方条形砖（M4、M5）　　2、4. 楔形子母砖（M4、M5）

（二）土坑竖穴墓

共5座，分别为M1～M3、M6、M7，分布于沿江陡坡地带。其中M1打破M2。M1～M3分布较集中，M6、M7位于其东北处。

M1　为近长方形土坑墓，方向11°。墓室平面呈较规则的长方形，长400、宽300、深83～110厘米。随葬器物共2件，有陶片若干、铜钱49枚（图八）。

铜钱　49枚。M1：1-1～M1：1-49，均为"五铢"。大小相同。直径2.5、孔径0.9、厚0.1厘米（图六，1～14）。

M2　为近长方形土坑墓，方向50°。墓室平面呈较规则的长方形，长170、宽77～80、深5～20厘米。未发现随葬器物（图九）。

M3　为近长方形土坑墓，方向50°。墓室平面呈较规则的长方形，长280、宽134、深42～46厘米。随葬器物共7件，有陶罐1件、铜戈1件、铜带钩1件、铜銎1件、铜匜1件、铜鐏1件、琉璃坠1件（图一○）。

陶罐　1件。M3：6，灰陶。短直颈，圆唇，溜肩，鼓腹，圜底。颈部饰有弦纹。内口径10.3、外口径13.3、腹径23.5、通高23、深22、器壁厚1厘米（图五，8）。

铜戈　1件。M3：1，援呈叶状，有中脊，胡有两个长方形穿。直内，后缘有两个长方形穿，有长阑，上阑处有一半圆形穿。援长18、内长9、阑长13、胡宽2.8～3.6厘米（图五，17）。

铜带钩　1件。M3：2，面部较为开阔，为椭圆形。一端曲首，背有圆纽，纽在面部背后正中。长8.3、宽0.7～2.2、高1.7、圆纽直径1.9厘米（图五，18）。

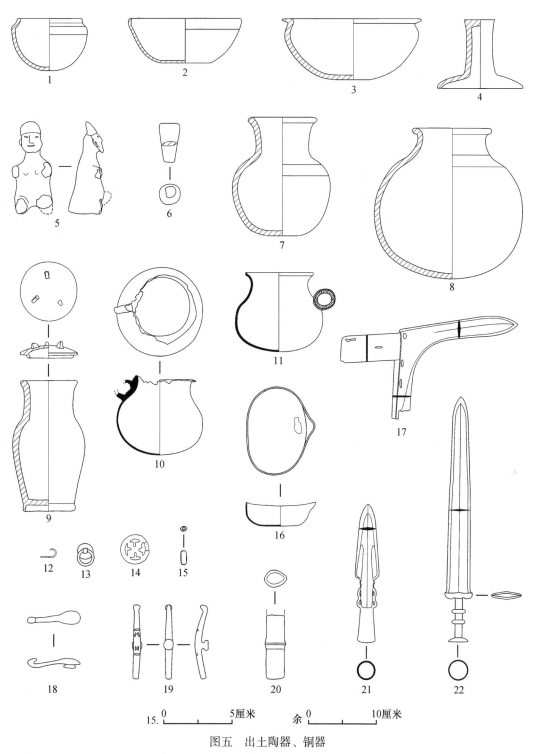

图五　出土陶器、铜器

1、2. 陶钵（M4：2、M7：5）　3. 陶盆（M7：9）　4. 陶底座（M7：8）　5. 陶俑（M4：3）　6. 陶案足（M4：4-2）

7、8. 陶罐（M7：6、M3：6）　9. 陶壶（M7：7）　10、11. 铜錾（M3：3、M7：3）　12. 铜钩（M6：2）

13. 铜铺首（M7：2）　14. 铜饰（M5：2）　15. 琉璃坠（M3：7）　16. 铜匜（M3：4）　17. 铜戈（M3：1）

18、19. 铜带钩（M3：2、M6：1）　20. 铜镈（M3：5）　21. 铜矛（M7：1）　22. 铜剑（M7：4）

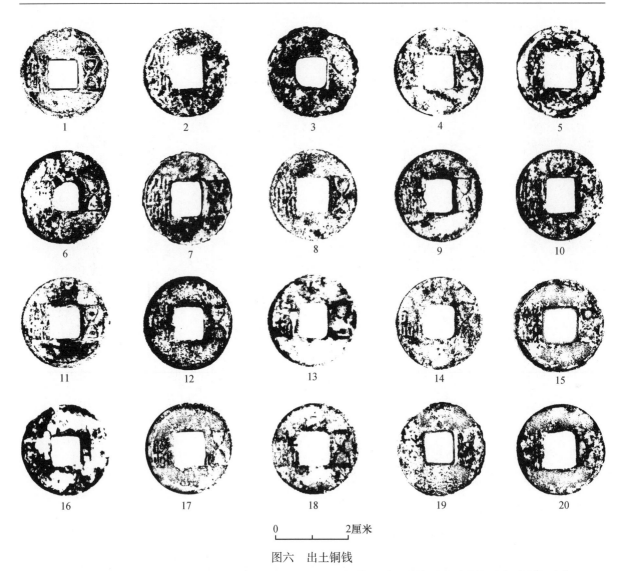

0   2厘米

图六　出土铜钱

1. M1：1-1　2. M1：1-2　3. M1：1-3　4. M1：1-4　5. M1：1-5　6. M1：1-6　7. M1：1-7　8. M1：1-8　9. M1：1-9
10. M1：1-10　11. M1：1-11　12. M1：1-12　13. M1：1-13　14. M1：1-14　15. M4：1-1　16. M4：1-2　17. M4：1-3
18. M4：1-4　19. M5：1-1　20. M5：1-2

　　铜鍪　1件。M3：3，侈口，粗颈，鼓腹，圜底。颈部有较细的绞索状环耳，耳和口部已残。口径10.4、腹径13、通高11.6、深11.4、器壁厚0.2厘米（图五，10）。

　　铜匜　1件。M3：4，整体呈椭圆形，前有尖状流，后无鋬，平底无足。长13.5、宽11、高4、厚0.2厘米（图五，16）。

　　铜鐏　1件。M3：5，呈圆柱状，截面呈水滴状。长10、宽3.1～3.7、器厚0.15、最长内径2.7厘米（图五，20）。

　　琉璃坠　1件。M3：7，琉璃珠呈蓝色，筒形，无纹饰，纵向穿有一孔。直径0.7、长1.4、厚0.2厘米（图五，15）。

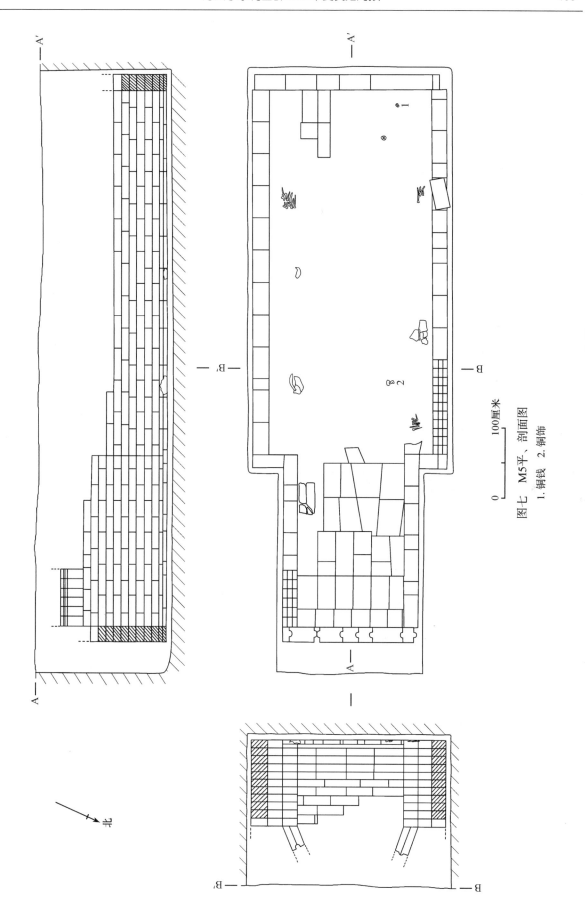

图七　M5平、剖面图

1. 铜钱　2. 铜饰

0　　　　　　100厘米

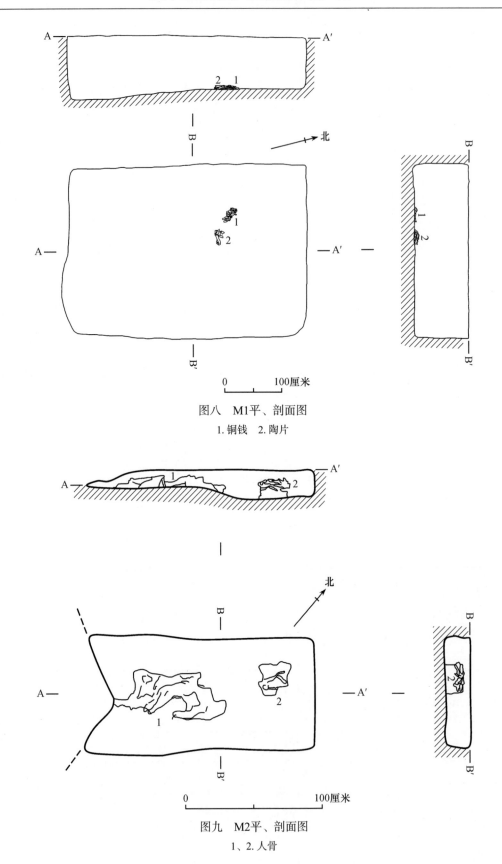

图八　M1平、剖面图

1. 铜钱　2. 陶片

图九　M2平、剖面图

1、2. 人骨

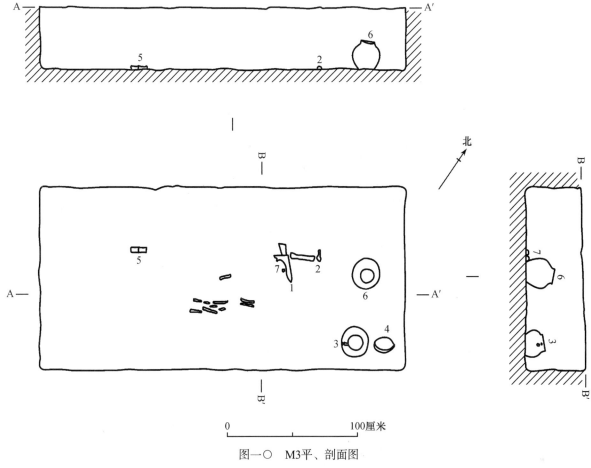

图一〇　M3平、剖面图

1. 铜戈　2. 铜带钩　3. 铜鍪　4. 铜匜　5. 铜鐏　6. 陶罐　7. 琉璃坠

　　M6　为近长方形土坑墓，方向72°。墓室平面呈前宽后窄的长方形，长170、宽83～67、深7厘米。随葬器物共2件，有铜带钩1件、铜钩1件（图一一）。

　　铜带钩　1件。M6：1，器身细长，一端曲首，背有圆纽，通体花纹错银，锈蚀严重，难辨花纹。长10.8、宽0.7～1.1、高1.9、圆纽直径1.4厘米（图五，19）。

　　铜钩　1件。M6：2，鱼钩状。长2.4、宽1.3、直径0.2厘米（图五，12）。

　　M7　为近长方形土坑墓，方向66°。墓室平面呈较规则的长方形。长286、宽168～172，深100厘米。随葬器物共9件，有陶罐1件、陶壶1件、陶钵1件、陶盆1件、陶底座1件、铜矛1件、铜剑1件、铜鍪1件、铜铺首1件（图一二）。

　　陶罐　1件。M7：6，灰陶。长直颈，敞口，圆唇，圆肩，鼓腹，平底。颈至肩部饰有两道凹弦纹。口径9.8、腹径15、底径13、通高18、深17、器壁厚1厘米（图五，7）。

　　陶壶　1件。M7：7，灰陶。敞口，方唇，束径，溜肩，斜腹，平底，高圈足。器盖子母口，盖面微鼓，饰三个长条状纽。口径8.6、腹径11、底径8、通高19、深17.7、圈足厚0.5、器壁厚1厘米，器盖内口径8、外口径10.6、通高3、纽高1、器壁厚0.4厘米（图五，9）。

　　陶钵　1件。M7：5，灰陶。子母口，微敞，方唇，丰肩，斜腹，自肩下收至底部，平底。内腹壁无纹饰。口径8、底径5、通高11.5、深11、器壁厚0.5厘米（图五，2）。

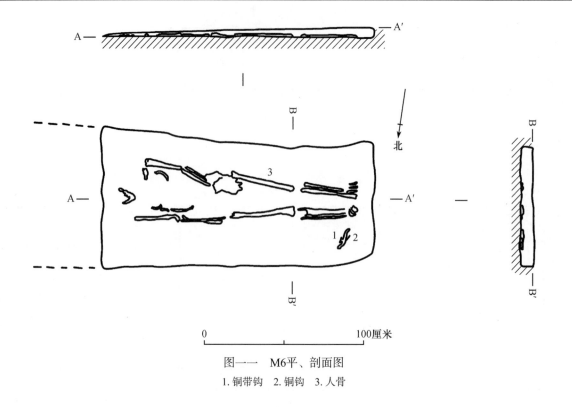

图一一　M6平、剖面图

1. 铜带钩　2. 铜钩　3. 人骨

陶盆　1件。M7∶9，灰陶。敞口，宽沿，外侈，腹部斜收，平底略内凹。无纹饰。口径21.3、底径7.5、口沿宽2.1、通高9.4、深9、器壁厚0.4厘米（图五，3）。

陶底座　1件。M7∶8，泥质灰陶。空心柄，喇叭状圈足。柄直径5、底座直径13、底座孔径3、通高10、底深9、器壁厚0.9厘米（图五，4）。

铜矛　1件。M7∶1，圆形筒状骹，上细下粗，两侧有纽，銎口呈圆形，矛头呈菱形，脊明显，两叶基本对称，有血槽，锋呈三角状。全长20.2、矛头11、銎直径2.4、厚0.2厘米（图五，21）。

铜剑　1件。M7∶4，剑首截面呈圆形，剑茎有剑箍两个，剑格略宽于剑身。剑脊明显，剑从部分无纹饰或铭文，且由于锈迹原因，刃部与锷部分界不明显，剑锋处略锈。剑身无残损。剑身长36.1、剑身宽0～3.8、剑首宽3.3、剑首厚0.3、剑茎长8、剑茎宽1.4、剑格宽4.6厘米（图五，22）。

铜鍪　1件。M7∶3，侈口，粗颈，鼓腹，圜底，肩颈部有一只圆环形耳，耳上有绳股纹。口径9.9、腹径11.5、通高11.5、深11.3、器壁厚0.2厘米（图五，11）。

铜铺首　1件。M7∶2，素面衔环形。通长3.3、宽2.1、内径1.7、环外径2.2厘米（图五，13）。

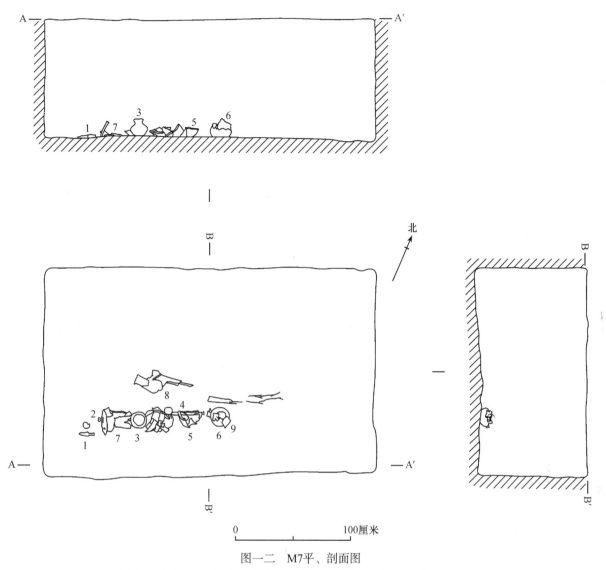

图一二　M7平、剖面图

1. 铜矛　2. 铜铺首　3. 铜鍪　4. 铜剑　5. 陶钵　6. 陶罐　7. 陶壶　8. 陶底座　9. 陶盆

二、墓葬年代探讨及相关认识

此次清理的7座墓葬，除M4、M5外均为土坑竖穴墓。

M1所出铜钱与周家院子M4[1]中铜钱较相似，但M1中"五铢"朱字圆折，其年代应当在王莽之后，此类铜钱常见于峡江东汉墓中。M2被M1打破，仅余人骨。根据埋藏地层和位置，初步推测为东汉时期墓葬。

M3墓葬平面呈近长方形，多见于汉代之前。所出陶罐的绳纹时代较早，该类型陶罐与丰都麒麟包墓群[2]陶罐M2：24相似。所出铜鍪为单耳鍪，与丰都名山镇汉墓[3]中双耳鍪在形制上有很大区别，其年代较早，流行于战国时期，与开县余家坝墓地[4]铜鍪M8：5相似。所出铜匜与涪陵点易墓地[5]铜匜M3：14较相似，因不属同一文化体系，在年代上，M3所出铜匜应当更早一些。所出铜戈具有典型巴文化风格，与涪陵小田溪墓地[6]M12：30、万州嘴嘴墓群[7]M3：6的铜戈相似。综上，推测M3为战国晚期墓葬。

M4、M5为"凸"字形砖室墓，墓葬形制相同，流行于东汉时期，丰都大湾墓群[8]是为一例，同类型的还有万州青龙嘴墓地[9]。墓砖包括楔形券砖、长方形地砖和长方形条砖三种。长江三峡沿岸地区的砖室墓中，忠县的石匣子东汉墓[10]，万州的钟嘴东汉墓[11]，巫山的麦沱汉墓群[12]，云阳李家坝遗址M8、M11、M14[13]，奉节周家坪墓地[14]和赵家湾墓地[15]，涪陵转转堡墓群[16]，丰都汇南墓群[17]和糖房遗址[18]都发现相似墓砖纹饰，其中丰都二仙堡墓群[19]也有相同的"富贵"字样的楔形券砖。"以楔形子母砖砌筑券顶的结构则是这一地区东汉中晚期墓的典型作风。"[20]由此可以初步推测，M4和M5年代上限应为东汉时期。

M6被M4打破，保存状况较差，仅残留人骨，因此仅能推测其早于东汉，具体年代不详。M7墓葬平面呈近长方形，多见于汉代之前。所出铜鍪为单耳鍪，其年代较早，流行于战国时期，与开县余家坝墓地[21]铜鍪M9：6相似。所出铜矛与万州梁上墓群[22]铜矛M5：1、涪陵小田溪墓地[23]矛铜M12：102相似。所出铜剑具有该地区战国晚期铜剑的特征，与万州嘴嘴墓群[24]铜剑M3：3，巫山水田湾东周、两汉墓铜剑[25]ⅢM7：4、土城坡墓地[26]铜剑M3：6、高塘观遗址[27]M54出土的铜剑均相似。综上，推测M7为战国晚期墓葬。

三、结　　语

李家嘴墓群位于今重庆市万州区长江南岸的新乡镇，与武陵镇隔江相望。湖北省宜昌市博物馆于2016年在李家嘴墓群南侧进行发掘。李家嘴墓群墓葬分布较集中，受埋藏环境影响，墓葬保存状况参差不齐，随葬器物主要集中于部分墓葬。就墓葬本身及随葬品而言，其形制及风格大致分为两类。通过对砖室墓及土坑竖穴墓形制、随葬品特征、墓砖砌筑方式及纹饰特征等分别比对后，推测M3、M7年代为战国晚期，其余为东汉晚期至六朝时期墓葬。通过对比该地区其他墓群，推测长江两岸这些墓地，可能为该地区居民集中埋葬的区域。

其中，M4、M5墓室结构保存较完好，M3、M7随葬器物较丰富，为研究长江沿岸战国晚期及东汉晚期墓葬形制演化、墓地与居址的关系、随葬器物的制作工艺、墓砖砌筑方式与纹饰特征等问题提供了可靠的资料。

附记：本次考古发掘领队为袁东山，执行领队为李梅田，参加发掘的人员有郭东珺、吴楚韵、梁博闻、贾楠、王盼盼、林崇诚。摄影：吴楚韵、梁博闻。绘图：吴楚韵、贾楠、王盼盼。本次发掘工作得到了万州区博物馆的大力支持，在此谨表谢忱。

执笔：郭东珺

注　释

[1]　重庆师范大学历史与社会学院、北京大学考古文博学院、重庆市文化遗产研究院：《重庆忠县两汉墓葬》，《考古》2014年第6期。

[2]　重庆市文化遗产研究院、丰都县文物管理所：《重庆丰都县麒麟包墓群发掘简报》，《江汉考古》2015年第4期。

[3]　丰都县文物管理所：《丰都名山镇汉墓清理简报》，《四川文物》1991年第3期。

[4]　山东大学考古学系、重庆市文化局、开县文物管理所：《重庆开县余家坝墓地2000年发掘简报》，《华夏考古》2003年第4期。

[5]　山东大学历史文化学院：《重庆涪陵点易墓地汉墓发掘简报》，《文物》2014年第10期。

[6]　重庆市文化遗产研究院、重庆市涪陵区博物馆、重庆市文物局：《重庆涪陵小田溪墓群M12发掘简报》，《文物》2016年第9期。

[7]　重庆市文物考古所、开封市文物考古研究所、重庆万州区文物管理所：《重庆万州嘴嘴墓群发掘简报》，《华夏考古》2013年第1期。

[8]　孙治刚：《丰都县大湾墓群》，《红岩春秋》2016年第8期。

[9]　青海省文物考古研究所、重庆市文化局、万州区文物管理所：《重庆万州区青龙嘴墓地考古发掘简报》，《华夏考古》2010年第1期。

[10]　北京大学三峡考古队：《重庆忠县石匣子东汉大墓发掘报告》，《南方民族考古》（第十辑），科学出版社，2014年。

[11]　山东省博物馆、重庆市博物馆、重庆市文化局：《重庆万州区钟嘴东汉墓发掘简报》，《华夏考古》2004年第1期。

[12]　重庆市文化局、湖南省文物考古研究所、巫山县文物管理所：《重庆巫山麦沱古墓群第二次发掘报告》，《考古学报》2005年第2期。

[13]　四川大学考古学系、重庆市云阳县文管所：《云阳李家坝遗址Ⅳ区汉六朝墓葬发掘简报》，《南方民族考古（第5辑）》，四川科学技术出版社，1993年。

[14]　武汉大学历史文化学院考古系：《重庆奉节县周家坪墓地发掘简报》，《江汉考古》2005年第2期。

[15]　武汉大学考古与博物馆学系、武汉大学科技考古中心：《重庆奉节赵家湾墓地2004年发掘简报》，《江汉考古》2009年第1期。

[16]　重庆市文化遗产研究院、涪陵区博物馆：《重庆涪陵转转堡墓群发掘简报》，《长江文明》（第22辑），重庆大学出版社，2016年。

[17]　四川省文物考古研究所、重庆市文化局、丰都县文物管理所：《重庆市丰都县汇南墓群2003年度发掘简报》，《四川文物》2013年第2期。

[18]　重庆市文化遗产研究院、重庆师范大学西南考古与文物研究中心、丰都县文物管理所：《重庆市丰都县糖房遗址2016年度发掘简报》，《四川文物》2017年第3期。

[19]　重庆市文化遗产研究院、重庆师范大学西南考古文物研究中心、丰都县文物管理所：《重庆丰都二仙堡墓群2015年发掘简报》，《文物》2017年第10期。

[20]　罗二虎：《四川汉代砖石室墓的初步研究》，《考古学报》2001年第4期。

[21]　山东大学考古学系、重庆市文化局、开县文物管理所：《重庆开县余家坝墓地2000年发掘简报》，《华夏考古》2003年第4期。

[22]　重庆市文物考古研究所、开封市文物考古研究所、万州区文物管理所：《重庆万州区梁上墓群发掘简报》，

《华夏考古》2011年第2期。

［23］　重庆市文化遗产研究院、重庆市涪陵区博物馆、重庆市文物局：《重庆涪陵小田溪墓群M12发掘简报》，《文物》2016年第9期。

［24］　重庆市文物考古所、开封市文物考古研究所、重庆万州区文物管理所：《重庆万州嘴嘴墓群发掘简报》，《华夏考古》2013年第1期。

［25］　武汉市文物考古研究所、巫山县文物管理所：《重庆巫山水田湾东周、两汉墓发掘简报》，《文物》2005年第9期。

［26］　武汉市考古研究所、巫山县文物管理所：《重庆巫山土城坡墓地2006年度发掘简报》，《四川文物》2008年第3期。

［27］　重庆市文化遗产研究院：《重庆巫山县高塘观遗址》，《考古快照》2016年。

忠县渔洞墓群2015年度考古发掘简报

重庆市文物考古研究院
重庆文化遗产保护中心

2015年7月上旬至2015年8月上旬，重庆市文物考古研究院（原重庆市文化遗产研究院）成立了专业发掘队伍，对处于三峡水库重庆消落区的忠县渔洞墓群进行了勘探及抢救性发掘清理。现将发掘情况简报如下。

一、概况及以往工作情况

忠县渔洞墓群位于重庆市忠县洋渡镇渔洞村3社，介于长江三峡与渔洞溪的宽谷地带。处在长江右岸的缓坡台地上，墓群分布范围较广，地形以缓坡状小平台为主，其北为渔洞溪，西邻长江。墓群中心地理坐标为30°10′05.0″N，107°56′47.7″E，海拔160米。该墓群由郑州大学于2001、2003、2004年先后进行过三次发掘（图一）。三次发掘已经占据了大量的发掘区域，2015年度的发掘主要对该墓群还未进行过发掘的地方重新进行勘探和发掘。主要集中在墓群

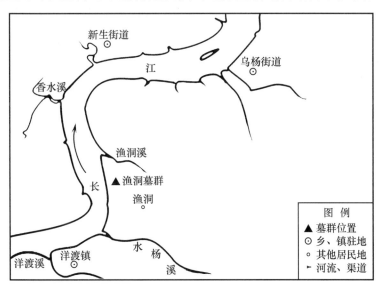

图一　渔洞墓群位置示意图

范围内小地名为晒坝、陈高梁梁及张高梁梁三处进行勘探，共计勘探面积近30000平方米。原计划对渔洞墓群发掘150平方米，实际按正南北向布10米×10米的探方2个，发掘面积200平方米。勘探、发掘工作始于2015年7月上旬，至2015年8月上旬结束（图二）。

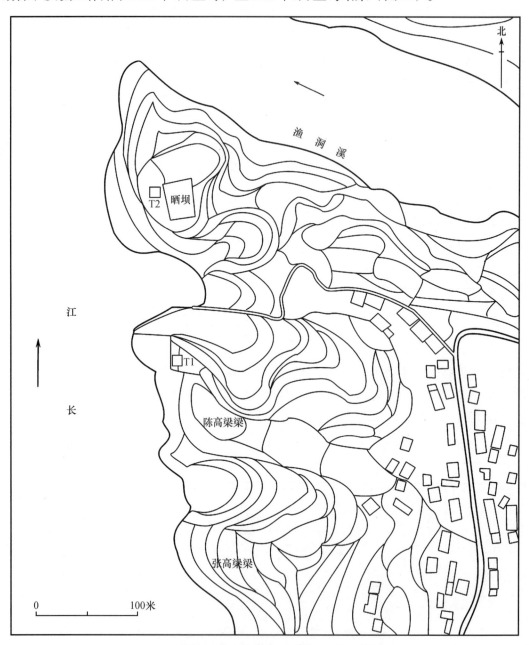

图二　渔洞墓群地形及2015年度发掘探方分布图

二、探　　方

由于受江水消落冲刷，探方地层堆积简单。以2015ZYDT2为例：表土层厚5～15厘米，为灰褐色粉砂土，土质疏松，含植物根茎及现代瓦砾等；表土层下第2层为褐色黏土，厚25～95厘米，土质紧密，含少数碎石子等；第2层下为黄褐色夹大量料姜石的生土。

三、墓　　葬

本次发掘共清理墓葬2座，其中砖室墓1座、土坑墓1座，编号分别为2015ZYDM1、2015ZYDM2。墓葬受江水冲刷及人为盗掘的影响，损毁较严重，部分可见盗洞及散布于地表的墓砖，无出土器物。以下根据墓葬类型逐一介绍。

（一）砖室墓

2015ZYDM1　残存墓室呈长方形，方向278°。由土圹、墓室组成。土圹系在缓坡地上下挖竖穴，墓室平面呈长方形，残长174、宽164、残高40厘米。四周墓壁紧贴土圹，用规格为44厘米×25厘米×8厘米的菱形花纹砖错缝平铺垒砌，花纹面向内。墓底无铺地砖（图三）。

墓内底部淤积灰褐色土，质地松软，未见葬具、人骨和随葬品。

（二）土坑墓

2015ZYDM2　平面形状呈长方形，竖穴土坑，方向95°。墓室西部被现代墓打破。墓壁较平直，墓底略显东高西低，长320、宽180、残高64～70厘米。

墓内堆积填土为黄褐色黏土夹杂黑土，结构较紧密，未见葬具、人骨痕及随葬品。土中包含少量碎石子（图四）。

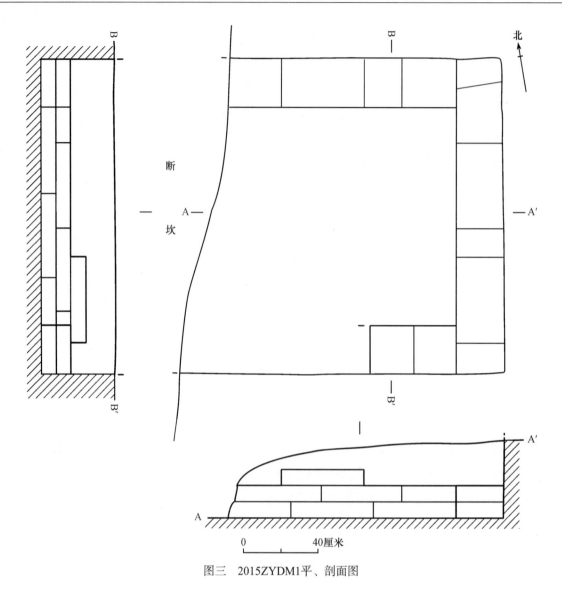

图三　2015ZYDM1平、剖面图

四、结　语

　　本次发掘的渔洞墓群共清理墓葬2座，由于盗扰严重，加上三峡水库成库后，水位消涨对墓葬冲刷比较严重，故墓内未有文物出土，墓内棺椁、人骨等痕迹基本无法观察，对这批墓葬的时代判断难度较大。

　　从墓葬类别上看，有两大类墓葬，其中砖室墓土坑竖穴墓各1座，明显应该属于两个大的时间段，可以划分为两期。一期为土坑竖穴墓，2015ZYDM2虽无出土随葬品，但从形制结构看在峡江地区主要存在于汉代。二期的砖室墓，2015ZYDM1也未出土遗物。这类底部又无铺地砖的砖室墓时代大致在东晋至南朝时期。因无随葬品具体时代难以断定，但大体为东汉至六朝时期。

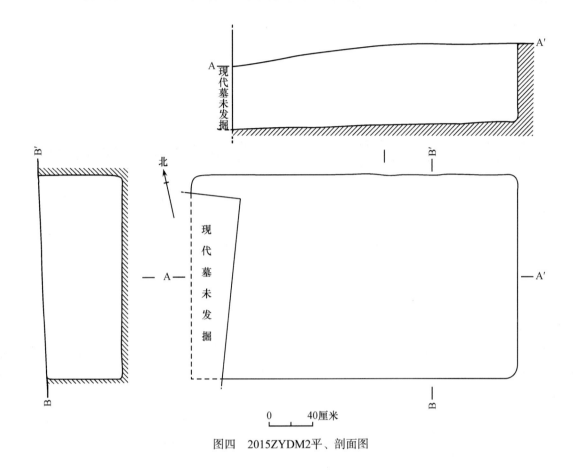

图四　2015ZYDM2平、剖面图

　　两期墓葬除在类别、时代等方面有明显不同外，墓葬方向上也有明显差异。从方向上看，一期土坑墓2015ZYDM2顺渔洞溪而葬，而二期砖室墓2015ZYDM1为垂江而葬。

　　附记：本次考古发掘领队为李大地，参与考古发掘的人员有陈蓁、陶一波，绘图人员为陈蓁、陶一波，照相由陈蓁、陶一波负责。

执笔：李大地　陈　蓁

丰都马鞍山墓群2013～2014年度发掘简报

重庆市文物考古研究院
丰都县文物管理所

　　马鞍山墓群位于重庆市丰都县双路镇马鞍山村，地处长江右岸的山包上，西隔长江与江心小岛丰稳坝相望，北临刀鞘溪。地理坐标为29°53′40.08″N，107°44′59.07″E，海拔175～180米（图一）。2013～2014年，为确保三峡库区消落区地下文物的安全，重庆市文化遗产研究院（今重庆市文物考古研究院）对其进行了抢救性发掘。发掘面积1650平方米，清理汉代至六朝时期墓葬23座（编号M1～M23），其中土坑墓16座、砖室墓7座，出土陶器、瓷器、银器、铜器、铁器、石器、琉璃器等460余件（套）。现将发掘情况简报如下。

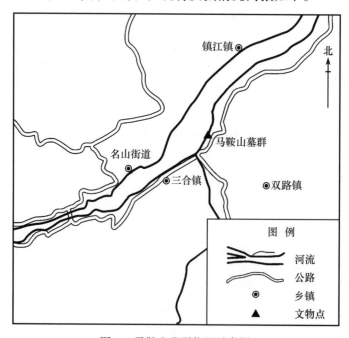

图一　马鞍山墓群位置示意图

一、西 汉 墓

共2座，均为长方形竖穴土坑墓，墓室底部四周筑有熟土二层台。墓向朝西北者1座、朝东北者1座。葬具为木棺，仅存痕迹。墓主葬式为仰身直肢葬。随葬器物有陶器、铁器和铜器，放置于墓主人一侧或头顶。以M10为例，介绍如下。

（一）墓葬形制

方向320°。墓坑平面呈圆角长方形，西北窄东南宽。坑壁较直，底部平整，墓壁四周筑有宽0.02~0.3、高约0.4米的熟土二层台。墓口距地表约0.2米，墓长3.24、宽1.78~2.14、深0.44~0.5米（图二）。墓内填土为红褐色五花土，土质致密。墓底西南部发现一具人骨，保存极差，残留部分头骨残片及下肢骨，头向西北。性别、年龄不详。右腿外侧随葬鸡蛋，仅存白色蛋壳。

（二）随葬器物

该墓曾被盗扰，随葬器物主要集中于墓室西北部，保存较好。出土器物23件（组），包括陶器、铁器和铜器。

1. 陶器

共20件（组）。均为泥质灰陶，轮制。

罐　7件。M10：9，侈口，尖唇，束颈，耸肩，圆鼓腹，平底，底部微内凹。肩部对称堆贴一对桥形耳。颈部以下施绳纹，肩腹部有三道抹光痕。顶部有钵盖，敞口，圆唇，折腹，平底。盖口径16.8、盖底径5.6、盖高5.8、罐口径9.2、罐腹径20、罐底径8、罐高17.2、通高20.8厘米（图三，1；图版一一，2）。M10：13，侈口，尖圆唇，束颈，广肩，鼓腹，平底。肩部饰凹弦纹两周，下腹饰线纹。口径11.6、腹径25.6、底径15.6、高17.6厘米（图三，2）。M10：19，侈口，圆唇，束颈，溜肩，鼓腹，平底。肩部饰凹弦纹一周，下腹饰凹弦纹三周。口径10.8、腹径18、底径9.6、高12.2厘米（图三，5）。M10：23，直口，尖唇，高领，圆折肩，弧腹，平底。口径9.6、腹径16、底径10、高11.8厘米（图三，6）。M10：18，侈口，平沿，尖唇，束颈，圆折肩，弧腹，圜底。底部满饰绳纹。口径9.6、腹径20.8、高15厘米（图三，3）。

壶　1件。M10：12，圆形盖，子母口，弧形顶，顶部周缘分布三个"S"形纽。壶为盘口，圆唇，束颈，圆鼓腹，圈足，足跟内折。肩部饰一对铺首。盖径14.4、壶口径17.2、腹径

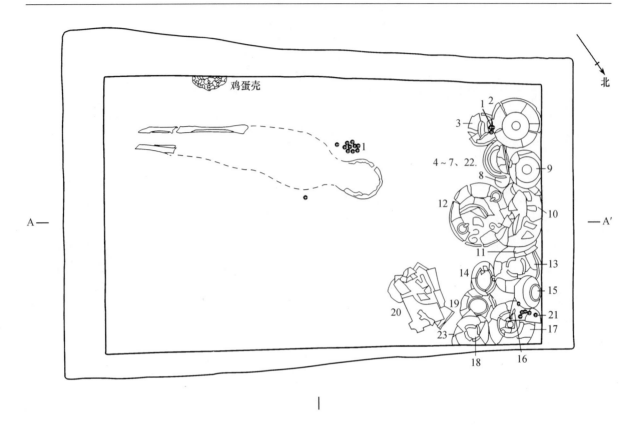

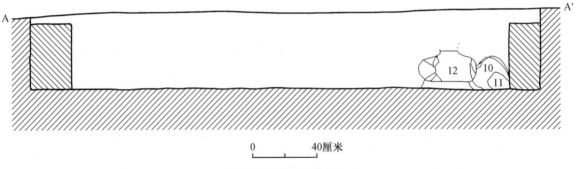

图二　M10 平、剖面图

1、21. 铜钱　2、17. 陶瓮　3、9、13、15、18、19、23. 陶罐　4~8、22. 陶钵　10. 陶釜　11. 陶甑　12. 陶壶　14. 陶仓
16. 铁环首刀　20. 陶井

25.6、底径16、通高42厘米（图三，4）。

　　瓮　2件。M10：17，敛口，斜沿，尖圆唇，矮领，折肩，弧腹，平底。肩部以下饰绳纹和菱形网格纹。口径14、腹径30、底径14.8、高19.6厘米。顶部有钵盖。钵为敞口，圆唇，折腹，平底。钵口径16.8、底径5.6、高6厘米（图三，7）。M10：2，敛口，尖唇，矮领，折肩，弧腹，平底。腹部模印菱格纹两周。口径18、腹径33.2、底径17.2、高21.2厘米。顶部有钵盖。钵为敞口，尖唇，唇部加厚，圆折腹，平底。口径17.6、底径6.4、高6.2厘米（图三，8）。

　　釜　1件。M10：10，直口，方唇，鼓腹，圜底，下接浅圈足。肩部饰一对器耳，器耳处饰凹弦纹一周。口径22.4、腹径31.2、高25.2厘米（图四，1）。

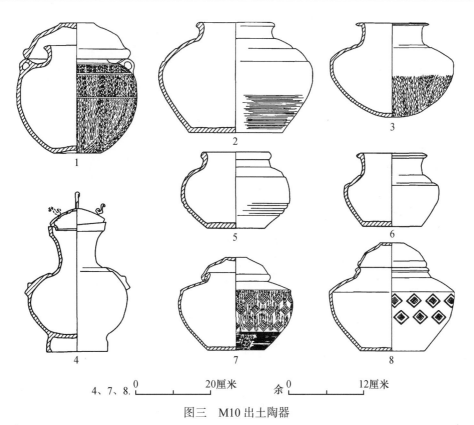

图三　M10 出土陶器

1～3、5、6.罐（M10：9、M10：13、M10：18、M10：19、M10：23）　4.壶（M0：12）　7、8.瓮（M10：17、M10：2）

甑　1件。M10：11，直口，卷沿，方唇，上腹较直，下腹内收，凹底。底部有12个箅孔。口径29.6、底径18.8、高16厘米（图四，2）。

钵　6件。M10：4，敞口，圆唇，斜折腹，平底。口径16.8、底径5.6、高6.4厘米（图四，4）。

井　1件。M10：20，由井身、井盖、井架三部分组成。井身敛口，尖唇，折肩，筒腹外鼓，平底。井盖平面呈方形，转角弧凹，圆形井圈，两侧有对称长方形孔，内有井架。井架顶端横置弧形架，圈足。表面饰网格纹、几何纹。井盖边长27.6、井身口径11.2、井身底径14、通高33厘米（图四，3；图版一一，1）。

仓　1件。M10：14，敛口，尖唇，折肩，筒腹微鼓，平底。腹部饰凹弦纹三周。口径14、腹径20、底径14.4、高19～19.4厘米（图四，5）。

2. 其他

铁环首刀　1件。M10：16，残，锈蚀严重。环首，长条状。残长31.7、宽1.9、背厚0.3～0.5厘米。

铜钱　2组62枚。普通五铢60枚，磨郭五铢2枚。

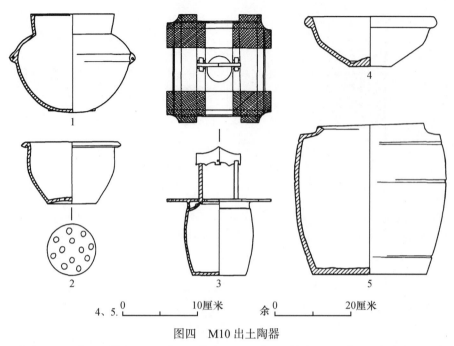

4、5. 0 _____ 10厘米　　余 0 _____ 20厘米

图四　M10 出土陶器

1.釜（M10：10）　2.甑（M10：11）　3.井（M10：20）　4.钵（M10：4）　5.仓（M10：14）

二、新莽至东汉初墓

共14座，均为竖穴土坑墓，包括长方形墓13座、"凸"字形墓1座。长方形墓无墓道，凸字形墓有近梯形竖穴墓道。墓室底部四周多筑有熟土二层台。墓室最长者4、最短者3.12米，最宽者3.3、最窄者1.56米。墓向各异，朝西北者6座、朝东北者4座、朝东南者2座、朝北者1座、朝西南者1座。葬式可辨者均为仰身直肢，共7座。葬具为木棺，仅存灰痕。随葬器物有陶器、釉陶器、鎏金铜器、铜器、银器、铁器等，多置于墓主脚端、头顶或身体一侧。仅1座墓出土鎏金铜棺饰（M18）。以M18为例，介绍如下。

（一）墓葬形制

方向310°。平面呈圆角长方形，墓壁遭挤压略向墓内倾斜，底部平坦，墓底四周筑有宽0.1～0.3、残高0.26米的熟土二层台。墓长3.36、宽3.1、残高0.36米（图五）。墓内填土为红色黏土、黄色沙土及黑色黏土混杂而成的五花土，土质较致密。葬具为木棺，已腐朽。墓底东、西部各残留一处棺灰痕迹，东部灰痕长约1.8、宽约0.34米，西部灰痕长约1.4、宽约0.48米。墓底北部发现鎏金铜棺饰。骨骼腐朽严重，仅见残片及朽痕，葬式不明。

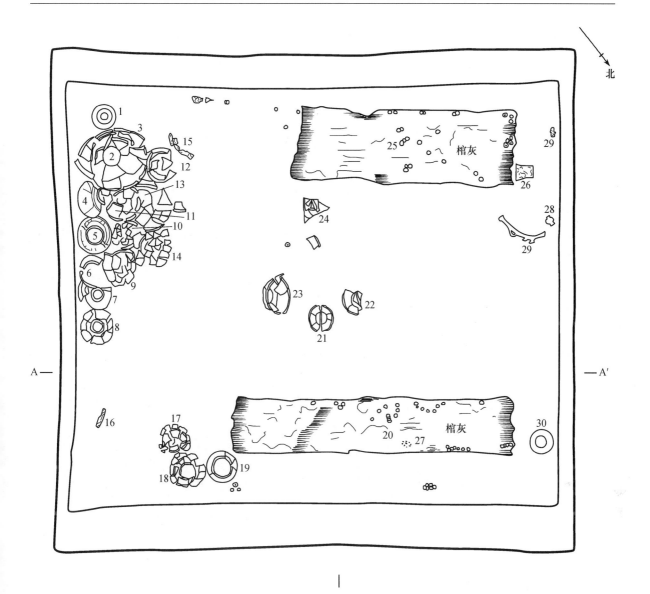

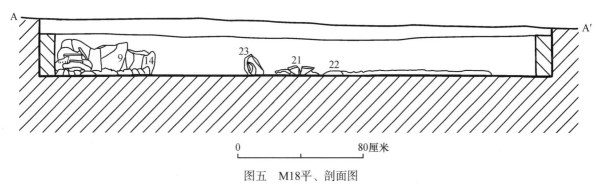

图五　M18平、剖面图

1、21～24.陶钵　2、13.陶盆　3～5、7、8、14.陶罐　6、9～12、19.陶仓　15、16.铁刀　17、18.陶釜　20、25.铜钱
26.铁锸　27.串饰　28～30.鎏金铜棺饰

（二）随葬器物

该墓曾被盗扰，随葬器物集中于墓室西南部，余者散落于墓室各处。出土器物共30件（套），包括陶器、铜器和铁器。

1. 陶器

共21件。均为泥质灰陶，轮制。

罐　6件。M18：14，直口，圆唇，束颈，鼓肩，斜弧腹，平底。肩部饰凹弦纹两周，中下腹饰线纹。口径10.4、腹径22.4、底径12.4、高16厘米（图六，1）。M18：7，直口，尖唇，高领，折肩，弧腹，平底。颈、肩部饰凹弦纹两周，下腹饰凹弦纹四周。顶部覆钵为盖，敞口，尖圆唇，曲腹，平底。盖内壁有明显凹痕。盖口径16.4、盖底径5.2、盖高6.2、罐口径8.4、罐腹径14、罐底径6.8、罐高11.6、通高13.2厘米（图六，2）。M18：5，侈口，方圆唇，束颈，溜肩，鼓腹，平底。肩部耸立对称桥形耳。唇部饰凹弦纹一周，肩部及以下满饰绳纹，肩腹部各饰凹弦纹一周。口径11.6、腹径20.4、底径6.8、高16.2厘米（图六，3）。

盆　2件。M18：2，直口，卷沿，方唇，深弧腹，下腹微内收，平底。上腹部饰一周凸

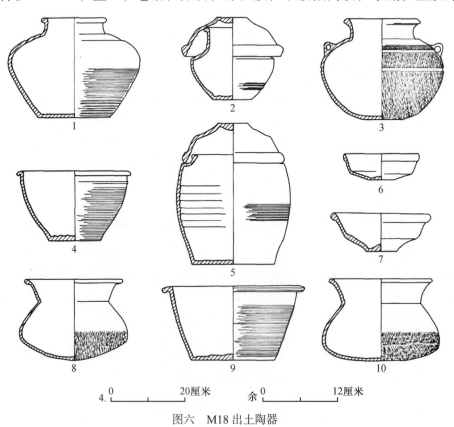

4.　0   20厘米　　余　0   12厘米

图六　M18 出土陶器

1～3. 罐（M18：14、M18：7、M18：5）　4、9. 盆（M18：2、M18：13）　5. 仓（M18：11）　6、7. 钵（M18：21、
M18：23）　8、10. 釜（M18：17、M18：18）

弦纹，其下满饰线纹。口径28.8、腹径28.8、底径14.4、高18厘米（图六，4）。M18：13，敞口，卷沿，斜直腹，平底。腹部饰线纹。口径20.8、底径14、高11.8～12厘米（图六，9）。

釜　2件。M18：17，敞口，圆唇，折颈，斜肩，垂腹，圜底。下腹及底部饰绳纹。口径16.4、腹径18.4、高13厘米（图六，8）。M18：18，敞口，圆唇，折颈，斜肩，垂腹，圜底近平。下腹部及底部饰绳纹。口径16.8、腹径19.6、高13.2厘米（图六，10）。

钵　5件。M18：21，敞口，尖圆唇，折腹，平底。口径12.4、底径4.4、高4.2厘米（图六，6）。M18：23，敞口，圆唇，折腹，下腹内凹，平底。口径16、底径5.2、高6～6.2厘米（图六，7）。

仓　6件。M18：11，敛口，尖唇，折肩，上腹微鼓，下腹内收，平底。顶部覆钵盖，敞口，尖圆唇，折腹，平底。盖口径16.4、盖底径5.2、盖高6.4、仓口径13.6、仓腹径19.2、仓底径14、仓高17.6、通高22.6厘米（图六，5）。

2. 其他

鎏金铜棺饰　3件。M18：29，龙虎棺饰。平面呈弧形，背部有桥形纽和三角形龙鳍，一端饰龙首，另一端饰虎首（已残）。残长29、高12.4、厚0.05厘米（图七，1；图版一二，1）。M18：30，圆形璧状，中部有圆孔。直径18.1、孔径5.6、厚0.1厘米（图七，3，图版一二，2）。M18：28，灯笼形，内空。球径3.8、柱长2、高5.6厘米（图版一二，3）。

铜钱　2组90枚。均为大泉五十。81枚为单个铜钱，另有4枚一版和5枚一版的连体钱。面、背均有内、外郭。钱径2.5～2.7、穿径0.7～1厘米。

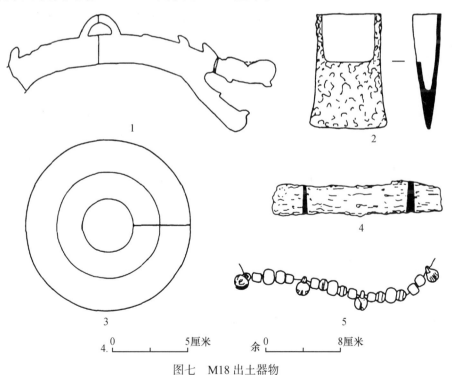

图七　M18出土器物

1、3. 鎏金铜棺饰（M18：29、M18：30）　2. 铁锸（M18：26）　4. 铁刀（M18：16）　5. 串饰（M18：27）

铁刀　2件。均残。M18：16，长条形，单面刃。残长11.4、宽2.2、背厚0.3～0.5厘米（图七，4）。

铁锸　1件。M18：26，平面近梯形，侧面为三角形。顶部有銎，两侧内曲，弧形刃。长12、刃部弧宽8.4、厚6.2厘米，銎宽6、深8厘米（图七，2）。

串饰　1组19颗。M18：27，由料珠、琉璃珠和铜铃铛组成。料珠、琉璃珠直径0.5～0.8、铜铃铛直径0.7厘米（图七，5；图版一二，4）。

三、东 汉 墓

共3座，均为竖穴土圹砖室墓，长方形斜坡式竖穴墓道，甬道、墓室由砖砌筑而成。墓向朝西者2座、朝南者1座。葬具为木棺，仅存灰痕。葬式不明。随葬器物有陶器、釉陶器、鎏金铜器、铜器、铁器等，多放置于甬道或墓室一角。以M11为例，介绍如下。

（一）墓葬形制

方向190°。平面呈"凸"字形，由墓道、甬道、墓室组成。长8.68、宽1.63～3.4、深0～2.34米。墓道为长方形斜坡式，坡度45°，长1.02、宽1.63、深0～1米，墓道底高出甬道底0.6米。甬道平面呈长方形，两侧壁用长方形重菱纹砖错缝叠砌，从墓底向上14层始用榫卯砖纵向起券，券顶因盗扰已垮塌。底部用长方形砖、榫卯砖纵横交错平铺。南端用条形砖、榫卯砖错缝叠砌封门。长2.6、宽1.76、残高0.9米。墓室平面呈长方形，后部及左侧墓壁因山体挤压而向内倾斜。长3.6、宽2.44、残高1.34米（图八；图版九，2）。

（二）随葬器物

随葬器物集中于甬道，部分位于墓室东南角。出土器物共68件（套），包括釉陶器、陶器、铜器和铁器。

1. 釉陶器

锺　2件。M11：24，盘口，方唇，束颈，溜肩，鼓腹，圈足。外壁口沿下饰凸弦纹一周，颈部饰凸弦纹三周，肩部饰凹弦纹两周，腹部饰凹弦纹两周，足部饰凸弦纹三周。器表施红釉，部分剥落。口径12.8、腹径22.4、底径18.4、高34.8厘米（图九，1）。M11：8，浅盘口，方唇内折，束颈，溜肩，扁弧腹，圈足外撇。肩部饰凹弦纹八周，弦纹间有两个对称铺首，足部饰凹弦纹三周。器表施红釉，部分剥落。口径14、腹径26、底径18.2、高29.6厘米（图九，2）。

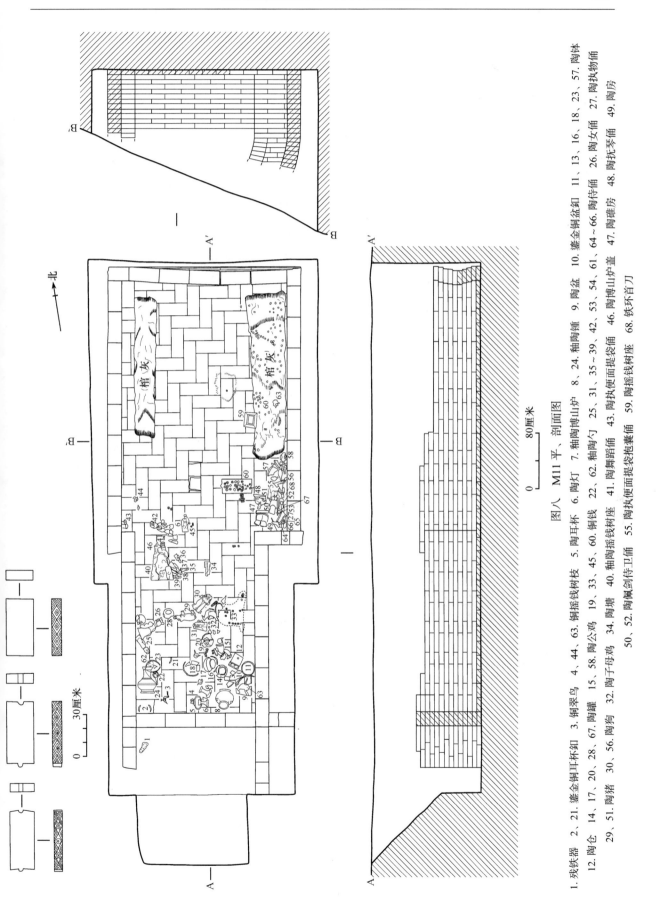

图八　M11平、剖面图

1.残铁器　2、21.鎏金铜耳杯釦　3.铜翠勺　4、44、63.铜摇钱树枝　5.陶摇钱树枝　6.陶灯　7.釉陶博山炉　8、24.釉陶锺　9.陶盆　10.鎏金铜盆釦　11、13、16、18、23、57.陶杯　12.陶仓　14、17、20、28、67.陶罐　15、58.陶公鸡　19、33、45、60.铜钱　22、62.陶勺　25、31、35～39、42、53、54、61、64～66.陶侍俑　26.陶女俑　27.陶执物俑　49.陶房　29、51.陶猪　30、56.陶狗　32.陶子母鸡　34.陶塘　40.陶舞蹈俑　41.陶舞摇钱树座　43.陶执便面提袋俑　46.陶博山炉盖　47.陶抚琴俑　48.陶抚琴俑　50、52.陶佩剑侍卫俑　55.陶执便面提袋抱囊俑　59.陶摇钱树座　68.铁环首刀

0 ——— 80厘米

勺　2件。M11：22，勺身近椭圆形，深腹，直柄较长，尾部卷曲。表面施酱釉。长15.6厘米（图九，11）。

博山炉　1件。M11：7，敛口，方唇，深腹外鼓，柱形柄，中空，喇叭状座。器表施酱釉。口径7.6、座径8、高15厘米（图九，13）。

摇钱树座　1件。M11：40，由圆柱、底座两部分组成。圆柱中空，柱外壁饰凸弦纹一周和粗绳纹两周。底座上部为一神兽，鼓眼，张嘴，露牙，带翼，四足直立。其下为另一神兽，张嘴，带翼，前腿弯曲，后腿直立。中部为山形饰，饰菱形连钱纹。下部为一近圆形底座。可见合范痕。器表施绿釉，大部分剥落。底径26.8、高44.8厘米（图版一〇，5）。

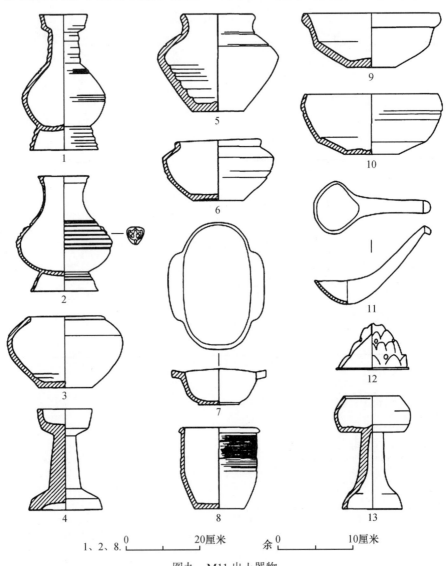

图九　M11 出土器物

1、2.釉陶锺（M11：24、M11：8）　3、5、6.陶罐（M11：14、M11：17、M11：28）　4.陶灯（M11：6）
7.陶耳杯（M11：5）　8.陶盆（M11：9）　9、10.陶钵（M11：11、M11：13）　11.釉陶勺（M11：22）
12.陶博山炉盖（M11：46）　13.釉陶博山炉（M11：7）

2. 陶器

泥质灰陶为主，少量泥质黑陶和夹砂红陶，泥质红陶中部分施酱釉、红釉和绿釉。陶器以轮制为主，部分为模制。

罐　5件。M11：14，敛口，圆唇，圆鼓肩，斜弧腹，平底。内外壁均有轮制痕迹。口径9.6、腹径15.6、底径7.2、高9.2厘米（图九，3）。M11：17，侈口，圆唇，束颈，斜肩，上腹部圆折，平底。颈、肩结合部及肩部各饰凹弦纹一周。器壁有数道凹痕。口径9.2、腹径16、底径6.8、高12.6厘米（图九，5）。M11：28，侈口，圆唇，矮领，折肩，斜弧腹，平底，底部内凹。口径10.8、腹径14.8、底径6.8、高7.6～8厘米（图九，6）。

盆　1件。M11：9，直口，弧沿，尖圆唇，上腹较直，下腹弧收，平底。腹部饰凹弦纹两周。外壁有轮制痕迹。口径18.4、腹径20.4、底径13.2、高21厘米（图九，8）。

钵　6件。M11：11，敞口，尖圆唇，唇部加厚，上腹斜直，折腹斜收成平底。内外壁均有轮制痕迹。口径18、底径6.4、高7厘米（图九，9）。M11：13，敛口，圆唇，斜折腹，平底。腹部饰凹弦纹两周，内壁腹部饰凹弦纹一周，内壁与底部相接处有凹弦纹一周，内底模印十字形花卉纹。内外壁均有轮制痕迹。口径17.6、底径7.2、高7.8厘米（图九，10）。M11：57，敞口，圆唇，唇部加厚，上腹斜直，折腹斜收，近底部外撇，平底。内外壁均有轮制痕迹。口径18.6、底径6、高6.3厘米。

耳杯　1件。M11：5，椭圆形，侈口，方唇，弧腹，浅饼足。半月形双耳。口长径16.4、口短径12.8、底径5.4、高4.6厘米（图九，7）。

博山炉盖　1件。M11：46，近半球形，盖顶有一乳突，盖面饰若干山形乳突，空白处亦填有乳突。口径9.6、高6厘米（图九，12）。

灯　1件。M11：6，盘口微侈，方唇，弧壁，柱形柄，覆钵状座。盘径7.4、座径10、高13厘米（图九，4）。

摇钱树座　1件。M11：59，平面呈方形，横截面呈梯形，顶面中部有一长方形槽。顶缘平台饰绳纹，四周侧面模印折线纹。中部槽长12、宽6.6、深2厘米，顶端长14.8、宽12厘米，底部长、宽均为18.8厘米，高6.6厘米。

房　1件。M11：49，两面坡顶，房顶中部有脊，脊正面有五组筒瓦，檐下立柱，柱上为一斗三升式斗拱，左右有角柱，柱上有檐檩。柱外有围栏，上饰3个长方形图案。烧制时略有倾斜。宽39.9、厚11.5、高27.9厘米（图一〇，1）。

碓房　1件。M11：47，长方形，四碓架，其中一碓架缺失，碓房内用具缺失，一足残。长34.8、宽10.9、高15厘米。

仓　1件。M11：12，房形仓。两面坡顶，房顶中部有脊，脊两面各有三组筒瓦，其中正面第一排筒瓦未与脊垂直，形成一夹角，延伸至房檐转角处，有瓦当。左右墙面中部偏下处各有一圆形通风口，墙体向前延伸，正面墙中部有一长方形门，微启。长18.8、宽14.6、高18.4厘米（图一〇，3）。

塘　1件。M11：34，残，无法复原。平面呈长方形，斜壁，平底。塘底有龟、蛙、鱼等

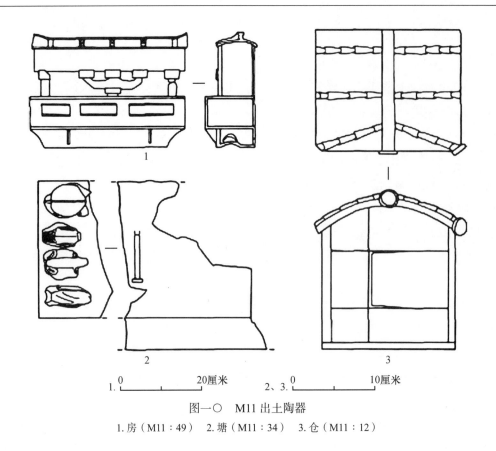

图一〇　M11 出土陶器

1.房（M11∶49）　2.塘（M11∶34）　3.仓（M11∶12）

动物。残长29.2、残宽20.8、深3.2厘米（图一〇，2）。

侍俑　14件。M11∶38，梳髻，束巾，面露微笑。裹衣圆领，外衣交领右衽，宽袖，束腰，及地。足穿履。双手相合作侍立状。高25厘米（图一一，1；图版一〇，2）。M11∶42，束巾，头戴平巾帻，面露微笑。裹衣圆领，外衣交领右衽，宽袖，束腰，及地。足穿履。双手相合作侍立状。可见合范痕。高25厘米（图一一，2）。M11∶53，头戴平巾帻，面露微笑。裹衣圆领，外衣交领右衽，宽袖，束腰，及地。双手相合作侍立状。可见合范痕。高20厘米（图一一，4）。M11∶54，头戴平巾帻，面露微笑。裹衣圆领，外衣交领右衽，宽袖，束腰，及地。双手相合作侍立状。可见合范痕。高20厘米（图一一，5）。M11∶64，束巾，面容安详。裹衣圆领，外衣交领右衽，宽袖，束腰，及地。足穿履。双手相合作侍立状。可见合范痕。高16.6厘米（图一一，6）。M11∶35，束巾，额前佩饰，面露微笑。裹衣圆领，外衣交领右衽，宽袖，束腰，及地。足穿翘头履。双手相合作侍立状。高13.2厘米（图一一，9；图版一〇，1）。

佩剑侍卫俑　2件。M11∶50，圆髻，束巾，面露微笑。裹衣圆领，外衣交领右衽，宽袖，束腰，及地，底部略残。披胸甲，下摆呈圆舌状。足穿履。双手合于胸前，左臂挟剑。可见合范痕。高21厘米（图一一，7）。M11∶52，头戴进贤冠，面露微笑。裹衣圆领，外衣交领右衽，宽袖，束腰，及地。披胸甲，下摆呈圆舌状。足穿履。双手合于胸前，左臂挟剑。可见合范痕。高20厘米（图一一，8）。

执便面提袋俑　1件。M11∶43，山形髻，束巾，额前配饰，面露微笑。裹衣圆领，外衣

图一一　M11出土陶俑

1、2、4～6、9. 侍俑（M11：38、M11：42、M11：53、M11：54、M11：64、M11：35）　3. 执便面提袋俑（M11：43）

7、8. 佩剑侍卫俑（M11：50、M11：52）

交领右衽，窄袖，束腰，及地。足穿履。右手执便面，左手提袋，袋口向上。可见合范痕。高24.6厘米（图一一，3）。

女俑　1件。M11：26，山形髻，束巾，额前配饰，面露微笑。褒衣圆领，中衣、深衣交领右衽，宽袖，束腰，及地。足穿履。双膝微屈作下蹲状。可见合范痕。高43.8厘米（图一二，1）。

执便面提袋抱囊俑　1件。M11：55，头戴平巾帻，面露微笑。褒衣圆领，外衣交领右衽，窄袖，束腰，及地。足穿履。右手执便面，左手提袋，袋口向上，并持一囊状物。可见合范痕。高29.4厘米（图版一〇，3）。

舞蹈俑　1件。M11：41，山形髻，束巾，面目不清。褒衣圆领，中衣、深衣交领右衽，深衣袖有荷叶形褶边，中衣袖长袖至腕，束腰，下摆有褶边。左手披袖提裙，右手上举于胸侧，作舞蹈状。可见合范痕。高24厘米（图一二，2）。

抚琴俑　1件。M11：48，腹部以上残。中衣、深衣交领右衽，窄袖至腕，束腰，及地。踞坐，双手抚膝上之琴。可见合范痕。残高10.4厘米（图一二，3）。

执物俑　1件。M11：27，束巾，面露微笑。褒衣圆领，外衣交领右衽，窄袖，束腰，及地。足穿履。两手各执一物。可见合范痕。高16.4厘米（图一二，4）。

0　　　　　　10厘米

图一二　M11出土陶俑

1.女俑（M11：26）　2.舞蹈俑（M11：41）　3.抚琴俑（M11：48）　4.执物俑（M11：27）

公鸡　2件。M11：58，昂首站立，尾残。可见合范痕。长15、高18.9厘米（图一三，1）。

子母鸡　1件。标本M11：32，低首蹲伏状，冠高耸，背负一小鸡，翘尾。可见合范痕。高14.8厘米（图一三，3）。

猪　2件。M11：29，鼓眼，立耳，长嘴，体肥，四足粗壮，短尾。四条腿的根部各饰一圆圈纹。可见合范痕。高11.4厘米（图一三，4）。

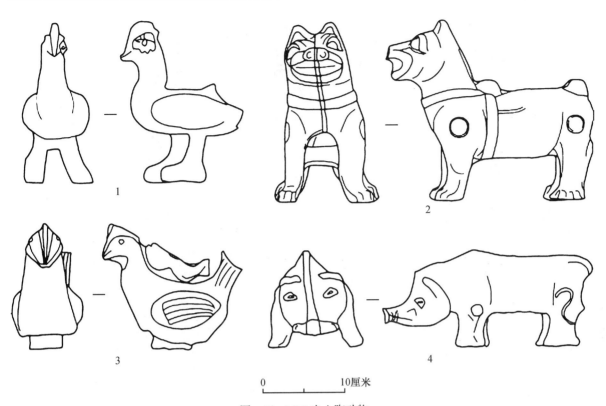

图一三　M11 出土陶动物

1. 公鸡（M11∶58）　2. 狗（M11∶30）　3. 子母鸡（M11∶32）　4. 猪（M11∶29）

狗　2件。M11∶30，昂首，耸耳，鼓眼，张嘴，四足直立，卷尾。颈及胸腹部缚带，四条腿的根部各饰一圆圈纹。可见合范痕。高21.2厘米（图一三，2；图版一〇，4）。

3. 其他

鎏金铜盆釦　1件。M11∶10，平面呈圆形，平沿，沿下两侧下折。口径23.2、壁厚0.4厘米（图一四，1）。

鎏金铜耳杯釦　2组，形制相同。M11∶2，月牙形双耳。长7.8厘米（图一四，4）。

铜摇钱树枝　3组。M11∶44，模印有摇钱树枝和钱纹。长7.7、宽7.3厘米（图一四，3）。

铜翠鸟　1件。M11∶3，长喙衔鱼，昂首站立，双翅紧缩，翘尾。高8.6厘米（图一四，2）。

铜钱　4组210枚。未磨郭者188枚，磨郭或减轮者22枚。

铁环首刀　1件。M11∶68，残。环首，长条形。残长13.5、宽1.8、厚0.3～0.9厘米（图一四，5）。

残铁器　1件。M11∶1，残。平面近长方形，一侧略弧，弧形一侧有凹槽。长15.4、宽3.5、厚1.4厘米（图一四，6）。

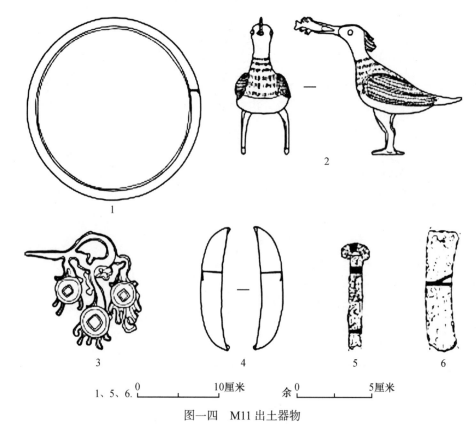

图一四　M11 出土器物

1. 鎏金铜盆釦（M11：10）　2. 铜翠鸟（M11：3）　3. 铜摇钱树枝（M11：44）　4. 鎏金铜耳杯釦（M11：2）
5. 铁环首刀（M11：68）　6. 残铁器（M11：1）

四、六 朝 墓

　　共4座，均为竖穴土圹砖室墓，由墓道、甬道、墓室组成。墓道破坏无存，甬道、墓室由砖砌筑，平面形状有"凸"字形2座、刀形1座、形状不明1座。葬具可辨者为木棺，仅存痕迹。墓主葬式可辨者1座，为仰身直肢。随葬器物有陶器、瓷器、铜器、铁器、石器等。随葬器物多放置于墓室一角或甬道内。以M12为例，介绍如下。

（一）墓葬形制

　　墓葬上部被破坏，墓室西部局部叠压于民房下无法清理。墓圹平面呈刀形，总长5.84、宽1.96～2.84、残深0.5米。由甬道、墓室组成。甬道位于墓室东端，入口处残存6层封门砖。甬道长1.94、宽1.42、残高0.4～0.5米。墓室平面呈纵长方形，后壁因挤压向内倾斜，底部平铺不规整的红砂岩石板。长3.46、宽2.31、残高约0.3米（图一五；图版九，1）。甬道和墓室均用长方形砖错缝砌筑，甬道残存5层，墓室残存4层。砖侧面饰重菱纹，砖长44、宽20、厚10厘米。葬具为木棺，已腐朽，仅在墓室中部发现数枚铁棺钉。人骨腐朽，葬式不明。

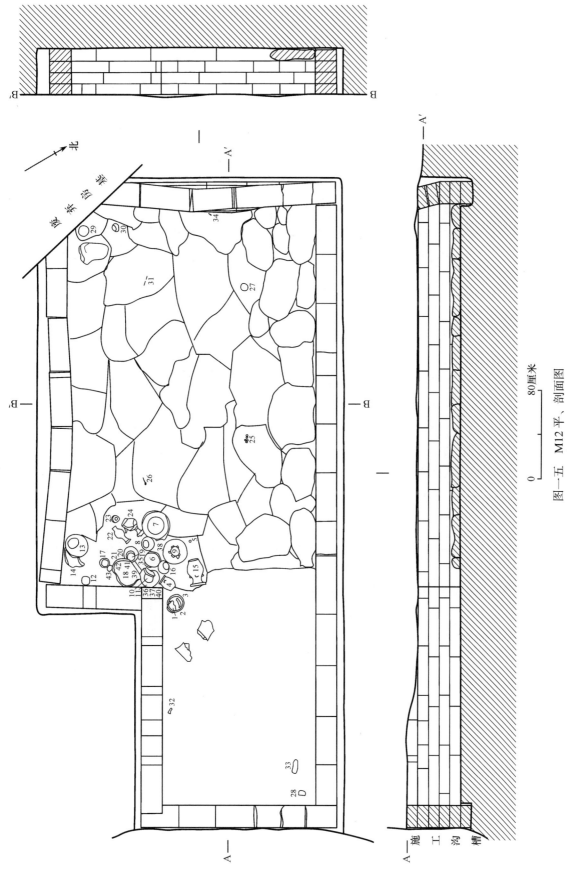

图一五　M12平、剖面图

0　　　　　　　80厘米

1、12、19～21、23、28、29、39、41～43. 瓷盏　2、3、9、11、30、36、37、40. 瓷碗　4. 瓷双系罐　5、25. 铜钱　6、15、22、24. 瓷盘口壶　7、14、18、35. 陶釜　8、13. 瓷四系罐　10. 陶瓶　16. 陶罐　17. 陶灯　26. 陶甑　31. 铁棺钉　32. 铜镯　33. 石欣砸器　34. 铜簪　38. 陶盘　27. 铜镯　32. 石凿　33. 石欣砸器　34. 铜簪　38. 陶盘

（二）随葬器物

M12因被破坏，残存器物43件（组），包括陶器、瓷器、铜器、铁器及石器。大部分出土于墓室东南角，少量出土于甬道内。

1. 陶器

共8件。以夹砂红陶为主，泥质、夹砂灰陶次之，少量为泥质红陶。皆为轮制。器形有罐、釜、盘、灯等。纹饰有绳纹、凹弦纹和戳刺纹。

罐　1件。M12：16，侈口，尖圆唇，束颈，溜肩，鼓腹，平底。肩部饰凹弦纹一周，弦纹下饰戳印纹两周。内外壁均有轮制痕迹。口径9.6、腹径17.2、底径8.2、高12.4厘米（图一六，1）。

釜　4件。M12：7，敞口，方唇，束颈，溜肩，圆折腹，圜底。外壁饰绳纹。口径22、腹径22.4、高19.4厘米（图一六，3）。M12：14，敞口，方唇，束颈，圆鼓腹，圜底。外壁饰绳纹。器表有烟炱。口径18.4、腹径18.8、高16.8厘米（图一六，2）。

甑　1件。M12：10，敞口，尖圆唇，唇部加厚，上腹斜直，折腹斜收成平底，底部有3个箅孔。内外壁均有轮制痕迹。口径13.6、底径4.2、高5厘米（图一六，4）。

盘　1件。M12：38，敞口，圆唇内凹，浅弧腹，平底，底附三蹄形足。口部饰凹弦纹一周。内外壁均有轮制痕迹。口径16.6、高3.2厘米（图一六，8）。

灯　1件。M12：17，残存盘部。敞口，方圆唇，浅弧腹。内壁有轮制痕迹。胎体为泥质红陶胎，表面施褐釉。口径11.5、底径5.4、高3.8厘米（图一六，9）。

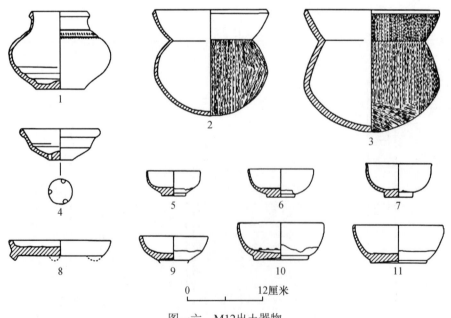

0　　　　　　12厘米

图一六　M12出土器物

1. 陶罐（M12：16）　2、3. 陶釜（M12：14、M12：7）　4. 陶甑（M12：10）　5～7. 瓷盏（M12：39、M12：29、M12：21）　8. 陶盘（M12：38）　9. 陶灯（M12：17）　10、11. 瓷碗（M12：3、M12：37）

2. 瓷器

共27件。灰白胎，多施青釉。器形分为碗、盏、双系罐、四系罐和盘口壶。

盏　12件。M12：39，直口，尖圆唇，弧腹微鼓，饼足，底部微凹。内壁不规整。内底有3个支钉痕，外壁有轮制痕迹。器表除足部外施青釉。口径9、底径4、高4厘米（图一六，5）。M12：29，敞口，圆唇，斜弧腹，饼足。内壁与底部相接处有一周凸弦纹。外壁有轮制痕迹。器表除足部外施青釉，有流釉。口径10.8、底径4.6、高4.5厘米（图一六，6）。M12：21，侈口，尖圆唇，弧腹，饼足。内底有三个支钉痕，外底有轮制痕迹。口径11.2、底径4.8、高5.3厘米（图一六，7）。

碗　8件。M12：3，敛口，尖圆唇，斜弧腹，饼足，底部微凹。内壁与底部相接处饰凸弦纹一周。内底有13个支钉痕，足部有刮削痕和轮制痕迹，外底有轮制痕迹。外壁施釉不及底。口径14.8、底径9、高5.8厘米（图一六，10）。M12：37，敞口，尖圆唇，斜弧腹，饼足，底部微凹。内壁与底部相接处饰凸弦纹一周。内底有15个支钉痕，足部有刮削痕，内外壁均有轮制痕迹。口径15.2、底径9.4、高6厘米（图一六，11）。

双系罐　1件。M12：4，直口，方唇，矮领，溜肩，弧腹，平底。肩部饰两个对称横系。外壁口沿下饰凹弦纹和凸棱各一周。内壁有轮制痕迹。外壁上部施褐釉，大部分已剥落。口径10.6、腹径15、底径10.2、高16.6厘米（图一七，1）。

四系罐　2件。M12：8，侈口，方圆唇，矮领，溜肩，弧腹，平底。肩部有对称横向四系。领部饰凸弦纹一周，肩部饰凹弦纹两周。内外壁均有轮制痕迹。外壁上部施青釉，有流釉。口径10.2、腹径15.6、底径9.2、高16.6厘米（图一七，2）。M12：13，敛口，方唇，矮领，圆肩，斜弧腹，平底。肩部有对称横向四系。领部饰凸弦纹两周。内壁有轮制痕迹。外壁上部施褐釉，细开片，部分已剥落。口径18.6、腹径23.8、底径12、高16.6厘米（图一七，3；图版一一，3）。

盘口壶　4件。M12：15，盘口，方圆唇，束颈，溜肩，斜弧腹，平底。肩部有对称横向四系。外壁有轮制痕迹。外壁施青釉不及底，有流釉，部分剥落。口径12.4、腹径14.7、底径9.4、高22.4厘米（图一七，4；图版一一，5）。M12：24，盘口，尖圆唇，束颈，圆肩，鼓腹，下腹近底部外撇，平底，底部微凹。肩部有对称横向四系。颈部饰凸弦纹两周。外壁施青釉不及底，有流釉，部分剥落。口径12、腹径16.8、底径10、高23.4厘米（图一七，5；图版一一，4）。M12：6，浅盘口，圆唇，束颈，鼓肩，弧腹，平底。肩部饰对称横向六系。外壁上部施青釉，大部分已剥落。口径15.2、腹径24、底径13.6、高36.8厘米（图一七，6）。M12：22，浅盘口，尖圆唇，束颈，圆肩，鼓腹，下腹近底部外撇，平底，底部微凹。肩部有对称六系，其中四系为横向桥形，两系为竖向贯形。颈部饰凸弦纹三周，肩部饰凸弦纹一周。外壁有粘连痕迹和轮制痕迹。器表施褐釉不及底，细开片，有流釉。口径8.6、腹径15、底径9.6、高22.6厘米（图一七，7；图版一一，6）。

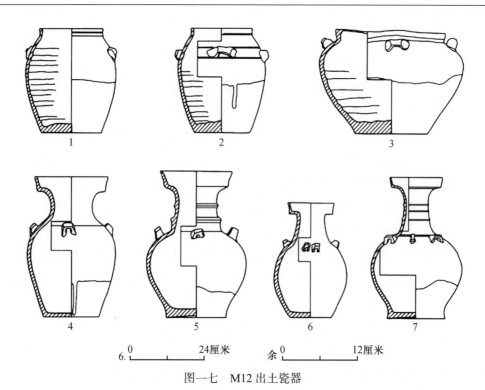

图一七　M12 出土瓷器

1. 双系罐（M12：4）　　2、3. 四系罐（M12：8、M12：13）　　4～7. 盘口壶（M12：15、M12：24、M12：6、M12：22）

3. 其他

铜簪　1件。M12：34，残，断为三段。长条形，截面呈圆形。残长7.2、直径约0.25厘米（图一八，1）。

铜镯　1组2件，形制相同。圆形，内壁平滑，外壁呈锯齿状。M12：27-1，外径6.9、内径6.1、宽0.5厘米（图一八，2）。

铜钱　2组43枚。包括五铢钱和剪轮五铢钱。

铁棺钉　2组3枚。M12：26-1，圆形钉帽，钉身细长，截面近方形，残长10.7、钉帽径约0.7厘米（图一八，3）。

石砍砸器　1件。M12：33，黄褐色砂岩，打制。平面近长方形，截面呈锥形。长13、宽8.8、厚2.8厘米（图一八，4）。

石凿　1件。M12：32，残。黄褐色砂岩，磨制。平面近梯形，截面呈锥形。两壁近直，单面弧刃。刃部有使用痕迹。长5.8、宽3.1、厚1.1厘米（图一八，5）。

五、结　语

M10、M18、M11及M12四座墓葬保存较好，随葬陶器包括仿铜陶礼器、生活用具、祭奠用具和模型器四类，瓷器为生活用具。其中，M10陶器组合为罐、釜、甑、钵、仓、井；M18陶器组合为罐、盆、釜、钵、仓；M11陶器组合为锺、钵、罐、灯、博山炉、耳杯、勺、俑、

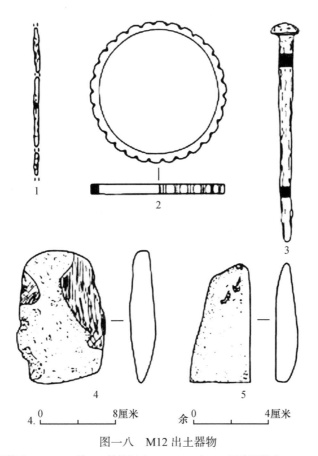

图一八 M12 出土器物

1. 铜簪（M12：34）　2. 铜镯（M12：27-1）　3. 铁棺钉（M12：26-1）　4. 石砍砸器（M12：33）　5. 石凿（M12：32）

动物、房、塘；M12陶器组合为釜、甑、罐、灯，瓷器组合为四系罐、盘口壶、盏和碗。

从墓葬形制看，M10、M18均为竖穴土坑墓，墓葬长、宽比例符合三峡地区西汉至东汉初期墓葬的基本形制；M11、M12均为竖穴土圹砖室墓，平面形状分别呈"凸"字形和刀形，流行于三峡地区东汉至南朝时期。从随葬器物看，M10出土的陶折肩罐、陶瓮形罐与丰都镇江墓群土地梁子墓地M12出土陶罐[1]相似，故该墓时代为西汉晚期；出土钱币与洛阳烧沟汉墓出土烧沟Ⅰ型、Ⅱ型五铢钱[2]相似，铸行于武帝元狩五年（前118年）至昭帝、宣帝年间（前86～前49年）。M18出土陶卷沿深腹盆与丰都汇南墓群新莽时期墓M9出土陶盆（JM9：17）[3]形制相近，钱币均为大泉五十，铸行和流行年代为新莽时期。M11所出摇钱树座、陶房分别与丰都镇江墓群屋背后包包墓地东汉晚期墓M12、M13[4]出土同类器相近。M12出土器物以瓷器为主，所出四系罐、盘口壶等形体修长，具有南朝时期特征，特别是盘口壶颈部出现凸棱纹是南朝中后期较流行的风格；盘口壶（M12：24、M12：22）分别与丰都汇南墓群JM3：3、JM3：4[5]形制相近。综上所述，M10的年代为西汉晚期，M18为新莽至东汉初，M11为东汉晚期，M12为南朝中后期。

马鞍山墓群的发掘，为研究汉至六朝时期丰都乃至整个峡江地区的社会生活状况及其物质文化提供了实物资料，有助于认识丰都地区汉至六朝时期丧葬习俗的变迁过程。

附记：参与本次考古发掘的人员有白九江、孙治刚、许卫国、陶一波、陈慈斌和陈蓁，负责资料整理的人员有白九江、孙治刚、陈慈斌、蔡远富、彭锦绣、熊灿、李双厚、吕俊耀、王新祝，负责摄影的工作人员有董小陈，绘图的有闫玉洁、陈芙蓉。

　　　　　　　　　　　　　　　　　　　　　　　　　执笔：孙治刚　白九江

注　释

［1］　重庆市文物局、重庆市移民局：《丰都镇江汉至六朝墓群》，科学出版社，2013年，第131页。

［2］　洛阳区考古发掘队：《洛阳烧沟汉墓》，科学出版社，1959年，第215～228页。

［3］　四川省文物考古研究院、重庆市文化局、丰都县文物管理所：《重庆市丰都汇南墓群2003年度发掘简报》，《四川文物》2013年第2期。

［4］　重庆市文物局、重庆市移民局：《丰都镇江汉至六朝墓群》，科学出版社，2013年，第509页。

［5］　四川省文物考古研究院、重庆市文化局、丰都县文物管理所：《重庆市丰都县汇南墓群2002年度发掘简报》，《四川文物》2012年第6期。

丰都农花庙遗址壕沟窑址2014年度发掘简报

重庆市文物考古研究院

丰 都 县 文 物 管 理 所

农花庙遗址，又名清泉遗址，位于长江左岸的台地上，海拔150～160米。遗址坐西北向东南，分布面积5000平方米，文化层厚约1米，时代为商至宋代。2001年由重庆市博物馆和宝鸡市考古工作队联合进行考古发掘，发掘宋代窑炉一座，出土器物有陶器、石器、钱币等器物。

根据重庆库区消落区地下文物保护任务，农花庙遗址列入2014年度发掘项目，并由重庆市文化遗产研究院（现重庆市文物考古研究院）与丰都县文物管理所联合再次发掘。

2014年5月，三峡库区水位线下降至海拔150米左右，丰都县文物管理所在消落区安全巡查及对农花庙遗址勘查时，发现壕沟窑址内断坎被江水冲刷，大量盆、碗、匣钵、垫圈等残片被冲出，暴露于地表上，抢救发掘工作迫在眉睫。2014年6～7月，重庆市文化遗产研究院、丰都县文物管理所对壕沟窑址实施了联合发掘。现将本次发掘情况简报如下。

一、遗址概况及工作情况

壕沟窑址位于重庆市丰都县兴义镇胜利居委二组，西南距兴义集镇500米。地理坐标29°59′08.5″N，107°50′04.4″E，海拔153～165米。地处长江南岸二、三级台地上，分为东西两个台地，台地为斜坡状（图一；图版一九，1）。

为进一步了解遗址的文化堆积，本次勘探面积1800平方米，发掘面积为500平方米，布设探方5个，编号2014FNHT0101～2014FNHT0406（2014代表"发掘年度"，F代表"丰都"，NH代表"农花庙遗址—壕沟窑址"，以下简称T0101～T0406）（图二；图版一九，2），其中仅T0406位于东北侧台地上，其余均分布于西南侧缓斜坡上，共清理明清时期田垄沟6条，编号2014FNHG1～2014FNHG6（以下简称G1～G6），出土碗、盏、钵、杯、器盖、盆、罐、瓶、执壶、匣钵、垫圈、支座、青花碗等器物286件（套）。

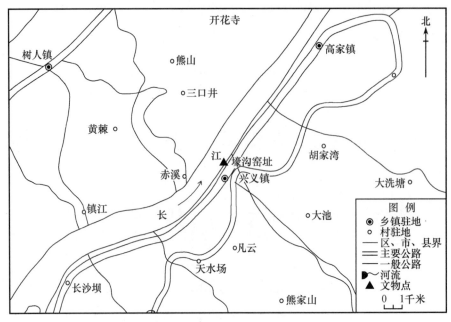

图一　壕沟窑址位置示意图

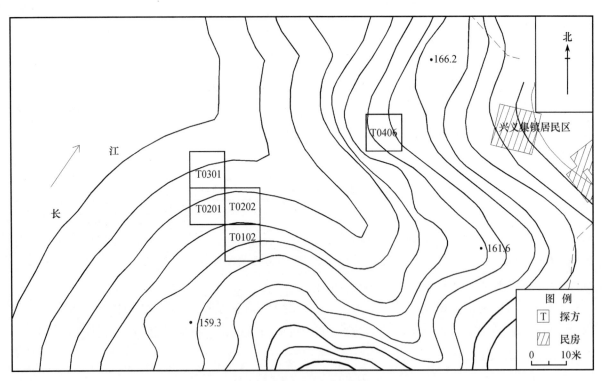

图二　壕沟窑址2014年度发掘探方分布图

二、文 化 堆 积

　　窑址位于三峡库区消落区，自库区蓄水后，江水季节性涨退对江岸地表冲刷严重，部分文化堆积被冲毁或垮塌，加之分布缓斜坡上，文化堆积出现高低不一的现象。堆积物共分4层，厚度在15～115厘米左右，平均深度约65厘米，发现宋、明清两个时期的文化遗迹。探方内多为宋代单一文化地层，仅在T0301内发现明清时期的田垄沟，并打破宋代文化层。

　　由于江水冲刷、淤泥堆积和早期农耕生产活动，探方内文化层较为简单，为三峡库区蓄水淤泥堆积层→现代耕土层→文化层→生土。现以T0201北壁（图三）和T0301东壁（图四）的文化堆积为例说明。

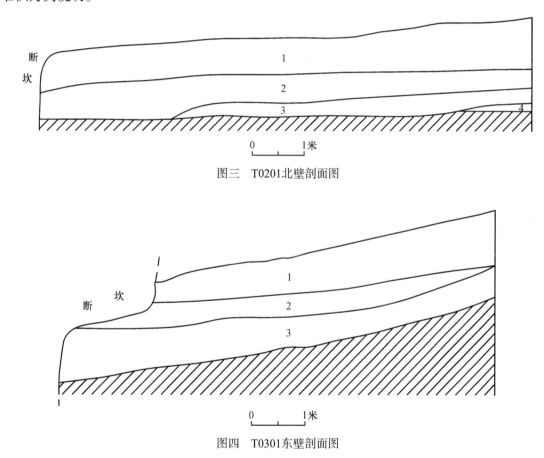

图三　T0201北壁剖面图

图四　T0301东壁剖面图

1. T0201北壁

　　第1层：黑褐色土，土质疏松，内含草茎、塑料垃圾等现代废弃杂物，厚50～75厘米，为三峡库区蓄水淤泥堆积层。

　　第2层：褐色土，土质疏松，包含沙、大量的钙化土块和植物根须，可见少量近代瓦砾，厚25～55厘米，为现代耕土层。

第3层：褐黄色土，土质紧密，包含大量的红色颗粒、炭渣及陶器残片，厚20～30厘米，为文化堆积层。本层在探方内东北部和西北部较厚，而东南部和西南部较少，出土有壶、罐、盆、杯、碗及大量的支圈、匣钵、支座等，为宋代窑址未成品废弃堆积区。

第4层：褐色土，较坚硬，本层叠压于第3层下，包含大量的红烧颗粒，未见器物，厚10厘米，为文化层。

以下为浅灰褐色的原生土。

2. T0301东壁

第1层：黑褐色土，土质疏松，内含草茎、塑料垃圾等现代废弃杂物，厚 25～70厘米，为三峡库区蓄水淤泥堆积现代层。

第2层：褐色土，土质疏松，内含木炭粒、草茎及龙眼树根须，厚约30厘米，为现代耕土层。

第3层：褐黄色土，土质紧密，包含大量的红烧土粒、炭渣及器物残片，厚30～70厘米，为文化层，本层堆积在探方内东北部和西北部较厚，而东南部和西南部较少。同时，被后期6条明清时期田垄沟打破。出土有钵、碗、盏、执壶、罐、盆、杯、支圈和支座等，为宋代窑址未成品废弃堆积区。

以下为浅灰褐色的原生土。

三、遗　　迹

未发现宋代窑址，只清理出田垄沟6条（图五）。田垄均位于T0301内，打破第3层，分布于探方内东北侧斜坡上，东南—西北走向，长短深浅不一，田垄间距60～100厘米。从东南向西北依次编号为G1～G6。在田垄内没有发现任何文化遗迹，初步判断为明清时期。

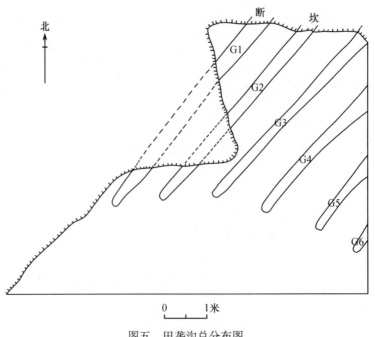

图五　田垄沟总分布图

1. G1

未发现文化遗存。长约540、宽25～40、深5～24厘米（图六，1）。

2. G2

未发现文化遗存。长约530、宽16～35、深6～9厘米（图六，2）。

3. G3

未发现文化遗存。长约505、宽20～35、深6.5～20厘米（图六，3）。

4. G4

未发现文化遗存。长约380、宽25～40、深6～12厘米（图六，4）。

5. G5

未发现文化遗存。长约206、宽20～26、深3～24厘米（图六，5）。

6. G6

未发现文化遗存。长约70、宽20、深1～5厘米（图六，6）。

四、遗　物

本次发掘的遗物主要为宋代窑址未成品废弃物，种类丰富，主要有执壶、碗、钵、盏、盘、罐、瓶、盆、杯、匜、器盖等生活用具以及垫圈、支座、垫环、匣钵等窑具，多残破或变形。器物轮制拉坯成型，多为釉陶，素面无纹。胎质粗糙，以紫红色、紫灰色、红色或灰色胎质为主，在内外口部、外上腹部施釉，但釉不至底部，多为褐釉、黄釉、黑釉和酱釉，有流釉现象。另在窑址内采集到青花残片。

（一）陶器

1. 生活用品

杯　8件。可分为浅腹杯、深腹杯和花式柄杯三型。

A型　浅腹杯，4件。T0301③：6，釉陶，口沿内部施黄釉，紫红色胎土。侈口，卷沿，浅斜腹，下腹急收为矮宽柄，饼足。口径9.6、底径5.4、高5.9厘米（图七，6；图版二〇，1）。T0301③：7，灰色胎土。侈口，卷沿，浅斜腹，下腹急收为高细柄，饼足。口径8.3、底

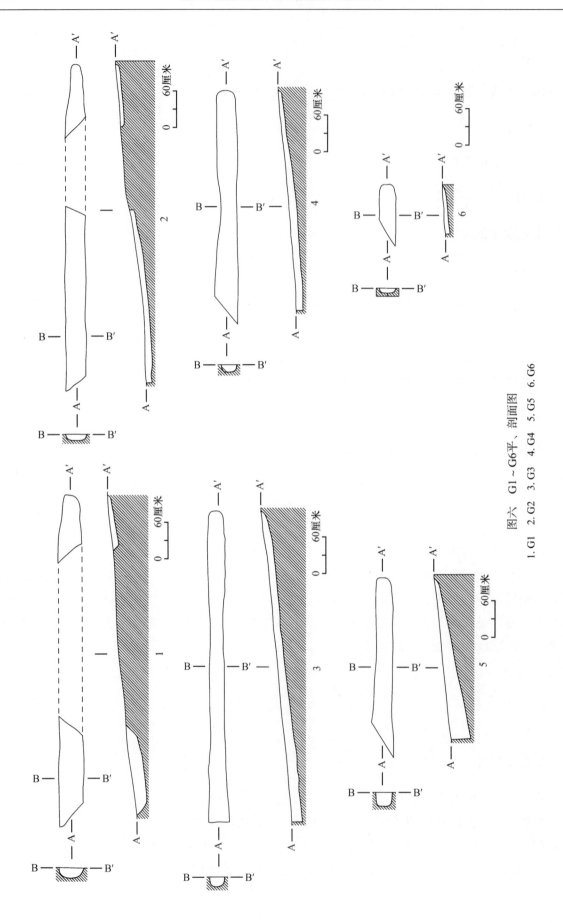

图六　G1～G6平、剖面图

1. G1　2. G2　3. G3　4. G4　5. G5　6. G6

径5.5、高8.1厘米。

　　B型　深腹杯，2件。T0301③：8，釉陶，口部施黄釉，紫红色胎土。侈口，卷沿，深斜腹，下腹急收为柄，饼足。口径9.2、底径7、高8.5厘米（图七，7；图版二〇，2）。T0301③：20，釉陶，口沿内部施黄釉，紫红色胎土。杯口和足变形。侈口，卷沿，深斜腹，下腹急收为矮柄，饼足。口径10、底径6.5、高8.2厘米。

　　C型　花式柄杯，2件。T0202③：9，釉陶，口至柄施黄釉，但釉不至底，紫色胎土。侈口，外翻沿，弧腹微鼓，柄施卷边纹，喇叭口底座。口径9.4、底径7.8、高9.3厘米（图七，8）。T0301③：58，釉陶，柄部施黄釉，紫灰色胎土。口残，柄施卷边纹，喇叭口底座。底径5.3、残高8.5厘米。

　　碗　35件。可分为敞口、斗笠、饼足及假圈足四型。

　　A型　敞口型，18件。可分为三式。

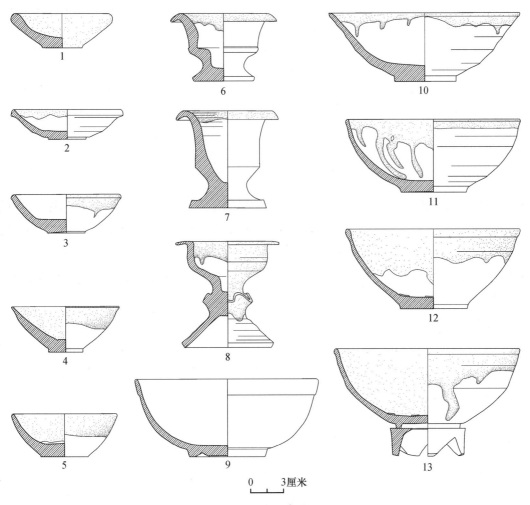

图七　出土陶器

1. B型盏（T0301③：18）　2. A型盏（T0406②：14）　3. A型钵（T0201③：28）　4. B型碗（T0202③：28）　5. B型钵（T0201③：12）　6. A型杯（T0301③：6）　7. B型杯（T0301③：8）　8. C型杯（T0202③：9）　9. D型Ⅰ式碗（T0202③：8）　10. A型Ⅰ式碗（T0406②：51）　11、13. A型Ⅱ式碗（T0301③：75、T0406②：62）　12. A型Ⅲ式碗（T0301③：62）

Ⅰ式　3件。T0406②：51，敞口翻沿碗，釉陶，内外施釉，但釉不至腹中部，紫灰色胎土。敞口，尖唇，斜直腹，腹部现数周轮制痕，平底。口径17.5、底径5.6、高6厘米（图七，10）。

Ⅱ式　13件。T0301③：75，釉陶，内外施釉，但釉均不至外底，紫红色胎土。敞口，圆唇，弧腹，外翻现数周轮制痕，平底。口径16、底径6、高6.4厘米（图七，11）。T0406②：62，釉陶，内外施釉，但釉不至底，紫色胎土。敞口，圆唇，弧沿，深弧腹，圈足。内底现一周支钉，碗底叠烧于垫圈上，垫圈为尖足。通高9.4厘米，碗口径17、底径5.8、高7厘米，垫圈高2.4、直径6.8厘米（图七，13）。

Ⅲ式　2件。T0301③：62，釉陶，内外施釉，但釉均不至底，紫红色胎土。敞口，尖圆唇，斜直腹，平底。内地现一周叠烧支钉。口径16、底径6.2、高7厘米（图七，12）。

B型　斗笠型，5件。T0202③：28，釉陶，内外施釉，但釉不至外底。敞口，尖圆唇，弧腹斜收，饼足。口径9.8、底径3.1、高4厘米（图七，4）。

C型　饼足型，1件。T0201③：41，釉陶，内外施褐色釉，但釉不至底，紫红色胎土。敞口，圆唇，斜直腹，饼足。口径9.9、底径3.6、高5厘米。

D型　假圈足型，10件。可分二式。

Ⅰ式　9件。T0202③：8，紫红色胎土。敞口，圆唇，深弧腹，假圈足。口径16.6、底径6.8、高7厘米（图七，9）。

Ⅱ式　1件。T0202③：37，口部施褐釉。敞口，外翻沿，弧腹，假圈足。口径14、底径5.3、高6.3厘米。

钵　64件。可分为二型。

A型　39件。T0201③：28，釉陶，外部施釉但釉不至外底，紫灰色胎土。敞口，圆唇，弧腹，小平底微内凹。口径10、底径3.4、高3.4厘米（图七，3）。T0406②：45，敞口，圆唇，弧腹，小平底微内凹。口径11.6、底径4.7、高4.6厘米。

B型　25件。T0201③：12，内外施釉，但釉不至外底。敞口，圆唇，浅斜直腹，平底。口径9.6、底径4.3、高3.8厘米（图七，5）。

盏　28件。分为二型。

A型　3件。T0406②：14，釉陶，内口部施釉，紫灰色胎土。敞口，尖圆唇，弧沿，斜直腹，下腹斜折收为饼底。口径10.2、底径3.4、高2.6厘米（图七，2；图版二〇，4）。

B型　25件。T0301③：18，内外施釉，但釉不至外底。多口，圆唇，浅斜腹，平底。口径9.2、底径3.5、高3厘米（图七，1）。

器盖　22件。可分为双系折肩、单系、折肩、高纽及矮纽盖五型。

A型　1件。T0301③：14，釉陶，紫红色胎土。倒置圆台状纽，斜折腹（折肩），敞口，方唇，腹部有对称双系。口径9.6、通宽10.2、高4.3厘米（图八，4；图版二〇，6）。

B型　1件。T0406②：63，釉陶，器表施酱黄釉，紫红色胎土。子母口，弧形壁，圆顶，顶部有单耳。子口径8.2、高5.4厘米（图八，5）。

C型　4件。T0406②：28，釉陶，紫红色胎土。圆柱状纽，斜折腹（折肩），敞口，圆唇。口径9.6、高3.4厘米（图八，2）。

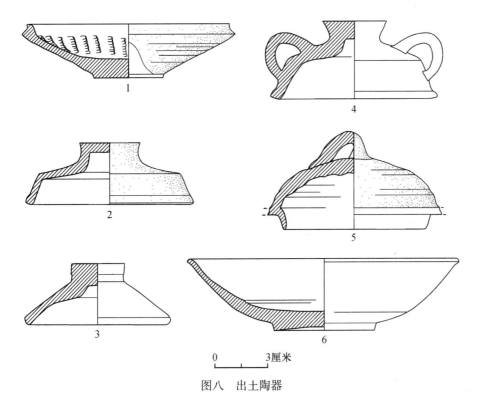

图八　出土陶器

1. 研磨器（T0201③：19）　2. C型盖（T0406②：28）　3. D型盖（T0102③：19）　4. A型盖（T0301③：14）
5. B型盖（T0406②：63）　6. 盘（T0202③：10）

D型　8件。T0102③：19，釉陶，紫红色胎土。敞口，圆唇，弧沿，斜直壁，圆柱状纽，纽较高。口径8.4、高3.4厘米（图八，3；图版二〇，5）。

E型　8件。T0202③：14，釉陶，紫灰色胎土。敞口，圆唇，斜腹，圆柱状纽，纽较矮。

研磨器　3件。T0201③：19，釉陶，外壁施釉，但釉不至底部，紫灰色胎土。敞口，尖圆唇，折沿，斜腹，小平底。内壁腹有数道戳印痕。口径12.3、底径4、高3厘米（图八，1；图版二〇，3）。

盘　2件。T0202③：10，紫红色胎土。敞口，圆唇，浅斜腹，平底内凹。口径15.6、底径5.8、高4厘米（图八，6）。

盆　共3件。可分为敞口盆和敛口盆二型。

A型　敞口盆，2件。T0202③：6，紫红色胎土。敞口，圆唇，弧沿，斜直腹，平底。口径31.6、底径16.4、高10厘米（图九，1）。

B型　敛口盆，1件。T0406②：4，釉陶，口部内外施釉，有流釉现象，紫色胎土。敛口，斜折沿，深斜腹，平底。口径29.8、底径13.6、高11.6厘米（图九，2）。

匜　1件。T0201③：46，釉陶，上腹以上施酱釉，紫红色胎。钵型，敞口流（残），圆柱形柄，中空，敛口，圆唇，斜折沿，弧壁，平底微内凹。口径13、底径8、高11厘米（图一〇，1）。

瓶　1件。T0201③：32，釉陶。小敞口，尖唇，矮束颈，溜肩，弧腹微鼓，平底微内凹。瓶肩和上腹施褐彩花卉纹。口径5.2、腹径14.4、底径7.4、高25.7厘米（图一〇，14；图版

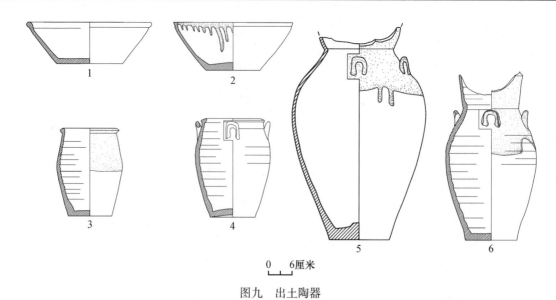

图九　出土陶器

1. A型盆（T0202③：6）　2. B型盆（T0406②：4）　3. A型罐（T0406②：3）　4. D型罐（T0202③：7）
5、6. E型罐（T0301③：51、T0301③：52）

二二，2）。

罐　共12件。可分为敛口罐、双耳罐、双耳小盘口罐、四系罐及高领罐五型。

A型　敛口罐，1件。T0406②：3，紫灰色胎，外壁施釉但不至下腹，釉陶。敛口微敞，尖圆唇，束颈，溜肩，深弧腹，平底。罐腹内壁现数道凸棱。口径14.8、腹径16.4、底径11、高21.1厘米（图九，3）。

B型　双耳罐，5件。T0202③：34，釉陶，外壁上部施釉，但现流釉现象，紫红色胎土。敛口，尖唇，斜折沿，溜肩，深弧腹，平底微内凹。肩部有对称双条形系。口径10.1、通宽15.4、腹径13.8、底径8.2、高17厘米（图一〇，4）。T0102③：8，釉陶，口至上腹施釉，罐口部现流釉现象，并残留叠烧器物底，紫灰色胎土。敛口，尖唇，折沿，溜肩，深弧腹微鼓，平底。罐肩部有对称双耳。罐口径11、腹径13.4、底径8.2、高14.8、通高16.9厘米（图一〇，9）。

C型　双耳小盘口罐，2件。T0102③：35，釉陶，外壁施釉，但釉不至腹下部，紫灰色胎土。敞口微敛，尖圆唇，矮束颈，溜肩，鼓腹，下腹斜收为平底，底微内凹，肩部有对称双条形系。口径9.6、腹径15.8、底径7.4、高16.4厘米（图一〇，13）。

D型　四系罐，1件。T0202③：7，紫红色胎土。敛口，圆唇，折沿，矮颈，溜肩，深弧腹，平底内凹。罐肩有四个条形系。口径16、腹径18.8、底径11.4、高23.8厘米（图九，4；图版二二，3）。

E型　高领罐，2件。T0301③：52，四系高领罐。釉陶，口至上腹施釉，底现紫红色胎土。喇叭口残，高领颈，溜肩，深弧腹，平底。罐肩有四个条形系。腹径22.8、底径13、残高40.6厘米（图九，6）。T0301③：51，五系高领罐。口至肩部施釉，有流釉现象，紫红色胎土。口部残缺，高领颈，溜肩，深弧腹，上腹微鼓，平底。罐肩有五个条形系。腹径33.2、底径14.8、残高51.2厘米（图九，5；图版二二，4）。

执壶　30件。可分折沿执壶、双耳执壶、大口执壶及喇叭口执壶四型。

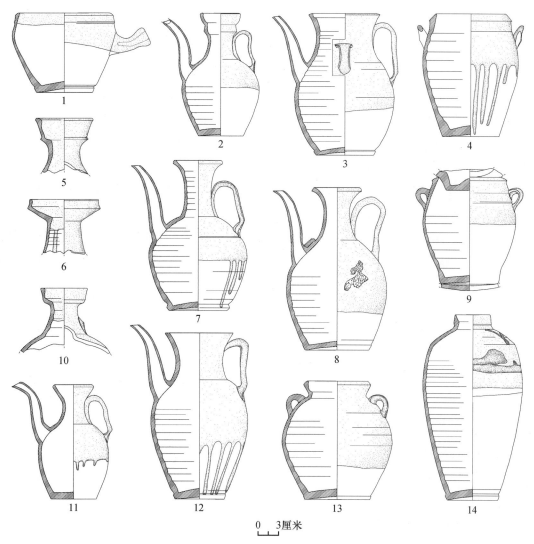

图一〇　出土陶器

1. 匜（T0201③：46）　2. A型执壶（T0201③：20）　3. B型执壶（T0102③：7）　4、9. B型罐（T0202③：34、
T0102③：8）　5. B型盘口（T0202③：43）　6. A型盘口（T0301③：73）　7. D型Ⅲ式执壶（T0102③：43）　8. D型Ⅰ式执壶
（T0202③：5）　10. C型盘口（T0202③：42）　11. D型Ⅱ式执壶（T0102③：13）　12. C型执壶（T0406②：2）　13. C型罐
（T0102③：35）　14. 瓶（T0201③：32）

　　A型　折沿执壶，3件。T0201③：20，釉陶，口至上腹施酱釉，下腹露紫红色胎。浅盘口，圆唇微敛，口壁近直，束高颈中折成凸棱，位于凸棱之下，丰肩，鼓腹，下腹斜收为平底，底微内凹；肩部对称装流和把，流长，曲宽把。口径5.8、腹径11、底径6.4、高17厘米（图一〇，2）。

　　B型　双耳执壶，1件。T0102③：7，釉陶，口至外上腹部施釉，紫红色胎土。喇叭口，尖唇外翻，高束颈，溜肩，深鼓腹，平底微内凹，肩部对称施双耳和长流、曲宽把。器身现数周凸棱。口径10.2、腹径14.2、底径8.2、高19.6厘米（图一〇，3）。

　　C型　大口执壶，1件。T0406②：2，釉陶，外壁上腹以上施釉，有流釉现象，紫灰色胎土。喇叭口，平唇微外翻，束高颈，丰肩，鼓腹，平底内凹，肩部对称装流和把，流曲长，曲宽把。口径17.6、腹径13.8、底径7、高23厘米（图一〇，12）。

D型　喇叭口执壶，25件。可分为方唇、尖唇和圆唇三式。

Ⅰ式　4件。T0202③：5，釉陶，口部外部至中腹施釉，紫灰色胎土。喇叭口，方唇外翻，高束颈，椭圆形深鼓腹，平底内凹，肩部对称装流和把，流长，曲宽把。鼓腹上有窑渣，流与肩交界处也残留残陶片。口径7、底径9.2、高22.5、腹径14.2厘米（图一〇，8；图版二二，1）。

Ⅱ式　2件。T0102③：13，釉陶，外壁施釉，但釉不至外底，紫红色胎土。喇叭口，尖唇，高束颈，溜肩，鼓腹，平底，肩部对称安流和把，流长，曲宽把。口径5.8、腹径10、底径6.4、高15.8厘米（图一〇，11）。

Ⅲ式　19件。T0102③：43，釉陶，上腹以上施釉，并施褐彩花草纹饰，有流釉现象，紫红色胎。喇叭口，圆唇，外翻沿，细长颈微束，丰肩，鼓腹，平底内凹，肩部对称安流和把，流长，宽把。口径7、腹径14、底径8.2、高20.8厘米（图一〇，7）。

盘口残部　共8件。可分三型。

A型　T0301③：73，釉陶，口部内外及颈部施褐釉，有流釉现象。浅盘口，束颈。口径9.8、残高7.6厘米（图一〇，6）。

B型　T0202③：43，釉陶。深盘口，宽折沿，高束颈，内外施黄釉。口径8.2、残高7.7厘米（图一〇，5）。

C型　T0202③：42，紫红色胎，施褐釉，胎质紧密，釉色均匀，可视为粗瓷。深盘口，束颈，肩微溜，颈部现把痕。残高9.1、残宽12.8厘米（图一〇，10）。

2. 窑具

垫圈　共194件。分为二型。

A型　21件。T0201③：38-4，紫色胎土。尖足，中空，垫部微向内凹。直径7.4、高2.1厘米（图一一，1）。T0301③：15，紫红色胎土。垫部较平，中空，尖足。直径26.8、高6.3厘米。

B型　173件。T0201③：38-23，紫色胎土。尖足下半部分缺失，中空，垫部较平。直径7.2、高2.6厘米（图一一，2；图版二一，1）。

支垫　共8件。分为璧形和环形二型。

A型　璧形支垫，4件。T0102③：16，紫色胎土。呈玉璧状，由内向外逐渐变薄，器表有轮制痕。直径10.8、厚1厘米（图一一，11）。

B型　环形支垫，4件。T0301③：23，紫色胎土。呈环状，由内向外逐渐变薄，器表有轮制痕。直径11、厚1.2厘米（图一一，12）。

匣钵　共28件。根据口和壁部可分为以下几种。

A型　高匣钵，3件。T0301③：34，紫灰色胎土。直口，平唇，深筒形腹，腹部有数道凸棱，底微内凹，底中部有圆形孔。直径16.8、高16厘米（图一二，1；图版二一，4）。T0301③：47，盆底和匣钵叠烧在一起，匣钵紫色胎土。口微敞，深腹，腹部由下至上微敞，

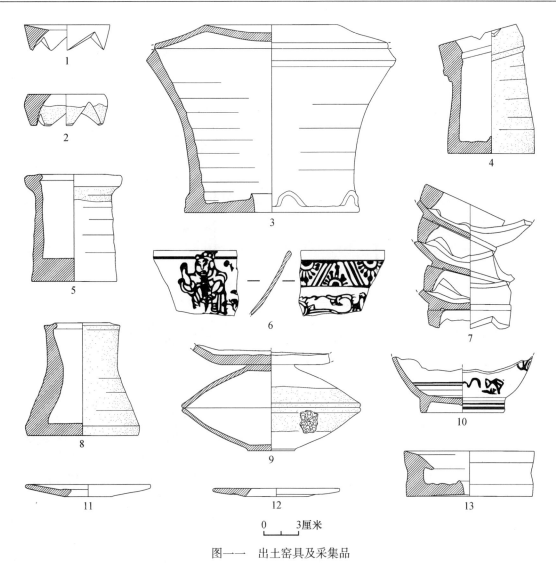

图一一　出土窑具及采集品

1. A型垫圈（T0201③：38-4）　2. B型垫圈（T0201③：38-23）　3. A型匣钵（T0301③：47）　4、7. 叠烧标本（T0301③：21、
T0201③：23）　5. A型支座（T0301③：37）　6. 青花瓷碗底（采：1）　8. B型支座（T0301③：49）
9. 覆烧标本（T0102③：41）　10. 青花瓷碗残片（采：2）　11. A型支垫（T0102③：16）　12. B型支垫（T0301③：23）
13. B型Ⅰ式匣钵（T0301③：46）

底部中间有一圆孔，下腹与底部交接处有三个指印凹痕。匣钵口叠烧残盆，盆为平底，斜腹，上腹和口部残缺。通高15.6、通宽21.4、底径14.8厘米（图一一，3）。

　　B型　低匣钵，25件。可分为敛口、侈口和直口三式。

　　Ⅰ式　敛口式，10件。T0301③：46，紫灰色胎土。敛口，方唇，浅腹中部微收，平底，底中部有一圆孔。口径11.4、底径11、高3.8厘米（图一一，13）。

　　Ⅱ式　侈口式，6件。T0301③：50，紫灰色胎土。口沿外侈，浅筒形腹，腹部上现数道凸棱，底中部有一圆孔。直径16.4、高7.6厘米（图一二，2）。T0201③：51，紫红色胎土。口微外侈，浅筒形腹，腹部有数道凸棱和一周五枚长方形孔，底内凹。直径18、高10.3厘米（图一二，3；图版二一，3）。

Ⅲ式　直口式，7件。T0406②：10，紫红色胎土。直口，浅腹，平底，底中部有圆孔。口径14.7、底径13.7、高4.3厘米。T0301③：72，紫红色胎土。直口，浅筒形腹，腹部有数道凸棱，平底，底中部有一圆孔。口径26、底径25.8、高10厘米。

支座　11件。可分为筒形和喇叭形二型。

A型　筒形支座，1件。T0301③：37，釉陶，口部内外施釉，紫红色胎土。敛口，平唇，直筒形腹，腹部现数道轮制痕，平底。口径8.4、底径7.4、高8.9厘米（图一一，5）。

B型　喇叭形支座，10件。T0301③：49，釉陶，外壁施釉，紫灰色胎土。敛口，尖唇，折沿，喇叭形腹，腹中部微束，平底。口径6.6、底径9.5、高9.4厘米（图一一，8；图版二一，2）。

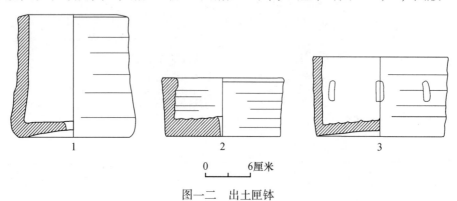

图一二　出土匣钵

1. A型（T0301③：34）　2、3. B型Ⅱ式（T0301③：50、T0201③：51）

3. 其他

叠烧标本　4件。T0301③：21，变形，支座和垫圈叠烧结一起，垫圈五足较钝，垫部与支座口部相接，支座中空，腹由上至下变大，平底。通高10.8、通宽8.3、底径7.4厘米（图一一，4）。T0201③：23，紫色胎土。由垫圈和残碎碗底叠烧而成。宽10.4、高12厘米（图一一，7；图版二一，6）。

覆烧标本　1件。T0102③：41，釉陶，上腹以上施釉，有窑渣，紫红色胎土。为两盘俯烧而成，敞口，斜腹，平底。一盘底部残留覆烧器底。通高8.8、宽15.4、盘口径15.4、底径4、高3.6厘米（图一一，9；图版二一，5）。

窑砖　2件。均残。泥质红陶。呈长方形，风化。T0301③：56，长24.5、宽20.4、厚7.7厘米。T0301③：57，长17、宽12.2、厚6厘米。

（二）瓷器

青花瓷碗　2件。均为采集，残。采：1，仅剩残片。内壁绘青花财神，外壁饰几何纹。残长7.3、宽5.5、厚0.4厘米（图一一，6）。采：2，口残，弧腹，圈足，内外施釉，外壁饰青花团花纹，内壁下腹和底有二周和一周青花弦纹，内底和圈足底无釉。残宽10.2、残高4.7、底径7.2厘米（图一一，10）。

五、结　　语

　　本次发掘除采集到2件青花瓷残片外，均为窑址未成品废弃物，主要为生活用品和窑具。未找到窑炉。从出土大量成堆的残破、变形、粘连的生活用品和窑具分析，这些遗物为烧窑时废弃的残次品和废弃的窑具，此地应该为窑址。同时，从出土器物胎釉和器形分析，大部分器物质地粗糙，釉色不均，应为当地民间土窑烧制的产品。

　　（1）出土的遗物与周围大沙坝遗址、老院子窑址、石板溪窑址、瓦啄嘴遗址、沙溪嘴遗址出土的器物基本一致，窑址年代初定为宋代。

　　（2）窑址生产的产品为碗、钵、盏、盘、盆、器盖、匜、罐、执壶、瓶等生活用品为主，多施半釉，釉不至底，有褐釉、黄釉、黑釉和酱釉，存在流釉现象。用紫红、紫灰、红色、灰色胎土拉坯成形。同时，部分器物火候较高，胎质紧密，釉色均匀，也可视为粗瓷。

　　（3）未发现窑炉，可见窑砖和炭渣，推测为砖砌窑，以木材为主要燃料。器物用匣钵装烧，有叠烧和覆烧两种装烧方式，烧造技术基本成熟。

　　（4）明清时期的田垄沟打破宋代窑址未成品废弃堆积区，说明窑址已于早些时候被破坏。

　　附记：本次考古发掘领队为白九江，执行领队为刘屏，参与考古发掘和资料整理的有刘屏、曾启华、秦进和付坤明。本次考古发掘工作得到了重庆文物考古研究院白九江、范鹏、牛英彬、陈蕐的大力支持，在此，谨致感谢！

执笔：刘　屏　曾启华

丰都糖房遗址2016年度发掘简报

重 庆 市 文 物 考 古 研 究 院
重庆师范大学山地考古与文化遗产保护研究中心
丰 都 县 文 物 管 理 所

一、引　言

　　糖房遗址位于重庆市丰都县十直镇汀溪村一社。遗址位于长江西侧的一、二级台地上，中心地理坐标为107°53′40″E，30°04′30″N，海拔170～176米（图一）。

　　2001、2002年，内蒙古文物考古研究所（现内蒙古文物考古研究院）对以麻岭包为中心的糖房遗址进行了两次发掘[1]。为推进三峡水库重庆消落区的文物保护工作，2016年4月28日～5月24日，重庆市文化遗产研究院（现重庆市文物考古研究院）联合重庆师范大学山地考古与文化遗产保护研究中心对糖房遗址黄金坡进行了发掘。

　　黄金坡北面为江溪，与麻岭包对望，东面为长江，南面为一采石场，西面为一大冲沟（图版一三，1）。黄金坡南高北低，中北部有一个较大的阶地，阶地上有厚厚的淤泥，种植有高

图一　糖房遗址位置示意图

梁。阶地南北均为较陡斜坡，裸露出鹅卵石堆积而成的生土。遗址南部一小块较高，上面长有洋槐树及杂草。表土以下即是墓葬，表土中除了夹杂有数量较多的碎砖、鹅卵石外别无他物。此次发掘在黄金坡布方5个，编号为2016FSTT1～2016FSTT5（以下简称T1～T5），其中T1为10×10米，T2、T3为8×10米，T4、T5为8×15米，发掘面积共500平方米，发掘墓葬3座，编号为M1～M3（图二）。

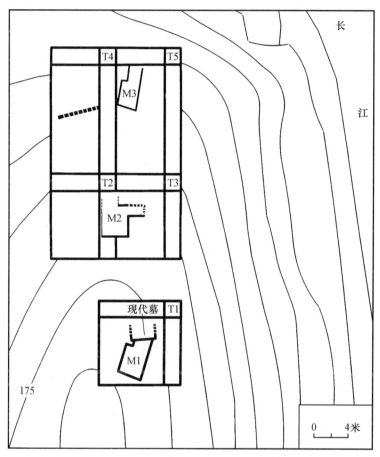

图二　糖房遗址2016年度发掘探方及墓葬分布图

二、墓葬形制及随葬品

3座墓均为带墓道的券顶砖室墓，均遭到严重盗扰，甬道均被江水冲毁，尤其是M1甬道完全不存。

（一）M1

平面呈刀把形。由甬道、墓室组成，甬道北端已被现代墓打破，残存部分壁砖。墓室南端券顶残存很少一部分，墓室保存较好。墓室墓圹长3.84、宽3.5、深2.4米，砖墙内壁长

3、宽2.4、残深0.38～1.46米。甬道墓圹残长1.9、宽2.43米，砖墙内壁残长1.7、宽1.62、残深0.08～0.3米。

　　墓内无铺地砖。墓墙壁及甬道壁均用长方形的砖横向错缝平砌构筑，墓室从第14层砖墙开始用楔形子母砖起券，东壁残存10层，西壁残存9层。甬道壁砌砖错缝较为规整，墓室墙壁十字缝错缝不甚规整。墓室后壁从下往上第20层有两灯台，右灯台已残，第25层有一块子母咬土砖。墓室、甬道转角处起券以下的部分均采用叠压交错砌筑的方法，因此得知，墓室后壁是分两次砌筑而成的。

　　未见棺椁痕迹。人骨较多，分布较为凌乱，整个墓室及甬道内均有人骨出土，显然为后期盗扰所致（图三）。

　　楔形子母砖长40、宽18～19、厚7.5厘米，长方形砖长41、宽19.5、厚7厘米。墓砖纹饰均为菱形纹，具体还可以分成两种（图四）。两种花纹分布较有规律，以起券层为分界线，起券层以下为第1种，起券层及以上为第2种。后壁除花纹朝向墓室外及第17层有半块第2种砖外，其余均为第1种砖。

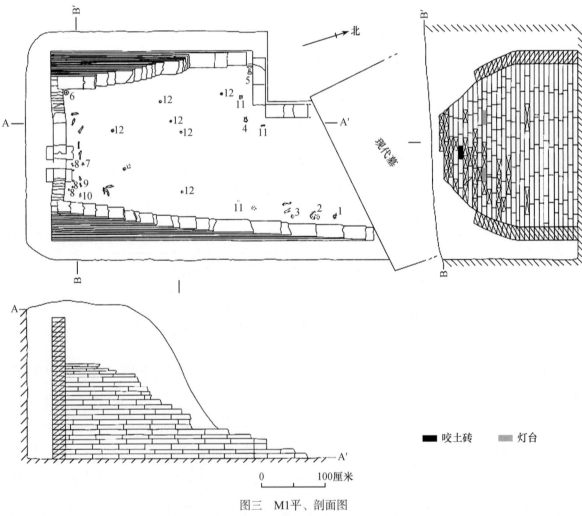

图三　M1平、剖面图

1.釉陶博山炉盖　2.陶子母鸡　3.釉陶碗　4.陶井架　5.陶博山炉座　6.瓷碗　7.铜铃铛　8.铅指环　9、10.铜钗　11.陶塘
12.铜钱

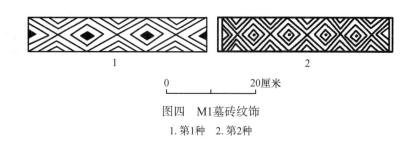

图四　M1墓砖纹饰
1. 第1种　2. 第2种

出土陶器、瓷器、铜器、铅器12件（套）。

釉陶博山炉盖　1件。M1：1，泥质红陶。敞口，方唇，弧形顶。炉盖顶部有一乳突，盖面饰有山形乳突，靠口沿处有一周花草纹。通体表面施酱釉，部分剥落。底径10、高6厘米（图五，11）。

釉陶碗　1件。M1：3，红陶。敛口，方圆唇，弧腹，平底，底部微凹。外壁口沿下饰有一周凹弦纹。器表施酱釉。口径16、底径10、通高6厘米（图五，3）。

陶子母鸡　1件。M1：2，尾残。夹细砂红陶。昂首蹲伏状，翘尾，背负一小鸡，左右翅下各有一只小鸡，腹下两只小鸡。器表可见范痕，有意抹平。长13、宽8.5、通高11厘米（图五，2；图版一四，1）。

陶井架　1件。M1：4，泥质灰陶。长11、宽30、厚0.8厘米（图五，6）。

陶博山炉座　1件。M1：5，残。泥质红陶胎。柱形柄，中空。器座底径10、残高8厘米（图五，5）。

陶塘　1件。M1：11，泥质红陶。呈长方形，一端仅存田螺一个。长37、宽23.5、高5厘米（图五，1）。

瓷碗　1件。M1：6，灰白胎。敛口，圆唇，斜弧腹，平底。碗内底部有13个支钉痕迹。器表上部及内壁施青釉，细开片。口径16、底径10、高6厘米（图五，4；图版一四，2~4）。

铅指环　7件。M1：8，圆环状。乳白色。直径约2.2、厚1.8~2.5厘米（图五，9；图版一三，2）。

铜铃铛　1件。M1：7，球形铃铛，尾部有带孔的小柄，底部有一宽0.2厘米缝隙。直径1.4厘米（图五，10）。

铜钗　2件。整体呈"U"形。M1：9，钗身尾端为细圆柱体，实心，头端锤叠打制呈"U"形薄片状。一端长5.5、另一端长8.5、宽2.9厘米（图五，8；图版一四，5）。M1：10，截面为圆形。长7.5、宽1.7、直径2.4厘米（图五，7）。

铜钱　32枚。均为五铢，可分为二型。

A型　27枚。背有内郭，面无内郭，面、背均有外郭。钱的正面、穿之左右有篆文"五铢"二字。可分为二亚型。

Aa型　2枚。"五"字交笔较曲。"铢"字金字头呈箭镞型，"朱"字上下均圆折，钱文也较小。钱径2.1、穿径0.9厘米。

Ab型　25枚。"五"字交笔较曲。其中15枚钱文模糊。"铢"字金字头呈三角形，四点较长；"朱"字横笔上下均圆折，两竖外撇。M1：12-2，钱径2.6、穿径0.95厘米（图六，2）。

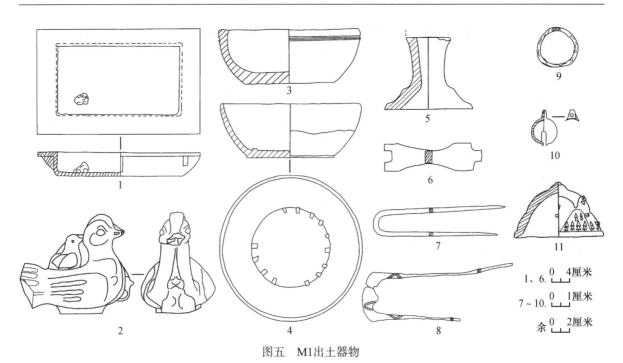

图五　M1出土器物

1. 陶塘（M1：11）　2. 陶子母鸡（M1：2）　3. 釉陶碗（M1：3）　4. 瓷碗（M1：6）　5. 陶博山炉座（M1：5）　6. 陶井架
（M1：4）　7、8. 铜钗（M1：10、M1：9）　9. 铅指环（M1：8）　10. 铜铃铛（M1：7）　11. 釉陶博山炉盖（M1：1）

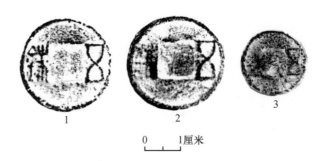

图六　M1、M3出土铜钱拓片
1. M3：17　2. M1：12-2　3. M1：12-1

　　B型　5枚。钱径较小，钱文模糊，"五"字隐约可见，肉薄，钱边不齐。M1：12-1，钱径1.8、穿径0.8厘米（图六，3）。

（二）M2

　　由墓室、甬道和耳室构成，耳室残毁严重，甬道已不存。墓底无铺地砖，甬道已破坏不存，耳室仅一面残存有墓砖。墓室墓圹长2.8、宽3.2、深1.28米，砖墙内壁长2.7、宽2.92、残深1.18米。耳室深2.4、内宽1.1米。整个墓室壁砖由于山体滑坡冲击挤压，破损很严重，砖缝较大。券顶坍塌，高低不平，券顶砖排列较为整齐，但砖已经十分破碎，砖的纹饰已无法辨别；墓室后壁挤压呈圆弧状仅残存3层墓砖；墓墙壁及耳室壁均用长方形的砖横向错缝平砌构筑，墓室从第14层砖墙开始用子母砖起券。从起券层开始往上数第3层墓砖纹饰朝向室外；耳室南壁仅残存3层墓砖。整个墓由于冲击挤压较严重，墓室壁砖十字缝错缝不甚规整。

未见棺椁和人骨，葬具、葬式不明（图七）。

子母砖长41、宽19.5、厚7厘米，长方形砖长38、宽18、厚7厘米。墓砖纹饰均为菱形纹，具体可以分成两种（图八）。墓砖花纹分布较有规律，以起券层为界，起券层以下均为第1种纹饰，起券层及以上均为第2种纹饰。

出土陶罐、陶打水罐各1件。

陶罐　1件。M2:1，夹细砂灰陶。敞口，圆唇，束颈，溜肩，斜弧腹，平底。肩、颈部各饰有一周凹弦纹，内外壁均有轮制痕迹。口径10、最大腹径15.8、底径9、高13厘米（图九，1；图版一四，6）。

陶打水罐　1件。M2:2，泥质灰陶。敞口，圆唇，束颈，折腹，平底。下腹部饰三周弦纹。通体施酱色釉，大部分脱落。口径3.6、底径2.6、最大腹径4.5、高4厘米（图九，2）。

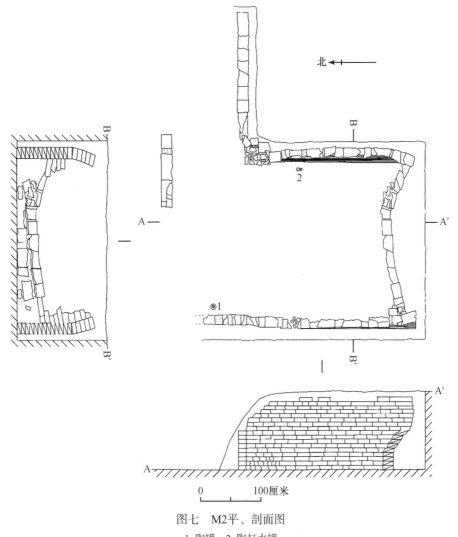

图七　M2平、剖面图

1. 陶罐　2. 陶打水罐

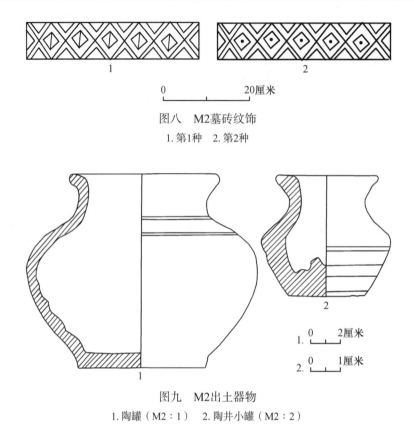

图八　M2墓砖纹饰
1. 第1种　2. 第2种

图九　M2出土器物
1. 陶罐（M2：1）　2. 陶井小罐（M2：2）

（三）M3

平面呈刀把形。由甬道、墓室组成。甬道北端被江水冲毁。墓室墓圹长3.2、宽2.5、深1.5米，砖墙内壁长2.64、宽2.12、残深1.26米；甬道墓圹残长1.44、宽1.7、深0.74米，砖墙内壁长1.5、宽0.98、残深0.1～0.34米。墓底无铺地砖。甬道壁和墓室壁均用长方形砖横向错缝平砌构筑，错缝较规整，券顶残损严重，其中墓室壁由下至上第11层残存半块红砖，第12层砖墙开始用子母砖起券，残存8层券顶砖，第15层墓砖的花纹朝向墓室外；甬道壁仅残存4层；墓室后壁由下至上第11层最西边有一红砖，第12、14层墓砖的花纹朝向室外第16层有两块砖纹饰朝向墓室外。墓墙转折处起券以下的部分采用叠压交错砌筑的方法，可知墓室后壁分两次砌筑。

未见棺椁和人骨，葬具、葬式不明（图一○）。

墓砖有长方形砖、榫卯砖两种，榫卯砖长42、宽17、厚6厘米，长方形砖长42、宽18、厚7厘米。纹饰均为菱形乳钉花纹，具体还可以分成两种（图一一）。第1种主要分布于起券层以下，第2种主要分布于起券层及以上。后壁除一块红砖外，由下至上第15层均为第2种纹饰，其他均为第1种纹饰。

出土釉陶器、陶器、铁器、铜器20件（套）。

陶罐　3件。M3：2，残。泥质灰陶。小口，圆唇，束颈，平底。肩部饰有两周凹弦纹，底部内壁残存四道旋纹。底径7.6、残高7厘米（图一二，18）。M3：19，残。泥质灰陶。中

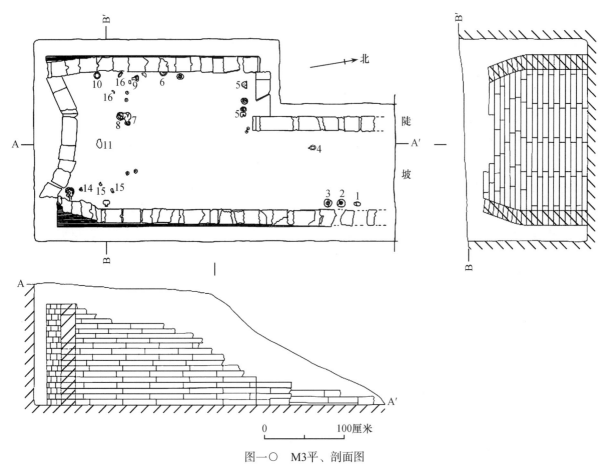

图一〇　M3平、剖面图

1.铁釜　2、16、19.陶罐　3、8、14、15.釉陶罐　4.釉陶魁　5、9.釉陶博山炉　6、13.釉陶盘　7.釉陶锤　10.陶钵　11.陶井
12.釉陶盆　17.铜钱　18.陶碗　20.釉陶钵

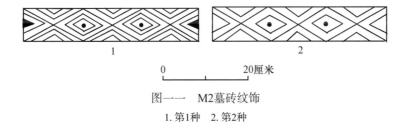

图一一　M2墓砖纹饰
1.第1种　2.第2种

口，方圆唇，折肩，弧腹，平底。口径7.5、腹径12、底径6.5厘米（图一二，9）。M3：16，泥质红陶。颈部饰有旋纹。口径11厘米（图一二，7）。

陶钵　1件。M3：10，泥质褐陶，呈黑色。敞口，尖圆唇，直腹微弧，饼足。口沿表面饰有两周凹弦纹。口径13、底径8、高6.5厘米（图一二，16）。

陶碗　1件。M3：18，泥质灰陶。敞口，尖圆唇，唇部加厚，折腹，小平底。口径18、底径5、残高6厘米（图一二，3）。

陶井　1件。M3：11，泥质灰陶。井盖平面呈方形，四角内凹，圆形井圈，两侧有对称长方形孔，内有井架。表面饰有网格纹、米形纹。井盖边长23、高9厘米（图一二，2）。

　　釉陶罐　　4件。M3：3，泥质灰陶。侈口，圆唇，束颈，溜肩，斜弧腹，平底。肩部饰有两周凹弦纹，有轮制痕迹。通体施酱色釉，部分剥落。口径10、最大腹径16、底径7、高13厘米（图一二，10）。M3：14，残存罐底。泥质灰陶。平底。内壁饰有旋纹。外壁施酱釉，部分剥落。底径7、残高6厘米（图一二，19）。M3：15，残存罐底。泥质灰陶。平底。外壁施酱釉，呈黑色，部分剥落。底径12.8、残高5厘米（图一二，8）。M3：8，残存罐底。泥质红陶。平底。内壁底饰有旋纹。器表施酱釉，部分剥落。底径11、残高4厘米（图一二，15）。

　　釉陶魁　　1件。M3：4，泥质红陶。敛口，圆唇，弧腹斜收成平底。带一圆柱形小柄。腹部饰有一周凹弦纹。器柄为模制，器身为轮制，分别制成后粘合而成。通体施酱黄釉，部分剥落。口径16、底径6.5、高6、长20厘米（图一二，4；图版一五，1）。

　　釉陶博山炉　　2件。M3：5，泥质红陶。由炉座、炉盖两部分组成。炉座为子母口内敛，

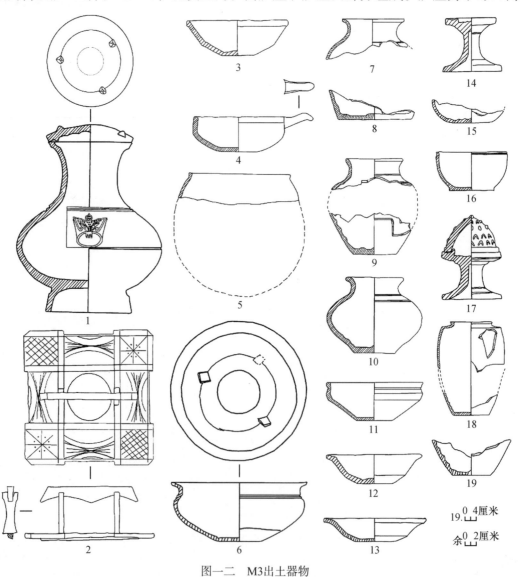

图一二　M3出土器物

1. 釉陶锺（M3：7）　2. 陶井（M3：11）　3. 陶碗（M3：18）　4. 釉陶魁（M3：4）　5. 铁釜（M3：1）　6. 釉陶盆（M3：12）　7、9、18. 陶罐（M3：16、M3：19、M3：2）　8、10、15、19. 釉陶罐（M3：15、M3：3、M3：8、M3：14）　11. 釉陶钵（M3：20）　12、13. 釉陶盘（M3：6、M3：13）　14、17. 釉陶博山炉（M3：9、M3：5）　16. 陶钵（M3：10）

圆唇，浅腹。柱形柄，喇叭状浅座。炉盖为敞口，方唇，弧形顶。炉盖顶部有一乳突，器表饰有山形乳突。炉座外壁有轮制痕迹，炉座饰有一周凹弦纹。通体表面施酱釉，部分剥落。炉盖口径10.3、高6.4厘米，炉座口径10.3、底径10.5厘米，通高14.5厘米（图一二，17；图版一五，5）。M3：9，泥质红陶。炉座为子母口内敛，圆唇，浅腹。柱形柄，喇叭状浅座。炉座外壁有轮制痕迹，炉座饰有一周凹弦纹。通体表面施酱釉，部分剥落。炉座口径10、底径10.5、通高9厘米（图一二，14）。

釉陶盘　2件。M3：6，泥质红陶。敞口，尖圆唇，唇部加厚，上腹斜直，折腹斜收成平底，内底微凸。上腹部饰有轮制留下三周凹弦纹。内壁有一周凹弦纹。通体施酱釉，外壁剥落严重。口径17、底径6、高5厘米（图一二，12）。M3：13，泥质红陶。敞口，斜折沿，方圆唇，上腹斜直，折腹斜收成平底。通体施酱釉，部分剥落。口径18、底径7、高4厘米（图一二，13）。

釉陶钵　1件。M3：20，泥质红陶。直口，方唇，上腹较直，折腹斜收成平底。器表近口沿处饰有一周凹弦纹。器表施酱釉，部分剥落。口径17、底径6.2、高6.5厘米（图一二，11；图版一五，4）。

釉陶锺　1件。M3：7，泥质红陶。器身为浅盘口，方唇，束颈，溜肩，鼓腹，圈足。肩部饰两周凹弦纹，腹部饰一周凹弦纹，弦纹间有两个对称衔环铺首，足部饰一周凹弦纹。内壁有轮制痕迹。带盖，盖为子母口，圆唇，圜顶，器盖顶部饰有3个枚乳钉。通体表面施酱黄釉，部分剥落。盖口径16、器身口径16、腹径26、底径15、通高32厘米（图一二，1；图版一五，6）。

釉陶盆　1件。M3：12，泥质红陶。敛口，平折沿，方圆唇，束颈，斜弧腹，平底。内壁残存两枚支钉，肩部饰有两周凹弦纹。通体施酱釉，外壁酱釉剥落。口径24、底径8、高10厘米（图一二，6；图版一五，2、3）。

铁釜　1件。M3：1，敛口，方唇，大鼓腹，圜底。口径35厘米（图一二，5）。

铜钱　7枚。均为五铢。3枚钱文较模糊。M3：17，背有内郭，面无内郭，面、背均有外郭。钱的正面、穿之左右有篆文"五铢"二字。"五"字交笔较曲。"铢"字金字头呈等腰三角形，四点较长；"朱"字横笔上下均圆折，两竖外撇。钱径2.6、穿径0.95厘米（图六，1）。

三、结　语

丰都镇江具有丰富的汉至六朝墓葬遗存，《丰都镇江汉至六朝墓葬》的出版为本地区汉至六朝墓葬的分期与年代研究提供了可靠的参照标尺[2]。此次发掘的3座墓之间没有叠压打破关系，都遭到后期的严重破坏，尤其是M2破坏殆尽，但是M1、M3出土遗物比较典型，基本可以确定其年代。总体来看3座墓可分成两期。

第一期，M3。釉陶锺（M3：7）的总体特征与丰都镇江杨中珍包包墓地2007FRYZM3：2类似。釉陶盆（M3：12）的总体特征与丰都镇江窑湾墓地2008FRYWM1：6类似。釉陶博山炉（M3：5）的总体特征与2005丰都镇江河梁子墓地FRHLM13：6类似。釉陶罐

（M3：3）的总体特征与丰都镇江砖洞包墓地2007FRZDM3：21类似。陶碗（M3：18）的总体特征与丰都镇江土地梁子墓地2005FRTDM3：45类似。杨中珍包包墓地釉陶锺（2007FRYZM3：2）在《丰都镇江汉至六朝墓群》中属于二期一段，年代为东汉早期，窑湾墓地陶盆（2008FRYWM1：6）、河梁子墓地陶博山炉（FRHLM13：6）、砖洞包墓地陶罐（2007FRZDM3：21）、土地梁子墓地陶碗（2005FRTDM3：45）在《丰都镇江汉至六朝墓群》中属于二期二段，年代为东汉中期。故本期年代大体为东汉中期。

第二期，包含M1和M2。瓷碗（M1：6）的总体特征与丰都镇江沙湾墓地瓷碗（2008FRSWM13：4）类似，后者在《丰都镇江汉至六朝墓群》中属于四期一段，年代为两晋时期。陶罐（M2：1）的总体特征与丰都镇江河湾墓地陶罐（2008FRHWM22：14）类似，后者在《丰都镇江汉至六朝墓群》中属于四期一段，年代为两晋时期。故本期年代大体相当于两晋时期。

峡江地区出土汉晋时期的铅器较少，在巫山双堰塘[3]、云阳旧县坪[4]、丰都汇南墓群[5]、涪陵太平村[6]等遗址均发现有少量铅器，器类主要是珠、坠、链环形器、带钩等装饰品。本次发掘的M1中出土了7件铅指环[7]经过科学检测，确定为铅器。此次发掘的铅指环不仅增加了新的铅器器类[8]，而且发现数量较多，为今后讨论峡江地区汉晋时期铅器的发展水平提供了重要的资料。

附记：本次考古发掘领队为白九江，执行领队为蒋刚。张雄辉、张小永等技师参与了墓葬勘探，重庆师范大学考古文博系研究生张慧妮、牟林霞、冯峰、何晨瑕，本科生李鸣一参与了发掘及后期资料整理。丰都文物管理所刘屏所长、秦进主任、曾启华女士都给予了大力协助。器物绘图由梁有骏完成，摄影由蒋刚、李鸣一完成，器物修复由周鲁、蒋刚完成，铜器修复与保护、铜钱拓片由杨小刚、叶琳完成。

执笔：蒋　刚　冯　峰　牟林霞　张慧妮

注　释

[1]　内蒙古文物考古研究所等：《丰都糖房遗址发掘报告》，《重庆库区考古报告集·2001卷》，科学出版社，2007年，第1675～1692页；内蒙古文物考古研究所等：《丰都糖房遗址发掘报告》，《重庆库区考古报告集·2002卷》，科学出版社，2010年，第1225～1238页。

[2]　重庆市文物局、重庆市移民局：《丰都镇江汉至六朝墓葬群》，科学出版社，2013年。

[3]　中国社会科学院考古研究所长江三峡工作队、巫山县文物管理所：《巫山双堰塘遗址发掘报告》，《重庆库区考古报告集·1998卷》，科学出版社，2003年，第58～102页。

[4]　吉林省文物考古研究所等：《云阳旧县坪遗址发掘报告》，《重庆库区考古报告集·2000卷》，科学出版社，2007年，第647～670页。

[5]　四川省文物考古研究所、丰都县文物管理所：《丰都汇南墓群发掘简报》，《重庆库区考古报告集·1997卷》，科学出版社，2001年，第689～712页。

[6]　陕西省考古研究所等：《涪陵太平村墓群考古发掘报告》，《重庆库区考古报告集·2000卷》，科学出版

社，2007年，第1139～1188页。

[7] 郑利平：《丰都糖房遗址M1出土金属指环激光拉曼光谱分析鉴定报告》（编号：2016-1216），重庆师范大学"科技考古与文物保护技术重点实验室"。

[8] 峡江地区已公布的汉晋时期考古材料中有数量较多的银指环，但基本都未公布鉴定报告。考虑到银指环和铅指环锈蚀后长埋于土中，出土时较为相似，我们怀疑有一些以前确定为银指环的器物实际上是铅指环（据巫山博物馆张辉女士告知，在第一次全国可移动文物普查中也发现有当初命名为银指环的器物重量明显偏重，很可能是铅指环），这有待今后对出土实物做科学检测确认。

丰都汀溪遗址2016年度发掘简报

重 庆 市 文 物 考 古 研 究 院
重庆师范大学山地考古与文化遗产保护研究中心
丰 都 县 文 物 管 理 所

汀溪遗址位于重庆市丰都县十直镇汀溪村二社。长江从丰都开始由西东流向改为西南—东北流向，所以汀溪遗址东侧即为长江。遗址位于长江西侧的一、二级台地上，地理坐标为107°50′35″E，30°02′40″N，海拔260～264米（图一；图版一六，1）。

图一 汀溪遗址位置示意图

一、发掘概述

为推进三峡水库重庆消落区文物保护工作，2016年5月25日～6月30日，重庆市文化遗产研究院（现重庆市文物考古研究院）会同重庆师范大学山地考古与文化遗产保护研究中心对汀溪遗址进行发掘。遗址位于汀溪与冬至沟之间的一名叫坟沟湾的山岗上，发掘面积共计510平方米，本次发掘布方7个，编号为2016FTT1～2016FTT7（"F"代表丰都，"T"代表汀溪遗址），其中2016FTT1面积为5米×5米，2016FTT2、2016FTT3面积为10米×8米，2016FTT4、2016FTT5面积为10米×10米（2016FTT4西侧后扩方1米，即11米×10米），2016FTT6面积为5米×10米，2016FTT6面积为6米×10米（图二）。

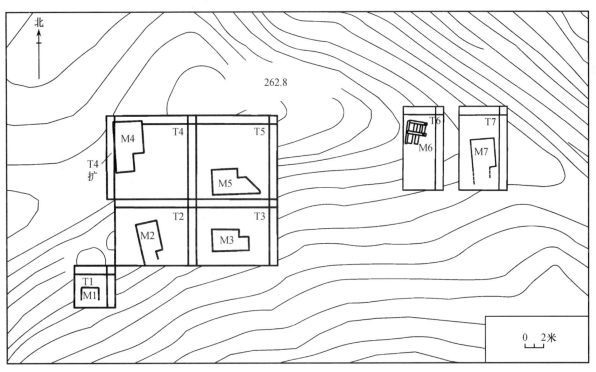

图二　汀溪遗址2016年度发掘探方及墓葬分布图

坟沟湾山岗呈西北—东南走向，整个山岗西北高，东南低。从西北到东南形成了几个大的台阶，每个台阶较为平整，面积大小不一。坟沟湾山岗地势较高，视野开阔，两侧有自然形成的大冲沟，东北为汀溪，西南为冬至沟，西北部为高山，东南隔江与高家镇正面相望，可以说与"风水"学说中的龙脊之地十分相符，地理位置极好，十分适合作为坟地，所以至今依然是当地居民重要的坟地。本次发掘遗迹只有7座墓葬，编号为2016FTM1～2016FTM7，其中2016FTM6为建造于基岩上的石室墓，其他6座墓葬均为在基岩上开挖墓坑的砖室墓。基岩为质地较为松软的沙石，所以遗址表面为基岩风化形成的一层表土，表土上长满了各种杂草和杂树，十分茂盛。其中2016FTM1～2016FTM3、2016FTM5墓坑均已裸露，部分墓坑已经被毁坏，墓坑里面种植有竹子等。所有砖室墓内的墓砖全部被毁坏。据当地老百姓说这些砖室墓均为近代修建梯田构筑堡坎时拆除的，所以现在坟沟湾上的道路两旁堡坎依然存在大量墓砖。

二、墓葬形制及随葬品

2016年度发掘墓葬共7座，其中2016FTM6为石室墓，遭到后期破坏。其他6座均为砖室墓，墓砖已经完全被破坏，仅存墓坑。其中2016FTM1墓坑大部分被破坏，形制不明。2016FTM2、2016FTM3为刀把形。以上3座墓中，除了2016FTM3墓内填土中残存几块残碎菱形纹砖块（图版一六，2、3）外，不见任何遗物出土。所有墓葬均开口于耕土层下，相互无叠压打破关系。所有探方中第1层下即是基岩。

（一）2016FTM4

2016FTTM4墓圹平面呈刀把形，由甬道、墓室两部分组成。墓室墓圹长360、宽300厘米。甬道位于墓室南部，长220、宽190厘米。墓葬方向171°（图三）。

墓内无铺地砖，墓墙壁及甬道壁砖完全被破坏，一无所留。填土内墓砖有长方形砖和榫卯

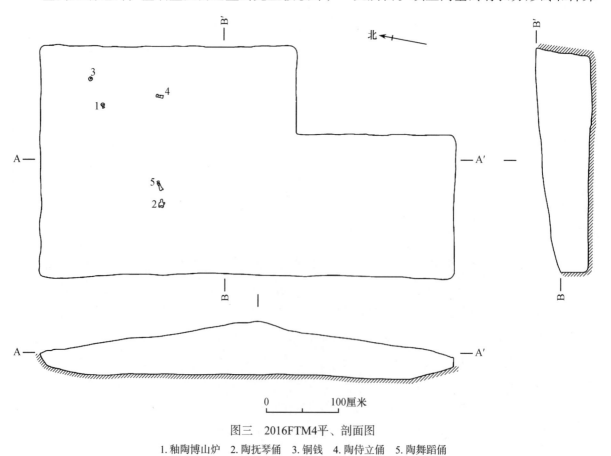

图三　2016FTM4平、剖面图

1.釉陶博山炉　2.陶抚琴俑　3.铜钱　4.陶侍立俑　5.陶舞蹈俑

砖两类。长方形砖及榫卯砖纹饰分为两种，第一种为单位两重五个连体菱形相连向前排列，最内层菱形饰一"×"，周围饰两重半菱形。第二种为菱形纹饰砖。墓葬填土中发现有较为完整的长方形砖，规格为44厘米×20厘米×9厘米。从出土有墓砖来看，2016FTM4可能为砖室墓。

墓内不见棺木及葬具的痕迹。也不见人骨出土，故葬具、葬式不明。

墓葬填土及墓底共发现可辨器形的釉陶器、陶器共计13件，其中填土中器类计有釉陶盘、釉陶灯、陶俑、陶井盖、灰陶罐等；墓底器类计有釉陶博山炉、陶俑、铜钱等。

釉陶博山炉　1件。2016FTM4：1，泥制红陶。器表施酱釉，部分脱落。仅存炉座顶部。炉座为子母口内敛，圆唇，浅腹。柱形柄。炉座口径11.6厘米、底径3、残高6.8厘米（图四，1）。

釉陶盘　1件。2016FTM4填：1，泥制红陶胎，内壁施酱釉，部分脱落。敞口，方唇，平折沿，弧腹斜收，外壁上腹有一道凸棱，平底。口径19、底径6、高5厘米（图四，2）。

釉陶灯　1件。2016FTM4填：5，泥制红陶，通体施酱釉，仅残存灯盘，灯盘为直口微侈，方圆唇，唇下部有一周凹弦纹，折腹，腹部较深，柱形柄，中空。口径12、残高6厘米（图四，3）。

陶抚琴俑　1件。2016FTM4：2，泥制红陶。束巾，面露微笑，褒衣圆领，中衣、深衣交

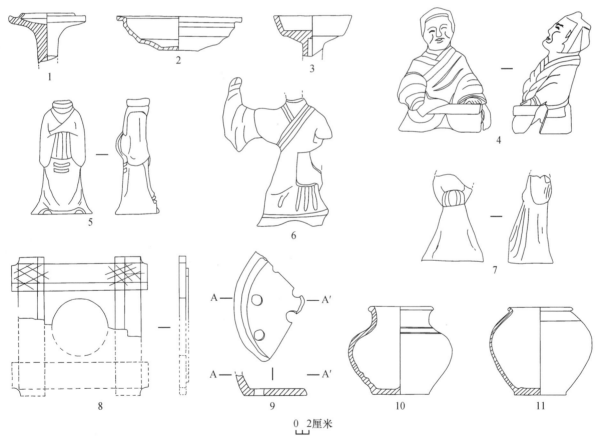

图四　2016FTM4出土器物

1.釉陶博山炉（2016FTM4：1）　2.釉陶盘（2016FTM4填：1）　3.釉陶灯（2016FTM4填：5）
4.陶抚琴俑（2016FTM4：2）　5、7.陶侍立俑（2016FTM4：4、2016FTM4填：2）6.陶舞蹈俑（2016FTM4：5）
8.陶井盖（2016FTM4填：3）　9.陶甑（2016FTM4填：4）　10、11.灰陶罐（2016FTM4填：6、2016FTM4填：7）

领右衽，窄袖至腕，束腰，及地。踞坐，双手扶膝上琴。可见合范痕。高18、宽14、厚9厘米（图四，4；图版一八，1）。

陶侍立俑　2件。2016FTM4：4，泥制红陶。头部已残。褒衣圆领，中衣、深衣交领右衽，宽袖，及地。双手相拥做侍立状。可见合范痕。残高16.6、宽9、厚1.2厘米（图四，5）。2016FTM4填：2，泥制红陶。胸部以上已残。宽袖，束腰，及地。双手相拥做侍立状。残高12.6、宽8.7、厚0.8厘米（图四，7）。

陶舞蹈俑　1件。2016FTM4：5，泥制灰陶。头部已残，仅残存腰部以下。束腰，及地。残高22、宽17、厚9.5厘米（图四，6）。

陶井盖　1件。2016FTM4填：3，泥制黑陶。外表呈黑色，只残存部分井盖。井盖平面呈方形，圆形井圈。表面有网格纹。井盖边长20.3厘米（图四，8）。

陶甑　1件。2016FTM4填：4，泥制灰陶。仅残存器底。残存有箅孔5个。直径9.6、残高3、器壁厚0.7、器底厚1厘米（图四，9）。

灰陶罐　2件。2016FTM4填：6，泥制灰陶。卷沿，方圆唇，束颈，鼓肩，颈部有一周凹弦纹，腹部残缺，平底，内壁有制作时留下的旋纹。口径10、肩径9、高13厘米（图四，10）。2016FTM4填：7，泥制灰陶。卷沿，圆唇，鼓肩，腹部残缺，饼足，内壁有制作留下的旋纹。口径10、腹径16、底径8、高13厘米（图四，11）。

铜钱　2枚。其中1枚钱文模糊。钱的正面、穿之左右有篆文"五铢"二字。面背均有外郭，背有内郭，面无内郭。可分两型。

A型　1枚。"五"字模糊清。"铢"字金字头呈三角形，四点较长；"铢"字横笔上下均圆折。钱径2.3、穿径0.8厘米。

B型　1枚。"五"字交笔略曲。"铢"字金字头呈箭簇型，四点较短；"铢"字横笔上下均折。2016FTM4：3，钱径2.4、穿径0.7厘米（图五，1）。

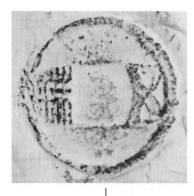 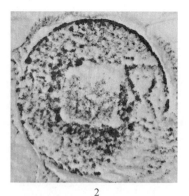

图五　2016FTM4、2016FTM5出土铜钱拓片

1. 2016FTM4：3　2. 2016FTM5填：9

（二）2016FTM5

2016FTM5墓圹平面呈刀把形，由甬道和墓室两部分组成。墓圹长528、宽292、深140厘米。甬道位于墓室东侧，为不规则四边形，最宽处210厘米，最长处158厘米。墓葬方向85°（图六）。

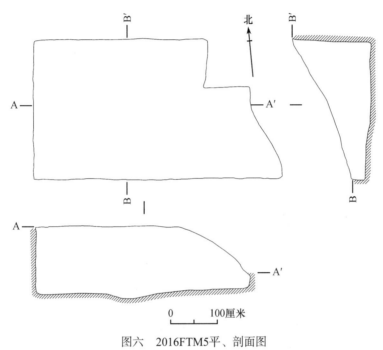

图六　2016FTM5平、剖面图

2016FTM5是在山体岩石坡度较缓处开凿出墓圹，墓底距地表最深处140厘米。破坏十分严重，墓内仅存几块残碎菱形纹砖块，封门、铺地砖、券顶情况不明。从出土残碎墓砖来看，2016FTM5可能为砖室墓。

填土中没有发现完整墓砖，仅有一些残缺带纹饰墓砖，故墓砖规格不清。根据残砖可以看出，纹饰有三种：一种为多重菱形饰一乳钉纹，周围饰两重的半菱形；第二种最内层菱形饰一田字，周围饰两重的半菱形；第三种为素面墓砖。

墓内不见棺木及葬具的痕迹。从出土有铁棺钉来看，葬具可能为木棺。不见人骨出土，故葬式不明。

墓葬填土中发现釉陶器、陶器、铁器、铜钱等遗物共计11件（套），器类计有釉陶盘、釉陶盏、陶侍立俑、铁棺钉、铜钱等。

釉陶盘　2件。2016FTM5填：2，泥质红陶，口沿内部施黄釉，大多剥落。平折沿，方唇，斜折腹收至平底。器内壁和内底各有一道旋坯留下的弦纹。口径14.6、底径4.8、高3厘米（图七，1；图版一七，2）。2015FTM5填：10，仅存底。泥质红陶，器内施酱黄釉，剥落严重，斜弧腹收于平底。器内底部有旋坯留下的凹弦纹一圈。底径10.6、残高3.8厘米

图七　2016FTM5出土器物

1、2. 釉陶盘（2016FTM5填：2、2015FTM5填：10）　3. 釉陶盏（2016FTM5填：3）　4. 铁棺钉（2016FTM5填：11）
5～10. 陶侍立俑（2016FTM5填：1、2016FTM5填：4、2016FTM5填：5、2016FTM5填：6、2016FTM5填：7、2016FTM5填：8）

（图七，2）。

　　釉陶盏　1件。2016FTM5填：3，泥质红陶，器物内外施满酱黄釉，剥落严重，器底无釉。敞口微敛，圆唇，腹部斜直，平底。器内底部留有旋坯痕迹，修坯较粗糙，器物外底部修坯不规整。口径9.8、底径8.6、高2.4厘米（图七，3；图版一七，1）。

　　陶侍立俑　6件。2016FTM5填：1，泥质红陶。束巾，面目不清，外衣交领右衽，宽袖束腰，及地，双手作相拥作侍立状。可见范痕。高16厘米（图七，5；图版一八，2）。2016FTM5填：4，泥质红陶。束巾，面目不清，外衣交领右衽，宽袖束腰，及地，双手作相佣侍立状。可见范痕。高16厘米（图七，6；图版一八，3）。2016FTM5填：5，无头部，外衣交领右衽，宽袖，束腰，及地，双手相拥作侍立状。可见范痕。残高12厘米（图七，7）。2016FTM5填：6，无头部，外衣交领右衽，宽袖，束腰，及地，双手相拥作侍立状。可见范痕。残高12厘米（图七，8）。2016FTM5填：7，泥质红陶。束巾，面目不清，外衣交领右衽，宽袖束腰，及地，双手作相拥作侍立状。可见范痕。高16厘米（图七，9；图版一八，4）。2016FTM5填：8，泥质红陶。束巾，面目不清，外衣交领右衽，宽袖束腰，及地，双手作相拥作侍立状。可见范痕。高16厘米（图七，10；图版一八，5）。

　　铁棺钉　1套2件。2016FTM5填：11，两根。铁质，锈蚀严重，已残。截面呈方形。一根残长6.5厘米，另一根残长7厘米（图七，4）。

　　铜钱　共10枚。铜钱受腐蚀严重，圆形方孔，钱文模糊不清楚。2016FTM5填：9，钱文"五铢"。直径2.2、穿径1厘米（图五，2）。

（三）2016FTM7

2016FTM7平面呈刀把形，由甬道、墓室两部分组成。墓室墓圹长350、宽300厘米。甬道位于墓室南部，残长150、宽210厘米。墓葬方向170°（图八）。

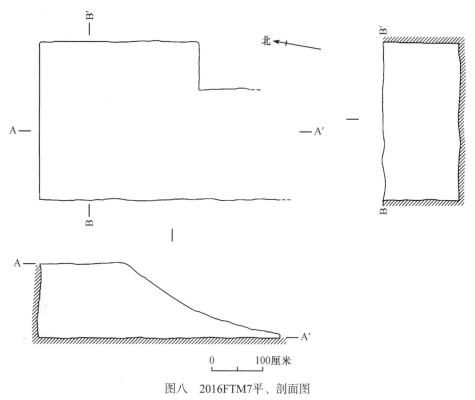

图八　2016FTM7平、剖面图

墓内无铺地砖，墓墙壁及甬道壁砖完全被破坏，一无所留。从出土残碎墓砖来看，2016FTM7可能为砖室墓。

墓内填土中出土的墓砖有长方形砖和榫卯砖两类。长方形砖有薄砖和厚砖之分，薄砖厚度4.5厘米，厚砖厚度9厘米。薄砖上无纹饰。长方形厚砖及榫卯砖纹饰皆为菱形纹。填土中只发现了较为完整的榫卯砖，规格为28厘米×17厘米×9厘米。

墓内不见棺木及葬具的痕迹。也不见人骨出土，故葬具、葬式不明。

仅在填土中发现陶俑1件。

陶舞蹈俑　1件。2016FTM7填：1，泥质红陶。梳山形髻，束肩，褒衣圆领，中衣、深衣交领右衽，束腰，下摆成裙状，左手披袖提裙，右手上举于胸侧，左腿微曲，作舞蹈状。高23、宽11、厚8厘米（图九；图版一八，6）。

0　　2厘米

图九　2016FTM7出土陶舞蹈俑（2016FTM7填：1）

（四）2016FTM6

2016FTTM6为石室墓，石块暴露于地表，整个墓室系在基岩上建造而成。平面呈长方形，由对称的同墓异穴的南墓室和北墓室组成，北墓室结构保存较好，南墓室南壁遭到破坏。墓室由一块长2.3、宽0.22米的长石板分为南北对称的两个墓室，墓室总长2.4、宽2.3、北壁高0.66米，西壁高0.66米，中间间隔石板高0.88米。墓葬方向108°（图一〇）。

墓室由墓顶、南北壁、西壁、封门组成。墓葬的墓顶、南壁和封门的石板都已被破坏，受山体挤压塌落。墓底由六块长石条支撑，石块长0.8、宽0.3、高0.16米，目的是用于排水防潮。条石下面个别地方还见用汉魏六朝时期花纹砖垫平的情况。

墓室四壁为素面，无雕刻纹饰。

墓内不见棺木及葬具的痕迹。由南墓室出土棺钉推测葬具可能有棺。不见人骨出土，故葬式不明。

北墓室出土残瓷碗1件（2016FTM6：8）。其他均为南墓室所出，计有瓷盏2件、瓷碗2件、铜钗1件、铁馆钉3件。

瓷碗　3件。2016FTM6：1，灰白胎，内壁施全釉，器表上部分施青釉。敞口，尖圆唇，斜弧腹，圈足。内壁饰有五周凹弦纹。圈足外侧有凹弦纹一周。口径15.5、底径6.5、高3.5厘米（图一一，1；图版一七，4）。2016FTM6：2，灰白胎，内壁施青釉，器表口沿以下3/2施青釉，口沿内外加施酱釉。敞口，尖圆唇，斜直腹，圈足。口径10.2、底径4.6、高4.5厘米（图一一，2；图版一七，3）。2016FTM6：8，灰白胎，除圈足及近圈足处未施釉外，通体施

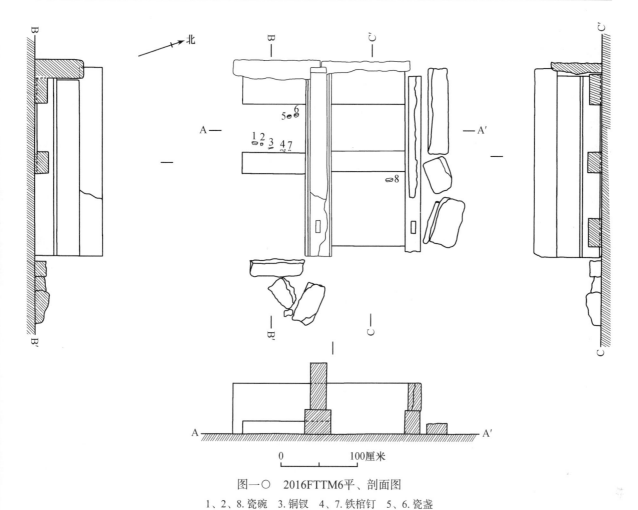

图一〇　2016FTTM6平、剖面图

1、2、8.瓷碗　3.铜钗　4、7.铁棺钉　5、6.瓷盏

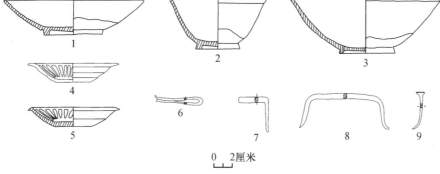

图一一　2016FTM6出土器物

1～3.瓷碗（2016FTM6：1、2016FTM6：2、2016FTM6：8）　4、5.瓷盏（2016FTM6：5、2016FTM6：6）

6.铜钗（2016FSTM6：3）　7～9.铁棺钉（2016FSTM6：7、2016FSTM6：4-1、2016FSTM6：4-2）

青釉。敞口，尖圆唇，斜弧腹，圈足。内壁有四周凹弦纹，底部有一圈凸弦纹。口径17.5、底径6.6、高6厘米（图一一，3；图版一七，6）。

瓷盏　2件。2016FTM6：5，灰白胎，内壁施酱黑釉，外壁局部施黑釉。敞口，方圆唇，斜弧腹，平底。内壁饰有30条竖向凹槽，底部有一圈凹弦纹。口径10、底径3.8、高1.8厘米（图一一，4）。2016FTM6：6，灰白胎，内壁施酱黑釉，外壁局部施黑釉。敞口，方圆唇，斜弧腹，平底。内壁饰有30条竖向凹槽，底部有一圈凹弦纹。口径10.2、底径3.8、高2.2厘米（图一一，5；图版一七，5）。

铜钗　1件。2016FSTM6：3，锈蚀严重。头端呈倒"U"形，尾端已残。残长5.3、直径0.2厘米（图一一，6）。

铁棺钉　3件。2016FSTM6：7，锈蚀严重。顶端方形，通体呈方柱体尖锐状，长4、直径3厘米（图一一，7）。2016FSTM6：4-1，锈蚀严重。整体呈弓形，两端尖锐，中间呈菱形体。长8、宽3.6，直径5.5厘米（图一一，8）。2016FSTM6：4-2，锈蚀严重。残缺一半，整体呈"L"形。残长3.3、宽3.5厘米（图一一，9）。

三、结　语

本次发掘的6座砖室墓破坏十分严重，2016FTM1～2016FTM3不见任何遗物出土，2016FTM7仅出土一件陶俑，这几座墓葬年代无法判断。根据墓葬形制大体推断为汉魏六朝时期。2016FTM4、2016FTM5出土遗物十分稀少，但大体可以推断其年代。2016FTM6出土遗物较多，较为典型，年代大体可知。

2016FTM4填：1釉陶盘，平折沿，方唇，斜折腹收至平底，总体特征与镇江屋背后包包墓地2005FRWBM13：54相似；2016FTM4填：7灰陶罐，卷沿，圆唇，鼓肩，腹部残缺，饼足，总体特征与镇江屋背后包包墓地2005FRWBM12：34相似，屋背后包包墓地2005FRWBM12、M13在《丰都镇江汉至六朝墓群》[1]中均属于二期三段，年代为东汉晚期。所以，2016FTM4的年代大体为东汉晚期。

2016FTM5填：2釉陶盘，平折沿，方唇，斜折腹收至平底，总体特征与2005FRHNM13：52相似，后者在《丰都镇江汉至六朝墓群》中均属于三期，年代为蜀汉时期。所以2016FTM5年代可能为蜀汉时期。

2016FTM6：1瓷碗，敞口，尖圆唇，斜弧腹，圈足，总体特征与糖房遗址2002年度发掘出土的M1：011[2]相似；2016FTM6：8瓷碗，敞口，尖圆唇，斜弧腹，圈足，与糖房遗址2002年度发掘出土的M1：016、奉节上关M50：1[3]相似。糖房遗址2002年度发掘的M1年代确定为宋代，奉节上关M50：1在刘辉的《三峡库区唐宋时期墓葬出土瓷器研究》[4]一文中确定为北宋晚期到南宋时期。由此可见2016FTM6年代大体相当于北宋晚期至南宋时期。

本次发掘的砖室墓均在基岩上开凿而成，排列整齐，虽然墓葬方向有别，年代可能有差异，但是应当为一家族墓地，这为讨论汉魏六朝时期的家族墓地提供了重要资料。2016FTM6

为典型的石室墓，出土遗物虽然不多，但是较为典型，为研究三峡地区宋代的丧葬习俗提供了重要资料。

　　附记：本次考古发掘领队为白九江，执行领队为蒋刚，张雄辉、张小永等技师参与了墓葬勘探，重庆师范大学考古文博系研究生张慧妮、车林霞、冯峰，本科生李鸣一、蔡劼以及綦江博物馆周鲁参与了发掘及后期资料整理。器物绘图由梁有骏完成，摄影由蒋刚、李鸣一完成，器物修复由周鲁、蒋刚完成，铜器修复与保护、铜钱拓片由杨小刚、叶琳完成。发掘过程中，丰都文物管理所刘屏所长、秦进主任、曾启华女士都给予了大力协助，在此谨致感谢。

执笔：蒋　刚　冯　峰　车林霞

注　释

［1］　重庆市文物局、重庆市移民局：《丰都镇江汉至六朝墓葬群》，科学出版社，2013年。

［2］　内蒙古文物考古研究所、丰都县文物管理所：《丰都糖房遗址发掘报告》，《重庆库区考古报告集·2002卷》，科学出版社，2010年，第1225~1238页。

［3］　重庆市文物考古所：《奉节上关遗址发掘简报》，《重庆库区考古报告集·1998卷》，科学出版社，2003年，第276~298页。

［4］　刘辉：《三峡库区唐宋时期墓葬出土瓷器研究》，吉林大学硕士学位论文，2011年。

丰都柑子园堡遗址2016年度发掘简报

重庆市文物考古研究院
重庆师范大学历史与社会学院

柑子园堡遗址位于重庆市丰都县十直镇楼子村3社，东北距忠县洋渡镇约5千米，南距十直镇约7.2千米，地理坐标为107°51′20.1″E，30°05′18.3″N，海拔165～180米（图一）。这一地带地理环境较特殊。长江由西南经高家镇再往东北从遗址东边流过。柑子园堡遗址即位于长江西岸的几座不高的山坡处的河坎边上。山坡后面是该村村民的房屋。柑子园堡遗址一带沿长江边约3千米的多座山包上，均有明代窑工烧制陶器后遗留下来的废弃堆积（残次品），另外还发现有东汉至六朝时期的墓地，但破坏严重。

该遗址是2009年丰都县文物管理所的毛卫、彭瑞华、刘玉珍在第三次全国文物普查时发现的。当时在长江边的河坎及缓坡（河漫滩）上多有被江水冲刷后暴露在外的陶器。器形主要有罐、壶、碗、缸、匣钵等。在这一地带沿长江的一些山包上多发现有这类文化遗存，据当地村

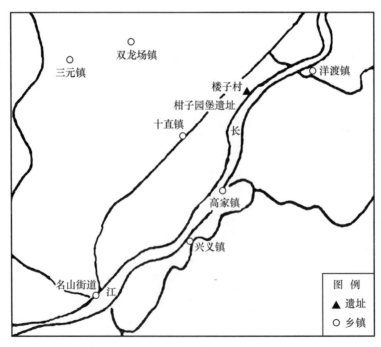

图一 柑子园堡遗址位置示意图

民讲，在这一地带沿江共有40多个这样的小山包上发现有烧制陶器的窑址以及大量烧坏后废弃的陶器（残次品）。从当时在遗址上采集的标本来看，文化遗物的时代可能为宋元明时期（以明代为主）。

据我们的实地调查和勘探情况，因在柑子园堡遗址一带沿江多处小山包的河坎及一些缓坡上几乎都发现有古人类活动的文化遗存，为了有效地保护好这些古文化遗存，也因受发掘面积限制，此次我们选择考古发掘范围主要集中在从西南边的王家河到东北沿长江而下往东到岩屋嘴，全长约400、宽约50米的山坡及河岸边的台地上，在山包靠长江边的河坎边上可观察到有着丰富的文化堆积层，厚一般在1~2米之间。

柑子园堡遗址紧挨长江，历年发生洪水都会使该遗址受到冲击，从而导致山包（坡）崩塌至江中，尤其是近10年来，因三峡工程试验性蓄水检验，沿岸山包崩塌速度加快，这一地带的古遗址、古墓葬遭到严重破坏，也有的是因当地村民开荒平整土地而被破坏，部分遗存暴露出来，面临被毁坏的风险，故对这些暴露出来的古遗存必须进行抢救性保护。受重庆市文物局的委托，重庆市文化遗产研究院（现重庆市文物考古研究院）、重庆师范大学历史与社会学院两家单位联合承担了2016年度丰都柑子园堡遗址800平方米的发掘任务。

此次发掘地点分为三个区，分别定为A区（上包）、B区（下包）、C区（岩屋嘴）。其中在A区布10米×10米的探方2个；在B区布10米×10米的探方8个（T3未发掘，T5、T6、T7、T8只发掘了靠江边的局部）；在C区布10米×10米的探方2个，此外，另在A区为了发掘2座窑址，共扩方81平方米。以上三个发掘地点共布探方12个，实际发掘面积（包括扩方）共810平方米（图二、图三）。具体发掘情况如下。

一、地 层 堆 积

柑子园堡遗址A区、B区、C区相距不太远，地层堆积的资料情况基本一样，地层堆积都比较简单，依据土质土色和包含物，可分为3个大层，地层堆积皆由西（山坡处）向东（长江）呈坡状分布，西端薄、东端厚，如B区地层堆积最厚的可达2米多。因三个发掘区的地层堆积资料情况大致一样，故本文仅以三个发掘区中地层堆积资料保存相对完整、文化遗物较丰富的B区T6西壁剖面的地层堆积资料情况来举例说明（图四）。

第1层：灰褐色，为种植树木、竹子挖掘扰乱及山坡上下雨冲下来的泥土，局部已露出文化层，质松软。厚15~45厘米。

第2层：黄褐色，质松软，出土一些陶器，器类主要有罐、匣钵、擂钵、器盖、碗等，陶器皆为当时烧制时遗弃下来的一些残次品。距地表45~25厘米，厚10~25厘米。

第3层：黄褐色，质松软，基本可以说是当时窑工们在烧制陶器后遗留下来的一些残次品和各类器物的残片，火候较高，可辨识的器类主要有匣钵、罐、擂钵、碗、碟、缸、杯、壶、盏、器盖等。距地表65~180厘米，厚125~160厘米。

依据地层堆积的土色、土质及包含物，可知柑子园堡遗址文化遗存时代特征比较明显，其

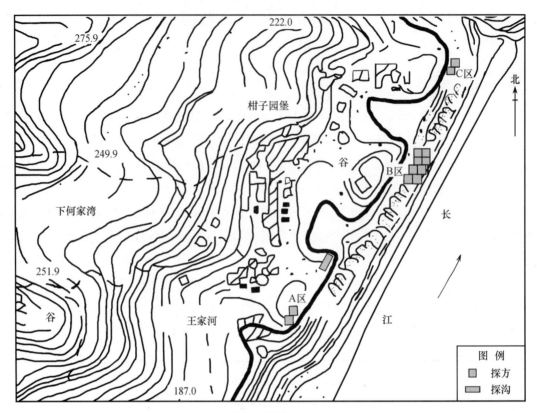

图二　柑子园堡遗址2016年度发掘探方、探沟分布示意图

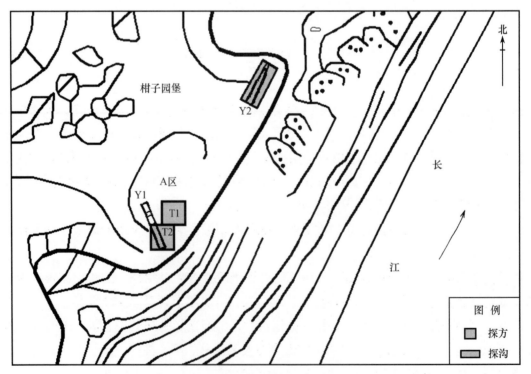

图三　柑子园堡遗址A区2016年度发掘探方、探沟及窑址分布示意图

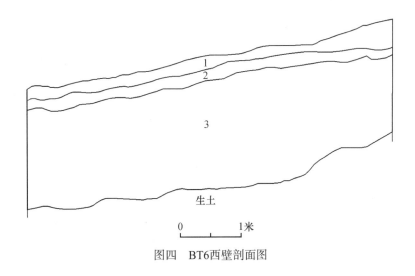

图四　BT6西壁剖面图

A区、B区、C区的第3层以及柑子园堡遗址一带沿长江边多处山坡上发现的这类文化遗存，基本上都属于明代。柑子园堡遗址的地层叠压关系比较简单，第1层、第2层为近现代扰乱层，第3层为明代文化层。此次发掘出的文化遗存以第3层内容最丰富，遗物数量也最多。下面我们将本次发掘的文化遗存的资料情况介绍如下。

二、遗　　迹

本次发掘遗迹现象较为单纯，共发现3处遗迹单位，其中窑址2座，位于A区，编号为2016FGAY1、2016FGAY2，形制皆为龙窑；灰坑1个，位于B区，编号为2016FGBH1。

1. 2016FGAY1

2016FGAY1位于A区（上包）的南端，AT1的中部，由西南延伸至山包顶部。残存长19.1、宽约2米，距地表深5～70厘米，属龙窑，开口（窑头）于第3层下，打破生土；窑尾毁坏。该窑址的火膛、火门、窑门、窑尾等均遭到破坏，仅残存窑室的中间部位（图五）。

窑室　平面为长方（条）形，西南低，东北高，方向45°，坡度为20°，清理窑址残长19.1米，窑头、部分窑室及火膛等已遭破坏，仅残存中部的窑室。窑室顶部已塌毁，仅残存靠底部的部分，结构较简单，横断面呈"凹"形，内宽200厘米。窑壁残高5～70厘米，多用长20、宽15、厚7厘米的烧砖并夹杂有一些长30～45、宽18、厚8～10厘米（有的是长短不一的残砖）的汉砖混砌而成，汉砖有纹饰的一面朝内侧，窑壁厚18～20厘米。窑壁外侧有厚15～20厘米红烧土附着，内侧因长期火烤形成一层青灰色烧结面（窑汗），厚5～10厘米。窑床未用烧砖铺砌，仅在挖好的沟槽上面均匀铺垫一层细沙（防止器物与窑床烧结在一起）。窑床基本为同一斜度的坡面，因长期烧烤形成一层坚硬的青灰色烧结面，厚约5厘米，其质地为烧结的砂土，烧结层下为一层厚约10厘米的红烧土。窑头及部分窑室因修公路遭到破坏，窑尾被20世纪50、60年代坡改梯田时挖平，故窑头结构不清楚，仅残留有清晰可见的红烧土痕迹。

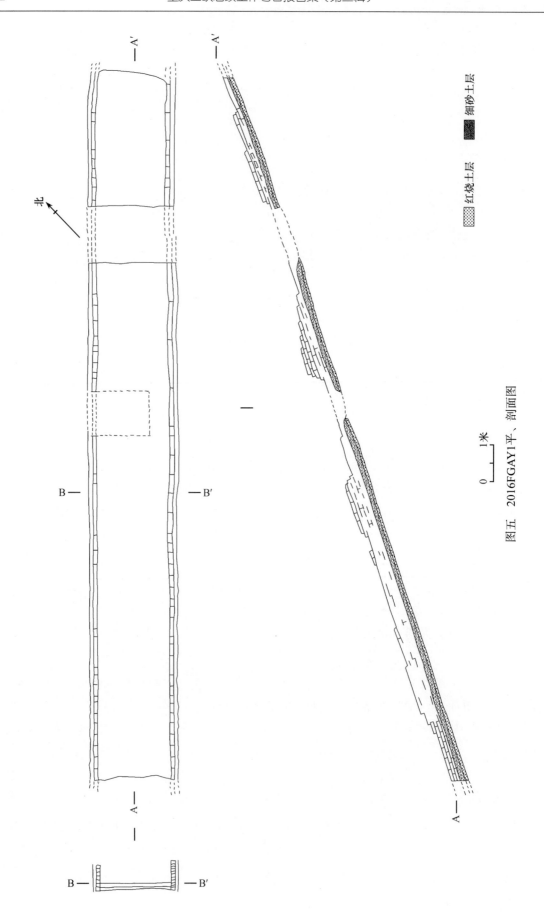

图五　2016FGAY1平、剖面图

窑室内堆积可分二层：第1层为耕土层，灰褐色砂性土，含有较多的扰乱物，杂草、根茎、残砖块，以及当地村民种植的竹子根、果树根等杂物，厚5～20厘米；第2层红褐色砂土混杂一定数量的烧土粒，含有一些陶片，残断砖块和比较完整的器物，陶片火候较高，胎多呈青灰色，能辨识出器形的主要有匣钵、罐、钵、擂钵、碟等，另还发现铁钱币1枚，本层厚10～50厘米，应为窑炉废弃后回填形成的堆积，其下为窑床青灰色烧结面。

2. 2016FGAY2

2016FGAY2位于A区（上包）的北端，与2016FGAY1东北方向相距约50米，残存长约15.8米。大部分被揭露出来，据地表深3～60厘米不等，属龙窑，开口于第1层下（东北端的火膛部分暴露在外），打破生土，由东北向西南延伸至山包半腰，东北端的窑头及西南端的窑尾均遭破坏，仅残存火膛、火门及窑室部分（图六）。

窑室　平面为东北西南走向的长条形，窑室顶部已塌毁，横断面呈"凹"形，东北低，西南高，方向为30°，坡度为20°，清理出窑址残长14.3米，窑头与窑尾已遭到破坏，仅存部分火膛及窑室。窑壁残高约70厘米，窑壁外侧均有12～20厘米红烧土附着，也有的外侧直接就是砂岩，内侧因长期火烧形成一层青灰色烧结面（窑汗），窑壁厚5～10厘米，窑壁厚6～15厘米，由烧砖和少许汉砖、匣钵混砌而成，烧砖长20、宽18、厚6～7厘米。窑壁上半部分均被破坏，窑室内东北端（火门处）宽约60、西南端宽226厘米，从东北端向西南端由窄渐增宽，室内残存有陶片及倒塌窑壁堆积。窑床基本为同一斜度的坡面，横断面中部略凸，两边略凹，呈弧形状，因长期烧烤表面形成一层坚硬的青灰色烧结面，厚约4厘米，烧结面下为一层厚5～20厘米含砂烧结层，烧结层下为红烧土层，整个窑室残长12.4米。

火膛　位于东北的山包下，火膛残长190、内宽50厘米。火膛与窑室中间具有火门的挡火墙，挡火墙厚6～10厘米，墙外为砂岩，火膛底部皆用汉砖错缝平铺。火门位于火膛与窑室交界处，宽36、进深30厘米。挡火墙两边各用一块汉砖砌筑，厚72、长30、残高36厘米。

窑室内堆积与2016FGAY1一样，可分二层：第1层为耕土层，灰褐色砂性土，含有较多的杂草、根茎、残砖块，以及当地村民种植的竹子根、桂圆和枇杷树等各类杂物，厚5～20厘米；第2层红褐色砂土混杂一定数量的烧土粒，含有一些陶片，残断砖块和比较完整的器物，陶片火候较高，胎多呈青灰色，能辨识出的器类主要有匣钵、罐、钵、碟、擂钵、碗等，本层厚10～30厘米，应为后来窑炉废弃后回填形成的堆积，其下为窑床青灰色烧结面。

3. 2016FGBH1

2016FGBH1位于BT8东南部，平面呈椭圆形，东端靠长江边处因江水冲刷已垮塌，仅残存靠山坡（西部）的局部，坑壁斜弧，横断面呈锅底形状，开口于第3层下，打破生土，坑口东西残长240、南北宽174、深约100厘米（图七）。坑内填土为灰褐色砂土，夹杂有大量陶片。可辨识的器类主要有罐、钵、匣钵、盆、碗、瓮等，出土1件完整的陶钵。

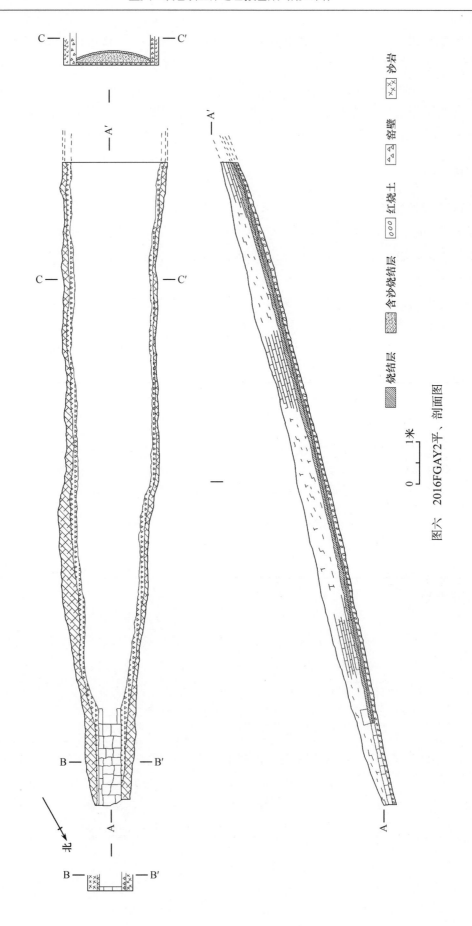

图六　2016FGAY2平、剖面图

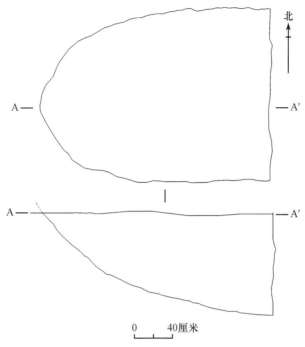

图七　2016FGBH1平、剖面图

三、遗　物

此次发掘出土遗物以窑业废弃物堆积为主，故出土大量不同类型的器物残片，主要为釉陶器。器类包括有制陶工具和窑具、生活器皿。制陶工具有陶拍，窑具主要为大小高矮不一的匣钵、托垫和器垫；生活器皿主要有罐、擂钵、研磨器、杯、碗、碟、盏、器盖、器垫、缸、盆壶等。釉陶器烧造的火候较高，仅次于瓷器，轮制痕迹明显，胎料和制作工艺比较粗糙。釉陶器胎色主要为红褐色，也有一定数量的砖红色、灰褐色、灰色。部分器物施釉，施釉部位多在器物上半部，以酱釉居多，其次是米黄色釉、土黄色釉、浅绿色釉，不少气雾釉已剥落露胎，还有一定数量的缸胎器施化妆土。器物内、外壁大多为素面，少量饰刻划或彩绘，年代为明代。除大量釉陶器外，还出土极个别的铜钱和铁钱。现按遗迹单位将出土遗物分别进行如下介绍。

1. 2016FGAY1内出土遗物

2016FGAY1内出土遗物较丰富，但多是一些釉陶残片。主要器类是托垫、匣钵、灯盏。在2016FGAY1内共挑选出标本6件。

托垫　3件。高度一般在4～5厘米，据腹壁的变化可分三型。

A型　1件。2016FGAY1：2，灰褐色胎。敞口，腹壁斜直，向下逐渐内收，平底。器身有弦纹，底部内壁有旋痕。口径8.8、底径8、高4.8厘米（图八，1）。

B型　1件。2016FGAY1：6，敛口，腹壁斜直，向下逐渐外敞，平底。内外壁施青灰色釉，器身底部有按窝。口径10.2、底径11.6、通高4.4厘米（图八，2）。

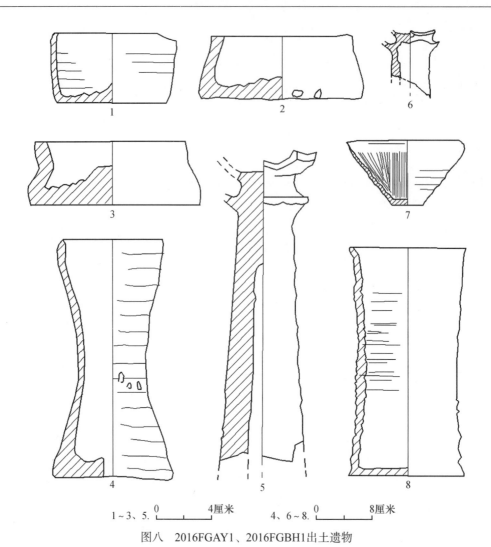

1~3、5. $\underset{0}{\vdash\!\!\!-\!\!\!-\!\!\!-\!\!\!-\!\!\!-\!\!\!-\!\!\!\dashv}$ 4厘米　　4、6~8. $\underset{0}{\vdash\!\!\!-\!\!\!-\!\!\!-\!\!\!-\!\!\!-\!\!\!-\!\!\!\dashv}$ 8厘米

图八　2016FGAY1、2016FGBH1出土遗物

1. A型托垫（2016FGAY1：2）　2. B型托垫（2016FGAY1：6）　3. C型托垫（2016FGAY1：3）　4、8. 匣钵（2016FGAY1：7、
2016FGBH1：2）　5、6. 灯盏（2016FGAY1：10、2016FGAY1：11）　7. 擂钵（2016FGBH1：1）

C型　1件。2016FGAY1：3，砖红色胎。直口，折沿，束腰，平底。底部外壁有弦纹，内壁有旋痕。口径10.5、底径11.8、通高4.2厘米（图八，3）。

匣钵　1件。2016FGAY1：7，红褐色胎。器身较高，束腰，底部有一通孔。外壁施青灰色釉，内外壁有旋痕，腰部有按窝痕迹。口径14.5、底径16.5、通高30.8厘米（图八，4）。

灯盏　2件。2016FGAY1：10，胎色不匀，灯盘极浅，已残。灯盘和柄身表面附着致密的黑色烧结残留物。柄身下部残缺。残高21.6厘米（图八，5）。2016FGAY1：11，胎色不均，灯柄外壁红陶胎，内壁为灰色胎质，灯盘和柄附着一层似油烟的黑色物质。灯盘与柄均残。残高9.4厘米（图八，6）。

2. 2016FGAY2内出土遗物

2016FGAY2内出土遗物丰富，各种类器物数量都较多，绝大多数都是残釉陶片。能辨认出的器类主要有匣钵、钵、罐。在2016FGY2内挑选出标本共14件。分述如下。

　　匣钵　4件。据腹壁变化可分为三型。

　　A型　2件。形制大体相同，直口，圆唇，腹壁斜直外撇，底平略凹，轮制，外壁为砖红色胎。2016FGAY2：3，壁较厚，上部呈青灰色。底面有螺旋痕，内壁有旋纹。口径10.2、底径11.1、通高6.9厘米（图九，1）。2016FGAY2：4，砖红色胎。筒状，平底，底略大于腹径，内壁和底部有弦纹，底部有磕缺。口径8.8、底径11、残高8厘米（图九，4）。

　　B型　1件。2016FGAY2：2，器壁较厚，腹部内收。外壁局部为棕褐色。轮制。底面有旋痕，内壁有螺旋纹。口径9.8、底径12.7、通高8.5厘米（图九，2）。

　　C型　1件。2016FGAY2：1，器壁较厚，砖红色胎。圆唇，敛口，腹部微鼓，中间有一凸棱。轮制。底面有旋痕，内外壁有旋纹，壁外局部为灰褐色。口径9、底径12.4、通高5.8厘米（图九，3）。

　　钵　3件。据高矮分为二型。

　　A型　1件。2016FGAY2：11，青灰色胎。器身较矮，口沿内卷，圆唇，腹壁斜收，平底略内凹。壁内有螺旋状瓦棱纹。内外施黄褐色釉，内、外壁都有泪滴釉。口径24.2、底径12、通高8厘米（图九，5）。

　　B型　2件。青灰色胎。器身较高，深腹，口沿略内卷，圆唇，腹壁斜收，平底。2016FGAY2：12，略变形。器腹上部施灰白色釉，有泪滴釉。残口径2.6、底径11.2、残高18厘米（图九，6）。2016FGAY2：13，外壁的上腹局部施灰褐色釉。内、外壁都有泪滴釉。壁内外和底外皆有旋痕。口径12、腹径20、底径10.5、通高13.5厘米（图九，8）。

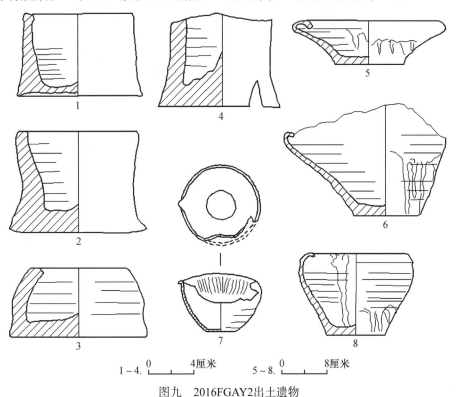

图九　2016FGAY2出土遗物

　　1、4.A型匣钵（2016FGAY2：3、2016FGAY2：4）　2.B型匣钵（2016FGAY2：2）　3.C型匣钵（2016FGAY2：1）
　　5.A型钵（2016FGAY2：11）　6、8.B型钵（2016FGAY2：12、2016FGAY2：13）　7.擂钵（2016FGAY2：9）

擂钵　1件。曲弧壁。2016FGAY2∶9，砖红色胎，局部施釉。口沿略残，有一流，器身和底部有弦纹，内壁有梳篦纹。口径13.2、底径5.2、高10厘米（图九，7）。

罐　11件。据罐系（把）分为二型。

A型　7件，可分为二式。

Ⅰ式　6件。单系（把）。2016FGAY2∶7，青灰胎。器身变形，圆唇，肩部的单耳与口沿相粘连，斜圆肩，腹微鼓，平底。器身通体饰弦纹，口径8、腹径17.2、底径8.5、通高18.8厘米（图一〇，1）。2016FGAY2∶8，灰色胎，局部施釉，有滴釉。器身变形，口残，有流，单耳，鼓腹，平底。腹径13.3、底径4.8、通高11厘米（图一〇，2）。2016FGAY2∶23，青灰色胎，外壁涂灰白色化妆土。罐身残，圆尖唇，敛口，斜颈略外鼓，斜肩，腹微鼓，肩部有一竖系环耳，罐壁有较规整螺旋状瓦棱纹，口径10、腹径17、残高11厘米（图一〇，3）。2016FGAY2∶24，灰色胎质，有流釉现象。罐身残缺，直口，圆唇，弦纹。最大口径9.8、残高8厘米（图一〇，4）。2016FGAY2∶5，青灰色胎，外壁红褐色。圆尖唇，矮颈，斜圆肩，带流，鼓腹，平底。腹壁有螺旋状瓦棱纹，肩部有一竖系环耳。口径9、底径4.5、腹径11、通高12.5厘米（图一〇，5）。2016FGAY2∶6，局部施釉，有滴釉。罐身变形，口上部粘连一残缺陶钵，有流，束颈，单耳，鼓腹，平底。器身和底部有弦纹。底径8、腹径16.4、通高26.8厘米。罐口粘连陶钵为敛口、卷沿、平底（图一〇，6）。

Ⅱ式　1件。双系。2016FGAY2∶14，青灰胎，内外壁都有旋痕，内壁上部施浅灰色釉和泪滴釉，外壁施浅灰色釉。器身下半部残，圆唇，矮颈，斜溜肩，肩部有对称两竖系环耳，鼓腹。口径4.3、腹径18.2、残高10.5厘米（图一〇，7）。

B型　2件。无系。2016FGAY2∶22，砖红色胎，无釉。器身下半部残，仅残存上半部，圆唇，口沿外卷，矮颈，广肩，鼓腹。上腹有两道弦纹，轮制。口径12.3、腹径28.3、残高8厘米（图一〇，8）。2016FGAY2∶15，青灰胎，口沿及器壁表外局部涂刷灰白色化妆土。烧残变形，口部与底部叠压相连接。圆唇，口沿外卷，矮颈，广肩，鼓腹，平底。腹部有螺旋状瓦棱纹。口径12、腹径42、残高16厘米（图一〇，9）。

另有两件罐，口沿部位残缺，无法判定是否有系。2016FGAY2∶17，青灰色胎。深鼓腹，下部斜收至底，平底略内凹。腹壁有螺旋状瓦棱纹，较规整，底外有旋痕。腹径18、底径9.5、残高14.5厘米（图一〇，10）。2016FGAY2∶18，青灰色胎，壁外刷浅黄色化妆土涂料。口部残缺，腹微鼓，下部斜收至底，平底略内凹。罐壁有螺旋状瓦棱纹，较规整。腹径18.4、底径9.4、残高11.5厘米（图一〇，11）。

3. 2016FGBH1内出土遗物

擂钵　1件。2016FGBH1∶1，红褐胎，外壁施酱釉，内壁无釉泛红。口微敛，口沿部位有一小流，肩微鼓，腹斜收至底，平底。饰梳篦纹。口径14、底径4.4、通高8.8厘米（图八，7）。

匣钵　1件。2016FGBH1∶2，紫红胎，外表红褐色，器内部泛白。筒状，敞口，圆唇，腹部微束，平底。底径13.8、通高31.6厘米（图八，8）。

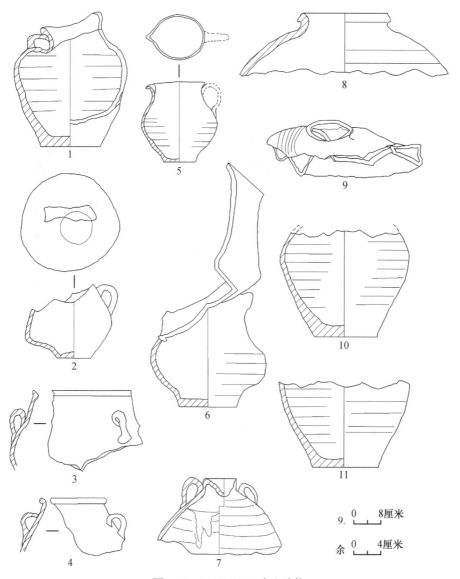

图一〇　2016FGAY2出土遗物

1～6. A型Ⅰ式罐（2016FGAY2：7、2016FGAY2：8、2016FGAY2：23、2016FGAY2：24、2016FGAY2：5、2016FGAY2：6）
7. A型Ⅱ式罐（2016FGAY2：14）　8、9. B型罐（2016FGAY2：22、2016FGAY2：15）　10、11. 罐（2016FGAY2：17、2016FGAY2：18）

四、遗址地层中出土遗物

除窑址和灰坑中出土遗物外，在遗址地层中也出土了大量的遗物，共挑选出标本84件，皆为釉陶器，火候较高，胎质较硬，器表多施釉，釉色主要有酱釉、青灰色釉、灰褐色釉、黑釉等。器物外壁除弦纹外，一般都素面无纹。器类主要有匣钵、罐、钵、器盖、碗、瓮、盆、壶、灯盏等，另有铁钱币1枚、铜钱币2枚。

托垫　8件。按腹壁变化可分为二型。

A型　4件。2016FGBT4③：12，红褐色胎，内外施青灰色釉。平沿外折，束腰，平底。

内底旋纹凸出。口径8.7、底径10.2、高4.2厘米（图一一，1）。2016FGBT4③：13，内外壁施酱釉。平沿，圆唇，束腰，平底。内口径9.1、外口径10.9、底径10.9、通高4.7厘米（图一一，2）。2016FGBT4③：17，红褐色胎，外壁施酱红色釉，内壁口沿施青绿色釉。侈口，尖唇，口沿微残，束腰，平底。底部有旋痕。口径9.2、底径9.7、通高4.3厘米（图一一，3）。2016FGBT7③：3，红褐胎，外壁施黑釉，内壁泛黑。圆唇外折，平底。内底有旋痕，器身有按窝。口径9.8、底径10.4、通高4.3厘米（图一一，4）。

B型　4件。敛口直壁，平底。2016FGBT4③：7，红褐色胎，腹部以下呈紫色。平沿内折，圆唇。内底有旋痕。口径8.1、底径9.4、通高3.9厘米（图一一，5）。2016FGBT4③：9，红褐色胎，外壁局部施酱釉，内壁泛黑。平沿内折。内底有旋痕。口径10.8、底径12、通高

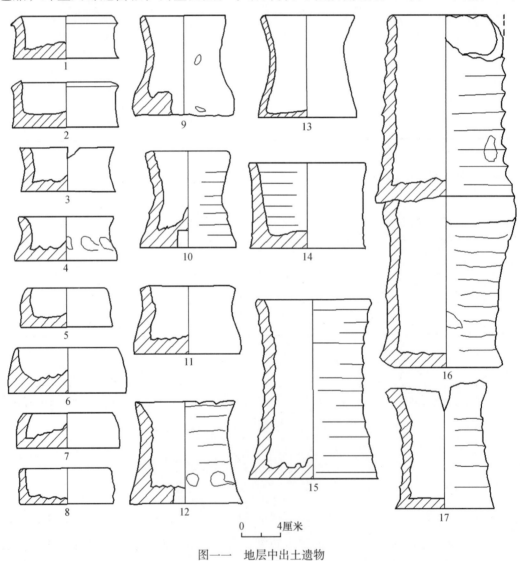

图一一　地层中出土遗物

1～4. A型托垫（2016FGBT4③：12、2016FGBT4③：13、2016FGBT4③：17、2016FGBT7③：3）　5～8. B型托垫（2016FGBT4③：7、2016FGBT4③：9、2016FGBT6③：9、2016FGBT7③：8）　9～13. A型Ⅰ式匣钵（2016FGAT1③：4、2016FGBT4③：21、2016FGBT4③：22、2016FGBT4③：24、2016FGBT5③：11）　14. A型Ⅱ式匣钵（2016FGBT8③：8）　15～17. B型匣钵（2016FGBT4③：1、2016FGBT4③：5、2016FGBT4③：10）

4.4厘米（图一一，6）。2016FGBT6③：9，胎质颜色不均匀。平沿敛口。内底有旋痕。口径9.3、底径10.5、高3.4厘米（图一一，7）。2016FGBT7③：8，红褐色胎，内壁局部呈黑色。平沿内折，腹微弧。内底有旋痕。口径9.6、底径9.8、通高3.5厘米（图一一，8）。

匣钵　13件。据高度可分为三型。

A型　共6件。高度为5~10厘米，按腹壁变化可分为三式。

Ⅰ式　5件。筒状，束腰，平底，红褐色胎。2016FGAT1③：4，外壁施米黄色釉。口微敞，器身较高。内底有一穿孔。口径9、底径10、通高9.8厘米（图一一，9）。2016FGBT4③：21，外壁局部施黑釉，内壁泛黑。圆唇，口微敞，器身较高。内底有一穿孔。口径8.6、底径9.8、通高9.5厘米（图一一，10）。2016FGBT4③：22，外壁局部施黑釉。平沿外折。内底有旋痕。口径9.4、底径10.8、通高6.4厘米（图一一，11）。2016FGBT4③：24，局部施釉。尖圆唇，口外侈。内底有旋痕，底有一穿孔。口径10、底径11、通高10、穿孔径2.2厘米（图一一，12）。2016FGBT5③：11，局部施釉。尖圆唇，内底有旋痕。口径9.5、底径10、通高10、穿孔直径3.5厘米（图一一，13）。

Ⅱ式　1件。2016FGBT8③：8，紫红色胎，外壁呈棕红色，局部施青绿釉。口微侈，腰壁较斜直，平底。内壁有螺旋纹，顶面有弦纹，并有放置器物叠烧痕迹。口径11.5、底径11.5、高7.8厘米（图一一，14）。

B型　5件。高度为11~20厘米。2016FGBT4③：1，红褐色胎。筒状，圆唇，口沿微敞，束腰，平底。通体饰弦纹，内外壁有较多旋痕，底部呈螺旋状凸起。口径12.1、底径13、通高17厘米（图一一，15）。2016FGBT4③：5，红褐色胎，外壁施釉，呈青褐色。筒状，口部残，器身变形，腹部较直，平底。外壁通体弦纹，器表有不规则按窝。口径11.6、底径14、残高18厘米。底部粘连一匣钵。底径12.4、高16.4厘米（图一一，16）。2016FGBT4③：10，红褐色胎，外壁施黑釉。筒状，圆唇，唇部残一小口，束腰，平底。有弦纹。口径8.6、底径10.1、通高12.1厘米（图一一，17）。2016FGBT8③：10，外壁呈棕红色。筒状，器身变形，圆唇，平底。有螺旋状瓦棱纹，内壁有旋纹。口径8.7、底径10.6、高14厘米（图一二，8）。2016FGBT8③：25，青灰色胎，口沿局部泛红，施棕红色釉。筒状，圆唇，口沿微敞，亚腰。器壁较厚，底部有旋痕，内壁有螺旋状纹。口径10.3、底径9、通高11厘米（图一二，9）。

C型　2件。高度均在20厘米以上。其中叠烧标本1件。2016FGBT4③：8，红褐色胎。杯状，口沿局部残，平沿，圆唇，束腰，平底，底部有旋痕，中心有孔。外壁饰宽弦纹，中下部有按窝，胎质颜色不均匀。底径14.8、通高22厘米（图一二，10）。2016FGBT5③：18，红褐色胎。筒状，平底，器身变形。通体饰弦纹，器身有按窝。口径10.8、底径14.4、残高24厘米。底部粘连一匣钵。底径14、高度8厘米（图一二，11）。

罐　25件。据罐系（把）分为二型。

A型　23件。根据罐系（把）可分为二式。

Ⅰ式　22件。均为单系（把），皆鼓腹平底，部分标本的系已残。2016FGBT2③：1，残。红褐色胎，内沿及外壁施酱釉。侈口，有流，颈肩之间有一弓形把手。口径7.3、腹径10.5、底径4.4、通高14.6厘米（图一三，1）。2016FGBT4③：3，灰褐色陶，局部施釉。侈

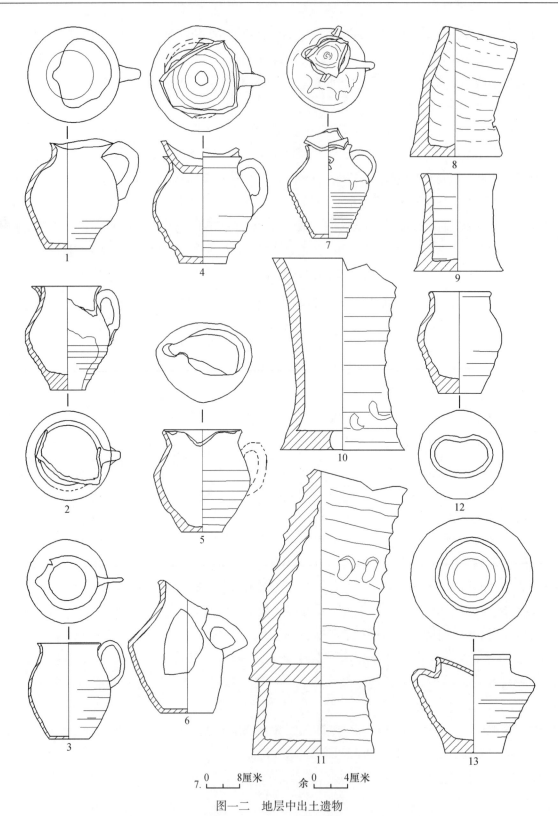

7. 0 ——— 8厘米　　　余 0 ——— 4厘米

图一二　地层中出土遗物

1~6. A型Ⅰ式罐（2016FGBT6③：6、2016FGBT7③：2、2016FGBT7③：7、2016FGBT7③：10、2016FGBT7③：19、2016FGCT2③：1）　7. A型Ⅱ式罐（2016FGBT5③：4）　8、9. B型匣钵（2016FGBT8③：10、2016FGBT8③：25）　10、11. C型匣钵（2016FGBT4③：8、2016FGBT5③：18）　12、13. B型罐（2016FGBT8③：5、2016FGBT8③：6）

口，有流，口沿部分残缺，器身略变形。器身饰弦纹。腹径15、底径7.1、通高16.5厘米（图一三，2）。2016FGBT4③：11，红褐色胎，局部施釉，有泪滴痕。器耳饰弦纹，罐身烧制变形。腹径19.6、底径7.3、通高13.5厘米（图一三，3）。2016FGBT4③：15，灰褐色胎。侈口，器身烧制变形，口部粘连一器底。底径6.1、通高11.2、通宽17.3厘米（图一三，4）。2016FGBT4③：16，红褐色胎，通体施釉，有泪滴釉。侈口，厚圆唇，斜溜肩，颈部到肩处有一錾，已残，鼓腹，下腹斜收，器身烧制变形，有气泡凸起。底径6.3、通高16.9、通宽15.8厘米（图一三，5）。2016FGBT4③：18，青褐色胎，局部施酱黄色釉，有流釉。器身偏瘦高，侈口，腹微鼓。底径5.9、腹径11.4、通高14.8厘米（图一三，6）。2016FGBT5③：1，灰褐色胎，局部施釉。圆唇，口沿及器壁烧制变形，有流，肩有宽扁状耳，鼓腹。通体饰宽弦纹。口径9、底径7.6、通高13厘米（图一三，7）。2016FGBT5③：2，红褐色胎。圆唇，有流，颈微束，斜溜肩，肩部附耳已残，圆鼓腹。下腹内外壁皆有宽弦纹。口径8.8、底径6、通高13厘米（图一三，8）。2016FGBT5③：3，红褐色胎，局部施釉。口沿变形，微敛，有流有耳，皆残，斜溜肩。通体宽弦纹，下腹部尤明显，下腹内壁亦可见宽弦纹。口径10、底径6、通高16.4厘米（图一三，9）。2016FGBT5③：14，灰褐色胎，通体施釉，但大多脱落。圆唇，侈口，有流，系残，直颈，溜肩。通体宽弦纹，口部粘连一器底。口径9、底径7.6、通高16厘米（图一三，10）。2016FGBT5③：16，器壁呈酱褐色，流釉。器身变形，侈口，圆唇。通体饰弦纹。罐口粘连一小罐，单流单把，皆残。底径7、通高17.8、通宽18厘米（图一三，11）。2016FGBT5③：17，灰褐色胎，口沿至颈部施釉，有流釉现象。器身略有变形，口沿残，单耳，底部略内凹。器身通体弦纹。口径10.4、底径7.6、通高16.2厘米（图一三，12）。2016FGBT5③：21，灰褐色胎，从口沿至颈部施青釉，有流釉现象。圆方唇，流微残，单把已残，鼓腹，平底。腹部变形，有一小破洞。腹部饰宽弦纹。口径11.4、腹径17.4、底径7、通高19厘米（图一三，13）。2016FGBT6③：2，灰褐色胎，局部施釉，有滴釉现象。口沿和耳部残缺，器身变形。直口，圆唇，有流。器身和底部有弦纹。底径7.4、宽18、通高16.5厘米（图一三，14）。2016FGBT6③：6，灰褐色胎，局部施釉，有滴釉现象。侈口，圆唇，有流，鼓腹。器身和底部有弦纹。腹径11、底径5.2、通宽14.8、通高12厘米（图一二，1）。2016FGBT7③：2，外壁局部施黄釉，器身饰弦纹。敞口，圆唇，鼓腹，流和口部分残缺。口径8.2、腹径10.7、底径4.4、通高12.6厘米（图一二，2）。2016FGBT7③：7，红褐色胎，罐身局部施釉。圆唇，口沿变形，有裂痕，有流，斜溜肩，圆鼓腹。腹部饰弦纹。口径8.2、腹径10.2、底径4.8、通高11.6厘米（图一二，3）。2016FGBT7③：10，红褐色胎。口部有叠烧粘连，有流已残，短颈，斜圆肩，肩部有扁泥条状单把，鼓腹。外壁饰弦纹。口径9、腹径12、底径5.6、通高14.3厘米（图一二，4）。2016FGBT7③：13，灰褐色胎。圆唇，口微敛，有流，束颈，肩部单耳已残，圆鼓腹。腹部饰弦纹，器身整体变形。口径6、腹径11.8、底径6.6、通高13厘米（图一三，15）。2016FGBT7③：19，紫红色胎。圆唇，口微侈，肩部竖耳已残，鼓腹。外壁饰弦纹，器身整体变形。口径9.7、腹径11.5、通高11.5厘米（图一二，5）。2016FGCT2③：1，青灰色胎，外壁施黑釉。侈口，圆唇，鼓腹，素面。腹部残破，器身变形。口径9.5、底径6.2、通高13.5厘米（图一二，6）。

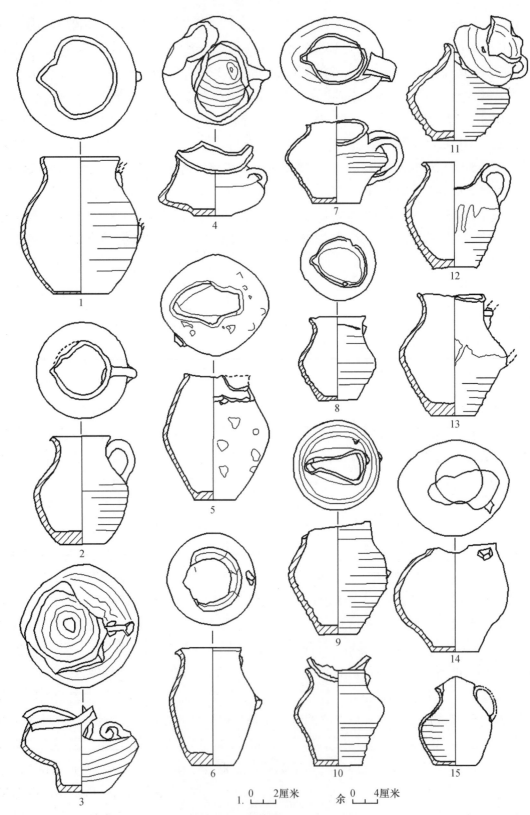

图一三　地层中出土A型Ⅰ式罐

1. 2016FGBT2③：1　2. 2016FGBT4③：3　3. 2016FGBT4③：11　4. 2016FGBT4③：15　5. 2016FGBT4③：16

6. 2016FGBT4③：18　7. 2016FGBT5③：1　8. 2016FGBT5③：2　9. 2016FGBT5③：3　10. 2016FGBT5③：14

11. 2016FGBT5③：16　12. 2016FGBT5③：17　13. 2016FGBT5③：21　14. 2016FGBT6③：2　15. 2016FGBT7③：13

　　Ⅱ式　1件。三系。2016FGBT5③：4，灰褐色胎，口沿下有流淌状酱青色釉。圆唇，口微侈，有流已残，罐口变形且粘连一器底，颈两侧各有一系，肩部与流对应处有一提把。下腹外壁饰弦纹。口径10、底径8、通高24厘米（图一二，7）。

　　B型　2件。无系。2016FGBT8③：5，红褐色胎，外壁局部施黑釉。圆唇外折，口沿变形，短颈，斜溜肩，鼓腹，平底。有弦纹。口径6.9、腹径10.2、底径5、通高11.7厘米（图一二，12）。2016FGBT8③：6，红褐色胎，外壁局部施黑釉，内壁泛黑。圆唇略外敞，短颈，颈和肩部挤压变形，腹壁斜收。内外壁均有弦纹。口径8.6、底径6.7、通高14.2厘米（图一二，13）。

　　钵　4件。据腹壁、高矮形状分二型。

　　A型　3件。器形偏矮。敛口，肩部微鼓，腹壁斜收至底，平底。腹内外壁都有弦纹。2016FGBT8③：1，红褐色胎，上腹施酱黑釉，下腹有流釉。尖圆唇，唇部加厚。口径20、底径9、通高10厘米（图一四，1）。2016FGBT8③：2，红褐色胎，口及肩部施酱黑釉。肩微鼓，深腹。口径25.5、底径10.5、通高12厘米（图一四，2）。2016FGBT8③：3，红褐色胎，口及外壁施酱黑釉。口沿部分残缺，口沿内卷，小平底。肩以下有弧形纹。腹径20、底径8.5、残高9厘米（图一四，3）。

　　B型　1件。2016FGBT4③：36，红褐色胎，外壁通体施釉。器形瘦高，敞口，圆唇外折，斜腹壁，平底，器身口沿和上半身部分残缺。口径12、底径5.2、通高7厘米（图一五，2）。

　　擂钵　1件。2016FGBT6③：12，红褐色胎。敛口，方唇，腹壁斜直，平底。器壁有弦纹，内壁有很深的篦齿纹，口沿及部分器壁已残缺。口径31、底径11、高20.5厘米（图一四，4）。

　　器盖　10件。按器盖钮形状分为三型。

　　A型　6件。2016FGAT1③：17，紫红色胎。顶端有刮削旋痕，平顶略内凹。顶径5.4、残

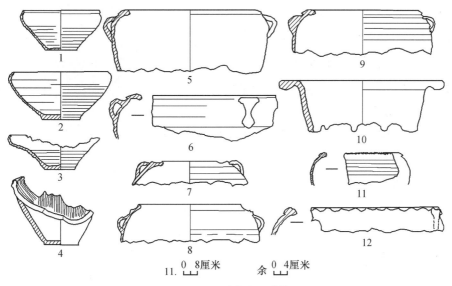

　　　　　　　　　　　11. └─┴─┘8厘米　　　　余 └─┴─┘4厘米

图一四　地层中出土遗物

1~3. A型钵（2016FGBT8③：1、2016FGBT8③：2、2016FGBT8③：3）　4. 擂钵（2016FGBT6③：12）

5~9. 瓮（2016FGBT4③：31、2016FGBT4③：34、2016FGBT4③：38、2016FGBT7③：25、2016FGBT8③：24）

10. B型盆（2016FGBT8③：26）　11、12. 大口缸（2016FGBT4③：35、2016FGBT7③：24）

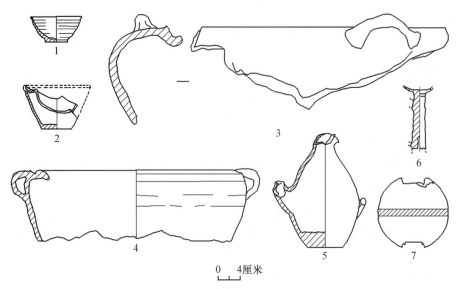

图一五　地层中出土遗物

1. 碗（2016FGAT1③：14）　2. B型钵（2016FGBT4③：36）　3、4. A型盆（2016FGBT7③：27、2016FGBT7③：28）
5. 壶（2016FGBT4③：29）　6. 灯盏（2016FGAT2②：7）　7. 器垫（2016FGBT7③：30）

高5厘米（图一六，1）。2016FGBT8③：4，紫红色胎。顶端刮削痕迹明显。顶径6、残高5.5厘米（图一六，2）。2016FGBT7③：6，外壁无釉呈紫红色，内壁红褐色。平顶略内凹，盖面残。顶径6、残高6厘米（图一六，3）。2016FGBT7③：4，红褐色胎，盖面及内壁施酱黑釉。顶径5.5、盖径17、通高6厘米（图一六，4）。2016FGBT7③：5，盖面及内壁施酱黑釉。顶径5.5、面径21.6、通高7厘米（图一六，5）。2016FGBT4③：39，紫红色胎。薄饼状，平顶，顶端刮削旋痕明显。顶径6、面径20、高7厘米（图一六，6）。

B型　3件。伞状形，子母口。2016FGAT1③：2，红褐色胎，盖面施灰褐色釉，内壁无釉。器形较小，盖纽已残，沿较宽，沿残。盖径3.7、残高5.5厘米（图一六，7）。2016FGBT6③：13，盖面施青绿色釉，内壁无釉。器形较小，盖上纽部已残，沿较宽。盖内沿下有与罐叠烧现象。盖径7.5、残高4厘米（图一六，8）。2016FGBT8③：18，盖面施酱色黄釉。盖径9、残高4.6厘米（图一六，9）。

C型　1件。2016FGAT1③：6，覆口，盖顶面有一亚腰形图案。盖径7.1、通高2.6厘米（图一六，10）。

杯　7件。口沿均残，据杯底可分二型。

A型　2件。弧底。2016FGAT1③：3，青灰色胎，外壁青紫不均。底外有刮削旋痕。底径8.3、残高8厘米（图一六，11）。2016FGAT1③：11，青灰色胎，壁外施酱红色釉，有滴釉痕。腹壁较厚，底外有叠烧贴连的器物口沿痕迹。底径8、残高7.5厘米（图一六，12）。

B型　5件。深腹，腹壁外敞，矮柄，实心柄足，平底。底外有刮削旋痕明显。2016FGAT1③：12，青灰色胎，外壁施红褐色釉。底径8.2、残高10厘米（图一六，13）。2016FGBT4③：40，青灰色胎，黑壁内外都施有红褐色釉。杯壁内有旋痕。底径8、残高9厘米（图一六，14）。2016FGBT4③：41，青灰色胎，外壁施灰黄色釉。底径8.7、残高8厘米（图

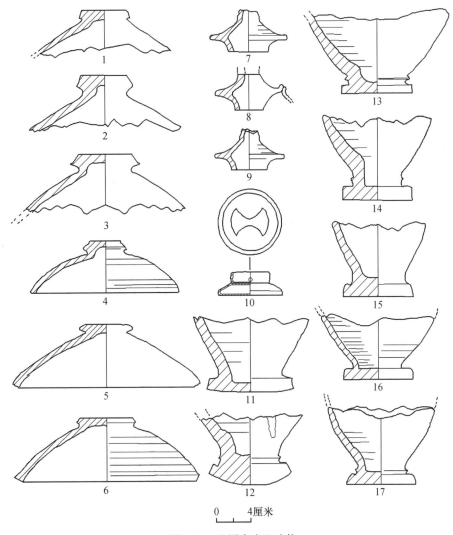

图一六　地层中出土遗物

1~6. A型器盖（2016FGAT1③：17、2016FGBT8③：4、2016FGBT7③：6、2016FGBT7③：4、2016FGBT7③：5、
2016FGBT4③：39）　7~9. B型器盖（2016FGAT1③：2、2016FGBT6③：13、2016FGBT8③：18）　10. C型器盖
（2016FGAT1③：6）　11、12. A型杯（2016FGAT1③：3、2016FGAT1③：11）　13~17. B型杯（2016FGAT1③：12、
2016FGBT4③：40、2016FGBT4③：41、2016FGBT7③：17、2016FGBT8③：15）

一六，15）。2016FGBT7③：17，青灰色胎，外壁施青褐色釉，近底部有滴釉痕迹。底径8、
残高8.5厘米（图一六，16）。2016FGBT8③：15，紫红色胎，外壁施酱釉，有滴釉痕迹。底
外有刮削旋痕。底径8、残高10.5厘米（图一六，17）。

碗　1件。2016FGAT1③：14，口沿及上部施红褐色釉。尖圆唇，深腹，实心矮足，小平
底，足底有刮削旋痕。砖红色胎，器腰有螺旋状瓦棱纹。口径10.5、底径4.5、通高5厘米（图
一五，1）。

瓮　5件。均为竖系耳。2016FGBT4③：31，紫红色胎，外壁施青绿色釉，局部
露胎。敛口，圆唇，斜肩，肩部有对称竖系耳。口径33、残高17厘米（图一四，5）。
2016FGBT4③：34，紫红褐胎，外壁施青黄色釉，局部露胎。敛口，圆唇，斜沿微凸，肩

部有单耳竖系。口径45、残高11厘米（图一四，6）。2016FGBT4③：38，紫红褐胎，外壁施青绿色釉。敛口，圆唇，为子母口，肩部有对称四竖系耳，斜弧腹。口径14.5、残高6厘米（图一四，7）。2016FGBT7③：25，紫红色胎，外壁施米黄色化妆土。敛口，尖圆唇，为子母口，斜弧肩，肩部有对称两环耳竖系。口沿30、残高10厘米（图一四，8）。2016FGBT8③：24，紫红色胎，外壁施酱红色釉。敛口，斜广肩，圆唇，肩部以下收至底，肩部有对称竖系耳。口径25、残高12厘米（图一四，9）。

大口缸　2件，仅存口沿。2016FGBT4③：35，黑胎，器壁内外紫红色皮。敛口，厚圆唇，鼓肩，斜壁内收，胎壁较厚。口沿外唇呈花边状。口径41、残高18厘米（图一四，11）。2016FGBT7③：24，酱红色胎，外壁施米黄色釉，局部露胎。敛口，尖圆唇，沿面微内斜收，斜溜肩，肩部饰对称四环耳竖系。口沿50.3、残高7厘米（图一四，12）。

盆　3件。据口沿有系无系及腹部形状可分二型。

A型　2件。2016FGBT7③：27，酱红色胎，壁施青黄色釉。敛口，方圆唇，沿面内收，鼓肩，肩部以下内收，肩部饰一环耳模系。口径17.6、残高7厘米（图一五，3）。2016FGBT7③：28，酱红色胎，外壁施青绿色釉。敛口，圆唇，唇下沿内卷，广肩，肩部以下内收至底。肩部饰对称两环耳竖系。口径35.5、残高12.7厘米（图一五，4）。

B型　1件。无系。2016FGBT8③：26，青灰色胎，外壁施紫红色釉。圆唇，宽平沿，唇内卷。口径40、残高12厘米（图一四，10）。

壶　1件。2016FGBT4③：29，紫红色胎，外壁通体施青釉，内壁呈紫褐色。口残，束颈，鼓腹，平底，底较厚，单流已残，单把残缺。腹径12.7、底径6.2、残高22厘米（图一五，5）。

灯盏　1件。2016FGAT2②：7，泥质红陶，柄身部分有釉，有流釉现象。柱状，底部向上约2厘米为中空。上部有一弦纹，灯盘残。残高10.6厘米（图一五，6）。

器垫　1件。2016FGBT7③：30，砖红色胎。完整，圆饼状，中部有两个对称缺口。直径12.5厘米（图一五，7）。

铁钱币1枚、铜钱币2枚，皆腐朽严重。

五、结　语

本次对柑子园堡遗址的发掘，在A区、B区、C区的第3层堆积中都发现有大量明代遗物（残次品），清理出文物标本多达300余件，是此次发掘的一大收获。不仅如此，在A区清理出龙窑遗址2座，在B区清理出灰坑1座，大大丰富了本年度发掘内容。从发掘所获得资料看，地层堆积中出土遗物多为当时当地窑工烧制陶器后遗留下来的残次品，据此，我们认为柑子园堡遗址亦可称为柑子园堡窑址。该遗址中出土遗物比较单一，均为轮制，以素面为主，纹饰较简单，多为凹弦纹，大多为釉陶及红褐硬陶，火候较高，烧制工艺粗糙，轮制成型后还稍加修整，器物外多有疤痕。在地层堆积和窑址中发现有不少完整器及一些可修复的器物，清理的遗物主要有罐、钵、盆、瓮、大口缸、擂钵、壶、灯盏、器盖等，在这些器物种类中尤以罐、单把带流壶数量最多，这些器类当为日常生活实用器。发现的窑具亦为匣钵（筒形支垫具），在出土器物总数上占有相当大的比例，其匣钵形制高低不一，从3厘米到30多厘米不等，此乃柑子园堡遗址的一大特色，表明当时曾有大批窑工在这一地带烧制过陶器。从出土器物中我们还看到有不少器物烧结变形，有的相互粘连在一起，说明当时窑工对窑温控制技术的掌握还不够成熟。据此，我们可认为柑子园堡遗址一带的窑址当是烧制一般日常生活用品的民窑。

本次清理的2座龙窑，出土器物的器形、陶质陶色、陶胎硬度、烧造工艺、施釉方法等与地层堆积中出土器物几乎一样，表明2座龙窑的砌筑时间与地层堆积中出土遗物的时代大致在同一时期。

与一般龙窑的选址和砌筑方法相似，本次清理的2座龙窑均在山坡（山包）的斜坡地带，依坡势而建。砌筑方法为：在斜坡上挖一沟槽，用细沙铺垫窑床；用烧砖砌筑两侧窑壁（墙）及券顶。2座龙窑上半部分均遭破坏，两侧窑壁砌筑多用烧砖，并夹杂有一定数量的汉砖，考虑到2座窑址砌筑方法相似，窑内与窑外遗址地层堆积中出土器物区别较小，推测2座窑址的建筑时间较为接近，使用的时间不是很长。根据窑壁的保存情况以及窑壁局部砌筑厚薄不均、烧砖大小不一的现象看，2座龙窑在使用过程中曾进行过人为修整。

2座窑址均破坏严重，尤其是2016FGAY1仅存窑室中间一段，2016FGAY2保存稍好一些，从结构上看，龙窑由窑头、窑室和窑尾组成，窑内出土一些匣钵及各类陶器（残次品），基本不见完整器，填土也较松软，表明该窑址遭到破坏后，人们将一些废弃陶器丢弃至窑内。在靠窑床底部发现的少许窑具可能没有移动过，表明该窑址可能在烧完最后一窑后就废弃不再使用了。

在2016年度柑子园堡遗址的发掘中，出土遗物中没有发现有明确纪年或题记的器物，因此要弄清楚柑子园堡遗址的时代，只能根据器物的形制特征和烧制工艺等情况进行比较与分析。柑子园堡遗址清理出了大批窑具和一些陶器残次品，这类窑具和残次品的形制特征和烧制技术与上世纪90年代和本世纪初考古工作者在万州、忠县、丰都、涪陵等区县的长江两岸的古遗迹中发现的同类器物相似，如万州滩垴窑址[1]、插柳子窑址[2]、方家岭窑址[3]、丰都糖房遗址[4]、黄燕嘴遗址[5]、沙溪嘴遗址[6]、石板溪窑址[7]、大沙坝窑址[8]、铺子河遗址[9]等遗址和窑址中都发现有这类器物，由此我们推断柑子园堡遗址的时代大致为明代，2016FGAY1出土的2件灯盏（2016FGAY1：10、2016FGAY1：11）和2016FGAT2②：7灯盏当为清代。

2016年度对柑子园堡遗址的考古发掘，尤其是2座龙窑的发现，为研究三峡地区明代龙窑的结构布局、筑窑水平以及陶器烧制工艺等方面，提供了较为珍贵的实物资料和研究信息，进一步加深了对丰都地区晚期窑址及陶瓷业发展状况的认识。丰都县十直镇沿江一带过去从未开展过考古发掘工作，通过本次对该地区沿长江一带的多处山包的调查勘探和发掘，我们发现这一地区分布着较为丰富的古遗迹，也为日后的考古发掘工作打下了基础。

附记：参加本次田野考古发掘的有杨华、丁建华、梁有骏、余菀莹、周丽华、何世坤、娄雪、何学琳、李庆玲等。余菀莹、何学琳、梁有骏、杨巧、罗卓参加了发掘资料的整理工作。

执笔：余菀莹　杨　巧　杨　华

注　释

［ 1 ］　重庆市文物考古所、沈阳市文物考古研究所等：《滩垴窑址发掘简报》，《重庆库区考古报告集·2002卷》，科学出版社，2010年。

［ 2 ］　重庆市文物考古所、沈阳市文物考古研究所等：《插柳子窑址发掘》，《重庆库区考古报告集·2002卷》，科学出版社，2010年。

［ 3 ］　重庆市文物考古所、沈阳市文物考古研究所等：《方家岭窑址发掘简报》，《重庆库区考古报告集·2002卷》，科学出版社，2010年。

［ 4 ］　内蒙古文物考古研究所、重庆市文物局等：《丰都糖房遗址发掘报告》、《重庆库区考古报告集·2001卷》，科学出版社，2007年。

［ 5 ］　宁夏文物考古研究所、重庆市文物局等：《丰都黄燕嘴遗址发掘简报》，《重庆库区考古报告集·2001卷》，科学出版社，2007年。

［ 6 ］　成都市文物考古研究所、绵阳博物馆等：《丰都沙溪嘴遗址2001年度发掘报告》，《重庆库区考古报告集·2002卷》，科学出版社，2010年。

［ 7 ］　成都市文物考古所、绵阳博物馆等：《丰都石板溪窑址2001年度发掘报告》，《重庆库区考古报告集·2002卷》，科学出版社，2010年。

［ 8 ］　湖南省文物考古研究所、长沙市文物考古研究所等：《丰都大沙坝窑址发掘简报》，《重庆库区考古报告集·2001卷》，科学出版社，2007年。

［ 9 ］　山西省考古研究所、重庆文物局：《丰都铺子河遗址考古发掘报告》，《重庆库区考古报告集·2001卷》，科学出版社，2007年。

涪陵麦子坝遗址2014年度发掘简报

涪陵区博物馆

壹、引　　言

麦子坝遗址位于重庆市涪陵区南沱镇石佛村一社，长江右岸的二级台地上，小地名麦子坝。分布范围南北长约300、东西宽约40米，面积约12000平方米，东为长江河漫滩，南临大溪沟，西靠五羊背，北靠小溪口，与大堡梁子墓群相隔较近（图一）。

2009年3月，重庆市文化遗产研究院（现重庆市文物考古研究院）、涪陵区博物馆联合对三峡消落区文物进行调查时发现该遗址。根据断坎剖面的地层堆积及包含物综合判断，该遗址时代属于商周至明清时期。并确定为2014年度消落区地下文物发掘保护项目。

2016年4月，重庆市文化遗产研究院、涪陵区博物馆联合对该遗址进行了发掘。发掘

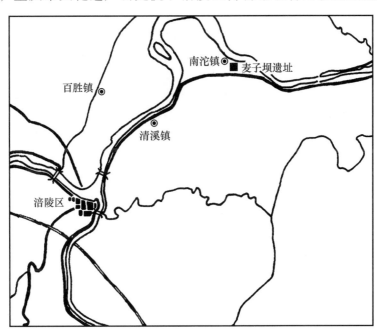

图一　麦子坝遗址位置示意图

编号为年度+发掘地点首字母起始（2014FM，以下省去），根据调查及勘探情况，此次发掘以南沱镇石佛村麦子坝水纹定位桩为测绘坐标基点（GPS卫星定位坐标：29°53′10.3″N，107°29′47.7″E，海拔171米），分为2个发掘区。主要选择在Ⅰ区原菜厂布10米×10米的探方5个、5米×5米的探方1个、2米×16米的探沟1条、2米×21米的探沟1条、2米×6米的探沟1条、2米×4米的探沟1条。在Ⅱ区原河嘴屋基布5米×5米的探方1个，在Ⅱ区原庄房布5米×5米的探方1个（图二）。计划发掘面积800平方米，实际发掘面积870平方米。共清理墓葬13座、灰沟11条、柱洞2个、灰坑2个。现就本次发掘的具体情况叙述如下。

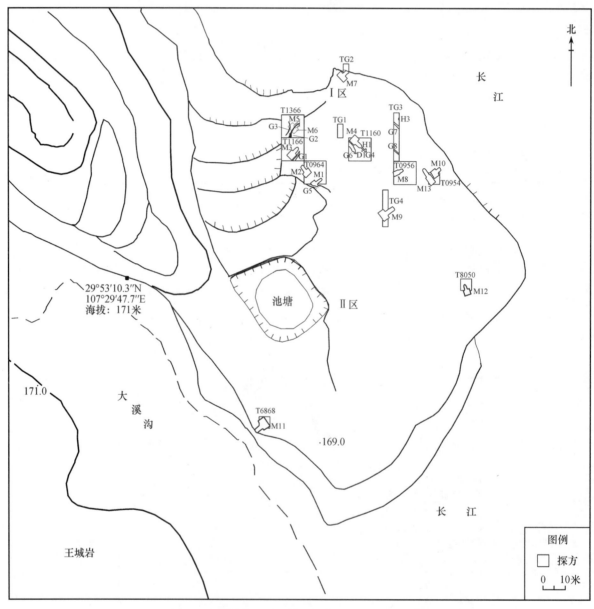

图二　麦子坝遗址2014年度发掘探方及遗迹分布图

贰、地层堆积

整个发掘区域地层堆积较薄，生土距地表最浅0.2、最深1.3米，平均深0.7米。由于早年农田改造，遗迹多在耕土层下暴露，各探方均发掘到深黄褐色生土层。以TG3西壁为例，介绍如下（图三）。

第1层：厚度为20～30厘米，黑褐色砂土，土质疏松，包含有玉米及水杉根系、现代农业垃圾、长江漂浮物、砾石等。本层为现代耕土层，分布于整个探沟。

第2层：深灰褐色砂土，厚度为0～45厘米，距地表深25～45厘米，土质较疏松，包含有零星的青花瓷器碎片，砾石等。本层分布于除探沟南端以外的区域，推测其时代为明清。

第3层：浅灰褐色砂土，厚度0～35厘米，距地表深25～45厘米，较为疏松，包含有零星的炭屑、碎陶片、瓷片等。分布于探沟中部，两端无此层，南高北低斜坡状堆积，推测其时代为明清。

第4层：浅黄褐色砂土，厚度0～35厘米，距地表45～100厘米，较为致密，包含大量水锈斑及零星炭屑等。该层分布于探沟中南部，南高北低斜坡状堆积，推测其时代为宋代。

第5层：深灰褐红色砂土，厚度0～35厘米，距地表深50～90厘米，斜坡状堆积。土质紧密，含水量较大，出土有打制石器等，推测其时代为商周。

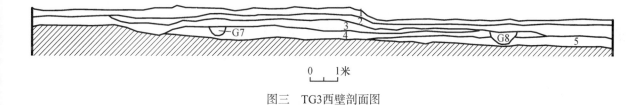

0　　1米

图三　TG3西壁剖面图

叁、遗迹遗物

一、汉至六朝遗存

此次发掘共清理汉至六朝砖室墓13座（2014FMM1～2014FMM13，以下简称M1～M13）、灰沟1条、柱洞1个。本次发掘出土的砖室墓大部分为西南东北向。所有墓葬均受到不同程度的扰乱，出土器物较少。

（一）M1

土坑砖室墓，平面呈"凸"字形，方向为65°，开口于耕土层下，由于破坏严重，墙砖仅存两层。墓口距地表40厘米，甬道长180、宽160厘米，墓室长240、宽360厘米。采用长35、宽20、厚8厘米的菱形花纹砖错缝平砌而成，墓底残存有铺地砖。铺地砖长34、宽18、厚8厘米。未见人骨及棺椁。墓室内填土为浅黄褐色砂土，土质疏松，颗粒粗，内含大量的汉砖残块和碎陶片等。墓室东南角被现代排水沟破坏一部分（图四）。

墓室扰乱严重，随葬品以陶制明器为主，类型较丰富，陶质均为泥质陶，陶色分为灰色、红褐色，烧制火候都较高。大多器壁表面为素面，有少量的刻画纹及绳纹。可辨认器型有罐、钵、灯、耳杯等。共出土器物22件，修复9件。

陶盖　1件。标本M1：9，泥质红陶，手模合制。子母口，方唇，盖呈覆钵形，较浅。盖径14、通高2.9厘米（图五，1）。

陶钵　3件。标本M1：18，泥质红陶，轮制。敞口，圆唇，折腹，平底，素面。口径17.8、底径6、高7.1厘米（图五，2）。标本M1：11，泥质红陶，轮制。敞口，方圆唇，斜直壁，矮圈足。口沿及下腹饰有两圈弦纹。口径15.2、底径9.2、高7厘米（图五，3）。标本M1：20，泥质红陶，轮制。敞口，方圆唇，斜直壁，矮圈足。口沿及下腹饰有两圈弦纹。口径15.7、底径8.9、高7.4厘米（图五，4）。

陶井　1件。标本M1：5，泥质灰陶，轮制。敛口，厚圆唇，平折肩，腹微鼓，平底微凹。通体素面。口径12.9、腹径19.4、底径14.8、高18.2厘米（图五，5）。

陶耳杯　1件。标本M1：19，泥质灰陶，手模合制。椭圆形，尖圆唇，斜弧腹，平底，通体素面，口沿两侧有月牙形鋬耳。长13、宽10.7、高3.7厘米（图五，6）。

陶灯　1件。标本M1：8，泥质红陶，轮制。哑铃状，盏为盘状口，尖圆唇，盘中间有一乳突，柱状柄，器形较矮粗，覆钵状底，中空。器底有一圈弦纹。口径12.9、底径10.5、高13.5厘米（图五，7）。

陶罐　1件。标本M1：7，泥质灰陶，轮制。敞口，圆唇外卷，圆肩，腹微鼓，下腹斜收至底，平底。素面。口径11.8、腹径22、底径14.6、高15.8厘米（图五，9）。

瓷杯　1件。标本M1：16，灰白瓷胎，轮制。直口，尖圆唇，斜弧腹，假圈足。口径8.4、底径4.6、高4.9厘米（图五，8）。

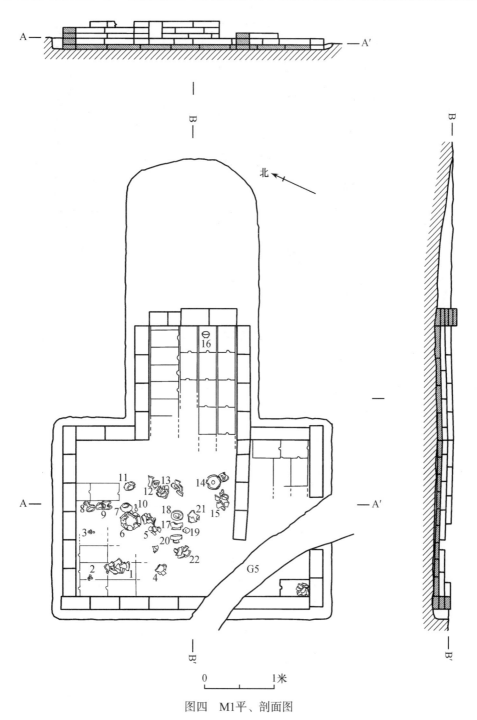

图四　M1平、剖面图

1、15.陶片　2、3.钱币　4、11、18、20、22.陶钵　5.陶井　6.陶盆　7、13、17.陶罐　8、14.陶灯　9.陶盖　10.陶匜
12.陶博山炉　16.瓷杯　19.陶耳杯　21.陶盘

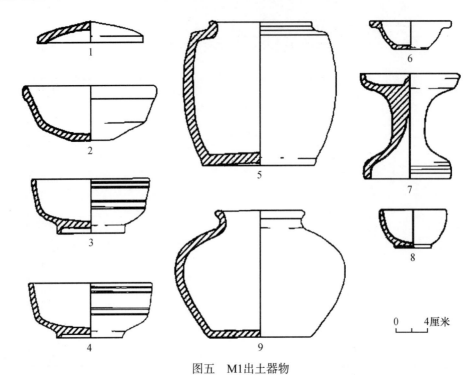

图五　M1出土器物

1. 陶盖（M1：9）　2～4. 陶钵（M1：18、M1：11、M1：20）　5. 陶井（M1：5）　6. 陶耳杯（M1：19）

7. 陶灯（M1：8）　8. 瓷杯（M1：16）　9. 陶罐（M1：7）

（二）M2

土坑砖室墓，平面呈"凸"字形，方向318°。该墓券拱被扰乱，破坏较严重。开口距地表深30厘米，墓底距地表90厘米。甬道长140、宽160厘米，墓室长270、宽380、残高50～60厘米。墙砖采用长35、宽18、厚8厘米的菱形花纹砖错缝平铺而成。填土为浅黄色五花土，较疏松，颗粒粗，内含少量的炭屑、碎砖块等。墓底采用卵石铺底。由于盗扰和耕作，其葬具、人骨已无存（图六）。

出土器物以陶器为主，器型以钵、罐两大类居多，陶质均为泥质陶，陶色分为灰色、红褐色。可辨认器型有灯、盖、房等。同时出土有零星的瓷器、铁器、铜器等。共出土器物编号43个，修复24件。

陶钵　10件。标本M2：43，泥质红陶，轮制。口微敞，方唇，斜折腹，矮圈足。口沿下和下腹部分别有两道弦纹。口径16.2、底径9.2、高6.7厘米（图七，9）。标本M2：17，泥质红陶，轮制。敞口，尖圆唇，斜腹近底折内收，平底。素面。口径18、底径6、高7厘米（图七，11）。标本M2：21，泥质红陶，轮制。敞口，方唇，斜直腹，平底。口沿下有两道凹弦纹。口径18.6、底径7.7、高6.6厘米（图七，10）。标本M2：22，泥质红陶，轮制。敞口，方圆唇，斜折腹，平底。口沿下有两道弦纹。口径18.3、底径7、高5.8厘米（图七，8）。标本M2：11，泥质灰陶，轮制。敞口，圆唇，斜曲腹，平底。素面。口径17.9、底径5.1、高7.3厘米（图七，2）。标本M2：41，泥质灰陶，轮制。敞口，圆唇，斜曲腹，平底。素面。口径

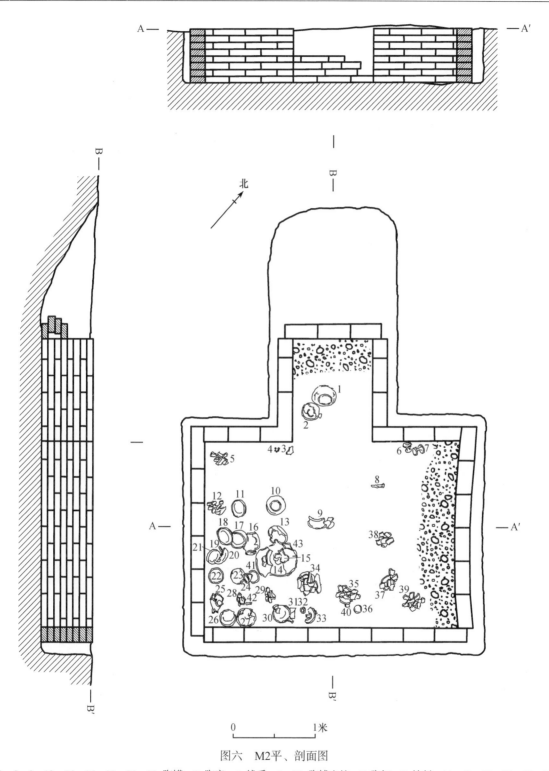

图六　M2平、剖面图

1、2、5、9、10、14、16、20、25、27.陶罐　3.陶房　4.钱币　6、15.陶博山炉　7.陶灯　8.铁剑　11、13、17、18、21、22、
26、33、41、43.陶钵　12、24.陶博山炉盖　19.铁削　23.陶锤盖　28、29、34、35、37~39.陶片　30.陶匜
31.黛板　32.陶打水罐　36.瓷碗　40.石器　42.铜耳璜

17.2、底径5.8、高6.1厘米（图七，4）。标本M2：18，泥质红陶，轮制。敞口，方唇，斜弧腹，平底。口沿下有一道弦纹。口径18.4、底径6.6、高5.8厘米（图七，6）。标本M2：33，泥质红陶，轮制。口微敞，方唇，折腹，平底。口沿下有两道弦纹。口径18.9、底径8.3、高5.7厘米（图七，3）。标本M2：13，泥质红陶，轮制。口微敞，方唇，斜折腹，平底。口沿下有一道弦纹。口径17.2、底径5.4、高6厘米（图七，5）。标本M2：26，泥质红陶，轮制。敞口，方唇，斜折腹，圈足。口沿下有两道弦纹。口径19、底径9.4、高6.5厘米（图七，1）。

　　陶匜　1件。标本M2：30，泥质红陶，轮制。直口，圆唇，弧腹，平底。柄为龙形首。内外施黄釉，中部饰有一周凹弦纹，柄为手制。口径20、底径10、通长26.6、高7.9厘米（图七，12）。

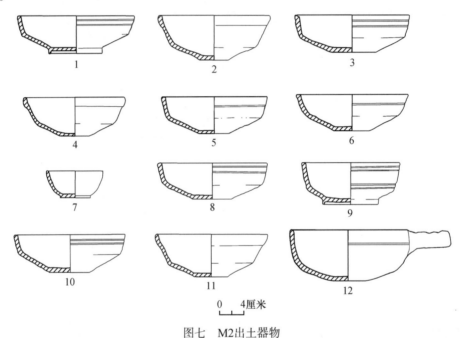

0　　4厘米

图七　M2出土器物

1~6、8~11.陶钵（M2：26、M2：11、M2：33、M2：41、M2：13、M2：18、M2：22、M2：43、M2：21、M2：17）

7.瓷碗（M2：36）　12.陶匜（M2：30）

　　陶罐　3件。标本M2：16，泥质灰陶，轮制。敞口，圆唇，短束颈，溜肩，弧腹微鼓，最大径在上部，平底。肩部饰有一周凹弦纹。口径12.3、腹径18.6、底径12.2、高18.3厘米（图八，2）。标本M2：2，泥质灰陶，轮制。敛口，圆唇外翻，斜领，折肩，鼓腹斜收，平底。肩下部饰有一周凹弦纹。口径12.2、腹径20.4、底径13.5、高14.5厘米（图八，3）。标本M2：10，泥质灰陶，轮制。直口，圆唇，平折沿，短束颈，折肩，圜底。口径12.5、腹径20.7、高14厘米（图八，1）。

　　陶打水罐　1件。标本M2：32，夹砂红陶。口微敛，圆唇，束颈，弧腹，平底，素面，略变形。口径7.5、腹径11、底径5、高8.5厘米（图八，4）。

　　陶锺盖　1件。标本M2：23，泥质红陶胎，模制。子母口，盖面弧形，饰有三个乳突。器表施酱黄釉，大部分脱落。盖径16.6、口径12.1、通高4.3厘米（图八，5）。

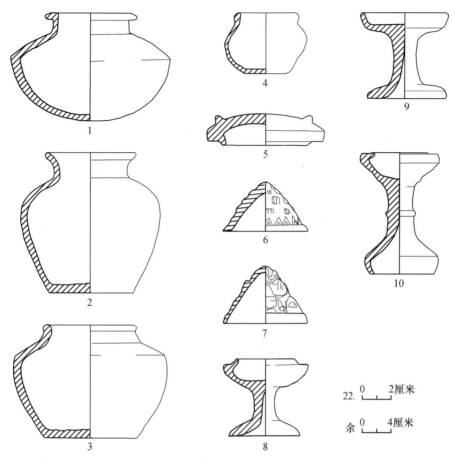

图八　M2出土器物

1～3. 陶罐（M2：10、M2：16、M2：2）　4. 陶打水罐（M2：32）　5. 陶锺盖（M2：23）　6、7. 陶博山炉盖（M2：24、
M2：12）　8、10. 陶博山炉（M2：6、M2：15）　9. 陶灯（M2：7）

　　陶博山炉盖　2件。标本M2：24，泥质红陶，手模合制。山形，口沿齐平，中空。近顶部分布三个较为对称的横条形孔。器表外施一层酱黄色釉，部分脱落。口径11.4、高6.5厘米（图八，6）。标本M2：12，釉陶，模制。圆锥形，口沿平齐，中空。口沿上方有四个分布较为均匀的小洞。器表外是一层酱黄色釉，大部分已脱落。口径11.2、高7.6厘米（图八，7）。

　　陶灯　3件。标本M2：7，泥质红陶，轮制。盘状口，尖圆唇，柱状柄，覆钵状底。口径12.9、底径10.5、高13.5厘米（图八，9）。

　　陶博山炉　2件。标本M2：15，泥质灰陶，轮制。哑铃状，子母口，圆唇，柱状柄较细高，柄中部有一圈凸弦纹，覆钵状底。口径10.2、底径10.2、高15.5厘米（图八，10）。标本M2：6，泥质红陶，轮制。子母口，圆唇，柱状柄较矮，覆钵状底。口径10.8、底径9.7、高10厘米（图八，8）。

　　瓷碗　1件。标本M2：36，白色瓷胎，轮制。敞口，尖圆唇，斜壁弧腹，平底，假圈足。通体施酱黄釉，部分脱落。口径9.3、底径5、高4.4厘米（图七，7）。

（三）M3

土坑砖室墓，平面呈"凸"字形，方向43°。残高40～60厘米。甬道长140、宽160厘米，墓室长280、宽340厘米，墓底采用直径2～4厘米的卵石铺地，由于该墓葬西南面扰乱严重，墓壁砖损毁大部分。其他部分墙砖采用长35、宽20、厚8厘米的菱形花纹砖错缝平铺而成。墓室西南部发现零星的人骨残渣。墓葬填土为浅黄褐色五花土，较疏松，颗粒粗，内含大量汉砖碎块、器物碎片等（图九）。

墓葬虽然被扰乱，但残余部分的随葬品类型依然比较丰富，出土有少量陶器的同时，于甬道口出土有青瓷器，墓室内出土铁器、铜器残片等，出土器物编号39个，共修复20件。

瓷杯　1件。标本M3：29，白色瓷胎，轮制。直口，圆唇，弧腹斜收，平底。通体施酱釉，大部分已脱落。口径8.4、底径5.2、高3.5厘米（图一〇，1）。

陶碗　1件。标本M3：23，泥质灰陶，轮制。敞口，圆唇，斜直腹，平底。素面。口径12.5、底径5.4、高6.3厘米（图一〇，2）。

陶钵　6件。标本M3：8，泥质灰陶，轮制。敞口，圆唇，折腹，平底。素面。口径16.7、底径4.5、高6.1厘米（图一〇，3）。标本M3：22，泥质灰陶，轮制。敞口，圆唇，折腹，平底。素面。口径17.8、底径6、高6.7厘米（图一〇，4）。标本M3：15，泥质红陶，轮制。敞口，圆唇，折腹，平底。腹部有一圈凹弦纹。口径18.3、底径5.8、高6.1厘米（图一〇，7）。标本M3：37，泥质红陶，轮制。口微敞，圆唇，折腹，平底。腹部有一圈凹弦纹。口径18、底径6.2、高6.4厘米（图一〇，8）。标本M3：9，泥质红陶，轮制。敞口，平沿，圆唇，折腹，平底。口径19.6、底径6.2、高6.2厘米（图一〇，5）。标本M3：13，泥质红陶，轮制。敞口，平沿，圆唇，折腹，平底。口径21、底径7.3、高5.1厘米（图一〇，6）。

陶罐　4件。标本M3：2，泥质灰陶，轮制。敛口，圆唇，短束颈，斜折肩，上腹微鼓，平底。素面。口径13、腹径24.2、底径17、高15.3厘米（图一〇，10）。标本M3：1，泥质灰陶，轮制。敛口，圆唇，短束颈，斜折肩，上腹微弧斜收，平底。素面。口径13.7、腹径23.6、底径15.8、高15.6厘米（图一〇，12）。标本M3：36，泥质灰陶，轮制。敞口，圆唇，短束颈，溜肩，鼓腹斜收，平底。素面。口径11.8、腹径22.2、底径13.8、高17.3厘米（图一〇，11）。标本M3：6，泥质灰陶，轮制。敞口，圆唇，短束颈，溜肩，鼓腹斜收，平底。肩上饰有两周凹弦纹。口径10.8、腹径17.8、底径12.2、高13.2厘米（图一〇，9）。

陶釜　1件。标本M3：20，泥质红陶，轮制。敞口，方唇，短束颈，折肩，鼓腹，圜底。上腹有一执耳及三周凹弦纹。口径14.9、腹径14.8、高10.3厘米（图一〇，13）。

陶盖　1件。标本M3：10，泥质红陶，轮制。覆盘状，子母口，盖表有三个乳突。通体施酱釉，部分脱落。盖径13.8、高4厘米（图一一，1）。

陶博山炉盖　1件。标本M3：31，泥质红陶，模制。山形，盖面饰有多道凸起山形纹饰，口沿齐平，中空。通体施酱黄釉，部分釉色已脱落。口径11.5、高7.1厘米（图一一，2）。

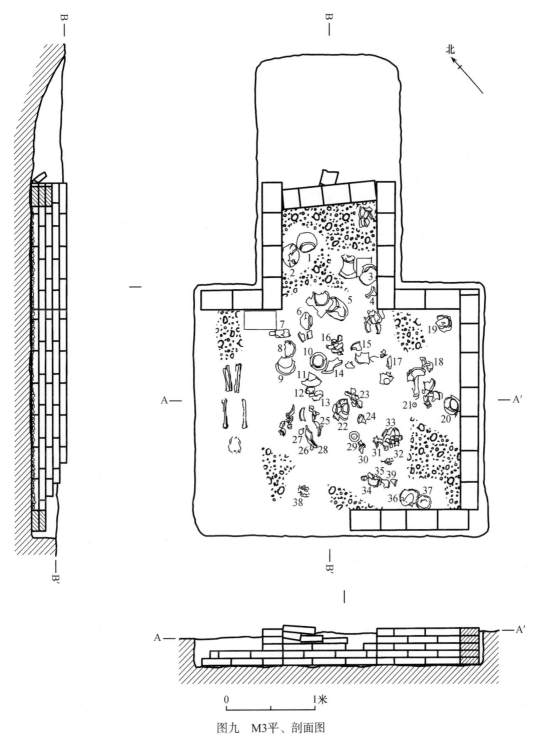

图九　M3平、剖面图

1、2、6、11、19、35、36.陶罐　3.陶锺　4、16、25.陶片　5.陶井　7.陶俑　8、9、13、15、17、22、24、30、32～34、37.陶钵
10.陶盖　12.陶博山炉　14.陶瓦　18.陶匜　20.陶釜　21、39.钱币　23.陶碗　26.陶盆　27.陶勺　28.铜器残片
29.瓷杯　31.陶博山炉盖　38.铁器

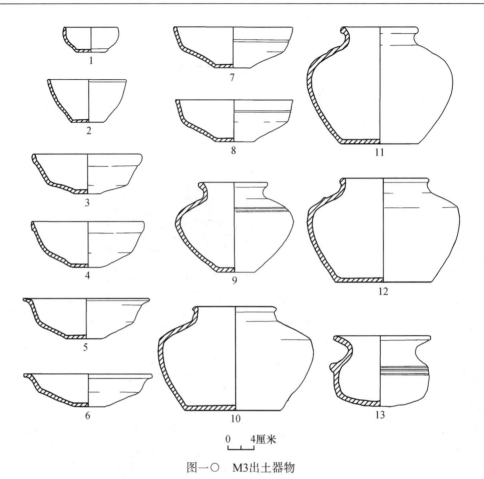

图一〇　M3出土器物

1. 瓷杯（M3：29）　2. 陶碗（M3：23）　3~8. 陶钵（M3：8、M3：22、M3：9、M3：13、M3：15、M3：37）
9~12. 陶罐（M3：6、M3：2、M3：36、M3：1）　13. 陶釜（M3：20）

陶博山炉　1套（2件）。标本M3：12-1，泥质红陶，轮制。盘状杯体，子母口内敛，覆盘状底。柱状柄较矮粗，中空。通体施酱黄釉，大部分脱落。口径9、底径8.1、高10.5厘米。标本M3：12-2，泥质红陶，模制。山形盖，顶部较圆。盖面饰有三周凸起山形或圆形纹饰。通体施酱黄釉。口径11.8、高7厘米（图一一，3）。

陶井　1套（2件）。标本M3：5-1，泥质灰陶，轮制。敛口，圆唇外卷，斜折肩，腹微鼓，下腹斜收，平底。肩部饰有一周凹弦纹，上壁至腹部饰有多道凹弦纹。口径15.3、腹径20.5、底径14、高19.3厘米。标本M3：5-2，泥质灰陶。"井"字形盖，中间有一圆孔作井口，两侧各有一个方形孔作放支架的孔，井面饰有多道划纹。长24.7、宽25.3、厚2.5厘米（图一一，6）。

陶俑　1件。标本M3：7，泥质红陶，模制。立式，中空。头戴平顶冠，面部模糊，身着尖领、右衽长袖及地长袍，双手拢于胸前，双宽袖下垂。通高22.9厘米（图一一，5）。

陶勺　1件。标本M3：27，泥质红陶，模制。勺首呈椭圆形，勺柄为微弧的半圆体。通长15厘米（图一一，4）。

钱币　1件（袋）。标本M3：39，青铜质，模制。有五铢、货泉两种，部分残破严重者未

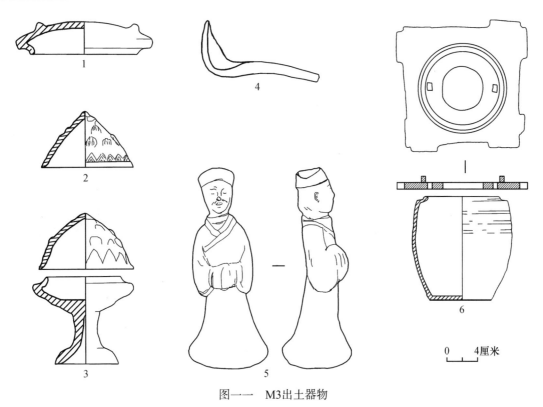

图一一　M3出土器物

1. 陶盖（M3∶10）　2. 陶博山炉盖（M3∶31）　3. 陶博山炉（M3∶12）　4. 陶勺（M3∶27）　5. 陶俑（M3∶7）
6. 陶井（M3∶5）

统计。"五铢"，有内郭，钱文粗，较规范。"五"字交叉两笔弯曲，"铢"字"金"较大，为三角形，四点较长。钱径2.3、穿宽1厘米。"货泉"，有内郭。钱径2.1、穿宽0.8厘米。

（四）M4

土坑砖室墓，平面呈"凸"字形，方向140°。由于该墓葬破坏较严重，墓室东西立墙被晚期人类耕作破坏。西立墙砖塌陷至墓室内。券顶全部塌陷。墓口距地表30～35厘米，墓底距地表103～145厘米。甬道长146、宽122厘米，墓室长288、宽238、残高104厘米，墓道长180、宽240厘米。墙砖采用长42、宽20、厚7厘米的青灰色菱形花纹砖交叉错缝平铺而成。墓底为砂土，较平整。墓葬填土为灰褐色五花土，较疏松，颗粒状，内含炭屑碎砖块，未见人骨及棺椁（图一二）。

出土器物26件，有少量陶器，零星的铁器、铜器等，修复13件。

陶侍俑　3件。标本M4∶15，泥质红陶，模制。立姿，头着冠，面部眉目不清，上身微向右倾，身着宽袖交领右衽长袍，袍拖于地。底径8.5、高15.8厘米（图一三，4）。标本M4∶17，泥质红陶，模制。立姿，头着冠，面部较模糊，上身微向左倾，手部交叉置于腹前，身着宽袖交领长袍，袍拖于地。底径8.5、高17.6厘米（图一三，5）。标本M4∶21，泥质

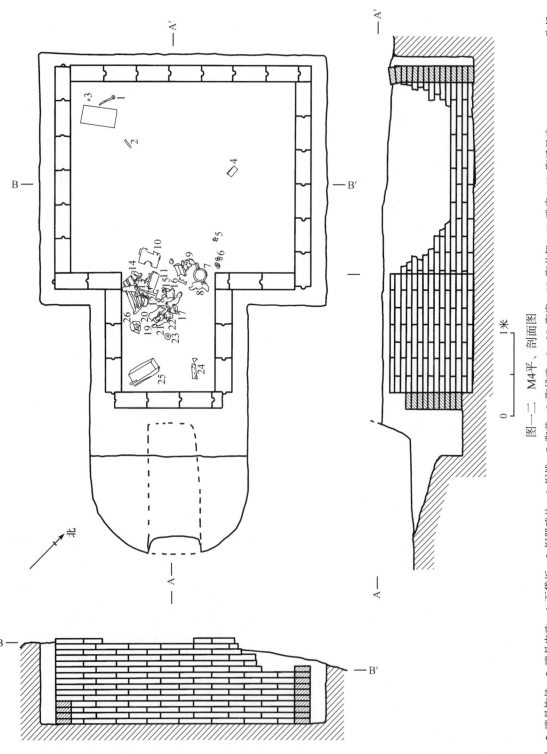

图一二 M4平、剖面图

1. 铁削 2. 碳晶饰件 3. 碳晶串珠 4. 石黛板 5. 铜器残片 6. 铜钱 7. 陶盖 8. 陶雄鸡 9. 陶房 10. 陶井架 11. 碓房 12. 陶子母鸡 13～17、19～22. 陶俑 18. 陶猪 23. 陶打水罐 24. 铁剑 25. 陶罐 26. 陶片

图一三　M4出土器物

1. 陶吹埙俑（M4∶22）　2. 陶跪坐俑（M4∶16）　3～5. 陶侍俑（M4∶21、M4∶15、M4∶17）

红陶，模制。立姿，头着方冠，面部较模糊，上身向右倾，手部交叉置于腹前，身着宽袖交领长袍，袍拖于地。底径7.6、高18厘米（图一三，3）。

陶吹埙俑　1件。标本M4∶22，泥质红陶，手模合制。跪坐，头戴尖顶冠，面部眉目不清。身着长袍，长袖。双手于胸前执埙作吹奏状。底径8.3、高12.6厘米（图一三，1）。

陶跪坐俑　1件。标本M4∶16，泥质红陶，手模合制。双腿跪坐，头着冠，面部较模糊，微向左倾。身着右衽宽袖长袍，遮腿至底。底径10.2、高13.5厘米（图一三，2）。

碳晶串珠　1件。标本M4∶3，通体黑色。球状，中有一穿。直径1.7、孔0.4厘米（图一四，1）。

碳晶饰件　1件。标本M4∶2，通体黑色。长条形。长8.3、宽0.4、厚0.3厘米（图一四，3）。

陶打水罐　1件。标本M4∶23，泥质灰陶，手制。敞口，圆唇，短颈，鼓腹，下腹斜收至底，平底。素面。口径4.6、底径3.2、腹径6.3、高3.2厘米（图一四，2）。

陶盖　1件。标本M4∶7，泥质红陶，模制。弧形盖面，近顶部饰有三枚尖纽，子母口。盖面施酱黄色釉，部分釉色已脱落。口径16.5、高3.6厘米（图一四，4）。

陶雄鸡　1件。标本M4∶8，泥质红陶，模制。昂颈，头微下垂，翘尾，双足分开，站立。长15.8、高16.9厘米（图一四，6）。

陶子母鸡　1件。标本M4∶12，泥质红陶，模制。俯卧，中空。昂首，尖喙，平脊，长尾

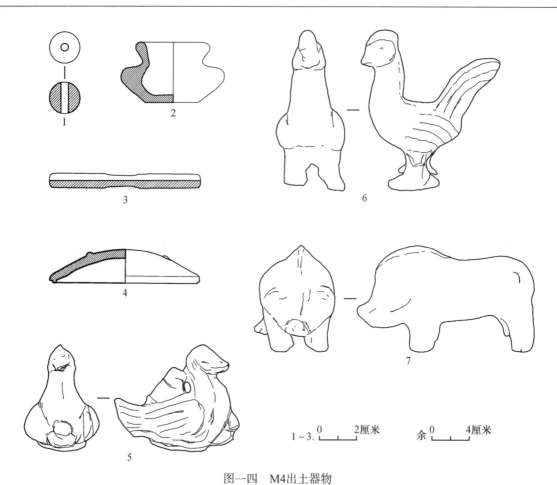

图一四　M4出土器物

1. 碳晶串珠（M4：3）　2. 陶打水罐（M4：23）　3. 碳晶饰件（M4：2）　4. 陶盖（M4：7）　5. 陶子母鸡（M4：12）

6. 陶雄鸡（M4：8）　7. 陶猪（M4：18）

上翘，小鸡附于鸡背及前腹。高11.3厘米（图一四，5）。

陶猪　1件。标本M4：18，泥质红陶，模制。立状，尖鼻，吻较短。鬃部高耸，面目较模糊，张嘴露齿，四肢较短，卷尾贴于右臀。长21.5、高11.8厘米（图一四，7）。

石黛板　1件。标本M4：4，长方形，较薄，黑褐色。长12.7、宽8.9、厚0.4厘米。

（五）M5

土坑砖室墓，墓葬建造时较随意，打破M6。墓葬方向315°。该墓葬残存平面为正方形，其大部分被断坎打破，只残存一小部分。墓口距地面50厘米，残长126、宽126厘米。墓底距地面深58厘米，残长126、宽126、残高8厘米。墓一侧砖被扰乱无存。该墓葬填土为浅黄褐色五花土，土质疏松，颗粒粗。墓底为细砂铺底，未见人骨及棺椁（图一五）。

该墓葬由于扰乱严重，出土随葬品较少，器物编号7个，已修复，除1件为陶罐，其余均为青瓷器。

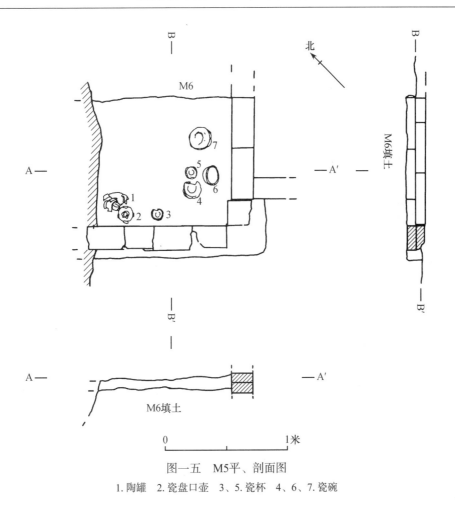

图一五 M5平、剖面图

1. 陶罐 2. 瓷盘口壶 3、5. 瓷杯 4、6、7. 瓷碗

瓷碗 3件。标本M5：4，灰白胎，轮制。口微敛，圆唇，弧腹，下腹斜收，圈足。内外壁施青釉，外釉不及底，足底内侧无釉。口径10、底径2.8、高4.5厘米（图一六，1）。标本M5：6，灰白胎，轮制。直口，尖唇，斜直腹，下腹弧收，圈足。内外壁施白釉，外釉不及底，足底内侧无釉。口径14.4、底径9、高7.8厘米（图一六，2）。标本M5：7，灰白胎，轮制。敛口，圆唇，斜直腹至底，圈足。内外壁施酱釉，外釉至腹部有泪痕，足底内侧无釉。口径18.5、底径11、高6.3厘米（图一六，3）。

瓷杯 2件。标本M5：3，灰白胎，轮制。直口，尖唇，斜直壁，下腹弧收，饼足。内外壁施酱釉，足底未施釉。口径8.7、底径4.3、高4.5厘米（图一六，5）。标本M5：5，灰白胎，轮制。口微敛，尖圆唇，斜直腹，下腹折收至底，饼足。内外壁施白釉，足底未施釉。口径8.3、底径5、高4厘米（图一六，4）。

陶罐 1件。标本M5：1，泥质灰陶，轮制。敞口，圆唇，短束领，溜肩，鼓腹斜收至底，平底微凹。口径11.8、腹径20.7、底径12.5、高14.8厘米（图一六，6）。

瓷盘口壶 1件。标本M5：2，灰白色瓷胎，轮制。盘口微敞，圆唇，束颈，溜肩，斜曲腹近直，平底。肩饰四对称四个横桥系，系为预制粘接于壶体，器表施青白釉，外施半釉。口径8.3、底径10.9、高19.3厘米（图一六，7）。

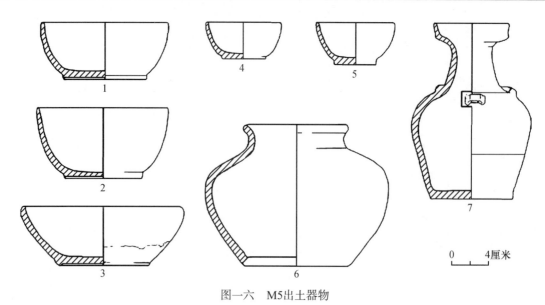

图一六　M5出土器物

1～3.瓷碗（M5：4、M5：6、M5：7）　4、5.瓷杯（M5：5、M5：3）　6.陶罐（M5：1）　7.瓷盘口壶（M5：2）

（六）M6

土坑砖室墓，平面呈"凸"字形，方向50°。该墓被M5、G2、G3打破。北侧甬道，墓室立墙损毁严重，只残存很少部分砖。墙砖采用长40、宽18、厚8厘米的菱形花纹砖错缝平砌而成。开口距地表40厘米，墓底距地表90厘米。甬道长174、宽176厘米，墓室长396、宽254厘米。该墓葬填土为浅黄褐色五花土，较疏松，颗粒粗，内含少量烧土粒及大量炭屑，墓底采用直径2～4厘米的卵石铺底。由于年代久远，破坏严重，其葬具、人骨已无存（图一七）。

虽然被扰乱，但出土的陶器依然较丰富，大部分为红陶，只有小部分灰陶，器型有俑、罐、房、钵、灯、锤等，共出土器物65件，修复36件。

陶灯　4件。标本M6：21，泥质红陶，轮制。敛口，方唇，鼓腹，座为喇叭形，内空。口径7.9、底径8.3、高15厘米（图一八，2）。标本M6：31，泥质红陶，轮制。口微敛，方唇，直壁，座为喇叭形，内空。口径10.9、底径8、高13.8厘米（图一八，3）。标本M6：55，泥质红陶，轮制。敛口，尖唇，平沿，座为倒扣的盘状，内空。口径11.5、底径8.4、高10.8厘米（图一八，4）。标本M6：44，泥质红陶，轮制。敞口，方唇，斜直壁，座为倒扣的盘状，内空。口径12、底径8.8、高11.6厘米（图一八，1）。

陶盖　2件。标本M6：7，泥质红陶，模制。弧形盖面，顶部较平，饰有圆形纽3枚。通体施酱釉，大部分已脱离。口径15.3、高3.2厘米（图一八，6）。

陶博山炉盖　1件。标本M6：14，模制。圆锥状，盖面饰有三角形纹饰，两侧各有一个方形孔。口径8.6、高6.2厘米（图一八，5）。

陶钵　6件。标本M6：3，泥质灰陶，轮制。敞口，圆唇，斜折腹，下腹折收至底，平底微凹。口径18.8、底径6.3、高6.9厘米（图一八，8）。标本M6：22，泥质红陶，轮制。口微敞，方唇，斜折腹，下腹急收至底，平底微凹。口径16.2、底径6、高5.3厘米（图一八，7）。

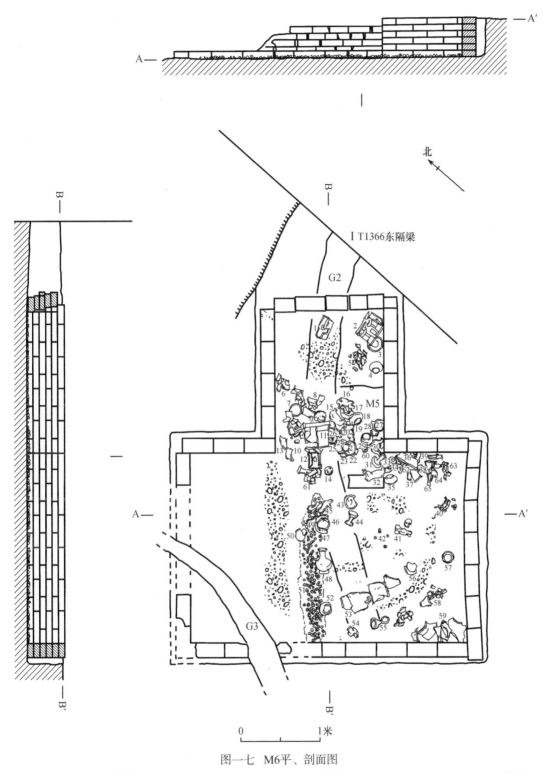

图一七 M6平、剖面图

1、2、11、12、36.陶房 3、22、24~26、46、47、50、56、61.陶钵 4、13、17~19、29、35、43、52.陶罐

5、40、58.陶片 6.陶碓房 7、57.陶盖 8、20、34、38、41、54、62~65.陶俑 9.陶釜 10.琉璃耳珰

14、28.陶博山炉盖 15、32.陶狗 16、45.陶猪 21、31、44、55.陶灯 23、33、60.琉璃耳杯 27.陶匜 30、49.陶雄鸡

37、53.陶案 39.陶子母鸡 42、51.钱币 48.陶锺 59.陶盆

陶釜　　1件。标本M6：9，泥质红陶，轮制。敞口，方唇，斜平沿，短颈，弧腹，圜底。腹部饰二道凹弦纹。通体施酱釉，部分釉色已脱落。口径13.5、腹径13.6、高11厘米（图一八，11）。

陶罐　　6件。标本M6：17，泥质灰陶，轮制。敛口，斜沿，圆唇，短斜领，折肩，弧腹，下腹折收至底，平底。口径10.9、腹径19、底径9、高13.7厘米（图一八，13）。标本M6：29，泥质灰陶，轮制。敞口，圆唇，束颈，溜肩，鼓腹，下腹斜收至底，平底微凹。口径9.4、腹径16.7、底径7.2、高11.8厘米（图一八，12）。

陶锺　　1件。标本M6：48，泥质红陶，轮制。盘口，方唇，长颈微束，鼓腹，圈足外撇。

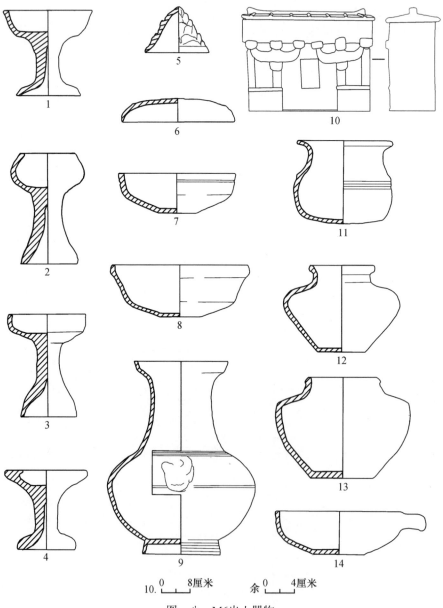

10. 0　　8厘米　　余 0　　4厘米

图一八　M6出土器物

1~4.陶灯（M6：44、M6：21、M6：31、M6：55）　5.陶博山炉盖（M6：14）　6.陶盖（M6：7）　7、8.陶钵（M6：22、M6：3）
9.陶锺（M6：48）　10.陶房（M6：2）　11.陶釜（M6：9）　12、13.陶罐（M6：29、M6：17）　14.陶匜（M6：27）

颈腹交接处及圈足各饰有二道凹弦纹，上腹部饰有对称压印兽面衔环铺首一对，较模糊。口径13.1、腹径20.8、底径11.1、高26.2厘米（图一八，9）。

陶匜　1件。标本M6：27，泥质红陶，轮制。直口，方唇，一侧有柄，弧腹，平底。内外壁施酱黄釉，大部分釉色已脱落。口径16.8、底径6.8、高5.9厘米（图一八，14）。

陶房　1件。标本M6：2，泥质灰陶，手模合制。房体呈长方形空箱，左右和后面为板块结构。房顶为歇山式，中脊两侧上翘，房顶前檐饰7道筒瓦垄，顶下为横额相承，两侧回廊各一根一斗三升的廊柱，房中部正面开一方形门洞，整体造型较为逼真。顶长35.7、顶宽14.5、通高28厘米（图一八，10）。

陶舞俑　1件。标本M6：65，泥质红陶，模制。立姿，头着冠，面部较模糊，上身向右倾，身着宽袖交领右衽及地长袍，右手上扬，左手下垂提袍，做舞踏状。底径10、高24厘米（图一九，1）。

陶侍俑　4件。标本M6：63，泥质红陶，模制。立姿，头着方冠，面部眉目不清，上身微向左倾，身着宽袖交领右衽及地长袍，手部交叉置于腹前。底径9.6、高21.1厘米（图一九，3）。标本M6：20，泥质红陶，模制。立姿，头着冠，面部较模糊，手部交叉置于腹前，身着宽袖交领右衽长袍，袍拖于地。底径9.6、高23厘米（图一九，2）。

陶抚耳俑　1件。标本M6：62，泥质红陶，模制。双腿跪坐，头着冠，挺鼻，嘴微张，上身向右倾，身着右衽宽袖长袍，遮腿至底。右手抚耳，左手下垂置于左腿上。底径11.8、高18厘米（图一九，4）。

陶雄鸡　2件。标本M6：49，泥质红陶，模制。昂颈，圆眼，尖吻，翘尾，双足分开，站立。长19.4、高18.7厘米（图一九，6）。

陶子母鸡　1件。标本M6：39，泥质红陶，模制。俯卧，中空。头微抬，尖喙，平脊，短尾上翘，小鸡附于鸡背及前腹。长15.5、高9.9厘米（图一九，5）。

陶猪　1件。标本M6：16，泥质红陶，模制。立状，翘鼻，吻较短。鬃部高耸，背部较平，鼓眼，方耳，四肢较细，卷尾贴于右臀。长24.4、高13.1厘米（图一九，8）。

陶狗　1件。标本M6：32，泥质红陶，模制。立状，昂头，耸耳，鼓目，张嘴露齿，颈后有扣，圆腹内空，四肢短壮，尾上卷贴于臀部。长24.4、高13.1厘米（图一九，7）。

琉璃耳珰　1件。标本M6：10，亚腰形，中有穿，蓝色透明质。长1.7、直径0.9、孔0.1厘米（图一九，9）。

钱币　1件（袋）。标本M6：42，青铜质，模制。有五铢、货泉、半两几种，部分残破严重者未统计。"五铢"，有郭，钱文趋粗，较规范。钱径2.5、穿径0.9、厚0.1厘米。"半两"，圆形方穿，有郭，钱文高挺。钱径1.6、穿径0.5、厚0.1厘米。"货泉"，有郭。钱径2.2、穿径0.7、厚0.1厘米。

9. $\frac{0\quad\quad 2厘米}{}$　　余 $\frac{0\quad\quad\quad 6厘米}{}$

图一九　M6出土器物

1. 陶舞俑（M6∶65）　　2、3. 陶侍俑（M6∶20、M6∶63）　　4. 陶抚耳俑（M6∶62）　　5. 陶子母鸡（M6∶39）
6. 陶雄鸡（M6∶49）　　7. 陶狗（M6∶32）　　8. 陶猪（M6∶16）　　9. 琉璃耳珰（M6∶10）

（七）M7

　　土坑砖室墓，方向为40°，采用菱纹、花边纹砖错缝平砌构筑，券顶无存。墓葬平面呈凸字形，墓底无铺地砖也无砾石。墓室长375、宽230厘米，甬道长175、宽125厘米。墓口距地表100厘米，墓底距地表180厘米，残存墓室砖墙最高为10层，为墓室的东南角，高约80厘米，墓墙残存的最低处在墓室的西南角，墓葬在此处被一条现代的农业排水沟渠打破，墓墙砖损毁一部分。墓道被一条断坎损毁，仅剩下甬道口的小部分。墓葬填土为浅黄褐色五花土，土质疏松，包含少量的碎砖块等，未见人骨及棺椁（图二〇）。

出土器物以陶器为主，主要器形有罐、盆、灯、俑等，共34件，修复13件。

陶钵　1件。标本M7：10，泥质灰陶，轮制。敞口，圆唇，斜直腹，下腹折收至底，平底微凹。口径18、底径5.4、高6.2厘米（图二一，1）。

陶罐　5件。标本M7：8，泥质灰陶，轮制。敞口，圆唇，束颈，溜肩，扁鼓腹，下腹斜收至底，平底。口径10.2、腹径16.4、底径8.2、高10.6厘米（图二一，2）。标本M7：11，泥质灰陶，轮制。口微敞，圆唇，短立颈，折肩，桶形腹微弧，下腹斜收至底，平底微凹。口径14.4、腹径24、底径16、高16.3厘米（图二一，6）。

陶博山炉盖　2件。标本M7：32，泥质红陶，模制。圆锥状，斜直盖面，盖外壁饰有三角形纹饰。口径11.2、高6.7厘米（图二一，3）。标本M7：6，模制。泥质红陶，盖面近顶部圆弧状，盖外壁饰有三角形纹饰。口径10.8、高6.8厘米（图二一，4）。

陶房　1件。标本M7：21，泥质灰陶，手模合制。房体呈长方形空箱，左右和后面为板块结构，房顶为歇山式，中脊较平，房顶前檐饰4道直筒瓦垄及两侧各1道斜筒瓦垄，顶下为横额相承，两侧各一根一斗三升的廊柱，房中部正面左侧半墙悬挂装饰。底长39.5、宽16.7、通高

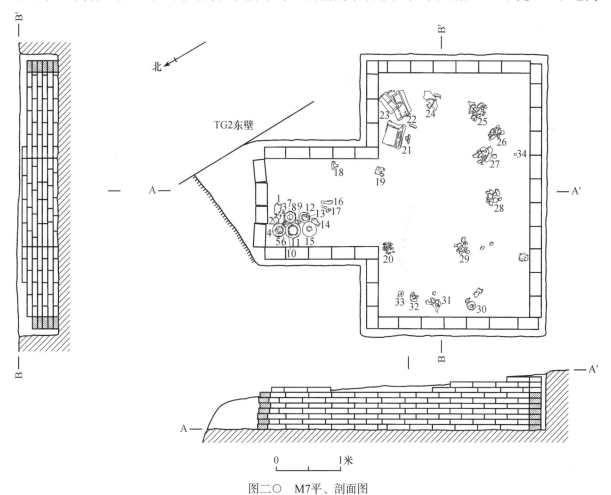

图二〇　M7平、剖面图

1、23、25~29、31.陶片　2、14.陶子母鸡　3.陶猪　4、9、16、17.陶俑　5、8、11、12、15.陶罐　6、32.陶博山炉盖
7.陶盖　10.陶钵　13、18、30、33.陶灯　19.陶狗　20.钱币　21、22.陶房　24.陶盆　34.铜饰件

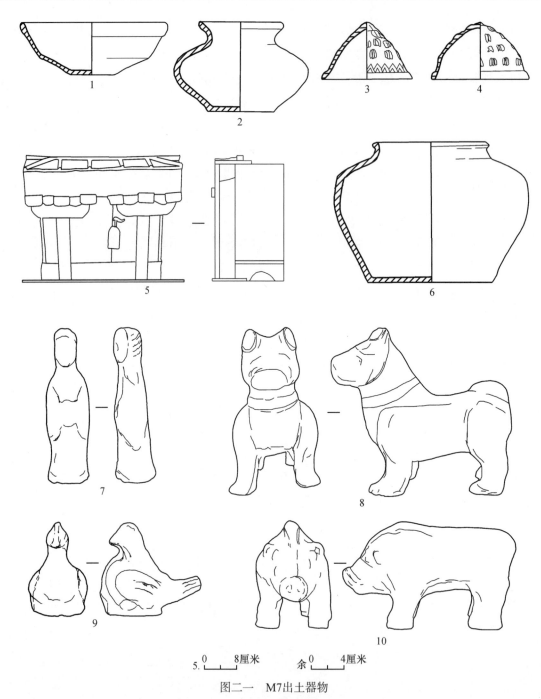

5.　├─0──8厘米┤　　　余├─0──4厘米┤

图二一　M7出土器物

1.陶钵（M7：10）　2、6.陶罐（M7：8、M7：11）　3、4.陶博山炉盖（M7：32、M7：6）　5.陶房（M7：21）
7.陶侍俑（M7：16）　8.陶狗（M7：19）　9.陶子母鸡（M7：14）　10.陶猪（M7：3）

30.2厘米（图二一，5）。

陶侍俑　1件。标本M7：16，泥质红陶，模制。立姿，头着冠，面部眉目不清，手部交叉置于腹前，身着长袍，袍及地。底径5.2、高18.5厘米（图二一，7）。

陶子母鸡　1件。标本M7：14，泥质红陶，模制。俯卧，中空。头微抬，尖喙，短尾扇形微翘，小鸡附于两侧。长13.5、高11.8厘米（图二一，9）。

　　陶猪　1件。标本M7:3，泥质灰陶，模制。立状，头部较小，短耳，翘鼻，吻较短。鬃部微耸，背部较平，四肢粗壮，卷尾贴于右臀。长22.3、高12.9厘米（图二一，10）。

　　陶狗　1件。标本M7:19，泥质灰陶，模制。立状，昂头，耸耳微外撇，面部较模糊，颈圈环扣，圆腹内空，四肢短壮，尾上卷贴于臀部，整体向前倾。长23.7厘米、高19.9厘米（图二一，8）。

（八）M8

　　竖穴土坑砖室墓，平面呈"凸"字形，方向60°。由于该墓被破坏，墓砖全部被撬走，四壁和墓底均留下墓砖的痕迹。从墓砖残存痕迹看，M8为"凸"字形砖室墓，墓底用砖铺就。墓口距地表75～96厘米，墓底距地表195厘米。墓室长244、宽180厘米，甬道长84、宽116厘米，墓道长92厘米。墓道呈梯形。墓内填土为黑褐色花土，颗粒较细，土质疏松，包含大量炭屑、陶砖碎块（图二二）。

　　该墓葬由于扰乱严重，出土器物较少，共10件，修复4件。

　　瓷罐　1件。标本M8:1，灰白胎，轮制。敛口，方唇，斜弧壁、桶腹微鼓，斜收至底，平底。壁上部饰两个对称横桥形耳，耳为手制粘接；腹部饰有多道凹弦纹。内外壁施青釉，外壁半釉。口径10.1、腹径13.8、底径10.2、高18.2厘米（图二三，1）。

　　瓷杯　1件。标本M8:3，灰白胎，轮制。敞口，尖圆唇，斜弧腹，圈足。内外壁施青釉，外釉不及底。口径8.9、底4.6、高4.4厘米（图二三，2）。

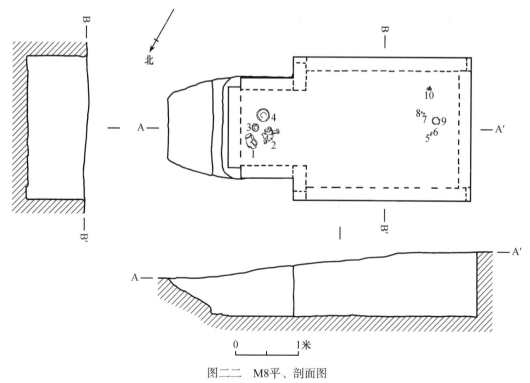

图二二　M8平、剖面图

1.瓷罐　2.铁鼎　3.瓷杯　4.瓷碗　5～8.指环　9.琉璃串珠　10.钱币

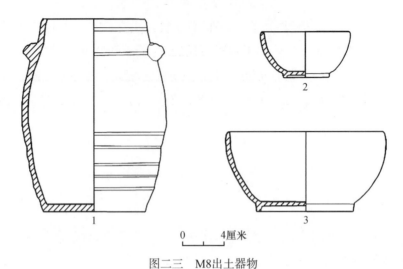

图二三　M8出土器物

1.瓷罐（M8:1）　2.瓷杯（M8:3）　3.瓷碗（M8:4）

　　瓷碗　1件。标本M8:4，灰白胎，轮制。直口，尖圆唇，斜弧腹，圈足。腹下部饰有多道凹弦纹。内外壁施青釉，大部分釉色已脱落。口径15.3、底9.2、高7.6厘米（图二三，3）。

　　琉璃串珠　1件（161颗）。标本M8:9，大小不一，颗粒较细，均有穿。蓝色、黄色为圆形，红色、绿色为圆柱形，黑色大部分为圆形、零星的圆柱形。直径0.3~0.6、高0.3~0.7、穿0.1~0.2厘米。

（九）M9

　　土坑砖室墓，平面呈"凸"字形，方向46°。该墓葬破坏较严重，甬道部分仅残存少量墓砖，墓顶全部塌陷。墓墙砖采用长46、宽14、厚8厘米的菱形花边纹和横纹砖交叉错缝砌筑而成。墓口地表深约100厘米，墓底距地表深约200厘米。甬道长130、宽140厘米，墓室长250、宽350厘米，残高100厘米。该墓填土为浅黄褐色五花砂土，土质疏松，颗粒细，内含少量烧土粒、卵石及大量的炭屑、碎砖块等。墓底为细腻浅黄色砂土（图二四）。

　　该墓葬随葬品有陶器、瓷器、铜器、铁器等，共25件，修复11件。

　　瓷钵　1件。标本M9:23，灰白胎，轮制。敛口，尖圆唇，斜弧腹，平底。口沿下部饰有一道凹弦纹。内底残留有支钉痕迹，内外壁施青白釉，大部分釉已脱落。口径20.5、底12.5、高6.1厘米（图二五，2）。

　　陶钵　3件。标本M9:7，泥质红陶，轮制。敞口，方唇，斜沿，弧腹，下腹急收至底，小平底。口径24.4、底径6.4、高8.9厘米（图二五，3）。标本M9:24，泥质红陶，轮制。直口，圆唇，斜腹微弧，平底。口径15.8、底径7.2、高6.4厘米（图二五，1）。

　　陶釜　1件。标本M9:15，泥质红陶，轮制。敞口，圆唇，斜沿，束领，弧腹，圜底。内外施酱釉，大部分脱落。口径21、底径8、高10厘米（图二五，4）。

　　陶灯　1件。标本M9:18，泥质红陶，轮制。敛口，尖唇，平沿，圆柱柄，座为倒扣的盘

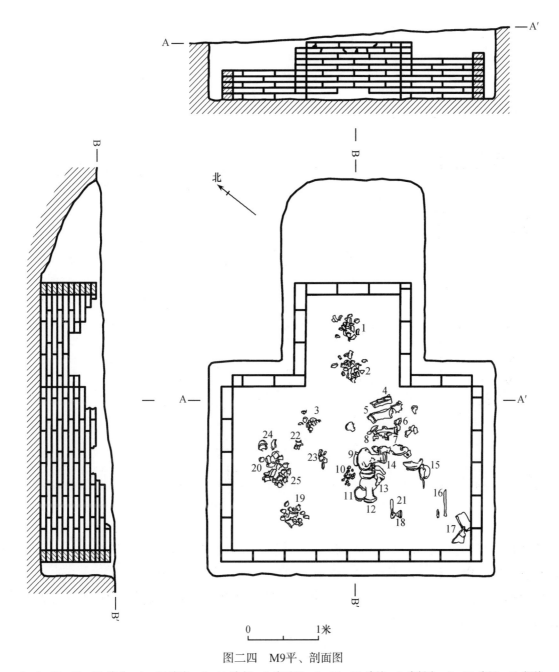

图二四 M9平、剖面图

1~3、19、20、22.陶片 4、17.陶房 5、13.陶俑 6.陶马腿 7、11、24.陶钵 8.陶俑头 9、12.陶锺 10.铜钱
14.陶勺 15.陶釜 16、21.铁剑 18.陶灯 23.瓷钵 25.铜耳璜

状，内空。口径7.4、底8.8、高10.5厘米（图二五，6）。

陶锺 2件。标本M9：9，泥质红陶，轮制。盘口，方唇，长颈微束，溜肩，鼓腹，圈足外撇。颈腹交接处饰有二道凹弦纹，上腹部饰对称压印兽面铺首衔环一对。外壁施酱釉不及底。口径15.1、腹径25.4、底径14.1、高26.2厘米（图二五，5）。

陶勺 1件。标本M9：14，泥质红陶，手制。长把微弧，半球形勺斗，厚重、粗糙。内外施酱釉。通长14.5、通高6.5厘米（图二五，7）。

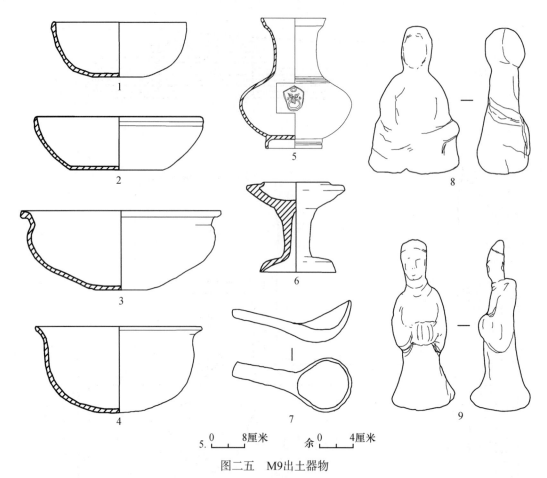

图二五　M9出土器物

1、3.陶钵（M9：24、M9：7）　2.瓷钵（M9：23）　4.陶釜（M9：15）　5.陶锺（M9：9）　6.陶灯（M9：18）

7.陶勺（M9：14）　8.陶坐俑（M9：13）　9.陶侍俑（M9：5）

　　陶侍俑　1件。标本M9：5，泥质红陶，模制。立姿，头着冠，面部较模糊，手部置于腹前，身着交领宽袖长袍，袍及地。底径8.4、高19.8厘米（图二五，9）。

　　陶坐俑　1件。标本M9：13，泥质红陶，模制。坐姿，整体较模糊，隐约可见身着长袍。底径11.5、高17.2厘米（图二五，8）。

（十）M10

　　土坑砖室墓，平面呈"凸"字形，方向56°。该墓的墓墙和券拱被严重扰乱，墙砖被基本掏空，墙砖采用长35、宽18、厚8厘米的菱形花纹砖平砌而成。墓口距地表35厘米，墓底距地面深度为80~150厘米。甬道长100、宽160厘米，墓室长325、宽260厘米。填土为浅黄色五花土，较疏松，颗粒粗，内含炭屑碎、砖块、石块。墓底采用砾石铺地，未见人骨及棺椁（图二六）。

　　墓葬由于扰乱严重，出土随葬品较少，共11件，修复2件。

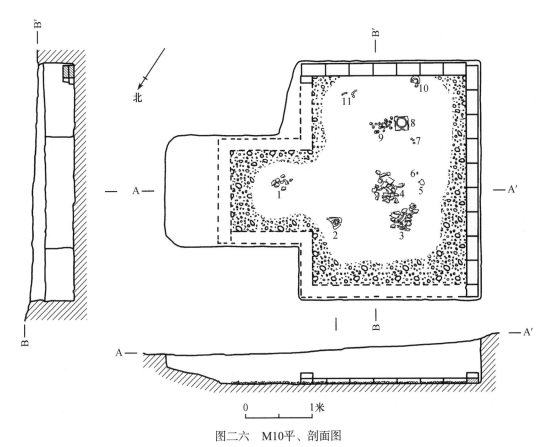

图二六　M10平、剖面图

1.陶罐　2.铁器　3、4.陶片　5.铜器残片　6.琉璃耳珰　7.铜饰件　8.陶井盖　9.钱币　10.陶灯　11.铜耳璜

　　陶罐　1件。标本M10：1，泥质灰陶，轮制。敞口，圆唇，束颈，溜肩，鼓腹，下腹斜收至底，平底微凹。口径9.3、腹径14.9、底径7.2、高11.1厘米（图二七，2）。

　　陶井盖　1件。标本M10：8，泥质灰陶，模制。"井"字形盖，中间有一圆孔作井口，两侧各有一个方形孔作支架插孔，井面饰有多道划纹。边长23.1、厚2.2厘米（图二七，1）。

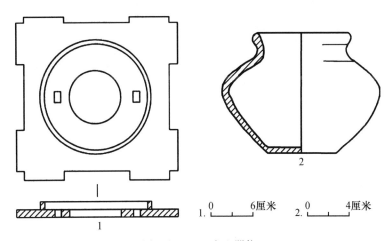

图二七　M10出土器物

1.陶井盖（M10：8）　2.陶罐（M10：1）

（十一）M11

土坑砖室墓，平面呈"凸"字形，方向236°。该墓葬墓道被G11打破，甬道部分墙砖及地砖被取完，墓室立墙损毁严重，只残存部分墙砖及地砖。墙砖采用长36、宽18、厚8厘米的菱形花边纹砖错缝平砌而成。开口距地表深40厘米，墓底距地表深120厘米。墓圹长692、宽532厘米，甬道长190、宽188厘米，墓室长432、宽280厘米。铺底砖长40、宽18、厚8厘米。墓葬填土为浅黄褐色五花土，较疏松，颗粒粗，内含少量烧土粒及大量炭屑，扰乱严重，其葬具、人骨已无存（图二八）。

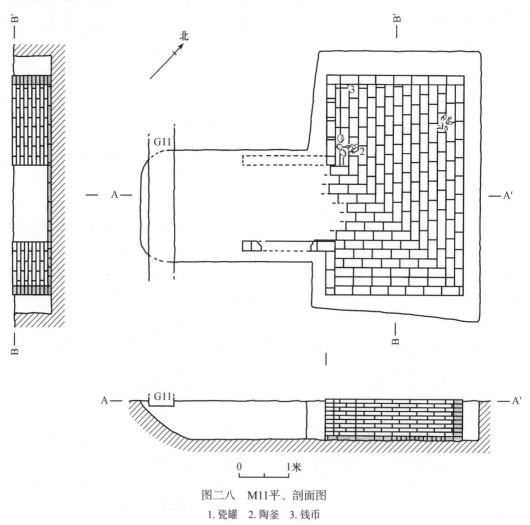

图二八　M11平、剖面图
1.瓷罐　2.陶釜　3.钱币

该墓葬由于扰乱严重，出土随葬品较少，共3件，修复1件。

瓷罐　1件。标本M11：1，灰白胎，轮制。直口，方唇，短直领，腹微鼓，下腹斜收至底，平底。口沿下部饰两对对称横桥形耳，耳为手制粘接。内外壁施酱黄釉，大部分釉已脱落。口径12.3、腹径22.7、底径11.6、高20.7厘米（图二九）。

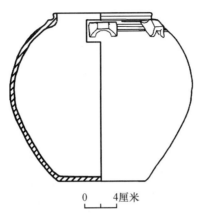

0   4厘米

图二九　M11出土瓷罐（M11：1）

（十二）M12

土坑砖室墓，平面呈"凸"字形，方向343°。该墓葬西南面被G9、G10打破，扰乱较严重。该墓葬采用长40、宽18、厚8厘米的菱形花纹砖错缝平铺而成。墓底距地表120厘米。墓道长120厘米，呈斜坡状，甬道长135、宽170厘米，墓室长270、宽320厘米。该墓室内填土为浅黄褐色五花土，土质疏松，颗粒粗，内含大量汉砖碎块、器物碎片等（图三〇）。

出土器物以陶器为主，主要器形有罐、钵、勺等，共20件，修复8件。

陶钵　3件。标本M12：6，泥质红陶，轮制。口微敞，圆唇，折腹，下腹斜收至底，小平底。口径18、底径5.4、高6.2厘米（图三一，2）。标本M12：19，泥质灰陶，轮制。敞口，尖圆唇外卷，斜折腹，下腹急收至底，小平底。口径17.5、底径5、高5.9厘米（图三一，1）。

陶罐　3件。标本M12：13，泥质灰陶，轮制。侈口，圆唇，束颈，溜肩，鼓腹，下腹斜收至底，大平底。素面。口径11.8、腹径22.9、底径15.4、高16.4厘米（图三一，3）。标本M12：14，泥质灰陶，轮制。敛口，圆唇，斜折肩，弧腹，下腹斜收至底，平底微凹。口径19.2、腹径29.7、底径16.8、高19.5厘米（图三一，4）。

陶勺　1件。标本M12：8，泥质红陶，手制。弧型长把，半球形勺斗，粗糙。通长17.1、通高5.7厘米（图三一，5）。

陶打水罐　1件。标本M12：20，夹砂红陶，手制。敛口，圆唇，束颈，弧腹微鼓，平底，略变形。素面。口径3.7、腹径5.2、底径2.3、高3.9厘米（图三一，6）。

（十三）M13

土坑砖室墓，平面呈"凸"字形，方向320°。扰乱严重，券拱被破坏，尾部墓墙砖仅部分残存，采用长38、宽20、厚10厘米的菱形花边纹砖错缝平砌而成。墓口距地表50厘米，墓底距地面深度为125～140厘米。甬道长180、宽120厘米，墓室长400、宽280厘米。铺底砖长38、宽

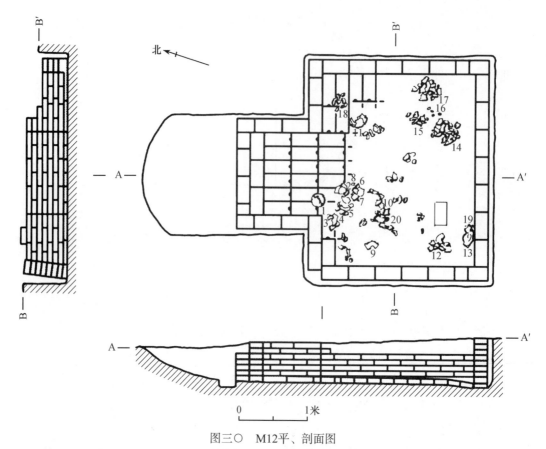

图三〇　M12平、剖面图

1、2、4、12~14.陶罐　3、6、19.陶钵　5.陶釜　7.陶甑　8.陶勺　9.陶井　10、15、17.陶片　11.陶匜　16.钱币
18.陶盖　20.陶打水罐

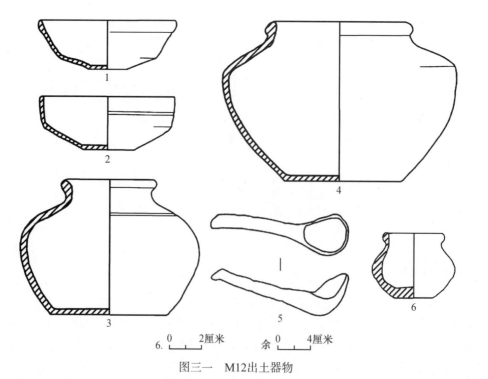

图三一　M12出土器物

1、2.陶钵（M12∶19、M12∶6）　3、4.陶罐（M12∶13、M12∶14）　5.陶勺（M12∶8）　6.陶打水罐（M12∶20）

20、厚10厘米。该墓葬填土为浅黄褐色五花土，较疏松，颗粒粗，内含大量炭屑、汉砖残块和碎陶片等（图三二）。

出土器物均为陶器，由于扰乱严重，可辨认者有奁、罐、房、俑等残片，共10件，修复1件。

陶奁　1件。标本M13：1，泥质红陶，模制。口微敛，方唇，腹部微外鼓，四乳突状足。口径14.4、底径17.1、高13.3厘米（图三三）。

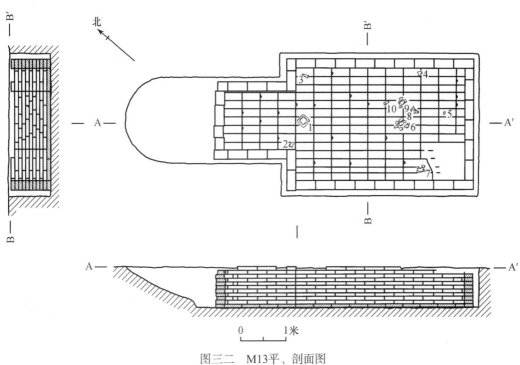

图三二　M13平、剖面图

1.陶奁　2~4、10.陶俑　5.陶俑头　6.陶片　7、9.陶罐　8.陶房

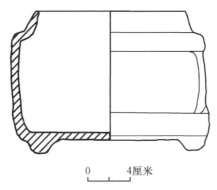

图三三　M13出土陶奁（M13：1）

（十四）G6

位于G1南部，方向132°。部分叠压于G1东、西壁外，西壁未发掘。东壁扩方后，与Ⅰ T1166探方相连，已发掘部分平面呈不规则的长条形。开口距地表20～45厘米，沟底部距地表95厘米。残长1260、宽50～395、深20～50厘米。沟壁有人工加工的痕迹，沟底呈弧形。沟内填土为深灰褐色土，土质较疏松，颗粒状，出土少量的陶片，可辨认器形有口沿、罐底、网坠等（图三四）。

出土遗物共9件。

网坠　1件（65个）。标本G6：5，泥质灰陶，手制。大小不一，长2.8～4.7、直径1～1.5、穿0.1～0.4厘米。

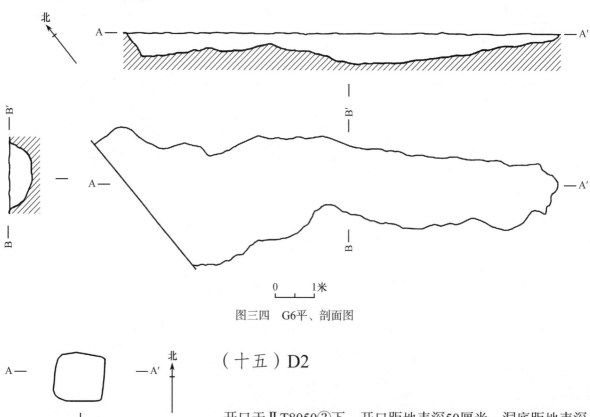

图三四　G6平、剖面图

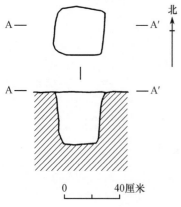

图三五　D1平、剖面图

（十五）D2

开口于Ⅱ T8050③下，开口距地表深50厘米，洞底距地表深95厘米。平面呈正方形，边长38～40、深45厘米。洞壁较直，底较平。填土为深灰褐色砂土，土质松软，含大量炭屑、红烧土颗粒及汉砖残块等（图三五）。

二、明清遗迹

共清理房屋柱洞1个、灰沟9条。较典型的有。

（一）D1

开口于ⅠT1160②下，开口距地表深50厘米，洞底距地表深86厘米。平面呈正方形，边长32～34、深36厘米。洞壁较直，底较平。填土为灰褐色砂土，土质松软，含大量炭屑、零星红烧土颗粒等（图三六）。

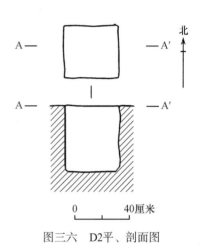

0　　　40厘米

图三六　D2平、剖面图

（二）G1

开口于ⅠT1166②下，平面呈不规则长条形。方向41°。开口距地表45厘米，长440、宽60、深22厘米。填土为深灰褐色颗粒状砂性土，土质较疏松。包含物有少量的炭屑、烧土粒、砾石及零星的青花瓷片等（图三七）。

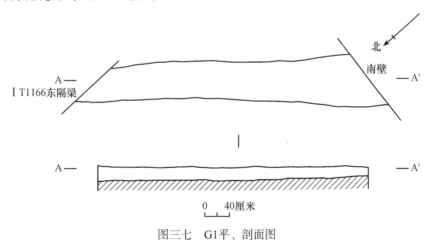

0　　40厘米

图三七　G1平、剖面图

（三）G11

开口于ⅡT6868②下，方向320°，打破M12。沟平面呈长条形，直壁平底。开口距地表15～20厘米，沟长276、宽52、深30厘米。两边均延伸入ⅡT6868南壁及西壁中，未扩方。填土为深灰褐色砂性土，土质较疏松，颗粒粗，包含少量烧土粒及炭屑等（图三八）。

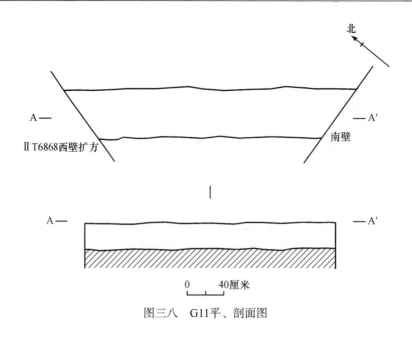

图三八　G11平、剖面图

三、近现代遗存

共清理灰坑2个、排水沟1条。

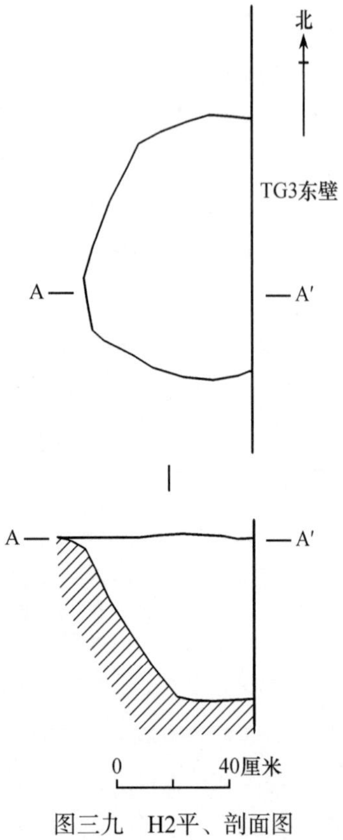

（一）H2

开口于ⅠTG3①下，方向146°，平面呈椭圆形。开口距地表20~25厘米，直径60~90、深约45厘米。填土为浅褐色细砂土，土质疏松。经过发掘，发现之前疑似为砖石的遗物实际为现代建筑所用水泥失效凝结而成的硬块，除此之外未发现有任何遗物（图三九）。

（二）G2

开口于ⅠT1366①下，方向30°，打破M5、M6，平面呈不规则长条形。开口距地表15厘米，长654、宽40~104、深6厘米，沿断坎分布，直壁、平底。填土为深灰褐色，土质较疏松，包含少量炭屑（图四〇）。

图三九　H2平、剖面图

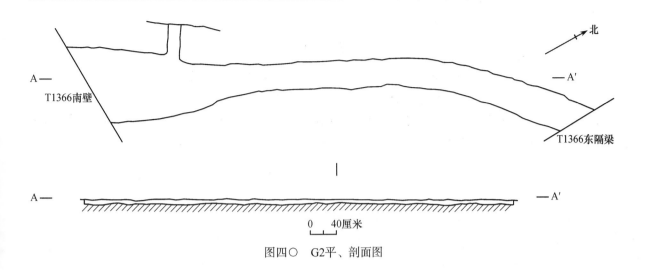

图四〇　G2平、剖面图

肆、结　语

麦子坝遗址位于三峡水库消落区，每年水涨水落给地下文物带来破坏，通过考古发掘抢救了麦子坝遗址的文物遗存，解除了地下文物面临的危情，实现了文物的有效保护。

本次发掘的墓葬虽然数量较多，但墓葬形制较为简单，均为"凸"字形土坑砖室墓。由于保存较差，所有墓葬均未见券顶，就各墓室所发现的墓砖推断，墓室券顶采用带子母榫卯的楔形砖构筑。也由于发掘区域所限和所有墓葬均遭到不同程度的盗扰，未发现人骨、棺木等，同时出土遗物较少，且大多制作简单，以生活用具为主，有陶罐、陶俑、陶釜、瓷盘口壶、瓷杯、瓷碗等，这些能够体现墓主人身份、地位的随葬品，组合不全，质料一般。

根据随葬品分析，M1～M3、M5、M8、M9、M11均出土有青瓷器，其质地、釉色有较典型的六朝时期特征。与2014年度焦岩遗址[1]发掘的部分随葬品较相似，故时代定为六朝时期。M4、M6、M7、M10、M12、M13部分墓葬有相当比例的模型器存在，其中陶俑多与丰都汇南墓群[2]发掘出土的陶俑较相似，因此时代定为东汉中晚期。

明清时期遗存较简单，出土器物较少，有明显的时代特征。

从此次麦子坝遗址的发掘情况来看，遗址文化堆积从汉—六朝—明清连续发展，表明这片区域在汉至清代，多作墓地，出土遗物类型不是很丰富，保存较差，但时代跨度长，具有较为重要的文物价值和研究价值。

附记：本次考古发掘领队为林必忠，参与发掘的人员有黄海、周虹、李洪、陈啸、秦彬、叶洪彬、钟林、陈政宇、刘宇飞，参与资料整理的人员有黄海、周虹、李洪、陈啸、秦彬、叶洪彬，参与修复工作的人员为秦彬、唐华东。此次发掘工作中，重庆市文物考古研究院、涪陵区文广新局、涪陵区博物馆给予了大力支持，在此一并致谢。

执笔：陈　啸　黄　海

注　释

［ 1 ］　重庆市文化遗产研究院、涪陵区博物馆：《涪陵焦岩遗址2014年度发掘简报》，《重庆三峡后续工作报告集（第二辑）》，科学出版社，2020年。

［ 2 ］　四川省文物考古研究所、丰都县文管所：《丰都汇南墓群发掘报告》，《重庆库区考古报告集·1998卷》，科学出版社，2003年。

涪陵杨树林遗址2015年度发掘简报

重庆市文物考古研究院
涪 陵 区 博 物 馆

一、引　言

　　杨树林遗址位于重庆市涪陵区白涛街道陈家嘴社区一社。2009年3月，涪陵区文管所对三峡消落区文物调查时发现杨树林遗址，根据断坎地层堆积及包含物综合判断，该遗址属于新石器至商周时期。经研究决定将其列入三峡库区消落带2015年度发掘任务中。因此，2016年9月，经过现场实地调查、勘探，在距离该遗址不远处（涪陵区江东街道辣子村一社，小地名蔡家坝），发现多处墓葬及其他遗迹现象，且保存较好，故将发掘现场迁至此地发掘（图一）。

　　现发掘现场位于乌江右岸二级台地的平坝上，小地名正坪，中心地理坐标：29°53′42.5″N，107°25′10.5″E，海拔182米。分布面积约600平方米，南北长约30、东西宽约20米。东至街基，

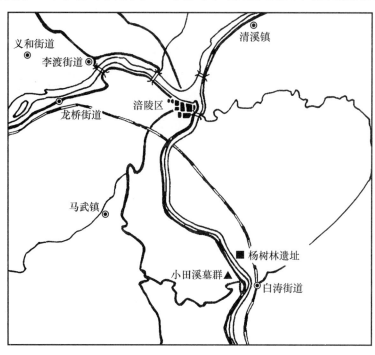

图一　杨树林遗址位置示意图

西到槽房嘴，南为乌江漫滩，北靠新房嘴。与麻溪遗址、玲珑墓地（当门堡）距离较近。

2016年10月26日，由重庆市文化遗产研究院（现重庆市文物考古研究院）、涪陵区博物馆联合对该遗址进行考古发掘。根据调查及勘探情况，此次工作区以蔡仲伦老宅西南角为测绘坐标基点，按正北方向布10米×10米探方2个（2015FBYT0302、2015FBYT0401，"2015"代表2015年度，"F"代表涪陵区，"B"代表白涛街道，"Y"代表杨树林遗址，以下简称T0302、T0401），实际发掘面积210平方米（图二）。现将本次发掘的具体情况简报如下。

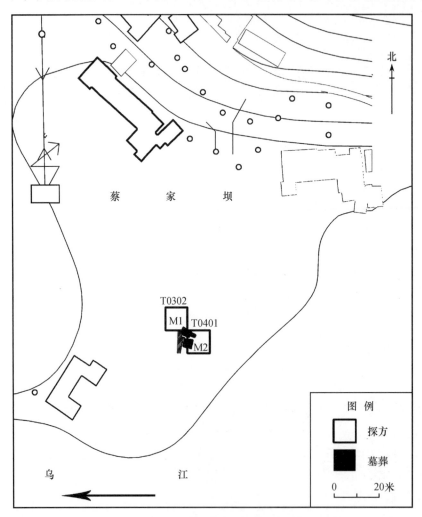

图二　涪陵杨树林遗址2015年度探方及墓葬分布图

二、地层堆积

整个发掘区地层堆积较薄，距地表最浅0.2、最深1.3米，平均深0.7米。由于早年农田改造，遗迹多在耕土层下暴露，以T0302东壁为例：

第1层：厚20～25厘米，黑褐色土，土质疏松。包含有大量的农作物根茎、碎石块等，为现代耕土层。

第2层：距地表深40～65厘米，厚25～30厘米，红褐色黏土，土质较疏松。包含物有少量的炭屑、砾石及零星的青花瓷片，为近现代文化层。

第3层：距地表深65～85厘米，厚30～35厘米，灰褐色黏土，土质较硬。包含物有红烧土粒、大量的水锈斑点及少量的缸胎器陶瓷残片等。于本层出土有零星的清代钱币，为明清文化层。M1开口于第3层下（图三）。

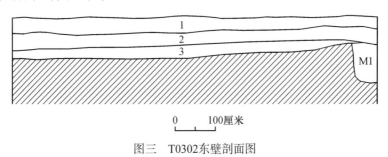

0　　100厘米

图三　T0302东壁剖面图

三、文 化 遗 存

发现墓葬2座（2015FBYM1、2015FBYM2，以下简称M1、M2），均为汉代墓葬，其中，砖室墓1座、土坑墓1座。

（一）M1

开口于T0401③下，延伸入T0302东南角，为"凸"字形砖室墓，方向110°。该墓葬由于扰乱严重，同时叠压于堡坎电线杆下，通长600、通宽400、残高30～150厘米，墓室被一壁砖分为两部分，后半部分被严重扰乱。墓室长400、宽300、残高32～140厘米；甬道长154、宽130、残高20～40厘米，墓葬填土为黄褐色五花土，较疏松，包含少量的炭屑、烧土粒等。于前墓室西南部发现板灰痕迹及大量的五铢钱，随葬品出土于前墓室中部（图四）。

由于被扰乱，出土随葬品较少，共14件。陶器均为泥质陶，陶色分为灰色、红褐色，可辨器形有罐、钵、灯等，修复8件。

1.陶器

博山炉盖　1件。标本M1：8，泥质红陶。盖呈圆柱形，外饰山形纹。通体施酱釉。口径10.2、高5.9厘米（图五，1）。

井盖　1件　标本M1：1，泥质红陶，模制。平面呈方形，井口圆形，井口两侧各有一对称的长方孔，四隅作弧形内凹。边长21、厚0.8厘米（图五，2）。

钵　1件。标本M1：14，泥质灰陶，轮制。敞口，尖圆唇，斜折腹，平底内凹。外壁施酱黄釉，部分釉已脱落。口径18.7、底径5.6、高6.3厘米（图五，4）。

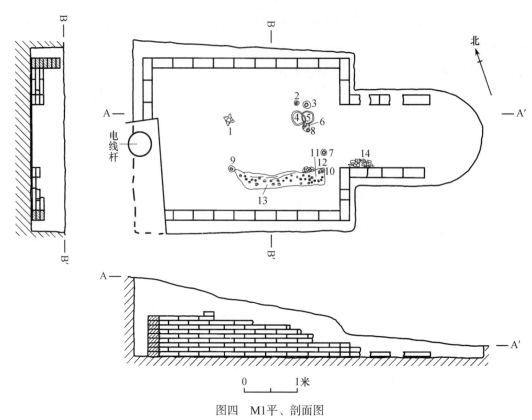

图四　M1平、剖面图

1. 陶井盖　2. 陶灯　3、7、9. 陶罐　4、5. 铜圈　6. 陶釜　8. 陶博山炉盖　10. 银手环　11. 银指环　12. 铜饰件　13. 钱币　14. 陶钵

　　罐　3件。标本M1∶9，泥质灰陶，轮制。侈口，圆唇，束颈，溜肩，鼓腹，下腹斜收至底，肩部饰有一周凹弦纹。口径10.7、腹径17.2、底径8.2、高11.4厘米（图五，5）。

　　灯　1件。标本M1∶2，泥质红陶，轮制。直口，方唇，子母口灯盘，盘较浅，弧形底。圆柱形灯柱较瘦高，灯座呈喇叭形，外壁施酱釉。部分釉已脱落。口径10.8、底径8、高9.5厘米（图五，9）。

　　釜　1件。标本M1∶6，泥质红陶，轮制。敞口，斜沿，圆唇，束颈，折肩，鼓腹，圜底，腹部饰有一道凹弦纹。外壁施酱釉，部分釉已脱落。口径19、腹径20、高15厘米（图五，10）。

2. 铜、银器

　　此次发掘出土的铜、银器由于腐蚀严重，可辨认器型者共6件，均未进行修复。

　　铜圈　2件。标本M1∶5，青铜质，圆形，锈蚀严重。直径18.8、厚0.8厘米（图五，8）。

　　铜饰件　1件。标本M1∶12，青铜质，圆柱形，锈蚀、变形严重。直径1.7、厚1厘米（图五，7）。

　　钱币　1件。标本M1∶13，青铜质，模制。为五铢，有郭，钱文较模糊。钱径2.5、厚0.1、穿宽0.9厘米（图五，11）。

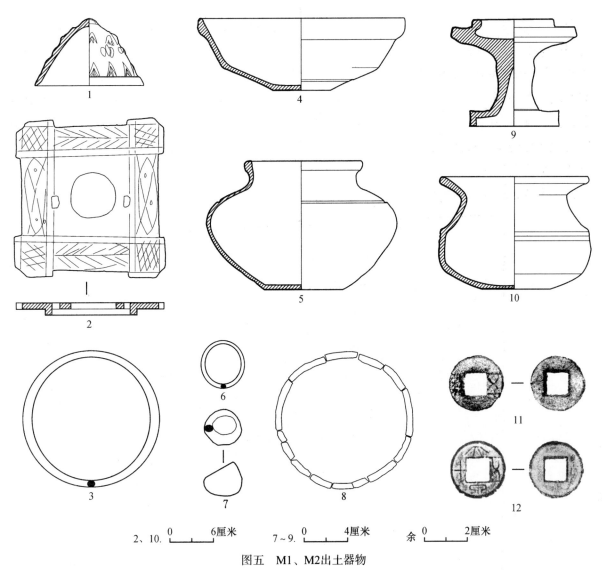

2、10. ⊢0⊣⊢6厘米　　7~9. ⊢0⊣⊢4厘米　　余 ⊢0⊣⊢2厘米

图五　M1、M2出土器物

1. 陶博山炉盖（M1：8）　2. 陶井盖（M1：1）　3. 银手环（M1：10）　4. 陶钵（M1：14）　5. 陶罐（M1：9）　6. 银指环（M1：11）　7. 铜饰件（M1：12）　8. 铜圈（M1：5）　9. 陶灯（M1：2）　10. 陶釜（M1：6）　11. 五铢（M1：13）　12. 大泉五十（M2：20）

银指环　1件。标本M1：11，共5枚。圆形，锈蚀严重，已粘连。直径2、厚0.2厘米（图五，6）。

银手环　1件。标本M1：10，圆形。直径6.3、厚0.3厘米（图五，3）。

（二）M2

位于T0401西部，长方形竖穴土坑墓。被D1、D2、D3、D4及现代灰坑打破，开口于第1层下，打破生土层。方向140°，墓葬因早年改土造田，扰乱较为严重。开口距地表深20～120

厘米，墓底距地面深40～150厘米。墓室长400、宽360、残高20～120厘米，口底同宽。由于墓葬西部被电线杆叠压，仅做了260厘米的西壁剖面局部分解。墓室东部发现人骨一具，头向190°，长150、宽40～50厘米，人骨下出土大量的"货泉"钱币及棺木腐朽痕迹。墓室西部墓室发现人骨一具，头向20°，长170、宽30～50厘米，人骨下出土大量的"大泉五十"钱币及棺木腐朽痕迹。在两具人骨之间出土少量的陶器及零星的青铜器、铁器等。同时，在东侧人骨附近发现残存的朱砂痕迹，西侧人骨附近出土铁剑1把。根据人骨周边出土遗物推断，西侧应为男性，东侧应为女性（图六）。

　　出土器物较少，但类型较丰富。

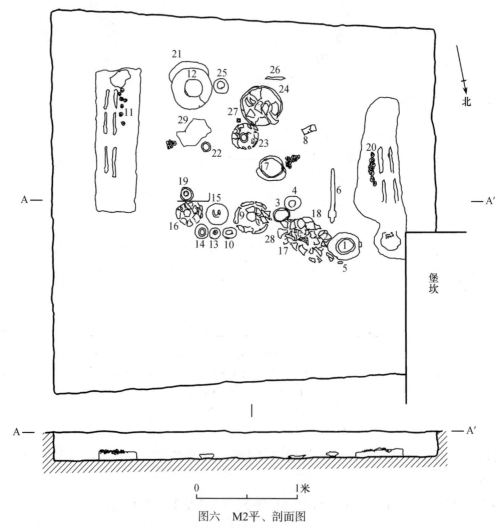

图六　M2平、剖面图

1、7.铜洗　2.陶杯　3、22.陶钵　4.陶盘　5、28.陶网坠　6、26.铁剑　8.黛板　9、12、24.陶盆　10.陶釜 11、20.钱币　13～16、23.陶罐　17.陶锺　18.陶匜　19.陶洗　21.铁器　25.陶井　27.陶片　29.朱砂

1. 陶器

陶器均为泥质陶，可辨器型有罐、钵、盆等，修复17件。

井 1件（套）。标本M2：25-1，泥质灰陶，轮制。敛口，方唇，矮斜颈，折肩，桶腹，下腹微收，平底。口径15、腹径20.5、底径15.2、高19.9厘米（图七，1）。标本M2：25-2，打水罐，泥质灰陶，手制。敞口，圆唇，束颈，鼓腹，下腹斜收至底，平底。口径4.3、腹径7、底径3.2、高4.5厘米（图七，2）。

盘 1件。标本M2：4，泥质红陶，轮制。敞口，方唇，斜折腹，平底。口径21.2、底径8.1、高3.8厘米（图七，3）。

匜 1件。标本M2：18，泥质红陶，轮制。口微敛，圆唇，弧腹，下腹弧收，小平底，口沿下饰一道凹弦纹，一侧饰有龙头状柄。外壁施酱黄色釉不及底，部分釉已脱落。口径18.2、底径9.5、高8、柄长8.5厘米（图七，4）。

釜 1件。标本M2：10，泥质红陶，轮制。侈口，圆唇，斜沿，束颈，折肩，弧腹，圜底，在上腹部饰有一对环状耳，腹部饰有三周凹弦纹。外壁施酱釉不及底。口径12.6、腹径14.5、高12.8厘米（图七，5）。

杯 1件。标本M2：2，泥质红陶，轮制。口微敛，方唇，直腹，平底，口沿一侧饰有半圆形纽。口径9.8、腹径10.1、底径9.8、高11厘米（图七，6）。

锺 1件（套）。标本M2：17-1，泥质红陶，轮制。盘口，方唇，长颈微束，鼓腹，圈足外撇，颈腹交接处饰有二道凹弦纹，上腹部饰有对称压印兽面铺首衔环一对。标本M2：17-2，锺盖，平顶微弧，饰有三个乳状纽，子母口。通体施酱釉，部分釉色已脱落。口径11.5、腹径24.2、底径14、通高17.2厘米（图七，7）。

罐 5件。标本M2：23，泥质灰陶，轮制。体型较大，直口，方圆唇，立领，溜肩，鼓腹，下腹斜收，平底微凹。口径20、腹径36.4、底径20.5、高29.8厘米（图八，1）。标本M2：16，泥质灰陶，轮制。口微敞，圆唇，溜肩，鼓腹，下腹斜收至底，大平底，口小于底，肩部饰有二周凹弦纹。口径11.5、腹径24.2、底径14、高17.2厘米（图八，3）。标本M2：14，泥质红陶，轮制。敞口，圆唇，溜肩，鼓腹，下腹弧收至底，小平底，肩部饰有一周凹弦纹。口径10、腹径18.2、底径9.6、高12.5厘米（图八，2）。

钵 2件。标本M2：3，泥质灰陶，轮制。侈口，方唇，斜折腹，圈足，口沿下部饰有多道凹弦纹。口径17.2、底径8.2、高7厘米（图八，4）。

盆 3件。标本M2：9，泥质灰陶，轮制。侈口，厚圆唇，斜腹微弧，平底，腹上部饰一周凸棱纹，腹中部饰有多道细绳纹。口径36.8、底径17.8、高23厘米（图八，5）。标本M2：12，泥质灰陶，轮制。侈口，厚圆唇，斜腹微弧，平底，上腹部饰两道弦纹，腹中部饰竖绳纹，再用凹弦纹六道隔成带状五周。口径40.6、底径18.5、高27.1厘米（图八，6）。

洗 1件。标本M2：19，泥质红陶，轮制。侈口，方唇，弧腹，平底微凹，上腹有数周凹弦纹，腹部饰有对称铺首衔环。口径24.1、底径13.1、高9厘米（图八，7）。

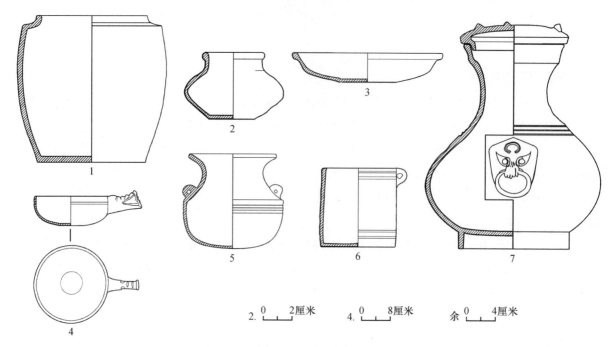

2. 0 ___ 2厘米   4. 0 ___ 8厘米   余 0 ___ 4厘米

图七　M2出土器物

1. 陶井（M2：25-1）　2. 陶打水罐（M2：25-2）　3. 陶盘（M2：4）　4. 陶匜（M2：18）　5. 陶釜（M2：10）
6. 陶杯（M2：2）　7. 陶锺（M2：17）

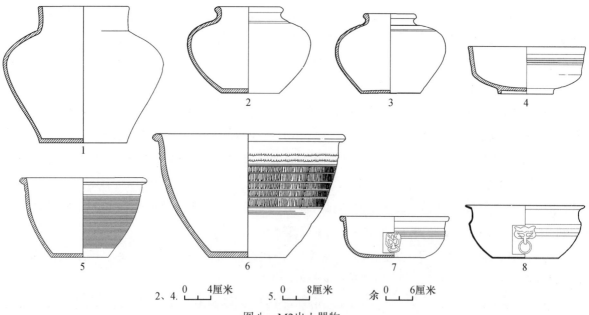

2、4. 0 ___ 4厘米　　5. 0 ___ 8厘米　　余 0 ___ 6厘米

图八　M2出土器物

1～3. 陶罐（M2：23、M2：14、M2：16）　4. 陶钵（M2：3）　5、6. 陶盆（M2：9、M2：12）　7. 陶洗（M2：19）
8. 铜洗（M2：7）

2. 铜器

洗 1件。标本M2：7，模制。敞口，斜沿，尖唇，束颈，弧腹，平底，上腹有数周凸棱纹，腹部饰有对称铺首衔环。口径26.3、底径15.2、高11.5厘米（图八，8）。

钱币 1件（袋）。标本M2：20，铜质，模制。有郭，钱文为上"大"下"泉"，右"五"左"十"，较模糊。钱径2.5～2.6、厚0.1、穿宽0.9～1厘米（图五，12）。

四、结　语

本次清理的墓葬被扰乱，出土遗物数量较少，但种类较丰富。M1出土器物保存较差，部分只能辨出器形，难以修复，但从墓葬形制判断时代应为东汉早期。相对而言，M2出土遗物较丰富，特别是出土的铜洗、"大泉五十"钱币等都与丰都汇南墓群[1]出土同类器物类似，故推断时代应为新莽时期。

杨树林遗址的发现为探讨涪陵地区汉代的丧葬习俗以及社会形态提供了新资料。

附记：本次考古发掘领队为方钢，参与发掘的人员有黄海、周虹、陈啸、秦彬、叶洪彬、王朋成，参与资料整理的人员有黄海、周虹、李洪、陈啸、秦彬、叶洪彬、王朋成，负责修复工作的人员有秦彬、唐华东。本次发掘工作中，重庆市文物考古研究院、北京大学考古系、涪陵区文化委、涪陵区博物馆给予了大力支持，在此一并致谢。

执笔：陈　啸

注　释

［1］ 四川省文物考古研究所、丰都县文管所：《丰都汇南墓群发掘报告》，《重庆库区考古报告集·1998卷》，科学出版社，2003年。

涪陵坛神堡（玉屏）墓地2015年度发掘简报

涪 陵 区 博 物 馆
重庆市文物考古研究院

壹、引　　言

坛神堡墓地于2009年3月进行三峡消落区专题调查时发现。在文物巡查中发现有墓葬暴露，墓地所在坡地上散落有较多的墓砖、陶器残片等，部分墓葬因江水冲刷遭受破坏，根据断坎剖面的地层堆积及包含物综合判断，该墓地时代属于汉至六朝时期（图一）。

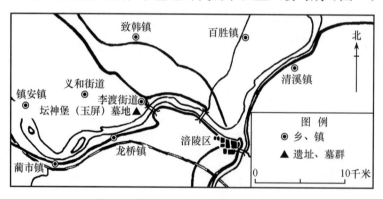

图一　坛神堡（玉屏）墓地位置示意图

坛神堡墓地位于重庆市涪陵区马鞍街道红星社区九社，由于现代建筑、防洪堤的修建，遗迹破坏殆尽。于是将发掘工地转移至马鞍街道太乙（原玉屏）社区二组，小地名冉家湾。其范围南北宽约60、东西长约200米，面积约12000平方米。东望庙耳山，西为天然气闸房，南为长江，北靠棺山坡，距涪高中移民点约2千米。

由于玉屏墓群属于城市建设征地范围内，当地村民已全部搬迁，可勘探、调查的面积较大，为了尽快实施田野工作，以实现对该墓群的有效保护。2017年11月～2018年1月，重庆市文化遗产研究院（现重庆市文物考古研究院）、涪陵区博物馆联合对坛神堡（玉屏）墓地进行田野发掘工作，发掘编号为年度+发掘地点首字母起始（2015FMT，以下省略），计划发掘面积800平方米。此次发掘以太乙社区冉家湾天然气管道转换站为测绘坐标基点（GPS卫星定位

坐标：29°43′28.6″N，107°17′10.5″E，海拔202米），分为四个发掘区。主要选择在Ⅰ区布设5
米×5米的探方1个；在Ⅲ区冉家湾布设10米×10米的探方2个，20米×2米的探沟1条，龙颈湾
布设10米×10米的探方3个。加上扩方的248平方米，实际发掘面积813平方米（图二）。共清
理墓葬8座，现就本次发掘的具体情况简报如下。

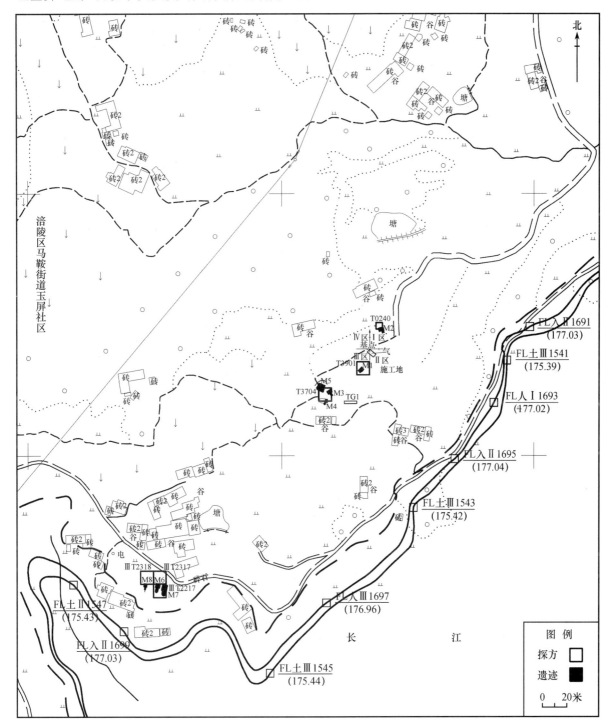

图二　坛神堡（玉屏）墓地2015年度发掘探方和遗迹分布图

贰、地层堆积

因三峡库区移民搬迁以及消落区水土流失等原因影响，整个发掘区文化层堆积较薄，距地表最浅0.2米，距地表最深1.8米，平均深1米。由于早年农田改造，遗迹多在耕土层下暴露，各探方均发掘到黄褐色生土层。地层堆积情况，以ⅠT0240西壁为例介绍如下（图三）。

第1层：厚度为20～100厘米，黑褐色黏土，土质疏松，颗粒较粗，含植物根茎、红烧土粒、炭屑等。该层呈水平状分布全探方，为耕土层。

第2层：厚度为0～80厘米，距地表20～125厘米，红褐色黏土，土质较疏松，黏性强，包含少量树木根须，红烧土粒、炭屑等，出土零星的碎瓦片、塑料袋等。该层斜坡状分布于探方东南面，为现代扰乱层，本层下发现M2。

第3层：厚度为0～30厘米，距地表55～100厘米，浅黄褐色黏土，土质较疏松，包含少量的砾石、炭屑及碎陶瓷片等。该层分布于探方西北角及东部，堆积较平缓，为明清层。

第4层：厚度为0～25厘米，距地表25～70厘米，灰褐色土，土质较疏松，含沙量重，包含少量的红烧土粒、炭屑等，出土零星的碎陶片等。该层分布于探方北部，堆积较平缓，为汉代层。本层下为黄褐色生土层。

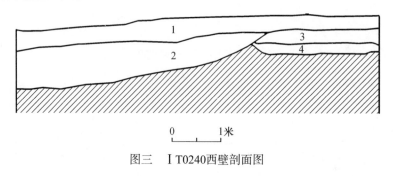

0　　　1米

图三　ⅠT0240西壁剖面图

叁、遗　存

一、汉代遗存

本次发掘清理汉代砖室墓葬6座、石室墓葬1座。发掘编号为2015FMTM1～2015FMTM4、2015FMTM6～2015FMTM8（以下简称M1～M4、M6～M8）。其中M2位于Ⅰ区，其他墓葬位于Ⅲ区。

（一）M1

开口于ⅢT3901①下，土坑砖室墓，平面呈"凸"字形，方向为145°，由于扰乱严重，墓墙砖仅存7层。采用长38、宽16、厚8厘米的菱形花边纹砖错缝平砌而成，共发现细菱形及粗菱形2种墓砖。墓室内发现两排竖向墓砖，应为放置棺木所用，墓底未发现铺底砖。墓口距地表20~30厘米，甬道残长50~60、宽100、残高0~30厘米，墓室长314、宽230、残高20~58厘米。填土为黄褐色五花土，土质较疏松，颗粒粗，内含大量的汉砖残块和碎陶片等。由于盗扰和耕作，其葬具、人骨已无存（图四）。

由于被扰乱，出土遗物较少，以陶器为主，共12个器物编号，修复4件。

陶罐　2件。标本M1：1，泥质灰陶，轮制。敞口，圆唇，束颈，圆肩，鼓腹，下腹斜收，平底。肩上饰有一周凹弦纹。口径10.7、腹径18.3、底径9.1、高12.2厘米（图五，1）。标本M1：6，泥质灰陶，轮制。敞口，圆唇，束颈，溜肩，鼓腹斜收，平底。素面。口径9.7、腹径15.6、底径7.4、高12.3厘米（图五，2）。

陶钵　1件。标本M1：4，泥质灰陶，轮制。敞口，圆唇，斜折腹，小平底。通体施酱黄釉，大部分釉已脱落。口径17.1、底径5.2、高6.8厘米（图五，3）。

陶打水罐　1件。标本M1：12，夹砂灰陶，手制。敞口，圆唇，束颈，鼓腹，平底微凹。素面。口径3.7、腹径5.5、底径3.2、高3.3厘米（图五，4）。

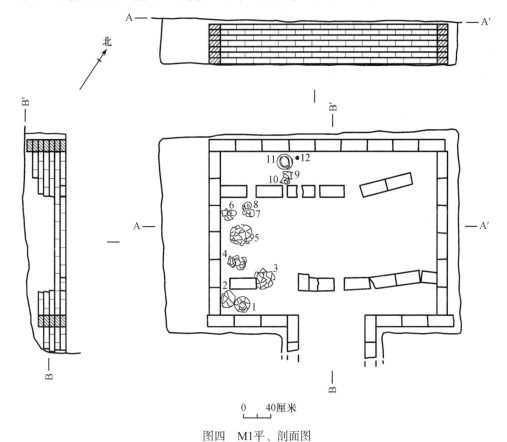

图四　M1平、剖面图

1~3、6.陶罐　4、5、7、10.陶钵　8.陶灯　9.陶井架　11.陶井　12.陶打水罐

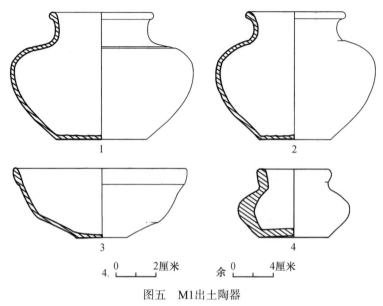

4.　0　　2厘米　　　余　0　　4厘米

图五　M1出土陶器

1、2.罐（M1：1、M1：6）　3.钵（M1：4）　4.打水罐（M1：12）

（二）M2

开口于 I T0240②下，打破③及生土，土坑砖室墓。平面呈刀把形，方向为165°。由于被扰乱，券顶无存，墓室西壁向内变形垮塌部分。墓砖采用长46、宽18、厚8厘米的多种花边纹砖错缝平砌而成，共发现车轮形、花纹形、菱形等四种墓砖，墓底未发现铺底砖。甬道由于早年改土造田破坏部分，残存底部，长176、宽134、残高8～32厘米，墓道部分为断坎已损毁。墓口距地表30～40厘米，墓底距地表60～170厘米，墓室长330、宽240、残高18～130厘米。填土为黄褐色五花土，土质较紧密，内含大量的汉砖残块和碎陶片等。随葬品多分布于甬道至墓室的连接处，墓室内未发现葬具、人骨等痕迹（图六）。

虽然被扰乱，但出土遗物较丰富，以陶器为主，陶质均为泥质陶，陶色分为灰色、红褐色，可辨认器型有罐、钵、灯、房、俑等。共44个器物编号，修复32件。

陶罐　8件。标本M2：19，泥质灰陶，轮制。敞口，口大于底。圆唇，束颈，溜肩，鼓腹，平底。肩部饰有二周凹弦纹。口径10.7、腹径16.3、底径7.5、高12.1厘米（图七，3）。标本M2：11，泥质灰陶，轮制。敛口，圆唇外翻，短斜颈，折肩，弧腹，大平底。颈下部饰有一周凹弦纹。口径13.5、腹径23.2、底径17.3、高16.2厘米（图七，2）。标本M2：31，泥质灰陶，轮制。敛口，圆唇外翻，短斜颈，折肩，弧腹，下腹斜收至底，大平底。口径14.3、腹径23.3、底径14、高16.4厘米（图七，1）。标本M2：36，泥质灰陶，轮制。口微敞，圆唇，短束颈，折肩，腹微弧，下腹斜收至底，大平底。颈下部饰有一周凹弦纹。火候较低。口径10.5、底径13.3、腹径19.3、高12.3厘米（图七，4）。标本M2：33，泥质灰陶，轮制。直口，方唇，立领，圆肩，鼓腹斜收，平底。肩部饰有一周凹弦纹。口径10.8、腹径18、底径8.7、高14.3厘米（图七，6）。

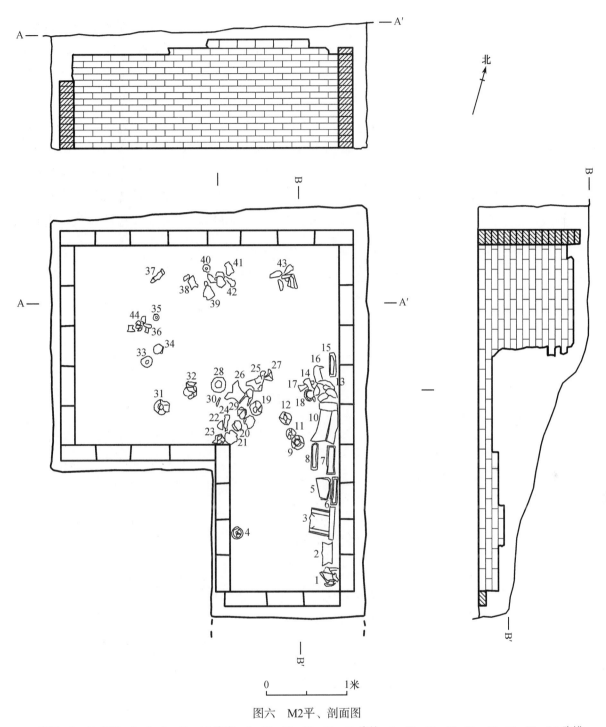

图六 M2平、剖面图

1.陶甑 2、41.陶锺 3、5~8、10、15.陶房 4、20、26、29、34、42.陶钵 9、11、12、19、21、23、31、33、36.陶罐
13.陶勺 14、17、24、37、39.陶俑 16.陶猪 18.陶博山炉 22、28.陶盖 25.陶子母鸡 27、38.陶井盖 30.铜扣
32、44.陶片 35.陶打水罐 40.陶灯 43.陶塘

陶钵 3件。标本M2:42，泥质灰陶，轮制。敞口，圆唇，斜曲腹，平底。火候较低。口径17.7、底径5.3、高7.5厘米（图七，8）。标本M2:34，泥质红陶，轮制。敛口，圆唇，弧腹，下腹弧收至底，假圈足。口沿下饰有二周凹弦纹。口径15、底径7.8、高6.5厘米（图七，7）。

陶盖 2件。标本M2:28，泥质红陶，模制。子母口，盖面弧形，盖面上方饰有三个乳钉。器表外施酱黄釉，部分已脱落。盖径15.6、口径10.5、高4.1厘米（图七，14）。标本M2:22，博山炉盖，泥质红陶，模制。圆锥形，口沿平齐，中空，器表饰有大量的山形纹，近顶部分布四个横条形孔。外壁施酱釉，部分已脱落。口径11.3、高5.8厘米（图七，13）。

陶博山炉 1件。标本M2:18，泥质红陶，轮制。子母口，圆唇，柱状柄较高，覆盘状

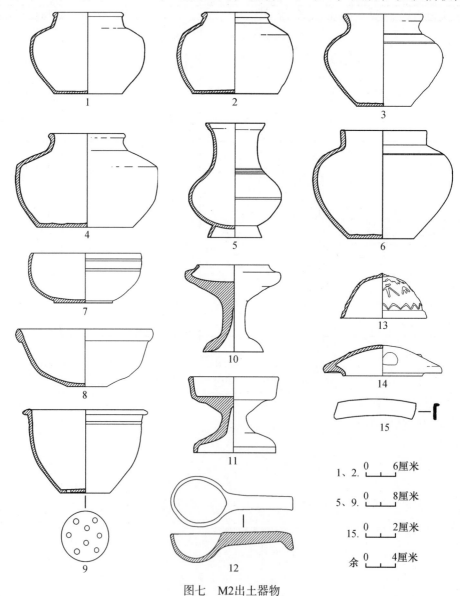

图七 M2出土器物

1~4、6.陶罐（M2:31、M2:11、M2:19、M2:36、M2:33） 5.陶锺（M2:2） 7、8.陶钵（M2:34、M2:42）
9.陶甑（M2:1） 10.陶博山炉（M2:18） 11.陶灯（M2:40） 12.陶勺（M2:13） 13、14.陶盖（M2:22、M2:28）
15.铜扣（M2:30）

底。口径9.3、底径8、高11.3厘米（图七，10）。

陶灯　1件。标本M2：40，泥质红陶，轮制。盘状口，圆唇，柱状柄较矮，覆钵状底。通体施酱釉，外壁大部分已脱落。口径12.2、底径10.8、高9.8厘米（图七，11）。

陶锺　2件。标本M2：2，泥质红陶，轮制。盘口外侈，方唇，长颈微束，鼓腹，圈足外撇。颈腹交接处饰有五周凹弦纹，腹中部饰有一周凹弦纹。外壁施酱釉，部分已脱落。口径14.7、腹径24.7、底径15.3、高30厘米（图七，5）。

陶勺　1件。标本M2：13，泥质红陶，模制。勺首呈椭圆形，勺柄较直。通体施酱釉，部分釉已脱落。通长16.4厘米（图七，12）。

陶甑　1件。标本M2：1，泥质灰陶，轮制。直口，平折沿外卷，深腹微鼓，下腹斜收至底，平底有8个圆形箅孔。口沿下部有一道凸棱。口径34.3、底径13.2、高21.5厘米（图七，9）。

陶房　3件。标本M2：5，泥质红陶，手模合制。房体呈长方形，左右和后面为板块结构；房顶为歇山式，中脊两侧上翘，房顶前檐饰五道筒瓦垄，顶下为横额相承，两侧回廊各一根一斗三升的廊柱，房中部正面开一方形门洞。长25、宽8.5、高21厘米（图八，2）。标本M2：7，泥质红陶，手模合制。房体呈长方形，带回廊。左右和后面为板块结构；房顶为歇山式，中脊六领上翘，房顶前檐饰五道筒瓦垄，顶下为横额相承，房中部立一根廊柱，一斗三升的斗拱相承，檐、拱接合部贴饰一块横长方形斗块。回廊通前、左、右部。廊前部左右饰有长方形镂孔两组，中部饰三角形镂孔一组。长29、宽9.3、通高28厘米（图八，1）。

陶塘　1件。标本M2：43，泥质红陶，手模合制。长方形，口大底小，塘内泥塑藕、荷叶等，平底。口、底、壁分制后拼接而成。口长32.2、宽21.5、通高4.7厘米（图八，3）。

陶打水罐　1件。标本M2：35，泥质灰陶，手制。口微敞，圆唇，束颈，折腹，平底。素面。口径3.6、腹径5.1、底径4.2、高3.2厘米（图八，5）。

陶井盖　1件。标本M2：27，泥质红陶，手模合制。平面呈"井"字形，中间有一圆孔作井口，两侧各有一个方形孔作支架插孔。井面饰有多道划纹，背面一环形状凸起。边长21、厚1.8厘米（图八，4）。

陶侍俑　2件。标本M2：24，泥质红陶，模制。头着冠，面部模糊，外罩右衽宽袖及地长袍。双手拢于胸前。高20.4厘米（图九，1）。

陶坐俑　1件。标本M2：17，泥质红陶，模制。双腿跪坐，头戴圆冠，瞪眼，挺鼻，嘴微张，上身微左倾。右手握拳竖举与肩平，左手下垂置于身前。身着右衽宽袖长袍，遮腿至底。高17.7厘米（图九，3）。

陶抚琴俑　1件。标本M2：14，泥质红陶，模制。头着束巾，面部较模糊，双腿跪坐，琴置于腿上，双手抚琴，上身向右后倾。身着右衽宽袖长袍，遮腿至底。高17.3厘米（图九，2）。

陶子母鸡　1件。标本M2：25，泥质红陶，模制。俯卧，中空。头微抬，尖喙，斜脊，短尾上翘，小鸡附于母鸡背部。长16.2、高14厘米（图九，5）。

陶猪　1件。标本M2：16，泥质红陶，模制。立状，头部较长，翘鼻，露齿，鼓眼，方耳，背部较平，四肢较细，卷尾贴于右臀。长24.4、高13.1厘米（图九，4）。

铜扣　1件。标本M2：30，青铜质。长条形，锈蚀严重。长5.5、宽1、厚0.2厘米（图七，15）。

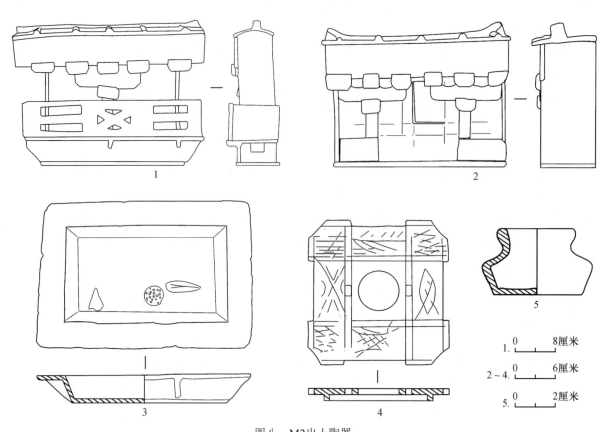

图八　M2出土陶器

1、2.房（M2：7、M2：5）　3.塘（M2：43）　4.井盖（M2：27）　5.打水罐（M2：35）

图九　M2出土陶器

1.侍俑（M2：24）　2.抚琴俑（M2：14）　3.坐俑（M2：17）　4.猪（M2：16）　5.子母鸡（M2：25）

（三）M3

开口于ⅢT3704①下，为土坑砖室墓，平面呈"凸"字形，方向为145°。由于该墓葬扰乱破坏较严重，仅残存少量墓砖，墓室西北部已损毁，仅残存墓砖痕迹，墓顶全部塌陷。墓墙砖采用长38、宽14、厚8厘米的菱形花边纹和横纹砖交叉错缝平铺而成，墓底为黄褐色及红褐色砂岩层。甬道由于早年改土造田破坏部分，残存底部，长120、宽120、残高40～50厘米；墓道残存部分长72、宽160、残高20～30厘米。墓口距地表深约20厘米，墓底距地表深约50厘米。墓室长340、宽232、残高0～42厘米。填土为黄褐色五花土，土质较紧密，内含大量的汉砖残块和碎陶片等。墓室内未发现葬具、人骨等痕迹（图一〇）。

由于扰乱严重，出土遗物较少，共6个器物编号，修复4件陶器。

陶博山炉盖　1件。标本M3：4，泥质红陶，模制。圆锥形，口沿较齐，中空，器表有大

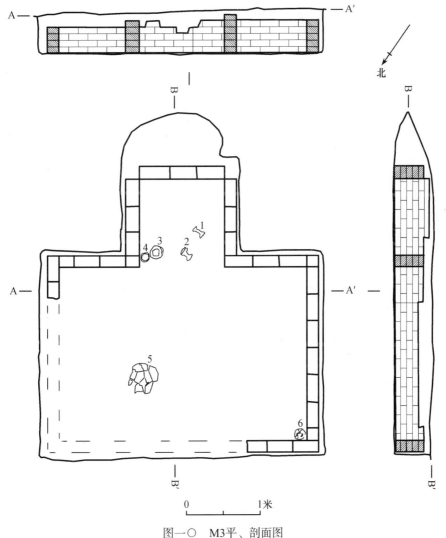

图一〇　M3平、剖面图

1、2.陶灯　3.陶井　4.陶博山炉盖　5.陶片　6.陶釜

量的圆形凸起，近顶部分布二个横条形孔。外壁施酱釉，大部分已脱落。口径11.8、高6.7厘米（图一一，1）。

　　陶灯　2件。标本M3：1，泥质红陶，轮制。盘状口，圆唇，柱状柄较高，覆钵状底。通体施酱黄釉，大部分釉色已脱落。口径10、底径8.3、高11.7厘米（图一一，2）。

　　陶井　1件。标本M3：3，泥质灰陶，轮制。口微敛，圆唇，折肩，桶腹微鼓，平底。口径13.2、腹径18.8、底径14.5、高17.2厘米（图一一，4）。

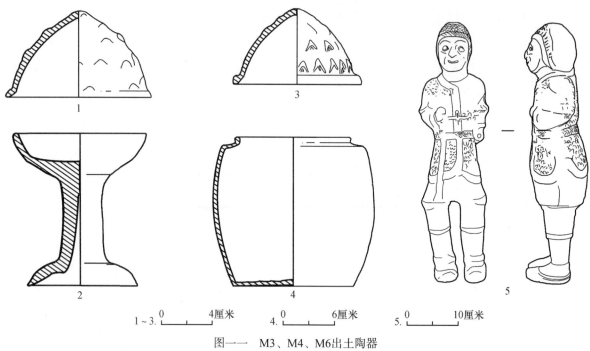

图一一　M3、M4、M6出土陶器
1、3. 博山炉盖（M3：4、M4：1）　2. 灯（M3：1）　4. 井（M3：3）　5. 执剑俑（M6：2）

（四）M4

　　开口于ⅢT3704①下，被现代坑打破部分。为土坑砖室墓，平面呈"凸"字形，方向为180°，由于该墓葬扰乱严重，仅残存少量墓砖，墓葬西部被现代坑打破，已损毁，墓顶全部塌陷。墓墙砖采用长38、宽14、厚8厘米的菱形花边纹和横纹砖交叉错缝平铺而成。墓底为黄褐色砂岩层。甬道西部同样被现代坑打破，由于早年改土造田破坏部分，残存底部，残长80~150、宽120、残高18~26厘米；墓道长80、宽160、残高0~20厘米。墓口距地表深约40厘米，墓底距地表深约66厘米。墓室残长172~252、宽220、残高0~36厘米。填土为黄褐色五花土，土质较紧密，内含少量的汉砖残块和碎陶片等。墓室内未发现葬具、人骨等痕迹（图一二）。

　　由于扰乱严重，出土遗物较少，共2个器物编号，修复1件陶器。

　　陶博山炉盖　1件。标本M4：1，泥质红陶，模制。圆锥形，口沿较齐，中空，器表饰有大量的山形纹。外壁施酱釉，大部分已脱落。口径10、高5.8厘米（图一一，3）。

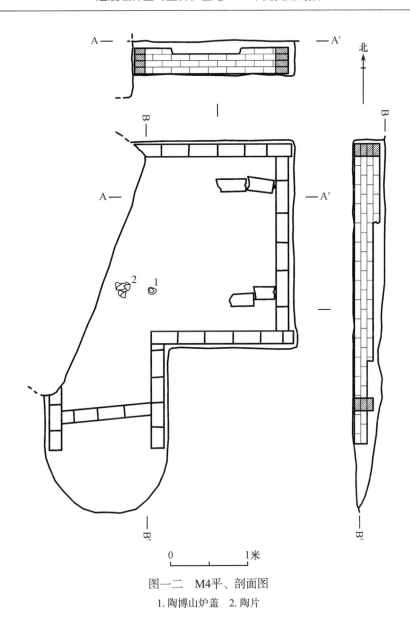

图一二　M4平、剖面图
1. 陶博山炉盖　2. 陶片

（五）M6

　　开口于ⅢT2217②下，土坑砖室墓，平面呈"凸"字形，墓向195°。由于滑坡、泥石流等自然因素，导致该墓变形、垮塌现象较严重，发现由墓室后壁贯穿整个墓葬的多处裂缝。该墓葬券拱已损毁大部分，残存的券拱砖饰有隶书"富贵"二字，长36、宽22、厚12厘米，墓墙砖饰有几何纹，长46、宽20、厚10厘米。墓室长315、宽280、残高70~80厘米，甬道长220、宽185、残高60~70厘米。墓底用泥沙铺底。墓室内未发现葬具、人骨等痕迹（图一三）。

　　由于扰乱严重，出土遗物较少，共3个器物编号，修复1件陶器。

　　陶持剑俑　1件。标本M6：2，泥质红陶，模制。立姿，头戴圆盔，面部较清晰，身着右衽铠甲至下腹部，双腿跨立。左手虚握置于腰间，右手持剑身置于右胸。高50.3厘米（图一一，5）。

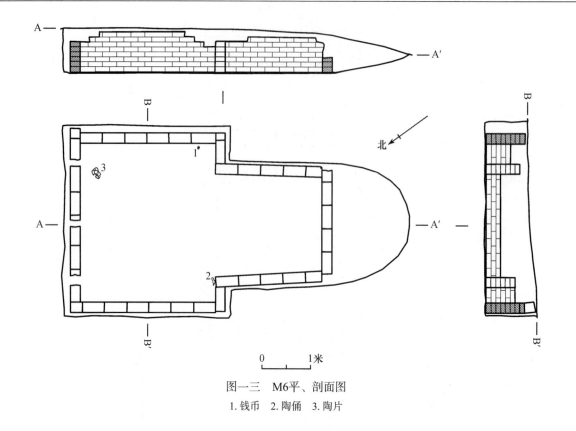

图一三　M6平、剖面图
1. 钱币　2. 陶俑　3. 陶片

（六）M7

开口于Ⅲ T2217②下，为土坑砖室墓，平面呈"凸"字形，墓向198°。由于受到泥石流、滑坡等自然因素影响，墓室出现垮塌、变形、墓底沉降等现象。该墓葬的券拱砖损毁部分，砖长36、宽22、厚12厘米。墓室长490、宽380、残高140～160厘米，墓墙砖长46、宽20、厚10厘米；甬道有弯曲、变形，伸入墓室小部分，长230、宽270～330、残高170厘米。墓底用泥沙铺底，斜坡形墓道长240、宽146厘米。墓室内未发现葬具、人骨等痕迹（图一四）。

出土遗物较少，分布于甬道口位置，可辨认器型有罐、房、俑等。共26个器物编号，修复8件陶器。

陶罐　1件。标本M7：3，泥质红陶，轮制。口微敛，圆唇，溜肩，圆鼓腹，平底。肩部饰有二周凹弦纹。外壁施酱黄釉不及底，釉色大部分已脱落。口径11.4、底径8.8、腹径17、高13厘米（图一五，2）。

陶碗　1件。标本M7：15，泥质红陶，轮制。口微敞，曲腹，饼足。口沿下部饰有二周凹弦纹。外壁施酱黄釉不及底，釉色大部分已脱落。口径17、底径9.6、高7.9厘米（图一五，1）。

陶井　1件。标本M7：6，泥质红陶，井体轮模合制。敞口，圆唇，桶腹微鼓，平底。井上有悬山顶井亭，顶中有脊，脊两侧各有五道瓦垄，柱间横轴中部设有辘轳痕迹。口径14、底径13.5、通高25.6厘米（图一五，3）。

陶侍俑　1件　标本M7：24，泥质红陶，模制。头着冠，面部模糊，外罩右衽宽袖及地长

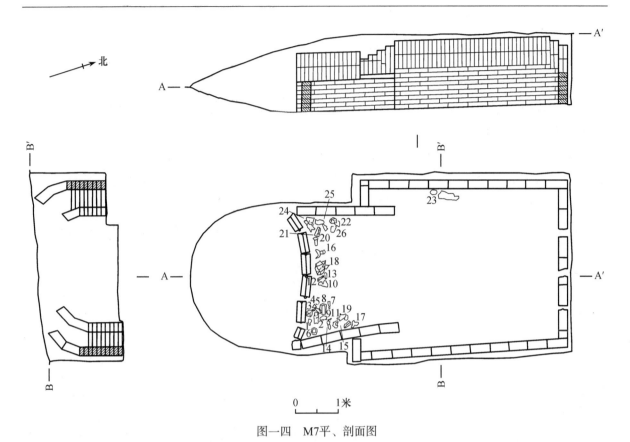

图一四　M7平、剖面图

1、2、7、14、16、21、23~26.陶俑　3、22.陶罐　4.钱币　5、18.陶片　6.陶井　8.陶塘　9.陶猪　10.陶摇钱树座
11、13、19.铜饰件　12.铁器　15.陶碗　17.陶鸡　20.陶房

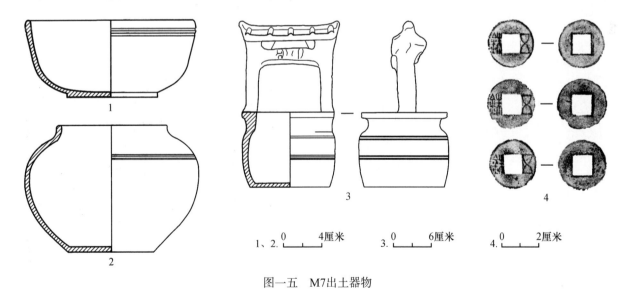

1、2. |—0————4厘米　　3. |—0————6厘米　　4. |—0————2厘米

图一五　M7出土器物

1.陶碗（M7：15）　2.陶罐（M7：3）　3.陶井（M7：6）　4.钱币（M7：4）

袍。双手拢于胸前。高16.3厘米（图一六，1）。

陶抚琴俑　1件　标本M7：7，泥质红陶，模制。头戴圆冠，面带微笑，双腿跪坐，琴置于腿上，双手抚琴。身着右衽宽袖长袍，遮腿至底。高28.8厘米（图一六，2）。

陶持袋俑　1件　标本M7：25，泥质红陶，模制。立姿，头戴冠，面目较模糊，身着右衽宽袖长袍至底。右手下垂紧贴腰间，左手持袋于胸前。高30厘米（图一六，4）。

陶持剑俑　1件　标本M7：1，泥质红陶，模制。立姿，头戴冠，面目较模糊，身着右衽铠甲及膝，双腿跨立。左手虚握置于腰间，右手持环状剑柄置于右胸前。高45.6厘米（图一六，3）。

陶执扇俑　1件　标本M7：2，泥质红陶，模制。立姿，面目清晰，身着右衽宽袖长袍至底，右手执扇，左手持袋状物。高37.2厘米（图一六，5）。

1.
```
0          4厘米
└──┴──┘
```
2、4.
```
0              8厘米
└──┴──┘
```
3、5.
```
0              10厘米
└──┴──┘
```

图一六　M7出土陶俑

1.侍俑（M7：24）　2.抚琴俑（M7：7）　3.持剑俑（M7：1）　4.持袋俑（M7：25）　5.执扇俑（M7：2）

钱币　1件（袋）。标本M7：4，青铜质，模制。"五铢"，有郭，质地较差，钱文较粗。钱径2.6、穿宽0.9厘米（图一五，4）。

（七）M8

开口于Ⅲ T2318①下，打破②及生土，为土坑石室墓，平面呈"凸"字形，墓向200°，整个墓葬用长度不一的条石垒砌而成。由于被扰乱，券拱石残存小部分。券拱石长74、宽20、厚34厘米，垒砌墓墙的条石长82、宽20、厚26厘米。墓室长258、宽236、残高80~130厘米，甬道长200、宽130、残高80厘米，在甬道西壁发现两块墓墙石有图案，分别为阴刻鱼纹（长52、宽16厘米）、阳刻乌龟纹（长10、宽8厘米）。墓底同样用条石铺底。墓葬甬道前端用砖竖砌"人"字形排水沟，长200、宽80、高22厘米。墓室内未发现葬具、人骨等痕迹（图一七）。

出土器物大部分为陶器，残碎器较多，可辨认器形有罐、釜、俑、摇钱树座等。共40个器物编号，修复11件陶器。

陶罐　1件。标本M8：24，泥质灰陶，轮制。敞口，圆唇，短束颈，溜肩，鼓腹，下腹斜收至底，平底。口径15、腹径22、底径11.3、高15厘米（图一八，1）。

陶釜　1件。标本M8：31，泥质红陶，轮制。敞口，圆唇，束颈，折肩，弧腹，大平底。外壁施酱黄釉不及底，釉色大部分已脱落。口径14.6、腹径19、底径14.5、高12.4厘米（图一八，2）。

陶井　1件。标本M8：29，泥质灰陶，分为井上建筑与井身两部分，井上建筑手制，井身轮制。井上建筑为悬山式顶，顶中横列一脊，脊前后各有六道瓦垄，檐下中部设有辘轳。井身呈桶状，敛口，方唇，桶腹微鼓，平底。通高26.7厘米（图一八，3）。

陶侍俑　3件。标本M8：3，泥质灰陶，模制。头着冠，面部模糊，外罩宽袖及地长袍。双手拢于胸前。高22厘米（图一九，1）。

陶击鼓俑　1件。标本M8：32，泥质红陶，模制。头着冠，瞪眼，面部较模糊，上身微左倾。身着右衽宽袖长袍，遮腿至底。双腿盘坐，鼓置于腿间，右手持鼓槌作敲击状，左手拍击鼓面。高27.3厘米（图一九，2）。

陶持袋俑　1件。标本M8：8，泥质红陶，模制。立姿，头戴冠，面目较模糊，身着右衽宽袖长袍至底。上身向后倾，手持袋状物垂于左腿前。高25.7厘米（图一九，3）。

陶持剑俑　1件。标本M8：11，泥质红陶，模制。立姿，头戴圆盔，面目较清晰，身着左衽铠甲，下身残。左手虚握置于腰间，右手持环柄刀置于右胸前。高32.3厘米（图一九，4）。

陶摇钱树座　1件。标本M8：16，泥质红陶，手制。器顶为奔状羊，体态丰满，昂首，弯角，圆目，张嘴，背承圆柱形插孔，中空。器体下部凸饰人物、花草、摇钱树等图案。外壁施酱釉及底，部分釉色已脱落。底径24.8、高34.3厘米（图一九，5）。

陶灯座　1件。标本M8：14，泥质红陶，模制。上部残，柄为圆形插杆孔，中空。柄身外壁凸饰图案，模糊不清。高19厘米（图一九，6）。

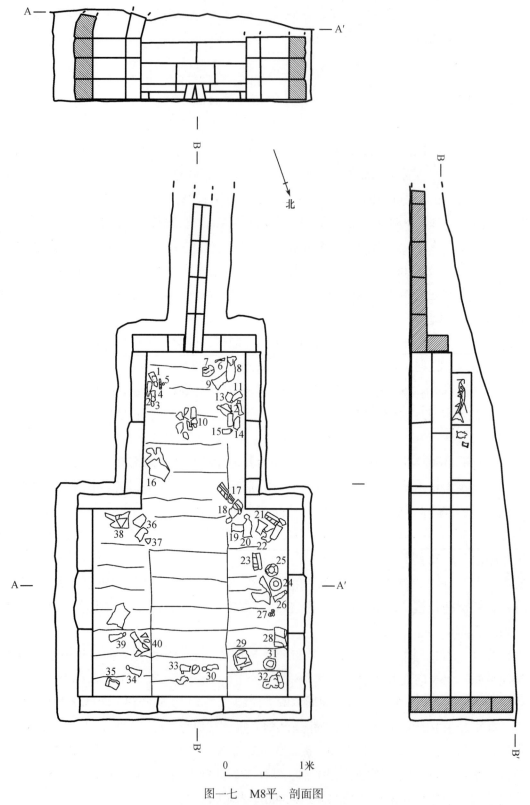

图一七　M8平、剖面图

1～3、8、9、11、12、15、18～20、26、30、32、34、39.陶俑　4～6、25.铜饰件　7.陶镇墓兽　10、17、21、23.陶房
13.陶鸡　14.陶灯座　16.陶摇钱树座　22.陶狗　24.陶罐　27.铜摇钱树枝　28、40.陶片　29.陶井　31.陶釜　33.陶猪
35.陶塘　36.陶案　37.陶盖　38.铜带钩

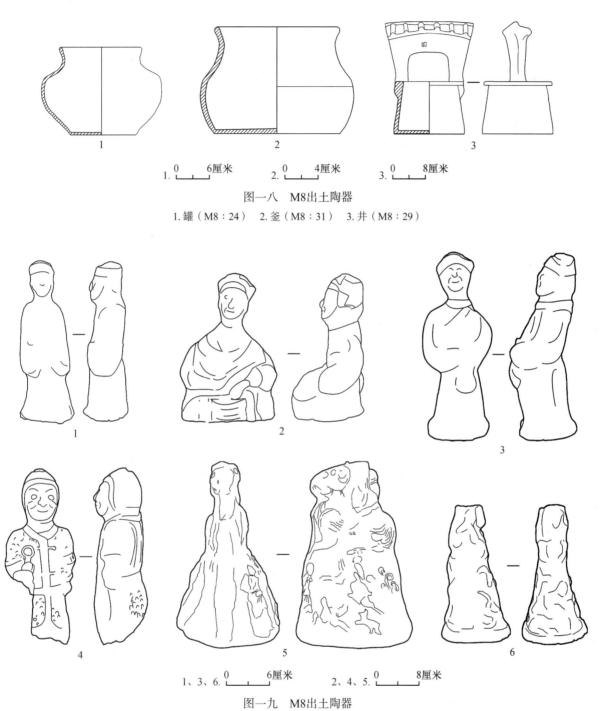

图一八　M8出土陶器
1.罐（M8：24）　2.釜（M8：31）　3.井（M8：29）

图一九　M8出土陶器
1.侍俑（M8：3）　2.击鼓俑（M8：32）　3.持袋俑（M8：8）　4.持剑俑（M8：11）　5.摇钱树座（M8：16）
6.灯座（M8：14）

　　该墓葬出土少量的铜饰件、带钩、摇钱树枝残片等，腐蚀严重，仅可辨认器型，未进行修复。

　　条状铜饰件　2件。标本M8：4，灰白色。长条形，两端饰有圆形扣，锈蚀严重。长9、宽1.5~2厘米（图二〇，1）。

　　"S"形铜饰件　1件。标本M8：6，灰白色。"S"形，两端扁平，中部有两个圆孔，锈蚀严重。长10.5、宽0.9厘米（图二〇，2）。

　　铜带钩　1件。标本M8：38，青铜质。长条形，兽首，弧身，锈蚀严重。长10.5、宽0.9厘米（图二〇，3）。

0　　　2厘米

图二〇　M8出土铜器

1. 条状饰件（M8：4）　2. "S"形饰件（M8：6）　3. 带钩（M8：38）

二、明代遗存

　　发掘明代石室墓葬1座，由于被扰乱，未发现棺木、人骨痕迹。

M5

　　开口于ⅢT3704内①下，土坑石室墓，平面呈不规则的圆形，方向为200°。坟垣呈半圆形，直径320厘米，墓室用条石垒砌，通长550、通宽250、残高90~127厘米。四个棺床残存隔板基石痕迹，墓顶石、墓壁已损毁。拜台与墓室连接处用长230~270厘米的方形条石垒砌二级台阶，拜台呈长方形，长570、宽180厘米，均用不规则的条石垒砌。填土为黑褐色土，土质较疏松，内含大量的汉砖残块、碎瓷片、现代瓦片等，推断为现代改土造田所形成（图二一）。

　　由于扰乱严重，出土遗物较少，共2个器物编号，修复2件瓷器。

　　瓷碟　2件。标本M5：2，敞口，圆唇，斜直腹微弧，圈足。通体施青白釉，内外壁饰有花卉图案。口径8.1、底径4.2、高2.6厘米（图二二）。

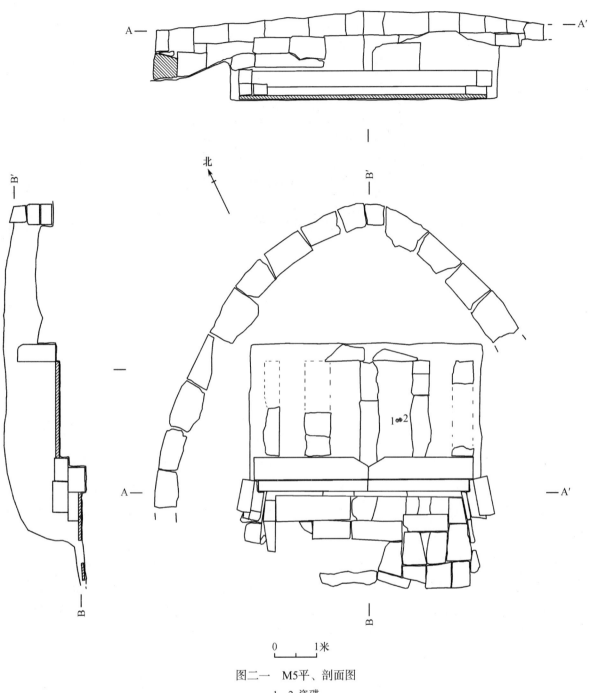

图二一　M5平、剖面图

1、2.瓷碟

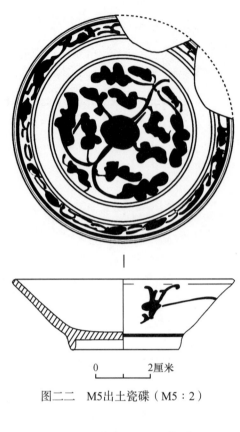

图二二　M5出土瓷碟（M5：2）

三、结　语

此次坛神堡（玉屏）墓地发掘的汉代墓葬有砖室墓、石室墓，以砖室墓为多。由于墓葬遭破坏，保存较差，其随葬品放置无序。结合墓葬形制及出土器物分析，推断本次发掘的汉墓可分为二期。

第一期：东汉早期。属于此期的墓葬有4座（M1、M2、M3、M4），此4座墓葬所出器物类型变化较小、形式相近，以陶质生活用具、俑及模型器为主。其中，M1出土的陶罐与涪陵横梁子墓群[1]出土的D型罐M3：12；M2出土的抚琴俑与涪陵北岩墓群[2]出土的抚琴俑M23：23都具有较为相似的特征。故推断其时代应是东汉早期。

第二期：东汉中晚期。属此期的墓葬有3座（M6、M7、M8），M6、M7墓葬形制较大，相隔较近，券拱砖及墓墙砖纹饰大致相同；M8虽然与M6、M7形制不一样，但出土器物类型相近，与第一期墓葬出土器物相比有较大变化，除少量器物形式相同外，部分为新增形式，如3座墓葬均出土有持剑俑，M7、M8出土的陶井，M8出土的陶摇钱树座等，其中M7出土的五铢钱与丰都汇南墓群[3]发掘出土的A型Ⅲ式五铢钱具有较为相似的特征。故推断其时代应是东汉中晚期。

明代遗存较简单，出土器物较少，墓葬有着明显的时代特征。

从此次坛神堡（玉屏）墓地墓葬分布情况来看，M1～M5较为分散，但也处于同一山坡上，M6～M8分布较集中，但所有墓葬较少发现打破关系，显示这一地区是汉—明清时期的墓地。出土遗物不是很丰富，应是该墓地早年进行改土造田有关。

M8饰有鱼纹、乌龟纹图案的墓墙石及墓砖垒砌的排水沟等，丰富了三峡地区汉代墓葬材料，对于汉代墓葬制度与文化的研究具有重要意义。

附记：本次考古发掘领队为林必忠，参加考古发掘的人员有黄海、周虹、李洪、陈啸、秦彬、叶洪彬，参与资料整理的人员有黄海、周虹、李洪、陈啸、秦彬、叶洪彬、王朋成，修复工作主要由秦彬、唐华东完成。此次发掘工作中，重庆市文物考古研究院、涪陵区文化委、涪陵区马鞍街道办事处、涪陵区博物馆给予了大力支持，在此一并致谢。

执笔：陈　啸

注　释

［1］ 重庆市文物考古所、涪陵区博物馆：《涪陵横梁子墓群发掘报告》，《重庆库区考古报告集·2002卷》，科学出版社，2010年。

［2］ 黄海、周虹、杜康、汪彤：《2004年涪陵北岩墓群发掘报告》，待刊。

［3］ 四川省文物考古研究所、丰都县文管所：《丰都汇南墓群发掘报告》，《重庆库区考古报告集·1998卷》，科学出版社，2003年。

涪陵玲珑墓地2015年度发掘简报

重庆市文物考古研究院

涪 陵 区 博 物 馆

一、引　言

玲珑墓地位于重庆市涪陵区白涛街道联农村一社（图一），2009年3月，重庆市文物考古所（现重庆市文物考古研究院）、涪陵区博物馆联合对三峡消落区文物进行调查时发现玲珑墓地。根据断坎地层堆积及包含物综合判断，该墓地属于汉代。

2016年9月，经过现场实地调查、钻探，发现该墓地由于水位消落，常年被江水冲刷，发掘地点遗存破坏殆尽。在距离该墓地不远处（涪陵区江东街道辣子村一社，小地名蔡家坝）发现多处墓葬及其他遗迹现象，且保存较好，故将发掘现场移至此地发掘。

现发掘现场位于乌江北岸被称作蔡家坝的小山堡上，小地名当门堡（图二），中心地理坐标：29°53′42.2″N，107°25′10.7″E，海拔190米。东为街基，西望槽房嘴，南为乌江漫滩，北靠新房嘴，与白涛街道相距约5千米，其范围南北长约40、东西宽约50米，分布面积约2000平方米。

2016年10月26日，由重庆市文化遗产研究院（现重庆市文物考古研究院）、涪陵区博

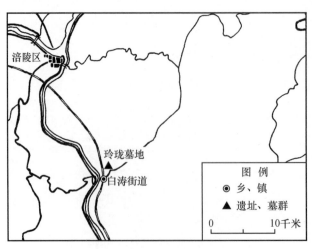

图一　玲珑墓地位置示意图

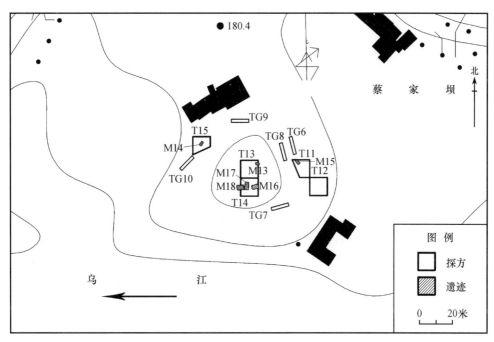

图二　玲珑墓地2015年度发掘探方和遗迹分布示意图

物馆联合对该墓地进行发掘工作，2016年12月28日结束田野发掘。因靠近麻溪遗址发掘区，遂接麻溪遗址探方编号，在当门堡山顶按正北向布10米×10米的探方2个，在当门堡东面的柚子林，布设10米×10米的探方2个，在当门堡西面蔡其全住房后，布设10米×10米的探方1个，编号2015FBLT11～2015FBLT15（"2015"代表2015年度，"F"代表涪陵区，"B"代表白涛街道，"L"代表玲珑墓地，以下简称T11～T15），按地形布设探沟5条，编号2015FBLTG6～2015FBLTG10（以下简称TG6～TG10），计划发掘面积500平方米，实际发掘面积668平方米。清理发掘汉代墓葬6座，现就本次发掘的具体情况报告如下。

二、地层堆积

整个发掘区地层堆积较薄，最深0.4米，平均深0.3米。由于早年农田改造，遗迹多在耕土层下暴露。以T11西壁为例，介绍如下（图三）。

第1层：厚20～25厘米，黑褐色黏土，土质疏松，土壤颗粒较粗，含植物根茎、现代生活垃圾、碎陶瓷片、砾石等。本层为耕土层，西高东低斜坡堆积，布满全方。

第2层：厚0～30厘米，红褐色黏土，土质疏松，土壤颗粒较细，含沙量重。该层为耕土层，仅分布在探方南面，呈西高东低堆积。

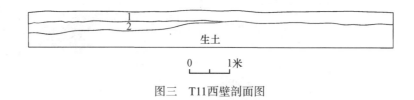

图三　T11西壁剖面图

三、汉代遗迹

共清理汉代墓葬6座（2015FBLM13～2015FBLM18，接麻溪遗址遗迹编号，以下简称 M13～M18），其中西汉墓葬2座（M15、M16）、东汉墓葬4座（M13、M14、M17、M18）。

（一）M13

位于T13东部，开口于第1层下，打破生土。竖穴土坑墓，平面呈长方形，方向268°。该墓葬长200、宽130厘米。开口距地表深20厘米，墓底距地表深98～104厘米。填土呈黑褐色五花土，较疏松，颗粒粗，内含少量烧土粒及炭屑。扰乱严重，出土有2袋碎陶片。葬具不详、葬式不明（图四）。

出土随葬品2件，均为陶器，修复1件，为陶钵。

陶钵　1件。标本M13：2，泥质灰陶，轮制。敞口，圆唇，折腹，平底，素面。口径12.7、底径3.6、高4.2厘米（图五）。

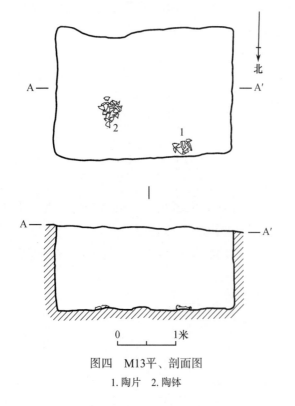

图四　M13平、剖面图
1. 陶片　2. 陶钵

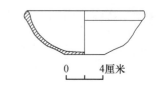

图五　M3出土陶钵（M13：2）

（二）M14

位于T15中部，开口于第1层下，打破生土。为竖穴土坑墓，平面长方形，方向30°。该墓葬长250、宽130厘米，残深4~40厘米。开口距地表深20厘米，墓底距地表深24~60厘米。该墓葬填土呈黑褐色五花土，较疏松，颗粒粗，内含少量烧土粒及炭屑，出土有零星碎陶片，可辨认器形有陶罐、陶钵和半月形石饰件。由于破坏严重，其葬具不详，葬式为仰身直肢葬。年龄、性别等已无法判断（图六）。

扰乱严重，随葬品仅存3件，有陶器2件、石饰件1件。由于残缺严重，均未修复。

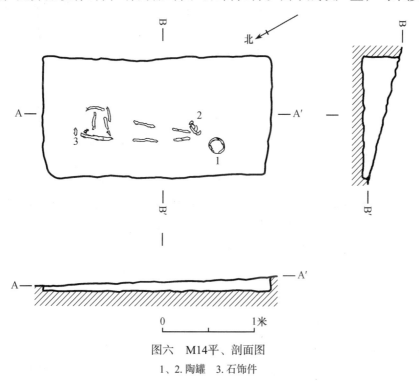

图六　M14平、剖面图
1、2.陶罐　3.石饰件

（三）M15

位于T11北部，开口于第1层下，打破生土。竖穴土坑墓，平面长方形，方向145°。墓葬长300、宽140厘米。开口距地表深20厘米，墓底距地表深78~84厘米。填土呈黑褐色五花土，较疏松，颗粒粗，内含少量烧土粒及炭屑。破坏严重，葬具不详，葬式为仰身直肢葬。年龄、性别等已无法判断（图七）。

随葬品以陶器为主，器型以罐、钵两大类居多，陶质均为泥质陶，陶色多为灰色。可辨器型有陶罐、陶甑、陶钵等，同时出土有零星铜钱。出土器物11件，修复9件。

陶钵　3件。标本M15∶1，泥质灰陶，轮制。敞口，圆唇，折腹，平底，素面。口径12.7、底径3.6、高4.2厘米（图八，1）。标本M15∶3，泥质灰陶，轮制。敞口，圆唇，弧腹，

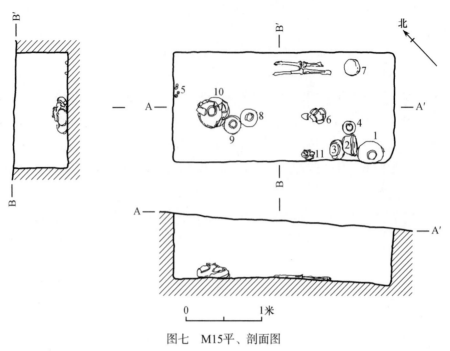

图七　M15平、剖面图

1、3、6.陶钵　2.陶甑　4、7~9.陶釜　5.铜钱　10.陶罐　11.陶片

平底，素面。口径16.8、底径6.1、高6.6厘米（图八，2）。标本M15∶6，泥质灰陶，轮制。敞口，圆唇，折腹，下腹部渐收，平底，素面。口径20.1、底径5.5、高6.8厘米（图八，3）。

陶釜　4件。标本M15∶4，泥质灰陶，轮制。口微侈，平沿斜方唇，束颈，肩圆折，斜弧腹，圜底近平，腹部有一道凹弦纹，弦纹之下饰细绳纹。口径13.8、腹径20.8、通高16厘米（图八，8）。标本M15∶7，泥质灰陶，轮制。直口，平沿斜方唇，束颈，端肩圆折，斜弧腹，圜底近平，素面。口径14、腹径21.4、通高15.8厘米（图八，5）。标本M15∶8，泥质灰陶，轮制。直口，平沿，斜方唇，束颈，端肩圆折，斜弧腹，圜底近平，肩部和腹部有两道凹弦纹，下腹饰细绳纹。口径14.7、腹径21.9、通高17.4厘米（图八，7）。标本M15∶9，泥质灰陶，轮制。直口，平沿，斜方唇，束颈，端肩圆折，斜弧腹，圜底近平，腹部之下饰细绳纹。口径14、腹径20.9、通高15厘米（图八，6）。

陶罐　1件。标本M15∶10，泥质灰陶，轮制。口微侈，方唇，平折沿，圆鼓肩，弧腹，平底，肩部和腹部有四道凹弦纹，凹弦纹间饰有五周绳纹。口径14、腹径30.8、底径17.6、通高25.8厘米（图八，9）。

陶甑　1件。标本M15∶2，泥质灰陶，轮制。直口，平沿，尖唇，弧腹下收，平底，肩部饰有两周凹弦纹，平底上有8个圆形孔。口径15.7、底径12.8、通高26.9厘米（图八，4）。

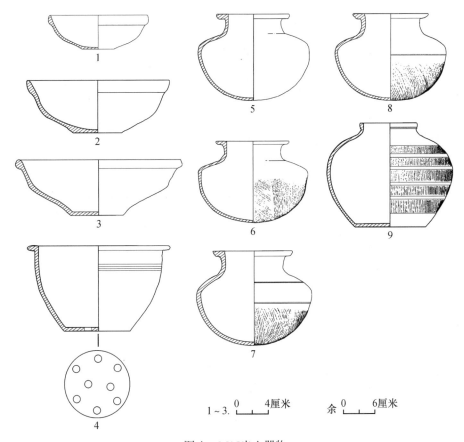

1~3. 陶钵（M15：1、M15：3、M15：6）　4. 陶甑（M15：2）　5~8. 陶釜（M15：7、M15：9、M15：8、M15：4）
9. 陶罐（M15：10）

图八　M15出土器物

（四）M16

位于T14东部，开口第1层下，打破生土。竖穴土坑墓，平面长方形，方向77°。墓葬长360、宽230、深190厘米。开口距地表深20厘米，墓底距地表深210厘米。该墓葬填土呈黑褐色五花土，较疏松，颗粒粗，内含少量烧土粒及炭屑，出土有零星碎陶片。由于年代久远，挤压变形严重，葬具、葬式不详（图九）。

随葬品类型较丰富。出土陶、铁、铜器13件，修复6件。

陶釜　2件。标本M16：2，泥质红陶，轮制。敞口，方唇，束颈，平折肩，端肩圆折，斜弧腹，圜底近平，腹部之下饰有模糊的细绳纹。口径13.4、腹径22.8、通高16.5厘米（图一〇，3）。标本M16：8，泥质红陶，轮制。口微向内凸，斜方唇，平折沿，束颈，端肩圆折，斜弧腹，圜底近平，颈部有一道凹弦纹，腹部之下饰有模糊的细绳纹。口径13.2、腹径20、通高15厘米（图一〇，1）。

陶罐　2件。标本M16：3，泥质红陶，轮制。直口，圆唇，直颈，折肩，鼓腹下腹渐收至底，平底，肩上有一道凹弦纹，其下饰有斜行刮条纹。口径16、腹径29.2、底径13、通高22.3

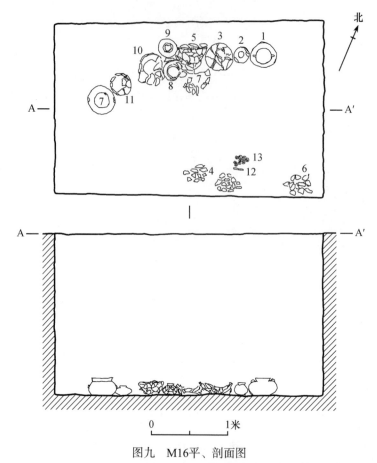

图九　M16平、剖面图

1、7.铁釜　2、8.陶釜　3、5、9、11.陶罐　4、6.陶片　10.陶盆　12.铜削　13.铜钱

厘米（图一〇，5）。标本M16：9，泥质黄褐陶，轮制。敞口，束颈，圆肩，鼓腹，下腹斜收至底，平底，素面。口径10、底径7.7、腹径17.4、通高12.8厘米（图一〇，2）。

　　陶盆　1件。标本M16：10，泥质灰陶，轮制。敞口，平沿，方唇，斜折腹，平底，上腹有两道弦纹。口径26.6、底径11、高13.4厘米（图一〇，4）。

　　铜钱　1件。标本M16：13，青铜质，模制。圆形方孔，钱文"半两"，有两种类型，大"半两"，直径3、穿宽0.9厘米（图一一，1）；小"半两"，直径2.4、穿宽0.8厘米（图一一，2）。

（五）M17

　　位于T14中部偏西，开口于第1层下，打破生土。为竖穴土坑墓，平面长方形，方向0°。该墓葬长390、宽180、残深15～22厘米。开口距地表深20厘米，墓底距地表深35～44厘米。填土呈黑褐色五花土，较疏松，颗粒粗，内含少量烧土粒及炭屑，出土有零星碎陶片。破坏严重，葬具葬式不详、未发现人骨。

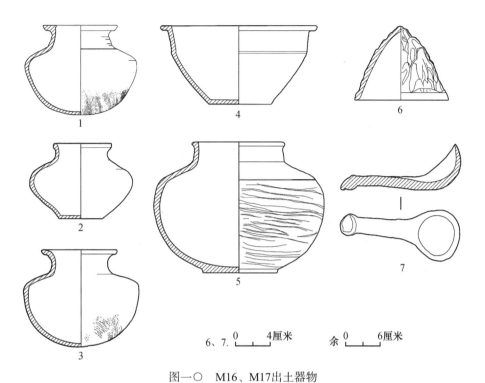

图一〇　M16、M17出土器物

1、3.陶釜（M16：8、M16：2）　2、5.陶罐（M16：9、M16：3）　4.陶盆（M16：10）　6.陶博山炉盖（M17：6）

7.陶勺（M17：4）

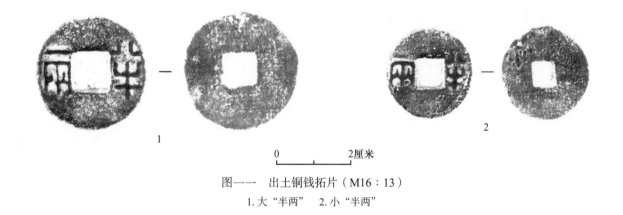

图一一　出土铜钱拓片（M16：13）

1.大"半两"　2.小"半两"

随葬品以陶器为主，陶质均为泥质陶，陶色多为红色。可辨器形有陶勺、陶房等，同时出土有铜钱、耳珰、陶片等。共出土器物6件，修复2件（图一二）。

陶勺　1件。标本M17：4，泥质红陶，模制。勺首呈椭圆形，微下垂，勺柄为直的半圆体。通长14.1、勺颈5.7、高2.5厘米（图一〇，7）。

陶博山炉盖　1件。标本M17：6，泥质红陶，模制。圆锥形，盖面饰有三周凸起火焰纹，子母口，平沿微外卷。通体施酱黄釉。口径10.8、高8.3厘米（图一〇，6）。

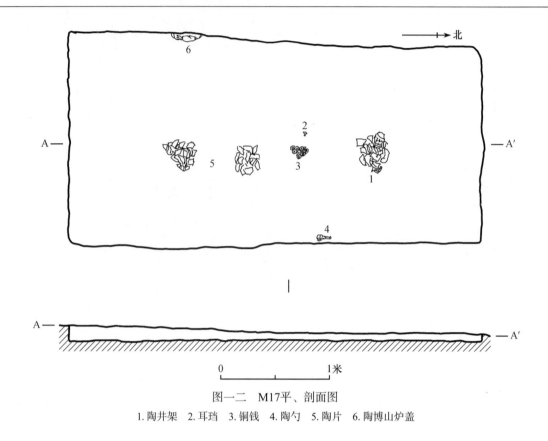

图一二　M17平、剖面图
1.陶井架　2.耳珰　3.铜钱　4.陶勺　5.陶片　6.陶博山炉盖

（六）M18

位于T14西部，开口第1层下，打破生土。为竖穴土坑墓，平面长方形，方向275°。墓葬长360、宽250～260、残深84～98厘米。开口距地表深20厘米，墓底距地表深104～118厘米。填土呈黑褐色五花土，较疏松，颗粒粗，内含少量烧土粒及炭屑。随葬品置于中部，南部发现人骨朽痕。挤压严重，葬具不详，葬式为仰身直肢葬。年龄、性别等已无法判断（图一三）。

随葬品类型较丰富，出土有大量陶器、铁器和铜钱等。可辨器形有陶罐、陶钵、陶井、陶俑、铁釜、铜洗等。出土器物66件，修复39件（套）。

陶钵　12件。标本M18：2，泥质红陶，轮制。敞口，圆唇，折腹平底，上腹有一道凹弦纹。口径16.2、底径5.8、高5.5厘米（图一四，5）。标本M18：4，泥质红陶，轮制。敞口，圆唇，折腹，平底，腹上有两道凹弦纹。口径16.8、底径5.7、高5.9厘米（图一五，4）。标本M18：16，泥质红陶，轮制。敞口，斜沿，圆唇，折腹，平底，素面。口径20、底径7.1、高5.5厘米（图一五，1）。标本M18：18，泥质红陶，轮制。口微侈，方唇，上腹斜直，下腹内收至底，平底，肩上有两道凹弦纹。口径16.5、底径7.8、高5.2厘米（图一五，6）。标本M18：32，泥质灰陶，轮制。敞口，圆唇，斜折腹，平底，素面。口径17.9、底径5.7、高6.4厘米（图一四，6）。标本M18：36，泥质红陶，轮制。敞口，方唇，斜折腹，下腹急收，平底，直壁中部有一道凹弦纹。口径16.6、底径5.4、高5.6厘米（图一五，2）。标本M18：49，泥质红陶，轮制。侈口，平沿，方唇，弧腹，下腹急收至底，平底。口径26、底径11、高9厘

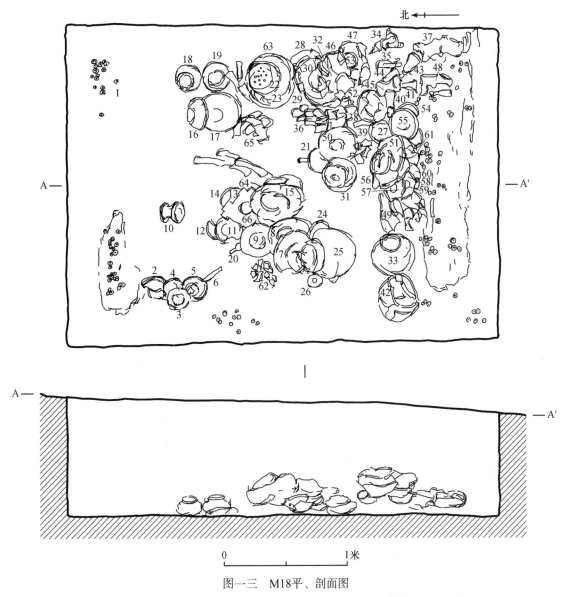

图一三 M18平、剖面图

1. 铜钱 2、4、5、14、16、18、24、30、32、36、49、53、54、57、58、60、61. 陶钵 3、8、19、26、31、33、42、47、50~52、55. 陶罐 6. 铁剑 7、17、46. 陶盆 9. 陶锺 10、12、21. 陶匜 11. 陶博山炉 13、15. 陶井盖 20. 陶勺 22. 陶甑 23、25. 铁釜 27、28. 铜洗 29、45. 陶灯 34、48. 陶鸡 35、38、40、41、43、44. 陶侍俑 37. 陶狗 39. 铜器残片 56. 陶杯 59. 陶盖 62、65. 陶片 63. 陶甗 64、66. 陶打水罐

米（图一五，7）。标本M18：54，泥质红陶，轮制。敞口，圆唇，折腹，平底，素面。口径18.2、底径6、高6.5厘米（图一四，2）。标本M18：57，泥质红陶，轮制。敞口，斜沿，圆唇，折腹，平底，素面。口径21.8、底径9.1、高5.5厘米（图一四，3）。标本M18：58，泥质红陶，轮制。敞口，圆唇，折腹，平底，素面。口径12.8、底径3.7、高4.3厘米（图一四，4）。标本M18：60，泥质红陶，轮制。敞口，圆唇，折腹，平底，素面。口径17.7、底径6、高6厘米（图一五，3）。标本M18：61，泥质红陶，轮制。敞口，圆唇，折腹，平底，素面。口径18.2、底径5.5、高6.4厘米（图一四，1）。

　　陶盆　1件。标本M18：17，泥质灰陶，轮制。侈口，圆唇，弧腹，平底，素面。口径28.1、底径9.5、高11.1厘米（图一五，5）。

　　陶锺　1套。标本M18：9-1，泥质红陶，轮制。子母口，方唇，长颈微束，鼓腹，圈足外撇，颈腹交接处及圈足各饰有两道凹弦纹，上腹部饰有对称压印兽面辅首衔环一对。通体施酱釉，部分脱落。标本M18：9-2，锺盖，泥质红陶，轮制。覆盘状，子母口，器表有三个对称的乳突，通体施酱釉，部分脱落。口径14.7、腹径25、底径16.9、通高31.1厘米（图一四，7）。

　　陶匜　2件。标本M18：12，泥质红陶，轮制。侈口，圆唇，折腹，平底。柄为龙形首，手制。内外施黄釉，腹中部有一道凹弦纹。口径17.5、底径6.6、高6.8、柄长5厘米（图一六，1）。标本M18：10，泥质红陶，轮制。直口，方唇，弧腹，平底。柄为龙形首，手制。内外施黄釉，腹中部饰有一道凹弦纹，柄为手制。口径17.9、底径7.5、高6.4、柄长6.4厘米（图一七，5）。

　　陶打水罐　2件。标本M18：64，泥质灰陶，捏制。侈口，圆唇，弧腹微折，平底，素面。口径4.3、腹径5、底径3.8、高5.1厘米（图一六，4）。标本M18：66，泥质灰陶，捏制。侈口圆唇，矮束颈，圆折腹，平底，素面。口径3.1、腹径5.1、底径1.5、高3.7厘米（图一六，5）。

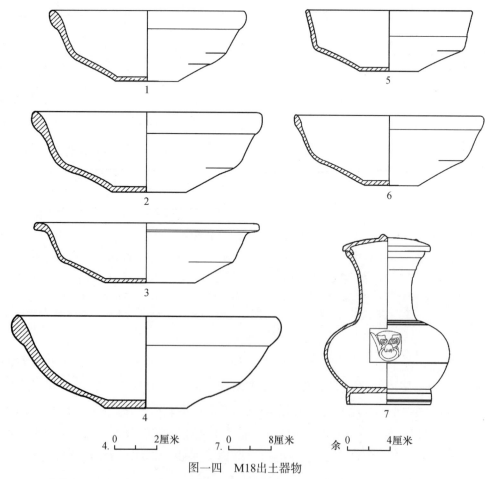

图一四　M18出土器物

1～6.陶钵（M18：61、M18：54、M18：57、M18：58、M18：2、M18：32）　7.陶锺（M18：9）

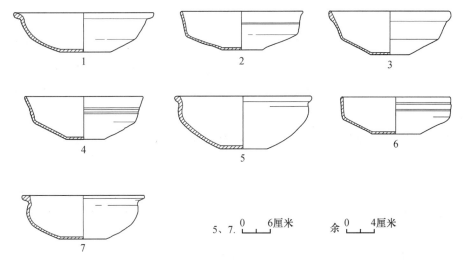

5、7. $\overset{0}{\vdash\!\!\!\dashv}$ 6厘米　　余 $\overset{0}{\vdash\!\!\!\dashv}$ 4厘米

图一五　M18出土器物

1~4、6、7.陶钵（M18：16、M18：36、M18：60、M18：4、M18：18、M18：49）　5.陶盆（M18：17）

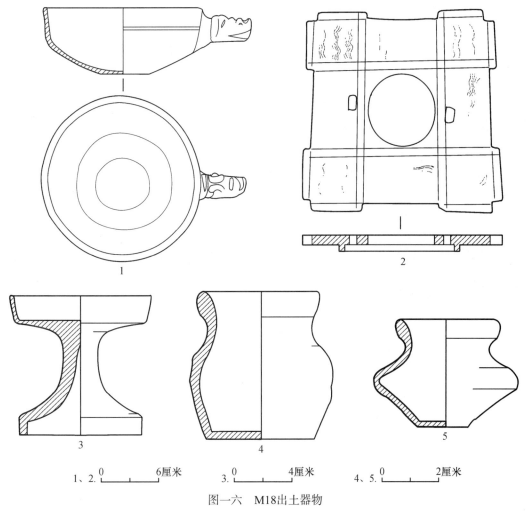

1、2. $\overset{0}{\vdash\!\!\!\dashv}$ 6厘米　　3. $\overset{0}{\vdash\!\!\!\dashv}$ 4厘米　　4、5. $\overset{0}{\vdash\!\!\!\dashv}$ 2厘米

图一六　M18出土器物

1.陶匜（M18：12）　2.陶井盖（M18：13）　3.陶灯（M18：45）　4、5.陶打水罐（M18：64、M18：66）

陶博山炉　1套。标本M18：11-1，炉，泥质红陶，轮制。子母口，柱状柄，中空，覆盘状底。通体施酱黄釉，部分脱落。标本M18：11-2，山形盖，泥质红陶，模制。通体施酱黄釉。盖面饰有四周凸起火焰纹，子母口，平沿微外卷。口径10.8、底径9.2、高17厘米（图一七，8）。

陶灯　2件。标本M18：29，泥质红陶，轮制。盘状口，圆唇，柱状柄，覆盘状底。口径11.2、底径10.2、高12厘米（图一七，3）。标本M18：45，泥质红陶，轮制。盘状口，方唇，喇叭状柄器形较矮粗，覆盘状底。口径9.9、底径8.3、高9.7厘米（图一六，3）。

陶井盖　2件。标本M18：13，泥质灰陶，模制。"井"字形盖，中间有一圆孔作井口，两侧各有一个方形孔作支架插孔，背面一周圆形凸圈作子榫。长21.5、宽21.5、厚0.9厘米（图一六，2）。标本M18：15，泥质灰陶，模制。"井"字形盖，架面饰有水波纹，中间有一圆

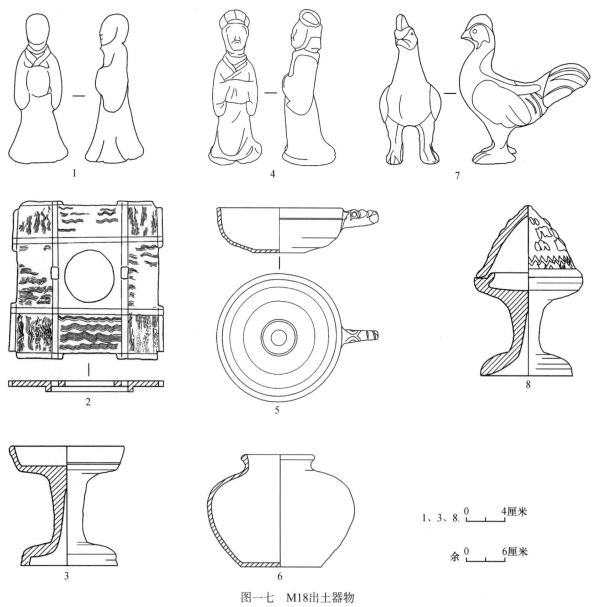

图一七　M18出土器物

1、4.陶侍俑（M18：41、M18：35）　2.陶井盖（M18：15）　3.陶灯（M18：29）　5.陶匜（M18：10）

6.陶罐（M18：26）　7.陶鸡（M18：34）　8.陶博山炉（M18：11）

孔作井口，两侧各有一个方形孔作支架插孔背面一周圆形凸圈作子榫。长24、宽24、厚0.8厘米（图一七，2）。

陶罐　6件（套）。标本M18：19，泥质红陶，轮制。敞口，圆唇，束颈，溜肩，鼓腹，下腹斜收至底，平底，肩上有一周压印三角纹和一道凹弦纹。口径10.5、腹径17、底径7.7、高11.9厘米（图一八，5）。标本M18：26，泥质灰陶，轮制。侈口，圆唇，束颈，溜肩，鼓腹，下腹斜收至底，平底，素面。口径11.6、腹径23.6、底径13.6、高17.1厘米（图一七，6）。标本M18：31，分为两个部分。M18：31-1为罐体，泥质红陶，轮制。敞口，圆唇，短束颈，溜肩，鼓腹斜收，平底，素面。口径11.5、腹径22、底径15.7、高15.3厘米。M18：31-2为盖，泥质灰陶，轮制。敞口，圆唇，斜折腹，平底，素面。口径18、底径5.6、高6.6厘米。通高

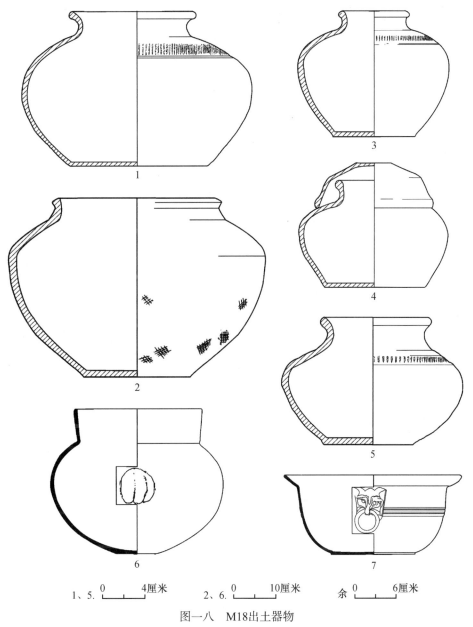

图一八　M18出土器物

1～5.陶罐（M18：55、M18：51、M18：52、M18：31、M18：19）　6.铁釜（M18：25）　7.铜洗（M18：27）

17.5厘米（图一八，4）。标本M18：51，泥质灰陶，轮制。敛口，圆唇外翻，短束颈，斜折肩，上腹微弧，平底，腹部饰网格纹。口径26.8、腹径42.5、底径21.6、高27.2厘米（图一八，2）。标本M18：52，泥质灰陶，轮制。口微侈，圆唇，短束颈，溜肩，鼓腹斜收，平底，肩上饰有两道凹弦纹和一圈压印三角纹。口径11.5、腹径23、底径14.5、高17.5厘米（图一八，3）。标本M18：55，泥质灰陶，轮制。敞口，圆唇，短束颈，溜肩，鼓腹斜收，平底，肩上饰有一圈竖向短绳纹和一道凹弦纹。口径12.2、腹径23、底径15.5、高14.3厘米（图一八，1）。

陶鸡　1件。标本M18：34，泥质红陶，模制。昂颈，头微下垂，翘尾，双足分开，站立。长21.1、高22.5厘米（图一七，7）。

陶侍俑　6件。标本M18：35，泥质红陶，模制。立姿，头着冠，面部较模糊，上身微向左倾，手部交叉置于腹前，身着宽袖交领右衽长袍，袍拖于地。高23.4厘米（图一七，4）。标本M18：38，泥质红陶，模制。立姿，头无冠，面部眉目不清，手部交叉置于腹前，身着交领右衽长袍，袍着地。高14.7厘米（图一九，1）。标本M18：40，泥质红陶，模制。立姿，

1、4.　0 ⊢——⊣ 4厘米　　余 0 ⊢——⊣ 6厘米

图一九　2015FBLM18器物图

1~4.陶侍俑（M18：38、M18：43、M18：40、M18：44）　5.陶狗（M18：37）

头着冠，面部眉目不清，手部交叉置于腹前，身着宽袖交领右衽长袍，袍拖于地。高21.1厘米（图一九，3）。标本M18：41，泥质红陶，模制。立姿，头无冠，面部较模糊，手部交叉置于腹前，身着长袍，袍着地。高14.9厘米（图一七，1）。标本M18：43，泥质红陶，模制。立姿，头无冠，面部较模糊，上身微向左倾，手部交叉置于腹前，身着宽袖长袍，袍拖于地。高22.6厘米（图一九，2）。标本M18：44，泥质红陶，模制。立姿，头着巾，面部眉目不清，手部交叉置于腹前，身着交领右衽长袍，袍及地。高19.8厘米（图一九，4）。

陶狗　1件。标本M18：37，泥质红陶，模制。立状，昂头，耸耳，鼓目，张嘴露齿，颈后有纽，圆腹内空，四肢短壮，尾上翘贴于臀部。长28、宽10.7、高23.3厘米（图一九，5）。

铁釜　1件。标本M18：25，铁质，模制。口微侈，方唇，斜直颈，圆肩，弧腹，上腹有两对称桥耳，平底。口径29.5、腹径42、底径8.5、高34.4厘米（图一八，6）。

铜洗　1件。标本M18：27，铜质，模制。敞口，斜沿，尖唇，弧腹，平底，上腹部饰有对称压印兽面辅首衔环一对。口径26.3、底径15.2、高11.5厘米（图一八，7）。

铜钱　1件（套）。标本M18：1，青铜质，模制。有郭，钱文"五铢"，文粗，较规范。"五"字交叉两笔弯曲，"铢"字较大，为三角形，四点较长。钱径2.6、穿宽0.9厘米（图二〇）。

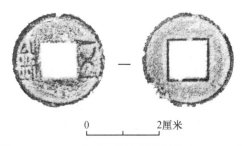

0 ———— 2厘米

图二〇　M18出土"五铢"铜钱拓片（M18：1）

四、结　语

玲珑墓地时代为西汉晚期到东汉时期。玲珑墓地M15、M16为狭长的竖穴土坑墓，出土陶器多为灰陶，其中M15：8和M16：8皆为带细绳纹的陶釜，与2001、2003年度涪陵镇安遗址[1]M56：7器形相同，而且2座墓中出土有"半两"铜钱。因而推断M15、M16的年代为西汉晚期。

M17、M18为近方形竖穴土坑墓，出土陶器以红陶为主，均出土模型明器。M18中出土"五铢"钱币，钱文粗，"五"字交叉两笔弯曲，"铢"字较大，为三角形，四点较长。因而判断其时代为东汉早中期。

通过对比发现，其器物组合已发生明显的变化，模型明器使用较为广泛，墓葬形制由狭长变为近方形。这一发现为研究峡江地区两汉时期墓葬文化提供了较好的实物资料。

附记：本次考古发掘领队为邹后曦，参加考古发掘者有黄海、周虹、陈啸、秦彬、李洪、叶洪彬、王朋成，参与资料整理的人员有黄海、周虹、李洪、陈啸、秦彬、叶洪彬、王朋成，负责修复工作的人员有秦彬、唐华东。此次发掘工作中，重庆市文物考古研究院、涪陵区文化委、涪陵区博物馆给予了大力支持，在此一并致谢。

执笔：项晶露　黄　海　王朋成

注　释

[1]　　北京市文物研究所、重庆市文物局、重庆市涪陵区博物馆：《2001、2003年度涪陵镇安遗址发掘报告》，《重庆库区考古报告集·2001卷》，科学出版社，2008年。

涪陵网背沱墓群2016年度发掘简报

重 庆 市 文 物 考 古 研 究 院
河南大学黄河文明与可持续发展研究中心
涪 陵 区 博 物 馆

为推进三峡库区重庆消落区2016年文物保护工作，2016年4月，重庆市文化遗产研究院（现重庆市文物考古研究院）与河南大学签订合作协议，特委托河南大学负责重庆市涪陵区网背沱墓群的田野发掘工作。河南大学组建考古队，于2016年5～6月，在涪陵区博物馆（涪陵区文物管理所）配合下，对网背沱墓群进行了科学的调查、勘探与发掘。

一、概 况

网背沱墓群位于重庆市涪陵区白涛街道三门子村九社（图一），中心地理坐标为107°27′59″E，29°34′2″N，海拔165～180米，处于三峡库区消落区。墓群中心区域位于国道319与乌江左岸之间区域的几片阶梯状台地上，发掘之前多为村民种植的果林或农田。

图一 网背沱墓群位置示意图

本次发掘共发现东汉、五代、明代等不同时期的墓葬8座，其中东汉砖室墓4座，五代时期石室墓1座，明代石室墓1座，2座墓葬因破坏严重时代不详。8座墓葬均有盗扰或破坏，共出土随葬品等各类遗物116件。

二、地 层 堆 积

因消落区水土流失及20世纪60～80年代村民在墓葬区附近取土烧窑，发掘区文化层被破坏较严重，地层堆积比较简单。已发掘的情况为大部分发掘区在第1层下即为生土层，T03第1层下有第2层扰土，第2层下为生土。T02内遗迹为石室墓，借山上断崖修建，无明显的地层堆积，此处不再述及。T08内遗迹亦为断崖上的石室墓，但有墓顶封土。地层堆积状况以T03东壁为例予以说明（图二）。

第1层：现代耕土层，0～30厘米，土质疏松，浅灰色，包含有植物根茎、现代砖粒、碎石块等，无文化遗物。

第2层：可分为a、b、c三小层。

2a：约厚10厘米，分布于探方北壁和西壁、东壁的部分，北壁最厚，东西稍薄，土色为浅黄色，较致密。

2b：厚约15～25厘米，分布于整个东壁、北壁和南壁东部，由东壁向两侧变薄，土色为浅灰色。

2c：厚约15～25厘米，分布于整个东壁、北壁和南壁东部，由东壁向两侧变薄，土色为浅黄色，土质较致密。

第2层下为生土。呈浅黄色，土色纯净，质地较致密，包含大量碎石块，不包含任何人工遗物。

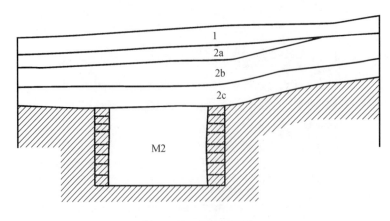

图二　T03东壁剖面图

三、墓葬形制

本次发掘共清理墓葬8座，按形制结构可分为砖室墓和石室墓两种。以下详述之。

（一）砖室墓

共4座。时代为东汉晚期。依据平面形状可以分为"凸"字形、刀形两种，其中"凸"字形墓1座，刀形墓2座，毁坏严重形状不明者1座。因长期耕作、取土烧窑、盗扰及水土流失，墓室均遭破坏，墓顶坍塌，其中M4破坏最严重，仅残存墓室一角。墓室均平底，其中M3、M4对缝平铺有地砖，多为残砖，规格不详。墓壁多采用平砖错缝垒砌，墓砖尺寸大体一致，为42厘米×18厘米×9厘米，墓砖侧面均模印有纹饰。M1、M2、M3壁砖内侧图案大体相同，均以菱形纹为主要构成图案，表现为大菱形套小菱形的三层结构，最外层大菱形相互连接，最内为实心小菱形，四周不足菱形的部分呈现为三角形，整个图案连成一体（图三，1~3）。M4壁砖内侧图案为菱形套菱形的两层结构，外层菱形两两相接，四个又构成一个大的菱形（图三，4）。

1

2

3

4

图三　墓砖纹饰拓片
1. M1　2. M2　3. M3　4. M4

M1　平面为"凸"字形，由甬道和墓室两部分组成。总残长9.15、宽2.75、1米。墓向84°。墓顶为券顶，坍塌严重，已无存。墓壁紧贴生土，采用墓砖平砖错缝垒砌，间抹有青灰泥。墓砖长42、宽19、厚9厘米，西壁中部有一宽50厘米的盗洞。西、北两壁墓砖因受外力挤压向内倾斜，南壁壁砖破坏严重，残存2层砖，墓室无铺地砖。由于被盗扰乱严重，甬道口未见封门砖，甬道顶部被毁严重，底部未见铺砖。由墓底棺灰可知有4具木棺，平面皆为梯形，棺长1.7~2、宽0.42~0.56米。墓室内骨架已呈黄色粉末状，发现牙齿1枚，依据骨质痕迹可知墓主皆为仰身直肢，头东足西，性别、年龄不明。出土随葬品共66件，以陶器为主，器形主要有罐、釜、钵、勺、井、壶、俑、豆、瓢、博山炉、盆、甑等，石器有耳珰和石块，另出土有铜钱数枚，皆为"五铢"，朽坏严重。出土漆盒2个，腐坏严重，未提取（图四）。

M2　平面呈刀形，由墓室和甬道两部分构成，墓向58°。总残长5.94、宽3.45、高0.2~0.64米。甬道平面呈长方形，甬道口距地表0.75米，底距地面1.53米，长1.74、宽1.58、残高0.78米，填土为浅黄色花土；墓室平面呈长方形，长4.2、宽3.45、残高0.78米。墓顶为券顶，坍塌严重，已无存；墓底未铺砖；墓壁采用墓砖平砖错缝垒砌，间抹有清灰泥，破坏严重，南壁壁砖残存7~8层，其他各壁仅在接近墓底时有1~2层砖墙。墓砖长42、宽19、厚9厘米。墓室西南角正对墓室铺有2层砖，推测为棺床。探方中部有盗洞，扰乱严重。墓室内没有发现骨架和葬具。出土随葬品15件，以陶器为主，器形主要有罐、钵、勺、釜、瓢、博山炉、井、仓、器盖等，另出土有玉耳珰1件、铜钱数枚（图五）。

M3　平面为刀形，由墓室和甬道两部分组成，墓向58°。墓室平面形状为正方形，边长2.3、残高约0.6米，由于被盗扰乱严重，墓顶券砖已无存，墓底铺砖，墓壁采用墓砖平放错缝垒砌，间抹有青灰泥；南、北两壁墓砖因挤压向内倾斜，东壁墓砖破坏严重，仅残存1层砖。墓室底部对缝平铺地砖。墓砖长42、宽19、厚9厘米。甬道长1.3、宽0.97、残高0.6米，两壁青灰砖平砖错缝垒砌，间抹有青灰泥，底部未见铺砖。墓室内未见明显葬具、骨骼，出土随葬品27件，以陶器为主，器形主要有博山炉、罐、釜、盆、井、钵、勺、豆、仓等，另有"五铢"钱出土，朽坏严重（图六）。

M4　位于乌江边，受江水冲刷而破坏严重，仅残存墓室一角，具体平面形状、大小及组成不明确。残存平面呈三角形，墓向60°。墓室西、南两壁墓砖因受外力挤压向内倾斜，西壁残长1、残高0.55米，共7层砖；南壁残长1.5、残高0.4米，共计5层砖。墓壁采用墓砖平砖错缝垒砌，间抹有青灰泥。墓室对缝铺砖，砖均为残砖，宽约21厘米，长不详。墓室内未发现骨架及葬具。出土有随葬品3件，分别为陶罐、陶钵（残）和陶井圈（残）。

（二）石室墓

共4座，可分为单室墓和同坟同穴多室合葬墓，其中M5、M6为单室墓，M8为同坟同穴多室合葬墓，M7因破坏严重，形制不详。清理的4座墓葬中，M6为五代时期墓葬，M8为明代墓葬，M5和M7时代不详。

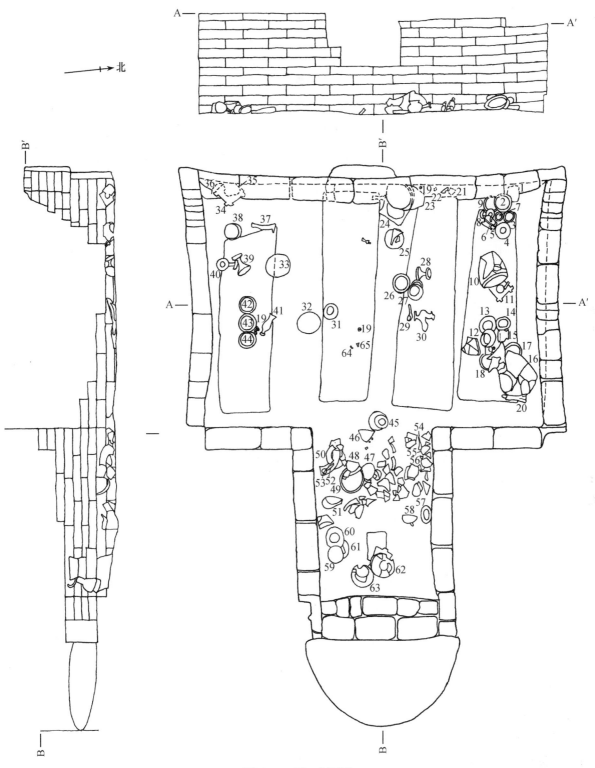

图四　M1平、剖面图

1. 石块　2、17、31、42~44、55、59. 陶钵　3、39. 陶豆　4、12、13、23、25、27、36、47、53、66. 陶罐　5、15、38、56. 陶釜
6、29、54. 陶勺　7、11、24、34. 陶井　8、28、40. 陶博山炉　9、58. 陶瓢　10. 陶仓　14、26、35、57. 陶壶盖
16. 陶缸　18、48、49、60. 陶盆　19. 铜钱　20~22、37、41. 陶俑　30. 陶鸡　32、33. 漆盒　45、50、62、63. 陶壶
46、64、65. 石耳珰　51. 陶甑　52. 陶井架　61. 陶碗

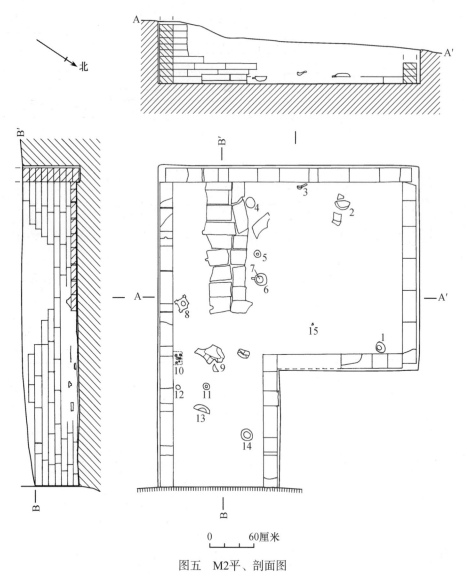

图五　M2平、剖面图

1、9、12.陶罐　2.陶钵　3.陶勺　4.陶釜　5.陶器座　6.陶瓢　7.陶博山炉盖　8.陶井圈　10.铜钱　11.陶博山炉　13.陶仓
14.陶盖　15.玉耳珰

M5　单室石室墓，平面长方形，墓向40°。墓口长2.4、宽1.0米。墓室修筑于墓圹之内，由于耕种，墓圹大多已被破坏无存。墓壁采用灰色细砂岩石砌筑，厚度为10～15厘米；墓顶采用盖板石砌筑，厚度为10～14厘米；墓室内棺床采用厚度为14厘米的青砂石砌筑。墓室内未发现葬具和骨架，出土有棺钉数枚。

M6　单室石室墓，平面呈长方形，方向330°。墓口距地面深0.1～0.2米，墓口长3.1、宽1.1、深0.9米；墓底距地表0.9～1.1米。墓室底部用石板平铺，南部上翘约0.1米。北壁有一头龛，距墓底0.5、宽0.3、进深0.35米。墓室两侧用长0.6～0.8、厚0.14～0.2米的石板作墓壁，东西两壁自北向南第三块石板规格较小，长约0.25、宽0.4米。西壁因泥土挤压向内倾斜严重，东壁南端石板缺失；南壁及墓顶盖板缺失。墓室内未发现任何雕刻。墓室淤土为黄色黏土，土质较硬，黏性大，无包含物。墓室内未发现明显葬具，出土疑似残断棺钉1枚；发现牙齿1枚并提

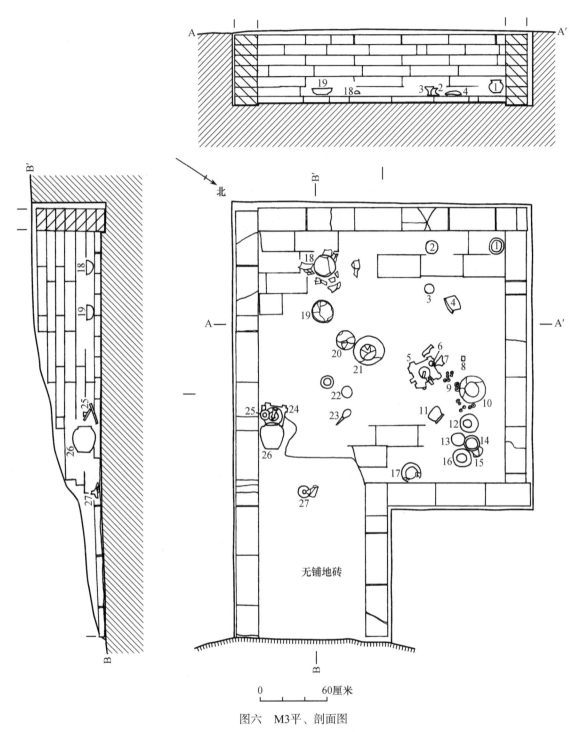

图六 M3平、剖面图

1、11、15.陶釜 2、7、22.陶博山炉 3.陶灯 4.陶盆 5.陶井、支架、横梁 6、10、12、16、20、21.陶罐 8.陶方形器 9.铜钱 13.陶博山炉盖 14、17.陶器盖 18、19.陶钵 23.陶勺 24.陶井圈、井架、横梁 25.陶器座 26.陶仓 27.陶豆

取；墓底南部可见腿骨痕迹，腐朽严重难以提取。葬式及墓主性别年龄难以判断。出土器物4件，分别为陶壶、陶碟、黄釉瓷碗以及"五铢"铜钱8枚（图七）。

M7　由于被盗扰乱严重，具体形制不详。残存部分为不规则长方形，墓向110°，墓底平铺规格不一的石块，最大者长20、宽9厘米，最小者长7、宽5厘米。未发现葬具和骨架，出土有铜钱一枚，朽坏严重。

M8　同坟同穴多室合葬墓，现存墓室4个，平面呈长方形，南北通面阔4.5、东西进深2.9米，墓室进深2.5、高2.05米，方向115°，正对乌江上游。该墓墓口距地面深0.5～0.8米，墓底距地表约1.5～2.2米，长4.5、宽2.9、深1.45米。构筑墓室前先开凿墓圹，墓圹开凿于西侧断崖上，平面呈长方形，长4.5、宽2.9、深0.5～0.8米。墓顶由块大小不一的石块构筑，石灰浆抹缝。其上有50～70厘米的封土，为黄褐色夹灰色花土，土质较硬，含少量石块。墓室底部用石板平铺，两侧用厚0.12～0.28、宽0.96米的石板竖砌作墓壁，墓室进深2.4～2.5米；后部用石板竖立作墓室后壁。墓室内未发现任何雕刻，仅在少数石块上有加工的斜凹槽，平形状。墓门上有檐，由两块伸出的大石条构成；墓门上石条有两条7厘米宽的凹槽，以前应该有两道墓门，被破坏殆尽。墓内扰乱严重，葬具、骨架不存，仅发现有少量棺钉（图八）。

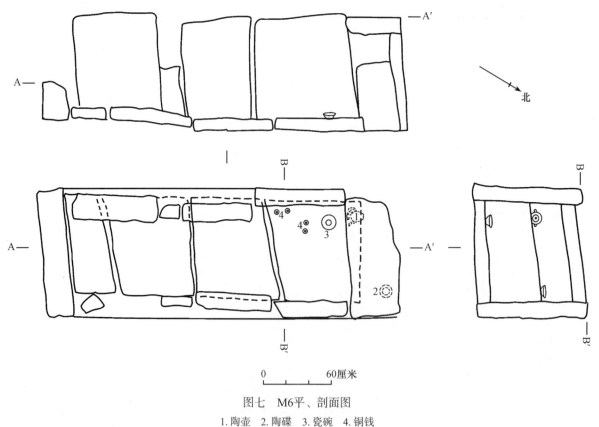

图七　M6平、剖面图
1. 陶壶　2. 陶碟　3. 瓷碗　4. 铜钱

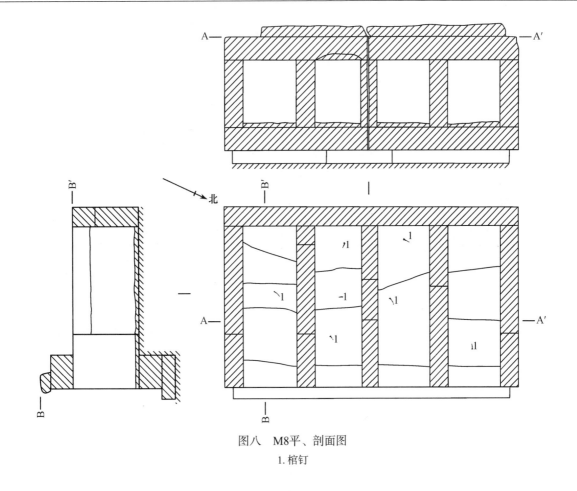

图八　M8平、剖面图
1.棺钉

四、随葬器物

　　本次发掘的8座墓除M5、M8外，其他均有随葬品，共计111件（组），下面将分别以墓葬为单位介绍出土器物的情况。

（一）M1

　　共出土器物66件，其中陶器59件、石器4件、漆器2件、铜钱1件。陶器有罐、钵、井圈、井架、俑、盆、壶盖、釜、博山炉、勺、豆、壶、瓢、井、缸、碗、甑、鸡；石器有耳珰和石块；漆器有漆盒；另出土有铜钱数枚。

　　陶罐　9件。除M1：13为夹砂灰陶外，均为泥质灰陶，素面，轮制。分为侈口、敞口、直口三种。侈口3件。标本M1：4，侈口，圆唇，曲颈，溜肩，圆腹，下腹斜收为平底。肩部有两周凹弦纹，下腹部有两周凹弦纹。口径9.5、腹径14.9、底径7.5、高10.6厘米（图九，1）。敞口5件。标本M1：13，敞口，圆唇，束颈，溜肩，圆腹。下腹急收为小平底，颈肩交接处有一道折棱，肩部饰一周较宽凹弦纹。口径10.4、腹径15.6、底径5.4、高10厘米（图九，2）。

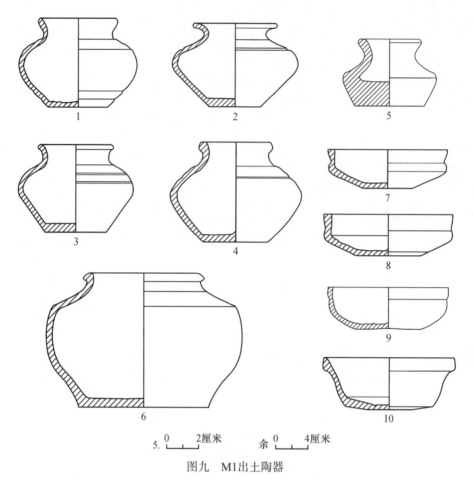

5. └─0─┴─2厘米─┘　　余 └─0─┴─4厘米─┘

图九　M1出土陶器

1~6.罐（M1：4、M1：13、M1：27、M1：36、M1：53、M1：66）　7~10.钵（M1：17、M1：43、M1：44、M1：31）

标本M1：27，敞口，圆唇，曲颈，溜肩，圆腹。下腹斜收为平底，颈肩交接处有一折棱，肩部有两周凹弦纹。口径9.6、腹径14.4、底径8、高10.4厘米（图九，3）。标本M1：36，微敞口，圆唇，颈略外撇，溜肩，圆腹，下腹斜收为平底。肩部有一周凹弦纹。口径8.4、腹径16.4、底径8、高11.9厘米（图九，4）。标本M1：53，微敞口，圆唇，束颈，折腹，下腹斜收为平底。口径4、腹径5.8、底径4.4、高4厘米（图九，5）。直口1件。标本M1：66，直口圆唇，折肩，鼓腹，下腹收为平底。口径15.2、腹径25.6、底径16.4、高16厘米（图九，6）。

陶钵　8件。皆为泥质红陶，轮制。分为直口平沿（方唇）和敞口尖圆唇两种。直口平沿（方唇）7件。标本M1：17，直口，平沿，直领，浅腹急收为小平底，器底略内凸。领腹交接处有一道折棱，外表施红釉。口径14.8、底径6、高5厘米（图九，7）。标本M1：43，直口，方唇，浅腹斜收为平底。外壁施黄釉，口沿中部有一周凹弦纹。口径16、底径7.6、高5厘米（图九，8）。标本M1：44，直口，平沿，下腹急收为小平底，器内底略内凸。外壁施黄釉，上腹饰一周凹弦纹。口径15、底径6.4、高5厘米（图九，9）。敞口尖圆唇1件。标本M1：31，敞口，尖圆唇，折腹，下腹收为平底。口径14.4、底径4.8、高6.2厘米（图九，10）。

陶俑　5件。皆为泥质红陶，造型各异。标本M1：41，女立俑，面部模糊不清，脑后挽髻下垂至肩，双手合于袖中置腹前。身穿宽袖袍服，下长及地，腰束带垂至足，交领右衽，领口露交领内衣一重，内衣袖相接遮掩双手（图一〇，1）。标本M1：37，女立俑，面部模糊不清，后挽发髻。身穿袍服，下长及地，双手置腹前（图一〇，2）。标本M1：22，男立俑，双手紧握置腹前，面部稍模糊。头顶挽髻，上扎巾帕。身穿袍服，长至膝下，窄袖长至腕，腰束带，交领右衽，里穿圆领内衣，下身内衣长至脚踝，双脚露外（图一〇，3）。标本M1：20，女立俑，头顶罐，一手扶罐，一手置腹前。面部模糊不清，身穿袍服，下长及地，领袖部露多重内衣（图一〇，5）。标本M1：21，男立俑，双手于袖中置腹前，面慈目秀，神态安祥。头戴空顶帻，脑后上挽发髻。身穿宽袖袍服，下长及地，腰束带，交领右衽，内穿圆领衬衣，内衣袖相接遮掩双手（图一〇，6）。

陶鸡　1件。标本M1：30，红陶，双足立地，尾部残，嘴、冠、眼、翅清晰（图一〇，4）。

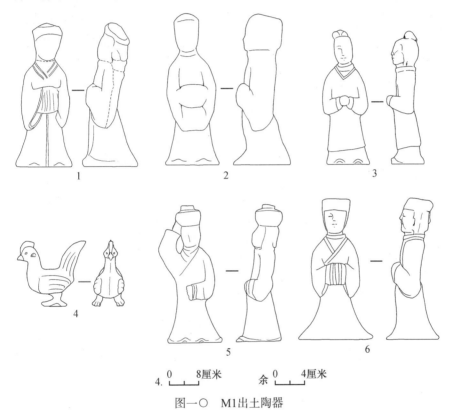

图一〇　M1出土陶器

1~3、5、6.俑（M1：41、M1：37、M1：22、M1：20、M1：21）　4.鸡（M1：30）

陶盆　4件。其中泥质红陶3件、泥质灰陶1件，皆为轮制。形制各不相同。标本M1：18，泥质红陶。敞口，斜折沿，方唇，折腹，下腹急收为平底。盆内施酱釉，有两道折棱。口径16.8、底径6.4、高5厘米（图一一，1）。标本M1：48，泥质红陶。敞口，方唇，束颈，鼓腹，下腹斜弧收为平底，器内底略凹。颈腹交接处饰两周凹弦纹。口径21.6、腹径20.7、底径7.5、高8.6厘米（图一一，2）。标本M1：60，泥质红陶。敞口，方唇，微鼓腹，下腹斜收为小平底。器表施酱釉。口径18.4、底径8、高5.5厘米（图一一，3）。标本M1：49，泥质灰陶。侈口，方唇，卷沿，下腹斜收为平底。口径25、腹径24.4、底径9、高8.6厘米（图一一，4）。

陶井圈、井架　4件（组）。1个井圈、2个井架及1个井架横梁为1组。皆为泥质灰陶，形制相同。标本M1：24，井圈呈字方形，一面较平，中间开圆孔以为井口，两侧有两个小方孔，以插井架，井圈背面起棱，形成与井筒口相接的子母口。表面阴线刻划小菱格纹、麦纹、曲线纹。附井架2个，束腰，子母口。模制。井边长22、厚1厘米（图一一，5）。M1：11附井架1个，M1：34附井架1个。标本M1：52，仅存井架横梁，泥质灰陶，整体呈倒山字形。模制。长13.2、宽2.7、厚1厘米（图一一，6）。

陶壶盖　4件。泥质红陶，器表施酱黄釉，轮制。根据盖顶有无乳丁可分为两类。标本M1：26，子母口，内外等高，弧顶无乳丁。子口径12、母口径16、高3.3厘米（图一一，7）。标本M1：35，子母口，内高外低，弧顶上有三乳丁。子口径10.8、母口径16、高3.6厘米（图一一，8）。

陶釜　4件。泥质红陶，器表施红釉，轮制。标本M1：5，泥质红陶，敞口，圆唇，束颈，折肩，微鼓腹，腹下腹部斜收为圜底。器表施红釉，上腹部饰一周凹弦纹。口径11、腹径12.8、高9.4厘米（图一一，9）。标本M1：15，敞口，圆唇，高颈微内收，折肩，圆腹，腹下部斜收为圜底，敞口部原有三处支钉，仅余两处。上腹部有一周凹弦纹，器内底有一周凸弦纹。口径11厘米、腹径11.6厘米、高9厘米（图一一，10）。标本M1：56，侈口，圆唇，束颈，鼓腹，腹下部急收为圜底。口径10.8、腹径14.4、高9.2厘米（图一一，11）。

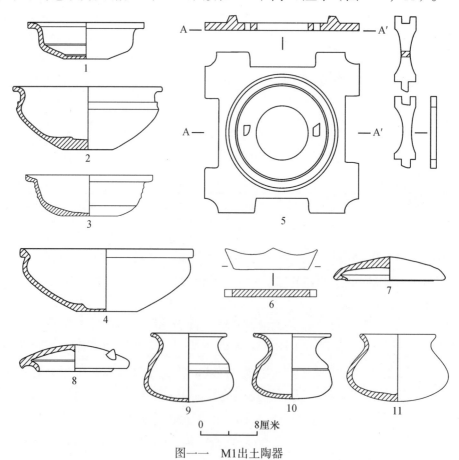

图一一　M1出土陶器

1～4.盆（M1：18、M1：48、M1：60、M1：49）　5.井圈、井架（M1：24）　6.井架（M1：52）　7、8.壶盖（M1：26、M1：35）　9～11.釜（M1：5、M1：15、M1：56）

陶博山炉 3组。皆为泥质红陶，形制相同，大小相类。标本M1：8，器身子母口，浅腹，束腰，矮圆柱柄，喇叭口座，中空；器盖圆锥形，顶饰乳丁，表饰浮雕小山，有三个小洞穿孔（M1：40有四个小洞穿孔）。外壁通体施黄釉，柄与底座交接处有一周凹弦纹。器身轮制，器盖模制。器盖口径10、器身子口径8、器身母口径11、底径8.4、通高15厘米（图一二，1）。

陶勺 3件。皆为泥质红陶，通体施黄釉，模制。其中M1：6和M1：54形制、大小相同。标本M1：6，长柄上平下弧，椭圆形勺体。残长12、高6厘米（图一二，2）。标本M1：29，圆柱形长柄，尾部作鸟首形，椭圆形勺体。长14.2、高5厘米（图一二，3）。

陶豆 2件。皆为泥质红陶，轮制。标本M1：3，盘口，方唇，浅腹，矮圆柱状柄，中空，喇叭口座。器表和盘内施黄釉，釉不及底。口径10.2、底径8.4、高8.6厘米（图一二，4）。标本M1：39，盘口，圆唇，矮粗柄，喇叭口座，器座有明显折棱。盘内、器身施黄釉。口径11、底径9.4、高11.4厘米（图一二，5）。

陶瓢 2件。泥质红陶，形制大致相同，均为弧腹，下腹斜弧收平底，口沿处附接一圆形直柄，柄尾略作鸟首形。轮制。标本M1：9，直口，方唇。颈部饰一周凹弦纹。口径14.8、底径6、高5.2厘米（图一二，6）。标本M1：58，直口，圆唇。器内外施酱黄釉。口径16.8、底径5.6、高6厘米（图一二，7）。

陶井 1件。标本M1：7，泥质红陶。井身略鼓，平底。表面施酱釉，口部有一周凹弦纹。轮制。口径6.8、高7.4厘米（图一二，8）。

陶碗 1件。标本M1：61，泥质夹细砂灰陶。敞口，尖圆唇，上腹斜收，下腹急收为小平底。轮制。口径17.6、底径4.8、高5.5厘米（图一二，9）。

陶壶 2件。泥质红陶，形制大致相仿，皆为盘口，束颈，广肩，扁鼓腹下垂，下腹收为圜底与圈足相连，圈足外侈。颈肩交接处饰两周凹弦纹，肩部两侧对称铺首衔环。器身轮制，铺首模制。标本M1：45，方唇，粗长颈微束，底、足交接处亦微束，圈足。圈足下部饰三周凹弦纹，口径处外侧施黄褐釉，肩、腹部施绿釉。口径16、腹径23.2、底径16、高30厘米（图一三，1）。标本M1：63，圆唇，长束颈。腹部饰一周凹弦纹。口径15.1、腹径24、底径18、高30.6厘米（图一三，2）。

陶缸 2件。标本M1：16，泥质灰陶。敞口，翻沿，尖唇，微鼓腹，下腹收为平底。颈部饰一周凸弦纹。轮制。口径36、底径18、高21厘米（图一三，3）。

陶甑 1件。标本M1：51，泥质灰陶。敞口，卷沿，圆唇，深腹斜收为平底，底部饰9个圆孔，腹部有明显轮制痕迹。轮制。口径32、底径16.8、高20厘米（图一三，4）。

陶仓 1件。标本M1：10，泥质灰陶。平口，圆唇，折肩，鼓腹，平底。轮制。口径15.2、腹径20.8、底径13.2、高18厘米（图一三，5）。

石耳珰 3件。皆为宝石蓝色，形制相同，2件略大、1件略小。标本M1：46，珰身微收腰，略成腰鼓状，一端较为宽大，呈喇叭口，另一端稍宽，穿孔偏离中心。宽径1.3、窄径0.9、高1.5厘米（图一二，10）。标本M1：65，珰身呈圆柱状，一端较为宽大，呈喇叭口，中心穿孔。宽径2、窄径1.1、高2厘米（图一二，11）。

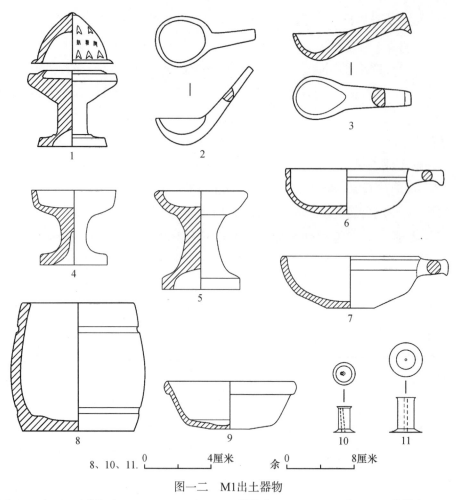

图一二　M1出土器物

1. 陶博山炉（M1：8）　2、3. 陶勺（M1：6、M1：29）　4、5. 陶豆（M1：3、M1：39）　6、7. 陶瓢（M1：9、M1：58）
8. 陶井（M1：7）　9. 陶碗（M1：61）　10、11. 石耳珰（M1：46、M1：65）

　　石块　1件。标本M1：1，红褐色，表面较光滑，平面呈椭圆形，棱角圆润，无明显加工痕迹。最长14.6、最宽11.5、厚4厘米（图一三，6）。

　　漆盒　2件。因出土时朽坏严重，无法提取，具体形制不详。

　　铜钱　数枚，均为五铢。青铜制，部分字迹模糊，其中几枚可见"五铢"字样，"五"字交叉两笔微曲。钱径2.6、穿宽1厘米（图一四，1）。

（二）M2

　　共出土器物15件，其中陶器13件、石器1件。陶器有罐、钵、井圈、釜、瓢、勺、器盖、博山炉、博山炉盖、仓、器座，石器有耳珰，另出土有铜钱数枚。

　　陶罐　2件。一大一小，形制各异。标本M2：1，泥质灰陶。侈口，圆唇，曲径，广肩，溜肩，圆腹，下腹斜弧收为平底。颈部和肩部各有一周凹弦纹，下腹有两周凹弦纹。轮制。口

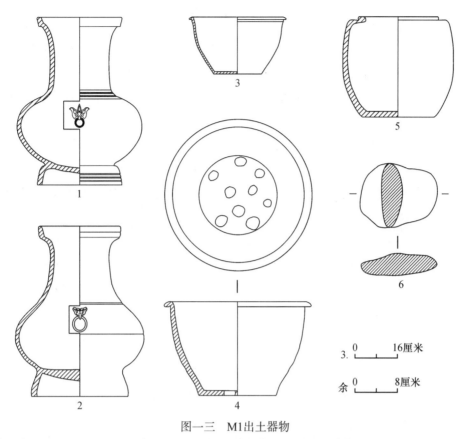

图一三　M1出土器物

1、2.陶壶（M1：45、M1：63）　3.陶缸（M1：16）　4.陶甑（M1：51）　5.陶仓（M1：10）　6.石块（M1：1）

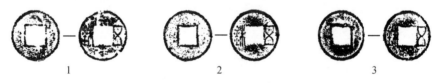

图一四　出土钱币拓片

1. M1：19　2. M3：9　3. M6：4

径10、腹径15.7、底径7.6、高11厘米（图一五，1）。标本M2：12，泥质灰陶。敞口，圆唇，曲径，折腹，下腹弧收为平底。颈部饰一周凹弦纹。轮制。口径4、腹径6、底径3、高4厘米（图一五，2）。

陶钵　1件。标本M2：2，泥质红陶。直口，方唇，下腹斜收为平底，器内底略内凸。上腹饰一周凹弦纹。轮制。口径16.6、底径6、高5厘米（图一五，3）。

陶井圈　1件（组）。标本M2：8，泥质灰陶。井圈稍残，呈方形，一面较平，中间开圆孔以为井口，两侧有两个小方孔，以插井架；井圈背面起棱，形成与井筒口相接的子母口。表面阴线刻划小菱格纹、麦纹、曲线纹。附井架1个，束腰，子母口。井圈边长20、厚1.8厘米（图一五，4）。

陶釜　1件。标本M2：4，泥质红陶。侈口，圆唇，长径内曲，鼓腹，下腹弧收为小平底。颈腹交接处饰有一周凹弦纹。通体施黄釉。轮制。口径10.5、腹径13.8、底径5.8、高9.3厘米（图一五，5）。

陶瓢　1件。标本M2：6，泥质红陶。直口，圆唇，弧腹，下腹斜弧收为平底。口沿处附接一圆形直柄。施黄釉。轮制。口径15.6、底径5.2、高5厘米（图一五，6）。

陶勺　1件。标本M2：3，泥质红陶。长柄上平下弧，椭圆勺体。通体施黄釉。残长10、通高6.6厘米（图一五，7）。

陶器盖　1件。标本M2：14，泥质红陶。子母口盖，内高外低，弧形顶。施酱釉。轮制。口径11.2、腹径16、高5厘米（图一五，8）。

陶博山炉　1件。标本M2：11，泥质红陶。子母口，浅腹束腰，圆柱柄残。腹部有一周凹弦纹。轮制。子口径6.8、母口径10.8、残高5.4厘米（图一五，9）。

陶博山炉盖　1件。标本M2：7，泥质红陶。圆锥形，顶饰乳丁，表面饰浮雕小山，有三个洞穿小孔，口沿上有一道折棱。外壁施黄釉。模制。口径10、高6.3厘米（图一五，10）。

陶仓　1件。标本M2：13，泥质灰陶。仅存口部，平口外敞，卷沿，束颈，平折肩。口径13.2厘米（图一五，11）。

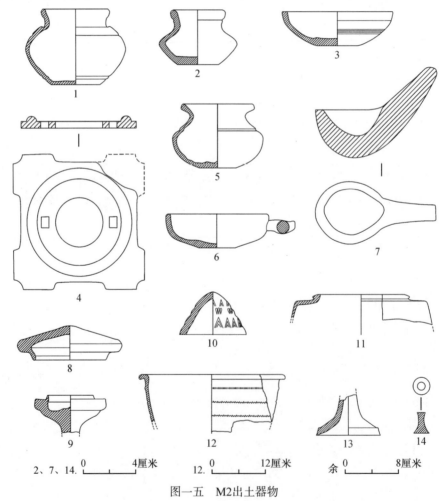

图一五　M2出土器物

1、2.陶罐（M2：1、M2：12）　3.陶钵（M2：2）　4.陶井圈（M2：8）　5.陶釜（M2：4）　6.陶瓢（M2：6）
7.陶勺（M2：3）　8.陶器盖（M2：14）　9.陶博山炉（M2：11）　10.陶博山炉盖（M2：7）　11.陶仓（M2：13）
12.陶盆（M2：9）　13.陶器座（M2：5）　14.石耳珰（M2：19）

陶盆 1件。标本M2:9，仅存口部一块。泥质灰陶。翻沿，圆唇，斜腹。饰有三角纹。口径33厘米（图一五，12）。

陶器座 1件。标本M2:5，仅存器座，具体器形不明。泥质红陶。圆柱状直柄，覆盘底座。轮制。底径9.5、残高6厘米（图一五，13）。

石耳珰 1件。标本M2:15，宝石蓝色。珰身束腰，成腰鼓状，一端较为宽大，呈喇叭口，另一端稍宽，中心穿孔。宽径1.1、窄径0.6、高1.5厘米（图一五，14）。

铜钱 数枚，均为五铢。青铜制。"五"字交叉两笔微曲，"铢"字较模糊。直径2.6、穿宽0.9厘米。

（三）M3

共出土器物26件，全部为陶器，器形有罐、釜、博山炉、钵、器盖、井圈、井架、仓、博山炉盖、方形器、勺、盆、器座、豆、灯，另出土有铜钱数枚。

陶罐 6件。皆为泥质灰陶，轮制。根据口沿可分为敞口圆唇和敞口尖唇两种。敞口圆唇的4件，三大一小，形制大致相同。标本M3:6，敞口，圆唇，束颈，鼓腹，下腹斜收为平底。下腹有两道折棱。口径5.1、腹径5.9、底径3.8、高3.2厘米（图一六，1）。标本M3:12，敞口，圆唇，束颈，溜肩，圆腹，下部弧收为平底。其中肩部饰一圈凹弦纹。口径9.6、腹径16、底径7.6、高12厘米（图一六，2）。标本M3:16，敞口，圆唇，束颈，溜肩，圆腹，下部弧收为平底。肩部饰两圈三角戳印纹。口径10、腹径16、底径7.9、高10.6厘米（图一六，3）。敞口尖唇的2件，形制完全相同。标本M3:21，敞口，翻沿，尖唇，颈外撇，折肩，鼓腹收为平底。颈肩交接处饰一周凹弦纹。口径14.2、腹径24、底径16、高15.2厘米（图一六，4）。

陶釜 3件。皆为泥质红陶，轮制，形制各不相同。标本M3:1，敞口，圆唇，束颈，鼓腹，圜底。颈腹交接处两侧各有一小耳，上腹饰一圈凹弦纹。口沿、器表施黄釉。口径11、腹径13.8、高9.4厘米（图一六，5）。标本M3:11，敞口，斜折沿，圆唇，束颈，鼓腹，圜底。上腹部饰一圈凹弦纹。口径12.9、腹径14、高9.6厘米（图一六，6）。标本M3:15，泥质红陶。敞口，斜折沿，圆唇，束颈，鼓腹，下腹弧收为小平底。腹部饰一圈凹弦纹。口径12.4、腹径14.2、底径5、高10厘米（图一六，7）。

陶博山炉 3件。皆为泥质红陶，除内壁外，通体施黄釉。器座形制相同，其中M3:2无盖，M3:7仅存器身上部，M3:22含器身和器盖，为一套。标本M3:22，子母口，浅腹，束腰，矮圆柱柄，覆盘底座，中空。底座有一道凹弦纹。盖圆锥形，顶饰乳丁，表饰参差浮雕小山，有四个洞穿小孔，口沿上有一道折棱。器座轮制、盖模制。盖口径10、器身子口径8、器身母口径10.8、底径10、通高10.4厘米（图一六，8）。

陶钵 2件。皆为泥质红陶，外壁施釉，轮制。标本M3:18，直口，方唇，弧腹，下腹急收为小平底。上腹饰一圈凹弦纹。口径17.2、腹径16.8、底径7、高5.8厘米（图一六，9）。标

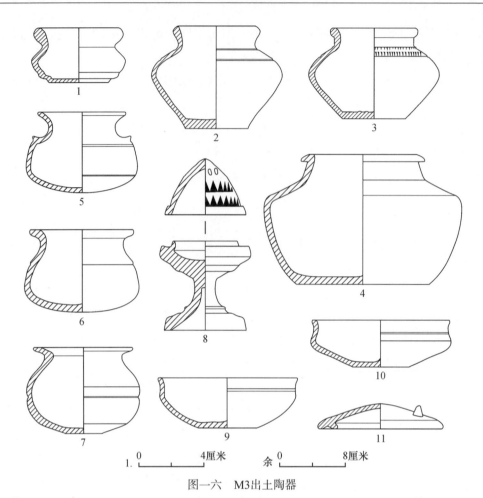

图一六　M3出土陶器

1～4.罐（M3：6、M3：12、M3：16、M3：21）　5～7.釜（M3：1、M3：11、M3：15）　8.博山炉（M3：22）

9、10.钵（M3：18、M3：19）　11.器盖（M3：17）

本M3：19，直口，圆唇，微束颈，下腹急收为小平底，器内底略凸。上腹饰一圈凹弦纹。口径16.9、腹径17.2、底径7、高5.4厘米（图一六，10）。

陶器盖　2件。形制相同，皆为泥质红陶。标本M3：17，子母口，内外等高，弧顶上有三个乳丁。器表施黄釉。轮制。子口径11.2、母口径15.4、高3厘米（图一六，11）。

陶井圈、井架、横梁　2件（组）。形制相同，皆为泥质灰陶。标本M3：24，井圈方形，一面较平，中间开圆孔以为井口，两侧有两个小方孔，以插井架；井圈背面起棱。表面阴线刻划小菱格纹、麦纹、曲线纹。附井架2个，束腰，子母口。横梁1件，整体呈倒"山"字形。井圈边长23、厚0.7厘米（图一七，1）。

陶仓　1件。标本M3：26，泥质灰陶。平口微外敞，束颈，平折肩，直腹略鼓，平底。轮制。口径15、腹径21、底径13.5、高19.5厘米（图一七，2）。

陶博山炉盖　1件。标本M3：13，泥质红陶。圆锥形，顶饰乳丁，表饰参差浮雕小山，有三个洞穿小孔，口沿上有一道折棱。通体施黄釉。模制。口径10.2、高7.1厘米（图一七，3）。

图一七　M3出土陶器

1. 井圈、井架、横梁（M3：24）　2. 仓（M3：26）　3. 博山炉盖（M3：13）　4. 方形器（M3：8）　5. 勺（M3：23）
6. 盆（M3：4）　7. 器座（M3：25）　8. 豆（M3：27）　9. 灯（M3：3）

　　陶方形器　1件。标本M3：8，陶制。正方形。边长2.7、厚0.4厘米。用途不明（图一七，4）。

　　陶勺　1件。标本M3：23，泥质红陶。长柄上平下弧，尾部鸟首形，椭圆形勺体。模制。长12、高6厘米（图一七，5）。

　　陶盆　1件。标本M3：4，泥质红陶。仅存残片，平折沿，圆唇，腹略鼓。颈部饰两周凹弦纹。施黄绿釉。复原口径为22、残长13厘米（图一七，6）。

　　陶器座　1件。标本M3：25，泥质红陶。矮圆柱柄，覆盘底座，中空。器表施酱釉。轮制。底径7.5、残高6厘米（图一七，7）。

　　陶豆　1件。标本M3：27，泥质红陶。仅存底座，矮圆柄，底呈喇叭口状，柄底交接处有一道折棱。轮制。底径10、残高7.5厘米（图一七，8）。

　　陶灯　1件。标本M3：3，泥质红陶。仅存器座。矮圆柱柄，覆盘底座，中空。底座饰一圈凸弦纹，内饰一圈凹弦纹。器表施酱釉。轮制。底径7.8、残高7.9厘米（图一七，9）。

　　铜钱　数枚，均为五铢。标本M3：9，青铜制。部分字迹模糊，少数可见"五铢"字样，"五"字交叉两笔微曲。钱径2.6、穿宽1厘米（图一四，2）。

（四）M4

　　共出土器物3件，皆为陶器。只有一小罐保存完好，余皆残缺。

　　陶罐　1件。标本M4：3，泥质灰陶。微敞口，圆唇，束颈，折腹，下腹斜收为平底。轮制。口径4.1、腹径5.9、底径4.7、高3.6厘米（图一八，1）。

　　陶钵　1件。标本M4：1，泥质红陶。仅存残片，直口方唇，腹急斜收。口沿外侧中部略偏下饰一周凹弦纹。复原口径18、腹径17.6、残高5.5厘米（图一八，2）。

　　陶井圈、横梁　1件（组）。泥质灰陶。井圈仅余边缘部分，残长7.9、残宽7.5、厚0.6厘米。横梁呈倒山字形，残长7.4、残宽2.9、厚0.7厘米。

（五）M5

　　无陪葬器物出土，仅发现有铁棺钉数枚。

　　铁棺钉　数枚。标本M5：1，呈细钉状，一端细尖，另一端渐宽，顶端翻折。长11厘米（图一八，3）。

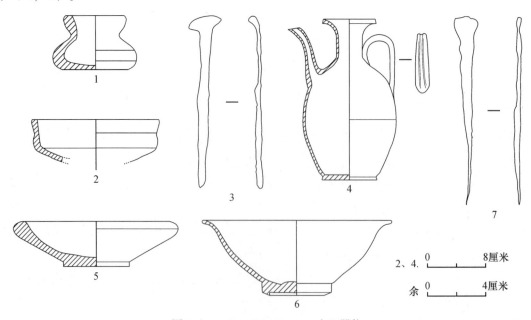

图一八　M4、M5、M6、M8出土器物

1.陶罐（M4：3）　2.陶钵（M4：1）　3、7.铁棺钉（M5：1、M8：1）　4.陶壶（M6：1）　5.陶碟（M6：2）
6.瓷碗（M6：3）

（六）M6

共出土器物3件，陶器2件，有壶和碟；瓷器1件，为瓷碗。另出土有数枚铜钱。

陶壶　1件。标本M6：1，泥质灰陶。敞口，方唇略外撇，长束颈，鹅颈状细高流，鼓腹，平底。銎上有两道凹弦纹，腹底交接处有一道凹弦纹。施半釉，釉色为浅灰。轮制。口径7.6、腹径12.8、底径7.6、高21.4厘米（图一八，4）。

陶碟　1件。标本M6：2，泥质灰陶。敞口，圆唇，饼形底。轮制。口径11.6、底径4.6、高3厘米（图一八，5）。

瓷碗　1件。标本M6：3，敞口微外撇，圆唇，弧腹，玉璧底，器内底微内凸。轮制。口径13.2、底径4.8、高5厘米（图一八，6）。

铜钱　8枚，均为五铢。青铜制，部分字迹模糊，其中几枚可见"五铢"字样，"五"字交叉两笔微曲。钱径2.6、穿宽1厘米（图一四，3）。

（七）M7

仅发现有铜钱一枚，字迹模糊，无法辨识。钱径2.6、穿宽1厘米。

（八）M8

铁棺钉　数枚。无陪葬器物出土，仅发现有棺钉数枚。

标本M8：1，一端细尖，另一端渐宽，端顶处呈三角状。长12厘米（图一八，7）。

五、结　语

本次发掘清理的8座墓葬中，M1、M2、M3、M4等4座墓为砖室墓，形状有"凸"字形、刀形两种，4座墓葬均出土有数量不等的陪葬品，以泥质红陶为主，器形主要有罐、釜、钵、博山炉、壶、豆等，具有典型的东汉特征，再结合M1、M2、M3内出土的数十枚"五铢钱"，可以推断4座墓葬年代均为东汉晚期。M5、M6、M7、M8等4座墓为石室墓，M6出土有瓷碗、陶碟和陶壶等器物，具有五代时期的特征，推断M6不早于五代时期。M8为同坟同穴多室合葬石室墓，墓葬砌砖结构与方法、石板之间用石灰抹缝的做法与在重庆、四川地区已发掘的明代石室墓相似，因此可判断M8的时代应为明代。M5和M7因破坏严重，且无陪葬品出土，故时代不详。本次发掘的8座墓葬为研究三峡地区东汉、五代、明代等不同时期的墓葬形制和丧葬习俗等提供了较为丰富的实物资料。

　　附记：此次考古发掘工作的执行领队为刘春迎，参与考古发掘的工作人员有刘春迎、杨海青、马新克、于通海、何连熙、朱芃宇、赵今、孙旭亚等，田野绘图的为魏成龙、葛超、于通海、何连熙、朱芃宇，负责摄影摄像工作的为刘春迎。在此次发掘过程中得到了重庆市涪陵区博物馆、白涛街道办事处等单位的大力支持，在此深表谢意。

　　　　　　　　　　　　　　　　　　　　　　　　　　　　　　执笔：刘春迎

渝北沙公溪遗址2015年度考古发掘报告

重庆市文物考古研究院
渝北区文物管理所

　　沙公溪遗址位于重庆市渝北区洛碛镇青木村十二社沙公溪，遗址位于长江西岸坡地，东面紧邻南北流向的长江；北面为低山和沙公溪河湾；西面多为当地村民民房和低山；南面多为菜地，相对位置较低（图一、图二）。

　　该遗址于1992年三峡库区淹没区文物调查时，由重庆市博物馆调查发现，1994年进行了考古勘探。由于遗址紧邻长江，容易受长江洪水侵蚀而导致垮塌崩岸，尤其近年来三峡工程蓄水至175米后，江岸后退速度处于加速态势，对遗存造成很大的破坏。

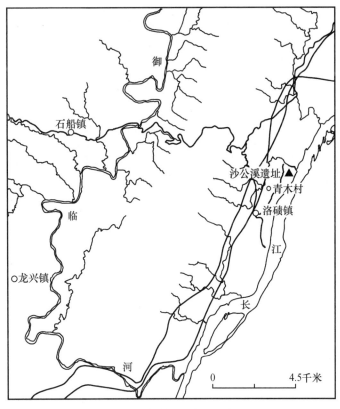

图一　沙公溪遗址位置示意图

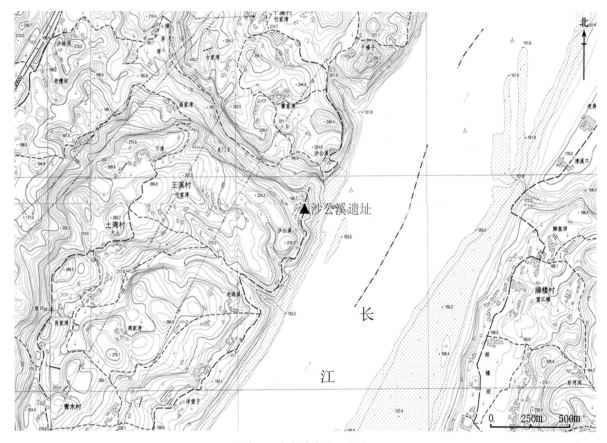

图二　沙公溪遗址地形图

2007年11月，山西省博物院对该遗址进行了考古发掘，发掘面积700平方米，获取了一些历史文化信息。

2015年12月20日～2016年5月17日，重庆市文化遗产研究院（现重庆市文物考古研究院）再次对该遗址开展考古发掘。

2015年12月20～25日，组织人员对沙公溪遗址范围内及周边进行考古调查，获取了遗址地上残存遗迹、地下遗迹分布范围及遗址内自然地理环境各类数据。

2015年12月25日～2016年1月10日，对沙公溪遗址进行普探，面积约为10000平方米。基本掌握遗址的文化层堆积情况，确定了遗址的核心位置。从2016年1月10日至2016年5月17日，依据既有勘探结果，对遗址核心区域进行考古发掘。在遗址范围内，分A、B、C三个发掘区进行布方，计划发掘面积700平方米（图三）。

发掘工作分两阶段进行。第一阶段，从2016年1月10日开始到2016年1月30日，在A区二级阶地上布方200平方米（2015YLST1、2015YLST2，以下简称T1、T2）。第二阶段，从2016年4月25日开始到2016年5月17日，在B区二级阶地上布方200平方米（2015YLST3～2015YLST10，以下简称T3～T10）；在C区二级阶地上布方200平方米（2015YLST11、2015YLST12，以下简称T11、T12），二级阶前缘坡地布方100平方米（2015YLST13，以下简称T13）。

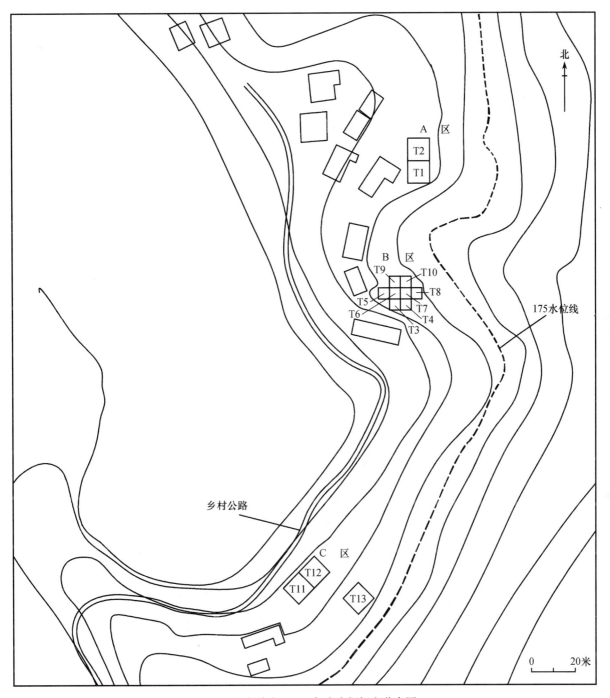

图三　沙公溪遗址2015年度发掘探方分布图

一、地层堆积和遗址分期

由于遗址紧依长江，经常遭受江水、洪水的冲刷侵蚀，因而破坏严重。文化地层的堆积一般较薄，只有50～80厘米。发掘的情况表明：A、B两区探方发现文化遗迹和遗物均为明清时期，在A区T2探方西侧发现明代石室墓；在C区T12探方发掘有一些收获，发现东周时期的文化堆积及遗物。在地层堆积方面，除了个别探方差异外，北部A、B区整个发掘区大体一致，由上至下可分为3层，T5具有代表性；C区由上至下可分为4层，T12具有代表性（图四、图五）。

（1）在A区二级阶地上，经发掘显示，文化堆积厚50～70厘米，分3层。

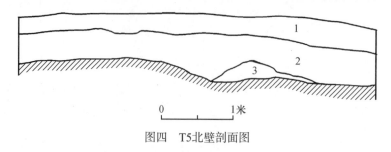

图四　T5北壁剖面图

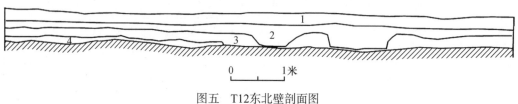

图五　T12东北壁剖面图

第1层：现代耕土层，厚10～25厘米，黄灰色土，土质结构疏松，此层布满各个探方。内含一些植物根系及现代陶瓷片等。

第2层：灰褐色亚黏土，深10～25、厚7～30厘米，土质结构疏松，各方均有分布，包含物较少，出有小石块等。

第3层：灰褐色亚黏土，深30～65、厚5～30厘米，土质结构紧密，较硬，此层北部及东部边缘略有缺失。

第3层以下为黄褐色黏土，未见包含物，为生土层。

本区发现灰坑5个、墓葬1座。灰坑为清晚期至民国时期遗存，开口于第2层下，打破第3层及原生地层。

出土明清瓷片和陶片，器型有青花瓷碗、盘，酱釉陶盏、壶、钵、罐等。

（2）在B区二级阶地上，经发掘显示，文化堆积厚40～100厘米，分3层。地层及出土物与A区相似。

第1层：现代耕土层，厚10～30厘米，黄灰色土，土质结构疏松，此层布满各个探方。内含一些植物根系及现代陶瓷片等。

第2层：灰褐色亚黏土，深10～25、厚7～30厘米，土质结构疏松，各方均有分布，包含物较少，出有小石块等。

第3层：灰褐色亚黏土，深30～65、厚5～30厘米，土质结构紧密，较硬，此层东部边缘略有缺失。

第3层以下为黄褐色黏土，未见包含物，为生土层。

本区发现灰坑1个。灰坑为清晚期至民国时期遗存，开口于第2层下，打破第3层及原生地层。

（3）在C区二级阶地上，经发掘显示，文化堆积厚40～80厘米，分4层。第1、2、3层及出土物与A区相似。

第1层：现代耕土层，厚10～25厘米，黄灰色土，土质结构疏松，此层布满各个探方。内含一些植物根系及现代陶瓷片等。

第2层：灰褐色亚黏土，深10～25、厚7～30厘米，土质结构疏松，各方均有分布。包含物较少，出有小石块等。

第3层：灰褐色亚黏土，深30～65、厚5～30厘米，土质结构紧密，较硬，此层东部边缘略有缺失。

第4层：东周文化层。此层只在T12探方东北部分布，其他位置缺失。出土陶器和石器，主要器型为陶罐、陶钵、陶尖底器、陶盘、陶豆、磨制石斧和石片石器等。

第3层及第4层（大部缺失第4层）以下为黄褐色黏土，未见包含物，为生土层。

本区发现灰坑4个、灰沟1条，均为清晚期至民国时期遗存，开口于第2层下，打破第3层及原生地层。

此次在C区发现东周文化层，是重庆主城区考古工作的一个突破口，为我们认识商周文化遗存在重庆主城的分布规律提供重要的资料。

二、文化遗迹

本次发掘出土的遗迹均为明代及清代，计有明代石室墓1座（2015YLSM1，以下简称M1）、清代灰坑10个（2015YLSH1～2015YLSH10，以下简称H1～H10）、灰沟1条（2015YLSG1，以下简称G1）。

（一）灰坑

10个，坑口平面近似椭圆形，多不规则。

H1 位于T2的中南部，南约1米与H2相邻，北约2.2米为H3，西北部约2.1米为M1。其开口于第2层下，打破第3层及生土层，坑开口距地表面50～60厘米。底面距离遗迹口部54～60厘米，坑最深60厘米，最浅54厘米，保存较差。坑内为灰黑色粉沙土，土质疏松，呈凸镜状堆积，包含物有石、骨角、烧土、料姜石、蚌壳、碳屑等。为人类活动时留下的堆积（图六）。

H2 位于T2的南部，北约1米与H1相邻，北约3.2米是H3，西北约3.5米为M1，东约1.6米为H5。其开口于第2层下，打破第3层及生土层，坑开口距地面50～60厘米。南北长130、东西宽110、深70～80厘米，斜直壁，底部较平，长110、宽88厘米，不见有特殊加工痕迹。坑内堆积多于H1。坑内土质疏松，为黑灰色粉沙土，分布整个坑内，包含物较少，可辨器型有瓷碗口沿、底残片，釉陶残片等（图七）。

H3 位于T2的东北部，南约3.2米为H2，约2.2米为H1，北约1.85米为M1。其开口于第2层下，打破第3层及生土层，距地表约50～70厘米，平面形状呈不规则长方形，南北长约260、东

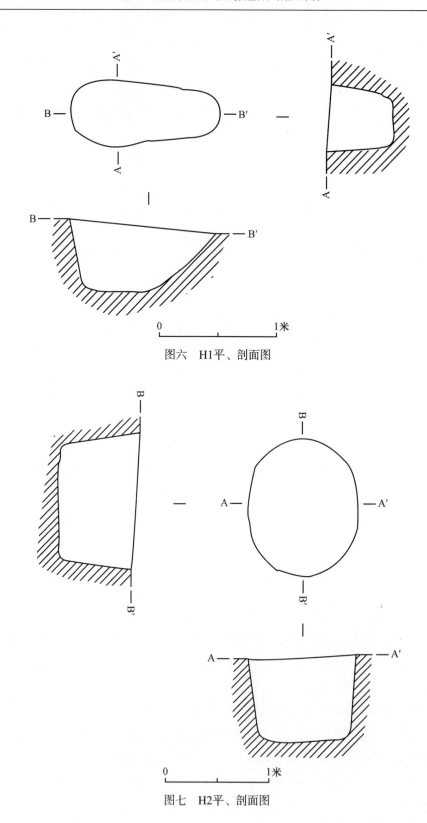

图六　H1平、剖面图

图七　H2平、剖面图

西宽约170～240、深26～70厘米，斜直壁，底部较平，南北长252、东西宽226厘米，不见有特殊加工痕迹，坑内堆积深26～70厘米，土质疏松，为灰黑色粉沙土，包含物较少，可辨器型有瓷碗口沿、底部残片，釉陶罐残片，石块等（图八）。

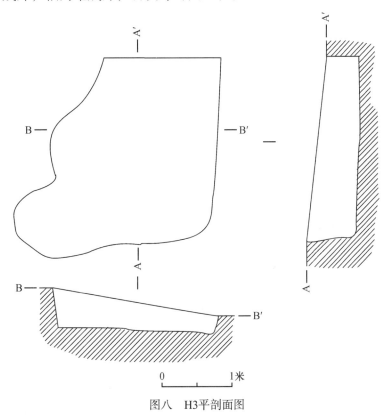

图八　H3平剖面图

H4　位于T1的东部，北约1.2米为H5，向北有H1、H2、H3。其开口于第2层下，打破第3层及生土层，距地表约40～50厘米，平面形状呈不规则椭圆形，东西长170、南北宽125、深54～65厘米，斜直壁，底部较平，东西长130、南北宽100厘米，坑壁有一层厚为5厘米的"三合土"地仗（图九）。坑内堆积深54～65厘米，土质较疏松，为灰黄色粉沙土，夹有零星白石灰点，分布各个坑面，出土遗物较少，可辨器型有灰瓦残片、瓷片、瓷碗底及口沿残片、釉陶罐底、釉陶缸底及口沿及残片、石块、残砖渣等。从形状结构及包含物分析认为，可能为一储物坑，后废弃推垃圾。

H5　位于T1的北部延伸到T2的南壁处，南约1.2米为H4，向北有H1、H2、H3。其开口于第2层下，打破第3层及生土层，距地表约40～65厘米，平面形状呈不规则长方形，长270、宽270、深65～80厘米，底部略倾斜，南部略深，北部较浅，底236～250厘米，壁和底不见有特殊加工痕迹。坑内堆积厚65～80厘米，土质较致密，为黄灰色粉沙土，包含物较少，主要为瓷碗、灰瓦残片、釉陶残片、铜钱等（图一〇）。

H1～H3、H5应属同时期的，均属第2层下，打破生土，包含物基本相同。

H6　位于T3的中东部，其开口于第2层下，打破第3层及生土层，时代为近现代。距地表约10～20厘米，平面形状呈不规则椭圆形，近圜底，斜直壁，坑口长170、宽134、深18～46厘

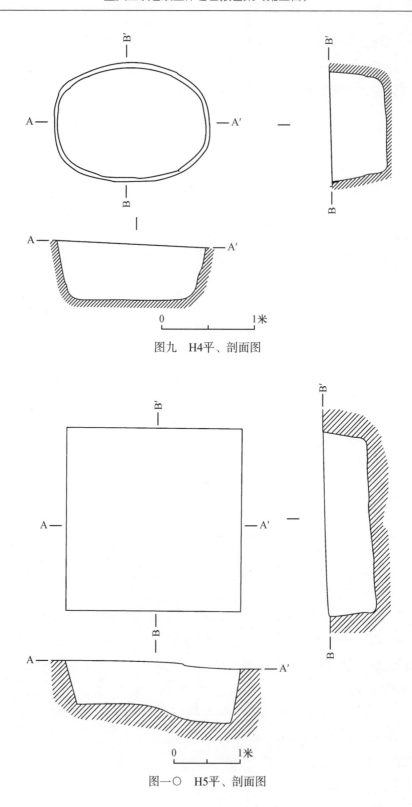

图九　H4平、剖面图

图一〇　H5平、剖面图

米。壁和底不见有特殊加工痕迹。坑内堆积厚18~46厘米，土质疏松，为灰褐色沙土，夹有烧土，分布整个坑面，包含物较多，有较多瓦片、瓷片，可辨器型有瓷碗底、口沿残片，陶器残片等（图一一）。从形状结构及包含物分析认为，可能为垃圾坑。

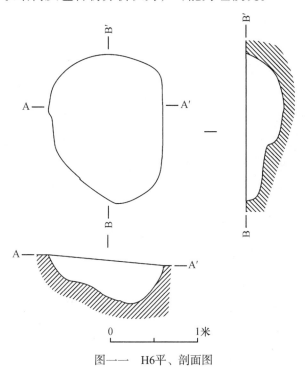

图一一　H6平、剖面图

H7　位于T12的中东部，其开口于第2层下，打破第3层及生土层，距地表约20~25厘米，平面形状呈不规则平面形状呈楔形，坑口长80、宽62、深22~24厘米，近平底，斜直壁。坑内堆积深22~24厘米，土质较致密，为黄褐色沙土，包含物较少，有少量瓦片、瓷片等（图一二）。

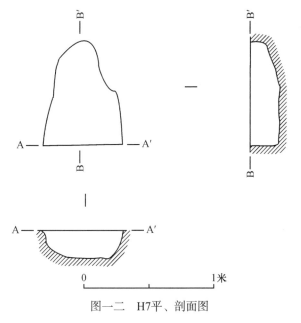

图一二　H7平、剖面图

　　H8　位于T12的中东部，其开口在第2层下，打破第3层及生土层，距地表约20～25厘米，平面形状近圆形，坑口长150、宽120、深50～55厘米，近平底，直壁。坑内堆积深50～55厘米，土质较疏松，为灰褐色沙土，夹有烧土，包含物多为瓦片、瓷片和石块，可辨器型有瓷碗底、口沿及残片，陶缸残片等（图一三）。坑壁有一层厚为5厘米的"三合土"地仗层。从形状结构分析认为，可能为一储物坑，后废弃为垃圾坑。

　　H9　位于T12的中东部，其开口于第2层下，打破第3层及生土层，距地表20～25厘米，平面形状近长方形，坑口长172、宽130、深90～95厘米，近平底，直壁。坑内堆积深90～95厘米，土质较疏松，为灰褐色沙土，包含物多为瓦片、瓷片和石块，可辨器型有瓷碗底、口沿及残片等。坑壁用灰色沙土敷成，厚约5厘米（图一四）。坑壁有一层厚为5厘米的"三合土"地仗层。从形状结构分析认为，可能为一储物坑，后废弃为垃圾坑。

　　H10　位于T12的中东部，其开口于第2层下，打破第3层及生土层，距地表20～25厘米，平面形状近长方形，坑口长166、宽130、深35～45厘米，近平底，直壁。坑内堆积深35～45厘米，土质较疏松，为灰褐色沙土，包含物多为瓦片、瓷片和石块，可辨器型有瓷碗底、口沿及残片等（图一五）。坑壁有一层厚为5厘米的"三合土"地仗层。从形状结构分析认为，可能为一储物坑，后废弃为垃圾坑。

　　H7～H10包含物基本相同，对包含物及土质、土色情况进行分析，可确定为同一时期。

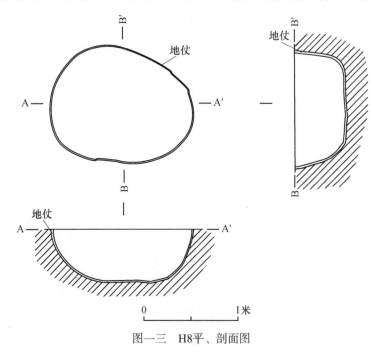

图一三　H8平、剖面图

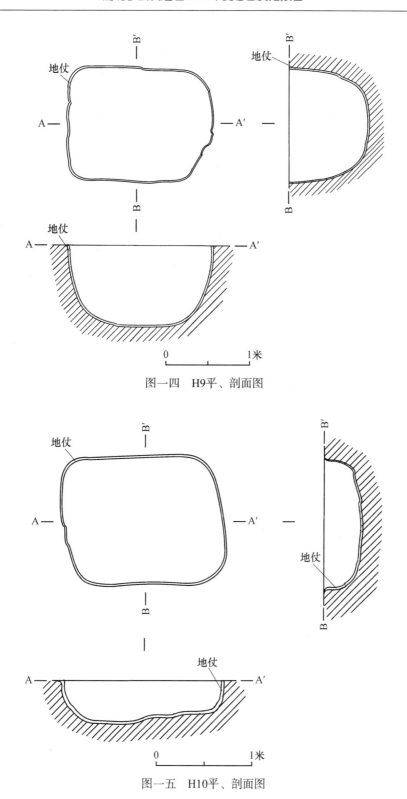

图一四　H9平、剖面图

图一五　H10平、剖面图

（二）灰沟

G1　位于T11的中东部，其开口于第2层下，打破第3层及生土层，时代为明清时期。表面距离遗迹口部30～35厘米，沟呈水平状，底面距离遗迹口部65～70厘米，最厚35厘米，最薄25厘米，保存较差。沟内土质为沙土，包含瓷片和石块等，较疏松，土色为褐黄色。为人类活动时留下的堆积（图一六）。

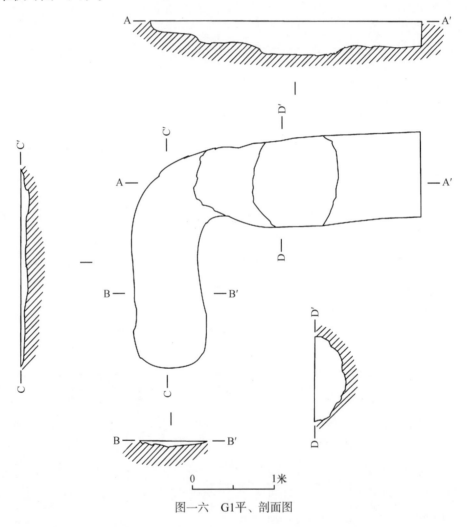

图一六　G1平、剖面图

（三）墓葬

M1　位于A发掘区的西北部，在T2的西北部，其开口于第2层下，打破第3层及生土层，为明代石室墓。墓墓室平面呈长方形，双室，相邻壁共用，由甬道及墓室组成，墓向201°。墓口距地面深70～110厘米，长238～248、宽280厘米。墓底距地面深210～250厘米，长228～226、宽128～108厘米。早年被盗，墓室内充满填土，土质较致密，土色黄灰褐色花土，厚70～140厘米。墓底面较平（图一七）。甬道口距地面深190～170厘米，长160～172、宽280厘米。甬道底距地面深206～198厘米，长150～160、宽128～112厘米。

　　墓室为砂石板构筑，石盖板及墓室后半部已被破坏，两边壁是用整块是石板构筑而成。墓门存两扇石门，残高76～86、门宽各58、厚8厘米。南前室内长150、宽128、残高40厘米，用宽16、厚12～40厘米的石条平砌而成，封门无存，仅剩底部一块石条，长58、宽46、厚12～16厘米。北前室长160、宽112、残高70厘米，前室封门处有两层石条，残高36厘米，壁是用厚16、高24～40厘米的石条平砌而成。

　　墓葬因早年被盗，墓室充满填土，未见人骨，葬式、葬具不明。未见随葬品，仅在填土内发现瓷碗残片。

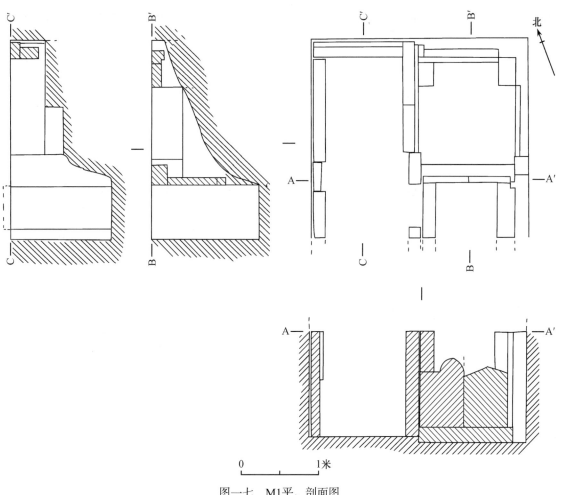

图一七　M1平、剖面图

三、文化层出土遗物

（一）东周时期遗物

1.石器

共计30件。均为变质石英砂岩质。打制的石片石器居多，有石片毛坯和砾石毛坯，少量磨制。器型有斧、锛、刮削器等。

磨制石锛　4件。T12④：28，通体磨制。仅剩约四分之一，顶部和一侧残缺。两面平，一侧直，刃口弧。腹面有未磨平的崩疤痕，疤面可见同心波及放射线。刃口腹面单向磨制，刃锋利。残长5、残宽2.9、厚1厘米（图一八，1）。T12④：4，近梯形。通体磨制。选取片状砾石加工而成。顶端崩断，断碴微凹。背面平，腹面有竖向脊棱，两侧略外鼓，刃口弧。四周棱沿均有未磨平的崩疤痕，腹面一疤痕较厚，个别疤面可见放射线。长6.4、宽3.6、厚1.2厘米（图一八，2）。T12④：26，梯形。通体磨制。平顶，抹去一角。两面鼓，两侧斜直，棱角方正，刃部崩断残缺。周边棱沿有几处未磨平的崩疤痕。残长6.4、宽5、厚2.3厘米（图一八，3）。T12④：32，椭圆形。局部磨制。两端端沿弧形较薄，均有反向疤痕。背面略平，保留了自然石皮；腹面中间左侧有竖向棱脊。两侧略弧，一侧反向、一侧交互打击修型，在两面产生相应的崩疤。刃口腹面内凹，偏锋斜面磨光，刃锋略钝。个别疤面可见放射线。长13.6、宽7、厚

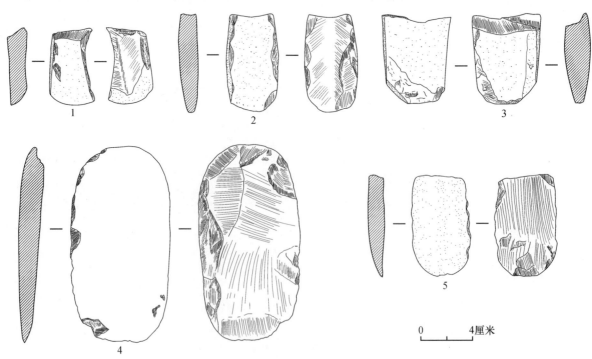

图一八　出土石锛

1~4.磨制石锛（T12④：28、T12④：4、T12④：26、T12④：32）　5.打制石锛（T12④：12）

1.8厘米（图一八，4）。

打制石锛 1件。T12④：12，近似长方形。砾石锤击石片毛坯。顶端平，背面鼓，腹面平，两侧直，刃口弧。腹面系一次性劈裂，疤面可见放射线，打击点在刃口，反向打击；两侧修型采用错向打击的方法，在两面产生相应的崩疤，疤面较小。刃口利用背面石皮的弧曲面形成偏锋。通长7.2、宽4、厚0.9厘米（图一八，5）。

磨制石斧 1件。局部磨制。T12④：27，四边形。选取自然砾石打击加工而成。顶端斜弧，为砾石棱沿。两面微鼓，保留了大部分自然石皮。两侧直，交互打击修型，在两面产生相应的崩疤，一侧棱沿下方磨平。刃口弧，交互打击加工，一侧刃角崩缺。通长11.4、宽5.4、厚2.4厘米（图一九，1）。

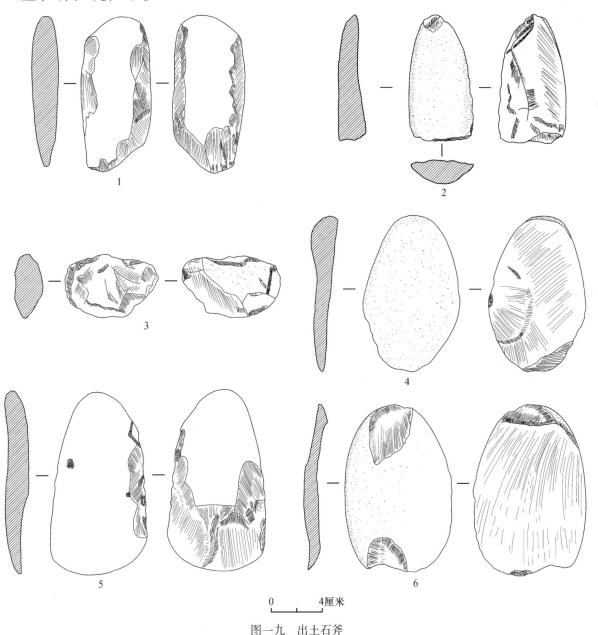

0   4厘米

图一九　出土石斧

1.磨制石斧（T12④：27）　2~6.打制石斧（T11③：11、T11③：15、T12④：55、T12④：29、T12④：14）

　　打制石斧　5件。T11③：11，圆角三边形。砾石打击的毛坯。顶端略圆弧，有交互崩疤。背面有一竖向棱脊，为自然砾石面，横截面呈近三角形。腹面右上部略平，疤面可见放射线；左下方分布鱼鳞状片疤。两侧弧形，左侧有反向打击痕崩疤。刃口厚钝，反向加工。长9.5、宽5.1、厚2.3厘米（图一九，2）。T11③：15，近梯形。石片毛坯。顶端弧，较薄，系交互打击所致。两面鼓，两侧直，刃口崩缺一角。两侧修型采用交互打击的方法，个别疤面可见放射线。残长6.7、宽4.2、厚2厘米（图一九，3）。T12④：55，椭圆形。选取砾石打击石片加工而成。顶部厚，带石皮与背面相连。背面上方突鼓，向刃部逐渐变薄。腹面一次性劈裂，打击点明显，在左侧中腰，疤面可见同心波及放射线。两侧外鼓。刃口薄，锋利，有使用产生的细碎崩疤。长11.4、宽7、厚2.3厘米（图一九，4）。T12④：29，近梯形。选取片状自然砾石打击加工而成，大部分保留了自然砾石面。顶端弧，呈舌状。背面平，微弯曲；腹面鼓，下方对向打击去厚。两侧斜微鼓，交互打击修型，在两面产生相应的崩疤。刃口弧，为砾石自然棱沿，刃口厚钝，未做加工。个别疤面可见放射线。长13、宽7.2、厚2.1厘米（图一九，5）。T12④：14，石片，变质石英砂岩。近似椭圆形。自然砾石砸击石片。背面鼓，中间保留了大面积石皮，两端均有片疤产生。腹面两端打击点明显，疤面一端有一陡直的阶梯，梯坎之上疤面可见放射线。长12、宽7.9、厚1.3厘米（图一九，6）。

　　打制有肩石斧　2件。利用砾石打击石片加工而成。T11③：13，顶端窄，有反向崩疤。两面鼓，背面为石皮，腹面可见同心波与放射线。两侧不对称，一侧斜直，反向打击修型；一侧交互打击修肩。刃口弧形，复向打击加工，刃口钝。通长9、宽6.5、厚1.5厘米（图二○，1）。T12④：36，顶端弧，端沿薄锐，有正向打击崩疤，疤面很小。背面鼓，两侧有修型产生的崩疤，中间则保留了部分石皮；腹面略平，系一次性劈裂，左侧可见外卷的弧形波纹。两侧有双肩，肩不对称。左肩较窄，正向打击修理；右肩略宽，交互打击成型。刃口弧，复向打击，在两面产生相应的崩疤，崩疤缺口呈齿状。通长13.5、宽11.5、厚2.3厘米（图二○，2）。

　　刮削器　5件。T11③：12，扇形，片状较宽。选取砾石摔击石片加工而成。顶部略窄，带石皮与背面连接。背面鼓，系自然砾石面，打击点居中。腹面顶部打击点明显，疤面可见同心波与放射线，远端尖状，左右侧下方反向打缺，远端呈齿状。长6.9、宽16.3、厚0.8厘米（图二一，1）。T11③：14，似梯形。砾石打击石片。顶端崩断，断碴内侧近平，外侧石皮扁棱上

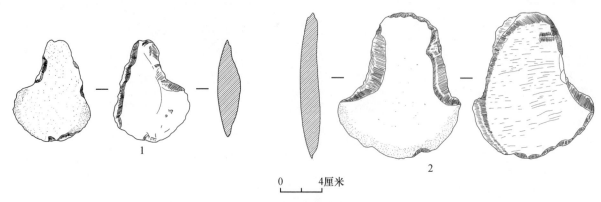

图二○　出土打制有肩石斧

1. T11③：13　2. T12④：36

凸呈阶梯状。背面鼓，为自然砾石面；腹面系一次性劈裂，疤面可见同心波及放射线，打击点内凹，在左侧下方。两侧斜直，有反向修型崩疤。外缘尖状较薄。长9.6、宽10.8、厚1.8厘米（图二一，2）。T11③：18，近似扇形。砾石摔击石片。顶部略弧，与背面石皮连接，背面鼓，系自然砾石面，打击点偏左侧。腹面顶部打击点内凹，疤面可见放射线，远端外缘交互打击呈齿状。长6.5、宽8.6、厚1.4厘米（图二一，3）。T12④：57，似扇形。砾石摔击石片。顶部略窄薄，与背面石皮连接，背面鼓，系自然砾石面，打击点偏左侧。腹面顶部打击点明显，疤面可见放射线。远端外缘右侧上卷而厚，左侧尖状。左侧反向打击呈齿状。长8.7、宽7.7、厚2.2厘米（图二一，4）。T12④：22，椭圆形。砾石摔击石片。顶部略呈弧形，与背面石皮连接，背面平，系自然砾石面，打击点偏右侧。腹面顶部打击点明显，疤面可见放射线。远端边缘外卷，周缘有反向打击产生细小的崩疤。长11.1、宽7.1、厚1.2厘米（图二一，5）。

　　石片石器　4件。T11③：16，砾石摔击石片。变质石英砂岩质，扇形。顶部略弧，与背面石皮连接，背面鼓，系自然砾石面，打击点偏左侧。腹面顶部打击点不明显，疤面可见放射线，远端边缘尖状，右侧下方有反向打击崩疤。通长10.2、宽14.2、厚2.6厘米（图二二，1）。T11③：17，砾石摔击石片。变质石英砂岩质，近似扇形。利用砾石打击石片。顶部略弧，较薄，系正向打击形成的脊棱，棱沿有触摸的光滑痕。背面鼓，为砾石自然面。腹面有一横向阶梯，前端略薄。两侧复向打击收窄，前锋呈尖状。通长10.2、宽11.2、厚2.8厘米（图

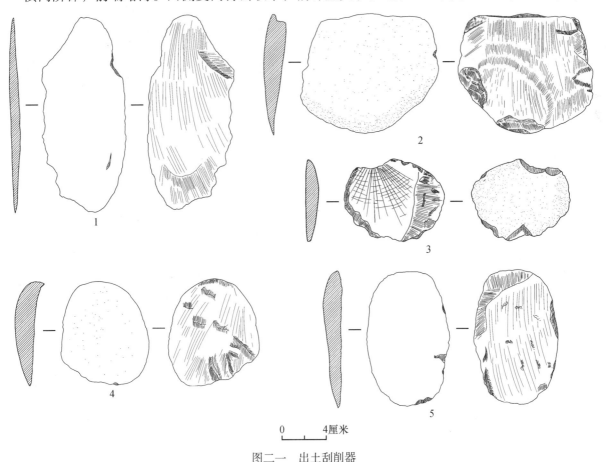

0   4厘米

图二一　出土刮削器

1. T11③：12　2. T11③：14　3. T11③：18　4. T12④：57　5. T12④：22

二二，2）。T12④：62，砾石摔击石片。变质石英砂岩质，顶部略窄薄，与背面石皮连接，背面鼓，系自然砾石面，打击点居中。腹面顶部打击点明显，疤面可见放射线。远端尖状。左右两侧反向打缺。长10.62、宽12.7、厚2.2厘米（图二二，3）。T12④：59，砾石摔击石片。变质石英砂岩质，似扇形。顶部略窄薄，与背面石皮连接，背面鼓，系自然砾石面，打击点处背面有崩疤。腹面顶部打击点明显，疤面可见同心波及放射线。远端边缘尖状，外缘有细碎的反向崩疤，右端正向崩缺。通长10.9、宽7.3、厚1.2厘米（图二二，4）。

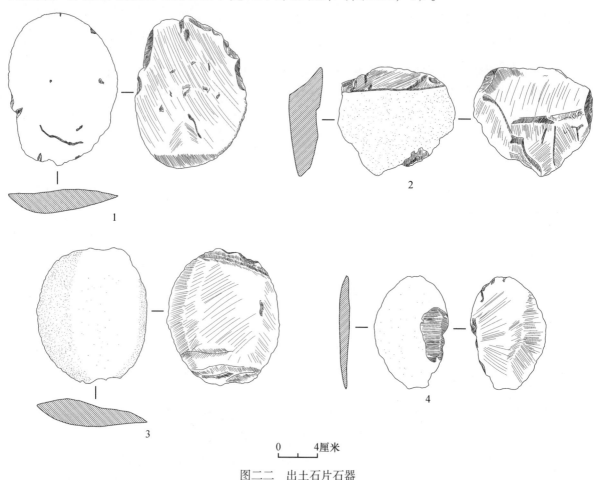

0　　4厘米

图二二　出土石片石器

1. T11③：16　2. T11③：17　3. T12④：62　4. T12④：59

2. 陶器

陶器残片出土约1500片，大多残损较甚，仅2件复原器。陶质基本为夹细砂陶，泥质较少，烧成温度高低不一。陶色以红色为主，灰色、黑色次之，还有红褐、灰褐黑褐等。外表装饰以素面为主，有少量的绳纹、弦纹、花边口沿等。绳纹有粗、中、细之分。陶片可辨器型有罐、盆、杯、器盖、尖底杯、壶、豆及平底器等。

陶罐　19件。按形制的不同可分四型。

A型　6件。花边口沿，均为口沿残片，唇沿用棒形硬物压印成齿状花边。夹细砂灰陶或黑陶。侈口，卷沿外翻，矮颈或弧颈内束，颈以下残。分二亚型。

Aa型　3件。矮颈。T12④：1，黑灰陶。溜肩。残高5.6、宽6.5、厚0.9厘米（图二三，1）。T12④：6，灰陶。颈以下残。残高5.9、宽5.7、高0.9厘米（图二三，2）。T12④：20，灰陶。颈部靠近破裂碴口处，由外而内钻穿一圆孔。残高7.5、宽6.8、厚0.9、孔径0.9厘米（图二三，3）。

Ab型　3件。弧颈内束。T12④：9，灰陶。口沿残片，溜肩，以下残缺。颈以下饰斜向粗绳纹。高6.7、宽10、厚0.9厘米（图二三，4）。T12④：21，灰陶。颈以下施粗绳纹。残高6.8、宽8.8、厚1厘米（图二三，5）。T12④：15，灰陶。残高3.4、宽8.3、厚0.8厘米（图二三，6）。

B型　4件。矮颈。夹细砂黑陶或灰陶。侈口，圆唇。T12④：52，黑灰陶。沿面平折，颈以下残缺。素面。残高7.2、宽5.1、厚0.5厘米（图二三，7）。T12④：30，灰陶。口沿外翻。颈以下饰竖向中绳纹。残高5.4、宽3.6、厚1厘米（图二三，8）。T12④：18，灰陶。卷沿外翻，尖唇，溜肩，肩以下残缺。素面。残高4.8、宽7.9、厚0.7厘米（图二三，9）。T12④：39，灰陶。斜肩，肩以下残。残高3.9、宽8、厚0.9厘米（图二三，10）。

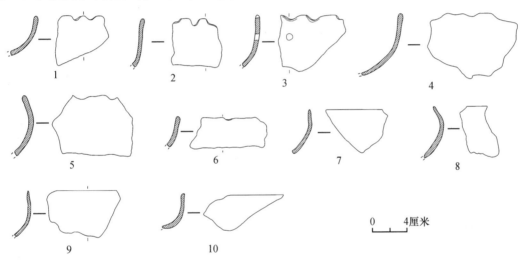

图二三　出土陶罐

1~3. Aa型（T12④：1、T12④：6、T12④：20）　　4~6. Ab型（T12④：9、T12④：21、T12④：15）　　7~10. B型（T12④：52、T12④：30、T12④：18、T12④：39）

C型　4件。卷沿罐，夹细砂。侈口，卷沿外翻，尖唇或圆唇，束颈。T12④：53，灰黑陶。圆唇。肩以下饰斜向粗绳纹。残高7.3、宽4.2、厚0.4~0.5厘米（图二四，1）。T12④：64，红褐陶。尖唇，溜肩，肩以下残缺。颈以下饰斜向交叉粗绳纹。残高4.6、宽7.4、厚0.7厘米（图二四，2）。T12④：60，橘黄色陶。圆唇，斜肩，肩以下残。外表有稀疏的斜向粗绳纹印痕。残高2.9、宽5.2、厚0.5厘米（图二四，3）。T12④：33，夹砂橘红陶。圆唇，溜肩，肩以下残。残高3.9、宽3、厚0.5厘米（图二四，4）。

D型　3件。器型较小，薄胎，夹细砂或泥质。侈口，卷沿，圆唇，束颈，圆肩或溜肩，鼓腹，底残缺。T12④：38，灰褐色。溜肩。素面。残高3、宽4.6、厚0.4厘米（图二四，5）。T12④：41，灰褐陶。肩以下饰斜向细绳纹。残高4、厚0.4厘米（图二四，6）。T12④：43，

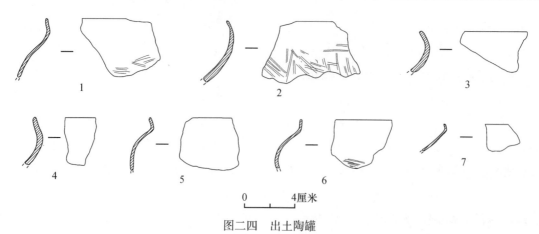

图二四　出土陶罐

1~4. C型（T12④：53、T12④：64、T12④：60、T12④：33）　5~7. D型（T12④：38、T12④：41、T12④：43）

泥质灰陶。折沿外卷。素面。残高3.6、宽2.7、厚0.3厘米（图二四，7）。

陶盆　6件。按口沿装饰不同可分二型。

A型　2件。花边盆，夹细砂红陶。侈口，折沿斜张，方唇，腹壁斜收，下腹残。唇沿细线压印成齿状花边。T12④：2，残高4.1、宽3.9、厚0.8厘米（图二五，1）。T12④：66，残高3.7、宽4.5、厚0.5厘米（图二五，2）。

B型　4件。卷沿盆，均为口沿残片。T12④：31，夹砂灰陶。侈口，唇沿外翻，颈以下残缺。残高5.8、宽4.3、厚0.7厘米（图二五，3）。T12④：54，泥质灰陶。侈口，卷沿外翻，圆唇。素面。残高3.7、宽5.5、厚0.7厘米（图二五，4）。T12④：40，夹细砂橘红陶。侈口，折沿斜张，圆唇。沿下饰横向中绳纹。残高7.5、宽6.8、厚0.9厘米（图二五，5）。T12④：65，夹细砂红陶。侈口，圆唇外翻，腹壁近直，下腹残缺。沿下饰竖向粗绳纹。残高3.9、宽3.8、厚0.5~1厘米（图二五，6）。

陶豆形器　1件。复原器。T12④：70，夹砂红陶。手制。觚盘呈喇叭状，敞口，圆唇，盘壁微弧，底心坑窝低凹，柱状高柄，略粗，覆钵状圈足。素面。口径14.3、高17、底径10厘米

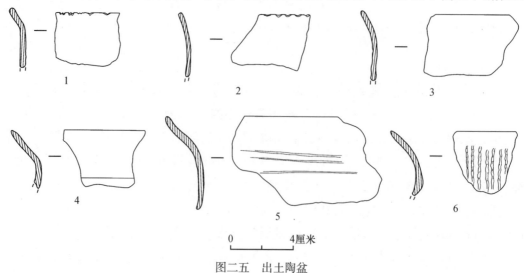

图二五　出土陶盆

1、2. A型（T12④：2、T12④：66）　3~6. B型（T12④：31、T12④：54、T12④：40、T12④：65）

（图二六，1）。

陶杯　1件。复原器。T12④：19，夹细砂褐陶。手制。口微敛，圆唇，弧腹较深，圜底略平。素面，内外表有明显指尖坑窝。口径7、高7厘米（图二六，2）。

陶平底器　10件。上腹残，下腹斜内收，平底。多素面。T12④：3，夹细砂灰陶。内底灰褐色，内底坦缓。残高2.4、宽6、厚0.8厘米（图二七，1）。T12④：5，夹细砂灰陶。内底灰褐色。残高3.9、厚0.7~0.9厘米（图二七，2）。T12④：17，夹砂灰陶。残高3.3、厚0.3~0.4厘米（图二七，3）。T12④：34，夹细砂灰陶。残高3.9、厚0.5~0.8厘米（图二七，4）。T12④：51，泥质黑灰陶。残高2.9、厚0.7~1.5厘米（图二七，5）。T12④：61，夹细砂红陶。残高3.1、厚0.4~0.6厘米（图二七，6）。T12④：68，夹细砂红褐陶。底沿抹去棱角，外表饰斜向粗绳纹。残高2.1、厚0.8厘米（图二七，7）。T12④：69，夹细砂灰陶。外表有黑炱。残高3.5、厚0.5~0.9厘米（图二七，8）。

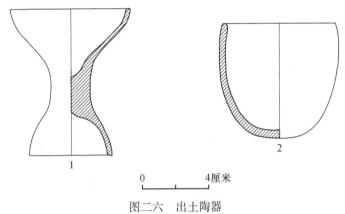

图二六　出土陶器

1. 豆形器（T12④：70）　2. 杯（T12④：19）

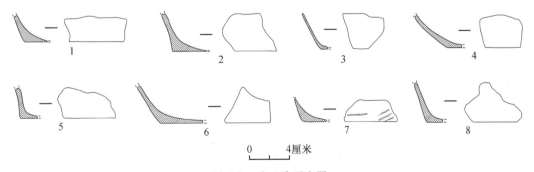

图二七　出土陶平底器

1. T12④：3　2. T12④：5　3. T12④：17　4. T12④：34　5. T12④：51　6. T12④：61　7. T12④：68　8. T12④：69

陶尖底杯　5件。仅剩乳突状尖底。T12④：71，夹砂红陶。轮制。腹壁残缺，内底略平。底端有磨触形成的小平面。素面。残高1.2厘米（图二八，1）。T12④：72，夹砂红陶。手制。腹壁残缺，内底略平，底端尖头偏向一侧。素面。残高1.3厘米（图二八，2）。T12④：73，夹砂灰陶。手制。角状尖底，上腹壁残缺。尖底端面有触磨痕。素面。残高1.4厘米（图二八，3）。T12④：74，夹砂灰陶。轮制。腹壁残缺，内底略平。素面。残高3.2厘米

（图二八，4）。T12④：75，夹砂橘红色陶皮。手制。内腹灰色，腹壁残缺。内底呈圜形坑窝。素面。残高1厘米（图二八，5）。

陶器盖　2件。夹细砂红陶。手制。盖纽呈圈底状杯形，纽沿外敞或微张，尖圆唇，纽下矮颈内束，盖壁外张，残缺较甚。T12④：25，纽沿外敞，纽底呈圜形。残高3.8、宽6.5厘米（图二九，1）。T12④：76，盖纽沿微张，纽底近平。纽径0.5、残高1.6厘米（图二九，2）。

陶壶　1件。T12④：46，夹细砂灰陶。口沿残片，侈口，圆唇外翻，矮斜颈，有肩，以下残。残高3、宽5.6、厚0.4厘米（图二九，3）。

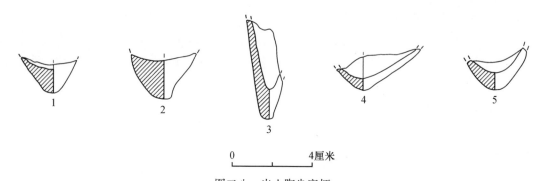

0　　　　　4厘米

图二八　出土陶尖底杯

1. T12④：71　2. T12④：72　3. T12④：73　4. T12④：74　5. T12④：75

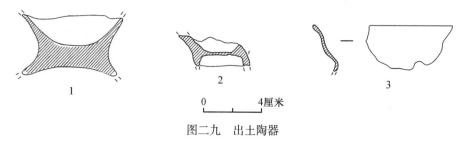

0　　　　　4厘米

图二九　出土陶器

1、2. 器盖（T12④：25、T12④：76）　3. 壶（T12④：46）

（二）明清时期遗物

1. 瓷器

瓷碟　3件。青花瓷碟，均为残片。G1：1，敞口，圆唇，浅腹，圈足。内饰花纹。口径11、底径5.5、通高4.5厘米（图三〇，1）。T12②：2，敞口，圆唇，浅腹，圈足。口径9、底径4.5、通高2.5厘米（图三〇，2）。H1：4，敞口，圆唇，浅腹，圈足。口径11.5、底径6.5、通高2厘米（图三〇，3）。

瓷碗　17件，均为残片。

饰"Ⅲ"纹青花瓷碗　10件。均为残片。H1：3，敞口，圈足，下斜腹内收至圈足。外侧口沿下饰"Ⅲ"纹。口径15.5、底径7.8、通高5.9厘米（图三一，1）。H6：2，敞口，圈足，下斜腹内收至圈足。外侧口沿下饰弦纹，外侧饰"Ⅲ"纹。口径15.9、底径7.7、通高6.1厘米

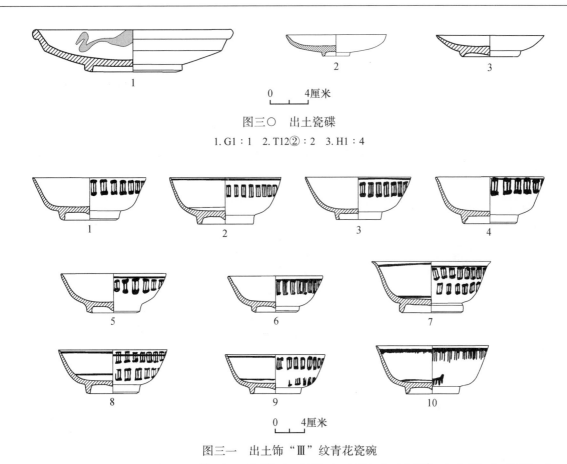

0 ___ 4厘米

图三〇 出土瓷碟
1. G1：1 2. T12②：2 3. H1：4

0 ___ 4厘米

图三一 出土饰"Ⅲ"纹青花瓷碗
1. H1：3 2. H6：2 3. H5：3 4. T11③：4 5. T11③：3 6. H4：1 7. H6：3 8. T12②：4 9. H8：7 10. H6：6

（图三一，2）。H5：3，敞口，圈足，下斜腹内收至圈足。外侧口沿下饰"Ⅲ"纹。口径14、底径6.6、通高5.5厘米（图三一，3）。T11③：4，敞口，圈足，下斜腹内收至圈足。外侧饰"Ⅲ"纹。口径15.1、底径7.3、通高6.1厘米（图三一，4）。T11③：3，敞口，圈足，下斜腹内收至圈足。外侧口沿下饰弦纹，外侧饰"Ⅲ"纹。口径14.3、底径7.2、通高5.3厘米（图三一，5）。H4：1，敞口，圈足，下斜腹内收至圈足。外侧口沿下饰弦纹，外侧饰"Ⅲ"纹。口径13、底径6.5、通高4.7厘米（图三一，6）。H6：3，敞口，圈足，下斜腹内收至圈足。外侧口沿下饰弦纹，腹部两层"Ⅲ"纹。口径17.7、底径8.8、通高6.4厘米（图三一，7）。T12②：4，敞口，圈足，下斜腹内收至圈足。外侧近底部饰弦纹，外侧腹部饰"Ⅲ"纹。口径15、底径5.8、通高7厘米（图三一，8）。H8：7，敞口，圈足，下斜腹内收至圈足。外侧口沿下饰弦纹，外侧饰"Ⅲ"纹。口径16.8、底径7.9、通高6.3厘米（图三一，9）。H6：6，敞口，圈足，下斜腹内收至圈足。外侧口沿下饰弦纹，外侧饰"Ⅲ"纹。口径15.8、底径7.6、通高6.3厘米（图三一，10）。

饰花青花瓷碗 7件。均为残片。H3：1，敞口，圈足，下斜腹内收至圈足。外侧腹部饰花纹。口径13.3、底径6、通高4.6厘米（图三二，1）。T11③：1，敞口，圈足，下斜腹内收至圈足，内饰团花纹。外侧口沿下饰连续花纹，腹部饰菊花纹。口径14.5、底径6.9、通高6.1厘米（图三二，2）。T11③：2，敞口，圈足，下斜腹内收至圈足。碗内底部饰有花纹，外壁饰有同样形制的两层花纹。口径14、底径6.2、通高5.9厘米（图三二，3）。H5：1，敞口，圈足，下斜腹内收至圈足。外侧腹部饰寿字纹。口径14.3、底径7.4、通高5厘米（图三二，4）。T12②：3，敞口，圈足，下斜腹内收至圈足。外侧腹部饰寿字纹。口径14.7、底径7.5、通高6.5厘米（图三二，5）。T1②：4，敞口，圈足，下斜腹内收至圈足。内、外侧口沿下均饰有花纹。口径13.2、底径7.3、通高5厘米（图三二，6）。T8③：1，敞口，圈足，下斜腹内收至圈足。外饰三层波浪纹。口径13.7、腹径26.8、底径7、通高5.1厘米（图三二，7）。

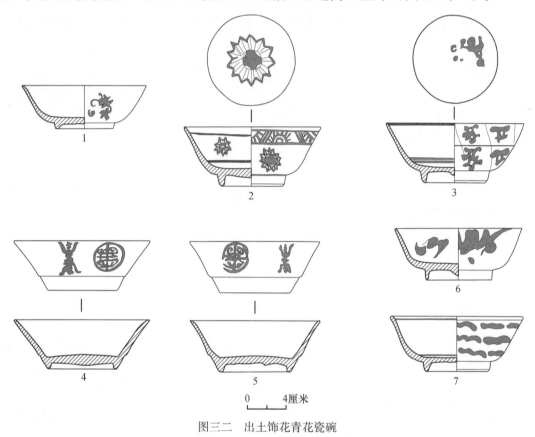

0   4厘米

图三二　出土饰花青花瓷碗

1. H3：1　2. T11③：1　3. T11③：2　4. H5：1　5. T12②：3　6. T1②：4　7. T8③：1

瓷杯　3件。均为残片。T11②：5，敞口，圆唇，圈足，小斜腹下收至圈足。外饰缠枝花纹。口径5.5、底径2.2、通高3.5厘米（图三三，1）。T1②：5，敞口，圈足，下斜腹内收至圈足。杯外壁饰有两只飞鸟纹。口径6.9、底径3.1、通高3.4厘米（图三三，2）。H6：8，敞口，圆唇，圈足，小斜腹下收至圈足。外侧饰缠枝花纹。口径6、底径2.3、通高3.5厘米（图三三，3）。

瓷壶　1件。为残片。H6：1，侈口，短直流，单耳，圈足，下斜腹内收至底。腹部饰缠枝纹。口径3.6、腹径7、底径3.7、通高9.1厘米（图三三，4）。

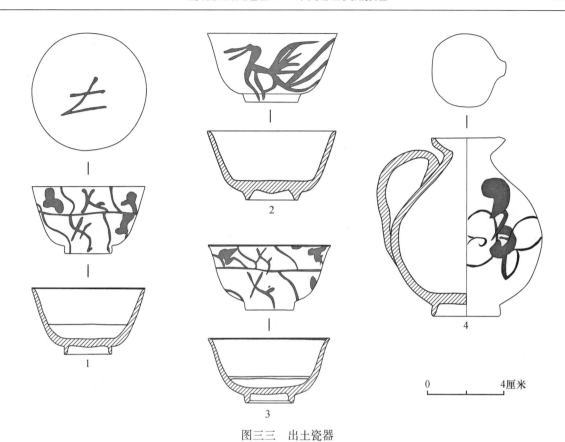

图三三　出土瓷器

1~3.杯（T11②：5、T1②：5、H6：8）　4.壶（H6：1）

2. 陶器

陶壶　2件。均为残片。H1：1，红陶胎，口沿至上腹部饰有黄褐色釉。侈口，短直流，单耳，平底，下斜腹内收至底。腹部饰有绳纹。口径5、腹径10、底径5.8、通高14.2厘米（图三四，1）。H1：2，红陶胎，口沿至上腹部饰有黄褐色釉。侈口，短直流，单耳，平底，下斜腹内收至底。腹部饰有绳纹。口径6.2、腹径10、底径6.7、通高12.3厘米（图三四，2）。

陶钵　1件。H10：1，釉陶，通体施黄褐色釉。敛口，圆唇，卷沿，深腹，平底。外侧腹部饰三周弦纹。口径20.5、底径11.2、通高9.8厘米（图三四，3）。

陶臼　2件。H6：9，缸胎，外侧腹部以上施黄褐色釉。敛口，圆唇，短流，单耳，斜腹下收至底，平底。口径21、底径11、通高13.5厘米，耳长8.5、宽4.5厘米（图三四，4）。H6：5，缸胎，外侧腹部以上施黄褐色釉。敛口，圆唇，短流，单耳，斜腹下收至底，平底。口径18、底径12.3、通高13厘米，耳长7、宽3.9厘米（图三四，5）。

陶碟　1件。为残片。H5：2，缸胎。敞口，圆唇，卷沿，浅腹，平底。外饰弦纹。口径10.5、底径4、通高3厘米（图三五，1）。

陶盆　5件。均为残片。H1：5，可修复，缸胎。敞口，方唇，斜腹下收至底，平底。外侧饰弦纹。口径20.5、底径12、通高9厘米（图三五，2）。H6：7，缸胎，腹部以上施釉。敛口，方唇，卷沿，斜腹下收至底，平底。外侧饰弦纹。口径19、底径10、通高8厘米（图

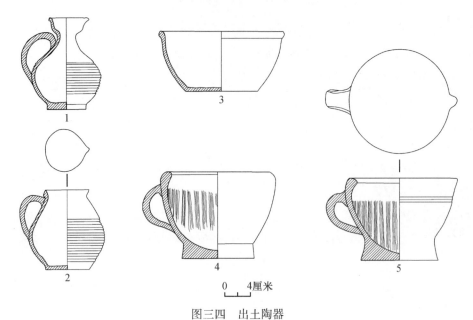

0　　4厘米

图三四　出土陶器

1、2.壶（H1∶1、H1∶2）　3.钵（H10∶1）　4.白（H6∶9、H6∶5）

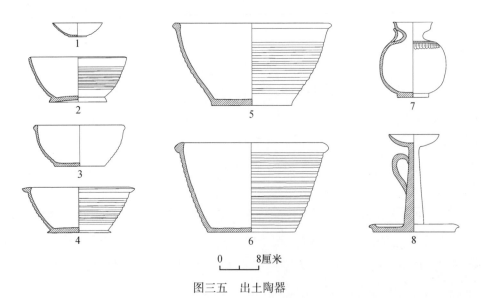

0　　　8厘米

图三五　出土陶器

1.碟（H5∶2）　2~6.盆（H1∶5、H6∶7、T2②∶2、H6∶4、T12②∶1）　7.壶（H1∶6）　8.灯（H8∶3）

三五，3）。T2②∶2，釉陶，腹部以上施釉。敛口，折沿，斜腹下收至底。平底外侧腹部饰弦纹。口径23、底径13.5、通高9厘米（图三五，4）。H6∶4，缸胎。敛口，圆唇，斜腹下收至底，平底。外侧腹部饰弦纹。口径33、底径16、通高16.8厘米（图三五，5）。T12②∶1，缸胎。敞口，圆唇，卷沿，斜腹下收至底，平底。外侧腹部施弦纹。口径31.6、底径18.5、通高17.3厘米（图三五，6）。

　　陶壶　1件。为残片。H1∶6，通体施酱釉。口外卷，短直流，单耳已残，平底，平肩。肩部饰有一圈蕉叶纹。口径8.1、腹径12.5、底径6.1、通高15.1厘米（图三五，7）。

陶灯　1件。为残片。H8：3，缸胎，灯柄上部施黄褐色釉。由灯盘、灯柄和底座组成，灯盘呈碟状，敛口，单耳，底座浅腹，平底内凹。灯通高19.5、灯盘口径10.5厘米，灯柄高14.5、直径2~4厘米，底座口径19、底径17厘米（图三五，8）。

3. 钱币

"乾隆通宝"铜钱　2枚。T5②：1，残缺，锈蚀严重。圆形方孔，铭文不清晰。直径2.37、穿径0.46、厚0.16厘米（图三六，1）。T12①：1，残缺，锈蚀严重。圆形方孔，铭文不清晰。直径3.05、穿径0.52、厚0.1厘米（图三六，2）。

"道光通宝"铜钱　2枚。T11①：1，基本完整，锈蚀严重。圆形方孔，铭文不清晰。直径2.26、穿径0.5、厚0.18厘米（图三六，3）。T12②：5，基本完整，锈蚀严重。圆形方孔，因锈蚀铭文不清晰。直径2.2、穿径0.47、厚0.1厘米（图三六，4）。

"咸丰通宝"铜钱　3枚。T12②：8，基本完整，锈蚀严重。圆形方孔，因锈蚀铭文不清晰。直径2.2、穿径0.52、厚0.1厘米（图三六，5）。H9：1，基本完整，锈蚀严重。圆形方孔，铭文不清晰。直径3.06、穿径0.5、厚0.1厘米（图三六，6）。T4①：1，残缺，锈蚀严重。圆形方孔，铭文不清晰。直径2.25、穿径0.5、厚0.1厘米（图三六，7）。

"同治通宝"铜钱　1枚。T12②：7，外郭残，锈蚀严重。圆形方孔，因锈蚀钱文不清晰。直径1.55、穿0.54、厚0.1厘米（图三六，8）。

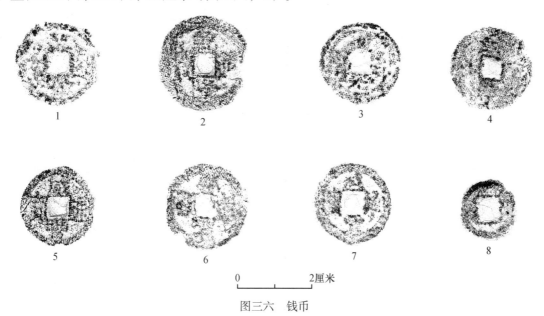

0　　　　　2厘米

图三六　钱币

1、2.乾隆通宝（T5②：1、T12①：1）　3、4.道光通宝（T11①：1、T12②：5）　5~7.咸丰通宝（T12②：8、H9：1、T4①：1）　8.同治通宝（T12②：7）

四、结　　语

　　沙公溪遗址在2015年前经多次勘探、试掘和发掘，只在地表采集到商周时期的陶片，在既往工作中并未发现原生文化层。本次发掘最大的收获就是在T12探方发现东周文化层，出土陶片和石器、花边口沿等。陶片（可辨器型有罐、盆、杯、器盖、尖底杯、壶、豆、平底器等）及磨制石器和石片石器等的发现是重庆主城区考古工作的一个重要突破，为我们认识重庆主城区商周文化遗存分布规律提供重要的考古资料，对深入研究主城区商周文化，探索古代文明提供了资料。

　　附记：本次发掘得到重庆市渝北区文物管理所大力支持，刘春鸿、刘蒋、胡琳、李桂林参与发掘以及后期资料整理工作。

执笔：刘春鸿　刘　蒋　李桂林

长寿巨梁沱遗址2017年度发掘报告

重 庆 市 文 物 考 古 研 究 院
重庆师范大学历史与社会学院

一、遗址概况及发掘经过

　　巨梁沱遗址位于重庆市长寿区江南街道龙山社区八组至巨（锯）梁沱村五组长江边的第二级阶地边缘地带，东临长江，西北距长寿区江南街道约4千米（图一），地理坐标为107°4′55.58″E，29°47′3.04″N，海拔165～180米。这一地带地理环境特殊，长江由西南向东北方向流经长寿老城区，然后再向东南而去。

　　从实地调查和勘探情况来看，巨梁沱遗址分布范围大致从西北边的龙山社区八组与巨梁沱村五组之间，在全长约5千米的长江边缓坡及河漫滩上多处地点都可采集到商周及汉代以后各历史时期的遗物，包括有石器、陶片、瓷片等，另外还有一些汉至六朝时期的墓砖，尤其是曾

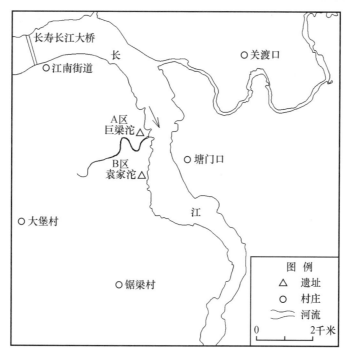

图一　巨梁沱遗址位置示意图

碛沱、大堡码头、斗篷顶、袁家沱、将军滩、大沙坝、芭蕉沱等地点，古文化遗物相对较多，有的地点还发现有文化层，但破坏严重。也有的被厚达3～4米的江水淤泥（沙）覆盖。

2008年，湖南省的文物工作者曾在将军滩地点发掘过1000平方米，出土了一大批商周至唐宋时期的各类遗物。该遗址被列入2017年度重庆库区淹没区的发掘项目之一。受重庆市文物局委托，由重庆市文化遗产研究院（现重庆市文物考古研究院）与重庆师范大学历史与社会学院联合组成的考古队承担了2017年度巨梁沱遗址的考古发掘，发掘面积800平方米。

在调查和勘探的基础上，我们选择了龙山社区八组的巨梁沱地点和巨梁沱村一组的袁家沱地点进行了发掘，为了便于区分，我们又将这两个发掘区分别编为A区和B区（巨梁沱地点为A区，袁家沱地点为B区）。现将A、B两个发掘区的情况介绍如下。

A区位于龙山社区八组的长江边上，地形是一由后山坡逐渐向长江延伸而凸起的山嘴（当地村民称巨梁沱）。山嘴（脊）前缘有较平缓的坡地，面积约300平方米，由坡地前缘（河坝）斜向而下是一条长约50米的石梁。山嘴南侧是高20～30米的断崖，崖脚是一自西向东的自然冲沟，山嘴北侧是一由南向北呈倾斜状的坡地，古文化遗存主要分布在山嘴处的坡地及北侧斜坡地段（图二）。经勘探获知，该遗址现残存面积约1200平方米，在山嘴的坡地上发现有成堆的河卵石以及大量石制品（包括有少许大小不一的块状砂岩），表层中多有汉

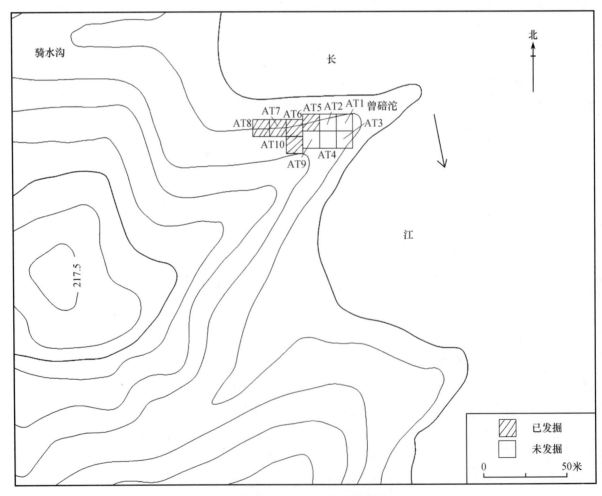

图二　巨梁沱遗址A区2017年度发掘探方分布图

代板瓦（片）、筒瓦（片）、墓砖等夹杂在一起，遗址地表到处可见河卵石及一些加工过的石料断块、石核、石片、刮削器等物。从文化堆积层来看，东部区域基本上都是制造石器的河卵石堆积，最厚的堆积可达3米多，而西部区域河卵石堆积远不如东部区域；尤其是最西边的区域，主要是汉代文化堆积，没有发现河卵石和石制品堆积。在A区共布10米×10米的探方10个，布方编号顺序是根据地势及文化分布情况，由东向西而布，探方编号分别为：2017CJAT1～2017CJAT10（以下简称AT1～AT10）；实际发掘5个探方，分别为：AT5～AT8、AT10。这5个探方的地层堆积情况是：AT5、AT6主要为河卵石及石制品堆积，重点收集石制品的相关资料；AT7、AT8主要为汉代文化堆积，并夹杂有极少的商周时期陶片及打制和磨制石器，为我们了解该遗址汉代文化遗存的资料情况提供帮助；AT10北边与AT6为邻，此探方的发掘目的有二：一是了解河卵石及石制品堆积的地层叠压关系；二是收集南边河坎处地层堆积中的动物遗骸。为了解该遗址的河卵石及石制品所处时代提供了材料。

B区位于巨梁沱村一组长江边的第一、二级阶地的交汇地带（当地村民称为袁家沱），北与A区发掘点相距约1500米，南侧是一条自然冲沟，占地面积约500平方米（图三）。发掘前调查时在这一地带的阶地及江边河漫滩上发现有一些石器和商周及汉代的陶片、板瓦（块）、筒瓦（块）、墓砖等。另还发现有一些唐宋至明清时期的青瓷片。在靠西边的河坎断面上发现有商周时期文化堆积，包含物有绳纹陶片、草木灰、红烧土粒等，经钻探可知，靠西边河坎处的阶地，古代文化层堆积最厚可达2米多，但包含物不是很丰富，而东边即河坎下缓坡地带的文化层堆积基本上已被历年来（尤其是近20年）的长江洪水冲掉了，仅局部发现有残存的文化遗存。在B区共布10米×10米的探方3个，探方编号（由北向南）依次是：2017CJBT1～2017CJBT3（以下简称BT1～BT3）。B区的文化遗存主要是商周时期文化堆积，另有少许汉代文化堆积。在遗址西边约40米的缓坡地带发现有汉代墓葬，但该墓葬早在20年前就被当地居民的开荒毁掉，仅存一些散落在地面的残墓砖。

二、地层堆积及文化遗迹

（一）地层堆积

本年度巨梁沱遗址的发掘分A、B两个发掘区。地层堆积的资料情况如下。

A区主要是河卵石及石制品堆积层，厚30～100厘米，以AT5、AT6及AT10为例，表土层下部基本都是河卵石及石制品堆积，更有的直接暴露在地表，文化堆积皆由南（高处）向北（低处）呈斜坡状堆积而成，坡度大约在20°。河卵石及石制品堆积层下为砂岩。AT7、AT8的坡势更陡些，大约在25°左右。该发掘区的古文化遗存的堆积可分为3层，靠南边（高处）的地层堆积较薄，靠北边（低处）的地层堆积较厚，北端文化层最厚的可达120厘米。AT10分布于A区发掘的最高处（AT6的南边），本方的南部处于河坎上，北部处在河坎下的缓坡地带，南部的河坎处基本上无文化遗存。AT7、AT8两探方的地层堆积基本可以对应，只是文化层堆积厚薄

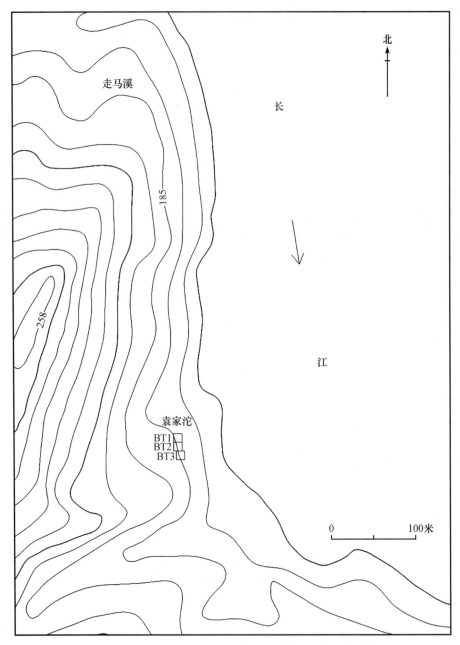

图三　巨梁沱遗址B区2017年度发掘探方分布图

不均而已。A区的地层堆积资料以AT6、AT10（图四）和AT8（图五）为例说明，B区的地层堆积资料以BT3（图六）为例说明。

1. AT6、AT10地层情况

第1层：银灰色淤沙层，皆为三峡水库蓄水后淤积而成，土质疏松，内含植物根须及杂草。该层仅靠本方南部的河坎上的AT10有此层，靠北部河坎下的AT6无此层。厚30～50厘米。

第2层：扰乱层，浅黄色沙土层。土质较疏松，内夹杂一些砂石块，灰陶瓦片、墓砖、零星陶片、瓷片等。在北部河坎下的缓坡上分布有较多的石制品、陶片等，另还发现有一件磨制

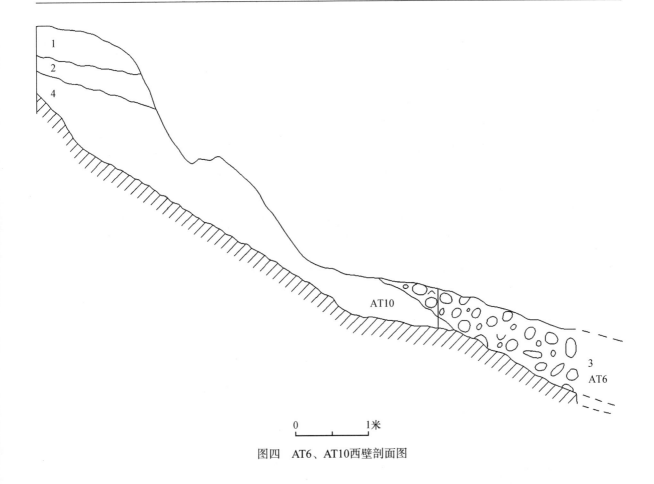

0   1米

图四　AT6、AT10西壁剖面图

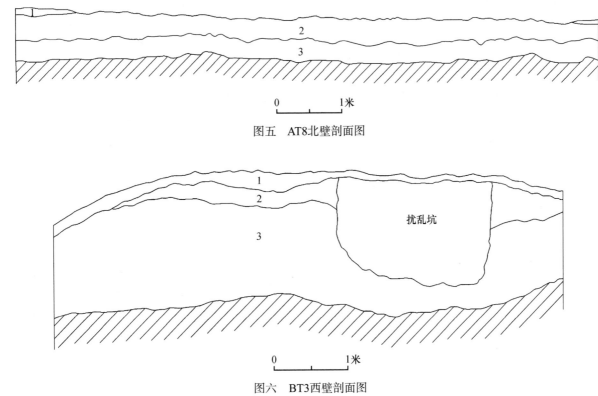

0   1米

图五　AT8北壁剖面图

0   1米

图六　BT3西壁剖面图

石器。深44～17、厚25～100厘米。

第3层：河卵石及石制品堆积层。本层主要是河卵石及石制品堆积层，北部的AT6有此层，南部的AT10有少许，石制品主要出土于本层的上部，种类主要有石核、砍砸器、石片、刮削器等，另还有一些断块，基本上都是石坯。深350～520、厚约50厘米。

第4层：浅黄色沙土层。土质较疏松，内夹杂有一些砂石块，该层主要分布于河坎上的AT10内，本层中出土有较多的螺蛳壳。深72～435、厚25～100厘米。

2. AT8地层情况

第1层：表土层，灰褐色土，为三峡水库蓄水后长江洪水淤积而成，土质疏松。包含物有石制品、陶片、红烧土粒、铁钉、瓷片、玻璃碎片等。主要分布于本方的北部，南部靠南壁处为河坎，坡状堆积，部分地方底部露出料姜石。厚约20厘米。

第2层：洪水淤积层，红黄色土。为三峡库区蓄水后淤积而成，土质疏松，包含有腐殖质、植物根系、瓦片、青瓷片、石器等。主要分布于本方的北部，坡状堆积。深20～50、厚25厘米。

第3层：汉代文化层，灰黄色土。土质疏松，主要分布于本方的中部，本层包含物较多，出土有较多的陶片和石器，器形主要有陶盆、陶罐、陶钵、陶甑等，另还有相当数量的板瓦（片）和筒瓦（片）。深80～150、厚20厘米。本层下发现一灰坑，编号2017CJAH1（以下简称H1）。

3. BT3地层情况

第1层：表土层，灰褐色土。土质疏松，夹杂大量植物根系，厚15～30厘米。该层下叠压有一现代扰乱坑，开口在第1层下，打破第2层和第3层，坑口直径275、深180厘米。

第2层：近现代扰乱层，黄褐色沙土。土质疏松，含有一些炭粒、草木灰、红烧土。出土有陶片、青灰砖、瓷片、釉陶（缸胎）片、玻璃碎片等。深30～85、厚20～76厘米。

第3层：商周文化层，黄褐色土。土质较硬，含有零星灰烬、红烧土颗粒。出土陶器能辨别出器形的主要有圈足器、罐口沿、残豆柄等，另还有石斧、网坠、砍砸器、石片等。深35～200、厚85～170厘米。

据巨梁沱A、B两个发掘区地层堆积的土质土色以及各层位中的出土遗物情况，可将A、B两个发掘区文化遗存分为旧石器时代晚期至新石器时代初期、商周时期、汉代和明清时期。旧石器时代晚期至新石器时代初期的文化遗存主要以A区的AT1～AT6、AT9、AT10的第3层为代表。商周时期文化遗存在A、B两个发掘区都有发现，但A区破坏严重，仅有零星的文化堆积及散落在遗址地表的陶片，B区商周时期文化遗存主要以BT3的第3层为代表，厚度近200厘米，但包含物不是很丰富。汉代文化遗存主要以A区AT8第3层为代表，厚约70厘米，出土遗物较丰富，另在A区各探方中都发现有汉代遗物，尤以板瓦（片）、筒瓦（片）为最，亦为冲积而成。明清时期遗物主要出土于近现代文化堆积层中。

（二）遗迹

在A区仅发现灰坑1个。编号H1。该坑位于AT8内的中部偏东，距北隔梁390厘米，距东隔梁310厘米。开口在第3层下，打破生土。因A区整个发掘区的地形都是南部高、北部低，故本次发掘的几个探方的地层堆积皆是由南向北（长江）呈斜的坡状堆积，H1也是一样由南向北呈斜坡状，坡度20°。该坑平面呈圆角长方形，口略大于底部，坑壁较明显；坑底较平缓。坑内填灰褐色黏土，质地较硬，夹杂有料姜石、砾石，坑口南北长185、东西宽110、深20厘米（图七）。

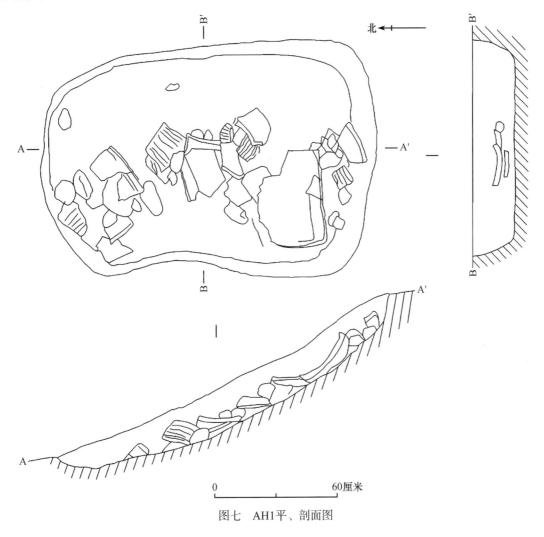

图七　AH1平、剖面图

三、出土遗物

本次发掘出土遗物1519件。其中石制品712件、陶器305件（片）、瓷器5件，另外还有完整的动物遗骸360余件（个）。石制品类主要有断块、石坯；另还有生产工具和捕鱼工具。陶器类主要有生活用具和建筑材料。瓷器类主要为日常生活用器。

（一）石制品

石制品是本年度发掘出土数量最多的一类，内容也很丰富。在A区的AT5、AT6、AT7、AT8、AT10和B区的BT2、BT3中共清理出石制品142件，包括有锛、斧、砍砸器、刮削器、网坠、石核、石片、断块、石坯等。下面列举具有代表性的37件石制品。

打制石锛　5件。单面刃。根据器身剥片的情况可分为二型。

A型　1件。正面一处圆形大片疤，刃边缘形成多处小片疤，打击点不明显，宽弧刃，刃角较锐利。AT8③：21，灰褐色砂岩。平面近似长方形。顶圆弧，两侧边斜直，背面有两处圆形片疤，打击点和放射线明显。余部保留自然砾石面。长9.1、宽6、厚3厘米（图八，1）。

B型　4件。器身四周有剥片痕迹。根据平面形状分为二式。

Ⅰ式　3件。平面近似长方形。AT8③：38，黄褐色砂岩。器体较大。顶薄略平，宽弧刃，刃口崩疤痕迹明显。打片后由周边经砸击加工，破裂面布满疤痕，打击点及放射线明显，另一面刃部外三边布满打击痕迹，余为自然砾石面。长11.7、宽6、厚3厘米（图八，2）。BT3③：19，灰色砂岩。底部略宽于顶部。双面两侧有剥片痕迹，片疤轮廓相交为脊，横向纹理。长8.9、宽6.2、厚2.2厘米（图八，3）。BT2③：1，灰色砂岩。双面剥片，除背面下端有一长条形自然砾石面外，余布满片疤，片状层理明显，打击点及放射线清晰。单面刃，刃宽平略内凹。长8.3、宽5.9、厚2.3厘米（图八，4）。

Ⅱ式　1件。平面略呈椭圆形。BT3③：20，青灰色砂岩。双面剥片，周边布满剥片痕迹，打击点不清楚，单面刃，刃宽平微弧。长9.3、宽5.7、厚2厘米（图八，5）。

斧　2件。器身瘦长，平面呈椭圆形，青灰色砂岩。BT2③：2，圆弧形凹刃，刃较陡锐。两面剥片，弧形顶，刃端略宽，顶部和刃部两侧有剥片痕迹，打击点和放射线清晰，余为自然砾石面。长11.6、宽5.3、厚2.5厘米（图八，6）。BT3③：18，顶圆弧而窄，下部较宽，左右两侧分别剥片，破裂面交汇处起脊棱，片疤形态清楚，多为圆形，余为自然砾石面，无磨制痕迹。长12.2、宽5.8、厚3.5厘米（图八，7）。

砍砸器　3件。器体厚重。根据器身宽窄可分为二型。

A型　2件。器身较宽。平面呈较规则扁平梯形。BT3③：5，灰黄色砂岩。选择一块宽扁形砾石，破裂面上疤面层叠，前端刃部较锋利，背面为砾石自然面。长9.6、宽8.5、厚3.6厘米（图八，8）。AT7③：8，灰黄色砂岩。器体残缺，选择砾石较宽一端用捶击法向破裂面单面剥

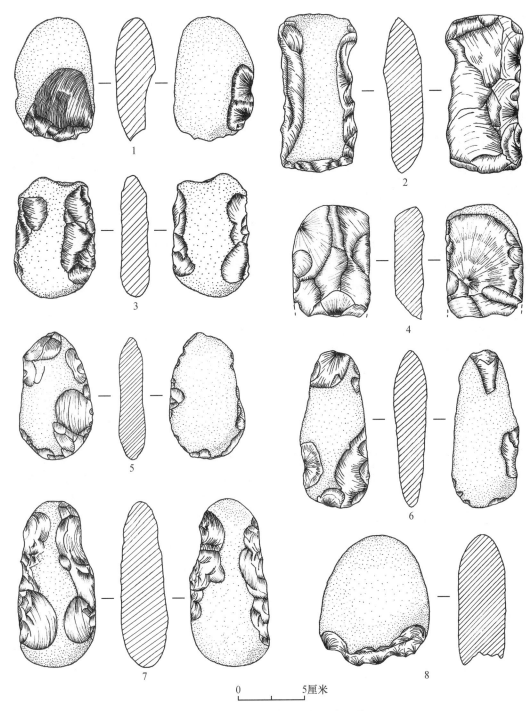

图八　出土打制石锛、石斧及砍砸器

1. A型打制石锛（AT8③：21）　　2～4. B型Ⅰ式打制石锛（AT8③：38、BT3③：19、BT2③：1）　　5. B型Ⅱ式打制石锛
（BT3③：20）　　6、7. 石斧（BT3③：2、BT3③：18）　　8. A型砍砸器（BT3③：5）

片修理刃部，形成圆弧状刃缘，在刃部左侧可见六处大小不一的小片疤，右侧可见三处较大的剥片痕迹，余为砾石自然面。器体长度与宽度相近，长10.6、宽10.9、厚3.2厘米（图九，1）。

B型　1件。平面近似椭圆形。BT3③：17，碎屑岩。宽大于长，较厚，破裂面凹凸不平，打击点不明，背面两侧片疤内凹，重叠交错，余为砾石自然面。长7.3、宽14.5、厚5厘米（图九，2）。

刮削器　2件。根据平面形状可分为二型。

A型　1件。平面呈较规则椭圆形。AT8③：18，灰黄色砂岩。双面剥片。片疤重叠交错，正面片疤平缓，背面片疤微凸凹。一侧留有自然砾石面，为握手端，其余三边形成半圆形锐利刃缘。刃缘经多次剥片修理加工而成。长10、宽6.3、厚4厘米（图九，3）。

B型　1件。平面近平行四边形。BT3③：4，灰色砂岩。器体较小，顶部呈扁尖状，刃缘经多次剥片加工而成，形成弧形凹刃，刃缘布满崩疤，背面亦经剥片，保留极少数自然砾石面。长6.3、宽3.6、厚1.8厘米（图九，4）。

网坠　3件。根据器体腰部形状可分为二型。

A型　1件。器体呈椭圆形，较宽，较厚，仅在中部两侧稍加打制，打击点和放射线清晰，余为自然砾石面。AT8③：39，长10.2、宽7、厚3.2厘米（图九，5）。

B型　2件。器体呈亚腰形，器体较小，利用扁平椭圆形砾石为原料，在两侧打制出豁口。BT3③：16，长5.8、宽4.3、厚1.4厘米（图九，6）。BT3③：3，长8、宽5.8、厚1.2厘米（图九，7）。

磨制石锛　2件。根据器体形状可分为二型。

A型　1件。梯形。B采：2，器体扁薄，两侧边斜直，单面弧形刃，刃较陡，两面有形状不一的疤痕，疤面内凹。长7.4、宽4.7、厚1.8厘米（图九，8）。

B型　1件。长方形。AT6①：2，青灰色砂岩。器体较小，器身呈弧形顶，正面中部保留一打制片疤，两侧磨制痕迹明显，有较多崩疤，中部保留自然砾石面，单面刃，刃微弧。长9.2、宽3.1、厚1.5厘米（图九，9）。

石核　共挑选标本10件。据片疤数量分单片疤石核和多片疤石核。

单片疤石核　3件。器体较大，器身近似椭圆形。以砾石为原料。使用摔击法在一端形成1个片疤，片疤内凹，打击点及放射线清晰，余为自然砾石面。AT6①：4，黄色砂岩。长24.8、宽13.3、厚6.1厘米（图一〇，1）。AT6①：16，黄褐色砂岩。长21.7、宽14.1、厚6.6厘米（图一〇，2）。AT7②：4，红褐色砂岩。长14、宽9.8、厚5.1厘米（图一〇，3）。

多片疤石核　7件。根据片疤平面形状分为四式。

Ⅰ式　2件。平面近椭圆形。器体较大。AT6①：5，灰褐色砂岩。以砾石为原料。使用摔击法在双面形成5处片疤，一面4处，另一面5处。片疤内凹，打击点及放射线清楚，余为自然砾石面，石核下端内凹。长9.3、宽7.7、厚3.4厘米（图一〇，4）。AT6①：18，黄褐色砂岩，以砾石为原料。使用摔击法在一侧剥下一大一小2个片疤，片疤内凹，打击点及放射线清楚，背面为自然砾石面。长16.3、宽13.4、厚4.6厘米（图一〇，6）。

Ⅱ式　1件。平面呈不规则形状。器体较大。AT6①：9，黄褐色砂岩，以砾石为原料。使

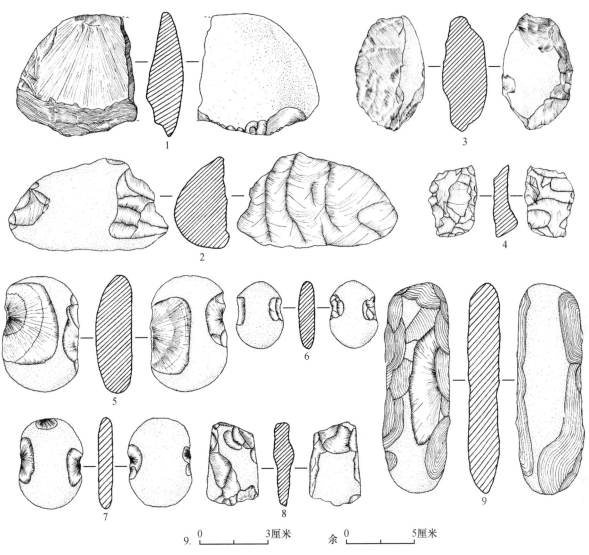

图九 出土砍砸器、刮削器、网坠及磨制石锛

1. A型砍砸器（AT7③：8） 2. B型砍砸器（BT3③：17） 3. A型刮削器（AT8③：18） 4. B型刮削器（BT3③：4）

5. A型网坠（AT8③：39） 6、7. B型网坠（BT3③：16、BT3③：3） 8. A型磨制石锛（B采：2） 9. B型磨制石锛（AT6①：2）

用摔击法在两面形成多处片疤，顶端片疤叠错，余为自然砾石面。长18.4、宽16.1、厚4.4厘米（图一〇，5）。

Ⅲ式 1件。平面呈"8"字形。器体较大。AT6①：2，黄褐色砂岩，以砾石为原料。使用摔击法在顶端和一侧形成5处片疤，正面顶端3处片疤叠错，背面一侧2处片疤外凸。长18.1、宽13.1、厚5.3厘米（图一〇，7）。

Ⅳ式 3件。平面近圆形，以扁圆形砾石破裂面的周边向背面打片，打击点清楚。由于剥片次数较多，使得背面布满片疤，片疤相交成脊棱，余为自然砾石面。AT8③：17，灰褐色砂岩。以砾石为原料。使用摔击法在两面形成4处扇形片疤，余为自然砾石面。长12、宽11.7、厚3.2厘米（图一〇，8）。B采：3，长8、宽7.5、厚1.8厘米（图一一，1）。BT3③：15，长

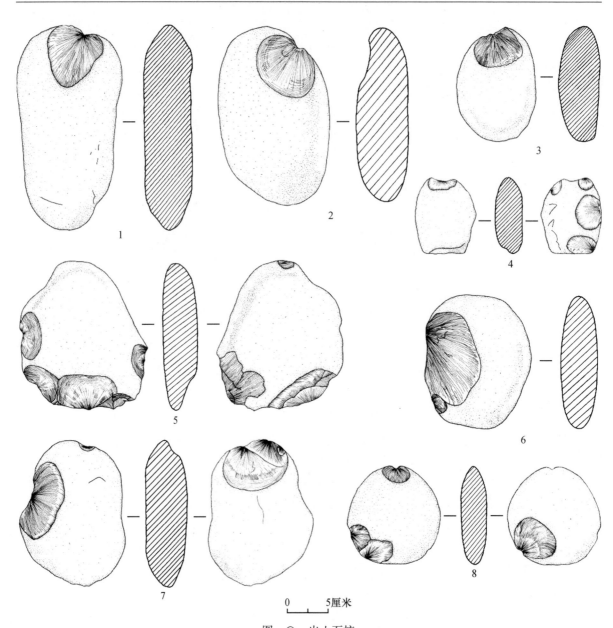

0　　5厘米

图一〇　出土石核

1～3.单片疤石核（AT6①：4、AT6①：16、AT7②：4）　4、6.Ⅰ式多片疤石核（AT6①：5、AT6①：18）　5.Ⅱ式多片疤石核
（AT6①：9）　7.Ⅲ式多片疤石核（AT6①：2）　8.Ⅳ式多片疤石核（AT8③：17）

10.8、宽10.1、厚2.8厘米（图一一，2）。

　　石片　共挑选标本10件。据形状分长石片和宽石片两类。

　　长石片　1件。石片长大于宽，剥片方式为摔击法，无台面。AT10③：12，红褐色砂岩。
形状近三角形，下部残缺。打击点和放射线清楚，破裂面微隆，尖锐刃缘。背面保留自然砾石
面。长12.2、宽9.6、厚2.1厘米（图一一，3）。

　　宽石片　9件。石片宽大于长，剥片方式为摔击法。根据台面可分为二型。

　　A型　1件。有一自然台面。BT3③：13，黑褐色砂岩。平面略呈三角形，自然台面，打击

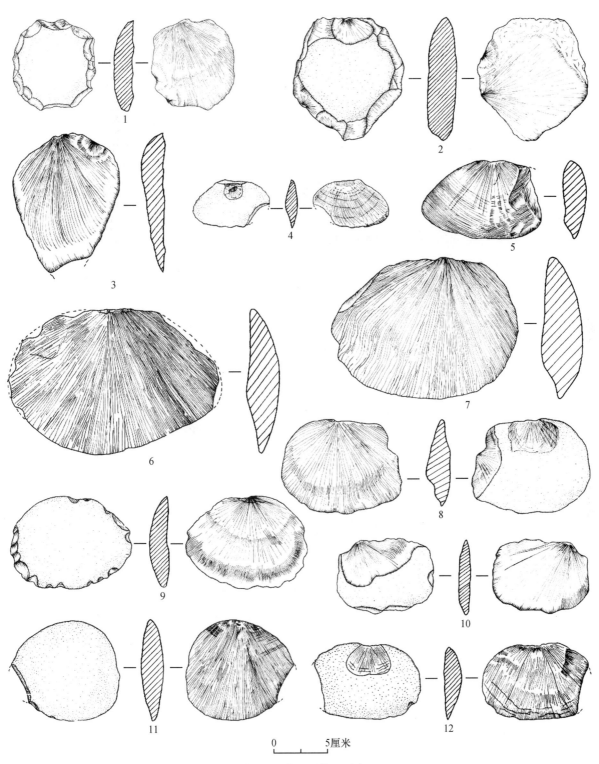

图一一　出土石核、石片

1、2. Ⅳ式多片疤石核（B采：3、BT3③：15）　3. 长石片（AT10③：12）　4. A型宽石片（BT3③：13）　5~9. B型Ⅰ式宽石片（AT6①：8、AT6①：4、AT8③：19、AT10③：4、AT7②：3）　10~12. B型Ⅱ式宽石片（AT5①：4、AT5①：5、BT3③：10）

点及放射线清晰。台面远端一侧垂直崩裂，破裂面中部微隆，背面中部一片疤微凹，余为自然砾石面。长4.2、宽7、厚1.1厘米（图一一，4）。

B型　8件。无台面。按宽度可分为二式。

Ⅰ式　5件。宽度超过10厘米。AT6①：8，青灰色砂岩。石片右侧垂直破裂。平面略呈扇形，打击点及放射线清晰，破裂面右下侧凹凸不平。背面保留自然砾石面。长6.9、宽11、厚2.1厘米（图一一，5）。AT6①：4，灰色砂岩。平面略呈扇形，打击点及放射线清晰，破裂面微凸。石片边缘，残缺，刃缘圆钝，背面保留自然砾石面。长12.7、残宽19.1、厚2.9厘米（图一一，6）。AT8③：19，黄褐色砂岩。平面呈扇形，器体较大，宽略大于长。破裂面微隆，打击点及放射线清晰，凹刃锐利，背面为自然砾石面。长12.5、宽17.1、厚3.7厘米（图一一，7）。AT10③：4，黄色砂岩。平面呈扁圆形，器体残缺，打击点及放射线清晰。正面上部中间有一椭圆形片疤，右侧有一半圆形片疤，余保留自然砾石面。破裂面为一块通片疤，下部有一弧形凸棱，凹刃锐利。长8.4、宽10.8、厚2.5厘米（图一一，8）。AT7②：3，黄色砂岩。平面近似椭圆形，打击点和放射线较清晰，破裂面微隆下部有一弧形凸棱，刃角锐利，背面四周有多处较小的剥片疤，余为自然砾石面。长8.2、宽11、厚1.7厘米（图一一，9）。

Ⅱ式　3件。宽度不足10厘米。AT5①：4，黄褐色砂岩。平面呈长方形，打击点位于左侧上端，放射线清晰。正面上部有一不规则形状的片疤，右侧和下部有个别小片疤，余保留自然砾石面。破裂面为一块通片疤，疤面平坦。长6.7、宽8.8、厚1.1厘米（图一一，10）。AT5①：5，青灰色砂岩。石片右侧垂直崩断，平面略呈不规则圆形。打击点和放射线清楚，破裂面隆起，四周形成尖锐刃缘。背面保留自然砾石面。长8.9、残宽9.8、厚2.1厘米（图一一，11）。BT3③：10，土黄色砂岩。平面略呈椭圆形，石片左侧残缺。破裂面平坦，打击点及放射线清晰，背面上部中间有一处扇形片疤，余为砾石自然面。长6.7、残宽9.8、厚1.7厘米（图一一，12）。

（二）陶器

陶器在A、B区都有出土，但数量不多，主要为商周时期和汉代。

1. 商周时期

陶器数量很少，基本上都是陶器残片，仅几件能看出器形，无法复原。发现的陶器残片几乎全部为夹砂陶，个别为泥质陶，但在夹砂陶中又有夹细砂和夹粗砂之分，以前者居多，后者较少。陶色有红褐陶、灰褐陶、褐陶、灰陶、黑皮陶等。多数为素面，少数器表外有纹饰，纹样主要有绳纹、菱格纹、篮纹、划纹、弦纹、戳印纹等（图一二，1～5）。器类主要有平底器、圈足器、钵。陶器制作基本上都是轮制。

平底器　3件。仅存底部，无法辨认器形。据器壁可分为二式。

Ⅰ式　2件。AT8③：9，夹砂红褐陶。壁斜直，平底。腹壁饰划纹，底部饰绳纹。底径

7.5、残高5厘米（图一三，1）。AT8③：8，夹砂红褐陶。壁斜直，平底。腹部饰一周戳印纹。底径8、残高4.5厘米（图一三，2）。

Ⅱ式　1件。BT3③：26，泥质灰褐陶，红胎。弧腹壁，小平底。素面。底径5、残高3厘米（图一三，3）。

圈足器　2件。仅下部，可能是豆柄的下半部。据柄部形状、器壁的厚度可分为二式。

Ⅰ式　1件。AT8③：7，夹细砂红褐陶。圈足外撇呈喇叭状，器表磨光。足径17、胎壁厚0.7、残高5厘米（图一三，4）。

Ⅱ式　1件。AT8③：10，夹砂黑褐陶。器表磨光，矮圈足，实心柄，圈足外撇较甚。器身上部残。底径9、残高2.5厘米（图一三，5）。

钵　1件。BT3③：27，夹细砂黄皮陶，直口，圆唇，口沿外侧饰一周弦纹。口径13.5、残高6厘米（图一三，6）。

2. 汉代

陶器数量较多，共出土近300片陶片，但能复原者较少。共挑出标本25件，主要是生活用具和建筑材料。多泥质陶，少许夹砂陶，在夹砂陶中又有夹细砂和夹粗砂之分。陶色有灰陶、灰褐陶、褐陶、黄褐陶、黄皮陶等。陶器约有60%以上为素面，其余40%有纹饰的陶器中，绳纹最多，另有方格纹、弦纹、箍带纹（图一二，6、7）。器类主要有盆、钵、壶、罐、甑、圈足碗、器垫，另还有较多板瓦片、筒瓦片、瓦当等。陶器制作基本上都是轮制。

盆　2件。据唇部和器壁特征可分为二型。

A型　1件。BT2②：1，泥质灰陶，质较硬。口微敛，圆唇，平沿外翻，唇部饰一周弦纹，腹微鼓，下腹斜收，上腹饰一周竖条纹，腹部饰方格纹。口沿37、腹径35、残高7厘米（图一三，7）。

B型　1件。仅存上半部。AT8③：13，夹细砂灰陶，表面磨光。方唇，平沿，斜直壁，平底。口径28、底径20、高12厘米（图一三，8）。

钵　3件。器体较大。按口沿、器壁及底部可分为二型。

A型　2件。泥质夹细砂灰陶。AT8③：11，夹细砂灰陶。敛口，圆尖唇，弧腹壁，平底。口径23.8、腹径27、底径17、高12厘米（图一三，9）。BT2②：5，夹细砂灰陶。弧腹壁，假圈足。素面。底径14、残高4厘米（图一三，10）。

B型　1件。AT8③：6，泥质灰褐陶，器壁内外表面涂抹一层黑皮（衣）。口微敞，圆唇，沿下内凹，弧腹壁，平底。口径14、底径8.4、通高5.5、厚0.5厘米（图一三，11）。

罐　2件。均残。据口部特征分为二式。

Ⅰ式　1件。AT8③：3，泥质灰陶。口微敞，圆尖唇，唇外部有一周凹弦纹，短颈，斜溜肩。口径23.6、残高6厘米（图一三，12）。

Ⅱ式　1件。AT8③：16，夹细砂灰陶。敛口，圆唇，无颈，广肩。口径17.5、残高4.2厘米（图一三，13）。

平底器（盆）　1件。AT8③：15，夹细砂灰褐陶。斜直壁，平底。底径26、残高11厘米

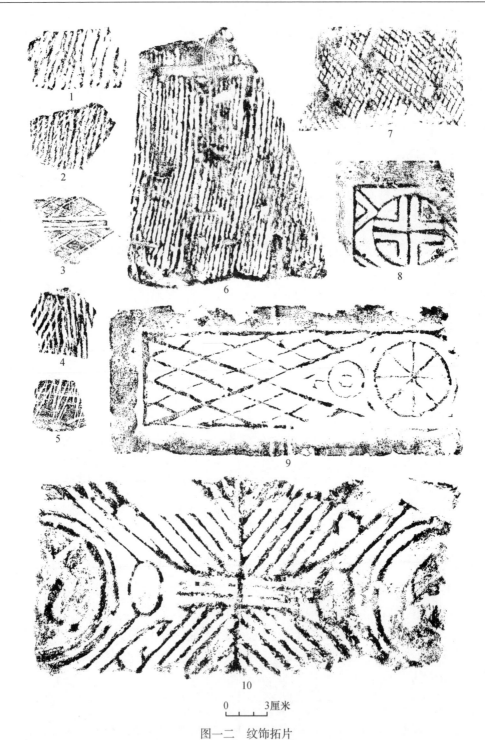

图一二　纹饰拓片

1、2、6.绳纹（BT3③：24、BT3③：28、AT5①：2）　3.菱格纹（AT8③：36）　4.篮纹（BT3③：26）

5.划纹（BT3③：21）　7.小方格纹（BT2②：6）　8~10.砖（墓砖）纹饰拓片（BT3②：4、AT2①：1、BT3②：3）

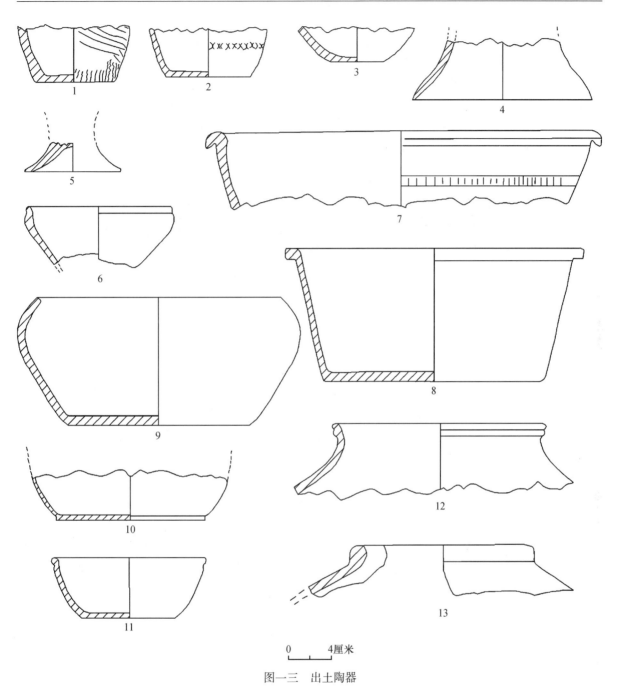

0　　4厘米

图一三　出土陶器

1、2. Ⅰ式平底器（AT8③：9、AT8③：8）　3. Ⅱ式平底器（BT3③：26）　4. Ⅰ式圈足器（AT8③：7）　5. Ⅱ式圈足器
（AT8③：10）　6. 钵（BT3③：27）　7. A型盆（BT2②：1）　8. B型盆（AT8③：13）　9、10. A型钵（AT8③：11、
BT2②：5）　11. B型钵（AT8③：6）　12、13. 罐（AT8③：3、AT8③：16）

（图一四，1）。

器垫　1件。AT8③：2，泥质红陶。平底，足底外侈，方唇，内弧壁。素面，内壁凹旋纹。底径21.2、残高7、腹壁厚1.2厘米（图一四，2）。

壶　1件。AT8③：12，夹细砂黄褐色陶，颈部口径约20厘米。表面饰三周箍带纹及细绳纹。残高24、器壁厚1.3～1.6厘米（图一四，3）。

甑　1件。AT8③：1，仅上腹。夹细砂灰陶。圆唇外凸，口微敛，斜弧腹。口径33、残高11厘米（图一四，4）。

圈足器（碗）　1件。AT8③：14，黄皮灰陶，夹细砂。矮圈足。圈足外径约9.2、内径约7.7、高约2.6厘米（图一四，5）。

砖（墓砖）　3件。皆泥质青灰陶。BT3②：4，中间一圆圈，圆圈内为"十"字纹，圈外为几何形纹（图一二，8）。AT2②：1，长方形。砖一侧面模印花纹。正中间一圆圈，圆圈内置"米"字车辐，车辐两侧为对称的钱币纹，钱币纹外侧为网状菱格纹（图一二，9）。BT3②：3，长方形，中部为几何形纹，两侧各有一对称椭圆形小圆圈，小圆圈外为一双线左半圆形圈（图一二，10）。

板瓦　5件。形制基本相同。AH1：2，夹细砂红褐陶。表面饰粗绳纹，内壁饰布纹，上端口沿外部饰斜条纹，下端口沿外部布纹抹光。长44、宽29～30、拱背高6.5、厚1厘米（图

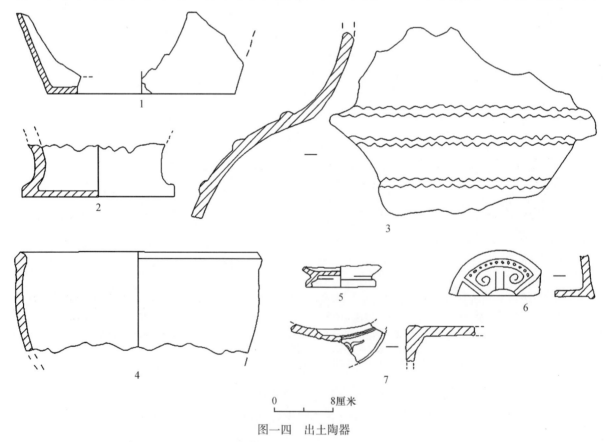

0　　　8厘米

图一四　出土陶器

1. 平底器（盆）（AT8③：15）　2. 器垫（AT8③：2）　3. 壶（AT8③：12）　4. 甑（AT8③：1）　5. 圈足器（碗）（AT8③：14）　6. 瓦当（AT5①：1）　7. 滴水（BT2②：4）

一五，1）。AH1∶3，夹细砂红褐陶。表面饰粗绳纹，内壁饰布纹，上端口沿弦纹磨光。长44.5、宽33、拱背高8、厚1.1厘米（图一五，2）。AH1∶4，夹细砂红褐陶。四边整齐横剖面呈圆弧拱背状，瓦背部通体饰弧形走向的中粗绳纹，上端口沿外部饰斜条纹，下端口沿外部绳纹抹光，中上部外表三道抹光弦纹。长44、宽31、拱背高5.5、厚1厘米（图一五，3）。AH1∶1，泥质灰陶。稍残，表面饰有绳纹，中间有多处绳纹被抹去。残长34、宽25、拱背高5、厚1厘米（图一五，4）。AT10②∶2，夹细砂灰陶。表面饰粗绳纹。残长28、残宽18、厚约1.5厘米（图一五，5）。

筒瓦　4件。皆残，形制基本相同。AT5①∶2，泥质灰陶。半圆筒状，前部瓦唇圆钝，套接部较长。表面饰绳纹。残长8、口径11.5、厚1厘米（图一五，6）。AT8③∶4，舌较长，直口，方圆唇。瓦表面饰绳纹，内壁凹凸不平。残宽11.5、残高9.5、厚1厘米（图一五，7）。

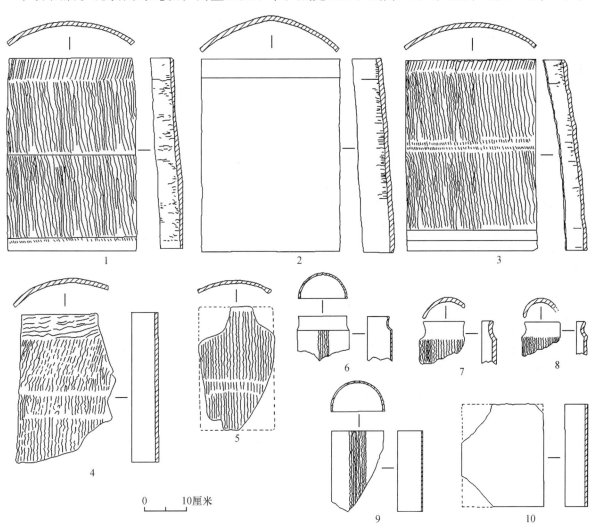

图一五　出土板瓦、筒瓦

1~5、10. 板瓦（AH1∶2、AH1∶3、AH1∶4、AH1∶1、AT10②∶2、AT10②∶1）　6~9. 筒瓦（AT5①∶2、AT8③∶4、AT8③∶5、AT5①∶3）

AT8③：5，舌较短，直口，圆尖唇。表面饰绳纹，内壁凹凸不平。残宽9、残高9、厚0.8～1厘米（图一五，8）。AT5①：3，泥质灰陶。半圆筒状，表面饰绳纹，中间有多处绳纹被抹去。残长18.2、口径12.5、厚1厘米（图一五，9）。

瓦当　1件。AT5①：1，已残。当面以双线四等分，饰卷云纹、连珠纹，器表施拍印纵向绳纹，内壁饰布纹。残高6、厚0.7～1厘米（图一四，6）。

3. 明清时期

数量很少，仅1件板瓦和1件滴水。

板瓦　1件。AT10②：1，夹砂细黄褐陶，火候较高。方唇，内外无纹饰。长24、宽20、厚1.5～1.8厘米。断面呈弧形（图一五，10）。

滴水　1件。BT2②：4，泥质青灰陶，火候较高，胎质细密。滴水前端为月形，饰几何纹。残宽12、残高4.8厘米（图一四，7）。

（三）瓷器与釉陶器

遗物不多，大多是生活用品，均出土于第2层（近现代扰乱层）中，共挑选标本5件，其中4件瓷器、1件釉陶器（缸胎器）。

瓷碗　3件。据器壁形态可分为三式。

Ⅰ式　双腹青花碗。1件。AT7②：1，淡黄色粗胎。口微敞，尖圆唇，深弧腹，矮圈足。通体内外青花装饰，器壁外满饰青花八思巴纹，共分四周。口径15、底径7.6、高8厘米（图一六，1）。

Ⅱ式　1件。AT7②：2，浅灰色细胎，施淡青色釉。敞口，圆唇，弧腹壁，矮圈足。腹上部饰花卉纹。口径14.3、底径7.8、高5.8、底足高0.98厘米（图一六，2）。

Ⅲ式　1件。AT7②：11，敞口，弧腹，平底。周身施白釉略泛淡绿色，下腹至圈足处饰仰莲纹。底径5.1、残高3厘米（图一六，3）。

瓷盏　1件。BT3②：2，黄灰色胎，表面除圈足外施酱色釉，内底有烧制垫圈痕。底径7.1、残高约3厘米（图一六，4）。

釉陶盆　1件。AT7②：10，黄绿釉。敞口，圆唇，弧腹壁。口径24.6、残高4厘米（图一六，5）。

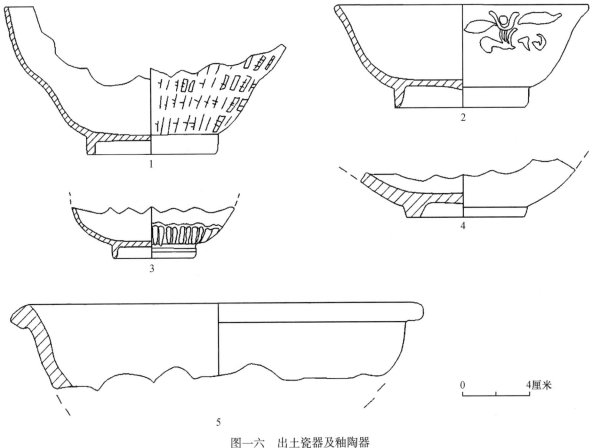

图一六　出土瓷器及釉陶器

1. I式瓷碗（AT7②：1）　2. II式瓷碗（AT7②：2）　3. III式瓷碗（AT7②：11）　4. 瓷盏（BT3②：2）
5. 釉陶盆（AT7②：10）

四、结　语

本年度对重庆市长寿区巨梁沱遗址一带的调查以及A区和B区的发掘，使我们对长寿区长江南岸自西北龙山社区八组沿长江往东南至巨梁沱村五组，全长约3000多米地段古文化遗存的分布情况有了比较清楚的了解。尤其是对A区所谓河卵石与石制品文化堆积层的发掘，使我们深感困惑的是，该遗址怎么会有如此之多的河卵石？现清理出了石制品标本多达700余件（且仅清理了表层），另外600多平方米的未发掘区域地层堆积中，必然还会有更多的石制品出土，这些指示我们当时这里曾经有过的一个生产和加工石器的空前繁荣时期。对本次调查与发掘资料的认识与收获有以下几方面。

（1）遗址的堆积形成与海拔。该遗址东边靠河坝边缘堆积厚达3米多，基本上都是冲击（搬运）而成，靠后边的堆积为原生堆积，但因为遗址所处地整个都是在缓坡（斜坡）地带，坡度在20°～25°之间，故堆积层上部多应该是搬运堆积。自三峡大坝蓄水20多年来，该遗址每年都遭到长江洪水的冲击，故该遗址地层的上部应该是水流搬运堆积。以该遗址现在所处海拔为165～183米的位置来看，较以往这一地带发掘的旧石器时代人类居住遗址、先秦时期人类居住遗址位置要稍高一些，如与长寿为邻的涪陵、丰都长江沿岸发掘的14处旧石器时代人类居住遗址，海拔一般都在140～175米之间，175米以上的只有3处[1]。如这一地带先秦时期人类居住的遗址如丰都石地坝（155～175米）、观石滩（167米）、沙溪嘴（157～175米）、黄柳嘴（155米）、秦家院子（148～152米），石柱观音寺（151米）、沙湾（140～165米）等遗址，海拔多在150～175米之间，175米以上的较少。由此可见，该遗址的地理位置相对较高。

（2）堆积中河卵石个体大小情况。本年度发掘A区，河卵石可谓是堆积如山，据清理的AT6获知，堆积厚达80～100厘米。这些河卵石个体大小比较均匀，既没有较大河卵石，也没有较小河卵石，基本上都是一般人力可以搬运且磨圆度较高、石质较硬的河卵石。我们怀疑，这些个体大小比较均匀的河卵石有可能是有意识挑选过的。如果真的是这样的话，如此之多的河卵石，搬运工作任务之大，所需搬运人员之多，实在是难以想象的。

（3）原料的来源。据调查，这一地带长江河床及河漫滩上，有着丰富的河卵石原料资源，至今仍有施工单位在这一地带河床上用挖掘机挖取石料用于建筑。考古工作者发现，三峡地区的一些旧石器时代和新石器时代遗址出土石制品（石器），其原料多来自于长江河漫滩上的砾石，即便是夏商周时期先民使用的石器原料也同样是就地取材，大多都来源于长江河漫滩上。由此我们不妨推测，该遗址的这些石料是不是也来自于长江河漫滩上？但问题是，如前言及，该遗址所在地海拔相对较高，其垂直高度距河漫滩石料采集点至少有40多米高，从遗址处到河漫滩上去采集石料，其间距离至少在100米以上，甚至更远，况且还是上坡。故果将如此之多的河卵石从长江河漫滩上搬运到该遗址处恐怕不太现实。不过，值得我们注意的是，距遗址AT8平行往西去约30米处的区域是有着大量堆积如山的河卵石堆积层，宽度20～30米，厚度达10多米以上，河卵石堆积当是遥远的古代长江搬运冲击或是河床改道等堆积形成的，从这里搬运石料应该是比较方便省力的。不过，即便是选择在该遗址的西边搬运这些石料，其搬运所需要的劳力也是非常惊人的，或许是几代、十几代人的努力杰作。

（4）石制品与河卵石。在该遗址地层堆积中出土有大量的石制品。种类主要有石核、石片、砍砸器、刮削器等，另还有大量的断块，石制品有一次加工的，也有二次加工的，以前者为主。

（5）遗址的性质。前已介绍，该遗址的地层堆积较厚，文化内容也较丰富，既有成堆的河卵石，也有数量很多的石制品。在发现的石制品中，断块数量最多，其次是石片。至于说为什么断块数量很多，这也主要是因为该遗址处拥有着丰富的石料资源，从而导致古人类对石料开采和利用的浪费型。发现的石片很多，但多形状不一，没有一定规则，大、中、小型都有，有完整的，也有不完整的，大多数石片背面为自然面，腹面的放射线比较清楚，同时我们还发现有少许可能是打片和修理石器产生的片状和碎屑，疑是对石制品生产加工遗弃的。就本年度调查和已清理的石制品数量而言，可以推测，整个遗址范围内估计有数万件，甚至10万件以上，数字如此之庞大，可想而言，当时在这里从事石制品生产加工的场面是相当壮观的，具有一定规模。据发掘出的一些石制品与河卵石（砾石）伴生，但腐蚀程度不高，尤其是在发掘现场还拼对复原了一些石制品现象来分析，石制品本身就埋藏在原地，没有经水流搬运冲击或其他外力影响，因此，可以肯定，该遗址除靠边缘（尤其是东部边缘）局部有搬运现象外，其余绝大部分的地层堆积应该就是原生堆积。至于表层中多有一些汉代板瓦片、筒瓦片、砖块（包括商周时期的陶器片）等，当是历史演进到商周汉代时，古人类仍然在这里生活劳动，他们为了居住而建筑房屋，后来房屋垮塌遗留所致。总之，从上述资料中显示出的种种原始信息表明，该遗址可能是一处远古时期古人类的石器制作露天（旷野）加工场。

（6）年代推测。首先，本年度的发掘虽说清理出了较多的石制品，但基本上都是打击和砸击的，既没有发现磨制石器，也没有发现新石器时代陶器（片），其他如用火、建筑、沟坑等遗迹都没有发现（可能发掘面积有限）。据此我们认为，该遗址的年代可以考虑暂定在新石器时代以前。至于表层中发现的一下陶板瓦、筒瓦片、砖块以及零星商周时期的陶器（片）等，当是后来混入，与石制品加工场没有什么关系，更何况在AT8中发现有汉代文化层和灰坑，当证明汉代这里仍有人类居住，为我们推测该遗址表层中发现的这些建筑遗物为汉代以后混入提供了佐证。其次，从河卵石及石制品所属的层位关系来看，该层底部有的是生土，有的是砂岩，其上是表土层和扰乱层，更有的河卵石直接就裸露在外，故无法从地层叠压关系上获取年代证据。现唯一能判明该遗址年代的只有从石制品方面来突破了，从该遗址出土石制品数量之多，种类多样，有的石制品加工较先进等方面来分析，该遗址的年代可能是属于旧石器时代晚期向新石器时代初期过渡阶段。这类遗址在三峡地区发现较多，如丰都和平村[2]、老鹰嘴[3]，奉节三沱[4]、洋安渡[5]、宝塔坪[6]等都属于这类遗址。

（7）商周及汉代遗物。B区BT3第3层为商周时期文化堆积，但出土遗物不是很丰富，这主要是该遗址遭到长江洪水冲击所致。在A区也有零星发现，AT8③：9、AT8③：8、BT3③：26平底器，其器形及陶质陶色与万州苏和坪中层（商周）、黄柏溪第二期（商周）出土的同类器相似，AT8③：7圈足器与巫山双堰塘西周时期陶豆的圈足相似。商周时期陶器与汉代陶器无论是器形，还是陶质陶色区别明显，很好辨认，商周时期陶器多夹砂陶，陶色有红褐陶、褐陶、灰陶、黑皮陶等，纹饰主要有绳纹、篮纹、弦纹、菱格纹、划纹等。汉代陶器以泥质灰陶为大宗，轮制陶多，陶色有灰陶、灰褐陶、褐陶、黄褐陶、黄皮陶等。纹饰主要有绳纹，另有方格纹、弦纹、箍带纹等。除生活用具外，陶板瓦片、筒瓦片较多。陶器基本上都是轮制。本遗址中出土的这些陶器如盆、钵、壶、罐、圈足碗等与三峡地区秭归土地湾[7]，巴东罗平[8]，云阳李家坝[9]、旧县坪[10]，忠县中坝[11]，丰都棺山坡[12]、铺子河[13]等遗址中都有发现，器物形态及陶质陶色纹饰基本一样。另发现的陶砖，这是三峡地区汉至六朝时期常见的建筑墓葬的墓砖，如石柱砖瓦溪墓地[14]、万州大地嘴[15]、松包岭[16]、瓦子坪[17]、柑子梁[18]、天丘[19]等墓地的东汉至六朝墓葬中都发现有这种陶（墓）砖。

长江流经长寿区的河段距离较短，长度约20.9千米。过去的几十年里，文物部门曾对长寿区长江沿岸地区开展过考古调查，但开展的次数很少，故发现的古文化遗存也只有零星几处，如2009年国家文物局主编的《中国文物地图集·重庆分册》记载长寿长江沿岸地区仅三处先秦时期的古遗址，而这三处古遗址还是1980年重庆市博物馆的考古工作者调查发现的[20]，2007年至2010年该区开展的第三次文物普查工作中，共调查登录文物点605处[21]，但皆是汉以后至明清时期。又从考古发掘工作方面来看，近30年来也只是2008年在巨梁沱村发掘过一次，除清理出了一些商周时期文化遗物和战国时期的墓葬，还发现有汉至六朝、唐宋时期墓葬。本年度调查与发掘资料不仅更加丰富了长寿区商周时期文化遗存的研究内容，而且也使我们基本上弄清楚了当历史演进到了汉代时，三峡地区的古居民们仍然在这一地带活动，遗址和墓葬的分布更为密集，面积也在逐渐增大的一些重要历史信息。A区旧石器时代晚期至新石器时代初期远古人类遗址的发现，填补了长寿地区该时期考古发现的空白，虽说三峡地区以往的考古发现中，属于这类旧石器时代晚期至新石器时代初期的遗址已发现多处，但像巨梁沱遗址A区这样，堆积如此之厚、原料资源如此之丰富、石制品数量之多，这在三峡地区考古发现中尚属首次，甚至在我国南方地区同时期的考古发现中也是罕见的。总之，2017年度巨梁沱遗址A区的考古发掘，为我们研究三峡地区旧石器时代晚期向新石器时代初期过渡的人类活动的历史提供了珍贵的实物资料。

执笔：赵　冬　何学琳　周　盈　杨　华

注　释

［1］　高星、裴树文：《三峡远古人类的足迹》，巴蜀书社，2010年，第13、14页。

［2］　冯希杰、高星、裴树文等：《三峡库区和平村石器遗址》，《人类学报》2004年增刊，第179～187页。

［3］　高星、裴树文：《三峡远古人类的足迹》，巴蜀书社，2010年，第147页。

［4］　中国科学院古脊椎动物与人类研究所、重庆市文物局：《奉节三沱石器地点发掘报告》，《重庆库区考古报告集·2000卷》，科学出版社，2007年。

［5］　中国科学院古脊椎动物与人类研究所、重庆自然博物馆等：《奉节洋安渡石器遗址发掘报告》，《重庆库区考古报告集·2000卷》，科学出版社，2007年。

［6］　高星、裴树文：《三峡远古人类的足迹》，巴蜀书社，2010年，第153页。

［7］　国务院三峡工程建设委员会办公室、国家文物局：《秭归土地湾》，科学出版社，2006年，第283页。

［8］　国务院三峡工程建设委员会办公室、国家文物局：《巴东罗坪》，科学出版社，2000年，第239～266页。

［9］　四川大学历史与文化学院考古系、云阳县文物管理所：《云阳李家坝遗址发掘报告》，《重庆库区考古报告集·1997卷》，科学出版社，2001年。

［10］　吉林省文物考古研究所、重庆云阳县文物保护管理所：《云阳旧县坪遗址发掘简报》，《重庆库区考古报告集·2000卷》，科学出版社，2007年。

［11］　四川省文物考古研究所、忠县文物保护管理所：《忠县中坝遗址发掘报告》，《重庆库区考古报告集·1997卷》，科学出版社，2001年。

［12］　宁夏文物考古研究所、重庆市文物局：《丰都棺山坡遗址发掘简报》，《重庆库区考古报告集·2001卷》，科学出版社，2007年。

［13］　山西省考古研究所、重庆市文物局：《丰都铺子河遗址考古发掘报告》，《重庆库区考古报告集·2001卷》，科学出版社，2007年。

［14］　山西省考古研究所、重庆市文物局：《石柱砖瓦溪墓地发掘报告》，《重庆库区考古报告集·2001卷》，科学出版社，2007年。

［15］　青海省考古研究所、南京师范大学文博系、万州区文物管理所：《万州大地嘴墓地发掘报告》，《重庆库区考古报告集·1999卷》，科学出版社，2006年。

［16］　青海省文物考古研究所、万州区文物管理所：《万州松包岭墓地发掘报告》，《重庆库区考古报告集·1997卷》，科学出版社，2001年。

［17］ 山东省博物馆、山东省文物考古研究所：《万州瓦子坪遗址发掘报告》，《重庆库区考古报告集·2001卷》，科学出版社，2007年。

［18］ 洛阳市第二文物工作队、重庆市文物局：《万州柑子梁墓群发掘简报》，《重庆库区考古报告集·2001卷》，科学出版社，2007年。

［19］ 益阳市文物管理处、重庆市文物局：《万州天丘遗址（墓群）发掘报告》，《重庆库区考古报告集·2001卷》，科学出版社，2007年。

［20］ 重庆市博物馆：《重庆市长江河段新石器时代遗址调查与试掘》，《考古》1992年12期。

［21］ 重庆市长寿区文化广电新闻出版局编：《长寿区不可移动文物名录》，重庆出版社，2013年。

后　记

　　作为三峡工程文物保护的延续，三峡后续考古项目围绕消落区地下文物抢救保护和配合三峡大遗址保护考古发掘两大主题而实施。一方面，有效实现了对消落区出露文物的及时保护，避免了因国有文物流失带来的不良影响，大大缓解了三峡工程文物保护工作结束后消落区地下文物所面临的严峻安全形势；另一方面，多年度的大遗址考古科学厘清了皇华城遗址、白帝城遗址、天生城遗址等一批三峡库区大遗址的总体内涵，有力支撑了遗址下一阶段的保护利用，积极助推三峡国家考古遗址公园的培育建设。2015年，重庆市文物考古研究院（原重庆市文化遗产研究院）制订了三峡后续考古成果出版序列，首阶段计划出版系列考古报告集四辑，截至目前已经出版两辑，刊布简报58篇，为学术界推动三峡库区的考古学研究提供了基础资料。本书即是该系列报告的第三辑，涵盖2012～2017年度的发掘简报35篇，遗存类型涵盖了墓葬、遗址、窑址等，时代从战国、两汉至六朝时期、唐宋以及明清时期。需要说明的是，由于消落区文物暴露的不可预见性，为确保文物得到及时保护，常出现发掘在前，项目批复在后的情况，导致发掘年度与项目批复年度部分不一致。为避免混淆，本书中每篇报告中的年度为发掘工作实际实施的年度。

　　原国务院三峡工程建设委员会办公室（现已并入水利部）、国家文物局、原重庆市移民局（现已并入重庆市水利局）、重庆市文物局等上级领导机关对三峡后续考古工作给予了高度重视和全程指导，按年度批复项目和下拨资金，有效确保了考古工作按计划推进。重庆市文物考古研究院专门成立了领导小组和多部门参与的工作小组，明确管理机制、出台实施细则，确保项目在实施上的顺畅。在项目开展的过程中，中国人民大学历史学院、中山大学社会学与人类学学院、西南民族大学、重庆师范大学西南考古与文物研究中心、湖北省宜昌博物馆、万州区博物馆、涪陵区博物馆、云阳县文物保护管理所等文物保护机构与我院通力合作，独立承担或共同实施了项目工作，确保各年度项目得以按期完成。项目属地各区县文物管理所的协作工作及时、到位，为项目提供了良好稳定的工作环境。

　　众所周知，消落区地下文物保护工作只能在每年4～9月库区低水位期间实施，考古工作开展伊始就是一场与时间赛跑，与酷暑洪水较量的比赛。全体考古队员始终保持团结奋进、攻坚克难的精神状态，以饱满的工作干劲按期高质地完成了发掘工作。发掘工作是一切考古研究的基础，资料整理与研究工作才能将考古成果惠及大众，秉承这一情怀，各项目负责人白天组织发掘、晚上挑灯夜战，牺牲了许多宝贵的休息时间，正是这种高度的责任感和严谨的科学态度确保了本书的面世。各项目工作人员名单已附在发掘报告文后，受篇幅所限不再一一列出，再次对你们致以崇高的敬意！重庆市文物考古研究院白九江院长全程组织领导了本书的编撰工作，编务、初校由燕妮、马晓娇、卫亚晶等承担，方刚、李大地、范鹏对全书进行了修改和统稿，院学术委员会袁东山、林必忠、刘继东等对本书提出了多项宝贵意见。

最后，我们要特别感谢科学出版社的王光明先生，他细致的编审工作确保了本书的质量。

编 者
2022年10月

附　表

序号	发掘简报名称	项目类别	项目编号
1	巫山开峡墓地2013年度发掘简报	三峡后续消落区地下文物保护项目	2013-16
2	巫山大溪墓群2013年度考古发掘简报	三峡后续消落区地下文物保护项目	2016-20
3	奉节三塘崖墓群2014年度发掘简报	三峡后续消落区地下文物保护项目	2013-18
4	奉节白帝城城址2014年度发掘报告	三峡后续白帝城遗址保护规划编制项目	—
5	奉节白帝山遗址2015年度考古发掘简报	三峡后续消落区地下文物保护项目	2013-20
6	奉节白帝村墓群2015年度发掘简报	三峡后续消落区地下文物保护项目	2013-21
7	奉节谢家包墓群2015年度发掘简报	三峡后续消落区地下文物保护项目	2016-23
8	奉节赵家湾墓群2015年度发掘简报	三峡后续消落区地下文物保护项目	2014-38
9	云阳三坝溪遗址2015年度考古发掘简报	三峡后续消落区地下文物保护项目	2014-03
10	云阳小河湾墓群2017年度考古发掘简报	三峡后续消落区地下文物保护项目	2016-26
11	万州下中村遗址2012年度发掘报告	三峡后续消落区地下文物保护项目	2011-1008
12	万州老屋嘴墓群2013年发掘简报	三峡后续消落区地下文物保护项目	2013-26
13	万州拖路口墓群2013年度发掘简报	三峡后续消落区地下文物保护项目	2013-28
14	万州黄沙背墓群2014年度发掘简报	三峡后续消落区地下文物保护项目	2014-08
15	万州万顺墓群2014年度发掘简报	三峡后续消落区地下文物保护项目	2014-11
16	万州瓦子堡墓群2014年度发掘简报	三峡后续消落区地下文物保护项目	2014-09
17	万州晒网坝遗址瓦子坝遗址点2015年度发掘简报	三峡后续消落区地下文物保护项目	2014-07
18	万州上河坝墓群王天丘墓葬点2015年度发掘简报	三峡后续消落区地下文物保护项目	2014-13
19	万州杨家坝遗址2015年度发掘简报	三峡后续消落区地下文物保护项目	2014-10
20	万州瓦子坝、金竹大嘴墓群2016年度发掘简报	三峡后续消落区地下文物保护项目	2016-09
21	万州包上墓群2016年度发掘简报	三峡后续消落区地下文物保护项目	2016-27
22	万州李家嘴墓群2018年度发掘简报	三峡后续消落区地下文物保护项目	2016-08
23	忠县渔洞墓群2015年度考古发掘简报	三峡后续消落区地下文物保护项目	2014-19
24	丰都马鞍山墓群2013～2014年度发掘简报	三峡后续消落区地下文物保护项目	2014-22
25	丰都农花庙遗址壕沟窑址2014年度发掘简报	三峡后续消落区地下文物保护项目	2014-29
26	丰都糖房遗址2016年发掘简报	三峡后续消落区地下文物保护项目	2016-13
27	丰都汀溪遗址2016年度发掘简报	三峡后续消落区地下文物保护项目	2016-15

续表

序号	发掘简报名称	项目类别	项目编号
28	丰都柑子园堡遗址2016年度发掘简报	三峡后续消落区地下文物保护项目	2016-14
29	涪陵麦子坝遗址2014年度发掘简报	三峡后续消落区地下文物保护项目	2014-32
30	涪陵杨树林遗址2015年度发掘简报	三峡后续消落区地下文物保护项目	2016-19
31	涪陵坛神堡（玉屏）墓地2015年度发掘简报	三峡后续消落区地下文物保护项目	2016-34
32	涪陵玲珑墓地2015年度发掘简报	三峡后续消落区地下文物保护项目	2016-17
33	涪陵网背沱墓群2016年度发掘简报	三峡后续消落区地下文物保护项目	2016-18
34	渝北沙公溪遗址2015年度考古发掘报告	三峡后续消落区地下文物保护项目	2014-37
35	长寿巨梁沱遗址2017年度发掘报告	三峡后续消落区地下文物保护项目	2016-36

图　版

1. 瓷碗（M13∶22）

2. 陶豆（M12∶4）

3. 瓷盘口壶（M13∶21）

4. 陶壶（M11∶18）

5. 陶鼎（M11∶9）

6. 陶鼎（M12∶1）

万州晒网坝遗址瓦子坝遗址点出土器物

1. 半两钱（M3：4）

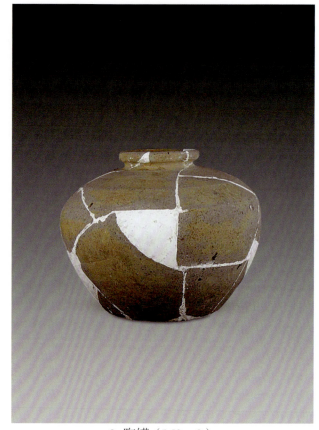

2. 陶罐（M3：3）

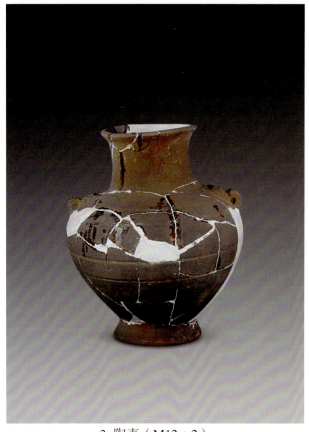

3. 陶壶（M12：2）

4. 瓷唾壶（M13：24）

万州晒网坝遗址瓦子坝遗址点出土器物

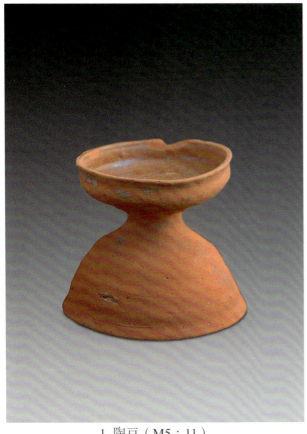

1. 陶豆（M5：11）

2. 陶豆（M2：25）

3. 陶仓（M3：4）

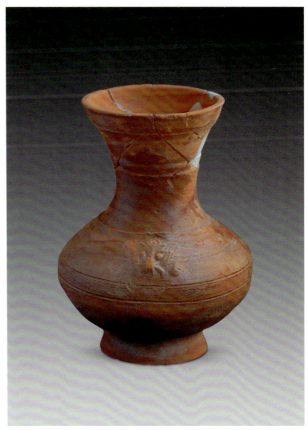

4. 陶壶（M5：9）

万州老屋嘴墓群出土器物

1. 陶勺杯（M5：14）

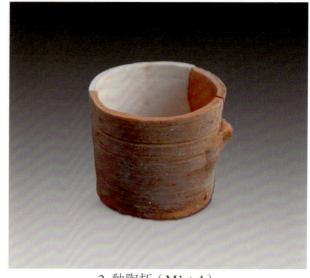

2. 釉陶杯（M1：4）

3. 铜泡钉（M2：36）

4. 陶盖（M3：8）

5. 琉璃耳珰（M2：2）

6. 煤精念珠（M3：2）

万州老屋嘴墓群出土器物

1. 墓群远景

2. M1

万州万顺墓群

1. M7

2. M9

万州万顺墓群

1. 陶文"小"（M9∶3）

2. 陶文"征"（M9∶3）

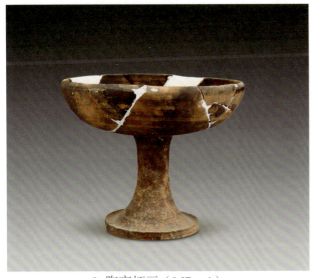

3. 陶高柄豆（M7∶4）

4. 陶双耳罐（M1∶12）

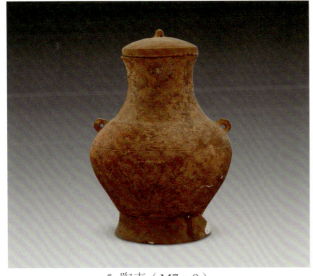

5. 陶壶（M7∶8）

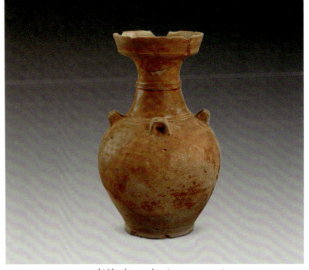

6. 青瓷盘口壶（M1∶10）

万州万顺墓群出土器物

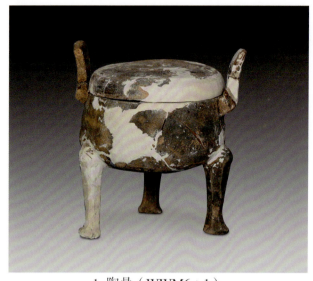

1. 陶鼎（WWM6：1）

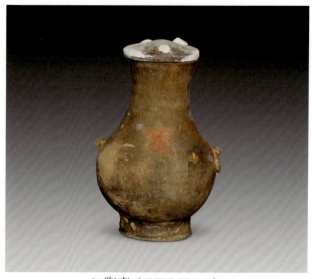

2. 陶壶（WWM6：4）

3. 陶簋（WWM6：6）

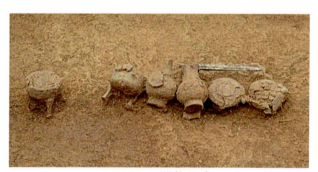

4. WWM6器物组合

万州瓦子坝墓地出土器物

1. M12（由西向东拍摄）

2. M11（由北向南拍摄）

丰都马鞍山墓群

1. 陶侍俑（M11：35）

2. 陶侍俑（M11：38）

3. 陶执便面提袋抱囊俑（M11：55）

4. 陶狗（M11：30）

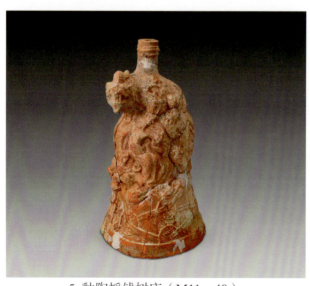

5. 釉陶摇钱树座（M11：40）

丰都马鞍山墓群出土器物

1. 陶井（M10：20）

2. 陶罐（M10：9）

3. 瓷四系罐（M12：13）

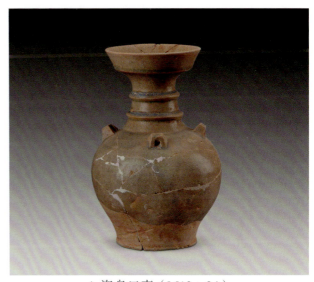

4. 瓷盘口壶（M12：24）

5. 瓷盘口壶（M12：15）

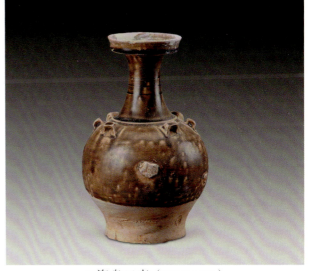

6. 瓷盘口壶（M12：22）

丰都马鞍山墓群出土器物

1. 鎏金铜棺饰（M18:29）

2. 鎏金铜棺饰（M18:30）

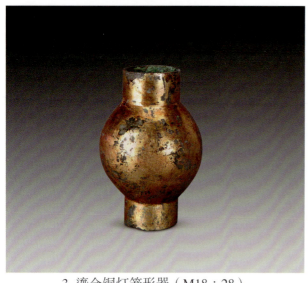

3. 鎏金铜灯笼形器（M18:28）

4. 串饰（M18:27）

丰都马鞍山墓群出土器物

1. 遗址远眺

2. 铅指环（M1∶8）

丰都糖房遗址及出土器物

1. 陶子母鸡（M1:2）

2. 瓷碗（M1:6）

3. 瓷碗（M1:6）

4. 瓷碗（M1:6）

5. 铜钗（M1:9）

6. 陶罐（M2:1）

丰都糖房遗址出土器物

1. 釉陶魁（M3：4）

2. 釉陶盆（M3：12）

3. 釉陶盆（M3：12）

4. 釉陶钵（M3：20）

5. 釉陶博山炉（M3：5）

6. 釉陶锺（M3：7）

丰都糖房遗址出土器物

1. 遗址远眺

2. 2016FTM3填土出土墓砖纹饰

3. 2016FTM3填土出土墓砖纹饰

丰都汀溪遗址

1.釉陶盏（2016FTM5填：3）

2.釉陶盘（2016FTM5填：2）

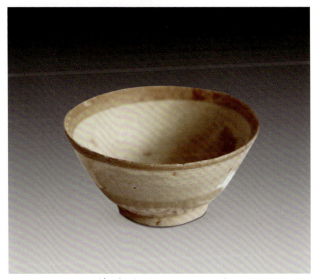

3.瓷碗（2016FTM6：2）

4.瓷碗（2016FTM6：1）

5.瓷盏（2016FTM6：6）

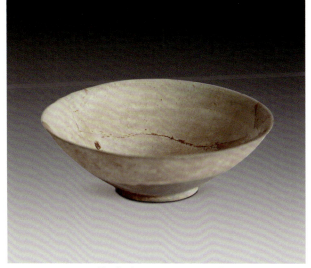

6.瓷碗（2016FTM6：8）

丰都汀溪遗址出土器物

1. 抚琴俑（2016FTM4：2）

2. 侍立俑（2016FTM5填：1）

3. 侍立俑（2016FTM5填：4）

4. 侍立俑（2016FTM5填：7）

5. 侍立俑（2016FTM5填：8）

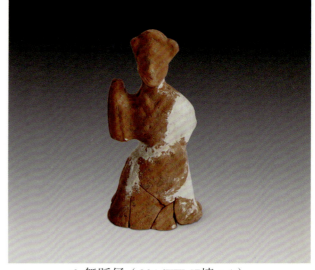

6. 舞蹈俑（2016FTM7填：1）

丰都汀溪遗址出土陶俑

1. 发掘前原貌

2. 部分探方远景图

丰都农花庙遗址壕沟窑址

1.A型杯（T0301③：6）

2.B型杯（T0301③：8）

3.研磨器（T0201③：19）

4.A型盏（T0406②：14）

5.D型器盖（T0102③：19）

6.A型器盖（T0301③：14）

丰都农花庙遗址壕沟窑址出土陶器

1. B型垫圈（T0201③：38-23）

2. B型支座（T0301③：49）

3. B型Ⅱ式匣钵（T0201③：51）

4. A型匣钵（T0301③：34）

5. 覆烧标本（T0102③：41）

6. 叠烧标本（T0201③：23）

丰都农花庙遗址壕沟窑址出土器物

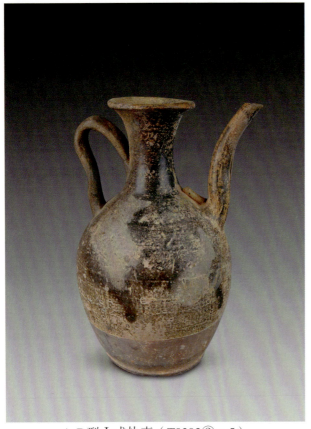

1. D型I式执壶（T0202③：5）

2. 瓶（T0201③：32）

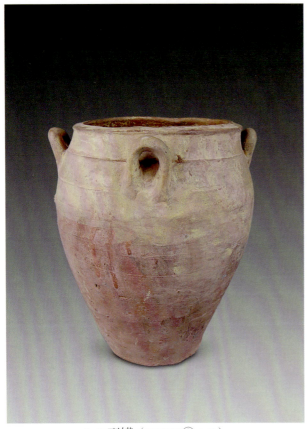

3. D型罐（T0202③：7）

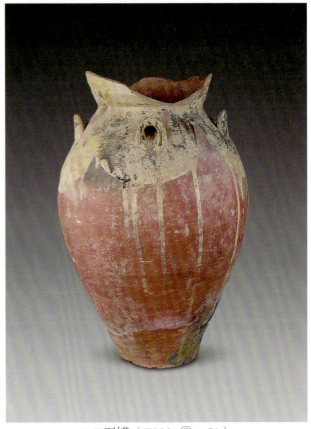

4. E型罐（T0301③：51）

丰都农花庙遗址壕沟窑址出土陶器

(K-3755.01)

ISBN 978-7-03-073911-7

定 价: 528.00 元